영단기

NEW 텝스

VOCA

커넥츠 영단기

영단기
NEW 텝스
VOCA

저자	이정임
기획 총괄	최봉수, 김효신
기획·편집	김혜민
마케팅·영업	남용석, 이진홍, 양윤화, 손지한, 임윤조
디자인	이플디자인
펴낸날	초판 1쇄 2018년 6월 15일
	2쇄 2018년 8월 24일
펴낸곳	(주)에스티유니타스
펴낸이	윤성혁, 이정진
홈페이지	eng.connects.com
고객센터	1600-1517
주소	서울시 강남구 영동대로 417 오토웨이타워 2F
등록번호	제2015-000186호

Preface

텝스는 1999년 제1회 TEPS 정기 시험을 시작으로 2018년 4월까지 한국의 영어 능력 시험으로 자리매김해왔습니다.

실질적으로 타 영어 시험들에 비해서 관련 분야나 어휘 법주가 광범위하고 시험 시간이 촉박해서 실력 발휘를 하는 데 어려움을 겪는 수험생들이 많았던 것도 사실입니다.

하지만 2018년 5월부터 시행되는 New TEPS는 문항수가 줄고 시간의 압박이 덜해지는 방식으로 새롭게 바뀌었습니다.

변화된 시험 방식이 부담스러울 수 있으나 바뀐 유형을 잘 파악하고 그에 맞게 잘 적응하면 노력한 만큼의 결과를 충분히 얻을 수 있을 거라 여겨집니다.

이를 위해서 〈영단기 New TEPS 보카〉는 New TEPS를 준비하는 수험생들의 낯섦과 부담을 덜어주고, 빠른 시일 내에 목표 점수를 달성할 수 있도록 도와주는 길잡이가 되기 위해 출간되었습니다.

한 페이지를 완벽히 암기하려고 하기보다는, 주제 별로 묶여진 어휘들을 반복적으로 묶어서 보다 보면 좀 더 포괄적으로 수월하게 텝스 시험에 맞는 어휘 실력을 쌓을 수 있습니다.

자신의 기본을 의심하며 불안해하지 말고 바로 여기서부터 시작하면 가장 빠를 수 있다는 것을 명심하세요!

이 정 임

Contents

30일 완성 커리큘럼

1. New TEPS 기출 단어 30일 완성

텝스 정기 고사에 출제되었거나 출제 가능성이 높은 단어들을 엄선하여 30일 이내에 텝스 보카를 정복할 수 있도록 구성했습니다.

목표 점수를 세우고 꾸준히 학습해 나가면 30일 후에는 놀랍게 향상된 단어 실력을 확인할 수 있을 거예요!

2. 효과적인 학습을 도와줄 나의 학습 노트

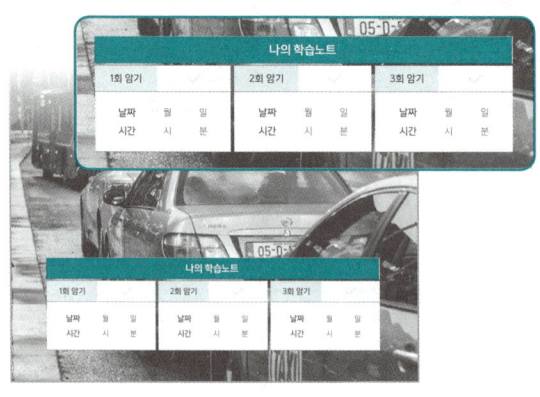

단어 공부는 반복 학습이 정말 중요합니다. 단어를 꼼꼼히 암기한 후 체크 박스에 표시하고, 다음 날과 그 다음 날까지 총 2번 이상 복습해보세요.

2~3번 반복하는 동안 몰랐던 단어들이 머릿속에 확실히 기억될 거예요!

쉽고 재미있게 어휘 암기

1. 들으면서 암기할 수 있는 QR 코드

단어 학습은 정확한 발음으로 학습해야 나중에 리스닝을 할 때도 암기한 단어가 잘 들립니다.

다운로드 할 필요 없이 QR 코드를 찍는 것만으로 어디서나 쉽게 들으면서 단어를 암기해보세요!

2. 쉬운 암기를 돕는 다양한 암기팁!

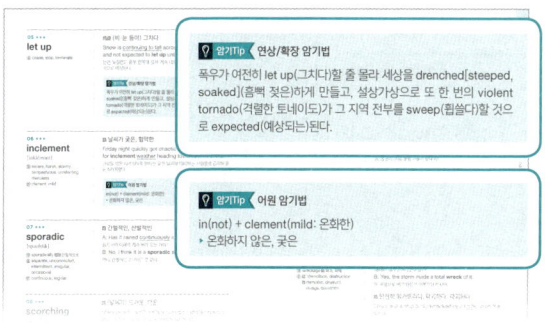

헷갈리는 단어들은 〈연상/확장 암기법〉의 스토리텔링을 읽어보기만 해도 저절로 쉽게 외워질 거예요!

어려운 단어는 어원의 뜻을 알면 단어를 쉽게 암기할 수 있어요.
〈어원 암기법〉으로 어원부터 학습해보세요.

3. 함께 외우면 더 쉬운 파생어 · 동의어 · 반의어

표제어뿐만 아니라 표제어와 관련된 파생어, 같은 의미의 동의어, 반대 의미의 반의어도 함께 학습해 보세요.

참고하면 좋은 단어는 α로 추가 수록했으니 여러 번 반복하며 어휘 실력을 키워보세요!

1. 빈출 기출 표현 수록

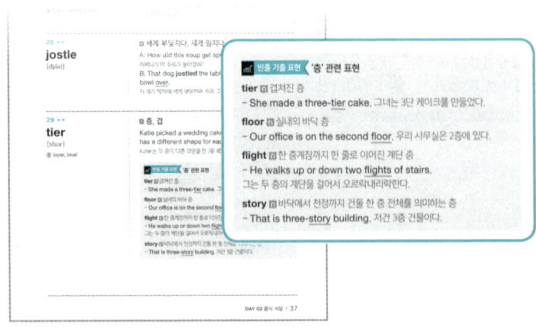

텝스에 자주 출제되는 어휘나 구문은 〈빈출 기출 표현〉에서 정리할 수 있어요.

〈빈출 기출 표현〉으로 한 번에 여러 개의 어휘를 암기해 보세요!

2. 매일 학습 내용을 체크하는 Daily Check-up

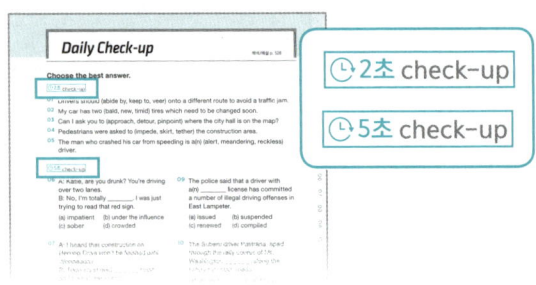

2초 Check-up과 5초 Check-up 문제로 매일 학습한 단어를 복습하고, 테스트 할 수 있습니다.

Daily Check-up을 통해 오늘의 학습 단어들을 제대로 암기했는지 꼭 체크해보세요.

3. New TEPS 형식의 Actual Test

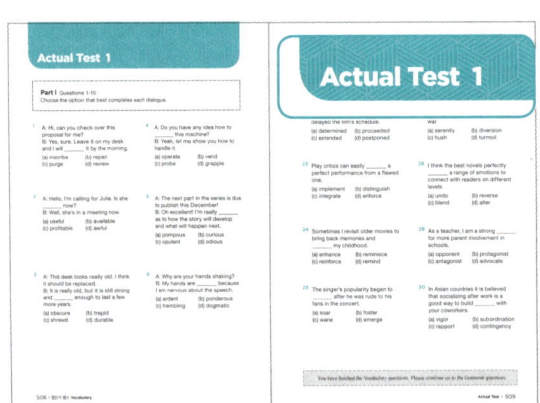

새롭게 바뀐 New TEPS 형식을 반영하여 Actual Test를 2회분 수록했습니다.

Actual Test를 통해 그동안 학습한 내용을 복습하고, 실전에 대비해보세요.

다양한 부가 자료

1. 목표 점수대별 어휘

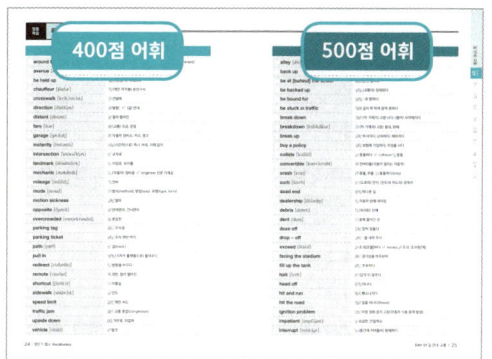

실전 목표 점수에 따라 목표 점수대별 어휘로 추가 어휘를 학습해 보세요.

단계별로 목표 점수를 높이며 모두 학습하다 보면 높은 점수에 도달할 수 있을 거예요!

2. 텝스 빈출 Idiom 300선

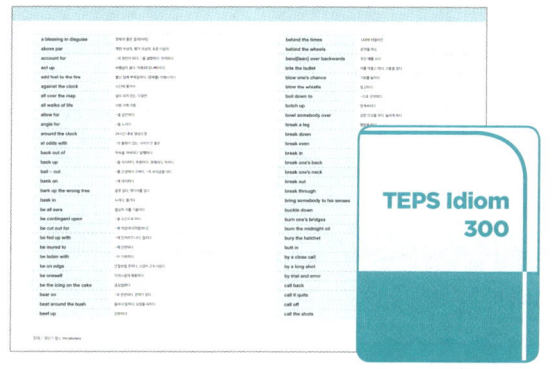

TEPS 시험에 자주 출제되는 Idiom을 한 번에 정리해보세요.

어휘뿐만 아니라 다양한 Idiom이 출제되는 텝스 시험에 효율적으로 대비할 수 있을거예요!

3. 한 눈에 찾아보는 Index

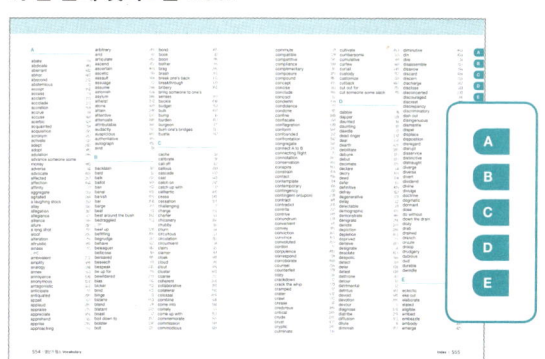

이 단어를 어디서 봤었는지, 예문은 무엇이었는지 다시 확인하고 싶다면 Index를 활용해보세요.

알파벳 순으로 정렬된 Index에서 해당 단어를 찾고, 해당 페이지로 다시 돌아가서 복습하면 끝!

TEPS 소개

TEPS란?

- TEPS(Test of English Proficiency developed by Seoul National University)는 서울대학교 언어교육원에서 개발하고, TEPS 관리위원회에서 주관하는 국가 공인 영어 시험이다.
- 1999년 1월에 제1회 정기시험이 시행되었으며 2018년 5월 제248회부터는 개정된 형태로 시행되고 있다.
- 정부 기관 및 기업의 직원 채용, 인사고과, 해외 파견 근무자 선발과 더불어 대학과 특목고 입학 및 졸업 자격 요건, 국가고시 및 자격 시험의 영어 대체 시험으로 활용된다.
- 말하기/쓰기 시험인 TEPS Speaking & Writing도 별도로 실시 중이며, 2009년 10월부터 이를 통합한 i-TEPS를 실시하고 있다.

TEPS 시험 응시 정보

| 현장 접수 |

1. www.teps.or.kr에서 인근 접수처 확인
2. 사전 TEPS 홈페이지 회원가입 필수
3. 준비물: 응시료 50,000원(현금만 가능)

| 인터넷 접수 |

1. www.teps.or.kr에서 접수 가능(39,000원)
2. 정기접수 기간을 놓친 경우 추가 접수 가능(42,000원)
3. 준비물: 스캔한 증명사진 파일, 응시료 결제를 위한 신용 카드 및 은행 계좌

TEPS 시험 당일 정보

1. **고사장 입실 완료**: 9시 30분(일요일) / 14시 30분(토요일)
2. **준비물**: 신분증, 컴퓨터용 사인펜, 수정테이프, 수험표, 시계
3. **유효한 신분증** ― 일반인, 대학생: 주민등록증(발급신청 확인서), 운전면허증, 기간 만료 전의 여권, 장애인 복지카드
   * 대학(원)생 학생증 사용 불가
   ― 초중고생: 학생증, 기간 만료 전의 여권, 청소년증(발급신청 확인서)
4. **시험 시간**: 105분 (중간에 쉬는 시간 없음, 각 영역별 제한 시간 엄수)
5. **성적 확인**: 약 1주 후 인터넷에서 조회 가능

TEPS 등급 체계

등급	점수	등급설명
1+	526~600	외국인으로서 최상급 수준의 의사소통능력 (Native Level of English Proficiency) 교양 있는 원어민에 버금가는 정도로 의사 소통이 가능하고 전문분야 업무에 대처할 수 있음
1	453~525	외국인으로서 최상급 수준에 근접한 의사소통능력 (Near-Native Level of Communicative Competence) 단기간 집중 교육을 받으면 대부분의 의사소통이 가능하고 전문분야 업무에 별 무리 없이 대처할 수 있음
2+	387~452	외국인으로서 상급 수준의 의사소통능력 (Advanced Level of Communicative Competence) 단기간 집중 교육을 받으면 일반 분야업무를 큰 어려움 없이 수행할 수 있음
2	327~386	외국인으로서 중상급 수준의 의사소통능력 (High Intermediate Level of Communicative Competence) 중장기간 집중 교육을 받으면 일반분야 업무를 큰 어려움 없이 수행할 수 있음
3+	268~326	외국인으로서 중급 수준의 의사소통능력 (Mid Intermediate Level of Communicative Competence) 중장기간 집중 교육을 받으면 한정된 분야의 업무를 큰 어려움 없이 수행할 수 있음
3	212~267	외국인으로서 중하급 수준의 의사소통능력(Low Intermediate Level of Communicative Competence) 중장기간 집중 교육을 받으면 한정된 분야의 업무를 다소 미흡하지만 큰 지장 없이 수행할 수 있음
4+	163~211	외국인으로서 하급수준의 의사소통능력 (Novice Level of Communicative Competence) 장기간의 집중 교육을 받으면 한정된 분야의 업무를 대체로 어렵게 수행할수 있음
4	111~162	
5+	55~110	외국인으로서 최하급 수준의 의사소통능력 (Near-Zero Level of Communicative Competence) 단편적인 지식만을 갖추고 있어 의사소통이 거의 불가능함
5	0~54	

New TEPS 알아보기

New TEPS는 청해와 독해 영역에 1지문 2문항 유형을 추가하여 다면적이고 종합적인 지문 이해 능력을 측정한다. 아울러 독해 영역에서는 이메일, 뉴스, 메신저 대화 등 지문 형식을 다양화하였다. 또한 최근 글쓰기 능력의 필요성이 점점 더 커지고 있음을 감안하여 어휘 영역과 문법 영역에서 이와 관련된 문항 비중을 확대하였다.

New TEPS 시험 구성 및 문제 유형

구분	문제유형	문항 수	제한 시간	점수 범위
청해 (Listening Comprehension)	**Part 1** 한 문장을 듣고 이어질 대화로 가장 적절한 답 고르기 (문장 1회 청취 후 선택지 1회 청취)	10	40분	0~240점
	Part 2 짧은 대화를 듣고 이어질 대화로 가장 적절한 답 고르기 (대화 1회 청취 후 선택지 1회 청취)	10		
	Part 3 긴 대화를 듣고 질문에 가장 적절한 답 고르기 (대화 및 질문 1회 청취 후 선택지 1회 청취)	10		
	Part 4 담화를 듣고 질문에 가장 적절한 답 고르기(1지문 1문항) (담화 및 질문 2회 청취 후 선택지 1회 청취)	6		
	🎧신유형 **Part 5** 담화를 듣고 질문에 가장 적절한 답 고르기(1지문 2문항) (담화 및 질문 2회 청취 후 선택지 1회 청취)	4		
어휘 (Vocabulary)	**Part 1** 대화문의 빈칸에 가장 적절한 어휘 고르기	10	**통합** 25분	0~60점
	Part 2 단문의 빈칸에 가장 적절한 어휘 고르기	20		
문법 (Grammar)	**Part 1** 대화문의 빈칸에 가장 적절한 답 고르기	10		0~60점
	Part 2 단문의 빈칸에 가장 적절한 답 고르기	15		
	Part 3 대화 및 문단에서 문법상 틀리거나 어색한 부분 고르기	5		
독해 (Reading Comprehension)	**Part 1** 지문을 읽고 빈칸에 가장 적절한 답 고르기	10	40분	0~240점
	Part 2 지문을 읽고 문맥상 어색한 내용 고르기	2		
	Part 3 지문을 읽고 질문에 가장 적절한 답 고르기(1지문 1문항)	13		
	🎧신유형 **Part 4** 지문을 읽고 질문에 가장 적절한 답 고르기(1지문 2문항)	10		
합계	14개 유형	135	105분	0~600점

New TEPS 변경 사항

| 일반적 변경 사항 |

- 각 영역의 문항 수 축소 (청해 40문항, 어휘 30문항, 문법 30문항, 독해 35문항, 총 135문항)
- 각 영역의 시험 시간 축소 (청해 약 40분, 어휘 및 문법 25분, 독해 40분, 총 약 105분)
- 총점 600점의 점수 체계로 변경

| 청해 영역 |

- Part 1, 2, 3, 4의 문항 수 축소
- Part 3의 대화 및 질문 청취 횟수가 2회에서 1회로 변경
- 1지문 2문항으로 구성된 Part 5 추가

| 어휘 영역/문법 영역 |

- Part별 문항 수 축소
- 영역 내 대화 문항 및 단문 문항 비율 변경
- 두 영역의 순서가 기존 '문법→어휘'에서 '어휘→문법'으로 변경
- 두 영역의 시험 시간을 통합하여 시행

| 독해 영역 |

- 1지문 2문항으로 구성된 Part 4 추가
- Part 1, 2, 3의 문항 수 축소
- 일부 지문에 실제를 반영하는 다양한 디자인 도입

DAY 01

길 안내·교통

'교통 체증, 우회(하다)' 등의 어휘가 자주 등장하며, 도로 명칭(curb, shoulder, crosswalk, sidewalk)과 길(path, trail, track)이나 차선(lane)을 지칭하는 어휘도 빈출이므로 잘 구분해 두자.

오늘의 단어 듣기
들으면서 암기하세요!

나의 학습노트

1회 암기			2회 암기			3회 암기		
날짜	월	일	날짜	월	일	날짜	월	일
시간	시	분	시간	시	분	시간	시	분

01 ★★★

detour

[díːtuər]

cf. make[take] a detour **phr** 우회
하다

v 우회하다

A: Delaware Street is blocked. Do you know where to **detour**?

Delaware 거리가 차단되었어. 어디로 우회해야 하는지 알아?

B: You can take Baily Road as an alternate route.

대체 노선으로 Baily 도로로 갈 수 있어.

n 우회(로)

Drivers in this area were advised to allow for some extra time to reach their destination because of the **detour**.

이 지역 운전자들에게 우회로 인해 목적지에 도달하는 데 추가 시간이 소요되는 것에 대한 양해를 구했다.

> **💡 암기Tip** 〈 어원 암기법
>
> de(away: 떨어져서) + tour(turn: 돌아가다)
> ▸ 떨어져 돌아가다 ▸ 우회하다

02 ★★★

give ~ a lift

⑤ give ~ a ride, drive

phr 태워다 주다

A: Can you **give** me **a lift** tomorrow morning?

내일 아침에 나 좀 태워다 줄 수 있어?

B: Sure, I can drive you to the airport. What time is your flight leaving?

물론, 공항까지 태워다 줄게. 비행기가 몇 시에 출발하는데?

03 ★★★

tether

[téðər]

반 untether **v** (밧줄·사슬을) 풀다
⑤ moor

v (밧줄이나 사슬로 동물이나 배를 말뚝이나 부두에) 묶어 두다 (to)

It is necessary to **tether** your boat to the dock with a rope, preventing it from floating away.

배가 떠내려가는 것을 막으려면, 배를 밧줄로 부두에 묶어 두는 것이 필수입니다.

> **⚓ 기출 포인트** 〈 '(부두에) 묶다' 관련 표현
>
> – The fisherman **tethered** the boat to the dock.
>   그 어부는 배를 부두에 묶었다.
> – Don't forget to **moor** the boat to the dock.
>   배를 부두에 묶는 것을 잊지 마세요.

04 ★★★

circumvent

[sə̀ːrkəmvént]

- 뗑 circumvention 🔟 우회
  circumventive 🄰 우회하는
- 통 1)go around, bypass
  2)evade, dodge, duck, avoid

🅥 1)다른 길로 돌아가다, 피해 가다; 2)(문제·어려움 등을) 회피하다

1)Drivers are asked to **circumvent** the area from 9 a.m. to 6 p.m. due to construction work.

공사로 인해, 운전자들은 오전 9시에서 오후 9시까지 그 지역을 피해 가야 한다.

2)President Trump said that interacting with the public directly through social media enables him to **circumvent** the media from twisting his words.

Trump 대통령은 직접 소셜 미디어를 통해 대중과 소통하는 것이 매체가 자신의 말을 왜곡하는 것을 피할 수 있게 한다고 말했다.

> 💡 **암기Tip** ❬ 어원 암기법
>
> circum(around: 주위로 돌아서) + vent(come: 오다)
> ▶ 돌아서 오다

05 ★★★

skirt

[skəːrt]

🅥 1)~의 가장자리를 지나가다; 2)(곤란·문제 등을) 회피하다, 무시하다

1)The new expressway **skirts** the town, which is expected to reduce traffic jams.

새 고속 도로는 그 마을 가를 지나는데, 이것이 교통 체증을 줄여줄 것으로 기대된다.

2)The senator continually tried to **skirt** controversial issues, shunning the interviewers' questions.

그 상원 의원은 회견 기자의 질문을 피하면서, 논란이 될만한 문제를 계속 회피하려고 했다.

06 ★★★

sober

[sóubər]

🄰 술에 취하지 않은, 맑은 정신의

A: You're going to be drunk. You'd better stop drinking.

너 취하겠다. 이제 그만 마시는 게 좋겠어.

B: Don't worry. I'm still **sober** enough to talk with people.

걱정하지 마. 난 여전히 사람들과 담소를 나눌 정도로 정신이 멀쩡해.

07 ★★★

reckless

[réklis]

(동) rash, imprudent, indiscreet, impetuous, hasty, foolhardy, unheeding, daredevil

a 부주의한, 경솔한, 무모한

LA Highway Patrol officers arrested a <u>rash</u> and **reckless** driver last Thursday thanks to several reports from the Orange County residents.
로스앤젤레스 고속 도로 순찰대원들은 지난 목요일에 오렌지 자치주 주민들의 몇 건의 신고 덕분에 무모하고 부주의한 운전자를 체포했다.

> 💡 암기Tip 〈 어원 암기법
>
> reck(care: 마음이 쓰이다) + less(without: 없이)
> ▸ 마음을 쓰지 않는 ▸ 부주의한, 경솔한

> 👆 기출 포인트
>
> reckless는 운전(자)을 수식하는 형용사로 자주 출제되며, 동의어 중에서는 특히 rash, imprudent, indiscreet, impetuous가 자주 등장한다.

08 ★★★

hassle

[hǽsl]

(동) n inconvenience, nuisance, annoyance, irritation
v bother, annoy, irritate, harass

n 성가신 일, 번거로운 일

A: My car <u>broke down</u> on the highway last night.
내 차가 어젯밤에 고속 도로에서 고장이 났어.
B: Oh, my! It must have been a **hassle**.
아이고! 성가신 일이었겠는걸.

v 성가시게 하다, 귀찮게 하다

A: Why don't we ask Roy to drive us to our place?
Roy한테 우리 집까지 태워다 달라고 하는 게 어때?
B: No, don't **hassle** him. He is going in the other direction.
아니, 그를 성가시게 하지 마. 그는 다른 방향으로 갈 거야.

09 ★★★

disrupt

[dìsrʌ́pt]

(파) disruption n 혼란; 붕괴

v 1)(교통·통신 등을) 혼란시키다, 두절시키다; 2)(국가·제도 등을) 붕괴시키다

1)A: Why is the bus so late today?
오늘 버스가 왜 이렇게 늦는 거지?
B: The bus service has been **disrupted** <u>due to icy roads</u>.
도로가 미끄러워서 버스 운행에 혼란이 있는 상태래.

10 ★★★
daunted

ⓐ undaunted ⓐ 흔들림 없는, 의연한
ⓢ timid, intimidated, discouraged

ⓐ 기죽은, 움츠러든, 겁먹은

A: Elaine failed her driving test again, but she doesn't seem **daunted**.
Elaine은 운전면허 시험에 또 떨어졌지만, 기죽은 것처럼 보이지 않아.

B: Yeah, she is not discouraged by such trivial things.
응, 그녀는 그런 사소한 것들에 낙담하지 않아.

---

11 ★★★
bump
[bʌmp]

ⓐ bumpy ⓐ (바닥이) 울퉁불퉁한;
   (항공) 난기류가 있는
ⓢ collide, crash

cf. bump into + 사람 PHR ~와
   우연히 마주치다(= run into,
   encounter, come across,
   meet ~by chance)

ⓥ (~을 …에) 부딪치다; 부딪치다 (into, against)

I **bumped** my car into a truck, but luckily there wasn't much damage.
내 차를 트럭에 부딪쳤지만, 다행히 큰 손상은 없었다.

A taxi driver **bumped** into a pedestrian and fled the scene.
택시 운전사가 보행자를 치고 현장에서 도주했다.

> 💡 암기Tip　연상/확장 암기법
>
> bumpy road(험한 길)나 bumpy flight(흔들리는 비행)에서 jolt(갑작스러운 흔들림)로 인해서 nauseous(속이 안 좋은)한 상태, 즉 motion sickness(멀미)가 날 수 있다.

---

12 ★★★
fork
[fɔːrk]

ⓥ (도로·길 등이) 갈라지다

A: Is this road divided into two directions?
이 도로는 두 방향으로 갈라져?

B: Yeah, it **forks** at the bottom of the hill.
응, 언덕 아래쪽에서 길이 갈라져.

ⓝ 갈림길

A: Which direction do I need to go after the road branches off?
도로가 갈라지고 나서 어느 방향으로 가야 해?

B: Take the right **fork**.
오른쪽 갈림길로 가.

---

13 ★★★
designate
[dézignit]

ⓝ designation ⓝ 지정, 지명

ⓥ 지정하다, 지명하다, 명명하다

It is illegal to park a car in a space **designated** for disabled people.
장애인들을 위해 지정된 공간에 차를 주차하는 것은 불법이다.

---

14 ★★★

hail

[heil]

cf. hail from phr ~출신이다

Ⓥ ¹⁾불러 세우다; ²⁾환호하다, 극찬하다; ³⁾우박이 내리다

¹⁾Thirty passengers marooned in Chevy Chase tried to **hail** a passing boat.
Chevy Chase에 고립된 30명의 승객들은 지나가는 배를 불러 세우려고 애썼다.

²⁾The K-pop fans at the airport **hailed** when Korean singers came through the entrance.
공항에 있던 케이팝 팬들은 한국 가수들이 입국장으로 들어서자 환호했다.

Ⓝ 우박

15 ★★★

cordon

[kɔ́:rdən]

cf. be cordoned off phr 저지선이 설치되다, 출입이 통제되다

Ⓥ (경찰이) 비상[경계]선을 치다

A: Do you know why the police cordoned off this area?
경찰이 왜 이 지역에 비상선을 쳤는지 알아?

B: The police are **restricting** public access to the area because of a big car accident.
대형 교통 사고 때문에 경찰이 그 지역에 일반인 출입을 통제하고 있어.

Ⓝ 비상[경계]선, 저지선

16 ★★★

crackdown

[krǽkdàun]

cf. crack down phr 엄중 단속하다

Ⓝ 엄중 단속

During the police's **crackdown** on using mobile phones at the wheel, many drivers got 6 penalty points and a fine of $150.
운전 중 휴대 전화 사용에 대한 경찰의 엄중 단속 동안에, 많은 운전자들이 6점의 벌점과 150달러의 벌금을 받았다.

17 ★★★

under the influence (of intoxicating liquor)

cf. DUI(driving under the influence) 음주 운전

phr 음주 상태에서

Car crashes caused by driving **under the influence** produce an estimated $45 billion cost in damages every year.

음주 운전으로 일어난 자동차 충돌 사고는 매년 약 450억 달러의 손해 비용을 양산한다.

> 📊 빈출 기출 표현 ⟩ under 관련 표현
>
> **under** the wire phr 아슬아슬한 마지막 순간에
> **under** the weather phr 몸이 좀 안 좋은
> **under** the guise of phr ~을 가장하여
> **under** the gun phr 스트레스를 많이 받는, 몹시 바빠

---

18 ★★★

veer

[viər]

(동) ⓥ shift, turn, change

ⓥ (갑자기) 방향을 바꾸다

A: Do we have to turn at the next intersection?
우리 다음 교차로에서 방향을 바꿔야 해?
B: Yeah, Just **veer** left where the road forks.
응, 도로가 갈라지는 곳에서 왼쪽으로 방향을 바꿔.

ⓝ (갑작스러운) 방향 변경

---

19 ★★★

suspend

[səspénd]

(파) suspension ⓝ 정학, 정직, 중지
suspense ⓝ (불안해하며 결과를 기다리는) 긴장감
(동) [1] cease
[2] defer

ⓥ [1] 중단[중지]하다; [2] 보류하다, 연기하다

[1] Your license will be **suspended** and you will be banned from driving for up to a year if you are caught speeding or drunk driving.

만약 당신이 과속이나 음주 운전으로 걸리면, 면허가 중지되어 최대 1년까지 운전이 금지될 것입니다.

> 💡 암기Tip ⟩ 어원 암기법
>
> sus=sur(over: 위에) + pend(hang: 매달리다)
> ▸ 공중에 매달리다 ▸ 중단하다, 보류하다

---

20 ★★

temerity

[təmérəti]

(파) temerarious ⓐ 대담한, 무모한
(동) audacity, effrontery, rashness, recklessness

ⓝ 대담함, 뻔뻔함, 무모함

A: I can't believe my son took my car out without telling me.
내 아들이 나한테 말도 없이 내 차를 가지고 나갔다니 믿을 수 없어.

B: Yeah, I'm wondering how he had the **temerity** to do that.
그러게, 어떻게 그렇게 할 대담함이 있었는지 나도 의아해.

> 💡 암기Tip 〈 **어원 암기법**
>
> temer(rash: 무모한) + ity(명접) ▸ 무모함

> 👆 기출 포인트
>
> '대담함, 뻔뻔함, 무모함'과 자연스럽게 연결되는 '용기, 배짱'이라는 의미의 guts와 nerve도 빈번히 출제되는 어휘이니 잘 알아 두어야 한다.
> – Telling the truth takes a lot of **guts[nerve]**.
>   진실을 말하는 데는 대단한 배짱이 필요하다.

---

21 ★★

terminate

[tə́ːrmənèit]

ⓐ terminal ⓝ 종착점
  ⓐ 종점의; 끝의

cf. term ⓝ 기간; 관계; 용어
  terminology ⓝ 전문 용어
  mid-term ⓐ 중간의, 중도의

ⓥ [1)]종점이 되다; [2)]끝내다, 종료하다; 끝나다

A: Where does this Metro line **terminate**?
이 도시 철도 노선은 어디가 종점이야?
B: This one ends at Kennedy International Airport.
이 노선은 Kennedy 국제 공항에서 끝나.

> 💡 암기Tip 〈 **어원 암기법**
>
> termin(limit, end: 끝) + ate(동접) ▸ 끝나게 하다

---

22 ★★

transfer

ⓥ [trænsfə́ːr]

ⓝ [trǽnsfəː]

ⓢ ⓥ [1)]switch
   [2)]put ~ through to,
      connect ~ to

ⓥ [1)]갈아타다; [2)]전화를 연결해 주다

[1)]If you want to go to city hall, you have to **transfer** to Line 3 at this stop.
시청으로 가시려면, 이번 역에서 3호선으로 갈아타셔야 합니다.

[2)]A: Hello, I'm **calling about** booking a vacation.
여보세요, 여행 예약 때문에 전화했는데요.
B: Wait a minute and I'll transfer you to an agent who can help you with that.
잠시만 기다리시면 예약을 도와드릴 수 있는 담당자를 연결해 드릴게요.

ⓝ 환승

> 💡 암기Tip 〈 **어원 암기법**
>
> trans(across: 너머로) + fer(carry: 나르다)
> ▸ 저쪽 너머로 위치를 옮기다 ▸ 갈아타다
> *cf.* **refer** (to) ⓥ 언급하다　　　**confer** ⓥ 전달하다
>   **infer** ⓥ 추론하다　　　**offer** ⓥ 제공하다

23 ★★

rear-end

cf. a head-on collision `phr` 정면
충돌

v (차의 뒷부분을) 들이받다, (차 따위가) 추돌하다

A man died after he **rear-ended** a <u>vehicle</u> which had stopped suddenly on Highway 99 just north of the city.

한 남자가 시 북쪽 99번 고속 도로에서 갑자기 멈춘 차량의 후미를 들이받은 후 사망했다.

a 후미의

> 🖑 **기출 포인트**
>
> 듣기 영역 Part 1, 2, 3의 자동차 사고 관련 대화에서 자주 등장한다.
> 'I was rear-ended today.'라고 하면 내 잘못인지, 아니면 상대의 잘못인지를 잘 파악하는 것이 중요하다.

24 ★★

meander

[miǽndər]

파 meandering **a** 구불구불한
(= sinuous, tortuous, winding, twining), 굽이쳐 흐르는

동 [1]wind, curve, bend, zigzag
[2]wander, ramble, roam, rove, hang around

v [1](강·도로 등이) 구불구불하다; [2](이리저리 길을) 거닐다, 배회하다

[1]A boat ramp allows access to the <u>winding</u> creeks that **meander** around Cedar Point Preserve.

선착장은 Cedar Point 수렵 금지 구역 주변을 구불구불 흐르는 굽은 개울에 접근할 수 있게 한다.

[2]A: About how long does it take to **meander** around the theme park?

그 테마 파크를 거니는 데 대략 얼마나 걸려?

B: It depends entirely on how much time you spend at each venue.

그건 전적으로 네가 각 장소에서 얼마나 많은 시간을 보내느냐에 달렸지.

25 ★★

pinpoint

[pínpòint]

동 locate, detect, spot

v 정확하게 위치를 찾다

A: Could you <u>tell me where</u> 6th Avenue is on this map?

6번가가 이 지도에서 어디쯤인지 말해 줄래?

B: No problem. I can **pinpoint** the location.

물론이지. 내가 그 위치를 정확하게 찾을 수 있어.

> 💡 **암기Tip** 어원 암기법
>
> pin(핀) + point(가리키다)
> ▶ 핀을 꽂아 가리키다 ▶ 정확하게 위치를 찾다

26 ★★

route

[ru:t]

cf. alternate route **phr** 대체 노선, 우회로

🔲 노선, 행로

Construction crews are asking drivers to avoid the area and take <u>alternate</u> **routes**, as delays are expected.

공사 인부들은 지체가 예상되기 때문에 운전자들에게 그 지역을 피해 다른 대체 노선을 택하도록 요청하고 있다.

🔹 기출 포인트

도로상에서 route는 전반적인 course, way, passage를 의미하며, line은 말 그대로 그어놓은 선 자체를 의미하는 차선, lane은 도로에서 차가 차지하는 한 공간을 의미하는 차선을 의미한다.

27 ★★

jolt

[dʒoult]

🔲 (갑작스러운 움직임으로) 거칠게 흔들어 놓다; (배나 차가) 갑자기 요동치다, 흔들리다

The passengers were abruptly **jolted** out of their seats when the bus had to <u>brake suddenly</u>.

버스가 갑자기 브레이크를 밟아야 했을 때, 승객들은 갑자기 좌석에서 흔들거렸다.

🔹 기출 포인트

과거에는 일 년에 1-2회 정도, 최근에는 2-3회 정도 어휘 영역에서 jolt가 정답으로 등장하고 있다. 정답 출제 빈도수가 늘고 있고, 듣기·독해 영역에도 자주 등장하니 꼭 알아 두어야 한다.

28 ★★

commute

[kəmjú:t]

cf. a messy commute **phr** 혼잡한 통근

🔲 통근하다

With New York being so expensive, a lot of people live in suburbs and **commute** <u>to work via subway</u>.

뉴욕은 물가가 매우 비싼 곳이기에, 많은 사람들이 교외에 살며 지하철로 직장에 통근한다.

🔲 통근 (거리)

A: How long is your average **commute** to school?
학교까지 평균 통학 거리가 얼마나 돼?
B: It usually takes 40 minutes <u>from my home to school</u> by bus.
집에서 학교까지 버스로 보통 40분 걸려.

💡 암기Tip ‹ 어원 암기법

com(together: 함께) + mute(change: 바꾸다)
▸ 집에서 회사로 위치를 바꾸다 ▸ 통근하다

29 ★★

bald

[bɔːld]

cf. bold ⓐ 대담한, 용감한

ⓐ 타이어가 닳아버린

The two front tires on your car are so **bald** that they need to be <u>replaced</u> immediately.

당신의 차 앞바퀴 두 개는 너무 닳아버려서 즉시 교체해야 합니다.

---

30 ★★

overturn

[óuvərtə̀ːrn]

ⓢ capsize, tip over, topple over, overthrow

ⓥ 뒤집다; 뒤집히다

<u>Strong winds</u> **overturned** a semi-trailer truck on Highway 57 near Parkersburg Wednesday night, leading to one fatality.

수요일 밤에 Parkersburg 근방 57번 고속 도로에서 강풍이 세미 트레일러 트럭을 뒤집었고, 그로 인해 사망자가 한 명 발생했다.

> 💡 암기Tip 〈 **어원 암기법**
>
> over(위로) + turn(roll: 돌다, 구르다)
> ▸ 위로 돌다 ▸ 뒤집다, 뒤집히다

---

31 ★

circuitous

[sərkjúːitəs]

ⓢ circular, roundabout
cf. a circuitous route ⓟʰʳ 우회로

ⓐ (노선·여정이) 우회하는, 돌아가는

A: Didn't it take a longer time to get back <u>due to the festival</u> being in the suburbs?

교외에서 열린 축제 때문에 돌아오는 데 시간이 더 걸리지 않았어?

B: No, not really, we took a **circuitous** route back to town.

아니, 별로, 우리는 도시로 돌아오는 우회로를 탔거든.

> 💡 암기Tip 〈 **어원 암기법**
>
> circuit(circle, go round: 돌아가다) + ous(형접) ▸ 돌아가는

---

32 ★

delay

[diléi]

ⓢ ⓥ postpone, put off, defer, hold off, procrastinate

ⓝ 지체, 지연

Commuters are expected to face a half-an-hour **delay** today <u>due to a car accident</u> on Main Street.

중심가에서 교통 사고가 나서 통근자들은 오늘 30분의 지체를 겪을 것으로 예상된다.

ⓥ 지체시키다, (시간을) 미루다

Train services running through this station will be **delayed** up to one hour <u>due to a railroad accident</u>.

이 역을 통과하는 기차 운행은 철도 사고로 인해서 최대 1시간까지 지연될 것이다.

Daily Check-up

해석/해설 p. 528

Choose the best answer.

⏱2초 check-up

01 Drivers should (abide by, keep to, veer) onto a different route to avoid a traffic jam.

02 My car has two (bald, new, timid) tires which need to be changed soon.

03 Can I ask you to (approach, detour, pinpoint) where the city hall is on the map?

04 Pedestrians were asked to (impede, skirt, tether) the construction area.

05 The man who crashed his car from speeding is a(n) (alert, meandering, reckless) driver.

⏱5초 check-up

06 A: Katie, are you drunk? You're driving over two lanes.
B: No, I'm totally _____. I was just trying to read that red sign.

(a) impatient   (b) under the influence
(c) sober   (d) crowded

07 A: I heard that construction on Herring Drive won't be finished until Wednesday.
B: Then we should _____ south and take Canal Avenue.

(a) dash   (b) undergo
(c) stop   (d) detour

08 A: Do you know how to get to the Modern Museum of Art?
B: You need to get out at the next stop and _____ to Line 2.

(a) transform   (b) transfer
(c) take   (d) continue

09 The police said that a driver with a(n) _____ license has committed a number of illegal driving offenses in East Lampeter.

(a) issued   (b) suspended
(c) renewed   (d) compiled

10 The Subaru driver Pastrana, sped through the rally course of Mt. Washington, _____ along the twisty mountain roads.

(a) meandering   (b) directing
(c) circumventing   (d) commuting

11 The Great Baddow parking lot was closed and _____ off by the police with tape due to two burnt-out cars.

(a) arrested   (b) restricted
(c) cordoned   (d) designated

12 The victim stated that the driver intentionally _____ into her with his vehicle.

(a) stroked   (b) bumped
(c) overturned   (d) outstripped

[정답] **01.** veer **02.** bald **03.** pinpoint **04.** skirt **05.** reckless **06.** (c) **07.** (d) **08.** (b) **09.** (b) **10.** (a) **11.** (c)
12. (b)

400점 어휘

around the corner	phr (거리상) 매우 가까운; (시간상) 매우 임박한(imminent)
avenue [ǽvənjùː]	n 대로
be held up	phr (교통이) 지체되다
chauffeur [ʃóufər]	n (개인 자가용) 운전기사
crosswalk [krɔ́(ː)swɔ̀ːk]	n 건널목
direction [dirékʃən]	n 방향; pl. (길) 안내
distant [dístənt]	a 멀리 떨어진
fare [fɛər]	n (교통) 요금, 운임
garage [gərάːʤ]	n 자동차 정비소; 차고, 창고
instantly [ínstəntli]	ad (시간적으로) 즉시, 바로, 지체 없이
intersection [ìntərsékʃən]	n 교차로
landmark [lǽndmὰːrk]	n 이정표, 표지물
mechanic [məkǽnik]	n (자동차) 정비공 cf. engineer 전문 기계공
mileage [máiliʤ]	n 연비
mode [moud]	n 방식(method), 방법(way), 유형(type, form)
motion sickness	phr 멀미
opposite [άpəzit]	a 반대편의, 건너편의
overcrowded [ouvərkraudid]	a 혼잡한
parking tag	phr 주차증
parking ticket	phr 주차 위반 딱지
path [pæθ]	n 길(track)
pull in	phr (기차가 플랫폼으로) 들어오다
redirect [rìːdərékt]	v 방향을 바꾸다
remote [rimóut]	a 외딴, 멀리 떨어진
shortcut [ʃɔ́ːrtkʌ̀t]	n 지름길
sidewalk [sáidwɔ̀ːk]	n 인도
speed limit	phr 제한 속도
traffic jam	phr 교통 혼잡(congestion)
upside down	ad 거꾸로, 뒤집혀
vehicle [víːikl]	n 탈것

500점 어휘	
alley [ǽli]	n (좁은) 골목
back up	phr ~을 지지하다; 후진하다, 카피하다
be at [behind] the wheel	phr 운전 중이다
be backed up	phr (교통이) 정체되다
be bound for	phr ~로 향하다
be stuck in traffic	phr 길이 꽉 막혀 꼼짝 못하다
break down	phr (차·기계가) 고장 나다; (몸이) 쇠약해지다
breakdown [bréikdàun]	n (차·기계의) 고장; 붕괴, 와해
break up	phr 부서지다, 난파하다; 헤어지다
buy a policy	phr 보험에 가입하다, 약정을 사다
collide [kəláid]	v 충돌하다 cf. collision n 충돌
convertible [kənvə́ːrtəbl]	n 컨버터블(지붕이 열리는 자동차)
crash [kræʃ]	n 충돌, 추돌 v 충돌하다(into)
curb [kəːrb]	n (도로의) 연석, (인도와 차도의) 경계석
dead end	phr 막다른 길
dealership [díːlərʃìp]	n 자동차 판매 대리점
debris [dəbríː]	n (파괴된) 잔해
dent [dent]	n 움푹 들어간 곳
doze off	phr 깜박 잠들다
drop ~ off	phr ~을 내려 주다
exceed [iksíːd]	v 초월[초월]하다 cf. excess n 초과, 초과량[액]
facing the stadium	phr 경기장을 마주보며
fill up the tank	phr 주유하다
halt [hɔːlt]	n (갑자기) 멈추다
head off	phr 떠나다
hit and run	phr 뺑소니치다
hit the road	phr 길을 떠나다(leave)
ignition problem	phr 차량 점화 장치 고장(자동차 시동 문제 발생)
impatient [impéiʃənt]	a 성급한, 안달하는
interrupt [ìntərʌ́pt]	v (중간에 끼어들어) 방해하다

목표 점수대별 어휘

500점 어휘

investigation [invèstəgéiʃən]	n 수사, (경찰) 조사
isolated [áisəlèitid]	a 외진, 외딴, 인적이 드문
jaywalk [ʤéiwɔ̀ːk]	v 무단 횡단하다
jump the cable	phr (배터리 방전된 차량을 케이블로 연결해) 충전을 시켜 시동을 걸다
locate [lóukeit]	v 위치를 정하다; ~의 위치를 찾다 cf. location n 위치, 장소
lubricate an engine	phr 엔진에 기름칠을 하다
merge [məːrdʒ]	v (도로가) 합류되다 (into)
on one's way home	phr 집에 오는 길에
patch a tire	phr 타이어를 때우다
pedestrian [pədéstriən]	n 보행자
pick up	phr ~을 태워가다; ~을 사다; (주가 등의 수치가) 상승하다, 향상되다; (바람의 강도가) 상승하다
pull over (a car)	phr 차를 길가에 세우다
pull up (a car)	phr 차를 세우다
puncture [pʌ́ŋktʃər]	n (타이어에 난) 펑크 v 펑크를 내다; (기분·감정을) 망치다
queue [kjuː]	n (차례를 기다리는 사람·버스 등의) 행렬, 줄 v 일렬로 줄을 서다
registration [rèdʒistréiʃən]	n (자동차) 등록 증명서
relocate [riloukéit]	v 위치를 옮기다, 이전시키다
replace a tire	phr 타이어를 교체하다
run after	phr ~을 뒤쫓다
run a red light	phr (운전 시) 정지 신호를 무시하고 달리다
run out	phr (배터리가) 방전되다; (시간이) 다 되다
run over	phr (사람·동물을) 치다
salvage [sǽlvidʒ]	v 구조하다 n 구조
shoulder [ʃóuldər]	n (도로의) 갓길
smash [smæʃ]	v 박살 나다; 박살 내다 cf. a smash hit phr 대성공
take the wheel	phr (차를) 운전하다
tow [tou]	v (차·배 등을) 견인하다 n 견인
transport [trǽnspɔ̀ːrt]	v 수송하다, 운송하다 cf. transportation n 교통 수단
valid [vǽlid]	a 유효한
validate parking	phr 주차권을 인증하다[확인하다]

600점 어휘

be in one's way	phr 길을 막다, 방해하다
broadside [brɔ́ːdsàid]	v (뱃전을 ~으로) 돌리고 나아가다
capsize [kǽpsaiz]	v (배가) 뒤집히다; (배를) 뒤집다
deviate [díːvièit]	v (노선에서) 벗어나다(from), 일탈하다
diverge [divə́ːrdʒ]	v 갈라지다, 나뉘다; (예상·계획 등에서) 벗어나다 (from)
dodge [dɑdʒ]	v (재빨리) 피하다
encumber [inkʌ́mbər]	v 지장을 주다, 폐를 끼치다
fender bender	phr 가벼운 차 사고
ford [fɔːrd]	v (강·개울 등을) 건너다 n 여울, 얕은 개울
fritz out	phr (기계류가) 고장 나다
gallop [gǽləp]	v (말처럼 빠른 속도로) 질주하다; 전속력으로 (말을) 달리다
glitch [glitʃ]	n 기계 결함, 기능 장애 v 고장[문제·이상]을 일으키다
hamper [hǽmpər]	v 저해하다, 방해하다
heads-up	n (미리 주는) 경고, 귀띔(tip-off), 제보
hijack [háidʒæ̀k]	v (트럭, 특히 항공기를) 납치하다, 훔치다
hinder [híndər]	v 방해하다
hit the brakes	phr 브레이크를 밟다
impede [impíːd]	v 방해하다
interfere [ìntərfíər]	v 방해하다, 끼어들다
on the fritz	phr 고장 난
overhaul the engine	phr 엔진을 점검하다
ramp [ræmp]	n (입체 교차로나 건물 입구의) 경사로(slope)
skid [skid]	v (차량이 샛길로) 미끄러지다
stall [stɔːl]	v (엔진이) 꺼지다, 작동을 멈추다; 멈추게 하다
steer [stiər]	v (자동차·배 등의) 키를 조정하다, 방향을 잡다
step on the brakes	phr 브레이크를 밟다
stranded [strǽndid]	a 발이 묶인, 꼼짝 못하는, 고립된(marooned)
swerve [swəːrv]	v (차량이) 갑자기 방향을 틀다
tailgate [téilgèit]	v 앞차의 뒤에 바짝 붙어서 위험하게 운전하다
upend [ʌpénd]	v (위아래를) 거꾸로 하다, 뒤집다

DAY 02

음식·식당

빵, 우유, 커피 등의 음식이 자주 등장한다. '음식이 오래된, 상한, 유통 기한이 지난, 커피가 진한' 등의 형용사나 맛이나 음식 냄새를 표현하는 형용사가 빈출 표현이며, '게걸스럽게 먹다' 등의 동사도 빈출 표현이다.

오늘의 단어 듣기
들으면서 암기하세요!

나의 학습노트

1회 암기			2회 암기			3회 암기		
날짜	월	일	날짜	월	일	날짜	월	일
시간	시	분	시간	시	분	시간	시	분

01 ★★★

delectable

[diléktəbl]

(반) undelectable a 맛없는
(동) delicious, palatable

ⓐ 맛있는

A: I hope his parents will like my cheesecake.
그의 부모님께서 내 치즈 케이크를 좋아하셨으면 좋겠어.
B: I'm sure they will. Everyone that <u>tasted</u> it told you it is very **delectable**.
분명 그러실 거야. 이 케이크를 맛본 사람들 모두 정말 맛있다고 했잖아.

> 💡 암기Tip ‹ 어원 암기법
>
> delecta(delight: 기분 좋게 하다) + ble(할 수 있는)
> ▶ 기분 좋게 할 수 있는 ▶ 맛있는

02 ★★★

bland

[blænd]

cf. blend ⓥ 섞다

ⓐ (음식) 맛이 없는, 싱거운, 담백한

A: I don't think I'll come back to this place. The food is so <u>tasteless</u>.
이곳엔 다시 안 올듯해. 음식이 너무 맛이 없어.
B: Definitely, this stew tastes so **bland**. This will be my last time here.
확실히, 이 스튜는 아무 맛이 없어. 오늘이 여기 오는 마지막일거야.

> 🖐 기출 포인트
>
> 음식이 나오는 상황에서 bland는 보통 부정적인 '맛없는'의 의미로 출제된다. 그 외에도 날씨와 연관해서는 온화한(mild), 이야기나 글에서는 지루한(boring), 감동 없는(unmoved)의 의미로 쓰일 수 있음을 기억해 두자.
> - a **bland** diet `phr` (자극이 없는) 담백한 식사
> - a **bland** sauce `phr` (맛이 없는) 밋밋한 소스
> - a **bland** breeze `phr` 온화한 미풍
> - a **bland** story `phr` (재미없는) 지루한 이야기

03 ★★★

fix dinner

cf. fix a meal `phr` 식사를 준비하다
fix coffee `phr` 커피를 준비하다
[끓이다]

`phr` 저녁을 만들다[준비하다]

A: Would you like me to **fix dinner** for you?
내가 저녁 만들어 줄까?
B: Well, I don't have many <u>ingredients</u>.
음, 재료가 많지 않은데.

> 🖐 기출 포인트
>
> 동사 fix는 가장 일반적인 쓰임인 '(고장 난 물건을) 수리하다, 고치다' 또는 '(물건을 특정 자리에) 고정시키다'의 의미로 출제되며, 특히 '시간이나 날짜를 정하다(fix a day)'라는 의미가 어휘 Part 1 또는 청해 Part 1, 2, 3에 자주 등장한다.

04 ★★★
grab a bite

cf. grab a sandwich phr 간단히
샌드위치를 먹다
grab a beer phr 간단히 맥주 한
잔하다

phr 간단히 먹다

A: We have only one hour left before the presentation, but I'm kind of <u>starving</u>.
발표 전까지 1시간밖에 안 남았는데, 배가 좀 고프다.
B: Let's **grab a bite** at the Salley's sandwich shop downstairs.
그럼 아래층 Salley's 샌드위치 가게에서 간단히 먹자.

05 ★★★
retain
[ritéin]

파 retention n 보유, 보존

v 보유하다, 계속 지니다

Steaming vegetables in a microwave is a better way to **retain** <u>more nutrients</u> than boiling them in water.
채소를 전자레인지에 찌는 것은 물에 끓이는 것보다 더 많은 영양소를 지킬 수 있는 더 좋은 방법이다.

> 💡 암기Tip 〈 어원 암기법
>
> re(back) + tain(hold: 잡다)
> ▸ 나가지 못하게 잡아두다 ▸ 보유하다
> *cf)* con**tain** v 함유하다, 포함하다   per**tain** v ~에 속하다, ~에 관련되다
> sus**tain** v 지탱하다, 버티다   main**tain** v 유지하다

06 ★★★
shun
[ʃʌn]

유 dodge, evade, eschew, avoid, elude, escape

v 피하다

A: Which do you <u>prefer</u>, pork or beef?
돼지고기와 소고기 중에 어느 게 더 좋아?
B: Actually, I'm **shunning** eating meat to become a vegetarian.
사실, 나는 채식주의자가 되려고 육류 섭취를 피하고 있어.

07 ★★★
soggy
[sɑ́gi]

유 1)soaked, sodden, damp
2)dull, spiritless, stupid, heavy

a 1)눅눅한, 질퍽한; 2)재미없는, 따분한, 무거운, 처지는

1)A: I prefer eating chocolate cookies <u>soaked</u> in milk.
난 초콜릿 쿠키를 우유에 적셔 먹는 걸 좋아해.
B: Actually, they get too **soggy**. I prefer them to be crunchy.
실제론, 너무 눅눅해질 텐데. 나는 바삭바삭한 게 더 좋거든.

2)My son prefers <u>fresh</u> cookbooks to **soggy** novels.
내 아들은 재미없는 소설보다는 새로운 요리책을 선호한다.

08 ★★★

potent

[póutənt]

cf. strong coffee `phr` 진한 커피
weak coffee `phr` 연한 커피

ⓐ (술·차 등이) 진한, 강한

The **potent** coffee called black insomnia is the perfect coffee for people who prefer a <u>strong</u> taste.

블랙 수면제라 불리는 진한 커피는 강한 맛을 선호하는 사람에게 완벽한 커피이다.

---

09 ★★★

garnish

[gáːrniʃ]

ⓢ **ⓥ** adorn, decorate, embellish
ⓝ adornment, decoration, embellishment

ⓥ (요리에) 고명을 얹다 (with), 곁들이다, 장식하다

A: How should I <u>decorate</u> this potato soup?

이 감자 수프를 어떻게 장식해야 할까?

B: You can **garnish** it with chopped parsley.

다진 파슬리로 고명을 얹어 봐.

ⓝ (요리) 고명, 곁들임, 장식, 꾸밈

Serve fish with a <u>lemon slice</u> as a **garnish** rather than <u>tartar sauce</u> for a low-fat diet.

저지방 식단을 위해서, 생선은 고명으로 타르타르 소스보다는 레몬 조각을 제공하세요.

---

10 ★★★

devour

[diváuər]

ⓢ engulf, gorge, ingurgitate

ⓥ 게걸스럽게 먹다

James was so <u>starving</u> that he **devoured** his meal like a vacuum.

James는 몹시 배가 고파서 진공청소기처럼 게걸스럽게 밥을 먹었다.

> 💡 암기Tip ‹ **어원 암기법**
>
> de(down: 아래로) + vour=vora(eat up: 다 먹다)
> ▸ 다 먹어 버리다 ▸ 게걸스럽게 먹다

---

11 ★★★

dilute

[dilúːt] [dailúːt]

ⓥ 희석하다

A: Excuse me, this coffee is <u>too strong</u> for me.

저기요, 이 커피가 저한테는 너무 진한데요.

B: You can add some water to **dilute** it.

물을 더 부어서 희석하실 수 있습니다.

> 💡 암기Tip ‹ **어원 암기법**
>
> di=dis(apart: 분리되어) + lute(water: 물)
> ▸ 액체를 분리시키다, 흩어지게 하다 ▸ 연하게 하다

[☝] 기출 포인트

액체의 농도가 진한 경우 물을 부어 희석시키는 상황에 자주 출제된다. 특히 커피가 소재로 나올 때 potent(진한)와 더불어 자주 등장한다. '부패한 빵, 유통 기한이 지난 우유, 진한 커피' 등은 기본 빈출 소재이다.

---

12 ★★★

detrimental

[dètrəméntəl]

[동] harmful, damaging

[a] 해로운

A: Why don't you try this tiramisu cake?

이 티라미수 케이크 좀 먹어 볼래?

B: Actually, my doctor said sweet desserts are **detrimental** to my health, increasing the risk of diabetes.

사실, 의사가 달콤한 디저트는 당뇨의 위험을 증가시켜서 내 건강에 해롭다고 했어.

---

13 ★★★

concoct

[kankάkt]

[파] concoction [n] 조합, 꾸며낸 이야기

[동] 1)combine, unite, put together 2)contrive, make up, invent

[v] 1)(요리에서) 여러 가지 재료를 조합해서 만들다; 2)(글·이야기 등을) 고안하다, 짜내다

1)My colleague, Liz, **concocted** a delicious dinner from all kinds of leftovers in the refrigerator for hungry coworkers.

나의 동료 Liz는 배고픈 동료들을 위해 냉장고에 있는 온갖 남은 음식을 조합해서 맛있는 저녁을 만들어 줬다.

2)It is alleged that the football player offered hyperbole or **concocted** tales of opponents to defend himself against criticism.

그 미식축구 선수는 자신이 비난 받지 않으려고 상대에 대해 과장을 하거나 얘기를 지어냈다고 알려진다.

[💡] 암기Tip 어원 암기법

con(together: 함께) + coc(boil, cook: 끓이다, 요리하다)
▸ 다 합쳐 요리하다, 다 합쳐 만들어 내다

---

14 ★★★

assuage

[əswéidʒ]

[동] allay, appease, relieve, mitigate

[v] (식욕 등을) 채우다, 완화시키다, 달래다

A: I'm kind of peckish now.

나 지금 좀 출출한데.

B: Why don't we grab some sandwiches to **assuage** our hunger before leaving?

출발하기 전에 허기를 달래기 위해 간단히 샌드위치를 먹는 게 어때?

15 ★★★

binge

[bindʒ]

ⓢ ⓝ spree, orgy
cf. a binge drinker **phr** 술고래
    binge drinking **phr** 폭음
    binge eating **phr** 폭식

ⓥ 폭식[폭음]하다 (on)

Drinking plenty of water prevents <u>overeating</u> and stops **binging** on snacks.
물을 많이 마시는 것은 과식을 예방하고 간식을 폭식하는 것을 막아준다.

ⓝ 폭음, 폭식, 흥청망청하기

📈 **빈출 기출 표현** 〈 '음료(물, 술)를 마시다'

imbibe **ⓥ** (액체를) 마시다; (물·빛·열을) 흡수하다
sip **ⓥ** 조금씩 마시다[흡수하다]
gulp **ⓥ** 꿀꺽꿀꺽 마시다, 벌컥벌컥 마시다
guzzle **ⓥ** 마구 마시다, 진탕 마시다
quaff **ⓥ** 벌컥벌컥 마시다
quench one's thirst **ⓥ** 갈증을 풀다

16 ★★★

abstemious

[əbstíːmiəs]

ⓢ abstinent, temperate,
   ascetic, moderate, sparing
cf. abstain (from) **ⓥ** ~을 삼가다

ⓐ (식사·음주 등을) 자제하는, 절제하는, 금욕적인

In contrast to Yeltsin's <u>alcohol dependent</u> personality, Putin is controlled and **abstemious** when it comes to drinking.
Yeltsin의 알코올 의존적인 성향과는 상반되게, Putin은 술 마시는 것에 관한 한 자제하고 절제한다.

📈 **빈출 기출 표현** 〈 '술을 삼가다' 관련 표현

abstain from alcohol   refrain from alcohol
shun drinking alcohol   avoid drinking alcohol

17 ★★★

epicure

[épəkjùər]

- (파) epicurean ⓐ 미식가의, 쾌락주의의, 향락주의의 ⓝ 미식가
- (동) gourmet

ⓝ 미식가, 식도락가

Our traditional Italian restaurant serves great food and wine that would appeal to any professional chefs and **epicures** who have a <u>refined taste</u>.

우리 이탈리아 전통 식당은 전문 요리사들과 예리한 입맛을 지닌 미식가들을 만족시킨 멋진 요리와 와인을 제공한다.

---

18 ★★★

expiration

[èkspəréiʃən]

- (파) expire ⓥ 만료되다(terminate); 숨을 내쉬다(exhale); 숨이 다하다(die)

ⓝ 유통 기한, 만료, 만기

A: Is this milk still okay to use?

이 우유 아직 써도 괜찮아?

B: Even though it's past its **expiration** date, one or two days after is <u>still OK</u>.

유통 기한은 지났지만, 하루 이틀 지난 건 아직 괜찮아.

> 💡 **암기Tip** 〈 **어원 암기법**
>
> ex(out: 다하다) + pire(breathe: 숨 쉬다) + ation(명접)
> ▶ 숨이 다하게 됨, 끝, 죽음 ▶ 유통 기한, 만료

> 📊 **빈출 기출 표현** 〈 '~이 지난' 관련 표현
>
> expired ⓐ 음식의 유통 기한이 지난, 카드나 면허증이 만료된
> overdue ⓐ 요금 지불·대출 반납 기간이 지난
> delayed ⓐ 예정된 시간보다 지체된, 늦어진

---

19 ★★

replace

[ripléis]

- (파) replacement ⓝ 대체(품)
- (동) substitute, take the place of, supersede

ⓥ 대체하다 (A with B)

You can **replace** sour cream with low-fat sour cream <u>to make it healthier</u>.

더 건강하게 만들고 싶으시면, 사워크림을 저지방 사워크림으로 대체할 수 있습니다.

> 👆 **기출 포인트**
>
> '대체[대신]하다'라는 의미의 동사는 replace와 substitute가 있는데, 연결되는 전치사가 다르므로 혼동하지 않게 전치사와 같이 잘 기억해 두어야 한다.
> – **replace A with B** A를 B로 대체하다 (B 선택)
> – **substitute A for B** B 대신에 A를 쓰다 (A 선택)

20 ★★

flavor

[fléivər]

파 flavored ⓐ (~의) 맛이 나는
동 ⓝ ⓥ savor, taste

ⓝ ¹⁾맛, 풍미; ²⁾(고어) 향

¹⁾A: Why don't you have some of that <u>vanilla chocolate pudding</u> that you like?
네가 좋아하는 바닐라 초콜릿 푸딩 좀 먹을래?
B: Sure. That's my favorite **flavor**.
좋아. 그거 내가 아주 좋아하는 맛이지.

ⓥ 맛을 내다; 맛이 나다

Many celebrity chefs use a special blend of spices to **flavor** <u>their dishes</u>.
많은 유명 요리사들은 요리에 맛을 내기 위해 특별한 양념 혼합물을 사용한다.

21 ★★

rigorous

[rígərəs]

동 rigid, strict, stringent, exacting, restrictive, harsh, severe, stiff, unyielding

ⓐ 엄격한

A: Would you like some cheesecake for dessert?
디저트로 치즈 케이크 좀 먹을래?
B: Thanks, but I shouldn't. I've been on a **rigorous diet** since last week.
고맙지만, 먹으면 안 돼. 지난주부터 엄격한 식이 요법 중이거든.

> 🖐 **기출 포인트**
>
> '규율, 규칙, 법규, 원칙' 등을 수식하는 형용사는 '엄격한'이라는 단어가 거의 정답이라고 해도 과언이 아니다. 동의어인 rigid, strict, stringent, exacting도 자주 출제되는 형용사이니 꼭 기억해 두어야 한다.

22 ★★

voracious

[vɔːréiʃəs]

동 ravenous, rapacious, insatiable
cf. veracious ⓐ 정직한, 진실한
vociferous ⓐ 요란한, 소란스러운

ⓐ 식욕이 왕성한, (음식에) 게걸스러운, 탐욕스러운

Canada and the United States vie to satisfy China's **voracious** <u>appetite</u> for pork.
캐나다와 미국은 중국의 돼지고기에 대한 왕성한 식욕을 충족시키려고 경쟁하고 있다.

23 ★★

complimentary

[kàmpləméntəri]

(파) compliment 🆅 칭찬하다
ⁿ 칭찬, 찬사

(동) ¹⁾on the house, courtesy, gratuitous, free, for nothing
²⁾laudatory, eulogistic, commendatory

cf. complementary ⓐ 상호 보완적인

ⓐ ¹⁾무료의; ²⁾칭찬하는

¹⁾A: Excuse me, is this hot chocolate **complimentary**?
저기요, 이 코코아 무료인가요?
B: Yes. All the drinks and snacks are on the house.
네, 모든 음료와 간식은 무료로 제공됩니다.

²⁾Utah Jazz fans! Thanks for all your cheering and **complimentary** words.
Utah Jazz 팬 여러분! 여러분의 모든 응원과 격려의 말씀 감사합니다.

> 💡 **암기Tip** 〈 연상/확장 암기법
>
> potential(잠재적인) 고객들에게 1년의 warranty(품질 보증서)와 상담만 받아도 complimentary(무료의) 상품을 제공하는 홍보 strategy(전략)가 있다.

> 📈 **빈출 기출 표현** 〈 '무료의' 관련 표현
>
> complimentary ⓐ 무료의, 우대의
> courtesy ⓐ (버스·승용차 등이) 무료의, 서비스의
> gratuitous ⓐ 무료의, 무보수의
> on the house ⓐ (술집이나 식당에서 술·음식이) 무료[서비스]로 제공되는

24 ★★

surge

[sə:rdʒ]

(동) rush, sweep, swelling, increase, burst

ⁿ 급격한 상승, 치밀어 오름

Experts predict that poor diets due to severe food shortages will lead to a **surge** in malnutrition in the next decade.
전문가들은 심각한 식량 부족으로 인한 형편없는 식단이 앞으로 10년 후 영양 결핍의 급격한 상승을 가져올 것으로 예측한다.

25 ★★

last

[læst]

cf. at last 🄿🄷🅁 드디어, 마침내
of late 🄿🄷🅁 최근에

🆅 (일정 기간) 버티게 하다, 살아남게 하다, 지속되다

A: Look at this food my mom bought today.
오늘 우리 엄마가 사온 이 식품 좀 봐.
B: Wow, it will be enough to **last** you for a whole month.
우와, 너 꼬박 한 달은 버틸 수 있겠다.

26 ★★

grimace

[gríməs]

ⁿ 얼굴 찡그림

A: I don't think Henry is delighted with his meal.
Henry가 식사를 좋아하는 것 같지 않아.

B: Yes. He has a **grimace** on his face.
그러게. 얼굴을 찡그리네.

[v] 얼굴을 찡그리다

James **grimaced** with disappointment as soon as he tried the food I had made for him.
James는 내가 그를 위해 만든 음식을 맛보자마자 실망감으로 얼굴을 찡그렸다.

---

27 ★★

prompt

[prɑmpt]

[동] quick, speedy, swift

[a] 지체 없는, 신속한

Our restaurant has a small device with buttons on each table for quick and **prompt** service.
우리 식당은 신속하고 지체 없는 서비스를 위해 테이블마다 버튼이 있는 작은 장치를 두고 있다.

---

28 ★★

jostle

[dʒɑ́sl]

[v] 세게 부딪치다, 세게 밀치다

A: How did this soup get spilled?
어쩌다가 이 수프가 쏟아졌어?
B: That dog **jostled** the table, knocking the soup bowl over.
저 개가 탁자에 세게 부딪치며, 수프 그릇을 뒤엎었어.

---

29 ★★

tier

[tɑ́iər]

[동] layer, level

[n] 층, 겹

Katie picked a wedding cake with seven **tiers** which has a different shape for each layer.
Katie는 각 층이 다른 모양을 한 7층 웨딩 케이크를 골랐다.

빈출 기출 표현 '층' 관련 표현

tier [n] 겹쳐진 층
- She made a three-tier cake. 그녀는 3단 케이크를 만들었다.

floor [n] 실내의 바닥 층
- Our office is on the second floor. 우리 사무실은 2층에 있다.

flight [n] 한 층계참까지 한 줄로 이어진 계단 층
- He walks up or down two flights of stairs.
그는 두 층의 계단을 걸어서 오르락내리락한다.

story [n] 바닥에서 천정까지 건물 한 층 전체를 의미하는 층
- That is three-story building. 저건 3층 건물이다.

30 ★★

stale

[steil]

图 [1]vapid, insipid, flat
[2]musty

ⓐ [1](빵·케이크 또는 음료가) 신선하지 않은, 오래된, 김 빠진; [2](공기 등이) 퀴퀴한

[1]There are several tips you can do to transform **stale** bread into something so <u>delicious</u>, such as putting it in pudding or making croutons for a salad.

오래된 빵을 맛있는 것으로 바꾸기 위해서 빵을 푸딩에 넣거나 샐러드용 크루톤을 만드는 것과 같은 당신이 할 수 있는 몇 가지 방법이 있습니다.

> 👆 기출 포인트
>
> 주로 빵이나 우유가 소재로 등장할 때 빈출되는 형용사는 stale(오래된), expired(유통 기한이 지난), moldy(곰팡이 핀) 등이 있다.

31 ★

cache

[kæʃ]

图 hide, conceal

ⓥ 숨기다, 은닉하다

A: I'm so hungry, but <u>there is nothing</u> in our break room.

나 몹시 배가 고픈데, 우리 휴게실에 아무것도 없어.

B: Well, there are some cookies I **cached** away for a special occasion.

사실, 특별한 경우를 대비해 내가 따로 숨겨둔 쿠키가 조금 있어.

Daily Check-up

해석/해설 p. 528

Choose the best answer.

⏱ 2초 check-up

01 Please stop by our ice-cream parlor and try our (delectable, culinary, detrimental) ice cream.

02 This beef stock is so tasteless and (blend, brand, bland) for me.

03 I ordered a three-(flight, tier, floor) cheesecake for my friend's birthday.

04 Blue Bell will release another smoothie (flavor, epicure, glutton) on Thursday.

05 It is a common conception that lumberjacks have (vociferous, voracious, veracious) appetites.

⏱ 5초 check-up

06 A: This cold brew coffee tastes extremely potent.
B: Well, you can _____ it by adding some more water.

(a) broil   (b) blend
(c) dilute   (d) savor

07 A: You shouldn't drink that many energy drinks in a day.
B: Yes, I know. Too much caffeine is _____ to my health.

(a) detrimental (b) reasonable
(c) beneficial   (d) delectable

08 A: Hey, can I eat some of this muffin?
B: Hmm, I don't think it's a good idea. It's two weeks old and going _____.

(a) fresh   (b) stale
(c) greasy   (d) crispy

09 My mom usually likes to _____ baked banana bread with peanut butter to make it look more appetizing.

(a) spread   (b) garnish
(c) gloss   (d) brew

10 Guests who take the winery tour can sample _____ wines which are on the house and enjoy local goods at St. James Vineyard.

(a) complementary (b) complacent
(c) complimentary (d) compulsory

11 The experimental chef put a number of strange ingredients in the soup and something utterly inedible.

(a) condemned (b) seared
(c) provoked   (d) concocted

12 Some people eat junk food all the time and stay thin, while others continue to gain weight no matter how _____ they try to be.

(a) abstemious (b) devouring
(c) appalling   (d) voluptuous

[정답] **01.** delectable   **02.** bland   **03.** tier   **04.** flavor   **05.** voracious   **06.** (c)   **07.** (a)   **08.** (b)   **09.** (b)   **10.** (c)   **11.** (d)
12. (a)

목표 점수대별 어휘

400점 어휘

bake [beik]	v 굽다
canned [kænd]	a 통조림으로 된
chop [tʃɑp]	n (재료를) 다지다
dairy products	phr 유제품
deficiency [difíʃənsi]	n 결핍
delicious [dilíʃəs]	a 맛있는
dietary [dáiətèri]	a 식이 요법의
diner [dáinər]	n (작은) 식당; 식당 손님
freeze [fri:z]	v 얼리다
garlic [gá:rlik]	n 마늘
grill [gril]	v (불에) 굽다
intake [íntèik]	n 섭취(량)
nutrient [njú:triənt]	n 영양소
pepper [pépər]	n 후추 v 후추를 뿌리다; (말을) 막 쏟아붓다
poultry [póultri]	n 가금류(닭, 거위, 칠면조 등)
raw [rɔ:]	a 생것의, 날것의
recipe [résəpì:]	n 요리법
refrigerate [rifrídʒərèit]	v 냉장[냉동]하다
reserve a table	phr 테이블을 예약하다
scoop [sku:p]	n 국자; 특집 기사 v 특종을 내다
seal [si:l]	n 밀봉 v 봉하다
seasoning [sí:zəniŋ]	n 양념
snack [snæk]	n 간식
soft drink	phr 탄산음료(soda (pop), fizzy drink)
source [sɔ:rs]	n 원천, 근원, 출처
specialty [spéʃəlti]	n 특산물, 특별요리
spicy [spáisi]	a (맛이) 자극적인, 매콤한
stick to	phr ~을 고수하다(adhere to, cling to)
tasteless [téistlis]	a 맛없는
waste [weist]	v (음식을) 낭비하다

500점 어휘

acrid [ǽkrid]	a (냄새나 맛이) 톡 쏘는 듯한, 자극적인
akin [əkín]	a 유사한, 비슷한
appeasing [əpíːzing]	a (식욕·호기심을) 충족시키는
appetite [ǽpətàit]	n 식욕
cater [kéitər]	v (연회에) 음식을 제공하다; ~에 맞추다(to), 부합시키다
chill [tʃil]	v 열을 식히다, 차게 만들다
condensed [kəndénst]	a 농축된, 응축된
condiment [kándəmənt]	n 조미료, 양념(salt, pepper, mustard, ketchup 등)
cuisine [kwizíːn]	n 요리(법)
culinary [kjúːlənèri]	a 요리의, 주방의
cutlery [kʌ́tləri]	n (테이블에서 사용하는 나이프, 포크, 스푼 등의) 날붙이류
decline [dikláin]	v 사양하다, 거절하다
delicacy [déləkəsi]	n 별미 음식
drain [drein]	v 배수하다
eat out	phr 외식하다
fermentation [fə̀ːrmentéiʃən]	n 발효
glutton [glʌ́tən]	n 대식가, 폭식가
gnaw [nɔː]	v 갉아서 먹다(아주 조금씩 먹다), 물어뜯다; 괴롭히다
greasy [gríːsi]	a 기름진
guzzle [gʌ́zl]	v 마구 마시다
hangover [hǽŋòuvər]	n 숙취
ingredient [ingríːdiənt]	n 재료, 성분; 구성 요소
leftover [léftòuvər]	n 남은 음식
make do with	phr (식사를 ~로) 때우다
marinated [mǽrənèitid]	a 양념을 한, 재워둔
mince [mins]	v (잘게) 다지다
moldy [móuldi]	a 곰팡이가 핀, 곰팡내 나는
morsel [mɔ́ːrsəl]	n 한입(bite); 소량
omit [oumít]	v 생략하다, 빼다
palatable [pǽlətəbl]	a 맛있는

500점 어휘

peckish [pékiʃ]	ⓐ 출출한, 약간 배가 고픈
pick up bread	ⓟʰʳ (빵을) 사오다
picky [píki]	ⓐ (입맛·취향이) 까다로운, 고르는
poignant [pɔ́injənt]	ⓐ (냄새가) 코를 찌르는, 톡 쏘는
potluck [pɑ́tlʌ̀k]	ⓝ 각자 음식을 가져와서 나눠먹는 식사
preservative [prizə́ːrvətiv]	ⓝ 방부제
preserves [prizə́ːrvs]	ⓝ (과일·야채의) 설탕 절임, 잼
processed	ⓐ 가공 처리된
produce [prɑ́dʒuːs]	ⓝ (과일이나 야채 등의) 농산물
provisions [prəvíʒəns]	ⓝ 식량
quaff [kwæf]	ⓥ 벌컥벌컥 마시다
refreshments [rifréʃmənt]	ⓝ 다과(간단한 음식이나 음료)
relish [réliʃ]	ⓥ 즐기다, 좋아하다
satiate [séiʃièit]	ⓥ (식욕 등을) 만족시키다
saturated [sǽtʃərèitid]	ⓐ 포화된; 흠뻑 젖은
savor [séivər]	ⓝ 특별한 맛[향] ⓥ 풍미[향]가 있다
shred [ʃred]	ⓥ 채를 썰다
sip [sip]	ⓥ (홀짝홀짝) 한 모금씩 마시다 ⓝ 한 모금
spatula [spǽtʃələ]	ⓝ 주걱
sprinkle [spríŋkl]	ⓥ 흩뿌리다
staple [stéipl]	ⓝ 주식 ⓐ 주요한
starving [stɑ́ːrviŋ]	ⓐ 배고픈
stir [stər]	ⓥ (음식물이 섞이도록) 휘젓다
supplement [sʌ́pləmənt]	ⓝ (영양) 보충제
tab [tæb]	ⓝ (식당에서 식사한) 계산서, 청구서(bill, check)
tantalizing [tǽntəlàiziŋ]	ⓐ 감질나게 하는
utensil [juːténsəl]	ⓝ 주방 기구, 주방 용품
vegan [víːdʒən]	ⓝ (달걀·유제품도 피하는) 완전 채식주의자
vending machine	ⓟʰʳ 자판기(slot machine)
whip up	ⓥ 빠르게 음식을 만들다[준비하다]

600점 어휘

booze [buːz]	n 술 v 술을 진탕 마시다
bouillon [búljɑn]	n 부용, 육즙(stock, broth)
confectionary [kənfékʃənèri]	n 사탕, 당절임류
dunk [dʌŋk]	v (먹기 전에 커피나 우유에 빵이나 비스킷 등을) 적시다
give off	phr (냄새, 빛, 열 등을) 발산하다, 풍기다
gobbling [gábliŋ]	a 게걸스레 먹는
go down the drain	phr 수포로 돌아가다, 사라지다
gruel [grú(ː)əl]	n 죽
hand-churned	ad 손으로 휘저은
knead [niːd]	v (반죽을) 치대다, 주무르다
leach [liːtʃ]	v (액체를) 거르다; 걸러지다
mortar [mɔ́ːrtər]	n 막자사발(약을 갈아서 가루로 만드는 데 쓰는 그릇)
odiferous [óudərífərəs]	a 냄새 나는
orgy [ɔ́ːrdʒi]	n 진탕 마시고 떠들기, 유흥, 방탕
pep up	phr ~에 운치를 더하다
percolate [pə́ːrkəlit]	v (액체가) ~에 삼투하다
piquant [píːkənt]	a (맛과 냄새가) 상당히 자극적인, 코를 찌르는
pulverize [pʌ́lvəràiz]	v 가루로 만들다, 분쇄하다
pungent [pʌ́ndʒənt]	a (맛과 냄새가) 아주 자극적인
putrid [pjúːtrid]	a 썩은
rancid [rǽnsid]	a (부패 등으로) 고약한 냄새[맛]가 나는
rusty [rʌ́sti]	a 썩은 냄새가 나는; 녹슨
saute [soutéi]	v (기름에) 재빨리 튀기다[볶다]
sear [siər]	v (강한 불에) 그슬리다, 굽다(broil, grill)
seep [siːp]	v (액체가) 스미다, 배다 n 스며 나온 액체
simmer [símər]	v (보글보글) 끓다; 끓이다
stench [stentʃ]	n 역겨운 냄새
stock [stɑk]	n 육수
surfeit [sə́ːrfit]	n 과식 v 과식하다; 물리게 하다
zesty	a 강한 풍미를 가진; 자극을 주는

DAY 03

날씨 · 기후 · 재해

주로 홍수, 태풍 등의 자연재해로 인한 피해 상황이 출제된다. 어휘 영역에서는 주로 Part 2에서 평균 2문항 정도 꾸준히 출제된다. 듣기 영역에서는 모든 Part에 빠지지 않고 등장하지만 특히 Part 4에서 자주 나오며, 독해 영역에서는 전반적으로 등장한다.

오늘의 단어 듣기
들으면서 암기하세요!

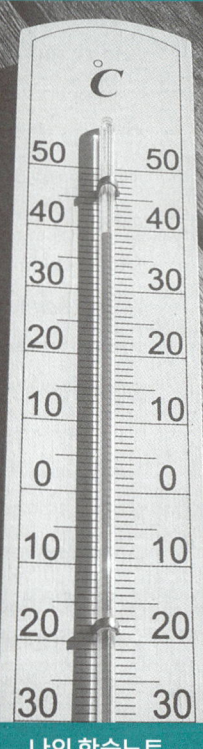

나의 학습노트								

1회 암기	∨		2회 암기	∨		3회 암기	∨	
날짜	월	일	날짜	월	일	날짜	월	일
시간	시	분	시간	시	분	시간	시	분

01 ★★★

inundate

[ínʌndèit]

ⓜ inundation ⓝ 범람, 홍수
ⓢ flood, deluge, overflow

ⓐ 범람시키다, 물에 잠기게 하다

It was reported that the Russian city, Sochi, was **inundated** <u>by heavy rain</u> and is several feet under water.

러시아의 도시 소치는 폭우로 인해 범람했고 몇 피트의 물속에 잠긴 상태라고 보도되었다.

---

02 ★★★

parched

[pɑːrtʃt]

ⓢ ¹⁾arid, desiccated, dehydrated

ⓐ ¹⁾바싹 말라버린, 몹시 건조한; ²⁾목마른

¹⁾The <u>drought</u> lasted for almost one month, leaving most waterways depleted and agricultural areas **parched**.

가뭄이 거의 한 달간 지속되어서 대부분의 수로는 고갈되고 농경지는 바싹 말라버렸다.

---

03 ★★★

imminent

[ímənənt]

ⓢ impending, approaching

ⓐ (시간이) 임박한

The Ministry of Water Resources and Meteorology issued a warning that an **imminent** tropical storm that may inundate the Mekong River and cause floods to neighboring communities is <u>coming soon</u>.

수자원 기상부는 Mekong 강을 범람시키고 주변 지역에 홍수를 야기시킬지도 모를 임박한 열대 폭풍에 대한 경고를 발령했다.

> 💡 **암기Tip** ❮ 어원 암기법
>
> im(in: 안에서) + minent(jut out: 튀어나오다)
> ▶ 안에서 튀어나오는 ▶ 가까이에 있는 ▶ 임박한

---

04 ★★★

soar

[sɔːr]

ⓢ rally, mount, escalate, rise, increase

ⓥ 급상승하다, 오르다

A: Summer has arrived!
여름이 왔네!

B: Yeah, I can't believe today's <u>temperature</u> **soared** up to 37 degrees!
그래, 오늘 기온이 37도까지 급상승했다는 게 안 믿겨!

> 👆 **기출 포인트**
>
> 주어가 가격, 주가, 온도, 숫자, 수치이면 수치의 오름/내림, 증가/감소를 나타내는 동사가 거의 정답으로 출제된다. 특히 빈출 동의어 rally, mount, escalate는 잘 기억해 두어야 한다.

05 ★★★
let up

동 cease, stop, terminate

phr (비·눈 등이) 그치다

Snow is continuing to fall across central New Zealand and not expected to **let up** until tomorrow.

눈은 뉴질랜드 중부 전역에 걸쳐 계속 내릴 것이며, 내일까지 그치지 않을 것으로 예상된다.

> 💡 암기Tip 〈 연상/확장 암기법
>
> 폭우가 여전히 let up(그치다)할 줄 몰라 세상을 drenched[steeped, soaked](흠뻑 젖은)하게 만들고, 설상가상으로 또 한 번의 violent tornado(격렬한 토네이도)가 그 지역 전부를 sweep(휩쓸다)할 것으로 expected(예상되는)된다.

06 ★★★
inclement
[inklémənt]

동 severe, harsh, stormy, tempestuous, unrelenting, merciless
반 clement, mild

a 날씨가 궂은, 험악한

Friday night quickly got chaotic with people preparing for **inclement** weather heading towards Minnesota.

금요일 밤은 미네소타로 향하는 궂은 날씨에 대비하는 사람들로 급격히 혼돈스러워졌다.

> 💡 암기Tip 〈 어원 암기법
>
> in(not) + clement(mild: 온화한)
> ▸ 온화하지 않은, 궂은

07 ★★★
sporadic
[spərǽdik]

파 sporadically ad 간헐적으로
동 separate, unconnected, intermittent, irregular, occasional
반 continuous, regular

a 간헐적인, 산발적인

A: Has it rained continuously since the game started?
경기 시작 이래로 계속 비가 오는 거야?
B: No, I think it is a **sporadic** shower.
아니, 간헐적인 소나기인 것 같아.

08 ★★★
scorching
[skɔ́ːrtʃiŋ]

동 hot, sultry, sweltering, sizzling

a (날씨가) 뜨거운, 더운

Many people don't venture outside and stay indoors due to the continuous **scorching** heat.

지속적인 뜨거운 열기 때문에 많은 사람들이 굳이 밖으로 나가지 않고 실내에 머물고 있다.

09 ★★★
steeped
[sti:pt]

ⓟ steep ⓥ 흠뻑 적시다
ⓢ soaked, drenched, wet

ⓐ 흠뻑 젖은, 적셔진

Richard came back home with his shirt and pants **steeped** in rain due to a sudden shower.

Richard는 갑작스러운 소나기로 인해 셔츠와 바지가 비에 흠뻑 젖은 채로 집에 돌아왔다.

> 👆 기출 포인트
>
> '흠뻑 젖은'의 의미를 가진 형용사는 상당히 자주 나오며, 주로 비가 오거나 운동 후에 땀에 젖은 상황이 제시된다.

10 ★★★
nippy
[nípi]

ⓢ frigid, chilly, cold, freezing

ⓐ 추운, 살을 에는 듯한

A: Is it cold outside?

밖에 추워?

B: Yes, it's quite **nippy**. Winter's definitely here!

응, 상당히 추워. 분명 겨울이 왔나 봐!

11 ★★★
maroon
[mərú:n]

ⓢ strand

ⓥ 고립시키다, 외딴곳에 남겨두다[버려두다]

Dozens of residents **marooned** on top of the house by a sudden flood were rescued by emergency crews and volunteers.

갑작스런 홍수로 인해 집 꼭대기에 고립됐던 수십 명의 주민들이 응급 대원들과 자원봉사자들에 의해 구출됐다.

12 ★★★
wreck
[rek]

ⓟ wreckage ⓝ 파괴, 피폐
ⓢ ⓝ 1)demolition, destruction
　ⓥ demolish, destruct, ravage, devastate

ⓝ 1)(배·비행기·차·구조물 등의) 부서진 잔해; 2)(정신적·육체적으로) 피폐된 사람

1)A: Is Jake's boat badly damaged?

Jake의 배가 심하게 손상됐어?

B: Yes, the storm made a total **wreck** of it.

응, 폭풍으로 배가 완전히 잔해만 남게 됐어.

ⓥ 완전히 망가뜨리다, 파괴하다; 파괴되다

There was a ship badly **wrecked** by a typhoon on the shore.

해안가에 태풍으로 인해 심하게 파괴된 배가 한 척 있었다.

13 ★★★

evacuate

[ivǽkjuèit]

파 evacuation n 대피
evacuator n 비우는 사람[것];
(의학) 흡인기

v 대피시키다; 대피하다

Granite County residents are advised to **evacuate** their houses due to flooding.

Granite 자치주 주민들은 홍수로 인해 집 밖으로 대피할 것을 권고 받았다.

> 📈 빈출 기출 표현 `'철수하다, 비우다' 관련 표현`
>
> evacuate v (안전·보호를 위해서) 철수시키다
> vacate v (이용 목적을 위해 숙소나 집을) 비우다

14 ★★★

adverse

[ædvə́:rs]

파 adversely ad 부정적으로, 반대로

a (날씨가) 좋지 않은

Devon County Council has stated the bridge construction work had to be abandoned last night due to **adverse** weather conditions.

Devon 자치주 위원회는 좋지 않은 기상 상태 때문에 지난밤에 교량 공사 작업을 그만두었어야 했다고 말했다.

15 ★★★

arid

[ǽrid]

동 parched, dry, dehydrated, barren

a 메마른, 불모의

Camels can thrive in hot and **arid** regions where the temperatures rise up to 50 degrees or more and where water is scarce.

낙타는 온도가 50도나 그 이상까지 올라가고 물이 부족한 뜨겁고 메마른 지역에서 잘 살 수 있다.

16 ★★★

beseech

[bisí:tʃ]

파 beseeching n 간청하는, 탄원하는 듯한
동 solicit, entreat, implore, importune

v 간청하다, 조르다

After the massive tornado, the state government **beseeched** other states to provide medical and financial assistance.

거대한 토네이도 이후에, 주 정부는 다른 주에 의학적 지원과 재정적 지원을 해줄 것을 간청했다.

17 ★★★

churn

[tʃə́:rn]

동 whip, toss, convulse

v 마구 휘젓다 (up)

A monster hurricane is expected to **churn** up ocean waves in the Atlantic, with heights expected to be 30 feet high or more.

엄청난 태풍이 대서양 파도를 휘저을 것으로 예상되며, 높이는 30피트나 그 이상일 것으로 예상된다.

18 ★★★

cloud

[klaud]

⑭ cloudy ⓐ 흐린, 구름 낀
⑤ ¹⁾²⁾³⁾obscure
　¹⁾overshadow
　²⁾darken

ⓥ ¹⁾구름으로 덮다, 흐려지게 하다; ²⁾어둡게 하다; 어두워지다; ³⁾모호하게 하다

¹⁾Metro Vancouver is **clouded** by smoky haze, but the density has not reached to a high enough level to trigger an air quality advisory.

대도시 밴쿠버는 매연 연기로 자욱하지만, 그 농도는 대기질 경보를 발령할 수준까지 높이 도달하지는 않았다.

> 📊 **빈출 기출 표현** ‹ cloud 관련 표현
>
> on a cloud phr 몹시 기분이 좋아, 의기 충전하여(in high spirits)
> in the clouds phr 공상에 빠진, 비현실적인(impractical)
> on cloud nine phr 황홀경인, 가장 행복한
> *cf.* cloud nine은 단테의 <신곡>에 나오는 '황홀경(euphoria),' '최고의 행복한 순간' 또는 마약의 이름이란 속설도 있어 '마약을 한 상태'를 의미하기도 한다.

19 ★★★

cumulative

[kjúːmjəlèitiv]

⑭ cumulate ⓥ 쌓아 올리다, 축적하다
⑤ cumulated, accumulated

ⓐ 누적된, 축적된

Lake Ontario shorelines were flooded not because of a hurricane but because of the **cumulative** rain which did not stop for over two weeks.

Ontario 호숫가가 범람한 것은 한 번의 태풍 때문이 아니라, 2주 이상 지속되어 누적된 폭우 때문이다.

> 💡 **암기Tip** ‹ 어원 암기법
>
> cumulate(heap: 무더기로 쌓다) + ive(형접)
> ▸ 무더기로 쌓인 ▸ 누적된

20 ★★★

reprieve

[riprí:v]

⑤ respite, temporary relief

ⓝ (걱정 등의) 일시적 경감, 한숨 돌리기

After four weeks of drought, farmers got the **reprieve** they were looking forward to when it finally started to rain.

4주의 가뭄 후에, 드디어 비가 내리기 시작하자 농부들은 그들이 학수고대하던 일시적 경감을 얻었다.

> 📊 **빈출 기출 표현** ‹ '유예' 관련 표현
>
> reprieve ⓝ 집행 유예, 유예[연기]
> probation ⓝ 집행 유예, (직장의 수습 또는 학생 처벌에서) 유예[연기]
> grace ⓝ 연기, (채무 이행·호텔 체크아웃·월세 등의 상대를 배려한) 유예

21 ★★

scattered

[skǽtərd]

ⓢ sporadic, intermittent, irregular

ⓐ 산발적인, 흩뿌려진, 불규칙한

Toronto's <u>irregular</u> and **scattered** weather will continue as thunderstorms are expected.

뇌우가 예상되므로, 토론토의 불규칙하고 산발적인 날씨는 계속될 것이다.

---

22 ★★

sag

[sæg]

ⓥ 처지다, 늘어지다

After the heavy snow storm, many power lines **sagged** toward the ground <u>under the weight of snow</u>.

심한 눈 폭풍 후에, 많은 송전선이 눈 무게 때문에 땅으로 축 처졌다.

---

23 ★★

evaporation

[ivæpəréiʃən]

ⓟ evaporate ⓥ 증발하다

ⓝ 증발

During summer the river is completely <u>dried up</u> because of **evaporation** of water.

여름 동안에는 물의 증발로 인해 강이 완전히 다 마른다.

> 💡 **암기Tip** 〈 어원 암기법
>
> e=ex(out: 밖으로) + vapor(steam: 수증기) + ation(명접)
> ▸ 수증기를 밖으로 내보내는 것 ▸ 증발

> ☝ **기출 포인트**
>
> '명사 + of + 명사'의 구조에서 앞의 명사는 뒤의 명사의 동사 역할을 한다. 즉, '동사 + of + 주어' 또는 '동사 + of + 목적어'의 구조를 만든다. 따라서 '____ of water'에서는 water를 의미상 주어나 목적어로 받을 수 있는 어휘가 빈칸에 들어가야 한다.

---

24 ★★

withstand

[wiðstǽnd]

ⓢ resist

ⓥ 견디다, 이겨내다

Our more <u>durable</u> tents are well designed to **withstand** any type of weather conditions, even strong gusts.

더욱 내구성 있는 우리 텐트는 어떤 유형의 기상 조건, 심지어 강한 돌풍도 견디도록 잘 설계되었다.

> 💡 **암기Tip** 〈 어원 암기법
>
> with(against: 대항하여) + stand(견디다, 버티다)
> ▸ 대항해서 견디다

25 ★★

solidarity

[sὰlidǽrəti]

(통) unity, union, cohesion, bond

☐ 연대, 결속

Relief organizations voiced **solidarity** <u>with the hurricane's victims</u> and citizens sent food and blankets to the devastated area.

구호 단체들은 태풍 피해자들과의 연대를 외쳤고, 시민들은 음식과 담요를 재해 지역으로 보냈다.

26 ★★

vulnerable

[vʌ́lnərəbl]

(통) prone, susceptible

☐ 취약한 (to), 연약한, 영향을 받기 쉬운

Homes and businesses close to the river are the most **vulnerable** and <u>prone</u> to flood damage.

강 가까이에 있는 주택과 상가는 홍수 피해에 가장 취약하고 쉽게 피해를 입는다.

27 ★★

trajectory

[trədʒéktəri]

☐ 비상(飛翔) 경로, 탄도

It is scary to imagine what is likely to happen if we do nothing to <u>change</u> our current greenhouse gas emission **trajectory**.

우리가 현재의 온실가스 배출 경로를 바꾸는 데 아무것도 하지 않는다면 무슨 일이 일어날지 상상하기 끔찍하다.

> 💡 **암기Tip** 〉 **어원 암기법**
>
> tra=trans(across: 가로질러) + jet(throw: 던지다) + ory(명접)
> ▶ 가로질러 던지는 것 ▶ 발사, 투사 ▶ 비상 경로, 탄도

28 ★★

dire

[dáiər]

(통) dreadful, terrible, fearful, disastrous

☐ 심각한, 엄청난, 끔찍한

Farmers are having a tough time coping with the **dire** weather conditions, with <u>continuous drought</u> killing all their crops.

지속되는 가뭄이 모든 농작물들을 다 죽여서, 농부들은 심각한 기후 조건에 대처하는 데 어려움을 겪고 있다.

29 ★★

anticipate

[æntísəpèit]

(파) anticipatory ☐ 예측의, 예견한; 예비의
(통) foresee, expect

☐ 예상하다, 기대하다

A: I didn't <u>expect</u> this place to be so cold.
나는 이곳이 이렇게 추울지 예상하지 못했어.
B: Yes, I didn't **anticipate** it would be this chilly, either.
그러게, 여기가 이렇게 추울지 나도 예상하지 못했어.

> 💡 암기Tip 〈 어원 암기법
>
> ante(before: 미리) + cip(take: 취하다) + ate(동접)
> ▸ 미리 취하다 ▸ 예상하다

---

30 ★★

glare
[glεər]

🔲 눈부신 빛, 광채

A: The sun's <u>reflection</u> on the ice is too bright for me to open my eyes.
얼음 위에 반사 빛이 너무 밝아서 눈을 뜰 수가 없어.

B: Yeah, the **glare** is so strong that I can't see anything without sunglasses.
그래, 눈부심이 너무 강해서 선글라스 없이는 아무것도 볼 수가 없어.

---

31 ★★

hazardous
[hǽzərdəs]

(파) hazard 🔲 위험(peril)
(동) dangerous, risky, perilous

🅰 위험한

The road conditions are extremely **hazardous** with <u>black ice all over the roads</u>.
도로 곳곳에 빙판이 생겨서, 도로 상태가 몹시 위험하다.

---

32 ★

precaution
[prikɔ́:ʃən]

(동) foresight, forewarning

🔲 경계, 사전 조심, 예방(책)

Although the possibility of another earthquake is <u>low</u>, the county officials are requiring people to take strict **precaution**.
또 다른 지진의 가능성은 적지만, 그 자치주 공무원들은 사람들에게 엄중히 경계하도록 요구하고 있다.

> 💡 암기Tip 〈 어원 암기법
>
> pre(before: 미리) + caution(guard: 경호)
> ▸ 미리 경호함 ▸ 예방 조치

---

33 ★

refuge
[réfju:dʒ]

(파) refugee 🔲 피난민, 난민
(동) shelter, hideout

🔲 피난(처), 피신(처)

A: It is surprising that no major damage happened with such a violent storm.
그렇게 심한 폭풍에도 큰 피해가 없었다는 게 놀랍다.

B: Yeah, city officials gave notice to the residents, who could then evacuate their homes and <u>flee for</u> **refuge**.

그래, 시 공무원들이 주민들에게 통보해 줘서 주민들이 집 밖으로 대피해서 피난처로 도망갈 수 있었어.

암기Tip 어원 암기법

re(back: 뒤로) + fuge(flee: 도피하다)
▸ 뒤로 피하는 것 ▸ 피신

---

34 ★
displace
[displéis]

㊐ depose, dismiss, oust, remove, relocate

v (다른 곳으로) 몰아내다

Severe floods of Lagos islands in Nigeria destroyed farmlands and **displaced** millions of people from their homes.
나이지리아 Lagos 섬에서의 심각한 홍수는 농지를 파괴하고 수백만의 사람들을 집에서 몰아냈다.

암기Tip 어원 암기법

dis(away: 멀리) + place(put: 놓다, 두다)
▸ 멀리 두다, 멀리 보내다 ▸ 몰아내다

---

35 ★
shelter
[ʃéltər]

v 막아 주다, 쉴 곳을 제공하다

The old cabin **sheltered** the climbers from the rainfall, providing them with a refuge.
그 오래된 오두막은 등산객들에게 은신처를 제공하여 폭우로부터 그들을 막아 주었다.

n 대피(소), 피신

After the catastrophic flooding in Louisiana that submerged thousands of houses, thousands of victims were left living in tents and other temporary **shelters** for several months.
Louisiana에 수천 세대의 집을 물에 잠기게 한 대재앙적 홍수가 난 후, 수천 명의 피해자들은 몇 달간 텐트나 다른 임시 대피소에서 살아야 했다.

---

36 ★
shortage
[ʃɔ́ːrtidʒ]

㊐ deficiency, deficit, lack, insufficiency, scarcity, want, dearth, paucity

n 부족, 결핍

Compared to last year's harvest, the extreme drought caused a **shortage** in vegetables, making the market price skyrocket.
지난해 수확과 비교해서 극심한 가뭄이 채소 부족 현상을 일으켰고, 시장 가격을 폭등하게 만들었다.

37 ★
drench
[drentʃ]
[동] soak, steep

[v] 흠뻑 적시다

I completely forgot to put the garden furniture in the shed and now they are completely **drenched** from the rain.
내가 정원 가구를 창고에 들여놓는 것을 깜박 잊었더니, 그것들이 비에 완전히 흠뻑 젖었다.

기출 포인트

동사 drench는 갑자기 내린 비로 또는 더운 날씨나 운동 후에 흘린 땀으로 인해 '젖는' 상황에서 제시된다. '젖은'이라는 뜻의 형용사 drenched, soaked, steeped도 빈출 어휘이다.

38 ★
drizzle
[drízl]

[v] 1)(비가) 보슬보슬 내리다; 2)(물을) 조금 붓다

1)It has continued to **drizzle** all morning but it looks to get much heavier judging by those dark clouds ahead.
오전 내내 비가 계속 보슬보슬 내렸지만, 눈 앞에 저 먹구름을 보니 훨씬 더 많이 올 것 같다.

[n] 보슬비

The weather report predicted that a **drizzle** would turn into a shower in the afternoon.
일기 예보는 보슬비가 오후에는 폭우로 바뀔 것으로 예측했다.

39 ★
overcast
[óuvərkæ̀st]
[동] cloudy, dark, gloomy

[a] 흐린, 구름으로 뒤덮인

The temperature dropped eight degrees below normal due to a cloudy and **overcast** sky and intermittent rain on Tuesday.
화요일에 구름 끼고 흐린 하늘과 간헐적인 비로 인해 기온이 평균보다 8도 떨어졌다.

Daily Check-up

해석/해설 p. 529

Choose the best answer.

⏱2초 check-up

01 The flood warning indicates a lakeshore flood is (arid, imminent, scattered).

02 (Nippy, Sizzling, Sporadic) showers are forecasted to happen throughout the afternoon.

03 Our hiking trip has been delayed due to (incessant, settled, inclement) weather.

04 The (injured, damaged, scorching) heat is due to global warming.

05 There was a total of 60 feet of (cumulative, dire, drenched) snowfall which fell last year.

⏱5초 check-up

06 A: You're completely _____!
B: Yes, I got caught in a sudden thunder shower while jogging.

(a) seared   (b) steeped
(c) withstood   (d) unsaturated

07 A: I can't believe it has been raining all day.
B: Yeah, I don't think it's likely to _____ soon.

(a) let up   (b) go on
(c) consist in   (d) keep up

08 A: Look at the sky, _____ with dark clouds.
B: It looks like it's going to rain sooner or later.

(a) parched   (b) drenched
(c) scorching   (d) overcast

09 Luckily there were no injuries from the storm, however one person was rescued from a scene of a car _____ on Route 59.

(a) shelter   (b) refuge
(c) wreck   (d) survival

10 Thousands of people in northeast Japan were ordered to _____ their homes on Sunday as weather forecast predicted severe flooding.

(a) evacuate   (b) revamp
(c) participate   (d) encroach

11 The US is especially _____ to natural disasters, such as earthquakes, floods, and hurricanes.

(a) detrimental   (b) vulnerable
(c) insusceptible   (d) undisturbed

12 People in the UK are struggling to cope with the heat as temperatures _____ throughout the country.

(a) arouse   (b) sully
(c) solicit   (d) soar

[정답] **01.** imminent   **02.** Sporadic   **03.** inclement   **04.** scorching   **05.** cumulative   **06.** (b)   **07.** (a)   **08.** (d)   **09.** (c)
10. (a)   **11.** (b)   **12.** (d)

400점 어휘

alarming [əlá:rmiŋ]	ⓐ 놀라운(surprising, amazing)
barometer [bərámitər]	ⓝ 기압계
breeze [bri:z]	ⓝ 미풍; 쉬운 일, 누워서 떡 먹기
coastal [kóustəl]	ⓐ 해안가의
collapse [kəlǽps]	ⓝ 붕괴
damage [dǽmidʒ]	ⓝ 손해, 피해
descend [disénd]	ⓥ 내려가다, 내려오다
destroy [distrɔ́i]	ⓥ 파괴하다
destruct [distrʌ́kt]	ⓥ 파괴하다
disaster [dizǽstər]	ⓝ 큰 불행, 재앙 *cf.* natural disaster ⓟⓗⓡ 자연 재해
fall short of	ⓟⓗⓡ ~이 부족하다
flooded [flʌ́did]	ⓐ 범람한, 침수된
forecast [fɔ́:rkæst]	ⓝ 예보
frost [frɔ(:)st]	ⓝ 서리
humidity [hju:mídəti]	ⓝ 습도
It is likely to + v	ⓟⓗⓡ ~할 것 같다
lightning [láitniŋ]	ⓝ 번개
meteorologist [mì:tiərálədʒist]	ⓝ 기상학자
meteorology [mì:tiərálədʒi]	ⓝ 기상학
mist [mist]	ⓝ (옅은) 안개 *cf.* fog ⓝ (짙은) 안개
rainfall [réinfɔ̀:l]	ⓝ 강우(량)
severe [sivíər]	ⓐ 심한
slippery [slípəri]	ⓐ 미끄러운; 약삭빠른
soak [souk]	ⓥ 적시다
thermometer [θərmámitər]	ⓝ 온도계
thunder [θʌ́ndər]	ⓝ 천둥
thunderstorm [θʌ́ndərstɔ̀:rm]	ⓝ 뇌우
tropical storm	ⓟⓗⓡ 열대성 폭풍
tsunami [tsuná:mi]	ⓝ 해일
warning [wɔ́:rniŋ]	ⓝ 경보

500점 어휘	
adjoining [ədʒɔ́iniŋ]	ⓐ 인접한
advisory [ədváizəri]	ⓝ 주의, 경보 ⓐ 자문의
alert [ələ́:rt]	ⓐ 방심하지 않는, 바짝 경계하는
appropriate [əpróupriət]	ⓐ 적절한
avalanche [ǽvəlæ̀ntʃ]	ⓝ 눈사태
barren [bǽrən]	ⓐ 불모의
be accompanied by	phr ~가 동반되다
befall [bifɔ́:l]	ⓥ (사건이) 발생하다, 일어나다
be fed up with	phr ~에 지겹다, ~에 진저리가 나다
be in effect	phr (경보나 경고가) 발효 중이다
be spared	phr 해를 입지 않다
blizzard [blízərd]	ⓝ 눈보라
break out	ⓥ 발생하다, 발발하다
calamity [kəlǽməti]	ⓝ 큰 재해
casualty [kǽʒjuəlti]	ⓝ 사상자
catastrophe [kətǽstrəfi]	ⓝ 대참사
cold front	phr 한랭 전선 cf. warm front phr 온난 전선
damp [dæmp]	ⓐ 눅눅한, 축축한
deluge [délju:dʒ]	ⓝ 홍수, 범람
downpour [dáunpɔ̀:r]	ⓝ 폭우(pouring)
drastic [drǽstik]	ⓐ 급격한, 극심한
dreadful [drédfəl]	ⓐ 끔찍한
drought [draut]	ⓝ 가뭄
fatality [feitǽləti]	ⓝ (사고·재난에 의한) 사망자
flurry [flə́:ri]	ⓝ (갑자기 흩날리는) 눈발
frigid [frídʒid]	ⓐ 몹시 추운
gale [geil]	ⓝ 강풍
gloomy [glú:mi]	ⓐ 어둑어둑한, 음울한
gust [gʌst]	ⓝ 돌풍
hydrate [háidreit]	ⓥ 수분을 보충하다[보충시키다]

500점 어휘

immerse [imə́:rs]	ⓥ 담그다, 적시다
improbable [imprɑ́bəbl]	ⓐ 가능할 것 같지 않은, 사실 같지 않은
incessant [insésənt]	ⓐ 끊임없는
intense [inténs]	ⓐ 극심한, 강렬한
intermittent [ìntərmítənt]	ⓐ 간헐적인, 간간이 일어나는
in torrents	phr 억수같이, 폭포처럼
It rains cats and dogs.	비가 억수같이 내리다.
lash [læʃ]	ⓥ (비가) 후려치다, 휘갈기다 ⓝ 채찍, 끈
likelihood [láiklihùd]	ⓝ 가능성
muggy [mʌ́gi]	ⓐ 후덥지근한
outbreak [áutbrèik]	ⓝ 발발, 발생
outright [áutràit]	ⓐ 완전한, 전면적인
overnight [óuvərnàit]	adv 밤새
peril [pérəl]	ⓝ 위험
persist [pərsíst]	ⓥ 지속되다
precipitation [prisìpitéiʃən]	ⓝ 강수(량)
range from ~ to ...	phr (범주가) ~에서 …까지 이르다
rare [rɛər]	ⓐ 드문, 희귀한
shield A from B	phr A를 B로부터 보호하다
slam [slæm]	ⓥ (세게) 치다, 강타하다(hit)
sleet [sliːt]	ⓝ 진눈깨비
sloppy [slɑ́pi]	ⓐ 진흙투성이의
submerge [səbmə́:rdʒ]	ⓥ 물 속에 잠기다; 잠그다
substantial [səbstǽnʃəl]	ⓐ 상당한, 실질적인, 영향력 있는
thicken [θíkən]	ⓥ (구름·안개 등이) 짙어지다
torrential rain	phr 폭우
trigger [trígər]	ⓥ 야기시키다, 일으키다(cause)
turbulent [tə́:rbjələnt]	ⓐ (날씨·물결 등이) 휘몰아치는, 사나운
unpredictable [ʌ̀npridíktəbl]	ⓐ 예측할 수 없는
unsettled [ʌnsétld]	ⓐ 불안정한, 불확실한

600점 어휘
blaze [bleiz]	n 불길
bleak [bli:k]	a 음산한, 으스스한
cataract [kǽtərækt]	n 큰 폭포; (의학) 백내장
consolidate [kənsálidèit]	v 강화하다, 굳건히 하다
devastate [dévəstèit]	v 완전히 파괴하다
dismal [dízməl]	a 음산한; 음울한
dreary [drí(:)əri]	a 음울한; 따분한
fierce [fiərs]	a 사나운, 거친, 험악한
forewarning [fɔrwɔ́ːrniŋ]	n 사전 경고
havoc [hǽvək]	n 큰 피해, 대파괴
hazy [héizi]	a 흐릿한; 몽롱한; 탁한
knock down	phr ~을 치다, 때려눕히다
onslaught [ánslɔ̀:t]	n 맹습, 맹공격
outstrip [àutstríp]	v 능가하다
penetrate [pénitrèit]	v 관통하다
pernicious [pərníʃəs]	a 치명적인, 해로운
premonition [priməníʃən]	n (불길한) 예감
ravage [rǽvidʒ]	v 황폐하게 하다, 파괴하다
respite [réspit]	n 임시적 중단, 한숨 돌리기
ruinous [rú(:)inəs]	a 파괴적인, 감당할 수 없는
somber [sámbər]	a 어둠침침한, 어두운; 우울한
spell [spel]	n (특정한 날씨 등이 지속되는) 한동안[잠깐]
sterile [stéril]	a 척박한; 소독한; 불임의
stifle [stáifl]	v 질식시키다
storm-weary	a 폭우에 지친, 폭우를 겪은
transpire [trænspáiər]	v (사람이) 노폐물을 배출하다; (식물이) 발산하다
turbid [tə́:rbid]	a 흐린; 자욱한; 어지러운, 갈피를 못 잡는
underway [ʌ̀ndərwéi]	a 진행중인
vague [veig]	a 희미한, 어렴풋한
wreak havoc on	phr ~에 엄청난 피해를 입히다, 파괴하다

DAY 04

여행·항공

여행 / 항공 관련 상황은 3~5문항씩 꾸준히 출제되며, 특히 대화로 이루어지는 어휘 영역 Part 1과 청해 영역 Part 1, 2, 3에 자주 출제된다. 여행 일정과 관련해서는 일정 정하기, 일정 변경 및 취소 등의 상황이 주로 출제되니, 상황에 맞춰 잘 학습해 두어야 한다.

오늘의 단어 듣기
들으면서 암기하세요!

나의 학습노트

1회 암기		
날짜	월	일
시간	시	분

2회 암기		
날짜	월	일
시간	시	분

3회 암기		
날짜	월	일
시간	시	분

01 ★★★

impeccable

[impékəbl]

⊛ immaculate, faultless, flawless

ⓐ 흠잡을 데 없는, 결점 없는

A: How were the arrangements for your trip to Hawaii?
하와이 여행 계획은 어땠어?

B: Great. The flight, hotel, and food were all **impeccable**.
좋았어. 항공, 호텔, 그리고 음식 모두가 흠잡을 데 없었지.

> 💡 **암기Tip** 〉 어원 암기법
>
> im(not) + pecc(fault, sin: 결점, 잘못) + able(형접)
> ▶ 결점이 있을 수 없는, 완벽한

02 ★★★

lodge

[lɑdʒ]

⊕ lodging ⋒ (임시) 숙소
⊛ ¹⁾stay; put up
    ²⁾file, register

ⓥ ¹⁾머무르다, 투숙하다; 숙소를 제공하다, 재워주다; ²⁾(불만이나 항의를 법원·경찰에 또는 공식적으로) 제기하다

¹⁾A: I need to ask a favor. Can you put us up for one night?
한 가지 부탁할 게 있어요. 저희 하룻밤만 재워줄 수 있나요?

B: Sure, you can **lodge** with us for as long as you need.
물론이죠, 당신이 필요한 동안 저희와 함께 머물러도 돼요.

²⁾A: I should **lodge** a complaint against this hotel. The service and sanitation is terrible.
이 호텔에 대해 불만 신고를 해야겠어. 서비스와 위생이 형편없어.

B: Yeah, registering a complaint would be a good idea.
그래, 불만을 제기하는 게 좋은 생각일 듯해.

> 📈 **빈출 기출 표현** 〉 '불만을 제기하다' 관련 표현
>
> - lodge[file, register] a problem 𝐩𝐡𝐫 법원, 경찰, 고위직에 공식적으로(formally) 서류를 제출함으로써 불만을 제기하다
> - address[pose] a problem 𝐩𝐡𝐫 직원, 동료, 친구들 사이에서 가볍게 (informally) 불만이나 문제를 제기하다[언급하다]

03 ★★★

occupied

⊕ unoccupied ⓐ 비어 있는
    occupy ⓥ 차지하다
    occupancy ⋒ 차지, 점유
    occupation ⋒ 직업; 점령

ⓐ 차지된, 점유된, 메운

A: What were you doing on the long flight?
장시간 비행에 뭐했어?

B: I was **occupied** by all the movies on a personal TV.
개인용 TV로 온갖 영화를 다 봤지.

---

04 ★★★

whim

[ʰwim]

ⓟ whimsical ⓐ 변덕스러운, 충동적인
ⓢ caprice, vagary
cf. on a whim ⓟʰʳ 충동적으로

ⓝ 일시적인 생각, 변덕

A: How did you decide to take a trip to Korea?
어떻게 한국으로 여행하기로 결정했어?
B: I just did it on a **whim**, as I had <u>no plan</u> for my travel destination.
여행 목적지에 대한 별다른 계획이 없어서, 그냥 충동적으로 결정했어.

👆 기출 포인트

'변덕'이라는 의미의 명사 whim뿐만 아니라 '변덕스러운'이라는 의미의 형용사 whimsical도 출제 빈도가 상당히 높은 어휘이다.
– whim, caprice, vagary ⓝ 변덕
– whimsical, capricious, vagarious, changeable, fickle
  ⓐ 변덕스러운

---

05 ★★★

sufficient

[səfíʃənt]

ⓟ insufficient ⓐ 불충분한
  suffice ⓥ 충분하다
ⓢ enough, adequate
ⓐⁿ inadequate, meager, scant

ⓐ 충분한

A: Our hotel isn't luxurious, but <u>it will do</u>.
저희 호텔은 호화스럽지는 않지만, 충분할 것입니다.
B: Ok. I just want it **sufficient** enough to meet our needs.
좋아요. 저는 그저 저희의 요구를 충족하기에 충분하면 됩니다.

---

06 ★★★

relent

[rilént]

ⓟ relentingly ⓐⁿ 싹싹하게; 가벼이 여겨
ⓢ slacken, abate

ⓥ 누그러지다

A: Did you pay to change your flight ticket to an earlier one?
항공권을 더 빠른 것으로 바꾸는 데 돈 냈어?
B: No. I argued about the fee with the airline and they finally **relented** and <u>forwent</u> it.
아니. 항공사와 수수료 논쟁을 했는데, 결국 그들이 누그러져 포기했어.

---

07 ★★★

refer

[rifə́ːr]

유 reference ⋒ 참고; 언급
cf. refer to phr ~을 언급하다
(= mention)
referendum ⋒ 국민 투표

ⓥ (정보나 필요한 것을) 알려 주다

A: Are there any good hotels near the airport you'd
like to direct me to?
공항 주변에 알려 주고 싶은 좋은 호텔이 있니?
B: Sure. I can **refer** several to you.
물론이지. 내가 너에게 몇 군데 알려줄 수 있어.

---

08 ★★★

lavishly

[lǽviʃli]

유 lavish ⓐ 후한, 풍요로운
ⓥ 사치하다, 아끼지 않고 쓰다

ad 후하게, 아낌없이, 함부로

A: Don't you think we've spent too much money on
this trip?
우리 이번 여행에서 돈을 너무 많이 쓴 것 같지 않아?
B: Don't be afraid. We deserve to spend this **lavishly**,
because we have worked hard over the last 10 years.
걱정하지 마. 우리 지난 10년간 열심히 일했으니 이렇게 후하게 쓸 자격이
있지.

---

09 ★★★

indelible

[indéləbl]

ⓐ 지울[잊을] 수 없는

Katie's weeklong trip to Paris left such an **indelible**
impression on her that she will remember it for the
rest of her life.
Katie의 일주일간의 파리 여행은 그녀에게 대단히 지울 수 없는 인상을 남
겨, 그녀는 남은 일생 동안 그 여행을 기억할 것이다.

---

10 ★★★

incur

[inkə́ːr]

ⓥ (비용·손해 등을) 발생시키다, 초래하다

A: Does a late check-out at this hotel cause any
penalty?
이 호텔에서는 늦게 체크아웃하면 벌금이 있나요?

B: Yes, it will **incur** a $30 extra fee.
네, 30달러의 추가 비용이 발생합니다.

> 💡 **암기Tip** ◀ 어원 암기법
>
> in(into: 안으로) + cur(run: 달리다)
> ▸ 안으로 달리다 ▸ 상황을 마주하다 ▸ 발생시키다
> *cf.* **recur** 재발하다 **concur** 동의하다, 일치하다
> **occur** (사건·일 등이) 발생하다, 일어나다

---

11 ★★★

declare

[diklέər]

ν (세관에) 신고하다

A: Did you clear the money through customs?
세관에 현금 신고했어?
B: Yes, I **declared** the cash to the customs officials.
응. 세관원들에게 현금을 신고했어.

---

12 ★★★

confiscate

[kánfiskèit]

동 seize, impound

ν 압수하다, 몰수하다

A: Will these mangoes be **confiscated** at customs?
이 망고 세관에서 압수될까?
B: No doubt. Customs officials will definitely seize them.
틀림없이. 세관원들이 분명 그것들을 압수할 거야.

---

13 ★★★

divert

[divə́:rt]

파 diversion 명 기분 전환, 환기
동 ¹⁾swerve, deflect, deviate, turn aside

ν ¹⁾~로 방향을 돌리다, 전환시키다 (to); ²⁾(생각·관심을) 딴 데로 돌리다

¹⁾Several airline flights towards the Chicago airport had to be **diverted** to other adjoining airports due to heavy fog.
Chicago 공항으로 향하던 몇몇 항공기는 짙은 안개로 인해 인근의 다른 공항으로 방향을 돌려야 했다.

²⁾The movie on the plane **diverted** her son's mind from games to movies.
비행기에서 나온 영화는 그녀 아들의 관심을 게임에서 영화로 돌리게 했다.

---

14 ★★★

ensure

[inʃúər]

ν 확인하다

A: Why did the immigration official ask you to take off your glasses?
왜 출입국 직원이 너한테 안경을 벗으라고 요구한 거야?

B: They wanted to **ensure** that they could identify me correctly with my passport picture.
그들은 여권 사진으로 나를 정확하게 알아볼 수 있는지를 확인하고 싶어 했어.

---

15 ★★★

defer

[difə́ːr]

영 postpone, put off, delay

v 미루다, 연기하다

Universities across the US have strongly advised students to **defer** travel outside of the US and stay in the country.
미국 전역의 대학은 학생들에게 해외로의 여행을 미루고 국내에 머물 것을 강력히 권고했다.

> 💡 암기Tip ◀ 어원 암기법
>
> de(from, away: 분리) + fer(carry: 옮기다, 나르다)
> ▸ 멀리로 옮기다, 시간을 나중으로 옮기다 ▸ 미루다

---

16 ★★★

claim

[kleim]

영 [1)]retrieve

v [1)](공항에서 수하물을) 되찾다; [2)]주장하다; [3)]불만을 제기하다; [4)](목숨을) 빼앗아가다

[1)]A: Where should I go to get back my luggage which was on flight 54?
54편 항공기에 있던 제 수하물을 찾으려면 어디로 가야 하나요?
B: You can **claim** your bags at baggage claim number 4 downstairs.
아래층의 수하물 찾는 곳 4번에서 가방을 찾으실 수 있습니다.

---

17 ★★★

convenient

[kənvíːnjənt]

a [1)]편리한, 간편한; [2)](물건·때·장소 등이) 형편이 좋은, 적합한, 적절한

[1)]A: The carry-on bag you got for this trip looks so handy.
네가 이번 여행을 위해 장만한 기내용 가방이 매우 편리해 보인다.
B: Yes, it is extremely **convenient**.
응, 아주 편리해.

[2)]My place will be **convenient** to throw her birthday party.
우리 집이 그녀의 생일 파티를 열기에 좋을 것이다.

'(시간이) 형편이 좋은, 적합한, 적절한'이라는 의미의 convenient는
사람을 주어로 하지 않지만, 이와 비슷한 의미의 available(시간이 있
는)은 사람을 주어로 할 수 있다.
- 2 o'clock is **convenient** for me. 저는 2시가 괜찮아요.
- I'm **available** at 2 o'clock. 저 2시에 시간 됩니다.

---

18 ★★★
bother
[báðər]

동 n hassle, nuisance,
annoyance, trouble

n 성가신 일, 번거로운 일

A: It's such of a <u>hassle</u> to go to the airport these days.
요즘은 공항 가는 게 대단히 성가신 일이야.
B: I know. The security system is a huge **bother**.
그래. 보안 시스템이 너무 번거로워.

v 성가시게 하다, 괴롭히다

---

19 ★★★
ingratiate
[ingréiʃièit]

cf. ingratiate oneself with
phr ~의 환심을 사려 하다

v 환심을 사려 하다, 잘 보이려 애쓰다

In order to **ingratiate** themselves with tourists, the
hotel <u>treated</u> them to complimentary tickets to the
Caribbean.
관광객들의 환심을 사기 위해, 호텔에서는 그들에게 카리브해 지역행 무료
항공권을 대접했다.

---

20 ★★
layover
[léiòuvər]

동 stopover

n 도중하차, 경유

A: Would you like to make a reservation for a direct
<u>flight</u>?
직항을 예약하길 원하십니까?
B: Yes, I want one without a **layover**.
네, 저는 도중하차가 없는 것을 원해요.

---

21 ★★
charter
[tʃáːrtər]

동 v lease, rent, hire
cf. charter flight phr 전세기, 전용
비행기
charter tour phr 전세 관광

v (비행기·배·차량 등을 전용으로) 전세 내다

Those who want to **charter** an airplane should make
a contract for their <u>exclusive use</u> at least two weeks
beforehand.
비행기 한 대를 전세 내고 싶은 사람들은 최소 2주 전에 미리 전용에 대한
계약을 해야 한다.

n ¹⁾전세 계약, 전세 관광; ²⁾헌장

---

22 ★★

cramped
[kræmpt]

a 비좁은

A: I want to fly economy class, if it is not too **cramped**.
아주 비좁지만 않다면 이코노미석을 타고 싶어.
B: Well, it depends on which airline you use. I heard East Asian Airlines' seats are quite spacious.
글쎄, 그건 네가 어떤 항공사를 이용하느냐에 달려 있지. 내가 듣기로는 East Asian 항공의 좌석은 꽤 넓다고 하더라.

23 ★★

handle
[hǽndl]

동 deal with, manage

v 처리하다, 다루다

A: Do you need a hand with your luggage?
짐 좀 들어줄까?
B: No, thanks. I can **handle** it by myself.
아니, 괜찮아. 나 혼자 처리할 수 있어.

A: Look at that man who is hurling our luggage onto the conveyer belt?
저 사람 좀 봐, 컨베이어 벨트 위에 우리 수하물을 던지는데.
B: Oh no! They shouldn't **handle** it that way.
어, 안 돼! 짐을 그런 식으로 다루면 안 되지.

24 ★★

book
[buk]

파 booking **n** 예약(= reservation)
동 reserve, make a reservation

v 예약하다

A: Sorry. I was so busy that I haven't **booked** the hotel for our trip to Tokyo.
미안해. 오늘 너무 바빠서 우리 도쿄 여행을 위한 호텔을 예약하지 못했어.
B: No problem. I will reserve one tomorrow.
괜찮아. 내가 내일 예약할게.

> **빈출 기출 표현** ◀ book 관련 표현
>
> - be **book**ed up **phr** 예약이 다 차다
> - go by the **book** **phr** 규칙대로[책대로, 정석대로] 하다
> - in your **book** **phr** 너의 의견[판단]에서
> - be **book**ed for speeding **phr** 속도위반으로 경찰에 입건되다[경찰 조서에 오르다]

25 ★★

prohibit
[prouhíbit]

파 prohibition **n** 금지
동 forbid, obstruct

v 금지하다

A: Is it permitted to take this beverage in the cabin?
기내에 이 음료를 가져가는 게 허용되나요?
B: No, all liquids are **prohibited** in carry-ons.
아니요. 모든 액체는 기내 반입이 금지됩니다.

26 ★★

rate

[reit]

ⁿ ¹⁾가격, 요금; ²⁾속도

¹⁾A: How can I reserve a room at a summer special price?
어떻게 여름 특가로 방을 예약할 수 있나요?

B: You can go to our website to get that special **rate**.
저희 웹사이트에 들어가시면 그 특별 할인 요금을 받으실 수 있습니다.

²⁾The **rate** at which the airport staff works is one of the reasons why this is the best airport worldly-known for a rapid process.
그 공항 직원의 업무 처리 속도는 이곳이 빠른 일처리로 세계적으로 알려진 최고의 공항인 이유 중 하나이다.

📶 빈출 기출 표현 〈 '요금' 관련 표현	
fare **ⁿ** 교통 요금	commission **ⁿ** 중개료, 수임료
income, revenue **ⁿ** 수입	cost **ⁿ** 비용, 경비
fine **ⁿ** 벌금	fee **ⁿ** 수수료; (지불해야 할) 요금

27 ★★

rectify

[réktəfài]

통 remedy, correct, amend, change

ⓥ (잘못된 것을) 바로잡다, 고치다

A: Hello, the air conditioner in my hotel room isn't working well.
여보세요, 저희 호텔 방 에어컨이 작동이 잘 안 됩니다.

B: We are sorry for your inconvenience. We will send someone to **rectify** the problem right now.
불편을 드려 죄송합니다. 문제를 바로잡을 직원을 지금 바로 보내겠습니다.

28 ★★

restock

[riːsták]

통 replenish

ⓥ (물건을) 다시 채우다, 보충하다

A: Front desk? I'm out of shampoo. Can I get some more?
안내 데스크인가요? 샴푸가 없네요. 좀 더 얻을 수 있을까요?

B: Sure, I'll have someone **restock** your supply right away.
물론이죠, 지금 사람을 시켜 용품을 다시 채워 드리도록 하겠습니다.

29 ★★

sojourn

[sóudʒəːrn]

ⁿ 잠시 머무름, 체류

A: Where did you go for your vacation?
휴가 어디로 갔었어?

B: I enjoyed a three-day **sojourn** in Orlando.
Orlando에서 3일간 머물렀지.

ⓥ 잠시 머물다, 체류하다

30 ★★
tally up

[phr] 합계를 내다, 총계하다

A: I guess some additional charges are accumulated on our travel expenses.
내 예상엔 몇 가지 추가 비용이 여행 경비에 누적된 것 같아.
B: Yeah, I'm afraid to **tally up** all the extra bills.
그러게, 모든 추가 비용 합산이 염려되네.

31 ★★
questionable
[kwéstʃənəbl]

[a] 미심쩍은, 의심스러운

A: Is South London dangerous for tourists?
남부 런던은 관광객들에게 위험하니?
B: Not really, but you'd better avoid **questionable** people when you walk around alone.
별로, 하지만 혼자 돌아다닐 때 미심쩍은 사람들은 피하는 게 좋아.

32 ★★
approaching

[a] 다가오는

A: Does this shuttle bus go to Terminal 3?
이 셔틀버스는 3번 터미널로 가니?
B: No, that terminal is accessible by that **approaching** bus.
아니, 그 터미널은 저기 다가오는 버스를 타고 갈 수 있어.

33 ★★
imposition
[ìmpəzíʃən]
[파] impose [v] (의무·세금·부담을) 부과하다

[n] 1)폐, 부담; 2)부과

1)I decided to use another temporary accommodation, as I don't want to be an **imposition** by staying at my friend's house.
나는 친구 집에 머무르며 폐를 끼치고 싶지 않아서, 다른 임시 숙소를 이용하기로 결정했다.

34 ★★
in haste
[동] in a rush, in a hurry

[phr] 서둘러서, 급하게

My holiday didn't go as planned as I booked everything **in haste** and made the whole trip poorly organized.
내가 모든 것을 급하게 예약하고 전반적인 여행을 잘 준비하지 못했기 때문에, 휴가는 계획대로 진행되지 않았다.

35 ★

connecting flight

phr 연결 항공편

A: What was wrong with your trip to Ireland?
아일랜드 여행에 무슨 문제가 있었니?
B: I had one layover in Amsterdam, but unfortunately I missed the **connecting flight**.
암스테르담에서 한 번 경유했는데, 운 나쁘게도 연결 항공편을 놓쳤어.

---

36 ★

accrue

[əkrú:]

ⓢ cumulate, accumulate, increase, collect

v 누적하다, 축적하다; 누적되다, 축적되다

A: Can you check how many frequent flyer miles I have?
제 항공 마일리지가 얼마나 쌓였는지 확인해 주실래요?
B: You've **accrued** about 8,000 miles until now.
지금까지 약 8,000마일리지를 누적하셨습니다.

> 🔑 기출 포인트
>
> 항공 마일리지에 관한 내용이 나오면 '(마일리지의) 축적, 누적'을 의미하는 동사나 형용사(과거분사)가 번갈아 가며 꾸준히 출제된다.
> – accrue, cumulate, accumulate v 축적하다
> – accrued, cumulated, accumulated a 축적된, 누적된

---

37 ★

taxi

[tǽksi]

v (비행기가 착륙 후·이륙 전에 지상에서) 이동하다

Even though our flight was scheduled to leave at 2 p.m., the time it took to **taxi** to the runway delayed our flight an extra 30 minutes.
우리 항공기는 오후 2시에 출발할 예정이었지만, 활주로로 이동하는 데 걸린 시간이 비행을 30분이나 추가 지연시켰다.

Choose the best answer.

2초 check-up

01 The UK (prohibits, exceeds, entails) the use of electronic devices on passenger flights.

02 Some passengers don't care whether the flight is direct or has a(n) (destination, attraction, layover).

03 You can (accrue, approve, impart) air miles on any domestic flight booked through the website.

04 This device is used to alert people of a(n) (approaching, suitable, available) train.

05 To get a ticket at a special (speed, rate, time), you have to book in advance.

5초 check-up

06 A: This seat is too _____ for me to move my legs.
B: I know. We should have taken another airline carrier.

(a) sloppy (b) cramped
(c) ample (d) spacious

07 A: Hello, I'm calling about _____ a hotel for this weekend.
B: Sorry. We are fully reserved for this weekend.

(a) adopting (b) accompanying
(c) checking (d) booking

08 A: We currently have a flight for 10 a.m. and 2 p.m. Which one do you prefer?
B: 10 a.m. would be _____ for me.

(a) convenient (b) comparable
(c) complimentary (d) available

09 In order not to _____ additional fees, travelers are required to cancel their flights within 48 hours prior to departure.

(a) occur (b) concur
(c) recur (d) incur

10 Customs _____ more than 15 kilograms of tobacco and 300 packs of cigarettes that a couple failed to declare.

(a) confiscated (b) robbed
(c) arrested (d) located

11 If a traveler presents _____ travel documents, he can be referred by the immigration officer to the Immigration office.

(a) resolute (b) determined
(c) questionable (d) credulous

12 The Basilica is well-known for its soaring towers, intricate details, stained-glass windows, and a(n) _____ view of the city.

(a) erroneous (b) maculated
(c) reproachable (d) impeccable

[정답] **01.** prohibits **02.** layover **03.** accrue **04.** approaching **05.** rate **06.** (b) **07.** (d) **08.** (a) **09.** (d) **10.** (a)
11. (c) **12.** (d)

400점 어휘

aboard [əbɔ́ːrd]	ad 탑승한
aisle seat	phr 복도 쪽 좌석 *cf.* window seat phr 창가 쪽 좌석
baggage [bǽgidʒ]	n 수하물(luggage)
be scheduled to	phr ~할 예정이다
beverage [bévəridʒ]	n 음료
boarding pass	phr 탑승권
carry-on bag	phr 기내용 가방
check-in	n (공항) 탑승 수속; (호텔) 입실 절차
check-out	n 숙박 요금 정산, 퇴실 절차
direct flight	phr 직항 항공편(nonstop flight)
dizzy [dízi]	a 어지러운, 아찔한
domestic airline	phr 국내선 *cf.* international airline phr 국제선
economy class	phr 일반석 *cf.* business class 비즈니스석
fancy hotel	phr 고급 호텔
flight attendant	phr 승무원
front desk	phr 안내 데스크(information desk)
immigration [ìməgréiʃən]	n 출입국 관리소
included [inklúːdid]	a 포함된
in-flight	a 기내의
journey [dʒə́ːrni]	n 여행, 여정
land [lænd]	v (비행기가) 착륙하다 (on)
limit [límit]	v (수치를) 제한하다
meal plan	phr 식권; 식사 계획
one-way ticket	phr 편도표 *cf.* round-trip ticket phr 왕복표
passenger [pǽsəndʒər]	n 승객
porter [pɔ́ːrtər]	n (공항·호텔의) 짐꾼
scared [skɛərd]	a 두려운
souvenir [sùːvəníər]	n 기념품
temporary [témpərèri]	a 일시적인
waiting list	phr 대기자 명단

500점 어휘	
accommodation [əkɑ̀mədéiʃən]	n 숙소
adequate [ǽdəkwit]	a 충분한, 적절한
adjacent to	phr ~에 가까운, 근접한(close to)
aircraft [ɛ́ərkræ̀ft]	n 항공기
airfare [eˈrfeˌr]	n 항공 요금
ample [ǽmpl]	a 풍부한, 충만한
amused [əmjúːzd]	a 즐거워하는
amusement park	phr 놀이공원
archaic [ɑːrkéiik]	a 오래된
attractive [ətrǽktiv]	a 매력적인
baggage claim carousel	phr 수하물 컨베이어 벨트(conveyer belt)
bellhop [bélhɑ̀p]	n (호텔의) 벨보이
belongings [bilɔ́ːŋiŋs]	n 소지품
burlesque [bəːrlésk]	a 우스꽝스러운(ludicrous, ridiculous)
cancel [kǽnsəl]	v (예약을) 취소하다(call off)
captivating [kǽptəvèitiŋ]	a 매력적인
cardinal [kɑ́ːrdinəl]	a 중심적인, 주요한(central, fundamental, key, primal)
cargo [kɑ́ːrgou]	n 화물
comparable [kɑ́mpərəbl]	a 견줄 만한
compartment [kəmpɑ́ːrtmənt]	n (비행기·버스 등의) 머리 위의 짐칸, 객실, 사물함
concierge [kɑ̀nsiɛ́ərʒ]	n (호텔의) 안내원
copious [kóupiəs]	a 풍부한(ample, plentiful)
customs [kʌ́stəms]	n 세관
dazzling [dǽzliŋ]	a 눈부신, 현혹시키는
deal with	phr ~을 다루다, 취급하다, 처리하다
defer [difə́ːr]	v (일정을) 미루다, 연기하다
disparate [díspərit]	a 이질적인, 전혀 다른
eccentric [ikséntrik]	a 특이한, 이상한
endemic [endémik]	a 고유의, 풍토적인
enthrall [inθrɔ́ːl]	v 매료시키다, 마음을 사로잡다

500점 어휘	
exclude [iksklúːd]	ⓥ 제외하다, 배제하다
excursion [ikskə́ːrʒən]	ⓝ 짧은 여행, 야유회(outing, picnic)
exhausted [igzɔ́ːstid]	ⓐ 지친(beat, worn-out, wiped out); 고갈된
exotic [igzátik]	ⓐ 별난; 매혹적인; 신종의, 실험적인
exquisite [ékskwizit]	ⓐ 아주 아름다운, 절묘한, 정교한
extraordinary [ikstrɔ́ːrdənèri]	ⓐ 뛰어난, 우수한, 특별한
fatigued [fətíːgd]	ⓐ 피로한, 지친
flexible schedule	ⓟⓗⓡ 융통성 있는[유연한] 일정
getaway [gétəwèi]	ⓝ 휴가
jet [dʒet]	ⓝ 비행기
jet lag	ⓟⓗⓡ (비행기 시차로 인한) 피로
legroom [légrù(ː)m]	ⓝ 다리 뻗을 공간
lost and found	ⓟⓗⓡ 분실물 보관소
ludicrous [lúːdəkrəs]	ⓐ 우스꽝스러운; 터무니없는
make it	ⓟⓗⓡ 제시간에 도착하다; 성공하다, 해내다
mull over	ⓟⓗⓡ ~을 고심하다
nauseous [nɔ́ːʃəs]	ⓐ 속이 안 좋은, 메스꺼운
on time	ⓟⓗⓡ 정시에, 제시간에(in time)
receptionist [risépʃənist]	ⓝ (호텔·병원·사무실 등의) 접수 담당자
security guard	ⓟⓗⓡ (공항이나 은행의) 보안 경찰, 청원 경찰
see off	ⓟⓗⓡ 배웅하다
standard room	ⓟⓗⓡ 일반실
suite room	ⓟⓗⓡ 특실(deluxe room)
take off	ⓟⓗⓡ (비행기가) 이륙하다; (옷·모자 등을) 벗다 *cf.* take-off ⓝ 이륙
unique [juːníːk]	ⓐ 특이한, 독특한, 특별한
unmanned [ʌnmǽnd]	ⓐ 무인의, 사람이 타지 않은
utmost [ʌ́tmòust]	ⓐ 최고의
vacant [véikənt]	ⓐ 빈
via [váiə, víːə]	ⓟⓡⓔⓟ ~을 경유하여
view [vjuː]	ⓝ 전망, 경치

600점 어휘	
aerophobia [ɛ̀ərəfóubiə]	n 비행기 공포증 *cf.* aerophobic a 비행기 공포증이 있는
archetypal [ɑ́ːrkitàipəl]	a 전형적인, 원형의
aviation [èiviéiʃən]	n 항공(술)
brusque [brʌsk]	a 무뚝뚝한, 퉁명스러운
chic [ʃi(ː)k]	a 멋진, 세련된
cockpit [kákpit]	n (항공기·보트 등의) 조종석
curt [kəːrt]	a (태도가) 퉁명스러운, 무뚝뚝한
eerie [í(ː)əri]	a 괴상한, 무시무시한
exercise caution	phr 주의하다
grace period	phr 유예 기간(호텔 퇴실 시간 유예, 월세 지급 날짜 유예)
impertinent [impə́ːrtənənt]	a 적합하지 않은, 부적절한
indigenous [indídʒənəs]	a 토착의, 고유의
indispensable [ìndispénsəbl]	a 필수불가결한, 없어서는 안 될
irascible [iræsəbl]	a 화를 잘 내는
jettison [dʒétisən]	v (선박·항공기 등이 무게를 줄이기 위해 무언가를) 버리다
kaleidoscopic [kəlàidəskápik]	a 만화경 같은, 주마등 같은
page [peidʒ]	v (공항·병원·백화점 등에서) 호출하다 *cf.* pager n 호출기
peevish [píːviʃ]	a 화를 잘 내는, 신경질적인
queasy [kwíːzi]	a 구역질 나는, 메스꺼운
red-eye flight	phr 야간 항공편
rip off	phr 바가지를 씌우다; 훔치다
rip-off	n 바가지; 사기, 강도
runway [rʌ́nwèi]	n 비행기 활주로
second to none	phr 최고의
seize [siːz]	v 압수하다, 몰수하다
staid [steid]	a 재미없는, 고리타분한
stow [stou]	v (짐을 의도했던 곳에) 집어넣다
stunned [stʌnd]	a 멍한, 어리벙벙한
travel crackdown	phr 여행 엄중 단속
unscathed [ʌnskéiðd]	a 손상되지 않은, 상처 없는

DAY 05

여가·스포츠

여가 및 스포츠 관련 주제는 어휘 영역에서 3~5문항 꾸준히 출제되며, 특히 형용사 어휘들을 집중적으로 학습해 두는 것이 중요하다.

오늘의 단어 듣기
들으면서 암기하세요!

나의 학습노트

1회 암기		
날짜	월	일
시간	시	분

2회 암기		
날짜	월	일
시간	시	분

3회 암기		
날짜	월	일
시간	시	분

01 ★★★
affinity
[əfínəti]

- ⑤ liking, penchant, affection, partiality, bent, inclination
- ⑫ aversion, abhorrence, dislike, disgust, repugnance
- *cf.* have an affinity for phr ~에 대한 기호가 있다, ~을 좋아하다

n 기호, 선호, 친밀감

Rock climbing is perfect for those who have an **affinity** for extreme sports, especially if you <u>enjoy</u> sports which get your heart pumping.

암벽 등반은 익스트림 스포츠를 좋아하는, 특히 심장을 뛰게 하는 스포츠를 즐기는 사람들에게 완벽하다.

> 💡 암기Tip 어원 암기법
> af=ad(to) + fin(kin: 친족) + ity(명접)
> ▸ 친족처럼 되는 것 ▸ 가까워짐, 친밀해짐 ▸ 친밀감

> 👆 기출 포인트
> affinity의 동의어 중에서 liking은 주로 어휘 영역 Part 1에, penchant와 affection은 주로 Part 2에 출제된다.

02 ★★★
dawdle
[dɔ́ːdl]

- ⑤ linger, ramble, loiter, dally

v 빈둥빈둥 시간을 보내다, 꾸물거리다

Kelly and Jill <u>wasted most of the morning</u> by **dawdling** around the house because they didn't have anything to do.

Kelly와 Jill은 할 일이 없어서 아침 시간 대부분을 집 주위를 빈둥거리며 허비했다.

03 ★★★
drained
[dreind]

- ⑭ drain ⑨ 에너지를 뺏다; 자원을 다 쓰다; (액체를) 흘려보내다
- ⑤ beat, exhausted, fatigued, spent, wiped out, run out, worn out, used up

a 진이 다 빠진, 녹초가 된

After <u>hiking 5 hours straight without a break</u>, Alvin was completely **drained** of energy by the time he reached the summit of the mountain.

쉬지 않고 5시간 연속 하이킹을 한 후, Alvin은 산 정상에 도달했을 때쯤 에너지가 완전히 다 빠졌다.

04 ★★★
challenging
[tʃǽlindʒiŋ]

- ⑭ challenge n 도전
- ⑤ grueling, striving, strenuous, arduous, laborious, demanding, taxing

a 어려운, 난관의, 도전적인

Next week's game against the Patriots is expected to be the most **challenging** match this season for the Broncos, as the Patriots are currently <u>undefeated and ranked first</u>.

Broncos에게는 Patriots와의 다음 주 경기가 이번 시즌 가장 힘든 시합이 될 것으로 예상되는데, Patriots는 현재 무패에 1위이기 때문이다.

암기Tip 연상/확장 암기법

penchant(취미, 기호)를 가진 다양한 스포츠를 versatile(다방면의)하게 즐기려는 avid(열렬한)한 20대들도, 막상 새로운 종목을 dabble(취미 삼아 하다)해 보면, 처음은 challenging(어려운)한 과정을 경험하게 된다.

---

05 ★★★

dabble

[dǽbl]

ⓥ 취미 삼아[장난삼아] 하다 (in, at)

The best advice I can give you is to **dabble** in a number of different sports and activities before you find one you like and which best suits you.

제가 당신에게 해 줄 수 있는 최고의 조언은 당신이 좋아하고, 당신에게 가장 맞는 것을 찾기 전에 많은 다른 스포츠와 활동을 취미 삼아 해 보라는 것입니다.

---

06 ★★★

work out

phr 1) 운동하다; 2) (문제를) 해결하다; (문제가) 해결되다

1) A: Wow, you look great these days! How have you got into such great shape?

와, 너 요즘 멋져 보여! 어떻게 그렇게 멋진 몸을 만들었어?

B: Thanks! I've been **working out** at the new gym which opened up across the street.

고마워! 길 건너에 새로 개장한 체육관에서 운동을 하고 있거든.

2) We need to **work out** how to beat our opponent because losing 7:2 is a really embarrassing problem.

7 대 2로 지는 것은 정말로 당황스러운 문제이기에, 우리는 상대편을 이기는 방법을 해결해야 한다.

---

07 ★★★

avid

[ǽvid]

ⓢ enthusiastic, ardent, zealous, fanatical

ⓐ 열렬한, 열심인

My father has always been an **avid** fan of our local baseball team and goes to watch every game they play at home.

나의 아버지는 항상 우리 지역 야구팀의 열렬한 팬이셨기에 그들이 홈에서 하는 모든 경기를 보러 가신다.

08 ★★★
trail
[treil]

(동) (n) path

n (주로 사람들이 많이 다녀서 생긴) 오솔길, 산길, 산책로

A: Which is the best <u>path</u> that you recommend for getting to the castle?
네가 추천하는 그 성으로 가는 최고의 길은 어느 길이야?
B: Hmm, I would suggest taking the river **trail** as it goes past a beautiful waterfall.
음, 아름다운 폭포를 지나가니까 강 오솔길로 가는 걸 추천할게.

v 발을 질질 끌며 걷다, 천천히 걷다

> 📈 **빈출 기출 표현** ◀ '걷다' 관련 표현
> – stroll, walk, saunter, promenade, amble, ramble
> **v** 여유롭게 한가로이 걷다
> – scurry **v** 바쁘게 종종걸음으로 걷다
> – strut **v** 으스대며 뽐내며 걷다
> – toddle **v** (아이가·아이처럼) 아장아장 걷다

09 ★★★
stroll
[stroul]

(동) (n) (v) walk

n 산책

A: Where have you been, Tammy? I have been looking for you all morning!
Tammy, 너 어디에 있었어? 오전 내내 찾았어!
B: Oh sorry, I was just taking the dog for a **stroll** <u>in the park</u>.
아 미안, 난 그냥 공원에 강아지 산책시키고 있었어.

v 거닐다, 산책하다

Instead of <u>taking a vehicle</u>, we **strolled** around the main square to admire the architecture of the town.
차량을 이용하는 대신에 우리는 주 광장을 거닐며 그 지역의 건축 양식을 감상했다.

10 ★★★
victorious
[viktɔ́:riəs]

(형) victory (n) 승리

a 승리를 거둔, 승리한

A: Wow, what a game! Can you believe <u>the score was 19:2</u>?
우와, 대단한 경기야! 19 대 2의 점수가 믿어져?
B: Yes! That was such a **victorious** day and I'm sure that people will be talking about that for a long time.
그래! 그런 승리를 거둔 날이었고, 분명 오랫동안 사람들 입에 회자될 거야.

11 ★★★

play it by ear

(동) improvise, extemporize

phr 그때그때 봐서 처리하다, 준비 없이 하다

A: So did you make an itinerary for your trip to Paris next week?
그래서 다음 주 파리 여행 일정은 다 짰어?

B: No, we don't usually make plans and just like to **play it by ear** when we go to new places.
아니, 우리는 새로운 곳에 갈 때는 보통 계획을 따로 세우지 않고 그냥 그때그때 봐서 처리해.

> **🔑 기출 포인트**
>
> 문법 영역 Part 3에 play it by ear가 나오면 복수형 ears가 아닌, 단수형 ear라는 것에 주의하여 풀어야 한다.

12 ★★★

versatile

[vɔ́:rsətil]

(파) versatility **n** 다재, 다능
(동) all-around, many-sided

a 다재다능한, 융통성이 있는

A: Have you ever heard about the event called triathlon? It is meant to be really difficult.
철인삼종이라고 하는 경기에 대해 들어봤어? 정말 어렵다던데.

B: Yes, you have to be a really **versatile** athlete because you need to be a stronger swimmer, runner, and cyclist.
응, 더욱 강한 수영 선수, 육상 선수, 그리고 사이클 선수가 되어야 하니까 아주 다재다능한 선수가 되어야 하지.

> **💡 암기Tip** 어원 암기법
>
> vers(turn: 뒤집다, 바꾸다) + ate(동접) + ile(형접)
> ▶ 다르게 뒤집을 수 있는, 다르게 바꿀 수 있는 ▶ 다재다능한

13 ★★★

chubby

[tʃʌ́bi]

(동) plump, fleshy, fat

a 통통한, 살이 찐

A: How was your winter vacation? Did you keep up your workout routine?
겨울 방학 어땠어? 운동하는 일상은 유지했니?

B: No, not really. I got a bit **chubby** from relaxing and eating lots of delicious treats.
아니, 별로. 쉬면서 맛있는 간식을 많이 먹어서 좀 통통해졌어.

14 ★★★

vie

[vai]

[동] compete, contest

[v] 경쟁하다, 다투다

Twelve athletes are currently **vying** to be the next 100 meter sprint champion in the common wealth games.

12명의 선수들이 영연방 경기 대회에서 다음 100미터 단거리 우승자가 되려고 현재 경쟁하고 있다.

15 ★★★

daunting

[dɔ́:ntiŋ]

[파] daunted [a] 겁이 난, 두려운
undaunted [a] 의연한, 움츠리지 않는

[동] terrifying, intimidating, disheartening

[a] 겁나게 하는, 기죽게 하는

A: Were you not terrified about trying river rafting for the first time?

난생 처음으로 강 래프팅을 시도하는 게 두렵진 않았어?

B: It was **daunting** at the beginning but once we got started it was really exciting!

처음에는 겁이 났는데 일단 시작을 해 보니 너무 신났어!

16 ★★★

unprecedented

[ʌnprésidèntid]

[파] precede [v] ~에 앞서다, 선행하다
precedent [n] 전례, 선례
[a] 앞선, 선행하는

[a] 전례 없는

A: Has anyone ever hit that many home runs in one game before?

지금까지 이전에 한 경기에서 그렇게 많은 홈런을 친 사람이 있었어?

B: No, he set an **unprecedented** record which will be hard to beat.

아니, 그는 깨기 어려울 전례 없는 기록을 세웠어.

암기Tip 어원 암기법

un(not) + pre(before: 이전에, 앞서서) + cede(go: 진행되다) + ent(형접) + ed(과거분사접)
▸ 앞서서 진행되지 않은, 지금까지 없던 ▸ 전례 없는

17 ★★★

facilities

[fəsílətis]

[파] facilitate [v] 용이하게 하다
facile [a] 용이한

[동] amenities

[n] (편의) 시설

A: How was the health club you visited last week?

지난주에 갔던 헬스클럽은 어땠어?

B: Its **facilities** were amazing! They had a gym, two swimming pools, a spa, and a golf course.

시설이 대단했어! 체육관 하나, 수영장 두 개, 온천, 그리고 골프장도 있었어.

facilities는 손님들을 위해 호텔에 구비된 TV나 컴퓨터, 체육관에 있는 운동 기구들, 주차 시설, 체육관(gym), 수영장, 온천 등의 건물이나 장소 등 편의를 목적으로 하는 시설들 모두를 지칭할 수 있다는 것에 주의해야 한다.

---

18 ★★★

call off

ⓢ cancel

phr ~을 취소하다

A: Why was the game cancelled last night?
어젯밤 경기는 왜 취소된 거야?
B: They **called** it **off** because the weather was terrible.
그들이 날씨가 너무 안 좋아서 취소했어.

---

19 ★★★

falter

[fɔ́ːltər]

ⓟ faltering ⓐ 비틀거리는; 더듬거리는
ⓢ ¹⁾waver
　²⁾stammer

v ¹⁾흔들리다, 불안정해지다; ²⁾말을 더듬다

¹⁾Sarah **faltered** at the beginning of her piano piece, which led to her failing her piano grade 5 exam.
Sarah는 피아노곡 초반에는 불안정했는데, 이는 결국 피아노 5급 시험에서 떨어지게 했다.

²⁾He was so nervous that he **faltered** throughout the whole pregame interview which was live on television.
그는 너무 긴장해서 TV 생방송이었던 게임 사전 인터뷰 내내 말을 더듬었다.

---

20 ★★★

intimidated

[intímədèitid]

ⓢ terrified, daunted, scared, discouraged, disheartened
cf. timid ⓐ 소심한, 두려운
　intimate ⓐ 친근한

a 겁내는, 두려운

A: The opponents in this match look really strong and confident.
이 경기의 상대편은 정말 강하고 자신감 있어 보여.
B: Yes, I agree. Our team members look **intimidated**.
응, 맞아. 우리 팀 선수들이 겁내는 듯 보여.

> 💡 암기Tip 어원 암기법
>
> in(in: 안에) + timid(fearful: 두려운) + ate(동접) + ed(과거분사접)
> ▸ 안에 두려움이 생긴 ▸ 겁내는, 두려운

---

21 ★★

exhilarated

[igzílərèitid]

ⓐ exhilarating ⓐ 아주 신나는, 재미있는

cf. hilarious ⓐ 재미있는(funny), 웃기는

ⓐ 기분이 들뜬, 완전히 흥분한, 유쾌한

A: I can't understand why you enjoy going to theme parks. Don't you find it <u>terrifying</u>?

나는 왜 네가 테마파크에 가는 걸 좋아하는지 이해할 수가 없어. 두렵지 않아?

B: Absolutely not! I feel **exhilarated** whenever I ride rollercoasters!

전혀 아니야! 나는 롤러코스터를 탈 때마다 짜릿한 기분을 느껴.

> 💡 암기Tip ⟨ 어원 암기법
>
> ex(thoroughly: 완전히) + hilar(cheer: 환호) + ate(동접) + ed(과거분사접)
> ▶ 완전히 환호하게 되는 ▶ 기분이 들뜬, 완전히 흥분한

> ✌ 기출 포인트
>
> exhilarated는 사람을 주어로 받는 형용사이며, 다른 요소에 의해 사람이 '기분이 들뜬'을 의미한다. 반대로 exhilarating은 주로 사물, 즉 즐거움을 주는 요인이 주어가 되고, '아주 들뜨게 하는, 재미있는'을 의미한다.

22 ★★

morale

[mərǽl]

cf. moral ⓐ 도덕적인
mortal ⓐ 사망의, 죽음의

ⓝ 사기, 의욕

When we scored the first goal, our team was full of <u>confidence</u>, but our **morale** dropped shortly after conceding 2 goals.

우리가 첫 골을 터트렸을 때, 우리 팀은 자신감에 차 있었지만, 두 골을 허용한 직후에는 사기가 떨어졌다.

23 ★★

perspiration

[pə̀:rspəréiʃən]

ⓐ perspire ⓥ 땀을 흘리다
ⓢ sweat

ⓝ 땀

During the break between games, I had a drink of water and <u>wiped</u> the **perspiration** off my face and arms with a towel.

경기 중간에 쉬는 동안, 나는 물을 마시고 수건으로 얼굴과 팔의 땀을 닦았다.

> 💡 암기Tip ⟨ 어원 암기법
>
> per(through: 통과하여) + spire(breathe: 숨 쉬다) + ation(명접)
> ▶ 땀구멍을 통과해 숨쉬기 ▶ 땀 흘리기 ▶ 땀
> *cf.* re**spire** ⓥ 호흡하다   con**spire** ⓥ 공모하다
>   ex**pire** ⓥ 숨이 다하다, 죽다   in**spire** ⓥ ~을 불어넣다, 고무시키다

---

24 ★★

loosen up

🔵 relax, slacken

phr (근육·마음의) 긴장을 풀다, 느슨하게 하다

A: How did you injure your back playing golf?
골프 치다가 어떻게 허리를 다쳤어?

B: I think I did it because I didn't **loosen up** before with stretches and some practice swings.
내 생각에는 스트레칭과 연습 스윙으로 먼저 근육을 풀어 주지 않아서 그런 것 같아.

---

25 ★★

contemplate

[kántəmplèit]

🔵 ponder

v 심사숙고하다, 고심하다

A: Why have you not booked your ticket to New York for your vacation?
왜 휴가 때 갈 뉴욕행 항공권 예약 안 했어?

B: Hmm, I'm busy **contemplating** whether it's worth spending all that money for just a 4-day trip.
음, 4일밖에 안 되는 여행에 그 돈을 전부 쓸 만한 가치가 있을지 분주히 고민 중이야.

---

26 ★★

bellicose

[béləkòus]

🔵 pugnacious, belligerent, combative, warlike, quarrelsome

a 호전적인, 싸우기 좋아하는

Some soccer hooligans are extremely **bellicose** and are looking to start a fight with the opposite team making them banned in many countries.
일부 축구 극성 팬들은 극도로 호전적이며 여러 나라에서 금지를 당하게 하는 상대 팀에게 싸움 거는 짓을 하려고 한다.

27 ★★

pivotal

[pívətəl]

[파] pivot [n] 중심(점), 중심축

[a] 중심이 되는, 축이 되는

Messi is probably the most **pivotal** person in the team and whenever he plays, the whole team's spirit is lifted along with all the fans.

Messi는 아마도 팀에서 가장 중심이 되는 사람으로, 그가 경기할 때마다 모든 팬들과 함께 팀 전체의 사기도 고양된다.

28 ★★

imbibe

[imbáib]

[동] drink, absorb, soak up

[v] 마시다, (물·빛·열 등을) 흡수하다

Whenever playing physically demanding sports, it is important to **imbibe** plenty of fluids as not to become dehydrated.

육체적으로 힘든 운동을 할 때마다, 탈수가 되지 않도록 충분한 음료를 마시는 것이 중요하다.

암기Tip 어원 암기법

im(into: 안으로) + bibe(drink: 마시다)
▸ 안으로 마시다, 안으로 수분을 흡수하다

29 ★★

sore

[sɔːr]

[동] 1)2)painful
2)grieved, sorrowful

[a] 1)(상처나 근육에) 통증이 있는, 아픈; 2)(심리적으로) 괴로운, 고통스러운

1)A: How was your first day at the gym?

체육관에서의 첫날은 어땠어?

B: Extremely hard. I think my whole body will be **sore** when I wake up tomorrow.

진짜 힘들었어. 내일 일어나면 온몸이 다 아플 것 같아.

30 ★★

beat

[biːt]

[동] 1)defeat
2)strike

[v] 1)(상대를) 이기다; 2)치다, 때리다

1)There is one team that we always seem to have difficulty with and can never **beat** them no matter how well we play.

항상 우리가 어려워하는 것 같고 아무리 우리가 잘해도 절대 그들을 이길 순 없는 한 팀이 있다.

기출 포인트

'이기다'라는 의미의 동사는 뒤에 오는 목적어에 따라 구별할 수 있다.
- beat, defeat: 목적어로 '상대 선수, 팀'이 온다.
- win: 목적어로 '경기, 상금, 상품, 우승' 등이 온다.

31 ★★

discouraged

[diskə́ːridʒd]

(동) depressed, dejected, disheartened
(반) encouraged

a 낙담한, 좌절한, 실망한

A: I hope you are not too <u>sad</u> about not making the team.

네가 팀에 뽑히지 않은 것에 너무 슬퍼하지 않았으면 좋겠어.

B: Well, I am **discouraged** but that will only make me try hard for the next tryouts.

음, 낙담하긴 했지만 다음 테스트를 위해 나를 열심히 노력하게 만들 뿐이야.

> 💡 **암기Tip** 어원 암기법
>
> dis(away: 멀리) + courage(bravery: 용기) + ed(과거분사접)
> ▸ 용기를 멀리하게 된 ▸ 용기를 잃은 ▸ 낙담한

32 ★★

formidable

[fɔ́ːrmidəbl]

(동) intimidating, daunting, threatening

a 무서운, 두려운, 엄청난, 어마어마한

A: Do you think you can beat Richard in the chess match tomorrow?

내일 체스 시합에서 Richard를 이길 수 있을 거라고 생각해?

B: I'm not sure. Richard is a **formidable** opponent and is the <u>reigning</u> champion for 6 years.

모르겠어. Richard는 무서운 상대이고 6년간 군림하고 있는 챔피언이거든.

33 ★★

impunity

[impjúːnəti]

(동) exemption, immunity
cf. with impunity [phr] 벌을 받지 않고

n 무처벌, 처벌을 받지 않음

The referee seemed extremely biased allowing one team to commit serious tackles with **impunity** but <u>penalizing</u> the opposite team for minor offences.

심판은 지극히 편파적인 것처럼 보였는데, 한 팀은 심한 태클을 저지르는데도 처벌하지 않고, 상대 팀이 작은 반칙을 하면 규제를 가했다.

> 💡 **암기Tip** 어원 암기법
>
> im(not) + puni(punish: 벌을 주다) + ity(명접)
> ▸ 벌을 주지 않음

34 ★★

teem

[tiːm]

ⓥ abound with[in], swarm with,
be replete with

ⓥ 풍부하다 (with, in)

A: Why is the Great Barrier Reef such a popular destination spot for scuba divers?

왜 Great Barrier Reef가 스쿠버 다이버들에게 인기있는 여행지야?

B: It is because the reef is **teeming** with fish and you can see many kinds of species there.

그곳의 암초에는 물고기가 풍부해서 거기서 많은 종의 물고기를 볼 수 있기 때문이지.

---

35 ★

condone

[kəndóun]

ⓥ forgive, connive, overlook,
disregard, excuse

ⓥ 용납하다, 용서하다

A: What do you think about all the fights which happen in ice hockey games?

아이스 하키 경기에서 발생하는 모든 싸움에 대해 어떻게 생각해?

B: I think it's terrible and I don't **condone** that type of violence in sports.

끔찍하다고 생각하고 나는 스포츠에서 그런 유형의 폭력을 용납하지 않아.

---

36 ★

moderate

[mádərit]

ⓥⓐ 1)reasonable, proper,
adequate
2)average
(반) ⓐ 1)intense, excessive,
extreme
ⓝ radical

ⓐ 1)적당한, 적절한; 2)보통의, 중간의

A: My doctor said my back injury was due to my workout being so strenuous.

의사가 내 허리 부상이 지나친 운동 때문이래.

B: You shouldn't lift so much weight and do **moderate** exercise until your back heals.

너무 무거운 것을 들면 안되고 허리가 나을 때까지는 적당한 운동을 해야 해.

ⓝ 중도파, 온건파

---

37 ★

revoke

[rivóuk]

ⓥ annul, repeal, rescind,
withdraw, take back

ⓥ 취소하다, 철회하다, 폐지하다

There was a big scandal at the last Olympic Games as a gold medal was **revoked** due to a player being caught cheating.

지난 올림픽 대회에는 한 선수가 부정행위를 하다 걸려서 금메달이 취소되는 큰 스캔들이 있었다.

> 💡 암기Tip 어원 암기법
>
> re(back: 뒤로) + voke(call: 부르다)
> ▸ 다시 뒤로 불러들이다, 다시 거둬들이다 ▸ 철회하다

38 ★

fetch

[fetʃ]

ⓥ 1)bring (back), get (back)
   2)captivate, charm

ⓥ 1)가지고 오다, 데려오다; 2)사로잡다, 유혹하다

1)Karen <u>threw</u> the ball as far as she could and her dog **fetched** it back to her again.

Karen은 할 수 있는 한 멀리 공을 던졌고, 그녀의 개가 그것을 그녀에게 도로 가지고 왔다.

---

39 ★

tie

[tai]

cf. tie the knot phr 결혼하다

ⓥ 1)(상대편과) 비기다 (with); 2)묶다, 매다

In a final, both teams should keep playing into extra time <u>until one team wins</u> as the score can never be **tied**.

결승에서는 점수가 결코 비길 수 없기 때문에 어느 한 팀이 이길 때까지 양쪽 팀은 연장전에 가서 계속 경기를 해야 한다.

Daily Check-up

해석/해설 p. 530

Choose the best answer.

⏱ 2초 check-up

01 The players were completely (daunted, drained, exhilarated) by the time the exhausting game was over.

02 Andrew seemed to have gotten a little (chubby, vying, intimidating) when he came back from his vacation.

03 The athlete's dormitories will be closed due to expansion of our (facilities, service, reservation).

04 The cyclists had to (call on, call for, call off) their weekend practice due to an imminent storm.

05 Fans cheered and sang to boost the (morality, mortality, morale) of the players.

⏱ 5초 check-up

06 A: Did you watch TV last night? The Korean soccer team _____ the Japanese soccer team 3 to 2.
B: Yes, it was really exciting. I think we're going to the final.

(a) won   (b) beat
(c) satiated   (d) inspired

07 A: My uncle goes out for a golf range every weekend and also practices every day.
B: He really looks like a(n) _____ golfer.

(a) limp   (b) livid
(c) vivid   (d) avid

08 A: How can I get to the temple on the mountain?
B: I heard that there is a(n) _____ that leads up to that place.

(a) trail   (b) road
(c) street   (d) aisle

09 The Olympic stadium was packed with athletes from around the world who are all _____ to be the next world champion.

(a) defeating   (b) conferring
(c) vying   (d) defending

10 As he set a(n) _____ record, all the audience broke into rapturous applause.

(a) undermined   (b) unprecedented
(c) uncanny   (d) undefined

11 The newly developed shoreline _____ with walkers, joggers, and cyclists, all enjoying the beautiful scenery.

(a) drains   (b) overwhelms
(c) slacks   (d) teems

12 Your membership will automatically be _____ if you break any of the gym rules.

(a) revoked   (b) invoked
(c) quoted   (d) exerted

[정답] **01.** drained   **02.** chubby   **03.** facilities   **04.** call off   **05.** morale   **06.** (b)   **07.** (d)   **08.** (a)   **09.** (c)   **10.** (b)   **11.** (d)
12. (a)

여가·스포츠
01
02
03
04
05 DAY
06
07
08
09
10

400점 어휘

arena [ərí:nə]	n 경기장
athlete [ǽθli:t]	n 운동선수
bookworm [búkwə:rm]	n 책벌레, 책만 읽거나 공부만 하는 사람
breathe [bri:ð]	v 숨을 쉬다, 호흡하다
climbing [klàimiŋ]	n 등산, 등반
competition [kàmpití∫ən]	n 시합, 경쟁
crawl [krɔ:l]	v 기다, 기어가다
creep [kri:p]	v (땅바닥을) 기다
effortlessly [éfərtlisli]	ad 노력 없이, 수월하게
encourage A to B	phr A가 B 하도록 격려하다
energetic [ènərdʒétik]	a 활기 넘치는
enthusiastic [inθjù:ziǽstik]	a 열광적인
exercise [éksərsàiz]	v 운동하다
final game	phr 결승전
first place	phr 1위, 1등
gym[gymnasium] [dʒim]	n 체육관
judge [dʒʌdʒ]	n 경기 심판
lose a game	phr 경기에 지다
match [mætʃ]	n 시합, 경기; 짝; 성냥 v 어울리다
odds [ɑdz]	n 가능성, 확률
opponent [əpóunənt]	n 상대(팀)
overwhelming [òuvərhwélmiŋ]	a 압도적인, 엄청난
pace [peis]	n (걸음이나 달리기의) 속도(tempo)
participant [pɑ:rtísəpənt]	n 참가자
peculiarity [pikjù:liǽrəti]	n 특이한 점, 기벽
propose [prəpóuz]	v 제안하다
qualify [kwáləfài]	v 자격을 부여하다
referee [rèfərí:]	n 심판
stand for	phr ~을 상징하다, 나타내다
toss [tɔ(:)s]	v (살짝·가볍게) 던지다

500점 어휘	
alleviate [əlíːvièit]	v (고통·스트레스·가난을) 완화시키다
ardent [áːrdənt]	a 열정적인
assimilate [əsíməlèit]	v 동화시키다
avocation [ævəkéiʃən]	n 여가, 취미 활동 cf. vocation n 직업, 천명(calling)
balmy [báːmi]	a 상쾌한, 온화한, 마음을 가라앉히는
blank [blæŋk]	a 텅 빈; 멍한
blister [blístər]	n 물집, 수포 v 물집이 생기게 하다
bruise [bruːz]	n 타박상
bundle [bʌ́ndl]	v 따뜻하게 둘러싸다; 꾸리다, 묶다
coincide [kòuinsáid]	v 동시에 일어나다; 일치하다
concur [kənkə́ːr]	v 동의하다 (with), 의견의 일치를 보다
cramp [kræmp]	n 경련
cut through	phr ~을 가로질러 가다
draw [drɔː]	n 무승부
drawback [drɔ́ːbæ̀k]	n 약점, 결점
embark on	phr ~에 착수하다, 출발하다
enervate [inə́ːrvit]	v 기력을 떨어뜨리다
engross [ingróus]	v 몰두하게 하다
entertainment [èntərtéinmənt]	n 오락, 여흥
envision [invíʒən]	v 마음속에 그리다
exalt [igzɔ́ːlt]	v 칭송(칭찬)하다; (지위, 권력을) 승격시키다
fervent [fə́ːrvənt]	a 열정적인
frantic [frǽntik]	a 극성인, 제정신이 아닌
frisky [fríski]	a 기운찬, 놀고 싶어 하는
fluid intake	phr 수분 섭취
frolic [frálik]	v 즐겁게 뛰놀다 n 놀이, 장난
halfhearted [hǽˈfhɑˌrtid]	a 마음이 내키지 않는, 열성이 없는, 냉담한
have one's nose in a book	phr 책벌레이다
horrendous [hɔ(ː)réndəs]	a 참혹한, 끔찍한
impetuous [impétʃuəs]	a 성급한, 충동적인

500점 어휘

impetus [ímpitəs]	n 충동, 자극
insatiable [inséiʃəbl]	a 만족할 수 없는, 끝없는
inspire [inspáiər]	v 고무하다, 격려하다, 영감을 주다
in your own time	phr 한가할 때, 여가 시간에
leisurely [líːʒərli]	a 한가한, 여유로운
lift one's spirits	phr 사기를 북돋워 주다
limp [limp]	v 절뚝거리다 a 축 늘어진; 피곤한
loathe [louð]	v 싫어하다, 꺼리다
lukewarm [lúːkwɔ́ːrm]	a 별 관심 없는, 무관심한; 미온의, 미지근한
lure [ljuər]	n 매력, 유혹
meddle [médl]	v 참견하다, 간섭하다 (in)
miss [mis]	v 놓치다; 그리워하다
neck and neck	phr 막상막하인
nervous [nɔ́ːrvəs]	a 불안한, 초조한, 긴장한
omnipresent [ὰmnəprézənt]	a (곳곳에) 만연한
pamper [pǽmpər]	v 애지중지하다, 소중히 살피다
partake [pɑːrtéik]	v 참석하다 (in)
pastime [pǽstàim]	n 취미, 오락
potential [pəténʃəl]	n 잠재력
preoccupy [priːákjəpài]	v 뇌리를 사로잡다
procrastinate [proukrǽstənèit]	v (일을) 미루다, 질질 끌다
recline [rikláin]	v 기대다, 눕다
regimen [rédʒəmən]	n (효과적인 운동·식단) 방법
relaxing [rilǽksiŋ]	a 긴장을 풀어 주는, 이완시켜 주는
root for	phr ~를 응원하다
standing [stǽndiŋ]	n (사회적) 위치, 지위, 신분
strain [strein]	v (근육을) 혹사하다 n 압박
surrender [səréndər]	v 항복하다, 굴복하다
too close to call	phr 막상막하인, 아주 근접해서 판정을 내릴 수 없는
triumph over	phr ~을 이겨내다, 극복하다

600점 어휘	
☐ **bellow** [bélou]	ⓥ (큰 소리로) 고함치다
☐ **build up**	phr 증강시키다, 강화시키다
☐ **buoyant** [bɔ́iənt]	ⓐ 경쾌한, 낙천적인; 부력이 있는
☐ **contusion** [kəntʃúːʒən]	ⓝ 타박상
☐ **decoy** [díːkɔi]	ⓝ 바람잡이, 미끼
☐ **dilettante** [dìlitáːnti]	ⓝ 단순히 재미로 예술이나 스포츠를 하는 사람, 호사가(dabbler)
☐ **dupe** [djuːp]	ⓝ 얼간이, 속기 쉬운 사람
☐ **effervescent** [èfərvésənt]	ⓐ 열광하는, 기운 넘치는; 거품이 이는
☐ **effusive** [ifjúːsiv]	ⓐ (감정 표현이) 야단스러운, 넘치는
☐ **ensconce** [inskáns]	ⓥ 편안히 자리를 잡다
☐ **enshrine** [inʃráin]	ⓥ 소중히 간직하다; 안치하다, 모시다
☐ **excruciating pain**	phr 몹시 심한 통증
☐ **fade** [feid]	ⓐ 풍미가 없는, 평범한, 시시한 ⓥ (색이) 바래다; 바래게 하다
☐ **foolhardy** [fúːlhàːrdi]	ⓐ 무모한
☐ **freaky** [fríːki]	ⓐ 이상한, 특이한
☐ **gawk** [gɔːk]	ⓥ 멍하니 바라보다
☐ **geek** [giːk]	ⓝ 괴짜; 지겨운 녀석 *cf.* a computer geek phr 컴퓨터만 아는 괴짜
☐ **gravitated** [grǽvəitèit]	ⓐ 끌린
☐ **headlong** [hédlɔ̀(ː)ŋ]	ⓐ 성급한, 저돌적인 ad. 성급히, 저돌적으로
☐ **idiosyncratic** [ìdiousinkrǽtik]	ⓐ 색다른, 기이한
☐ **nerd** [nəːrd]	ⓝ 얼간이, 이상한 한가지 취미에만 빠져 있는 따분하고 지루한 사람
☐ **puff** [pʌf]	ⓥ (연기·김을) 내뿜다; 숨을 헉헉거리다
☐ **purge** [pəːrdʒ]	ⓥ (몸·마음을) 깨끗이 하다, 정화하다
☐ **rampage** [rǽmpeidʒ]	ⓥ 미친 듯이[광란하듯] 돌아다니다
☐ **rove** [rouv]	ⓥ 방랑하다
☐ **sap** [sæp]	ⓥ 약화시키다; 수액을 짜내다 ⓝ 멍청이, 얼간이
☐ **saunter** [sɔ́ːntər]	ⓥ 한가로이 거닐다
☐ **shambles** [ʃǽmblz]	ⓝ 난장판
☐ **umpire** [ʌ́mpaiər]	ⓝ 심판 ⓥ 심판을 보다
☐ **whiff** [hwif]	ⓥ (공을) 헛치다; 가볍게 불다

DAY 06

거주·주택·가정·가사

거주/주택/가정/가사는 주로 어휘 영역 Part 1에 집중적으로 2~4문항씩
출제되는 주제이며, 가사나 가족 관계에 대한 상황이 주로 제시된다.

오늘의 단어 듣기
들으면서 암기하세요!

나의 학습노트

1회 암기	✓		2회 암기	✓		3회 암기	✓	
날짜	월	일	**날짜**	월	일	**날짜**	월	일
시간	시	분	**시간**	시	분	**시간**	시	분

01 ★★★

evict

[i(:)víkt]

[동] throw out, dislodge, oust, expel, banish

[v] (건물에서) 쫓아내다, 퇴거시키다

A: John hasn't paid his rent for 3 months and he might be thrown out.

John이 3개월간 월세를 못 내서 쫓겨날지도 몰라.

B: He'd better pay soon or he's going to get **evicted**.

얼른 내는 게 좋을텐데, 안 그러면 그는 쫓겨날 거야.

암기Tip 어원 암기법

e=ex(out) + vict(conquer: 정복하다)

▸ 밖으로 몰아내고 건물을 정복하다

---

02 ★★★

tattered

[tǽtərd]

[파] tatty [a] 닳아 해진, 누더기가 된

[동] ragged, shabby, worn-out

[a] 찢긴, 누더기가 된

Jane wants to replace her **tattered** curtains which were badly torn by her pet cat.

Jane은 그녀의 애완 고양이에 의해 심하게 찢겨 누더기가 된 커튼을 교체하고 싶어 한다.

[n] 찢긴 조각

---

03 ★★★

rummage

[rʌ́midʒ]

[v] 샅샅이 뒤지다[찾다]

My brother spent all morning **rummaging** through his bedroom searching for his car keys which he misplaced.

내 동생은 잃어버린 자신의 차 키를 찾느라고 침실을 샅샅이 뒤지며 오전 시간을 다 보냈다.

---

04 ★★★

comely

[kʌ́mli]

[a] 매력적인, 고운, 반반한

Even though my older sister Rebecca is beautiful, my younger sister Sarah has a more **comely** appearance.

비록 나의 언니 Rebecca는 아름답지만, 내 여동생인 Sarah가 더 매력적인 외모를 지녔다.

---

05 ★★★

eradicate

[irǽdəkèit]

[동] extirpate, exterminate, uproot

[v] 근절하다, 뿌리뽑다

A: Are you still having a problem with that bad smell in your new apartment?

너희 새 아파트에는 아직도 안 좋은 냄새에 관한 문제가 있어?

B: Yes, I tried all kinds of sprays but I can't seem to **eradicate** it.

응, 온갖 스프레이를 다 써 봤는데도 그 냄새를 근절할 수는 없을 것 같아.

06 ★★★
gregarious
[grigέ(:)əriəs]

⑤ sociable, convivial, congenial

ⓐ 사교적인

A: I think that my cousin Mike is one of the most sociable people I know.

내 사촌인 Mike는 내가 아는 가장 붙임성 있는 사람들 중 한 명이라고 생각해.

B: Yes, you are right. He certainly is a very **gregarious** person.

그래, 맞아. 그는 확실히 매우 사교적인 사람이지.

07 ★★★
slip one's mind

cf. blow one's mind phr ~를 짜릿하게 하다
cross one's mind phr 갑자기 ~에게 떠오르다
give someone a piece of one's mind phr ~를 심하게 비난하다

phr 깜박 잊다, 잊어버리다

A: Did you remember to buy some milk on your way home?

집에 오는 길에 우유 사오는 거 기억하지?

B: No, sorry. It completely **slipped my mind**.

아니, 미안. 완전히 깜박했네.

08 ★★★
vicariously
[vaikέəriəsli]

ⓐ vicarious ⓐ 대리의, 간접적인

ad 대리로, 대신에

A: I think Rick's father pushes him too much by making him live his father's dream of being a soccer player.

Rick의 아빠는 Rick이 축구선수가 되는 아빠의 꿈대로 살도록 만들려고 함으로써, 그에게 너무 많은 것을 강요하는 듯해.

B: Yes, he is trying to live **vicariously** through Rick's achievements.

맞아, 그는 Rick의 성취를 통해 대리로 살려고 하지.

09 ★★★
talk A out of B

ⓢ dissuade A from B
cf. talk A into B phr A를 설득해서 B하게 하다(= persuade A to B)

phr A를 B하지 못하게 말리다

A: My parents tried to <u>dissuade</u> me <u>from</u> taking a gap year travelling.
나의 부모님은 내가 학업을 중단하고 여행하는 것을 못 하게 하려고 하셨어.

B: Oh, did they **talk** you **out of** your decision?
아, 그분들이 네가 네 결정대로 못 하게 말리셨단 말이야?

> 🖋 기출 포인트
>
> 'talk ~ out of'와 'talk ~ into' 구문은 어휘 영역뿐 아니라, 문법 영역에서도 어순을 묻는 문제로 출제되었고, 독해 영역의 선택지에도 자주 쓰이는 구문이니 잘 기억해 두어야 한다.

10 ★★★
boast
[boust]

ⓓ boastful ⓐ 뽐내는, 자랑하는
boastfully ⓐⓓ 자랑하면서, 허풍 떨면서
ⓢ brag, show off, flaunt

ⓥ 자랑하다 (of, about, that), 뽐내다

I don't want to **boast** but I have to <u>brag</u> about my brother getting a scholarship to Cambridge University.
나는 자랑하고 싶진 않지만, 내 형이 Cambridge 대학교의 장학금을 받는 것을 떠벌리지 않을 수 없다.

ⓝ 자랑, 뽐냄

11 ★★★
inadvertently
[inədvə́:rtntli]

ⓓ advert (to) ⓥ 주의를 돌리다
advertent ⓐ 주의 깊은
ⓢ inattentive, careless, thoughtless

ⓐⓓ 부주의하게, 생각 없이

In a rush to get to work, I **inadvertently** <u>left my key at home</u> and locked myself out of my house.
출근하려고 서두르다가 부주의하게 집에 열쇠를 두고 나와서는 문을 잠가 버렸다.

> 💡 암기Tip 어원 암기법
>
> in(not) + ad(to) + vert(turn: 돌리다) + ent(형접) + ly(부접)
> ▸ (주의를) 돌게 하지 않는, 주의하지 않는 ▸ 부주의하게

12 ★★★
crease
[kri:s]

ⓢ ⓝ ⓥ wrinkle, furrow

ⓝ (옷·종이·얼굴 등에 생긴) 주름

A: Did you forget to <u>iron</u> your shirt this morning?
오늘 아침에 셔츠 다리는 거 잊었어?

B: Why, do you think there are too many **creases** in it?
왜, 셔츠에 주름이 너무 많다고 생각해?

ⓥ 주름이 생기게 하다

13 ★★★

dismantle

[disméntl]

⑤ disassemble, take apart

☑ 분해하다, 해체하다

A: This new sofa is <u>too big to fit</u> into the car.

이 새 소파는 너무 커서 차에 안 들어가.

B: Yes, it looks like we are going to have to **dismantle** it so that it will fit.

그러게, 그게 들어가려면 분해해야 할 것 같아.

> 💡 **암기Tip** 〈 어원 암기법
>
> dis(apart: 조각으로, 따로) + mantle(cloak: 망토, 막을 씌우다)
> ▸ 막을 조각조각 따로 분리하다, 분해하다, 해체하다

---

14 ★★★

rebel

☑ [ribél] ⋒ [rébl]

☑ 반항하다, 저항하다

Many teenagers **rebel** against their parents and <u>ignore</u> all the rules they set or <u>do the opposite</u> of everything they say.

많은 10대들이 부모에게 반항하고 부모가 세운 모든 규율을 무시하거나, 부모가 말하는 모든 것의 반대로 행동한다.

⋒ 반란자, 저항 세력

> 💡 **암기Tip** 〈 어원 암기법
>
> re(against: 대항해서) + bel=bell(war: 싸우다, 전쟁하다)
> ▸ 대항해서 싸우다 ▸ 반항하다, 저항하다

---

15 ★★★

wheedle

[hwíːdl]

⑤ flatter, cajole, coax, inveigle, delude

cf. wheedle A into B **phr** A를 감언으로 구슬려 B하게 하다

☑ 감언으로 구슬리다, 꼬시다

A: My younger sister always <u>sweet-talks</u> my father into buying her new things.

내 여동생은 늘 아빠를 감언으로 꾀어 새것을 사 주게 만들어.

B: Oh, my sister also **wheedles** my father into giving her anything she wants.

아, 내 여동생도 아빠를 감언으로 구슬려서 자기가 원하는 뭐든지 사 주게 만드는데.

---

16 ★★★

eschew

[istʃúː]

⑤ avoid, shun, circumvent, forgo

☑ 피하다, 삼가다

I always try to <u>avoid</u> house chores and when even it's my turn I always **eschew** them.

난 항상 집안일을 하지 않으려고 하고, 심지어 내 차례일 때도 언제나 피한다.

17 ★★★

hold out

[동] 2)stretch forth
3)present, offer

[phr] 1)끝까지 버티다, 끝까지 쥐고 있다; 2)(손을) 뻗다, 내밀다; 3)주다

1)A: The housing prices are too low at the moment.
지금은 집값이 아주 낮아.

B: Yes, right. That is the reason why I'm **holding out** from selling my house until it picks up again.
그래, 그렇다니까. 그게 내가 다시 집값이 오를 때까지 집을 팔지 않고 버티는 이유야.

18 ★★★

reciprocate

[risíprəkèit]

[v] 보답하다

A: Seeing as you cut my lawn last week, I will do the same for you tomorrow morning.
지난주에 네가 우리 잔디를 깎아 주었으니까, 내일 아침은 내가 널 위해 똑같이 해줄게.

B: Oh, it was my pleasure! There is no need to **reciprocate**.
아, 그건 내가 좋아서 한거야! 보답할 필요 없어.

19 ★★★

shabby

[ʃǽbi]

[동] humble, worn-out

[a] 허름한, 다 낡은, 초라한, 지저분한

A: Oh, I really love your new sofa!
아, 너의 새 소파 정말 좋다!

B: Yes, it was time to replace that **shabby** old thing.
그렇지, 저 허름하고 오래된 것을 바꿀 때였어.

20 ★★★

rowdy

[ráudi]

[동] 1)rambunctious, noisy, boisterous, clamorous
2)unruly, obstreperous, refractory

[a] 1)소란스러운; 2)거칠고 산만한, 제멋대로인

1)A: Sorry about the noise my little cousins caused last night.
어젯밤 내 어린 사촌들이 시끄럽게 한 거 미안해.

B: No problem. I know how **rowdy** kids can be sometimes.
괜찮아. 애들이 이따금씩 얼마나 소란스러울 수 있는지 알아.

기출 포인트

주로 아이들이 언급되는 상황에서 '소란스러운, 말을 잘 듣지 않는, 통제가 안 되는'라는 의미의 어휘는 rowdy뿐만 아니라 그 동의어들도 상당히 빈번히 출제된다.

21 ★★

commodious

[kəmóudiəs]

㉤ spacious, roomy

ⓐ (공간이) 넓은

A: Hey, your new studio apartment is really <u>spacious</u>.
야, 너의 새 원룸 아파트 정말 넓다.

B: Yes, you're right. It was the most **commodious** of all the places I looked at.
그래, 맞아. 내가 본 모든 곳들 중에서 가장 넓었어.

---

22 ★★

name after

phr ~의 이름을 따서 짓다[명명하다]

A: Did you <u>decide upon a name</u> for your new baby?
너의 새로 태어난 아이의 이름은 결정했어?

B: Yes. We decided to **name** him **after** my father, Robert.
응. 그 애의 이름을 우리 아빠 이름인 Robert를 따서 짓기로 했어.

> 📊 **빈출 기출 표현** ❮ after 관련 표현
>
> name **after** phr ~의 이름을 따서 짓다
> take **after** phr ~를 닮다(resemble, look like)
> look **after** phr ~를 돌보다(care for, take care of)

---

23 ★★

heirloom

[ɛ́ərlùːm]

ⓝ 가보

A: That is a really beautiful ring! Where did you get it?
정말 예쁜 반지네! 어디서 났어?

B: Thank you. It is an **heirloom** I <u>inherited from</u> my grandmother.
고마워. 우리 할머니한테 물려받은 가보야.

---

24 ★★

scold

[skould]

㉤ censure, reprove, reproach, reprehend, reprimand, castigate, chastise, upbraid, chide, admonish, rebuke, find fault with, blame, disparage, decry
cf. scold A for B phr A가 B한 것을 비난하다

ⓥ 꾸짖다, 비난하다, 욕하다

You'd better stop playing computer games and finish your homework before your mom <u>nags</u> and **scolds** you again.
너의 엄마가 너에게 또 잔소리하고 꾸짖기 전에 컴퓨터 게임을 그만하고 과제를 끝내는 게 좋겠어.

> 💡 **암기Tip** ❮ 연상/확장 암기법
>
> 엄마가 형에게 숙제하라고 여러 번 nag(잔소리하다)했지만, 형은 말을 듣지 않았고, 엄마가 scold(꾸짖다)할 수 있는 상황을 잘 get away with(교묘히 모면하다)했다. 그런 형이 얄미워서 엄마에게 형을 tell on(고자질하다)하자, 결국 형은 curfew hours(귀가 시간, 외출 금지 시간) 제한을 받았다.

25 ★★
upkeep
[ʌ́pkìːp]

n 유지(비)

A: Wow, the gardens of your apartment look amazing! What is the **upkeep**?

와, 너희 아파트 정원 멋져 보인다! 유지비가 얼마야?

B: Well, it is all included with the <u>maintenance cost</u> of $150 a month.

글쎄, 한 달 관리비인 150달러에 모두 포함되어 있어.

26 ★★
furnished
[fə́ːrniʃt]

a 가구가 비치된

A: Now you are moving to a new place, you'd better start <u>searching for some furniture</u>.

곧 새로운 곳으로 이사할 거니까, 가구를 좀 알아보기 시작하는 게 좋겠어.

B: No need to. Actually the place comes fully **furnished**.

그럴 필요 없어. 사실 그곳엔 가구가 전부 비치되어 있거든.

27 ★★
sweep
[swiːp]

興 sweeping **a** 휩쓸어 가는; 전면적인

v 쓸다, 청소하다

A: Mom, do you know where the <u>broom</u> is?

엄마, 빗자루 어디 있는지 알아요?

B: Yes, it's here, I used it to **sweep** the garage this morning.

응, 여기 있어. 내가 오늘 아침에 차고를 청소하느라 썼다.

28 ★★
measure
[méʒər]

興 measurement **n** (수치) 측정

v (수치를) 측정하다

A: How do you know <u>how long</u> the curtains need to be?

커튼이 얼마나 길어야 하는지 어떻게 알아?

B: Don't worry. I **measured** the windows already.

걱정하지 마. 내가 이미 창문 수치를 측정했어.

> 📈 빈출 기출 표현　'재다' 관련 표현
>
> measure **v** (길이·넓이 등의 수치를) 재다
> weigh **v** (무게·중량을) 재다, 무게를 달다
> gauge **v** (길이·넓이·용량 등을) 재다

29 ★★
bicker

[bíkər]

⑤ wrangle, argue

ⓥ (사소한) 언쟁을 벌이다, 다투다

A: How do your kids get along?
너희 애들은 사이 좋게 지내?
B: Very well actually. They **bicker** from time to time but don't have major fights.
아주 잘 지내. 가끔 언쟁을 벌이긴 하지만, 큰 싸움을 하지는 않아.

30 ★★
famously

[féiməsli]

ⓐ 1)꽤 잘, 매우 2)유연하게

1)I was a little worried when my son moved to a new school; however, he is settling in **famously**.
내 아들이 새로운 학교로 옮겼을 때 약간 걱정했지만, 지금은 꽤 잘 적응하고 있다.

31 ★★
impartial

[impá:rʃəl]

⑤ equal, equitable, fair, unbiased

ⓐ 공평한, 공정한, 편견 없는

A: Do you have a favorite child?
네가 가장 좋아하는 아이가 있어?
B: Well, I try to be **impartial** and love them all the same.
글쎄, 난 공평하려고 노력하고 아이들을 모두 똑같이 사랑해.

32 ★★
behave

[bihéiv]

ⓟ behavior ⓝ 행동

ⓥ 적절하게 행동하다, 예의 바르게 처신하다; 행동하다

A: Thanks so much for babysitting. I hope they didn't cause you too much trouble.
아이들을 돌봐줘서 고마워. 아이들이 너를 너무 힘들게 하진 않았었으면 하는데.
B: No problem! They **behaved** and were no trouble at all.
전혀요! 애들은 예의바르게 행동했고 문제는 전혀 없었어.

33 ★★
bedraggled

[bidrǽgld]

ⓐ (비나 흙탕물에) 젖은, 지저분한

After playing soccer in the rain, the kids came back with uniforms completely **bedraggled** with mud and dirt.
빗속에서 축구를 한 후에, 아이들은 유니폼이 진흙과 먼지로 완전히 젖은 채로 돌아왔다.

34 ★★
inhale
[inhéil]

(반) exhale

ⓥ 공기를 들이마시다

You need to be careful and wear a mask, especially when cleaning with chemicals, as not to **inhale** toxic fumes.
특히 화학 물질로 청소할 때는, 독성 연기를 들이마시지 않도록 주의하고 마스크도 착용해야 합니다.

35 ★
illuminate
[iljúːmənèit]

(동) 2)elucidate
3)enlighten

ⓥ 1)~에 불빛을 비추다, 빛나게 하다; 2)(주제를) 명확히 하다, 설명하다; 3)(지식으로) 계몽시키다, 일깨우다

1)Last Christmas we decorated the tree with ornaments and lights which **illuminated** the entire room.
지난 크리스마스에 우리는 장식품과 방 전체를 비추는 전등으로 나무를 장식했다.

36 ★
undertaking
[ʌndərtéikiŋ]

(동) task, project, job

ⓝ 일, 업무

A: Tomorrow I am planning to paint all the bedrooms in my house.
나는 내일 집안의 모든 침실에 페인트칠을 할 계획이야.
B: That's a huge **undertaking**! I don't think you can do all that in one day.
그거 엄청 큰일이잖아! 그 전부를 하루 안에 할 수는 없을 것 같은데.

37 ★
pry
[prai]

(동) 2)peep
cf. pry open phr 비집어 열다

ⓥ 1)꼬치꼬치 캐묻다 (into), 파고들다; 2)엿보다, 살피다, 탐색하다

1)I think it was wrong that when the future son-in-law visited us at first, my mother tried to **pry** into his personal affairs.
미래의 사위가 처음 우리를 방문했을 때, 우리 엄마가 그의 사생활을 캐려고 한 것은 잘못이라고 생각한다.

38 ★
sibling
[síbliŋ]

ⓝ 형제자매

A: I have 3 brothers and 4 sisters.
나는 세 명의 형제와 네 명의 자매가 있어.
B: Wow, that's a lot of **siblings**!
와, 형제자매가 많네!

39 ★

garments

[gáːrmənt]

ⓢ clothes, clothing, attire, apparel, raiment

n 옷, 의류

Whenever you wash your <u>clothes</u>, it is important to separate colors from whites as not to ruin your **garments**.

의류를 세탁할 때마다, 옷을 망가뜨리지 않도록 색깔 옷을 흰옷과 분리하는 것이 중요합니다.

---

40 ★

prank

[præŋk]

cf. play prank ⓟⓗⓡ 짓궂게 장난을 치다

n 장난

A: My brother is so annoying, always teasing me and <u>joking</u> around.

우리 형은 진짜 짜증 나는데, 항상 나를 괴롭히고 놀려대.

B: I have the same problem! My brother is always playing **pranks**, too.

나도 같은 문제가 있는데! 우리 형도 항상 장난을 치거든.

---

41 ★

tenant

[ténənt]

ⓡ subtenant n 재임차인

n 세입자, 임차인

All the **tenants** who live in the building had a meeting with the <u>building owner</u> to solve the car parking issue.

그 건물에 거주하는 모든 세입자들은 주차 문제를 해결하기 위해 건물주와 회의를 했다.

> 💡 **암기Tip** 〈 연상/확장 암기법
>
> 새로운 property(건물, 부동산)에 lease(임대차 계약)를 내서 tenant(세입자)가 된 내 친구는 move in(이사하다)하자마자 회사가 다른 지역으로 relocate(이전하다)하는 바람에, landlord(주인, 임대주)의 허락 하에 realtor(부동산업자)에게 다른 세입자를 새로 구해 달라고 했다.

---

42 ★

appreciate

[əpríːʃièit]

ⓡ appreciation n 감사

v 감사하다

A: I shut your window because it started raining.

비가 오기 시작해서 내가 창문을 닫았어.

B: Oh, <u>thanks</u>! I really **appreciate** it.

아, 고마워! 정말 감사해.

> 🖐 **기출 포인트**
>
> thank(감사하다) 뒤에는 '사람'이 오며, appreciate(감사하다) 뒤에는 '감사한 일'이 온다.
> – I **thank** <u>you</u> very much. 정말 고마워.
> – I **appreciate** <u>it</u>. 고마워.

Daily Check-up

해석/해설 p. 531

Choose the best answer.

⏱2초 check-up

01 James managed to (talk, tell, say) his son out of moving out of the house.

02 Paula (dissuaded, wheedled, coddled) his elder brother into buying her a delicious brunch.

03 Dave is (taken after, named after, looked after) his grandfather, Dave Harrison.

04 Tenants don't need to worry about furniture as our properties are all fully (furnished, eradicated, measured).

05 I hate that our parents often (rummage, reciprocate, bicker) about small things in front of me.

⏱5초 check-up

06 A: I am sorry for my kid's _____ behavior.
B: It's ok. It is common for children to play in a rambunctious way.

(a) reticent   (b) rowdy
(c) obedient   (d) drab

07 A: What is the milk on the floor of the kitchen?
B: Sorry, I _____ spilt it as I took it out of the fridge.

(a) inadvertently   (b) attentively
(c) heedfully   (d) formally

08 A: Shall we do our homework later and go play computer games?
B: No, we shouldn't. Our mom will _____ us.

(a) laud   (b) peer
(c) scold   (d) pry

09 You'd better replace that old _____ rug in the living room.

(a) spruce   (b) tidy
(c) fair   (d) shabby

10 I don't want to _____, but my daughter won a scholarship this semester.

(a) boast   (b) rebuke
(c) strut   (d) rebel

11 All parents need to have fun and pursue their own goals, instead of living _____ through their children.

(a) publicly   (b) famously
(c) secretly   (d) vicariously

12 Mr. and Mrs. Williams are a _____ couple whose home is always crowded with friends and family.

(a) gullible   (b) gregarious
(c) fastidious   (d) garrulous

[정답] **01.** talk **02.** wheedled **03.** named after **04.** furnished **05.** bicker **06.** (b) **07.** (a) **08.** (c) **09.** (d) **10.** (a)
11. (d) **12.** (b)

400점 어휘

affluent [ǽfluənt]	ⓐ 부유한
attic [ǽtik]	ⓝ 다락
babysitter [beiˈbisiˌtər]	ⓝ 보모(nanny)
basement [béismənt]	ⓝ 지하실 *cf.* cellar ⓝ 지하 저장실
ceiling [síːliŋ]	ⓝ 천장
cupboard [kʌ́bərd]	ⓝ 찬장; 벽장
day-care center	phr 탁아소
detergent [ditə́ːrdʒənt]	ⓝ 세제
driveway [dráivwèi]	ⓝ 차고 진입로 *cf.* 주차 장소로 언급됨
electrical outlet	phr 전기 콘센트
fence [fens]	ⓝ 담장
fume [fjuːm]	ⓝ 연기
garbage can	phr (실외) 쓰레기통 *cf.* trash can phr (실내) 쓰레기통
ground floor	phr 1층
heating system	phr 난방 시스템
insulation [ìnsjəléiʃən]	ⓝ 단열 처리
junk [dʒʌŋk]	ⓝ 쓰레기
landlord [lǽndlɔ̀ːrd]	ⓝ 집주인
light bulb	phr 전구
living cost	phr 생계비
nail clipper	phr 손톱깎이
porch [pɔːrtʃ]	ⓝ 현관
real estate	phr 부동산
repair [ripέər]	ⓥ 수리하다, 고치다 ⓝ 수리
rubbish [rʌ́biʃ]	ⓝ 쓰레기, 폐물
rust [rʌst]	ⓝ 녹 ⓥ 녹슬다; 부식시키다
sprinkler [spríŋklər]	ⓝ 살수기(물 뿌리는 장치)
tweezers [twíːzərz]	ⓝ 족집게(눈썹 뽑기)
vacuum cleaner	phr 진공청소기
washer [wáʃər]	ⓝ 세탁기

500점 어휘

abode [əbóud]	n 거주지, 집
aboriginal [æ̀bərídʒənəl]	a 원주민의, 토착민의 n 원주민
appliance [əpláiəns]	n (가정용) 전자기기
banister [bǽnistər]	n (계단의) 난간(railing)
bequeath [bikwíːð]	v (유산으로) 물려주다
blot [blɑt]	v 얼룩지게 하다(stain)
brittle [brítl]	a 깨지기 쉬운(fragile, frail)
cheat [tʃiːt]	v 속이다, 사기 치다, 부정행위를 하다
chew ~ out	phr ~를 꾸짖다, 비난하다
chores [tʃɔːrs]	n 집안일, 허드렛일
closet [klɑ́zit]	n 벽장; (집안의) 비밀스런 장소
clumsy [klʌ́mzi]	a 서툰
cockroach [kɑ́kròutʃ]	n 바퀴벌레
commend [kəménd]	v 칭찬하다; 권하다
conflict [kɑ́nflikt]	v 충돌하다, 싸우다
confront [kənfrʌ́nt]	v 맞서다, 직면하다
contend [kənténd]	v 싸우다, 경쟁하다
counseling [káunsəliŋ]	n 상담, 조언
crowbar [króubàːr]	n 쇠지렛대
defy [difái]	v 무시하다; 반항하다
dislodge [dislɑ́dʒ]	v (제자리에서) 벗어나게 하다, 제거하다, 몰아내다
disparage [dispǽridʒ]	v 폄하하다, 경멸하다
dispatch [dispǽtʃ]	v 신속히 처리하다; 보내다
domicile [dɑ́misàil]	n (법률적) 거주지, 주소
doorknob [dɔ́ːrnɑ̀b]	n 문의 손잡이
dweller [dwélər]	n 거주자
extend [iksténd]	n (면적·크기 등을) 확대시키다
extension [iksténʃən]	n (전선을 연장하는) 연장선, 연결선; 확대
exterminate [ikstə́ːrmənèit]	v 박멸하다
extol [ikstóul]	v 칭찬하다, 극찬하다

목표 점수대별 어휘

500점 어휘

faucet [fɔ́:sit]	ⓝ 수도꼭지
fault [fɔ:lt]	ⓝ 결함, 이상
favoritism [féivəritìzəm]	ⓝ 편애
flaunt [flɔ:nt]	ⓥ 과시하다, 허세를 부리다
flip a coin	phr 동전을 던져 결정하다
fumigate [fjú:məgèit]	ⓥ 훈증 소독하다 cf. fumigation ⓝ 훈증 소독
habitation [hæ̀bitéiʃən]	ⓝ 거주, 주거
hinge [hindʒ]	ⓝ (문을 고정시키는 고리) 경첩 ⓥ 경첩을 달다
hit the hay	phr 자다, 잠자리에 들다
household [háushòuld]	ⓝ 가정(한 집에 사는 사람들)
inhabitant [inhǽbitənt]	ⓝ (특정 지역에 오랜 산) 거주자; 서식 동물
kettle [kétl]	ⓝ 주전자
mitten [mítən]	ⓝ (오븐용) 벙어리장갑
mow [mou]	ⓥ (잔디를) 깎다
odds and ends	phr 잡동사니
patio [pǽtiòu]	ⓝ (정원으로 나 있는) 테라스
plumber [plʌ́mər]	ⓝ 배관공
premise [prémis]	ⓝ 기옥, 건물; 전제
property [prápərti]	ⓝ 건물, 부동산
refurbish [ri:fə́:rbiʃ]	ⓥ (건물이나 가구를) 새로 꾸미다
renew [rinjú:]	ⓥ (계약·면허증 등을) 갱신하다 cf. renewal ⓝ 갱신
resident [rézidənt]	ⓝ 주민, 거주자 cf. residence ⓝ 거주; 주택, 거주지
revamp [ri:vǽmp]	ⓥ 수리하다(renovate), 개조하다, 개편하다
settle a dispute	phr 논쟁을 해결하다
settle down	phr 정착하다
shed [ʃed]	ⓝ 창고, 오두막
sit on the fence	phr 양다리를 걸치다, 중립적인 태도를 취하다
unkempt [ʌnkémpt]	ⓐ 헝클어진, 단정하지 못한
ventilate [véntəlèit]	ⓥ 환기하다 cf. ventilation ⓝ 환기
wardrobe [wɔ́:rdroub]	ⓝ 옷장

600점 어휘

☐ **adroit** [ədrɔ́it]	ⓐ 능숙한, 재주가 있는
☐ **ajar** [ədʒáːr]	ⓐ (문이) 살짝 열린 ad. 살짝 열려, 조금 열고
☐ **alienated** [éiljənèitid]	ⓐ 관계가 멀어진, 관계가 소원해진
☐ **arbitrary** [áːrbitrèri]	ⓐ 임의적인, 제멋대로인, 독단적인
☐ **assiduous** [əsídʒuəs]	ⓐ 근면한, 열심히 하는
☐ **attire** [ətáiər]	ⓝ 의복
☐ **blackout** [blǽkàut]	ⓐ 정전
☐ **bungle** [bʌ́ŋgl]	ⓥ (엉망으로) 서투르게 하다 ⓝ 엉망, 실수
☐ **castigate** [kǽstəgèit]	ⓥ 크게 책망하다, 혹평하다
☐ **chapped** [tʃæpt]	ⓐ 살갗이 튼, 피부가 갈라진
☐ **chastise** [tʃæstáiz]	ⓥ 꾸짖다, 벌주다
☐ **cogent** [kóudʒənt]	ⓐ 설득력 있는
☐ **deft** [deft]	ⓐ 능숙한, 능란한
☐ **dexterous** [dékstərəs]	ⓐ 재주 있는, 능숙한
☐ **dilapidated** [dilǽpidèitid]	ⓐ 다 허물어져가는, 황폐한
☐ **dingy** [díndʒi]	ⓐ 거무스레한, 우중충한
☐ **disposable** [dispóuzəbl]	ⓐ 일회용의; 마음대로 할[쓸] 수 있는
☐ **ditch** [ditʃ]	ⓝ 도랑, 배수로
☐ **embrace** [imbréis]	ⓥ 껴안다, 포옹하다; 수용하다, 포함하다
☐ **evoking** [ivóuking]	ⓐ 기억을 되살리는; (영혼·반응을) 불러일으키는
☐ **garret** [gǽrit]	ⓝ (작고 침침한) 다락
☐ **goblin** [gáblin]	ⓝ 도깨비
☐ **haunt a house**	phr (귀신·유령이) 집에 자주 나오다
☐ **hodgepodge** [hádʒpàdʒ]	ⓝ 잡동사니
☐ **obstreperous** [əbstrépərəs]	ⓐ 제멋대로인, 통제불능의
☐ **refractory** [rifrǽktəri]	ⓐ 다루기 힘든, 불량한
☐ **scour** [skáuər]	ⓥ 문질러 닦다, 비벼서 빨다; 샅샅이 뒤지다
☐ **tinker** [tíŋkər]	ⓥ 어설프게 손보다 ⓝ 땜장이
☐ **toddler** [tádlər]	ⓝ 아장아장(비틀비틀) 걷는 아이
☐ **vicinity** [visínəti]	ⓝ 근방(neighborhood)

DAY 07

일상 담화·수다(talks)

제3자에 대한 얘기, 그와의 관계, 그의 성격을 언급하는 상황이 많으며,
특히 idiom 들이 빈번히 출제되니 상황과 더불어 잘 알아두어야 한다.

오늘의 단어 듣기
들으면서 암기하세요!

나의 학습노트

1회 암기		∨
날짜	월	일
시간	시	분

2회 암기		∨
날짜	월	일
시간	시	분

3회 암기		∨
날짜	월	일
시간	시	분

01 ★★★

have[take]
my word

phr 내 말을 믿어

A: If I tell you this secret, you have to <u>promise</u> not to tell anybody.
내가 이 비밀을 너에게 얘기해주면, 누구한테도 말하지 않겠다고 약속해야 해.
B: Don't worry. You **have my word** that I won't tell a single person.
걱정하지마. 아무한테도 말하지 않겠다는 내 말을 믿어.

02 ★★★

sluggish

[slʌ́giʃ]

⑤ indolent, languid, listless

a 에너지가 부족한, 나른한, 굼뜬, 몸이 무거운

A: The weather is so gloomy and rainy. It is completely <u>draining my energy</u>.
날씨가 너무 흐리고 비가 온다. 완전히 기운이 다 빠지게 하네.
B: Me too. I have also been feeling really **sluggish** lately.
나도. 나도 최근에 정말 에너지가 부족한 듯 하거든.

03 ★★★

ostensible

[ɑsténsəbl]

⑤ 1)professed, pretended
2)apparent, evident, conspicuous

a 1)(실제와 다르게)표면적인, 표면적으로는 2)명확한

A: Did he really come back to get his pencil case?
그가 정말 필통을 가지러 다시 돌아왔니?
B: Well, that was his **ostensible** reason, but I think he <u>actually</u> was checking if we were still talking about him.
음, 그게 그의 표면적인 이유였지만 내 생각엔 그가 실제로는 우리가 아직 그에 대해 얘기를 하고 있었는지 확인하려고 한듯해.

> 🖑 기출 포인트 〈 유사 어휘
>
> ostensible a 표면적인
> ostentatious a 과시적인, 허식적인; 비싼, 호화스러운

04 ★★★

hit the road

⑤ hit the trail, set out, set forth, leave, depart

phr (길을) 떠나다

A: Right. This will be my last drink and I'm going to **hit the road**.
자. 이게 마지막 잔이 될 것이고 나는 길을 나설 거야.
B: Me too. If you don't mind, can I <u>get a taxi with you</u>?
나도. 네가 괜찮으면 너랑 같이 택시를 타도 될까?

hit the books `phr` 공부하다
hit the spot `phr` 정곡을 찌르다, 딱 그것이다, 바로 그거다
hit the nail on the head `phr` 정확히 맞는 말을 하다
hit the ceiling(roof) `phr` 격노하다, 길길이 뛰다
hit the bottle `phr` 술을 많이 마시다, 취하다
hit the hay(sack) `phr` 잠자리에 들다

---

05 ★★★

implore

[implɔ́:r]

동 beseech, entreat, beg, solicit
반 reject, spurn

v 간청하다, 애원하다

A: Sorry and I promise I won't <u>ask you for help</u> with this again.
미안하고 다시는 이런 일로 도와달라고 하지 않는다고 약속할게.

B: That's the exact same thing you said the last time you **implored** me.
그건 네가 지난번 나한테 애원했을 때 똑같이 했던 말이야.

암기Tip 어원 암기법

im(into: 내면을 향해) + plore(weep: 눈물을 흘리다)
▸ 내면을 향해 눈물을 흘리다, 눈물로 호소하다 ▸ 애원하다

---

06 ★★★

tardy

[tá:rdi]

a 늦은, 지각한

A: Why is James always <u>late</u>?
James는 왜 항상 늦는 거야?

B: That's James for you. He's well known for being **tardy**.
그게 네가 아는 James야. 그는 늦는 걸로 유명해.

빈출 기출 표현 '늦은' 관련 표현

behindhand a (서술적으로) 지체된, 늦은
belated a (수식적으로) 때늦은, 뒤늦은, 연착된
retarded a 지능 발달이 늦은, 정신 지체의
overdue a (지불, 반납 등의) 기한이 지난
lagging a 뒤떨어지는, 저조한, 느린, 늦은

---

07 ★★★

on the tip of one's tongue

phr 생각이 날 듯 말듯하는

A: What was the name of that restaurant we went to last week?
우리가 지난주에 갔던 식당 이름이 뭐였지?

B: I can't seem to remember, either. It's **on the tip of my tongue**.

나도 기억나지 않아. 생각이 날 듯 말듯해.

---

08 ★★★

groom
[gru(ː)m]

ⓥ ¹⁾(사람, 옷을) 잘 돌보다 ²⁾(동물을) 손질하다, 빗질하다, 목욕시키다,

¹⁾A: Mike always has great skin and well-kept hair.
Mike는 늘 멋진 피부에, 머리도 잘 정리된 상태야.

B: Yes, he definitely is a well-**groomed** man.
그래, 그는 확신히 차림새를 잘 돌보는 사람이지

²⁾My aunt has just opened a brand new pet salon where she washes and **grooms** people's pets.
나의 이모는 얼마 전에 애완동물들을 목욕시키고 빗질해주는 애완동물 미용실을 개업했다.

---

09 ★★★

keep to oneself

ⓥ 남과 어울리지 않다, 혼자 지내다

A: The new guy at work doesn't socialize much, does he?
새로 온 직장 동료는 남과 잘 어울리지 않지, 그렇지?

B: Yeah, I think he is the type of guy to **keep to himself**.
맞아, 내 생각에 그는 남과 잘 어울리지 않는 편인듯 해.

> 📈 **빈출 기출 표현** ❰ keep ~ to oneself 관련 표현
>
> **keep it to oneself** ⓟⓗⓡ 나만 알고 있다, 간직하다
> – I will tell you this secret only if you promise to **keep it to yourself**. 네가 너만 알고 있겠다고 약속하면, 이 비밀을 너한테 말해줄게.

---

10 ★★★

mishap
[míshæp]

ⓥ (불운한) 사고, 사건, 불운, 불행

It was an unfortunate **mishap** that Jeremy fell off his bike and twisted his ankle.
Jeremy가 자전거에서 떨어져 발목을 다친 것은 불운한 사건이었다.

> 💡 **암기Tip** ❰ 어원 암기법
>
> mis(ill or wrong: 안 좋은, 잘못된) + hap(happening or luck: 사고, 운) ▸ 안 좋은 사고, 잘못된 운, 불운, 불행

11 ★★★

sensational

[senséiʃənəl]

(동) phenomenal, fabulous

ⓐ 멋진, 선풍적인, 눈에 띄는

A: How do I look in this new dress?
내가 이 새 드레스 입은 모습 어때?
B: You look stunning. Absolutely **sensational**.
잘 어울린다. 완전 멋진데.

---

12 ★★★

alteration

[ɔ:ltəréiʃən]

ⓝ (옷의 사이즈) 수선, (스타일, 코스 등의) 변화, 조정, 바꿈

A: I need to go to a tailor's because these new trousers are too long.
이 새 바지가 너무 길어서 재단사에게 가야 해.
B: Yes, I know a good person who does **alterations**.
어, 나 수선 잘하는 사람 알아.

> **기출 포인트** 유사 어휘
>
> alteration ⓝ (사이즈, 양식, 코스 등의) 조정, 수정 (= modification)
> reform ⓝ (잘못된 것의) 개선, 개혁 (= correction, amelioration)

---

13 ★★★

access

[ǽksès]

(파) accessible ⓐ 접근 가능한
accessibility ⓝ 접근 가능성

ⓝ 접근

I got a VIP pass to the concert which means I have **access** to all areas including back stage!
나 콘서트 VIP 출입증을 받았는데, 이걸로 나는 무대 뒤를 포함한 모든 구역에 접근할 수 있다는 뜻이야!

ⓥ ~에 접근하다

> **기출 포인트** 동사 vs. 명사
>
> - access ⓥ 동사로 쓰일 때는 타동사로 to 없이 바로 목적어가 온다는 점에 주의해야 한다. (access to the building)
> - access ⓝ 'have access to'는 '~에 접근하다'라는 뜻으로 특히 문법 영역에서 관사 문제로 여러 번 출제되었다. (have an access to)

---

14 ★★★

durable

[djú(:)ərəbl]

(파) durability ⓝ 내구성
endurable ⓐ 견딜 수 있는

ⓐ 견고한

I think it would be better to get a plastic flask as it's more **durable** than glass which breaks too easily.
내 생각엔 너무 쉽게 깨지는 유리보다는 플라스틱 플라스크가 더 견고하니까 플라스틱을 사는 게 더 나을 듯해.

15 ★★★
flimsy
[flímzi]
[반] sturdy, stalwart, robust

[a] (옷이나 천이) 여린, 얄팍한, 엉성한, 조잡한

A: You should buy the more expensive carrier as it looks stronger and better in quality.
좀 더 비싼 그 캐리어가 더 강하고 질도 더 나아 보이니 그걸로 사야 해.
B: Yes, you're right. The cheaper one looks too **flimsy**.
그래, 네 말이 맞아. 싼 것은 너무 약해 보이네.

16 ★★★
cut someone some slack

[phr] ~에게 여유를 주다, ~을 덜 몰아 붙이다

A: I think the boss is being too tough on the new trainee.
나는 사장님이 새로운 수습사원한테 너무 가혹하다고 생각해.
B: Yes, you're right. He should **cut her some slack**.
그래, 맞아. 그는 그녀에게 여유를 좀 줘야 해.

17 ★★★
deprived
[dipráivd]

[a] ~이 상실된, ~을 빼앗긴

I have tried over and over again to help him, but now I'm completely **deprived** of hope.
나는 계속해야 그를 도우려고 애를 써 왔지만, 지금은 완전히 희망을 상실한 상태야.

기출 포인트 유사 어휘
deprived [a] 상실된, 빼앗긴
depraved [a] (도덕적으로) 타락한, 부패한

18 ★★★
cumbersome
[kʌ́mbərsəm]
[동] burdensome, troublesome, onerous, weighty

[a] 크고 무거운, 짐이 되는

A: I don't think I can carry all this to the airport. It's too **cumbersome**.
이것들을 모두 공항까지 가져갈 수는 없을듯해. 너무 크고 무거워.
B: Don't worry. I will go with you and help you carry all your bags.
걱정하지마. 내가 함께 가서 너의 가방을 모두 나르는 것을 도와줄게.

암기Tip 어원 암기법
cumber(burden: 짐이 되다) + some(tending to: 경향이 있는)
▸ 짐이 되는 경향이 있는 ▸ 크고 무거운

19 ★★★

pristine

[prístiːn]

(통) undefiled, unpolluted

ⓐ 원시적인, 본래의, 오염되지 않은, 아주 새것 같은

A: Our neighbor is always cleaning and polishing his car.

우리 이웃은 항상 자신의 차를 청소하고 광택을 낸다.

B: Yes, he certainly likes to keep it **pristine**. That's for sure.

맞아, 그는 확실히 그것을 원상태 그대로 유지하고 싶어해. 그건 확실해.

---

20 ★★★

envisage

[invízidʒ]

(통) envision

ⓥ 마음 속에 그리다, 상상하다

A: What would you like to do if you won the lotto?

복권에 당첨되면 넌 뭘 할 거야?

B: Well, firstly I **envisage** relaxing on a beach for at least for 3 month!

글쎄, 우선 최소 3달간은 해변에서 쉬는 게 상상이 되네.

---

21 ★★

sap

[sæp]

(통) 1)exhaust, enervate
2)undermine, weaken, enfeeble, destroy insidiously

ⓥ 1)(에너지, 생기를) 다 소진시키다 2)약화시키다, 완전히 망가뜨리다

A: I really hate this hot and humid weather.

난 정말 이렇게 덥고 습한 날씨가 싫어.

B: Yes, I can't do anything and it completely **saps** all my strength.

그래, 아무것도 할 수 없고 날씨가 완전히 모든 힘을 다 소진시키고 있어.

ⓝ 에너지, 생기; 수액; 바보, 멍청이

---

22 ★★

remainder

[riméindər]

ⓝ 나머지, 잔여

A: Did you finish your group project at university?

대학에서 하는 그룹 프로젝트 끝냈니?

B: Well, we did the majority of it and plan on finishing the **remainder** after the weekend.

음, 대부분은 했고 주말 이후에 나머지를 끝마칠 계획이야.

---

23 ★★

fill out

(통) fill in, fill up

ⓟʰʳ (서식, 양식을) 작성하다

A: Hi there, I would like to join this gym.

안녕하세요, 이 체육관에 등록하고 싶은데요.

B: Sure, please **fill out** this form with your details.

네, 당신의 세부 정보를 이 양식에 작성해 주세요.

---

24 ★★
nostalgic
[nɑstǽldʒik]

a 향수를 불러일으키는

After driving past our old neighborhood, I was filled with **nostalgic** memories of all the things we did there.

우리의 옛 동네를 운전해서 지나온 후에, 나는 우리가 거기서 했던 모든 향수를 불러 일으키는 추억들로 충만해졌다.

25 ★★
put up with
ⓢ endure, tolerate, bear, stand, withstand

phr 참다, 견디다

A: How can you continue living there with all that construction noise?

어떻게 저런 온갖 공사 소음에도 거기에서 계속 살 수가 있어?

B: I'm not sure if I can **put up with** it for much longer.

나도 내가 얼마나 더 오래 참을 수 있을지 잘 모르겠군.

> 🏅 **기출 포인트** 유사 어휘
>
> put up with **phr** ~을 참다, 견디다
> put up at **phr** ~에 묵다, 투숙하다

26 ★★
overdue
[òuvərdjú:]

a 기한이 지난

A: Oh my, I didn't realize I still have these books from the library.

오 세상에, 내가 도서관에서 빌린 이 책들을 아직 갖고 있는지 몰랐어.

B: How long are they **overdue**? You'd better return them quickly.

얼마나 기한이 지났는데? 빨리 반납하는 게 좋겠네.

27 ★★
condolence
[kəndóuləns]

n (pl.) 애도, 조의

A: Did you hear about Mark's grandfather who recently passed away?

최근에 돌아가신 Mark의 할아버지 소식 들었니?

B: Yes I did. I gave him and his family my **condolences** when I went to see them.

응, 들었어. 그들을 보러 갔을 때, 그와 그의 가족들에게 애도를 표현했어.

> 💡 **암기Tip** 어원 암기법
>
> con(together: 함께) + dole(feel pain: 고통을 느끼다) + ence(명접)
> ▸ 함께 고통을 느낌, 아픔을 함께 느낌 ▸ 애도, 조의

28 ★★

a long shot

cf. by a long shot **phr** 결코, 절대
로, 확실히

phr 승산 없는 것

A: Did you enter that competition to win free flights to
London?
런던행 무료 항공권을 얻는 경쟁에 들어갔었니?
B: Yes, I did, but it's **a long shot** and I don't expect to
win as so many people have entered.
응, 했어, 하지만 승산 없는 일이고, 매우 많은 사람들이 들어가고 있기 때문
에 뽑힐 거라고 기대도 안 해.

29 ★★

erudite

[érju(:)dàit]

ⓓ erudition ⓝ 박식, 학식
ⓢ learned, scholarly,
knowledgeable

a 박식한, 학식이 있는

A: I always feel our professor can answer every
question.
항상 느끼는 거지만 우리 교수님은 모든 질문에 답변을 할 수 있는 분이야.
B: Yes, he really is an **erudite** person who is very
smart.
그래, 진짜로 매우 명석하고 박식한 분이시지.

> 💡 **암기Tip** **어원 암기법**
>
> e=ex(out, 밖으로 나온) + rudite(rough, unlearned: 거친, 무지의)
> ▸ 거친 곳에서 빠져 나온, 무지에서 벗어난 ▸ 해박한, 박식한

30 ★★

intuitive

[intʃúːitiv]

ⓓ intuition ⓝ 직관

a 직관적인, 직관에 의한

A: My mom is worried about changing her phone to a
smartphone.
우리 엄마는 전화기를 스마트폰으로 바꾸는 것을 걱정하셔.
B: Tell her she shouldn't be. It's really **intuitive** and
easy to learn.
그럴 필요 없다고 말씀드려. 스마트폰은 정말로 직관적이고 배우기 쉬워.

31 ★★

relinquish

[rilíŋkwiʃ]

ⓢ renounce, give up, surrender

v 포기하다

A: Why did Mike give up his captain position on our
baseball team?
Mike가 왜 우리 야구팀 주장 자리를 포기했어?
B: He **relinquished** his position so that he could
spend more time with his family.
그는 더 많은 시간을 가족과 함께 보내려고 그 자리를 포기했어.

[💡 암기Tip] 어원 암기법

re(back, behind: 뒤로) + linquish(leave: 남겨두다)
▸ 뒤에 남겨두다, 버리다, 포기하다

---

32 ★★
learn
[ləːrn]

[v] (정보 등을) 알게 되다, 파악하다

Many people think that books are the best way to **learn**, but these days the Internet is quickly taking its place.
많은 사람들은 책이 학습을 하는 최선의 방법이라고 생각하지만, 요즘은 인터넷이 빠르게 그 자리를 대신해가고 있다.

---

33 ★★
muster
[mʌ́stər]

[동] 1)gather, rouse 2)summon, convoke, convene, draft

[v] 1)(용기를) 일깨우다, (지지 등을) 모으다 2)(군대, 선원 등을) 소집하다, 동원하다

1)A: I still like that cute girl in my art class and I heard she's single.
나는 이직도 우리 미술반의 귀여운 소녀가 좋은데 그녀가 혼자라고 들었어.
B: Then you need to **muster** the confidence to ask for her number.
그렇다면 용기를 내서 그녀의 번호를 물어볼 필요가 있네

---

34 ★★
native
[néitiv]

cf. go native [phr] 현지인의 방식대로 살다[행동하다]

[n] 현지인, 토착민

A: Your English is really good! Were you born here?
당신 영어 실력이 정말 좋은데요! 여기서 태어났나요?
B: No, I'm actually **native** to Korea and just studied in England for 4 years.
아니요, 사실 한국 토박이이고, 그저 영국에서 4년간 공부를 했을 뿐이에요.

[a] 토종의, 현지인의

---

35 ★★
detect
[ditékt]

[v] 감지하다

A: How come the police came over to our office last night?
지난밤에 왜 경찰이 우리 사무실에 왔었니?
B: It was because our CCTV **detected** a security breach.
우리 CCTV가 보안 침범을 감지했기 때문이야.

36 ★

bolt

[boult]

🔊 escape

v 갑자기 도주하다, 도망가다

A: Why did Dom just leave half way through the class?

수업이 반쯤 끝났을 때 왜 Dom이 그냥 떠났나요?

B: I have no idea why he **bolted** out so quickly.

저는 그가 왜 그렇게 빨리 밖으로 도망갔는지는 잘 몰라요.

---

37 ★

nod off

phr 꾸벅꾸벅 졸다

A: Dad, are you sleeping in front of the television again?

아빠, 또 TV 앞에서 주무시는 건가요?

B: Was I? Maybe I just **nodded off** for a little bit.

내가 그랬니? 그냥 약간 꾸벅꾸벅 졸았던 거야.

> 💡 암기Tip ◀ 연상/확장 암기법
>
> 두통이 있어서 painkiller(진통제)를 정해진 복용량만큼 take a dose(1회분의 약을 복용하다)하고, 책상에 앉아서 공부를 하는데 나른하게 자꾸 drowsy(졸리는)하더니, 어느새 nod off(꾸벅꾸벅 졸다)하고 있었다.

---

38 ★

remedy

[rémidi]

n 치료(법), 해결 방안

A: This cold doesn't seem to be going away.

이 감기가 사라질 것 같지 않다.

B: I heard ginger and honey are great **remedies** to help with colds.

내가 듣기로는 생강과 꿀이 감기에 굉장히 좋은 치료법이라고 하더라.

---

39 ★

sincere

[sinsíər]

🔊 trustworthy, faithful, earnest

a 진실된, 진심 어린

When the waiter came and said sorry about how late the food was, I could feel that his apology was **sincere**.

종업원이 와서 음식이 늦어서 미안하다고 말했을 때, 그의 사과가 진심이었다는 것을 느낄 수 있었다.

---

40 ★

vivid

[vívid]

a 생생한

A: Do you ever remember your dreams?

너는 너의 꿈을 기억하니?

B: Yes, sometimes my dreams are so **vivid** that I can remember every detail.

응, 때때로 내 꿈들은 너무 생생해서 모든 상세한 것들을 기억할 수 있어.

---

41 ★

enter

[éntər]

Ⓥ insert, put in

Ⓥ 입력하다

In order to check your booking, you need to **enter your login details** on the website homepage.

귀하의 예약을 확인하기 위해서는, 우리 웹사이트 홈페이지에서 귀하의 로그인 세부 사항들을 입력해야 합니다.

---

42 ★

speak volumes

phr 많은 것을 말하다(about, for), 시사하다; 매우 명확하다, 분명하다, 의미 있다

A: Did you know that Mary just got a promotion?

너 Mary가 승진한 것 알고 있었니?

B: Yes, her promotion **speaks volumes for her determination** to do well at this company.

응, 그녀의 승진은 이 회사에서 잘 하려고 하는 그녀의 결심을 시사하고 있어.

> 📊 **빈출 기출 표현** 'speak' 관련 표현
>
> so to **speak** phr 말하자면
> **speak** out phr 자신의 의견을 전부 다 말하다
> **speak** ill of phr ~을 험담하다
> **speak** well of phr ~을 칭찬하다

---

43 ★

misgivings

[misgíviŋs]

Ⓐ misgive Ⓥ 의심을 품다, 염려하다
Ⓢ apprehension, suspicion, doubt, uncertainty

ⓝ (pl.) 염려, 의구심, 불안감

A: You look so nervous these days. Are you worried about the exam results?

너 요즘 매우 불안해 보여. 시험 결과가 걱정되니?

B: Yes, I do have some **misgivings** about the exam, but it is too late to do anything about it now.

응, 시험에 대해 약간 불안하지만, 이젠 너무 늦어서 어쩔 수 없잖아.

> 💡 **암기Tip** 연상/확장 암기법
>
> 이미 끝난 시험 결과에 대해서 불안해하며, 계속 misgive(염려하다)하는 행동은 misgivings(불안감)를 키우고, 조바심만 키우며 fret(조마조마하다)하게 만들어서 계속 초조해하며 nervous(불안해하는)하게 만들어, 결국 에너지만 다 빠진 sapped(약화되다)된 상태로 만든다.

44 ★

insight

[ínsàit]

🄝 통찰(력), 이해, 간파

A: Do you have any **insight** <u>into why</u> Drew is being so reticent?

넌 Drew가 왜 그리 조용한 건지 아니?

B: Hmm, not really. It isn't like him to be this way.

음, 잘 몰라. 이런 식은 평소의 그 같지 않거든.

45 ★

quench

[kwentʃ]

🅢 ¹⁾slake, allay, satisfy
²⁾put out, extinguish
³⁾subdue, quell

🅥 ¹⁾(갈증, 욕망, 열정을) 풀어주다 ²⁾(불, 불길을) 끄다 ³⁾(폭동을) 진압하다

A: What is your favorite beverage on hot days?

더운 날에 네가 좋아하는 음료가 뭐야?

B: Well, I think that water is the best to **quench** <u>your thirst.</u>

글쎄, 난 갈증을 해소하는 데는 물이 최고인 듯 한데.

Daily Check-up

해석/해설 p. 532

Choose the best answer.

⏱ 2초 check-up

01 I felt so (nimble, sluggish, aroused) I didn't want to do anything.

02 My cousin Nick (implored, impeded, subsided) me for a loan to pay his debt.

03 My new pants need to get a(n) (insulation, alteration, repair) due to the long length.

04 This silk blouse is so delicate and (covert, tufted, flimsy) that it needs to be gently hand-washed.

05 The parcel was too (spacious, cumbersome, phenomenal) for us to carry, so we needed to ask some help.

⏱ 5초 check-up

06 A: What's wrong with Ron? He looks so _____ these days.
   B: I know, I think his recent mood is mostly due to the loss of his wife.

   (a) scared   (b) deprived
   (c) informed   (d) frightened

07 A: How can I _____ your website to apply for a job position?
   B: You have to log in with the password we emailed to you when you registered.

   (a) approach   (b) access
   (c) restrict   (d) locate

08 A: Oh, I totally forgot to return my library books.
   B: That's too bad. They must be at least a week _____.

   (a) due   (b) expired
   (c) stale   (d) overdue

09 The problem with the cheaper seats is that you have to _____ the discomfort of standing throughout the whole game.

   (a) catch up with   (b) put up with
   (c) get away with   (d) come up with

10 Roy always seems to find himself telling his family and friends of _____ and unfortunates.

   (a) mishaps   (b) reminders
   (c) pleas   (d) exertions

11 All parents want sturdy and _____ school uniforms which will last the wear and tear of school activities.

   (a) frail   (b) volatile
   (c) durable   (d) feeble

12 I _____ my son to be a great scientist someday, as he really loves chemistry and is doing well at school.

   (a) envisage   (b) comfort
   (c) console   (d) soothe

[정답] 01. sluggish 02. implored 03. alteration 04. flimsy 05. cumbersome 06. (b) 07. (b) 08. (d) 09. (b)

10. (a) 11. (c) 12. (a)

목표 점수대별 어휘

400점 어휘

actually [æktʃuəli]	adj 실상은, 사실은
be likely to	phr ~하기 쉽다, ~할 것 같다
complete [kəmplíːt]	v 완료하다, 끝내다
excuse [ikskjúːs]	n 변명, 구실 v 용서하다, 봐주다
get over	phr ~을 극복하다
foreshadow [fɔːrʃǽdou]	v 예시하다, 전조가 되다
get along	phr 잘 지내다(with)
hoard [hɔːrd]	v 축적하다, 쌓다
identity theft	phr 신원 도용
intelligence [intélidʒəns]	n 지능, 지성, 첩보
keep it down	phr 조용히 하다
mess [mes]	n 엉망진창, 혼란
on the condition of(that)	phr ~라는 조건으로
persuade [pərswéid]	v ~를 설득하다
plant [plænt]	v (식물 등을) 심다
reject [ridʒékt]	v 거절하다
relevant [réləvənt]	a 관련 있는, 적절한
remove [rimúːv]	v 제거하다
reputation [rèpjə(ː)téiʃən]	n 명성
rinse [rins]	v (물로) 헹구다
scanty [skǽnti]	a 빈약한, 부족한
selected [siléktid]	a 뽑힌, 선발된, 엄선된
shelf [ʃelf]	n 선반 v 선반에 얹다; 계획을 보류하다
socialize [sóuʃəlàiz]	v ~와 사귀다, 어울리다, 교제하다
spoil [spɔil]	v ~을 망치다; (아이의 버릇을) 망치다
take sides	phr 편을 들다
thirst [θəːrst]	n 갈증
turn down	phr 거절하다
voucher [váutʃər]	n 상품권
water [wɔ́ːtər]	v (식물 등에) 물을 주다

500점 어휘

abruptly [əbrʌ́ptli]	ad 갑자기, 불쑥
ebb away	phr 쇠약해지다, (열의, 열정 등이) 식다
clutch [klʌtʃ]	v 움켜쥐다
competent [kámpitənt]	a 능숙한, 실력 있는
coy [kɔi]	a 수줍어하는
dearly [díərli]	ad 대단히, 몹시; 비싼 값에, 비싸게
devoted [divóutid]	a 헌신적인
docile [dásəl]	a 유순한
dogged [dɔ́(:)gid]	a 완강한, 끈질긴,
dribble [dríbl]	v (액체가) 조금씩 흐르다; (침을) 질질 흘리다
drowsy [dráuzi]	a 졸린
dwarf [dwɔːrf]	v 왜소해 보이게 만들다 n 왜소증 a 왜소의
exorbitant [igzɔ́ːrbitənt]	a 과도한, 지나친
fabulous [fǽbjələs]	a 멋진, 대단한
fall off	phr ~에서 떨어지다, 탈락하다
fast friends	phr 친한 친구
fecund [fékənd]	a 다산의, 비옥한
feign [fein]	v 가장하다, ~인 체하다
foible [fɔ́ibl]	n 약점
foment [foumént]	v ~을 조장하다, 선동하다
forebode [fɔːrbóud]	v (불길함을) 예감하다
foreboding [fɔːrbóudiŋ]	n 예감
fretful [frétfəl]	a 조바심치는, 조마조마한
frivolous [frívələs]	a 경솔한, 하찮은; 경박한
garish [gɛ́(:)əriʃ]	a 번쩍번쩍한, 현란한, 화려한
harbinger [háːrbindʒər]	n 징조, 징후; 불길한 조짐
humdrum [hʌ́mdrʌ̀m]	a 단조로운, 따분한
identical [aidéntikəl]	a 동일한, 똑같은
ignite [ignáit]	v 불을 붙이다
keep an eye on	phr 계속 응시하다

500점 어휘

mundane [mʌ́ndein]	ⓐ 일상적인; 재미없는
observatory [əbzə́ːrvətɔ̀ːri]	ⓝ 전망대, 관측소
odd jobs	phr 허드렛일, 집안일
omen [óumən]	ⓝ 징조, 징후; 불길한 징조
on the shelf	phr 선반 위에 있는, 아무도 사용하지 않는
outfit [áutfìt]	ⓝ 채비, 여장, 의상 한 벌
pay off	phr 소기의 성과를 드러내다
pesticide [péstisàid]	ⓝ 살충제 농약
phenomenal [finámənəl]	ⓐ 눈에 띄는, 멋진, 대단한
portent [pɔ́ːrtent]	ⓝ 전조, 징후; 불길한 조짐
promising [prámisiŋ]	ⓐ 촉망되는, 조짐이 좋은
propitious [prəpíʃəs]	ⓐ 길조의, 순풍의
reinforce [rìːinfɔ́ːrs]	ⓥ 강화하다, 보강하다
reticent [rétisənt]	ⓐ 말수가 적은, 조용한
rudimentary [rùːdəméntəri]	ⓐ 기초적인
seam [siːm]	ⓝ 솔기, 경계선
sew [sou]	ⓥ 바느질하다, 꿰매다
shallow [ʃǽlou]	ⓐ 천박한, 얕은
simulate [símjulèit]	ⓥ ~인 체하다; 모의 실행하다
solicit [səlísit]	ⓥ 간청하다, 요청하다
stitch [stitʃ]	ⓝ 바늘땀 ⓥ 바느질을 하다, 꿰매다
strident [stráidənt]	ⓐ 귀에 거슬리는, 거친
stunning [stʌ́niŋ]	ⓐ 놀라운, 멋진
stunt [stʌnt]	ⓥ (발육, 성장을) 저해하다
suffice [səfáis]	ⓥ 충분하다
sullen [sʌ́lən]	ⓐ 시무룩한, 뚱한
sulky [sʌ́lki]	ⓐ 시무룩한, 골이 난
upset [ʌpsét]	ⓐ 당황스런
vigilant [vídʒələnt]	ⓐ 바짝 경계하는, 조심하는
You bet!	phr (네가 돈 걸어도 돼) 물론이지! 틀림없이!

600점 어휘

bauble [bɔ́:bl]	n 싸구려 장신구
bawdy [bɔ́:di]	a 야한, 외설적인
darn [dɑ:rn]	v 꿰매다, 짜깁다
down-to-earth	a 세상물정에 밝은, 현실적인
drape [dreip]	v (옷, 천 등을) 느슨하게 씌우다, 걸치다
fatuous [fǽtʃuəs]	a 어리석은, 얼빠진, 멍청한
flout [flaut]	v ~을 조롱하다, 비웃다; (법 등을) 어기다
glum [glʌm]	a 침울한
hiss [his]	v 쉿 하는 소리를 내다 n 쉿 하는 소리
hoax [houks]	n 기만, 속임, 거짓 v 농간을 부리다
malleable [mǽliəbl]	a 순응성이 있는, 영향을 잘 받는
morose [məróus]	a 시무룩한, 뚱한
phlegmatic [flegmǽtik]	a 냉담한, 무감각한
pout [paut]	v (삐쳐서) 입술을 쑥 내밀다, 삐죽거리다
quagmire [kwǽgmàiər]	n 수렁, 진창
quibble [kwíbl]	n 사소한 트집 v 트집을 잡다, 옥신각신하다
rambunctious [ræmbʌ́ŋkʃəs]	a 소란스러운
rattle [rǽtl]	v (부딪쳐서) 딸가닥 거리다, 덜컹거리다
raffle [rǽfl]	n 추첨
sham [ʃæm]	n 가짜, 엉터리, 사기꾼 v ~인 체하다
slovenly [slʌ́vənli]	a (옷 차림새가) 단정치 못한, 남루한, 더러운
snort [snɔ:rt]	v 콧방귀 뀌다, 코웃음 치다
squabble [skwɑ́bl]	v (사소하게) 다투다, 옥신각신하다
supine [sju:páin]	a 드러누운, 게으른
sycophant [síkəfənt]	n 아첨꾼, 알랑꾼
tenuous [ténjuəs]	a 미약한, 희박한, 보잘 것 없는
toady [tóudi]	v 아첨하다, 알랑거리다 n 아첨꾼
tufted [tʌ́ftid]	a (털, 실 등의 조직이) 촘촘한
ungainly [ʌngéinli]	a 어색한, 볼품없는
vociferous [vousífərəs]	a 시끌벅적한; (소리가) 귀에 거슬리는

DAY 08

인사·소개·초대·모임·전화·관계

청해 영역 Part 1, 2, 3와 어휘 영역 Part 1에 비중 높게 출제되는 주제이며, 특히 자주 나오는 idiom들은 잘 익혀두어야 한다.

오늘의 단어 듣기
들으면서 암기하세요!

나의 학습노트

1회 암기			2회 암기			3회 암기		
날짜	월	일	날짜	월	일	날짜	월	일
시간	시	분	시간	시	분	시간	시	분

01 ★★★

dapper

[dǽpər]

[동] neat, trim, natty, spruce

[a] 말쑥한, 깔끔한

A: Kevin looks spruce in his new suit. He looks like James Bond!

Kevin은 새 옷 입은 모습이 단정해 보이더라. 마치 James Bond 같아.

B: Yes, you're right! He does look **dapper**.

응, 네 말이 맞아! 정말 말쑥해 보이더라.

02 ★★★

take a rain check

cf. rain check [phr] 우천 때문에 취소된 경기를 다음에 볼 수 있게 주는 표

[phr] 다음을 기약하다(on), 다음에 하다, 미루다

A: Are you still going to eat dinner with us after work tonight?

당신 오늘 밤 퇴근 후에 우리와 저녁 식사하러 가는 거죠?

B: I'm sorry, but I'm going to **take a rain check on** dinner as I need to work late.

미안하지만, 늦게까지 일을 해야 해서 다음으로 미뤄야 할듯해요.

03 ★★★

compatible

[kəmpǽtəbl]

[a] 1)잘 어울리는, 양립할 수 있는 2)(기계) 호환되는, 호환성이 있는

A: Hey, what do you think about setting up Jenny and Rick on a date?

야, Jenny 와 Rick을 만날 수 있도록 이어주는 거 어떻게 생각해?

B: That's a great idea! They have the same interests and seem to be very **compatible**.

좋은 생각이야! 그들은 관심사도 같고 매우 잘 어울리는 듯해.

암기Tip **어원 암기법**

com(together: 함께) + pat(suffer, undergo: 겪다) + ible(형접)

▸ 고충을 함께 할 수 있는, 함께 겪을 수 있는, 함께 양립할 수 있는

04 ★★★

outspoken

[àutspóukən]

[동] forthright, straightforward

[a] 거침없이 말하는, 직설적인

A: I think the new guy isn't afraid to express his opinion.

내 생각에 그 새 친구는 자신의 의견을 표현하는 걸 두려워하지 않는듯해.

B: Yes, he is very **outspoken** and likes to speak his mind.

그래, 그는 매우 거침없이 말하고 자신의 마음을 얘기하고 싶어해.

05 ★★★
static
[stǽtik]
(동) noise, inference

n (전화, 통신상의) 잡음, 수신 불량 **a** 정적인, 정지한, 정전의

A: Hello? Can you hear me? Hello?
여보세요? 내 말 들려? 여보세요?
B: <u>Let me call you back</u> because there's too much **static** on the phone.
통화 잡음이 심하니까 내가 다시 전화할게.

---

06 ★★★
crawl
[krɔ:l]
(파) crawling **a** 느릿느릿한, 게으른, 기어가는
(동) 1)slow
   2)cringe, flatter

v 1)느릿느릿 기다, 천천히 진행하다 2)굽신거리는 식으로 행동하다

1)A: This journey seems to be <u>taking ages</u>.
이 여행은 한참 걸리는 듯 보인다.
B: Yes, the traffic has been **crawling** for hours.
그래, 교통이 몇 시간 동안 느릿느릿 하다니.

2)That guy over there is so <u>flattering</u>. I don't think I have ever met anyone that **crawling** before.
저쪽에 저 사람은 매우 아첨을 해. 이전에 그렇게 굽신거리는 사람을 만난 적이 없었던 것 같아.

> 💡 **암기Tip** 연상/확장 암기법
> 상사에게 듣기 좋은 말과 낮은 태도로 항상 crawl(굽신거리다)하는 것보다, 본인의 의견을 outspoken(거침없이 말하는)하는 사람이, 회사 입장에서나 개인적으로 함께 mingle(섞이다)해 지내기 좋은 colleague(동료)이다.

---

07 ★★★
break one's back

phr 지극히 열심히 일하다, 애를 많이 쓰다

A: I'm not sure I can <u>organize this party before Friday</u>.
금요일 전에 이 파티를 다 준비할 수 있을지 모르겠어.
B: You have no choice. You're going to have to **break your back** to get it done.
선택의 여지가 없어. 그렇게 되도록 애써야 해.

> 📈 **빈출 기출 표현** break 관련 표현
>
> **break** one's back **phr** 등골이 빠지게 일하다, 지극히 애를 쓰다
> **break** one's word **phr** 약속을 깨다(지키지 않다)
> **break** the ice **phr** 서먹서먹한 분위기를 깨다
> **break** a leg! **phr** 행운을 빌어! (=Best wishes; Good luck)

08 ★★★

correspond

[kɔ̀(:)rispánd]

ⓥ (주로 서신, 이메일로) 연락하다(with), 소통하다, 서신 왕래하다, 교신하다; ~에 응하다; ~와 일치하다

A: How do you keep in touch with your friends in America?
너는 미국에 있는 네 친구들과 어떻게 연락하니?
B: Well, sometimes we call each other, but mainly **correspond** via email.
음, 가끔은 서로 전화도 하지만, 주로 이메일로 연락하지.

09 ★★★

overloaded

[ouˈvərlouˌd]

cf. loaded ⓐ (짐을) 실은; 돈이 넘치는, 부유한

ⓐ ~로 과중된, 과적의

A: Are you free to hang out this weekend?
이번 주말에 함께 시간 보낼 수 있니?
B: Sorry, not this weekend. I'm completely **overloaded** with work I need to finish.
미안, 이번 주말은 안돼. 마무리 해야 할 일이 완전히 과중된 상태거든.

10 ★★★

lagging

[lǽgiŋ]

ⓐ ¹⁾늦은 ²⁾느릿느릿한, 게으른

A: Chandler needs to hurry up, or he will be late for this meeting.
Chandler는 서두를 필요가 있어. 안 그러면 회의에 지각할 거야.
B: With him always **lagging**, I don't expect him to be here on time.
그는 늘 늦어서, 제 시간에 여기에 도착할거라고 기대도 안 해.

11 ★★★

get back at

ⓢ revenge, avenge

ⓟʰʳ ~에게 보복하다(복수하다), ~에게 앙갚음하다

A: I can't believe how Jack showed you up in front of all those people.
난 Jack이 저 사람들 앞에서 어떻게 너를 당황스럽게 할 수 있는지 믿을 수가 없어.
B: I know. I need to figure out how to **get back at** him.
맞아. 그에게 복수할 방법을 찾아내야 해.

12 ★★★

shuffle

[ʃʌ́fl]

(통) 1) rearrange, jumble, mix (up)
2) totter dodder

v 1) (패를) 섞다 2) 발을 질질 끌며 걷다, 터벅터벅 걷다

A: Can you come to my sister's wedding next week?
다음주에 내 여동생 결혼식에 올 수 있니?
B: I'm rather busy, but I'm sure I can **shuffle** my appointments to make it.
내가 좀 바쁘긴 한데, 참석하기 위해 선약을 이리저리 옮겨 볼 수 있을 거야.

n 발을 끌며 걷기, 카드 패를 섞기

> 📈 빈출 기출 표현
>
> – shuffle off **phr** 꾀부리다; 발을 끌며 물러나다; 떠밀다, 넘겨 씌우다
> – shuffle off one's responsibility on(onto) others **phr** 자신의 책임을 타인에게 넘기다(전가하다) = shirk(dodge, evade)+one's responsibility 책임을 회피하다

13 ★★★

throw a party

(통) hold a party, give a party, have a party

phr 파티를 열다

A: We're going to **throw** Caroline a graduation party this Saturday. Can you join us?
우리 이번 토요일에 Caroline의 졸업 파티를 하려고 해. 올 수 있니?
B: Sure. Just let me know what I can do for the event.
물론이지. 그 이벤트를 위해 내가 뭘 할 수 있는지 알려주기만 해.

14 ★★★

inkling

[íŋkliŋ]

(통) hint, intimation

n 힌트, 눈치(챔)

A: So were you really surprised about the party we threw for you?
그래서 우리가 널 위해 열어준 파티에 정말 놀랐니?
B: Ha ha. Actually not really, I had an **inkling** that you guys were going to do it.
하하. 사실은 아니야. 난 너희들이 그렇게 하려고 하는 것을 눈치챘었어.

15 ★★★

punctual

[pʌ́ŋktʃuəl]

(파) punctuality **n** 시간 엄수
puncture **n** 펑크,구멍
punctilious **a** (성격이) 꼼꼼한
(= scrupulous)

a 시간을 정확히 지키는, 시간을 엄수하는

A: I heard that German people have a reputation of always being on time.
독일인들은 항상 시간을 정확히 지킨다는 명성이 있다고 들었어.
B: Yes you're right. They are well known for being very **punctual**.
응 맞아. 그들은 시간을 엄수하는 것으로 잘 알려져 있어.

16 ★★★

connect A to B

v A를 B와 (전화) 연결해주다

A: Hello, can you **connect** me **to** Mr. Smith please?
여보세요, Smith 씨와 연결 해주실래요?

B: Of course, I will transfer your call right away. May I ask who is calling?
물론이죠, 바로 전화를 연결해 드릴게요. 누구신지 여쭤봐도 될까요?

> **빈출 기출 표현** '(전화상으로) A를 B와 연결해주다' 관련 표현
>
> connect A to B / transfer A to B / put A through to B

---

17 ★★★

suit

[sju:t]

파 suitable 행 맞는, 적절한
유 match, go well with, become

v ~에 맞다, ~에 어울리다

A: Hello, I was wondering if I could arrange an appointment for next Saturday.
여보세요. 다음 주 토요일로 예약할 수 있는지 궁금한데요.

B: Certainly, What time would **suit** you?
물론이죠. 몇 시로 하시겠어요?

n 정장

---

18 ★★★

stealthy

[stélθi]

유 furtive, surreptitious

a 살며시 하는, 몰래 하는

A: I need to sneak Sally's birthday gift into the house without her knowing.
Sally가 모르게 그녀의 생일 선물을 집에 몰래 두고 와야 하는데.

B: You need to be careful. You should be as **stealthy** as a ninja!
주의해야 해. 닌자처럼 몰래 해야 해!

---

19 ★★★

mingle

[míŋgl]

파 mingle-mangle 명 뒤범벅
유 mix, blend

v 섞이다(with), 어우러지다

A: I got free tickets for the coffee expo on Monday. Would you like to join me?
나 월요일에 하는 커피 박람회 무료 티켓이 있어. 너 같이 갈래?

B: Sure, that would be a great place to **mingle** with people and make new friends.
좋아, 사람들과 어울려 새 친구들을 사귈 좋은 장소가 될 거야.

20 ★★★

acquainted

[əkwéintid]

(파) acquaintance (n) 아는 사람(*cf.* friend 보다는 덜 가까우며, 인사하며 알고 지내는 사람)

(a) ~를 알고 있는(with), 접한 적 있는

A: Hello, you look very familiar. Have we <u>met before</u>?

안녕하세요, 매우 낯이 익은데요. 우리 전에 만난 적 있나요?

B: No, I don't think we have been **acquainted**. I'm Sam, nice to meet you.

아니요, 우리가 알고 있는 사이는 아닌 듯 해요. 저는 Sam입니다. 만나서 반가워요.

---

21 ★★

inclined

[inkláind]

(파) incline (v) ~쪽으로 기울다

(a) 하고 싶은, 내키는, ~로 기울어진

A: We're planning on <u>going to a baseball game tomorrow</u>. Want to join us?

우린 내일 야구 경기 보러 갈 계획이야. 같이 갈래?

B: Thanks for the offer, but I'm more **inclined** to watch games at home.

제안은 고맙지만, 나는 집에서 경기를 시청하는 게 더 내키는걸.

> 📈 **빈출 기출 표현** ⟨ incline 관련 표현
>
> **incline** one's ear to (phr) (의지적, 우호적으로) 듣다, ~에 귀를 기울이다

---

22 ★★

reach

[ri:tʃ]

(v) 1)~에게 연락하다(connect) 2)~에 도달하다

A: I tried to <u>call</u> mom several times, but she hasn't picked up.

엄마한테 여러 번 전화했었는데, 받지 않으시네.

B: Ok, let me try to **reach** her.

알겠어, 내가 연락해 볼게.

> 🔑 **기출 포인트**
>
> Reach는 타동사로 전치사 없이 바로 목적어를 받는 것에 주의한다.
> *cf.* reach with(X) / reach to(X) / reach him(O) / reach his house(O)

23 ★★

lavish

[lǽviʃ]

ⓢ ⓐ prodigal, extravagant, profuse
ⓥ waste, splurge, squander

ⓐ 호화로운, 풍성한

Our company's Christmas party is extremely **lavish** with <u>expensive food, fine wines and gifts</u> for all the employees.

우리 회사의 크리스마스 파티는 모든 직원들을 위한 비싼 음식, 고급 와인, 그리고 선물로 지극히 호화롭다.

ⓥ 낭비하다, (돈을) 아끼지 않고 쓰다

---

24 ★★

secrecy

[síːkrisi]

ⓝ 비밀 조건, 비밀인 상태

We arrange a family get-together for Dad's 60th birthday which was a **secrecy** so it would be <u>a surprise</u>.

우리는 아빠의 60세 생신을 위한 가족 모임을 준비했는데, 이는 깜짝 놀랄 만한 것이기 때문에 비밀인 상태였다.

---

25 ★★

drab

[dræb]

ⓢ dull, dingy, cheerless

ⓐ 칙칙한

Maggie completely changed her fashion with <u>bright colors</u> and floral patterns which was a dramatic change from the **drab** colors she used to wear.

Maggie는 그녀의 패션을 밝은 색상과 꽃무늬 패턴으로 완전히 바꿨는데, 이는 그녀가 전에 입던 칙칙한 색상에서 탈피한 극적인 변화였다.

---

26 ★★

pushy

[púʃi]

ⓐ 압박하는, 지나치게 밀어 붙이는

A: Can you <u>wait another ten minutes</u> so I can quickly finish this report?

내가 이 보고서를 빨리 끝낼 수 있도록 10분만 더 기다려 줄 수 있니?

B: I'm sorry and don't mean to be **pushy**, but I need to leave right now.

미안한데 압박할 의도는 아니지만, 난 지금 출발해야 하는데.

27 ★★

give ~ a ring

통 V ring (up), call

phr 전화하다

A: Shall we ask Danny to join us tonight?

우리 Danny에게 오늘 밤 우리와 함께하자고 해볼까?

B: That's a great idea! I will **give him a ring** right now and ask him.

좋은 생각이야! 내가 바로 전화해서 물어볼게.

> 🖐 기출 포인트
>
> give ~ a ring, make a ring, give ~ a call, make a call은 모두 '전화하다'의 의미이다. 그러나 ring이나 call은 '전화걸기'의 의미가 되지만 phone은 전화기를 의미하는 단어이므로 단독으로 쓸 수 없다.
> cf. give ~ a phone(X), make a phone call(O)

---

28 ★★

linger

[líŋgər]

통 dawdle

V 꾸물거리다, 지체하다

A: This party is extremely boring, isn't it?

이 파티 진짜 지루하지, 안 그래?

B: Yes, let's go soon. I don't want to **linger** here any longer.

그래, 곧 가자. 난 여기서 더 이상 꾸물거리고 싶지 않아.

---

29 ★★

cozy

[kóuzi]

통 homey, snug, comfortable

a 안락한, 편안한

A: I love the atmosphere of this coffee shop. It's very comfortable.

난 이 커피숍의 분위기가 좋아. 매우 편안해.

B: Yes, it does feel really **cozy** here.

맞아. 여기는 진짜 안락하게 느껴져.

---

30 ★★

contact

[kántækt]

V ~와 연락하다 n 접촉, 연락

A: It was very nice to meet you. Do you have a business card?

만나서 정말 반가웠어요. 명함 있으세요?

B: Yes, here it is. Please **contact** me soon.

네, 여기 있어요. 곧 연락주세요.

> 🖐 기출 포인트
>
> contact가 타동사로 쓰일 때는 전치사 to나 with가 필요하지 않으며, contact가 명사로 쓰인 경우에는 전치사 with가 필요하다.
> cf. contact me (O), have contact with me (O)

31 ★★

switch

[switʃ]

⑤ ¹⁾exchange, shift
²⁾transfer

🔲 ¹⁾(예약을) 바꾸다, 변경하다; ²⁾(교통 수단을) 갈아타다

A: Hello, *Look Optical* eye clinic. How may I help you?
여보세요, Look Optical 안과입니다. 어떻게 도와드릴까요?

B: Hello, I was wondering if I could **switch** my appointment from Tuesday to Thursday.
안녕하세요, 제 예약을 화요일에서 목요일로 변경할 수 있을지 해서요.

---

32 ★★

catch up with

🔲 phr ~와 오랜만에 만나다, ~을 따라 잡다

A: Wow, it has been a long time since we had a long talk over beers.
와, 우리가 맥주 마시며 오래 얘기를 한지도 한참 됐네.

B: Yes, it's been great **catching up with** you.
그러게, 오랜만에 너를 만나서 즐거웠어.

---

33 ★★

snub

[snʌb]

🔲 무시하다, 냉대하다

A: Did you see how John didn't answer my question?
너 John이 내 질문에 어떤 식으로 대답을 안 하는지 봤니?

B: Yes, he completely **snubbed** you and continued his story.
그래, 그는 너를 완전히 무시하고 자기 얘기만 계속하더라.

---

34 ★★

roundabout

[ráundəbàut]

⑤ circuitous, indirect

🔲 a 우회적인, 에두르는

A: Sorry, I kept it a secret about dating Jinny.
미안한네, 나는 Jinny와 데이트 한 것에 대해 비밀을 지켰어.

B: Yes, you did answer in a **roundabout** way when I asked you last week.
그래, 지난주에 내가 너한테 물어봤을 때 우회적으로 대답을 했지.

---

35 ★★

take one's call

🔲 phr (걸려온) 전화를 받다, ~와 통화하다

A: I'm really busy right now. Can you answer that for me?
나 지금 정말 바쁜데. 네가 내 대신 전화 좀 받아줄래?

B: Sure, I can **take your call** for you.
물론, 내가 너 대신 전화를 받아줄 수 있지.

---

36 ★
frequent
[fríːkwənt]

[v] 빈번히 방문하다, 빈번히 가다

A: Do you enjoy going to social events?
너는 사교 행사에 가는 거 좋아하니?
B: Sure, I like to **frequent** parties whenever I have the chance.
물론, 나는 기회가 있을 때마다 파티에 자주 가고 싶어.

[a] 빈번한, 자주 있는

37 ★
finicky
[fínəki]

[동] fastidious, fussy, picky, meticulous, choosy, demanding

[a] 몹시 까다로운

A: Did you decide what you want to buy Sean for his birthday?
Sean의 생일 선물로 뭘 사고 싶은지 결정했니?
B: Not yet. I'm really **finicky** when it comes to making decisions.
아직. 결정을 내리는 것에 관해서는 난 정말 까다롭거든.

38 ★
gesture
[dʒéstʃər]

[n] 동작, 몸짓, (생각, 의견, 감정의) 표현 동작

In Asian countries, to bring a gift when you visit someone's home is regarded as a polite **gesture**.
아시아 국가에서는 누군가의 집에 방문할 때 선물을 가져가는 것이 예의 바른 행위로 여겨진다.

39 ★
have a ball

cf. ball [n] 무도회, 댄스 파티

[phr] 신나게 놀다, 파티를 열다

A: How was the concert you went to last night?
지난 밤에 네가 갔던 콘서트 어땠니?
B: Oh, John and I **had a ball**. It was so much fun!
오, John과 나는 신나게 놀았어. 아주 재미있었어.

빈출 기출 표현 **ball 관련 표현**

keep the **ball** rolling [phr] 계속 진행시켜 나가다
ball up [phr] 뒤범벅으로 만들다, 혼란스럽게 하다(muddle)

40 ★
shake a leg
[동] hurry up

[phr] 서두르다

A: **Shake a leg**! We need to hurry up and leave.
서둘러! 우리는 서둘러서 떠나야 해.
B: OK, I will be ready in two minutes!
알았어. 2분 후면 돼.

암기Tip 연상/확장 암기법
우리가 파티 시간에 tardy(늦은)하지 않고, punctual(시간을 지키는)하려면, shake a leg(서두르다)해야 한다. 안 그러면 성질이 finicky(까다로운)한 파티 주최자가 우리 때문에 일정이 어긋났다고 우리를 snub(냉대하다)할지도 모른다.

41 ★
conundrum
[kənʌ́ndrəm]
[동] riddle, puzzle

[n] 1)수수께끼, 난제, 어려운 문제 2)수수께끼 같은 사람(일)

A: I can't decide whether to go to my cousins wedding, or my best friend's farewell party.
내 사촌의 결혼식에 갈지, 아니면 내 가장 친한 친구의 작별 파티에 갈지를 결정할 수 없어.
B: Wow, that's a hard decision. That really is a **conundrum**.
와, 어려운 결정이네. 정말 난제구나.

42 ★
wonder
[wʌ́ndər]

[v] 의아해하다, 궁금해하다

A: Hey, I caught a taxi with John.
야, 나는 John과 택시 탔어.
B: Oh, I was **wondering** how you got here so quickly.
어, 난 네가 어떻게 그렇게 빨리 여기 도착했는지 의아해하고 있었는데.

[n] 감탄, 경이

기출 포인트
동사 wonder는 확실한 내용이 아닌, '~인지 의아하게 생각하다'이므로 목적어로 절(s+v)이 올 때는 if 절, 의문사절을 받지만, that 절은 올 수가 없다. 특히 문법 영역 Part 3, 4에서 주의해야 한다.

engaged

[ingéidʒd]

(파) engage 🆅 연루시키다
engagement 🇳 연루, 약속; 약혼
(동) involved, occupied

🅰 1)연루된, 약속된 2)약혼의

A: Mike, let's go to Japan next month.

Mike, 다음 달에 일본 가자.

B: Hmm, let me see <u>my schedule</u> and find out if I'm already **engaged**.

음, 내 일정을 확인해보니 이미 약속이 있다는 것을 알았어.

📶 **빈출 기출 표현** ◀ '연루되다, 얽히다' 관련 표현

be engaged in / be entangled in(with) / be intertwined with

Daily Check-up

Choose the best answer.

⏱ 2초 check-up

01 It is a good (gesture, mood, hassle) to cook some food for her birthday party.

02 I usually (implement, frequent, specify) that market to buy my grocery.

03 Your boss wanted to (concede, contact, conflict) you in order to discuss the product release.

04 Your home is so quiet and (clamorous, imposing, cozy), which is why I feel at home here.

05 Compared to my sister who likes colorful clothes, I usually prefer dark and (drab, garish, phenomenal) attires.

⏱ 5초 check-up

06 A: This parcel is so big and _____.
I need some help to move it to my room upstairs.
B: Don't worry. I can give you a hand to carry it.

(a) cumbersome   (b) tedious
(c) cryptic   (d) cursory

07 A: How was the yesterday's wedding?
B: It was a very _____ affair, such as a posh Hollywood wedding.

(a) thrifty   (b) frugal
(c) fallow   (d) lavish

08 A: Did you talk with Kerrie?
B: No, I was trying to apologize to her, but she completely _____ me.

(a) sniveled   (b) snooped
(c) snubbed   (d) spooked

09 My mother is so _____ that my brother and I have a hard time buying gifts for her.

(a) facile   (b) affable
(c) congenial   (d) finicky

10 We are going to be late for Nick's graduation with us being so slow and _____.

(a) tardy   (b) absent
(c) punctual   (d) wary

11 Norman Lear is a(n) _____ and unrelenting critic of the government who has plans to slash federal arts and cultural funding.

(a) amenable   (b) outspoken
(c) reserved   (d) aloof

12 Betty and Brian are a very _____ couple as they share the same interests and hobbies with each other.

(a) imperative   (b) gullible
(c) compatible   (d) redundant

[정답] **01.** gesture   **02.** frequent   **03.** contact   **04.** cozy   **05.** drab   **06.** (a)   **07.** (d)   **08.** (c)   **09.** (d)   **10.** (a)   **11.** (b)
12. (c)

400점 어휘	
absent [ǽbsənt]	ⓐ 부재한, 결석의 ⓥ ~에 결석[결근]하다 (from)
absolutely [ǽbsəlùːtli]	adj 전적으로, 절대적으로
ahead of schedule	phr 예정보다 빨리[이르게]
answer one's call	phr ~의 전화에 응답하다
approachable [əpróutʃəbl]	ⓐ 말 붙이기 쉬운, 가까이하기 쉬운
attend the party	phr 파티에 참석하다
call back	phr 다시 전화하다, 응답 전화하다
celebrity [səlébrəti]	ⓝ 명사, 유명인
chat [tʃæt]	ⓥ 수다 떨다
dependent [dipéndənt]	ⓐ 의존하는 (on), 달려있는
encounter [inkáuntər]	ⓥ (우연히) 만나다
first impression	phr 첫인상
formally [fɔ́ːrməli]	adj 정식으로, 공식적으로
furtive [fɔ́ːrtiv]	ⓐ 은밀한
grateful [gréitfəl]	ⓐ 감사하는(thankful)
I'll give you an email.	이메일 보낼게.
improve [imprúːv]	ⓥ ~을 향상시키다
keep ~ in touch	phr 계속 연락하다
make an appearance	ⓥ 나타나다(= appear)
mentor	ⓥ 멘토 역할을 하다 ⓝ 멘토, 정신적 지주
My phone's battery died.	전화기 배터리가 다하다.
notify [nóutəfài]	ⓥ (공식적으로) 알리다, 통보하다
on the phone	phr 통화중인, 전화 연결된 상태인, 전화상으로
out of place	phr 그 자리에 어울리지 않는
pick up the phone	phr 수화기를 들다, 전화를 받다
recognize [rékəgnàiz]	ⓥ 알아채다, 인식하다
return one's call	phr 응답 전화를 걸다
spare [spɛər]	ⓥ (시간, 돈을) 할애하다, 내주다; 비축하다, 저축하다
urgent matter	phr 시급한 문제, 위급한 일
You can pick the day.	네가 날짜를 선택해.

500점 어휘	
abject [ǽbdʒekt]	ⓐ 비굴한, 비참한
accompany [əkʌ́mpəni]	ⓥ ~와 동반하다, ~을 따라가다
a joint effort	phr 공동의 노력, 합동의 노력
appoint [əpɔ́int]	ⓥ 지명[임명]하다, 정하다, 지정하다(fix), 약속하다
arrange [əréindʒ]	ⓥ ¹⁾마련하다, 준비하다 ²⁾늘어놓다, 나열하다
arrangement [əréindʒmənt]	ⓝ 마련, 준비 cf. make an arrangement phr 마련해두다
be supposed to+v	phr ~하기로 되어 있다
break the ice	phr 서먹한 분위기를 깨다
but in	phr (대화 중에) 불쑥 끼어들다
chemistry [kémistri]	ⓝ 화학 작용, 화학적 교감
collaborate [kəlǽbərèit]	ⓥ 공동으로 일하다, 협력하다
commemorative [kəmémərèitiv]	ⓐ 기념하는
commence [kəméns]	ⓥ ~을 시작하다
confide [kənfáid]	ⓥ 믿고 비밀을 털어 놓다, 믿다 (in)
confidential [kànfidénʃəl]	ⓐ 기밀의, 비밀의
convivial [kənvíviəl]	ⓐ 명랑한, 유쾌한, 사교적인
connoisseur [kànəsə́ːr]	ⓝ 감정가, 전문가
counterpart [káuntərpàːrt]	ⓝ 짝의 한쪽
crafty [krǽfti]	ⓐ 술수가 뛰어난; 교활한
deliberate [dilíbərit]	ⓥ 숙고하다, 신중히 생각하다
derisory [diráisəri]	ⓐ 보잘것없는, 하찮은, 비웃는
dial the wrong number	phr 전화를 잘못 걸다
disown [disóun]	ⓥ 의절하다, 인연을 끊다
distance [dístəns]	ⓥ 거리를 두다, 멀리하다
don [dɑn]	ⓥ ~을 입다 cf. doff ⓥ 벗다
dub [dʌb]	ⓥ ~라는 (별명, 호칭을) 붙이다, ~라고 부르다
dwell on	phr ~에 대해 숙고하다, 계속 생각하다
elapse [ilǽps]	ⓥ (시간이) 흐르다, 경과되다
flexible [fléksəbl]	ⓐ 융통성 있는
get ahold of	phr ~와 연락하다

500점 어휘

hustle [hʌ́sl]	v ~을 재촉하다, 서두르게 하다
I don't hear you.	네 말이 이해가 안돼. *cf.* I can't hear you. 네 말이 안 들려.
impart [impɑ́:rt]	v (지식/정보를)알려주다
in person	phr 직접, 몸소
irreconcilable [irékənsàiləbl]	a 화해할 수 없는, 해소할 수 없는
let on	phr (비밀, 정보를) 누설하다
manifest [mǽnəfèst]	a (보거나 이해하기에) 명백한 v 드러내다
of assistance	phr 도움이 되는(helpful)
outgoing [áutgòuiŋ]	a 외향적인
outlandish [autlǽndiʃ]	a 색다른, 이국적인; 기이한, 이상한
procrastinate [proukrǽstənèit]	v 질질 끌다, 꾸물거리다, 지체하다
prominent [prɑ́mənənt]	a 유명한, 눈에 뛰는
prolonged [prəlɔ́:ŋd]	v 질질 끄는, 장기의
quandary [kwɑ́ndəri]	n 곤경, 곤궁
rapport [ræpɔ́:r]	n 관계(relation, connection)
pull some strings	phr 힘써주다, 연줄이 되어주다
venue [vénju:]	n 장소
lenient [lí:niənt]	a 인자한, 너그러운
make an appointment	phr (시간) 약속을 정하다, 시간을 예약하다
scoff [skɔ(:)f]	v ~을 비웃다
scurry [skə́:ri]	v (바쁘게) 종종걸음을 치다(scuttle)
secretive [sí:krətiv]	a 숨기는 경향이 있는
sneak [sni:k]	v 몰래 움직이다, 살금살금 출입하다(into, out of)
socialize [sóuʃəlàiz]	v ~와 잘 지내다
sparing [spέ(:)əriŋ]	a 삼가하는; 여분의
store hours	phr 가게 영업 시간
swarm [swɔ:rm]	v ~이 가득하다, 득실거리다
tedious [tí:diəs]	a 지루한, 재미없는
time [taim]	v (속도, 지속시간 등을) 측정하다, 기록하다
unforeseen [ʌ̀nfɔ:rsí:n]	a 예기치 못한, 뜻밖의

600점 어휘

affiance [əfáiəns]	ⓥ ~을 약혼시키다 ⓝ 약혼
cinch [sintʃ]	ⓝ 쉬운 일, 확실한 일; 우승 후보
conjugal [kándʒəgəl]	ⓐ 부부간의, 부부의
contemptuous [kəntémptʃuəs]	ⓐ 경멸하는, 업신여기는
disdainful [disdéinfəl]	ⓐ 업신여기는, 무시하는
fortuitous [fɔːrtʃú(ː)itəs]	ⓐ 우연한, 행운의
kitsch [kitʃ]	ⓐ 저질의, 저속한 ⓝ 천박한 것, 질 낮은 물건
lionize [láiənàiz]	ⓥ 유명인사 대우하다
monogamy [mənágəmi]	ⓝ 일부일처제
Mr. Right	ⓟⓗⓡ 이상적인 남자, 이상형
officious [əfíʃəs]	ⓐ 거들먹거리는, 위세를 부리는
petty [péti]	ⓐ 사소한, 하찮은
plush [plʌʃ]	ⓐ 호화로운
pompous [pámpəs]	ⓐ 거만한
prestigious [prestídʒiəs]	ⓐ 명성이 있는, 유명한
pretentious [priténʃəs]	ⓐ 허세 부리는, 가식적인
rack your brain	ⓟⓗⓡ 머리를 쓰다, 지혜를 짜내다
ruse [ruːz]	ⓝ 속임수, 계략, 책략(trick)
salient [séiliənt]	ⓐ 눈에 띄는
salute [səljúːt]	ⓥ 인사하다
scornful [skɔ́ːrnfəl]	ⓐ 조소적인, 경멸적인
subterfuge [sʌ́btərfjùːdʒ]	ⓝ 속임수, 계략
supercilious [sjùːpərsíliəs]	ⓐ 거만한, 남을 얕보는
superfluous [sju(ː)pə́ːrfluəs]	ⓐ 남아도는, 필요 이상의
tawdry [tɔ́ːdri]	ⓐ 싸구려의, 번쩍이는; (도덕적으로) 지저분한
unassuming [ʌ̀nəsjúːmiŋ]	ⓐ 주제넘지 않는, 허세부리지 않는
under hand	ⓟⓗⓡ 비밀리에 *cf.* underhand ⓐ 비밀의, 부정직한
unsettled [ʌnsétld]	ⓐ 미정의
wile [wail]	ⓝ *(pl.)* 책략, 속임수 ⓥ ~을 꾀어내다, 속이다
wily [wáili]	ⓐ 약삭빠른, 교활한

DAY 09

쇼핑·구매·상점

물건의 품질, 가격, 구매와 관련된 대화 상황이 집중적으로 출제되며 특히 돈을 쓰는 정도(낭비하는, 아끼는)의 형용사들은 모두 반드시 구분해서 기억해 두어야 한다.

오늘의 단어 듣기
들으면서 암기하세요!

나의 학습노트

1회 암기	✓	
날짜	월	일
시간	시	분

2회 암기	✓	
날짜	월	일
시간	시	분

3회 암기	✓	
날짜	월	일
시간	시	분

01 ★★★
squander
[skwɑ́ndər]

[동] waste, dissipate, lavish, splurge
[반] save, stint, spare, economize

[v] (돈, 자원 등을) 낭비하다, 허비하다

A: Our little sister always has a problem saving money.
우리 여동생은 항상 돈을 절약하는 데에 문제가 있어.
B: Yes, she always **squanders** all her salary on useless things.
그래, 그녀는 늘 쓸데없는 데에 모든 월급을 탕진해 버리지.

기출 포인트
어휘 영역에서 돈을 목적어로 받는 동사를 묻는 문제가 자주 출제되는데, 주로 돈을 벌다(make money, earn money), 낭비하다, 아끼다 등이 정답이다.

02 ★★★
bustle
[bʌ́sl]

cf. hustle and bustle [phr] 야단법석

[v] 서두르다, 바삐 움직이다, 법석 떨다

Oxford Street is always **bustling** at this time of years with many shoppers preparing for Christmas.
Oxford 거리는 매년 이때쯤이면 크리스마스를 준비하는 많은 쇼핑객들로 법석댄다.

[n] 야단법석, 소란

03 ★★★
sumptuous
[sʌ́mptʃuəs]

[동] extravagant, opulent, lavish, luxurious

[a] 호화로운, 호사스러운

A: I will buy the most expensive Swiss watch for my father's 70th birthday.
난 아버지의 70세 생신에 가장 비싼 스위스 시계를 사드리려고 해.
B: Wow, that certainly is a **sumptuous** gift!
와, 그거 정말로 호화로운 선물이다!

암기Tip 어원 암기법
sumptu(consume: 소비하다) + ous(형접)
▸ 소비하는, 돈을 쓰는, 호화로운

04 ★★★

extravagant

[ikstrǽvəgənt]

ⓓ extravagance ⓝ 사치, 낭비
ⓢ ¹⁾excessive, outrageous
  ²⁾wasteful, spendthrift,
    prodigal, lavish
  ³⁾preposterous, outrageous

ⓐ ¹⁾지나친, 과한 ²⁾낭비가 심한, 사치스런 ³⁾엉뚱한

These days the prices of kid's toys have become too **extravagant** with the average gift <u>costing well over 50 dollars</u>.

요즘 아이들 장난감 가격이 너무 과해서 평균 선물 비용이 50달러를 훨씬 넘는다.

> 💡 암기Tip ⟨ 어원 암기법
>
> extra(beyond: 정도를 넘어서) + vagant(wandering: 헤매는)
> ▸정도를 넘어서 헤매는 ▸지나친, 과한

05 ★★★

stingy

[stíndʒi]

ⓢ ¹⁾niggardly, penurious
  ²⁾scanty, meager, paltry

ⓐ ¹⁾돈을 안 쓰는, 돈에 인색한, 아끼는, 궁핍한 ²⁾빈약한, 결핍된

Martin is extremely **stingy** and doesn't even like <u>spending money</u> for family gifts.

Martin은 지극히 돈에 인색해서 심지어 가족들 선물을 사기 위해 돈을 쓰는 것도 싫어한다.

06 ★★★

splurge

[splə:rdʒ]

ⓥ 돈을 막 쓰다, ~에 돈을 물쓰듯 하다(on)

A: Jane, are you really going to <u>spend that much money</u> on these limited edition purses?
Jane, 너 정말 이 한정판 가방들에 그렇게 많은 돈을 쓰려고?
B: I'm still afraid of **splurging** on such expensive ones, but I've decided.
여전히 그런 값비싼 것들에 돈을 막 쓰려니 겁나긴 하지만, 결심했어.

ⓝ 돈을 물쓰듯 쓰기

> 💡 암기Tip ⟨ 연상/확장 암기법
>
> 내 친구는 돈이 있다는 것을 ostentatiously(과시하듯이)하듯이, 어마어마한 음식 값을 다 내며 splurge(돈을 막 쓰다)하면서 그가 lavish(풍요로운)하다는 것을 show off(과시했다).

07 ★★★

outrageous

[autréidʒəs]

[파] outrage [n] 분노, 격노 [v] 분노하게 만들다

[동] exorbitant, excessive, unreasonable, tremendous

[a] 과도한, 엄청난, 터무니 없는

A: The price of cosmetics is ridiculously high.

화장품값이 터무니없이 높다.

B: It depends on which brand. Not all **outrageous** in price.

어느 브랜드인가에 달려있어. 전부 가격이 과한 건 아냐.

암기Tip 어원 암기법

out(beyond: 정도를 넘어서) + rage(fury: 분노) + ous(형접)
▸ 분노가 정도를 넘은 상태인 ▸ 엄청난

08 ★★★

greedy

[grí:di]

[파] greed [n] 탐욕(= avarice)

[동] avaricious, rapacious, covetous

[a] 탐욕스러운

A: Rick never spends money on anyone other than himself.

Rick은 자신이 아닌 어느 누구에게도 절대 돈을 쓰지 않아.

B: Yes, he shouldn't be so **greedy**, especially when others spend money on him.

그래, 그렇게 탐욕스러우면 안 되는데, 특히나 다른 사람들이 그에게 돈을 쓸 때는 말이야.

09 ★★★

scrimp

[skrimp]

[파] scrimpy [a] 절약하는, 긴축하는

[v] 절약하다(on), ~을 아끼다

A: I am really proud of our son for buying that bicycle all by himself.

우리 아들이 혼자 힘으로 저 자전거를 산 게 정말 기특해.

B: Yes, he **scrimped** and saved his money for the past 3 months.

그래, 그는 지난 세 달 동안 아끼면서 돈을 모았어.

10 ★★★

reasonable

[rí:zənəbl]

[반] unreasonable [a] 불합리한, 부당한

[a] 타당한, 합리적인, 사리에 맞는

A: I bought three shirts for 50 dollars yesterday at the department store.

나는 어제 백화점에서 셔츠 3벌을 50달러에 샀어.

B: That's not bad at all. You got them at a **reasonable** price.

나쁘지 않네. 합리적인 가격에 샀구나.

11 ★★★

slew

[slu:]

cf. a slew of 많은
ⓢ crowd, throng

ⓝ 많음, 다수, 다량

A: Look <u>how long that line</u> is outside the electronics store!
전자제품 매장 밖에 저 줄이 얼마나 긴지 봐!
B: Yes, there are always a **slew** of customers waiting every time there is a new product.
그래, 그곳에는 늘 신상품이 있을 때마다 기다리는 고객들이 많이 있어.

> 👆 기출 포인트
>
> 많음, 과다, 적음, 부족, 결핍 등의 수량을 나타내는 어휘들은 항상 빠지지 않고 계속 출제되니 크게 많음인지 적음인지를 구분해서 반드시 기억해 둔다.

---

12 ★★★

redundant

[ridʌ́ndənt]

ⓟ redundancy ⓝ 중복, 반복
ⓢ ¹⁾repetitive, useless, superfluous
²⁾verbose, prolix
³⁾fired, unemployed, laid-off, out of work

ⓐ ¹⁾중복되는, 불필요한 ²⁾(글, 말이) 장황한 ³⁾정리해고 당한, 실직된

My water filter is now **redundant** after buying <u>this new kettle with a built-in water filter</u>.
내장된 급수 여과기가 있는 이 새 주전자를 구매한 후에, 이제 내 급수 여과기는 불필요한 상태다.

> 💡 암기Tip ◀ 어원 암기법
>
> red(re, again: 다시, 반복되어) + unda(surge, wave: 파도처럼 밀려옴) + ant (형접) ▸ 반복해서 파도처럼 밀려드는 ▸ 중복되는

---

13 ★★★

customize

[kʌ́stəmàiz]

ⓟ customized ⓐ 맞춤형의, 주문 제작된

ⓥ 고객이 원하는 대로 만들다, (취향에 맞춰) 주문 제작하다

The new SUV is available in six colors and a choice of four roof colors allowing you to **customize** your new car to your personality.
신형 SUV는 여섯 가지 색상과 네 가지 지붕 색상을 선택할 수 있어서 당신의 개성에 맞춰 새 차를 맞춤 제작할 수 있습니다.

14 ★★★

haggle

[hǽgl]

[파] haggling [n] 가격 흥정
cf. without haggling [phr] 에누리없이, 가격 흥정 없이

[v] (가격) 흥정을 하다(over), ~와 실랑이를 벌이다(with)

A: When you buy things in Thailand, don't pay the price sellers first offer you.
태국에서 물건을 살 때는, 판매자가 먼저 제시한 가격대로 지불하지 마.
B: Yes, I heard that you can **haggle** for a lower price there.
그래, 거기서는 더 낮은 가격으로 흥정을 할 수 있다고 들었어.

기출 포인트 유사 어휘

haggle [v] (가격) 흥정을 하다
haggard [a] (얼굴이) 초췌한, 핼쑥한
straggle [v] 제멋대로 흩어지다(퍼지다)
hassle [n] 성가신 일, 번잡한 일

15 ★★★

spurious

[spjú(:)əriəs]

[동] sham, bogus, feigned, phony

[a] 거짓된, 사실이 아닌, 겉으로만 그럴싸한

Be careful when shopping for designer goods in market places, as the majority of them are **spurious** and not genuine items.
시장에서 디자이너 제품을 구매할 때는, 대다수가 진품이 아닌 가짜이므로 주의해라.

16 ★★★

negotiate

[nigóuʃièit]

[파] negotiation [n] 협상, 타협

[v] 협상(교섭)하다(with)

A: Is there any way we can get a cheaper price if we buy five items?
만일 다섯 가지 품목을 산다면, 더 싸게 얻을 수 있는 방법이 있나요?
B: Yes, we can **negotiate** a discount if you buy that many.
네, 그렇게 많이 사시면 할인을 협상할 수 있어요.

17 ★★★

charge

[tʃɑːrdʒ]

(비) discharge v 석방(방류, 해고, 방출)하다 n 석방, 방전, 방류, 배출, 해고, 발사

v (비용, 의무, 책임 등을) 청구하다, 부과하다

A: Here is your check, please pay it at the counter.
여기 계산서 있습니다. 계산대에서 지불해 주세요.
B: Wait a second. I think we were **charged** for more items than we ordered.
잠깐만요. 우리가 주문했던 것보다 더 많은 항목에 대해 비용이 청구된 것 같아요.

n 비용, 요금; 충전; 고발

> **빈출 기출 표현** charge 관련 표현
>
> – be in **charge** of phr ~을 담당하다, ~에 책임이 있다
>   The man is in charge of this department.
>   그 사람이 이 부서의 담당자이다.
> – be dis**charge**d from phr (병원에서) 퇴원하다
>   I was discharged from the hospital yesterday.
>   나는 어제 병원에서 퇴원했다.

18 ★★★

pull the plug

phr 중지시키다(on)

A: Did you make a reservation for the new phone?
새 전화기 예약했니?
B: I did, but I think I'm going to **pull the plug** and buy another brand instead.
했어, 그런데 중지시키고 대신 다른 브랜드를 살듯 해.

19 ★★★

refund

[ríːfʌnd]

(비) refundable a 환불 가능한, 면제 가능한
(동) v repay, reimburse

v 환불하다

A: Hi, can I return this microwave as it isn't working?
안녕하세요, 작동이 안 되는데 이 전자레인지 환불할 수 있을까요?
B: Sure, would you like to exchange it for a new one or would you like a **refund**?
물론이죠, 새 것으로 교환을 원하시나요 아니면 환불을 원하시나요?

n 환불(금)

> **기출 포인트**
>
> 대화 상황에서 특히 청해 Part 3에서는, 환불을 받는 건지 환불을 해 주는 입장인지의 방향성을 잘 구분해 두어야 한다. 돈을 상환하는 주체는 'refund'을 동사로 쓸 수 있고, 돌려받는 주체는 'get a refund'을 쓸 수 있다는 점에 주의하자.

[💡] 암기Tip 어원 암기법

re(back: 되돌려서) + fund(money: 돈)
▸ 돈으로 되돌려주다 ▸ 환불해주다

20 ★★★
budget
[bʌ́dʒit]

[n] 예산

A: When are you going to buy some new clothes?
새 옷을 언제 살 거야?
B: Well, it's a little difficult as I am on a tight **budget** these days.
글쎄, 요즘 재정이 빠듯해서 좀 어려워.

[v] 예산을 세우다

[a] 저렴한, 저가의

빈출 기출 표현 budget 관련 표현
on a tight **budget** [phr] 예산이 빠듯한, 빈곤한
in a **budget** [phr] 예산 내에

기출 포인트
텝스 문법 영역에서 '빠듯한 예산 상태'를 의미하는 'on a tight budget'는 in이 아닌 on임에 주의하자.

21 ★★
come up with
[동] contrive, invent

[phr] 생각해내다, 고안해내다, 찾아내다

A: Don't buy Sarah that bag for her birthday as John already bought it.
저 가방은 John이 이미 샀으니까 Sarah 생일 선물로 사지마.
B: Oh no. It looks like I'm going to have to **come up with** another idea for a gift.
오 안돼. 나는 선물로 다른 걸 생각해 봐야 할 듯하네.

빈출 기출 표현 come 관련 표현
come down with [phr] (병에) 걸리다
come down on the side of [phr] ~의 편에 가담하다

22 ★★

deal

[diːl]

㉔ dealer ⓝ 중개인, 밀매자
dealership ⓝ 대리점

ⓝ ¹⁾거래, 협정 ²⁾많음, 다량

A: I got this television for only 500 dollars in the Black Friday sale!
블랙 프라이데이 세일에서 이 TV를 겨우 500달러에 샀어!

B: Oh my god! That's a fantastic **deal**!
세상에! 멋진 거래군!

ⓥ 거래하다

> 📊 **빈출 기출 표현** ◂ deal 관련 표현
>
> raw **deal** ⓝ 부당 거래, 부당한 대우
> big **deal** ⓝ 대단한 일, 큰 거래
> **deal** with(in) ⓟʰʳ 다루다, 처리하다
> strike(crack, cut) a **deal** ⓟʰʳ 계약(협정)을 맺다, 거래하다

---

23 ★★

ship

[ʃip]

㉔ shipment ⓝ 수송, 수송품
shipping ⓝ 운송

ⓥ 운송하다, 수송하다

A: Hi there, if I order this speaker online, when can I get it?
저기요, 제가 이 스피커를 온라인에서 주문하면 언제 받을 수 있나요?

B: If you pay before 12 p.m., we can **ship** it out today for you.
오후 12시 전에 결제하시면, 오늘 배송해드릴 수 있어요.

ⓝ 선박, 배

> 📊 **빈출 기출 표현** ◂ ship 관련 표현
>
> **ship** out ⓟʰʳ 떠나다; 그만두다
> shape up or **ship** out ⓟʰʳ 제대로 하지 않으려면 떠나라
> when one's **ship** comes home[in] ⓟʰʳ 돈이 생기면, 행운이 닥치면

---

24 ★★

guarantee

[gæ̀rəntíː]

⑤ ⓥ secure, assure, vouch for
ⓝ guaranty, warranty
cf. money-back guarantee
ⓟʰʳ 환불 보장

ⓥ 보증하다, 보장(약속)하다

Tescos Supermarket **guarantees** it has the lowest prices on the market, or they will give you your money back.
Tescos 슈퍼마켓은 시장 최저가를 보장하며, 그렇지 않으면 돈을 돌려드립니다.

ⓝ 품질 보증(서), 보증, 보장

---

25 ★★

regret
[rigrét]

㉾ regretful ⓐ 애석한, 서운해하는
regrettable ⓐ 유감스러운, 한탄할
㊀ ⓝ remorse

Ⓥ 유감스럽게 생각하다, 후회하다

I **regret** buying this car as it is <u>always breaking down and running into problems</u>.
늘 고장 나고 예고 없이 문제가 생겨서 이 차를 산 것이 후회스럽다.

ⓝ 유감, 후회

> 📊 **빈출 기출 표현** ◂ regret 관련 표현
>
> to my **regret** ⓟ 유감스럽게도

> 💡 **암기Tip** ◂ 어원 암기법
>
> re(back: 뒤돌아서) + gret(weep: 울다, 슬퍼하다)
> ▸ 뒤돌아 슬퍼하다, 안타까워하다

26 ★★

competitive
[kəmpétitiv]

㉾ competition ⓝ 경쟁
competent ⓐ 능숙한
competence ⓝ 능숙함
cf. competitive price ⓟ 경쟁값, 가격 경쟁력

ⓐ 경쟁력 있는, 경쟁하는

We are proud of our **competitive** prices and encourage you to try and find <u>a lower price on the market</u>.
우리는 우리의 가격 경쟁력을 자부하며 여러분께 더 낮은 판매가를 찾아보시라고 자신 할수 있습니다.

> 💡 **암기Tip** ◂ 어원 암기법
>
> com(together: 함께) + peti(strive: 분투하다) + tive(형접)
> ▸ 함께 분투하는(싸우는) ▸ 경쟁하는

27 ★★

paltry
[pɔ́:ltri]

ⓐ 보잘것없는, 아주 적은, 얼마 안 되는

A: I need to <u>lower the price to 10 dollars</u> as these products are not selling.
이 상품들이 팔리지 않으니 10달러로 가격을 낮춰야겠어.
B: No, 10 dollars is such a **paltry** amount and I think you shouldn't go that low.
안돼, 10달러는 너무 적은 액수라서 그렇게 낮추면 안 될듯해.

28 ★★

trade

[treid]

cf. trade-off [phr] 거래, 교환

[v] 거래(교역)하다

A: There are some online forums where you can exchange your items with other people.

네 품목들을 다른 사람들과 교환할 수 있는 몇 개의 온라인 포럼이 있어.

B: Oh, I might **trade** some of my clothes then.

오, 그럼 내 옷 몇 가지를 거래해봐야겠다.

[n] 거래

29 ★★

means

[mi:nz]

[동] 1)wealth
2)way, manner, method

cf. mean [v] ~을 의미하다, 의도하다

[n] 1)부, 재력 2)수단, 방법

A: I thought you planned on buying a new house this year.

나는 네가 올해 새집을 사려고 계획한 줄 알았어.

B: We did, but I don't think we have the **means** to afford one this year.

그랬었지, 하지만 올해는 그럴만한 돈이 없는듯해.

[a] 비열한; 평균의

빈출 기출 표현 **means 관련 표현**

by **means** of [phr] ~에 의해서(= by dint of, by virtue of)

30 ★★

congregate

[káŋgrəgit]

[동] gather, flock, throng, crowd

[v] 모이다

People always **congregate** outside this store every morning, waiting in line to buy the fresh bread.

사람들은 신선한 빵을 사기 위해 줄을 서서 매일 아침 이 가게 밖에 모여든다.

암기Tip **어원 암기법**

con(together: 함께) + greg(gather: 모이다) + ate(동접)
▸ 함께 모이다

31 ★★
up in arms

동 indignant, outraged

phr ~에 격분하여(about, over), ~에 반기를 들고 (against)

A: I heard that the government plans to increase VAT prices this summer.
정부가 이번 여름에 부가가치세를 올리려고 한다고 들었어.
B: Our taxes are <u>high enough</u>! People will be **up in arms** about this.
세금은 충분히 높잖아! 사람들이 이것에 대해 반기를 들 거야.

> 💡 암기Tip 연상/확장 암기법
>
> 계속 올라가는 세금 때문에 국민들은 indignant(분노하여)하며, 손을 들어올려 반대하며 'up in arms'를 외쳤다.

32 ★★
barge

[bɑːrdʒ]

동 v 1)interfere , intrude
　 v 2)bump, collide

v 1)불쑥 끼어들다(in, into), 무례하게 끼어들다 2)~와 부딪치다(into)

That rude man **barged** <u>into the front of our line</u> so that he could complain to the shop clerk.
저 무례한 사람이 가게 점원에게 불평을 하려고 우리 줄 앞에 불쑥 끼어들었다.

n 바지선(인양선)

33 ★★
bring someone to one's senses

phr ~의 정신을 차리게 하다, 제정신이 들게 하다

A: Did Kyle <u>buy expensive shoes again</u>?
Kyle이 또 비싼 신발을 샀어?
B: Yes. You need to **bring** him **(back) to his senses** that he has no money.
그래. 너는 그에게 그가 돈이 없다는 것을 깨닫게 할 필요가 있어.

> 📊 빈출 기출 표현 '정신을 차리다' 관련 표현
>
> come to one's senses / get back to one's senses / be brought to one's senses

34 ★
swipe
[swaip]

동 v 2)steal, filch, pilfer, purloin

v 1)(카드를) 긁다 2)훔치다, 슬쩍하다 3)후려치다

A: Can I put this on my credit card?
이 신용카드로 계산할 수 있나요?
B: Of course you can. Please **swipe** your card through the card reader.
물론이죠. 당신의 카드를 카드 리더기에 긁어 주세요.

n 휘둘러 치기, 후려치기

---

35 ★
accept
[æksépt]

동 1)get, take
2)embrace, adopt

v 1)(물건을) 받아들이다, 수락하다, 인정하다 2)(사상, 종교, 문화를) 받아들이다, 수용하다

A: I need to exchange money for my trip to Vietnam.
베트남 여행을 위해 환전을 해야겠어.
B: Oh, I heard they also **accept** US dollars.
오, 거기서는 미국 달러도 받는다고 들었어.

> 👆 기출 포인트
>
> accept나 take는 비교적 익숙한 어휘들이지만 상점의 checkout(계산) 상황에서 빈번히 출제된다.

---

36 ★
run up

동 accumulate, amass

phr (빚을) 늘리다, (가격, 수량 등을) 올리다, 급증시키다

A: Let's open up a tab and pay when we leave later.
나중에 나갈 때 계산서를 확인하고 계산하자.
B: We should be careful as we could **run up** a huge bill!
비용이 엄청나게 늘어날 수 있으니 조심해야 해.

> 📊 빈출 기출 표현 〈 run 관련 표현
>
> **run** across phr 우연히 마주치다
> **run** after phr ~을 뒤쫓다
> **run** away with phr (~와 함께, ~을 가지고) 도망가다, 훔치다
> **run** down phr 눈으로 훑다, 검토하다

Daily Check-up

해석/해설 p. 533

Choose the best answer.

01 You can pay with Korean won and we also (carry, accept, owe) Japanese yen.

02 Please (sweep, slip, swipe) your debit card through this card reader and punch in your pin number.

03 Citizens are (up in arms, on the up and up, up in the air) about increasing bus fares.

04 I can't believe you get paid only 5 dollars per hour, which is such a (penitent, paltry, moribund) amount.

05 We don't offer cash (exchanges, shifts, refunds), but customers can get store credit.

06 A: This Bluetooth speaker seems way over my budget.
B: Don't worry. We can _____ a discount if you pay in cash.

(a) charge   (b) get
(c) negotiate   (d) deserve

07 A: Are you going to buy that expensive scarf?
B: of course not. I don't think it is a _____ price.

(a) reasonable   (b) considerable
(c) evident   (d) irrational

08 A: Do you think my father _____ all the time?
B: Yes. He should spend some money on himself.

(a) waste   (b) scrimps
(c) expend   (d) splurge

09 Teenagers tend to _____ their allowance on games and entertainments.

(a) bustle   (b) squander
(c) regret   (d) save

10 Cathy is so _____ with spending money that she is reluctant to go shopping.

(a) extravagant (b) penurious
(c) excited   (d) stingy

11 I should have _____ for a lower price as I think I paid too much!

(a) haggled   (b) offered
(c) browsed   (d) bustled

12 Most electronics stores are crowded with a _____ of customers who want to purchase the newly released phone.

(a) paucity   (b) nip
(c) handful   (d) slew

[정답] **01.** accept   **02.** swipe   **03.** up in arms   **04.** paltry   **05.** refunds   **06.** (c)   **07.** (a)   **08.** (b)   **09.** (b)   **10.** (d)   **11.** (a)
12. (d)

목표 점수대별 어휘

400점 어휘	
alone [əlóun]	adj 홀로
be wary of	phr ~을 주의하다
buck [bʌk]	n 달러
business day	phr 영업일
cheap [tʃi:p]	a (물건이) 값싼
check-out desk	phr 계산대
clerk [klə:rk]	n 점원
consumption [kənsʌ́mpʃən]	n 소비, 소비량
cost [kɔ(:)st]	n 비용 v 비용이 ~들다
costly [kɔ́(:)stli]	a 비싼
customer [kʌ́stəmər]	n 고객, 손님
defective [diféktiv]	a (제품에) 결함이 있는
demand [dimǽnd]	n 수요 (반) supply 공급
department store	phr 백화점
discount [diskáunt]	n 할인
exchange [ikstʃéindʒ]	v 교환하다 n (상호) 교환
go shopping	phr 쇼핑 가다
grocery [gróusəri]	n 식료품
grocery store	phr 식료품점
item [áitem]	n (물건의) 품목
lottery [látəri]	n 복권
price tag	phr 가격표
receipt [risí:t]	n 영수증(slip)
regular price	phr 정가
run a restaurant	phr 식당을 경영하다
shopkeeper [ʃápkì:pər]	n 가게주인, 점주
usable [jú:zəbl]	a 유용한
useless [jú:slis]	a 불필요한, 쓸모 없는
wealthy [wélθi]	a 부유한
wheel a cart	phr 카트를 밀다

500점 어휘	
account [əkáunt]	n 고객, 거래처; 계좌
afford [əfɔ́ːrd]	v ~할 여유가 있다
antique [æntíːk]	a 오래된
at an expense	phr 대가를 치르고
balance [bǽləns]	n 잔고; 저울; 균형
bargain [báːrgin]	n 흥정; 싸게 구매한 물건
best offer	phr 최고 제시액(가)
bill [bil]	n 계산서; 지폐;법안
blindly [bláindli]	adj 맹목적으로
bountiful [báuntəfəl]	a 풍부한
confident [kánfidənt]	a 확신하는, 자신 있는
commodity [kəmádəti]	n 상품
cut in line	phr 새치기 하다
dense [dens]	a 밀집한
fall into debt	phr 빚을 지다
fancy [fǽnsi]	a 값비싼
for free	phr 공짜로
for nothing	phr 공짜로
get a glimpse of	phr ~을 흘끗 보다
giveaway [gívəwèi]	n 증정품, 경품
go well with	phr ~와 잘 어울리다
impoverish [impávəriʃ]	v (질을) 떨어뜨리다; 빈곤하게 하다
in stock	phr 재고로, 재고가 있는
inventory [ínvəntɔ̀ːri]	n 물품 목록
It flatters you.	너한테 잘 어울린다
make a payment	phr 지불하다, 납부하다
markdown [máːrkdàun]	phr 가격 인하
match with	phr ~와 잘 맞다, 어울리다
merchandise [mə́ːrtʃəndàiz]	n (집합적) 물품, 상품
off-season	a 비수기의, 제철이 아닌 n 비수기

500점 어휘

out of stock	phr 재고가 없는	
owe [ou]	v (돈을) 빚지고 있다	
pay a bill	phr 요금을 지불하다	
pay by check	phr 수표로 지불하다	
peddle [pédl]	v 팔러 다니다, 행상을 다니다; 퍼뜨리다	
peddler [pédlər]	n 행상인, 상인	
pile up	phr 쌓이다	
place a bid	phr 입찰을 하다	
place(make, give) an order	phr 주문하다	
place trust	phr 신뢰하다	
price range	phr 가격 범주(가격대)	
release [rilíːs]	n 출고	
retailor [ríːteilər]	n 소매상	
retail price	phr 소매가	
ridiculously [ridíkjuləsli]	adj 터무니 없이; 우스꽝스럽게	
scam [skæm]	n 사기 v 사기 치다	
secondhand [sékəndhænd]	a 중고의(used)	
shortfall [ʃɔ́ːrtfɔ̀ːl]	n 부족(액)	
show off	phr ~을 과시하다, 자랑하다	
sold-out [aut]	a 매진된, 다 팔린	
special occasion	phr 특별한 경우	
stand in line	phr 줄을 서다, 늘어서다	
steep [stiːp]	a 값이 너무 비싼	
stock [stɑk]	n 재고(품), 비축(품)	
synthetic [sinθétik]	a 인조의	
vendor [véndər]	n 상인	
wholesale [hóulsèil]	n 도매	
wholesale price	phr 도매가	
wrap [ræp]	v ~을 포장하다	
You owe me five dollars.	5달러 주시면 됩니다.	

600점 어휘

at a guess	phr 어림잡아
Black Friday sale	phr 블랙 프라이데이 세일(추수감사절 금요일 큰 세일)
buy off	phr ~을 매수하다
crocky [kráki]	a 노후한
dibs [dibz]	n ¹푼돈 ²소유권 *cf.* have dibs on phr ~에 권한을 갖다
fad [fæd]	n 일시적 유행
fair [fɛər]	a (가격이) 적당한
flashy [flǽʃi]	a 호화로운, 현란한
flat rate	phr 정액(고정) 요금
gratuitous [grətjúːitəs]	a 무료의; 불필요한, 쓸데없는
impecunious [ìmpəkjúːniəs]	a 무일푼의
mark up	phr 가격을 인상하다
miserly [máizərli]	a 구두쇠인
money-back	a 환불이 가능한
munificent [mju(ː)nífisənt]	a 대단히 후한, 관대한
myriad [míriəd]	a 다수
parsimonious [pὰːrsəmóuniəs]	a (돈에) 지극히 인색한
pecunious	a 돈이 있는
penurious [pənjú(ː)əriəs]	a 가난한, 극빈한
pop up	phr 갑자기 일어나다, 튀어 오르다
profuse [prəfjúːs]	a 많은, 다량의
rebate [ríːbeit]	n 환불; 할인
scramble [skrǽmbl]	v (경쟁하듯) 서로 밀치다, 재빨리 움직이다
set a goal	phr 목표를 세우다
shopping spree	phr 흥청망청 쇼핑하기
squeeze in	phr 비집고 들어가다
stint [stint]	v 아끼다, 인색하게 쓰다
thrifty [θrífti]	a 절약하는, 검소한
untold [ʌntóuld]	a 막대한, 엄청난
warehouse store	phr 창고형 매장

비즈니스·주식·투자·광고

주로 전망, 증후, 조짐이 좋고 나쁨을 의미하는 명사 및 형용사들이 자주 출제되고, 광고를 통한 사업의 활성화, 판매 촉진을 의미하는 동사들 또한 중요하다.

오늘의 단어 듣기
들으면서 암기하세요!

나의 학습노트

1회 암기	✓		2회 암기	✓		3회 암기	✓
날짜	월	일	**날짜**	월	일	**날짜**	월 일
시간	시	분	**시간**	시	분	**시간**	시 분

01 ★★★

grim

[grim]

유 1)bleak, gloomy
2)stern

a 1)암울한 2)엄숙한, 단호한

A: I regret investing so much of my savings in stock.
예금을 그렇게 많이 주식에 투자한 게 후회스럽다.
B: Yes, it looks **grim** these days. Let's hope it gets
better soon.
그래, 요즘은 암울해 보여. 곧 더 나아지길 기대해보자.

02 ★★★

prescient

[présiənt]

파 prescience **n** 선견지명
(= foreknowledge, foresight)

a 예지력(선견지명)이 있는

Mike is an extremely **prescient** investor and always
researches and predicts future changes in the market.
Mike는 지극히 선견지명이 있는 투자가이며 항상 시장 변화를 조사하고
예견한다.

> 💡 암기Tip ⟨ 어원 암기법
>
> pre(before: 먼저, 앞서서) + scient(knowing: 아는)
> ▸ 앞서서 미리 아는, 앞 일을 아는 ▸ 선견지명이 있는

03 ★★★

expedite

[ékspidàit]

파 expedient **a** 임기응변의, 적절한
유 **v** 1)speed up, hasten
v 2)dispatch

v 1)가속화시키다, ~을 촉진시키다 2)신속히 보내다

With the increased amount of investors, we could
expedite the launch of our new product faster than
we predicted.
늘어난 투자자들로 인해서, 우리가 예상했던 것보다 더 빠르게 우리의 신
상품 출시를 가속화시킬 수 있었다.

a 신속한

> 💡 암기Tip ⟨ 어원 암기법
>
> ex(beyond: 지나치게, 과하게) + ped(foot: 빌걸음) + ite(동접, 형
> 접) ▸ 지나치게 발걸음을 하다, 과하게 걸음하다 ▸ 촉진시키다

04 ★★★

expand

[ikspǽnd]

파 expanded **a** 확장된
expansion **n** 확장

v (범위, 규모, 공간 등을) 확장시키다

U-company has launched in a number of different
countries and **expanded** their market greatly in the
past 10 years.
U-컴퍼니는 많은 다른 나라에서 시작되어 지난 10년간 그들의 시장을 넓
게 확장시켰다.

> 🔑 기출 포인트 ⟨ expand vs. expend
>
> expand **v** (규모, 크기를) 확장시키다
> expend **v** (돈, 시간, 에너지를) 쓰다, 소비하다

05 ★★★
skeptical
[sképtikəl]

ⓓ skepticism ⓝ 회의(론)
ⓢ skeptic, doubtful

ⓐ 회의적인, 의심을 품는, 확신이 없는

A: People say that the future of offline stores is soon to end.
사람들이 오프라인 매장의 미래는 곧 끝날 거라고 하던데.
B: Well, I'm a little **skeptical** about that theory.
글쎄, 나는 그런 의견에 대해 약간 회의적이야.

06 ★★★
outdo
[àutdúː]

ⓢ surpass

ⓥ ~을 능가하다

The market is too <u>competitive</u>, with so many competitors trying to **outdo** each other.
이 시장은 너무 경쟁적이어서 매우 많은 경쟁자들이 서로를 능가하려고 노력하고 있다.

> 💡 **암기Tip** 어원 암기법
>
> out(beyond: 뛰어넘어) + do(perform: 수행하다)
> ▶ ~을 뛰어넘어 수행하다, ~을 뛰어넘다, 능가하다

> 📈 **빈출 기출 표현** out- 관련 표현
>
> **out**live ⓥ ~보다 더 오래 살다
> **out**last ⓥ ~보다 더 오래가다
> **out**strip ⓥ ~보다 앞지르다, ~을 추월하다

07 ★★★
pull through

phr 잘 끌고 나가다, 헤쳐 나가다, ~을 회복하게 하다

A: How is the poor economy effecting your business?
불경기가 당신의 사업에 어떻게 영향을 끼치고 있나요?
B: We have seen <u>a drop in sales</u> and hope we can **pull through** it.
매출이 감소해서 회복할 수 있기를 기대하고 있어요.

> 📈 **빈출 기출 표현** pull 관련 표현
>
> **pull** the plug on phr 중단시키다, 끝장나게 만들다
> **pull** one's leg phr ~를 놀리다, 농담하다
> **pull** oneself together phr 기운을 되찾다

08 ★★★
perspective
[pərspéktiv]

ⓝ 관점, 시각

The reason why that commercial has been so <u>memorable</u> is because it shows a different **perspective** for what consumers are used to.

그 광고가 기억할 만한 이유는 소비자들이 익숙한 것에 대해 다른 관점을 보여주기 때문이다.

> **기출 포인트** perspective vs. prospective
>
> perspective ⓝ 관점, 시점
> prospective ⓐ 장래의, 예비의, 유망한(potential)

> **암기Tip** 어원 암기법
>
> per(thorough: 철저히, 완전히) + spect(look: 바라보다) + ive(명접) ▸ 철저히 바라보는 것, 바라보는 시각

---

09 ★★★

wane

[wein]

ⓝ waning ⓐ 사라지는, 줄어드는
ⓢ diminish, decrease, dwindle

ⓥ (강도, 중요성이 점차적으로) 약해지다, 쇠퇴하다, 줄어들다

Demands in seasonal products <u>peak</u> extremely quickly but always **wane** soon after.
계절 상품 수요는 아주 빠른 속도로 최고조에 다다르지만, 항상 곧바로 줄어든다.

ⓝ 쇠약, 쇠퇴

> **빈출 기출 표현** wane 관련 표현
>
> wax and **wane** phr 흥하고 망하다, 영고성쇠를 거듭하다
> on the **wane** phr 줄어드는(on the decline, decreasing, diminishing)

---

10 ★★★

initial

[iníʃəl]

ⓝ initially adv 초기에
initiate ⓥ 개시하게 하다, 시작하다

ⓐ 초기의, 처음의

A: What was your **initial** business plan?
당신의 처음 사업 계획은 뭐였나요?
B: <u>At first</u> it was jewelry but now we focus more on cosmetics.
처음에는 보석이었지만 지금은 화장품에 더 초점을 맞추고 있어요.

ⓝ (단어나 이름의) 첫 글자

---

11 ★★★

solid

[sálid]

ⓝ solidity ⓝ 확고함, 견고함
cf. solid economic growth
phr 탄탄한 경제 성장

ⓐ 1)견고한, 탄탄한, 확고한, 안정적인 2)단색의

After being <u>in business for over 20 years</u>, I feel that we have a **solid** position in the market.
20년 이상 사업을 한 후에, 나는 우리가 시장에서 탄탄한 자리를 잡은 것이 느껴진다.

ⓝ 고체

---

12 ★★★

tout

[taut]

(동) advertise, promote, publicize

(v) (제품, 서비스 등을) 홍보하다, 광고하다, 장점을 내세우다, 극구 칭찬하다

Companies always **tout** <u>new products</u> every year even though their previous products work perfectly fine.

회사들은 그들의 이전 상품이 완벽히 잘 되더라도, 매년 신제품을 항상 홍보한다.

(n) 암표상(ticket tout), 호객꾼

> 🖱 기출 포인트 **tout vs. taut**
>
> tout (v) 홍보하다
> taut (a) (줄이) 팽팽한, (감정, 정신이) 긴장된

---

13 ★★★

attributable

[ətríbjutəbl]

(파) attributed (a) ~에 기인하는(to)

(a) ~에 기인하는(to), ~가 원인인

The success of their latest commercial is **attributable** to the popular actress who was featured.

그들의 최근 광고의 성공은 특별 출연한 인기 여배우 덕이다.

> 📈 빈출 기출 표현 **~에 기인하다, ~탓이다, ~때문이다**
>
> - be attributable to / be due to / be owing to
> - result from / come from / arise from / spring from
> - be caused by

---

14 ★★★

plunge

[plʌndʒ]

(동)(n) nosedive
　　(v) plummet, nosedive
(반)(v) soar, skyrocket

(n) 급락, 내림, 낙하

The Wall Street <u>crash</u> of 1929 was the biggest financial **plunge** the US stock market has ever seen.

1929년 월 스트리트 폭락은 지금껏 미국 주식시장에서의 가장 큰 금융의 폭락이었다.

(v) 급락하다

> 📈 빈출 기출 표현 **plunge 관련 표현**
>
> take the **plunge** (phr) 갑작스런 결정을 하다
> **plunge** into (phr) ~에 돌진하다, 벌컥 뛰어들다

> 🖱 기출 포인트
>
> 어휘 영역에서 수치가 주어로 나오는 문장에서 동사를 묻는 문제는 거의 상승·하락, 폭등·급락, 증가·감소 등을 나타내는 동사가 거의 정답으로 나온다. 따라서 위·아래의 방향성을 빠르게 파악하는 것이 중요하다.

---

15 ★★★

scrutinize

[skrúːtənàiz]

[파] scrutiny [n] 정밀 조사
[동] examine, study

[v] 면밀히 조사하다(살피다)

A: How do you know which stock to purchase?
당신은 어떤 주식을 살지를 어떻게 아나요?
B: Well, I **scrutinize** companies in detail before I invest.
음, 저는 투자를 하기 전에 상세히 회사들에 대해 면밀히 검토합니다.

16 ★★★

conspire

[kənspáiər]

[파] conspiracy [n] 공모, 모의
[동] collude, plot

[v] 공모하다, 음모를 꾸미다

I don't trust stock traders as I think they **conspire** with each other for their own financial gains.
나는 주식 거래자들이 그들의 재정적인 이득을 위해 서로 공모한다고 여기기 때문에 그들을 믿지 않는다.

암기Tip 어원 암기법

con(together: 함께) + spire(breathe: 숨쉬다)
▸ 함께 숨쉬다, 함께 행동하다 ▸ 공모하다

빈출 기출 표현 ~spire로 끝나는 동사

inspire [v] 격려하다, 고무하다
respire [v] 호흡하다
perspire [v] 땀을 흐리다
aspire [v] 열망하다, 염원하다
expire [v] 만료되다, 끝나다, 숨이 다하다

17 ★★★

convince

[kənvíns]

[파] convincing [a] 설득력 있는, 그럴싸한(plausible)

[v] 확신시키다, 납득시키다; ~을 확신하다

All commercials physiologically try to **convince** you to buy their products and make you believe you need what they are selling.
모든 광고들은 생리적으로 그들의 물건을 사도록 설득하며, 당신들에게 그들이 팔고 있는 것이 필요하다고 믿게 만든다.

빈출 기출 표현 ~에게 ~를 설득시키다

convince somebody of +N(명) / convince somebody that S+V / convince somebody to +V(동)

18 ★★★

accretion

[əkríːʃən]

[동] accumulation, increase

[n] (크기, 규모의) 증가, 증대

Even though our sales have not been rapid, we have seen a continual **accretion** over the past 6 months.
우리의 매출은 빠르지는 않았지만, 지난 6개월간 지속적인 증가를 보였다.

암기Tip 어원 암기법

ac(ad: to) + cre(grow: 증가하다, 커지다) + tion(명접)
▸ 증가함, 증대됨, 증가, 증대

---

19 ★★
instability
[ìnstəbíləti]

(반) unstable ⓐ 불안정한

🔟 불안정

A: One day my stock prices go up and then it goes down.
어떤 날은 내 주식 가격이 오르더니 다시 내려간다.

B: There is too much **instability** which is why I don't do it.
주식에는 불안정이 너무 많아서 내가 주식을 안 하는 거야.

암기Tip 어원 암기법

in(not: 아닌) + stable(steadfast: 확고한) + ity(명접)
▸ 확고하지 않은 성질 ▸ 불안정

---

20 ★★
monopoly
[mənápəli]

(파) monopolize ⓥ 독점하다
cf. have(hold) a monopoly
phr 독점하다, 독점권을 가지다

🔟 독점, 전매

British American Tobacco has a **monopoly** over the cigarette market with a gigantic market share.
British American 담배는 엄청난 시장 점유로 담배 시장을 독점하고 있다.

암기Tip 어원 암기법

mono(one, alone: 홀로) + pol(sell: 팔다) + y(명접)
▸ 홀로 판매하는 것 ▸ 독점

---

21 ★★
crack the whip
(동) snap the whip

phr (복종, 노고, 효율을 위해 엄격한 방식으로) 채찍을 휘두르다, 채찍질하다, 들볶다

A: My staff are so unmotivated and lazy.
저희 직원들은 의욕도 없고 게을러요.

B: Then you need to **crack the whip** and fix that issue.
그렇다면 채찍질을 해서 그 문제를 해결할 필요가 있네요.

빈출 기출 표현 ◂ crack 관련 표현

crack a book phr (읽거나, 공부를 위해) 책을 펴다
crack a smile phr 미소 짓다
crack down phr 엄중 단속하다

22 ★★

stall

[stɔ:l]

통 ⓥ¹⁾come to a standstill
ⓥ²⁾delay, put off

ⓥ ¹⁾멈추다, 꼼짝 못하다 ²⁾교묘히 지연시키다

Progress for the launch in Korea has **stalled** due to some issues with FDA regulations.
한국에서의 출시 진행이 FDA 규율과의 몇 가지 문제로 중지되었다.

ⓝ 멈춤; 가판대, 마구간, 외양간

23 ★★

burgeon

[bə́:rdʒən]

형 burgeoning ⓐ 급성장하는
통 ⓥ¹⁾thrive, flourish
ⓥ²⁾bloom, blossom
ⓝ bud, sprout

ⓥ ¹⁾급성장하다, 쑥쑥 커지다 ²⁾꽃을 피우다

¹⁾A: Wow! I only invested 100 dollars and now I have over 2,000 dollars!
와! 난 겨우 100달러 투자했었는데 지금은 2,000달러 넘게 있어!

B: Your stocks have **burgeoned** so much in a short time.
너의 주식이 단기간에 매우 급성장했구나.

ⓝ 봉오리, 새싹

> 💡 **암기Tip** 연상/확장 암기법
>
> 봄이 오면 겨울 동안 dormant(활동을 중단한)했던 식물들이 sprout(싹이 나오다)하듯이, 우리 사업도 bud(새싹)가 쑥쑥 burgeon(급성장하다)해서 in full bloom(활짝 피게)하게 되길 바란다.

24 ★★

lobby

[lábi]

형 lobbying ⓝ 로비 활동
lobbyist ⓝ 로비스트, 원외 활동가

ⓥ 로비를 펼치다, 영향을 행사하려고 하다

Many people join a workers union to **lobby** against their company if they feel they are mistreated.
많은 사람들은 그들이 부당한 대우를 받는다고 느끼면 회사에 맞서서 영향력을 행사하기 위해서 노동 조합에 가입한다.

ⓝ 원외 활동; 휴게실

25 ★★

amass

[əmǽs]

통 accumulate, gather

ⓥ 모으다, 축적하다

I really respect Bill Gates as not only has he **amassed** all his wealth, but also gives so much of it to charity.
내가 Bill Gated를 존경하는 것은 그가 모든 자신의 부를 축적했을 뿐만이 아니라, 그 중의 상당량을 자선 단체에 기부하기 때문이다.

26 ★★

bind

[baind]

㉕ binding ⓐ 구속력이 있는, 제한
하는

cf. in a bind **phr** 곤경에 빠진

ⓥ 묶다, 감다

Let's **bind** all of our experience and put it together to make a new business plan.

새로운 사업 계획을 세우기 위해서 우리의 모든 경험들을 다 묶어서 결합해보자.

ⓝ 곤경

---

27 ★★

reluctant

[rilʌ́ktənt]

㉕ reluctantly **ad** 마지못해서, 꺼
려하며
reluctance ⓝ 꺼림, 싫음

ⓢ unwilling, disinclined

ⓐ 꺼리는, 주저하는

Some companies don't like change and are **reluctant** to meet the new requirements set by the government.

일부 회사는 변화를 싫어해서 정부가 세워 놓은 새로운 요구 조건을 충족시키기를 꺼린다.

> 💡 **암기Tip** 어원 암기법
>
> re(against: 대항하여) + luct(struggle: 분투하다) + ant(형접)
> ▸ 대항하여 싸우는, 안 하려고 분투하는 ▸ 꺼리는

---

28 ★★

swindle

[swíndl]

ⓢ ⓥ dupe, defraud,
ⓝ fraud, trickery, chicanery

ⓥ 사기 치다, 사취하다

Be careful when you give your money for others to invest as they can **swindle** you with a scam.

투자할 사람에게 돈을 줄 때는 그들이 사기로 당신을 속일 수 있으니 주의하세요.

ⓝ 사기, 속임수

> 💡 **암기Tip** 연상/확장 암기법
>
> 엄청난 fortune(큰 돈)을 벌기를 기대했건만, 엉뚱하게 voice phishing(보이스 피싱) dupe(사기꾼)들이 plausible(그럴싸한) 말로 swindle(사기 치다)해서, 완전 insolvent(파산한)한 상태가 되었다.

---

29 ★★

symptom

[símptəm]

ⓢ sign, indication, augury.
omen

cf. omen ⓝ ¹⁾징조 ²⁾흉조

ⓝ 징후, 증세, 징후

With high staff turnaround and long hours, that company shows all the **symptoms** of a bad place to work for.

높은 직원 전환과 긴 업무 시간으로, 그 회사는 근무하기 나쁜 장소의 모든 징후들을 보여주고 있다.

> **기출 포인트**
> 징후, 조짐을 나타내는 어휘는 꾸준히 출제된다. 더불어 나쁜 조짐이나 흉조(omen, portent), 좋은 조짐(auspice)을 의미하는 단어도 같이 연결시켜 기억해 두어야 한다.

---

30 ★★

rebound

[ríːbàund]

[동] resile

cf. on the rebound [phr] (실연으로 인한) 반발로; 다시 튀어나오는

[v] 반등하다, 다시 튀어 오르다, 되돌아오다

A: Hey, the company's stock prices are increasing again.
야, 그 회사의 주가가 다시 오르고 있어.
B: Yes, they have **rebounded** back considerably.
그래, 상당히 반등했더라.

[n] 반등, 반동

---

31 ★★

term

[təːrm]

cf. in terms of [phr] ~와 관련해(with regard to, concerning), ~라는 견지에서

[n] 1)조건 2)용어 3)기간 4)학기

Before signing this contract, make sure you carefully read the **terms** set by our company.
이 계약서에 사인을 하기 전에, 회사에서 정해둔 조건을 주의 깊게 읽었는지 확인해라.

---

32 ★★

remuneration

[rimjùːnəréiʃən]

[파] remunerative [a] 보수가 있는, 보수가 많은

[동] reward, recompense, compensation

[n] 보수, 보상

The company accountant wants to know why Hilary received **remuneration** for work she did not do.
그 회사 회계사는 Hilary가 왜 그녀가 하지 않은 일에 대해 보수를 받았는지 알고 싶어한다.

> **암기Tip** 어원 암기법
> re(back: 되돌려) + munera(give: 주다) + tion(명접)
> ▸ 되돌려 주는 것 ▸ 보수, 보상

---

33 ★

enrich

[inrítʃ]

cf. be enriched with ~가 풍부하다

[v] 풍요롭게 하다, 질을 높이다

Some people don't like investing in stock, but I see it as a venture **enriched** with opportunity to make money.
일부 사람들은 주식 투자를 좋아하지 않지만, 나는 돈을 벌 수 있는 기회가 풍부한 모험으로 여겨진다.

34 ★

testimonial

[tèstəmóuniəl]

ⓢ ⓝ ¹⁾a letter of
    recommendation

ⓝ ¹⁾추천서, 추천글 ²⁾감사 표시로 전하는(행하는) 것

Our company prides itself on our great <u>reputation</u>
which you can see from our **testimonials**.

우리 회사는 우리 추천서에서 볼 수 있는 대단한 평판에 자긍심을 갖고 있다.

ⓐ 감사의, 기념의

---

35 ★

rank

[ræŋk]

⑲ ranking ⓝ 순위
ⓢ ⓥ ²⁾outrank
cf. be ranked as ⓟⁿʳ ~로 선정되다, ~로 평가되다

ⓥ ¹⁾순위(등급)을 평가하다 ²⁾~보다 순위가 높다

Two world-famous companies are **ranked** <u>as some of
the best electronic companies</u> in the world.

세계적으로 유명한 두 회사는 세계 최고의 전자 회사들 중 일부로 선정됐다.

ⓝ 순위, 등급

---

36 ★

spotless

[spátlis]

ⓢ ⓐ ¹⁾immaculate, impeccable,
    flawless
   ⓐ ²⁾pure, undefiled,
    irreproachable

ⓐ ¹⁾오점이 없는, 티끌 하나 없는 ²⁾순수한

My boss <u>hates mess</u> and wants all the offices in our
company to be **spotless**.

저희 사장님은 엉망진창인 상황을 싫어해서 회사의 모든 사무실이 티끌 하나 없기를 원하세요.

---

37 ★

step

[step]

ⓢ phase, stage

ⓝ 단계, 시기, 국면

There are many **steps** <u>in opening a business</u> all of
which need to be carefully considered.

사업을 시작하는 데는 많은 단계들이 있고 그 모든 단계들을 주의 깊게 고려해야 한다.

> **기출 포인트 〈 유사 어휘**
>
> **phase** ⓝ 단계, 시기, 국면
> **stage** ⓝ 단계, 시기
> **aspect** ⓝ 측면, 양상, 면모
> **facet** ⓝ 측면, 양상
> *cf.* **flank** ⓝ 측면(side), 옆구리

Daily Check-up

해석/해설 p. 534

Choose the best answer.

⏱2초 check-up

01 Before investing, you should (stall, scrutinize, impede) the trends of the financial markets.

02 Advertisements are one way to (convince, conspire, conjure) customers into buying products.

03 Luckily, Taco's stock prices have (stymied, plummeted, rebounded) by 5%.

04 Many people are (reluctant, willing, consent) to invest in the company, the future of which seems terrible.

05 After failing in the business expansion, Holly's Coffee was not in a(n) (unstable, yielding, solid) financial position.

⏱5초 check-up

06 A: Do you know how to start a real estate investment?
B: No, but you should be careful in the _____ stage.

(a) potential   (b) lucrative
(c) initial   (d) subsequent

07 A: I am so doubtful about buying this house.
B: Yes, I was also _____ when I heard about the low price.

(a) skeptical   (b) capable
(c) plausible   (d) prudent

08 A: We should not let any business have a(n) _____.
B: Yes, but in reality there are many businesses hindering fair competition.

(a) asset   (b) property
(c) patent   (d) monopoly

09 Most electronics stores are bustling with a _____ of people who are interested in their appliances.

(a) handful   (b) slew
(c) paucity   (d) nip

10 The electronic corporate _____ their new phone with its high resolution and graphic through TV and social media advertising.

(a) touted   (b) recalled
(c) precipitated (d) winced

11 An inflow of funds helps accelerate and _____ the release of our new products.

(a) expend   (b) expedite
(c) emit   (d) extend

12 The Economy of Italy used to be extremely strong, however these days it looks fairly _____.

(a) optimistic   (b) grim
(c) potential   (d) lucid

[정답] **01.** scrutinize **02.** convince **03.** rebounced **04.** reluctant **05.** solid **06.** (c) **07.** (a) **08.** (d) **09.** (b) **10.** (a)
11. (b) **12.** (b)

400점 어휘

ad campaign	phr 광고 캠페인
auction [ɔ́ːkʃən]	n 경매
brand [brænd]	n 브랜드, 상표
capital [kǽpitəl]	n 자본, 자산
capitalism [kǽpitəlìzəm]	n 자본주의
concentrate [kánsəntrèit]	v ~에 집중하다(on)
combative [kəmbǽtiv]	a 전투적인
commercial [kəmə́ːrʃəl]	n 광고(방송) a 상업적인
companion [kəmpǽnjən]	n 동반자, 동행, 친구
compromise [kámprəmàiz]	v 타협하다
debt [det]	n 빚, 채무
depreciate [diprí:ʃièit]	v 가치를 떨어뜨리다, 평가 절하하다
facilitate [fəsílitèit]	v 용이하게 하다
field [fiːld]	n 분야
investment [invéstmənt]	n 투자(금)
job posting	phr 구인 광고
leaflet [líːflit]	n (광고용) 전단 v 전단을 나누어주다
merger and acquisition	phr 기업 인수 합병(M&A)
pass down	phr 물려주다
profit	n 이윤
purchase [pə́ːrtʃəs]	v ~을 구매하다, 사다
realm [relm]	n 영역, 범위
rent [rent]	v (돈을 주고) 빌리다, 세내다
share [ʃɛər]	n 주식, 몫
shortcomings [ʃɔ́ːrtkʌmiŋs]	n 단점, 결점
take over	phr 인수하다
temptation [temptéiʃən]	n 유혹
turn out	phr 나타나다, 밝혀지다
viability [vàiəbíləti]	n 실행 가능성, 성공 가능성, 생존 능력
weaken [wíːkən]	v 약해지다, 약화되다

500점 어휘

achieve record sales	phr 기록적인 판매를 달성하다
adhere [ædhíər]	v 고수하다(to), 들러붙다,
agape [əgéip]	a 말문이 막힌, 아연실색한; (종교) 아가페적 사랑, 기독교적 사랑
alliance [əláiəns]	n 동맹
allocation [æ̀ləkéiʃən]	n 할당, 배분
apparent [əpǽrənt]	a 분명한, 명백한
arduous [ɑ́ːrdʒuəs]	a 몹시 힘든
astray [əstréi]	a 길을 잃은
a surge of	phr 밀려오는
at the moment	phr 지금(right away)
backbone [bǽkbòun]	n 중추, 중축, 대들보
bankruptcy [bǽŋkrəptsi]	n 파산
bid [bid]	n 입찰
bold [bould]	a 대담한
brochure [bróuʃuər]	n 소책자
buckle down	phr 본격적으로 착수하다
buy out	phr 매수하다, 인수하다
chip in	phr 끼어들다, 합류하다
coalesce [kòuəlés]	v 합치다
comprehensive [kàmprihénsiv]	a 종합적인, 포괄적인
compulsive [kəmpʌ́lsiv]	a 강박적인
comrade [kámræd]	n 동지, 동료
coverage [kʌ́vəridʒ]	n (비용의) 충당, (보험의) 보상 범위; (저널리즘) 분석 범주
crucial [krúːʃəl]	a 중요한
deficit [défisit]	n 결핍, 부족 적자
demerit [diːmérit]	n 약점, 단점
depression [dipréʃən]	n 침체;우울(증)
dishearten [dishɑ́ːrtən]	v 낙담시키다
distributor [distríbjətər]	n 배급업체, 유통업자
empathy [émpəθi]	n 감정이입, 공감

500점 어휘	
entrepreneur [ὰːntrəprənə́ːr]	n 기업가
exceptional [iksépʃənəl]	a 뛰어난, 우수한
false hope	phr 헛된 희망, 헛된 바램
get down to+N	phr ~을 시작하다, 착수하다
go bankrupt	phr 파산하다
How do you like ~?	phr ~가 어떻습니까?(상대의 의견을 물을 때)
intervene [ìntərvíːn]	v 개입하다, 끼어들다
margin [máːrdʒin]	n 차이; 수익
on the up and up	phr 1)잘 되는, 상승세인, 승승장구하는 2)정직한, 신뢰할만한
palpable [pǽlpəbl]	a 감지할 수 있는, 뚜렷한
on a par with	phr ~와 동등한(같은)
patent [pǽtənt]	n 특허권 a 명백한
place an ad	phr 광고를 내다, 광고하다
plain [plein]	a 분명한, 있는 그대로의
project [prádʒekt]	v ~을 계획(기획)하다
prospect [práspèkt]	n 전망, 가능성
recession [riséʃən]	n (경기) 침체, 후퇴
redeem [ridíːm]	v 상환하다
restricted [ristríktid]	a (특정인에 한해) 제한된, (규모, 수량이) 한정된
skyrocket [skáirὰkit]	n 급등, 급상승 v 급상승하다
slowdown [slóudàun]	n 침체
splendid [spléndid]	a 멋진, 훌륭한, 인상적인
stagnation [stægnéiʃən]	n 침체, 불경기
superb [sju(ː)pə́ːrb]	a 뛰어난
surplus [sə́ːrplʌs]	n 잉여, 남음
undergo [ʌndərgóu]	v ~을 겪다
untimely [ʌntáimli]	adj 시기상조의, 때이른
uphold [ʌphóuld]	v 유지시키다, 지지하다, 옹호하다
when it comes to+N	phr ~에 관한 한
yield [jiːld]	v 생산하다, 산출하다 n 생산(량), 수확(량)

600점 어휘

acquiesce [æ̀kwiés]	v 묵인하다, 잠자코 있다
augury [ɔ́ːgjəri]	n 전조, 조짐
break off	phr 관계를 끊다
buzz [bʌz]	n 소문, 소식
cling together	phr 단결하다
corollary [kɔ́ːrəlèri]	n 필연적 결과, 당연한 귀결
cozen [kʌ́zən]	v 기만하다, 속이다
crook [kruk]	n 사기꾼 a 기분이 나쁜, 불쾌한
deputize [dépjətàiz]	v (직무를) 대행하다
duopoly [djuápəli]	n 두 업체의 독점
extraneous [ikstréiniəs]	a ~와 관련이 없는(to)
gull [gʌl]	v 속이다 n 사기꾼
lurid [ljú(ː)ərid]	a 충격적인, 무시무시한
oligopoly [àləgápəli]	n 소수 독점
percipient [pərsípiənt]	a 식별력이 있는
propitious [prəpíʃəs]	a 길조의, 순조로운
raw data	phr 미처리(미가공) 자료
ready to roll	phr 시작할 준비가 된
retrieve [ritríːv]	v 되찾다
riffle effect	phr 파급 효과
shoot up	phr 급등하다
sordid [sɔ́ːrdid]	a 부정직한, 비도덕적인
spinoff	n 기업분리, 기업분할
streamline [stríːmlàin]	v (조직, 시스템 등을) 간소화하다, 능률화하다
stupefy [stjúːpəfài]	v 깜짝 놀라게 하다, 멍하게 하다
superlative [sju(ː)pə́ːrlətiv]	a 최상의
to the bone marrow	phr 골수까지, 철저히
tumultuous [tju(ː)mʌ́ltʃuəs]	a 떠들썩한, 격동의
urge caution	phr 주의를 촉구하다
win by a nose	phr 간발의 차이로 이기다

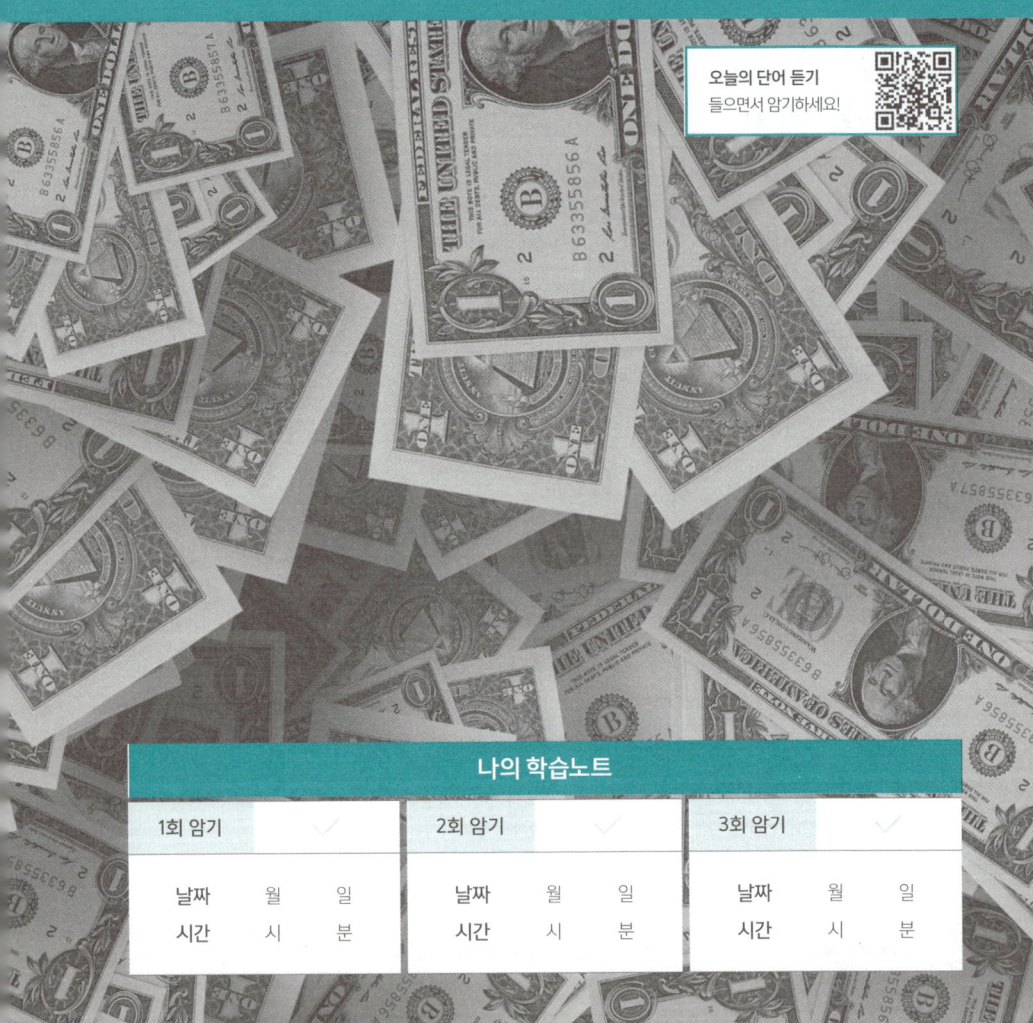

DAY 11

재정·경제·은행

재정 상태가 좋은 또는 좋지 않은 의미를 나타내는 형용사, 수익, 이윤 등의 돈과 관련된 다양한 어휘들이 꾸준히 출제된다.

오늘의 단어 듣기
들으면서 암기하세요!

나의 학습노트

1회 암기			2회 암기			3회 암기		
날짜	월	일	날짜	월	일	날짜	월	일
시간	시	분	시간	시	분	시간	시	분

01 ★★★

feasible

[fíːzəbl]

(동) practicable, viable

ⓐ 실현 가능한, 그럴싸한

A: We can't be spending all this money on TV advertising.

우리는 TV 광고에 이 모든 돈을 다 쓸 수는 없어요.

B: I agree with you. We need to find a more **feasible** way to market our products.

동의합니다. 우리 상품을 광고하기 위한 더 실현 가능한 방법을 찾을 필요가 있어요.

02 ★★★

generate

[dʒénərèit]

(파) generation ⓝ 세대
(동) produce, beget, cause

ⓥ 발생시키다, 만들어내다

Tourism is a great way for a country to **generate** external income to boost its economy.

관광 산업은 한 나라가 경제를 활성화시키기 위해 외부 수입을 만들기 위한 좋은 방법이다.

> 💡 암기Tip 어원 암기법
>
> gener(beget: 야기하다, 낳다) + ate(동접)
> ▸ 야기시키다, 만들어내다

03 ★★★

foreclose

[fɔːrklóuz]

(파) foreclosure ⓝ 압류, 담보권 행사

ⓥ ¹⁾담보권을 실행하다 ²⁾배제하다, 막다 ³⁾미리 차단하다

The bank is threatening to **foreclose** on my house because I haven't been keeping up with loan payments.

내가 대출금 지불을 맞추지 못하고 있어서, 은행은 내 집에 대해 담보권을 행사한다고 위협하고 있다.

> 💡 암기Tip 어원 암기법
>
> for(outside: 밖에서) + close(shut: 닫다)
> ▸ 밖에서 차단하다, 못 들어오게 하다, 배제시키다

> 💡 암기Tip 연상/확장 암기법
>
> 은행에 collateral(담보물)을 잡히고 lender(대출 기관)인 은행에서 mortgage(대출)을 받았지만, 계약대로 home loan(주택 대출금)을 redeem(상환하다)하지 못하면 은행이 foreclose(담보권을 행사하다)하게 되는데, 결국 집값은 plunge(급락)하고 시장은 불안정한(unstable) 상태가 된다.

04 ★★★

advance someone some money

cf. in advance [phr] ~에 앞서서, 미리(beforehand)

[phr] ~에게 돈을 가불해주다

A: With so many unexpected bills, I'm going to be short on money this month.
예상치 못한 아주 많은 청구서들 때문에, 이번 달은 돈이 부족할 듯해.
B: Oh dear. Well, you could ask your boss to **advance you some money** on your next pay check.
이런. 그럼, 사장님께 네 다음 월급에서 돈을 좀 가불해달라고 요청해 볼 수 있을 거야.

05 ★★★

tide someone over

cf. tide over something [phr] ~를 극복하다(= surmount, overcome)

[phr] (곤경을 잘 극복하게) ~를 돕다

A: How will you survive when you stop working here?
여기서 일을 그만두면 어떻게 살아남을 거야?
B: Don't worry. I saved some money to **tide me over** until I find a new job.
걱정하지마. 새 일자리를 구할 때까지 내 상황을 버티게 해줄 돈을 모아뒀어.

빈출 기출 표현

turn the tide [phr] 형세를 역전시키다

06 ★★★

beleaguer

[bilíːgər]

[동] [1]harass, pester, badger, vex [2]surround

[V] [1]~를 궁지에 몰다, 괴롭히다 [2]포위하다, 둘러싸다

A lack of funds is going to **beleaguer** the school district and cause several school closures.
자금 부족은 학교 지구를 궁지에 몰아서 몇몇 학교들의 폐쇄를 야기시킨다.

암기Tip 어원 암기법

be(around: 사방에) + leaguer(camp, army: 군대, 무리)
▸ 무리의 사방에 있다, 사방을 둘러싸다, 포위하다

07 ★★★

defray

[difréi]

[동] cover, meet, settle

[V] (비용을) 변제하다, 갚다, 지불하다

Though schooling costs are extremely high in the US, the scholarship will **defray** a large part of my daughter's tuition.
미국에서는 교육비가 매우 높지만, 장학금이 내 딸의 수업료의 대부분을 변제해줄 것이다.

[빈출 기출 표현] '비용을 변제하다' 관련 표현

defray the expense [phr] 비용을 변제하다
bear the cost [phr] 비용을 안다, 비용을 지불하다
disburse funds [phr] 자금을 지불하다
reimburse expenses [phr] 경비를 상환하다

[암기Tip] 어원 암기법

de(out: 밖으로) + fray(spend: 비용을 쓰다)
▸ spend out: 비용을 지불하다 ▸ 변제하다

---

08 ★★★

aggregate

[ǽgrəgit]

[파] aggregation [n] 집계, 종합
[동] [a] total, combined
[n] sum, total

[a] 총계의, 종합한

When we gathered all the donations collected from the event, the **aggregate** amount was more than enough to equip the hospital with new beds.

우리가 그 행사에서 모은 모든 기부금을 모았을 때, 그 총액은 병원에 새 침대를 설치하기에 충분하고도 남았다.

[n] 합계, 총액

[암기Tip] 어원 암기법

ag(ad: to) + greg(flock: 떼,무리) + ate(형접) ▸ 무리 지은, 종합한

---

09 ★★★

forbearance

[fɔːrbɛ́(ː)ərəns]

[동] patience, endurance, perseverance, persistence

[n] 지불유예, 관용, 관대

As Joan lost her job, she is going to request **forbearance** so she can pay her debts when her finances are stronger.

Joan은 실직을 했기 때문에, 자신의 재정이 더 좋을 때 빚을 갚을 수 있도록 지불유예를 요청할 것이다.

[암기Tip] 어원 암기법

for(against: 대항해서) + bear(endure: 인내하다) + ance(명접)
▸ ~에 대행해서 인내하는 것, 봐주는 것 ▸ 관대

---

10 ★★★

disclose

[disklóuz]

[파] disclosure [n] 폭로, 누설
[동] reveal, uncover, expose, divulge, let on

[v] 밝히다, 폭로하다

When requesting a bank loan, it is a requirement to **disclose** all your previous financial records for the bank to assess.

은행 대출을 요청할 때, 은행이 평가를 하기 위해 당신의 모든 이전 재정 기록들을 밝히는 것은 필수 사항입니다.

11 ★★★

equate

[ikwéit]

파 equation n 동일시; (수학) 등식, 방정식

v 동일시되다(to), 동일시하다

Money doesn't necessarily **equate** to happiness as there are many rich people who are unhappy and poor people who are very content.

부유하지만 불행한 사람들이 많고 가난하지만 매우 만족해하는 사람들도 있기 때문에, 돈이 반드시 행복과 동일시되지는 않는다.

12 ★★★

embezzle

[imbézl]

파 embezzlement n 횡령
유 misappropriate, make away with

v (공금, 남의 돈을) 횡령하다, 훔치다

The CEO had to pay a huge fine along with being sentenced to 15 years in jail due to him **embezzling company funds**.

그 대표는 회사 자금을 횡령한 죄로 징역 15년 선고와 함께 엄청난 벌금을 내야만 했다.

13 ★★★

insolvent

[insálvənt]

파 insolvency n 지불 불능, 파산
(= bankruptcy)
유 bankrupt, impoverished

a 파산한, 지급불능의

The electronics company was declared **insolvent** as they did not have enough money to pay all their outstanding debts.

그 전자 회사는 그들의 미불 채무를 갚을 충분한 자금이 없었기 때문에 파산을 선고 받았다.

14 ★★★

fluctuate

[flʌ́ktʃuèit]

파 fluctuation n 변동, 유동
유 vary, change

v 변동[등락]을 거듭하다

A: Don't exchange your money at the bank just yet. Wait a couple of days until it goes up again.

아직은 은행에서 환전하지마. 다시 오를 때까지 이틀만 기다려.

B: Yes, you're right. I have noticed the currency rate has **fluctuated** a lot recently.
그래, 네 말이 맞아. 나도 최근에 환율이 변동이 심한 것을 인지하고 있었어.

> [암기Tip] 어원 암기법
> fluctu(flow: 흐르다) + ate(동접) ▸ 흐르다, 계속 바뀌다, 유동하다

---

15 ★★★
finance
[finǽns]
[파] financial [a] 재정의

[v] 자금을 마련하다, 돈을 융통하다

A: How did you graduate without a loan?
대출도 없이 어떻게 졸업을 했니?
B: Well, I was lucky enough for my parents to **finance** me through university.
음, 나는 매우 운 좋게 대학 내내 부모님이 돈을 내주셨어.

[n] 자금, 재정

---

16 ★★★
peak
[piːk]
[동] summit, pinnacle, acme, zenith
[반] abyss, nadir
cf. on-peak [phr] 성수기의
off-peak [phr] 비수기의

[n] 절정, 정점

Summer is always the **peak** season for the local economy as tourists visit this region for a vacation.
여름은 관광객들이 이 지역으로 휴가를 오기 때문에 항상 성수기입니다.

[v] 최고조에 달하다

[a] 한창의, 절정기의, 최적의

> [기출 포인트] 유사 어휘
> peak [n] 절정
> peek [v] 엿보다
> pique [v] 불쾌하게 하다 [n] 불쾌감

---

17 ★★★
transaction
[trænsǽkʃən]

[n] 거래, 매매

I need to call the bank to ask why all of my **transactions** are blocked as I can't withdraw or transfer any money.
돈을 인출하거나 송금할 수가 없으니, 왜 내 모든 거래들이 막혀있는지 은행에 전화해서 물어봐야겠다.

[💡 암기Tip] **어원 암기법**

bank transaction(은행 거래)을 위해서는 먼저 open an account(계좌를 만들다)하고, deposit(돈을 예금하다)을 해야 한다. 필요할 때는 withdraw(돈을 인출하다)하거나, transfer(송금하다)하고, balance(은행 잔고)는 online banking(온라인 뱅킹)으로도 확인할 수 있다.

---

18 ★★★
manner
[mǽnər]

[동] 1)way, means
cf. in a timely manner [phr] 시기 적절한 방식에서
in a manner [phr] 어떤 방식에서, 어떤 면[의미]에서

[n] 1)방식, 태도 2)(pl.) 예절, 풍속

The American bank is known for great customer service as they deal with customer requests in a timely **manner**.

그 미국계 은행은 고객 요구 사항들을 시기 적절하게 처리하기 때문에 우수한 고객 서비스로 잘 알려져 있다.

[☝ 기출 포인트]

manner·way·means 등의 방식, 방법을 의미하는 명사들은 꾸준히 기본 문제로 출제가 되니 잘 알아두어야 한다.

---

19 ★★★
trappings
[trǽpiŋz]

[동] adornment

[n] 과시(물), 장식, 겉치레

A: Did you hear about Mike? He recently bought three luxury cars and a beautiful big house.

Mike에 관해 얘기 들었니? 그는 최근에 고급차 세 대와 멋진 큰 집을 구매했대.

B: No, I didn't. It sounds like he has all the **trappings** of success.

아니, 못 들었어. 마치 성공의 모든 과시물을 갖추고 있는 것처럼 들리네.

---

20 ★★★
proceeds
[próusiːdz]

[동] profits, earnings

[n] (행사, 물건 판매 등에서 얻은) 수익금

Thank you everyone for donating, and all the **proceeds** will be donated to the World Wildlife Federation.

기부를 해주신 여러분 모두에게 감사 드리며, 모든 수익금은 세계 야생동물 연맹으로 보내질 겁니다.

---

21 ★★
lessen
[lésən]

[동] 1)reduce, decrease, curtail
2)diminish, shrink, dwindle, decline

[v] 1)(크기, 강도, 중요성 등을) 줄이다 2)줄다

This new banking app is very convenient as it **lessens** the time needed to make transactions as you don't need to go to the bank.

이 새로운 은행 앱은 은행에 갈 필요가 없기 때문에 거래를 하는데 필요한 시간을 줄여주므로 매우 편리합니다.

[💡] 암기Tip 어원 암기법

less(less: 더 적은) + en(동접) ▸ 더 적게 만들다, 줄이다

---

22 ★★

mortgage

[mɔ́ːrgidʒ]

[동] home loan

[n] 대출(금), 융자(금)

Not many people can afford to pay the full price for a house, which is why they go to a bank for a **mortgage**.

집값을 한 번에 지불할 여유가 있는 사람들은 그리 많지 않고, 그래서 사람들은 은행에 대출을 하러 간다.

---

23 ★★

disservice

[dissə́ːrvis]

[동] wrong, hurt, harm

[n] 폐, 해, 구박, 몹쓸 짓

Cutting the funding of emergency services is a terrible idea and will be a huge **disservice**.

응급 서비스 자금을 줄이는 것은 끔찍한 생각이고 엄청난 해를 끼치는 일이 될 것이다.

[💡] 암기Tip 어원 암기법

dis(away: 분리하여, 떼어내어) + service(help, use: 이점)
▸ 이점을 다 떼어냄, 해로움만 남음 ▸ 폐, 해

---

24 ★★

fiscal

[fískəl]

[a] (특히 국가재정과 관련된) 회계의, 재정의

My daughter lacks a sense of **fiscal** duty and rarely pays her bills on time.

내 딸은 회계 개념이 부족하고 청구서들을 거의 제때에 납부하지 않는다.

빈출 기출 표현 fiscal 관련 표현

fiscal year [phr] 회계 연도
fiscal policy [phr] 재정(금융) 정책

---

25 ★★

multilateral

[mʌ̀ltilǽtərəl]

[동] multipartite, many-sided
[반] unilateral

[a] 다국간의, 다변적인, 다각적인

The Red Cross is a **multilateral** organization which supports physically and financially to those who are in need.

적십자는 도움을 필요로 하는 사람들을 물리적, 재정적으로 지원해주는 다국적 기구이다.

---

26 ★★

analogy

[ənǽlədʒi]

ⓜ analogous ⓐ 유사한
ⓢ likeness, comparison,
  similitude, resemblance

ⓝ 비유; 유사함

A: Did you compare your parents to a bank?
당신은 당신의 부모님을 은행에 비유했나요?
B: Yes. That is a funny **analogy** I made to compare
the two.
네. 둘을 비교하기 위해 만든 재밌는 비유입니다.

---

27 ★★

govern

[gʌ́vərn]

ⓢ control, dominate, rule

ⓥ 지배하다, 통제하다

Though many people think that demand is what
governs the prices of goods, it is also related to
supply and market competition.
비록 많은 사람들이 수요가 상품의 가격들을 지배한다고 생각하지만, 그것
은 공급과 시장 경쟁과도 관련이 있다.

---

28 ★★

insouciant

[insúːsiənt]

ⓜ insouciance ⓝ 무관심, 태평
  (= nonchalance)
ⓢ nonchalant

ⓐ 무관심한, 태평한

Because Bill is **insouciant** and not concerned about
his retirement, he does not worry about saving
money.
Bill은 자신의 은퇴에 대해 태평하고 걱정도 하지 않기 때문에, 돈을 모으는
것에 대해서도 신경 쓰지 않는다.

---

29 ★★

come into

ⓢ come across, run into, run
  across, bump into, encounter

phr ¹⁾맞닥뜨리다, (갑자기) 만나다 ²⁾~의 상태가 되다
(들어가다)

A: The housing prices in the city are going up
extremely quickly.
도시의 집값이 너무 빠르게 치솟고 있어.

B: Yes, people who own houses there will be **coming
into** a lot of money soon.
맞아, 거기에 집을 소유한 사람들은 곧 큰 돈을 맞게 될 거야.

come about ☑ 일어나다, 발생하다(= happen)
come along ☑ ~와 동행하다
come around ☑ ¹⁾의식을 회복하다, 다시 살아나다 ²⁾방문하다(= visit)

---

30 ★★

room

[ru(:)m]

n ¹⁾여유 ²⁾방, 공간

A: Are you going to replace your car next year?
너 내년에 차를 바꿀 거니?

B: I wish I could, but I don't have any **room** in my budget for that kind of purchase.
그러고 싶은데, 그런 구매를 위한 재정적인 여유가 없어.

---

31 ★★

nominal

[nɑ́mənəl]

🔄 titular, formal

a 명목상의, 이름뿐인, 아주 얼마 안 되는

The insurance company gave me a **nominal** payout that did not cover the cost of my car repairs from the accident.
그 보험 회사는 사고로 인한 내 차 수리 비용을 충당하지 못하는 아주 적은 돈을 내게 줬다.

📈 빈출 기출 표현 ‹ nominal 관련 표현

a **nominal** price phr 헐값
a **nominal** amount phr 아주 적은 양

---

32 ★

sacrifice

[sǽkrəfàis]

🔄 scarification n 희생

n 희생시키다, 포기하다

I need to save money next month so I'm going to have to **sacrifice** eating out and drinking with friends.
나는 다음달에 돈을 모아야 해서 앞으로 외식이나 친구들과 술 마시는 것을 포기해야만 할 것 같아.

---

33 ★

mercenary

[mə́:rsənèri]

a 돈 버는 데만 관심이 있는, 돈이 목적인

A: Don't you think that James is always worried about money?
James는 항상 돈에 대해 걱정한다고 생각하지 않아?

B: Yes, he is a **mercenary** person who is only motivated by financial gain.
그래, 그는 재정적인 이득에 의해서만 동기부여가 되는 돈 버는 데만 관심이 있는 사람이야.

> [빈출 기출 표현] mercenary 관련 표현
>
> **mercenary** motives [phr] 금전상의 동기
> **mercenary** reasons [phr] 금전적인 이유

---

34 ★
contrive
[kəntráiv]

[파] contrivance [n] 고안
[동] invent, devise, come up with

[v] 생각해내다, 고안해내다

A: I have been trying really hard to save money, but I can't seem to save any.
돈을 모으려고 정말로 열심히 노력하고 있지만, 하나도 모을 수 없을 것 같아요.
B: Then you need to **contrive** new ideas on how to save.
그렇다면 당신은 저축 방법에 대해 새로운 아이디어를 고안해봐야 할 필요가 있네요.

---

35 ★
collateral
[kəlǽtərəl]

[동] security

[n] 담보물

A: What were the terms set by the bank for you to get such a large loan?
당신이 그렇게 거액의 대출을 받기 위해 은행이 내놓은 조건은 뭐였나요?
B: Well, I had to put my home as **collateral** if I didn't meet the payments.
음, 지불 기일을 맞추지 못했다면, 제 집을 담보로 내놔야 했어요.

[a] 부수적인, 이차적인

> [암기Tip] 어원 암기법
>
> col(together: 함께) + lateral(side: 옆)
> ▸ 옆에 함께 따라오는 것 ▸ 담보

---

36 ★
dividend
[dívidènd]

[n] (주식 투자) 배당금

Stockholders get returns on their investment through a **dividend** payment.
주주들은 배당금 지급을 통해 그들의 투자에 대한 보상을 받는다.

> [암기Tip] 연상/확장 암기법
>
> stock market(주식 시장)에서 A사에 투자를 해서 share(stock, 주식)을 구매한 shareholder(stockholder, 주주)들은 bull market(주식 시장 상승 장세)에서 earnings(순익)이 발생하게 되면, investment(투자)한 만큼의 dividend(배당금)을 받게 된다.

Daily Check-up

해석/해설 p. 534

Choose the best answer.

⏱ 2초 check-up

01 Korea's financial risk was at a (bottom, peak, pillar) in the 1990s and was under the IMF financial supervision.

02 A pin number is required for all banking (transactions, translations, relocations), such as deposits and withdrawals.

03 Some people compare money to happiness, which I think is a ludicrous (sarcasm, irony, analogy).

04 I have no (space, room, bounty) in my budget for a trip.

05 My business partner is sort of (financial, mercenary, stingy), always pursuing money.

⏱ 5초 check-up

06 A: Their solution to the previous model doesn't sound practical.
B: I agree. They should present a more _____ method.
(a) indigenous (b) vulnerable
(c) feasible (d) contradictory

07 A: The government seems to have difficulty in financing unemployment benefits.
B: Yes, they are _____ by budgetary problems.
(a) beleaguered (b) subsided
(c) belied (d) absolved

08 A: What is this concert for?
B: It is planned to give financial aids to single mothers and all the _____ will go to them.
(a) expenses (b) costs
(c) proceeds (d) dividends

09 The exchange rate _____ so constantly that I have trouble in predicting the perfect time to exchange.
(a) flourish (b) fluctuates
(c) implement (d) proceeds

10 Now is a great time for homeowners to take out a _____ from banks as interest rates are low.
(a) pawn (b) security
(c) mortgage (d) bond

11 The chief financial officer of a corporation was found guilty of having _____ company funds over a decade.
(a) absconded (b) embezzled
(c) saved (d) deposited

12 The lender filed a complaint to _____ on my home on the grounds of my mortgage default.
(a) foreclose (b) impose
(c) sanction (d) forgo

[정답] 01. peak 02. transactions 03. analogy 04. room 05. mercenary 06. (c) 07. (a) 08. (c) 09. (b) 10. (c)
11. (b) 12. (a)

목표 점수대별 어휘

400점 어휘

asset [ǽset]	n 자산, 재산
charity [tʃǽrəti]	n 자선, 자선 단체
costly [kɔ́(:)stli]	a 비싼
donation [dounéiʃən]	n 기부(금)
duty-free	n 면세(품) a 면세의
expend [ikspénd]	v 다 써버리다, 소비하다
fall behind	phr ~에 뒤지다
favor [féivər]	n 요청, 요구
famine [fǽmin]	n 기근
finite [fáinait]	a 한정된
foresight [fɔ́:rsàit]	n 선견지명
identification number	phr 신분증 번호, 식별 번호
impulse [ímpʌls]	n 충동, 충격, 자극
lack [læk]	n 결핍, 부족
loan [loun]	n 대출(금)
nonprofit [nɑnpráfit]	a 비영리의
paucity [pɔ́:səti]	n 소량, 부족, 결핍
poverty [pávərti]	n 가난, 빈곤
predict [pridíkt]	v 예측하다, 예언하다
reduce [ridʒú:s]	v (양, 규모, 크기, 가격 등을) 줄이다, 축소하다, 낮추다
reduction [ridʌ́kʃən]	n 삭감, 줄임
reform [rifɔ́:rm]	v 개혁(개정)하다 n 개혁, 개정
shareholder [ʃέərhòuldər]	n 주주
significantly [signífikəntli]	adj 상당히; 의미 있게
spontaneous [spɑntéiniəs]	a 자발적인
statistical [stətístikəl]	a 통계적인
steadily [stédili]	adj 꾸준히
strive [straiv]	v 노력하다, 애쓰다
synthesis [sínθisis]	n 종합, 통합
trivial [tríviəl]	a 사소한

500점 어휘	
allowance [əláuəns]	n 용돈, (정규적으로 지급되는) 수당
an arm and a leg	phr 거액의 돈
annuity [ənjúːəti]	n 연금(보험)
avarice [ǽvəris]	n (부, 권력에 대한) 탐욕
barter [báːrtər]	n 물물교환
benefit [bénəfit]	n 복지, 혜택, 수당
benevolent [bənévələnt]	a 자애로운, 자선의, 자비로운
boost [buːst]	v 활성화시키다, 촉진시키다
bounty [báunti]	n 현상금, 보상금; 포상금; 너그러움
currency [kɔ́ːrənsi]	n 통화, 화폐
disbursement [disbɔ́ːrsmənt]	n 지불
diversify [divɔ́ːrsəfài]	v 다양[다각]화 하다
deposit [dipázit]	v 예치하다, 입금하다 n 예치금, 보증금, 착수금
destitution [dèstitjúːʃən]	n 궁핍, 빈곤
disparity [dispǽrəti]	n 격차, 차이
domain [douméin]	n 영역, 분야
duration [djuəréiʃən]	n 지속되는 기간
earnings [ɔ́ːrniŋz]	n 수입, 소득
elude [ilúːd]	v 피하다, 빠져나가다
encumber [inkʌ́mbər]	v 부담[짐]을 지우다, 폐를 끼치다, 방해하다
equity [ékwəti]	n 자기 자본, 순수 가치
fair [fɛər]	a (가격이) 적정한; 공정한, 정정당당한; 금발의
fancy [fǽnsi]	a 값비싼
fortune [fɔ́ːrtʃən]	n 큰 돈, 재산; 행운
fundraiser [fʌndréizər]	n 모금 행사
gentrify [dʒéntrəfài]	v 고급으로 바꾸다, 고급화하다
gratuity [grətjúːəti]	n 팁, 사례; 퇴직금
grave [greiv]	a 심각한, 중대한 심상치 않은; 엄숙한, 의젓한 n 종말, 죽음, 무덤
heed [hiːd]	v ~에 주의하다
indemnify [indémnəfài]	v (손해를) 배상하다, 보상하다

500점 어휘

in need	phr 궁핍한, 어려움에 처한
installment [instɔ́ːlmənt]	n 할부, 할부금, 분납
integrate [íntəgrit]	v 통합시키다 (into, with)
irresolute [irézəlʲùːt]	a 결단력이 없는
liability [làiəbíləti]	n 책임, 부담, 의무
maintenance [méintənəns]	n (시설, 장치, 주택 등) 관리(비), 유지(비), 생활비
mark down	phr 가격을 인하하다
markdown price	phr 할인가
mark up	phr 가격을 인상하다
numerically [njuːmérikəli]	adj 숫자상으로, 수치로, 수적으로
offset [ɔ́(ː)fsèt]	v 상쇄하다, 벌충하다
outstanding debt	phr 미불 채무
palliative [pǽlièitiv]	n 임시방편, 일시적 처방
pare [pɛər]	v 축소(감축)하다
pension [pénʃən]	n 연금, 보조금, 수당
pros and cons	phr 찬반양론, 장단점 adj 찬반양론으로
reckon up	phr 모두 합산하다
regression [rigréʃən]	n 퇴보, 퇴행, 후퇴
revenue [révənʲùː]	n 수입, 세입
security [sikʲú(ː)ərəti]	n 담보, 보안, 안전
steep [stiːp]	a 값이 비싼; (경사가) 가파른
stringent [stríndʒənt]	a (재정 상황이) 절박한, 엄중한; 엄격한
struggle [strʌ́gl]	v 고군분투하다, 몸부림치다, 투쟁하다
subsidy [sʌ́bsidi]	n 보조금
tax return	phr 세금 환급, 납세 신고
tuition [tʲuːíʃən]	n 학비
underprivileged [ʌ̀ndərprívəlidʒd]	a (사회, 경제적으로) 혜택 받지 못한, 불우한
vainly [véinli]	adj 헛되이
vault [vɔːlt]	n 금고 (통) safe
withdrawal [wiðdrɔ́ːəl]	n (예금의) 인출; (의학) 금단 현상; 철수, 철회, 취소

600점 어휘	
alms [ɑ:mz]	n (빈민을 위한) 구호금, 구호 식품
at an ebb	phr 쇠퇴기의
bauble [bɔ́:bl]	n 싸구려 장신구[보석]
bombastic [bɑmbǽstik]	a 과장한, 허풍 떠는
bottom out	phr (시세, 경기가)바닥을 치다, 바닥 시세가 되다, 끝나다
butter up	phr 기름칠을 하다, 아부하다
craven [kréivən]	a 용기 없는, 비겁한, 소심한
crestfallen [kréstfɔ̀:lən]	a 풀이 죽은, 의기소침한
drastic [drǽstik]	a 급격한, 과감한, 극단적인
get around to+N	phr ~에 까지 손이 미치다, ~에 시간을 내다
holistic [hòulístik]	a 전체적인, 총체적인
interim [íntərim]	a 중간의, 임시의, 과도의, 잠정적인
lugubrious [lu(:)gú:briəs]	a 침울한, 지루한
lunge [lʌndʒ]	v 돌진하다, 달려들다
mettle [métl]	n 패기, 기개
niche [nitʃ]	n (시장의) 틈새; 적합한 지위, 적소, 활동 범위
niggardly [nígərdli]	a 인색한, 보잘것없는
overhead cost	phr 간접 비용
posh [pɑʃ]	a 호화로운, 화려한, 상류층의
proxy [prάksi]	n 대리인, 대용품, 대리 자격, 위임장
redemption [ridémpʃən]	v (대출금의) 상환; 구원, 구함
reimbursement [rì:imbə́:rsmənt]	n 갚음, 변제, 상환
severance pay	phr 퇴직금
solvency [sάlvənsi]	n 지불 능력
spunk [spʌŋk]	n 용기, 투지
snag [snæg]	n 예상 밖의 문제, 예기치 못한 난관; 방해
stump [stʌmp]	v 당황하게 하다, 쩔쩔매게 하다
stupendous [stju(:)péndəs]	a 거대한, 엄청나게 큰
throw the book at	phr ~를 엄벌에 처하다
wind up	phr ~을 마무리 짓다

DAY 12

취향·성향·기질

기질, 성향, 특성을 나타내는 명사들, 긍정적/부정적 기질을 나타내는 형용사들을 잘 구분해서 기억해둔다.

오늘의 단어 듣기
들으면서 암기하세요!

나의 학습노트

1회 암기			2회 암기			3회 암기		
날짜	월	일	날짜	월	일	날짜	월	일
시간	시	분	시간	시	분	시간	시	분

01 ★★★

audacity

[ɔːdǽsəti]

[파] audacious [a] 대담한
[동] nerve, pluck, spunk, mettle

[n] 대담성, 뻔뻔함, 용기

A: I think that stunt actors have to be fearless and brave.
스턴트 연기자들은 두려움이 없고 용감해야 한다고 생각해요.
B: Yes, you're right. It takes a lot of **audacity** to do a job like that.
네, 맞아요. 그런 일을 하는 것은 상당한 용기가 필요해요.

02 ★★★

pacify

[pǽsəfài]

[동] appease, placate, mollify

[v] (~를) 진정시키다

A: I need to hurry up and feed the baby as she seems angry.
아이가 화가 난 듯하니 서둘러서 밥을 먹여야겠어.
B: Hopefully the warm bottle of milk will **pacify** her crying.
따뜻한 우유 한 병이 아기 울음을 진정시킬 수 있으면 좋겠다.

💡 암기Tip 어원 암기법

paci(peace: 평화) + ify(동접: make)
▸ 평화를 만들다, 평화롭게 하다 ▸ 진정시키다

☝ 기출 포인트

'~를 진정시키다, 완화시키다, 가라앉히다'는 뒤에 목적어로 사람이 나오는 경우 pacify, appease, placate, mollify를 사용한다. 반면 뒤에 목적어로 사물(고통, 고충, 가난, 감정)이 나오는 경우 allay, alleviate, assuage, palliate, relieve, mitigate를 사용할 수 있다.

03 ★★★

taciturn

[tǽsitə̀ːrn]

[동] tacit, reticent

[a] 과묵한, 말이 없는

A: It's so hard for me to get close to Pete as he seems reserved and doesn't like to talk.
Pete는 과묵하고 말하는 것을 안 좋아하는 것처럼 보여서 다가가기가 어려워.
B: Yes, he has a **taciturn** nature, but when you get to know him, he's really nice.
그래, 그는 말이 없는 성격이지만 알고 나면 굉장히 멋진 친구야.

04 ★★★

forward

[fɔ́ːrwərd]

동 형 presumptuous,
    impertinent, bold
    v transmit, send forth

---

a 주제 넘는, 건방진, 나서는; 앞으로 향하는

A: Mike was extremely direct and to the point in the meeting this morning.
Mike는 오늘 아침 회의에서 굉장히 직설적이고 핵심적이었어.
B: Yes, he did seem **forward** but sometimes that's a good thing.
그래, 그는 나서는 듯 보이지만 가끔은 그게 좋아.

ad 앞으로

v 보내다, 전송하다

---

05 ★★★

obstinate

[ábstənit]

동 stubborn, mulish, obdurate,
    pertinacious.

---

a 고집 센, 완고한

A: Our grandfather is so stubborn and set in his ways.
우리 할아버지는 매우 완고하고 고집불통이야.
B: Yes. Everyone described him as the most **obstinate** man alive!
맞아. 모두가 그를 살아있는 가장 고집 센 사람이라고 묘사하지.

> 🔥 **기출 포인트**
>
> obstinate(고집 센, 완고한)은 상황상 넓은 의미로, '융통성이 없는(inflexible, unbending, unyielding, intransient, uncompromising), 삐뚤어진(perverse), 다루기 힘든(recalcitrant, refractory) 등의 의미와도 통할 수 있으므로 함께 연결시켜 기억해 두어야 한다.

---

06 ★★★

resilient

[rizíljənt]

동 1)recoverable
    2)elastic, flexible, supple,
    pliable

---

a 1)(부상, 충격, 난관 등에서) 회복력 있는, 굴하지 않는
2)(물질이) 탄력 있는

Sarah faced many hardships in her life, but she always found a way to be **resilient**.
Sarah는 삶에서 많은 난에 직면했지만, 그녀는 항상 굴하지 않는 방법을 찾았다.

> 💡 **암기Tip** 어원 암기법
>
> re(back: 다시 돌아서) + sil(leap, jump: 튀어 오르다) + ent(형접)
> ▸ 다시 튀어 오르는, 다시 돌아오는 ▸ 탄력 있는

07 ★★★

credulous

[krédʒələs]

ⓡ incredulous ⓐ 잘 믿지 않는, 회의적인
credulity ⓝ 쉽게 잘 믿음
ⓢ gullible

ⓐ 잘 속는, 잘 믿는

A: Why does Ralph always get scammed and tricked?
Ralph는 어째서 늘 남에게 사기를 당하고 속아 넘어가는 거야?

B: Well, it's because he is so **credulous** and believes everything.
음, 그건 그가 잘 속아 넘어가고 뭐든지 믿기 때문이야.

> 🔑 **기출 포인트**
>
> a **credulous** person ⓟⓗⓡ 남의 말을 잘 믿는 사람
> a credible statement ⓟⓗⓡ 믿을만한 진술 (credible=believable)

08 ★★★

transient

[trǽnʃənt]

ⓡ transition ⓝ 변천, 과도
ⓢ ⓐ passing, transitory

ⓐ 일시적으로 머무는, 단기 체류의; 일시적인, 순간적인

If you are a **transient** person, you never remain in one place for too long and always move around.
당신이 단기 체류자라면, 한 곳에 결코 오랫동안 머물지 못하고 항상 돌아다니게 된다.

ⓝ 방랑자, 단기 체류자

> 💡 **암기Tip** ◀ 어원 암기법
>
> trans(go across: 횡단하다, 지나가다) + ent(형접)
> ▸ 지나가는, 머물지 않는 ▸ 일시적인

09 ★★★

persistence

[pərsístəns]

ⓡ persistent ⓐ 끈기 있는
ⓢ tenacity, perseverance, patience, forbearance, endurance
cf. with persistence ⓟⓗⓡ 끈기 있게

ⓝ 끈기, 인내, 고집, 지속

A: How can I become better at the piano?
어떻게 피아노를 더 잘 칠 수 있을까요?

B: Well, you need to have **persistence** and practice every day.
음, 끈기를 갖고 매일 연습할 필요가 있어요.

> 💡 **암기Tip** ◀ 어원 암기법
>
> per(through: 내내, 줄곧) + sist(stand: 버티다, 인내하다) + ence(명접) ▸ 내내 버팀, 줄곧 인내함 ▸ 끈기

10 ★★★

jocular

[dʒákjələr]

ⓢ jocose, jocund, jovial

ⓐ 익살스러운, 유머 있는

Hector is a great person to have at a party as he is a **jocular** person who makes everyone laugh.
Hector는 모든 사람들을 웃게 만드는 익살스러운 사람이라 파티에 초대하기 딱 좋은 사람이다.

11 ★★★

aloof

[əlúːf]

[동] haughty, apathetic

[a] 고고한, 무관심한, 냉담한

I did not talk to my new coworker because he seemed **aloof** and not open to making new friends.

나는 새 동료가 냉담해 보이고 새 친구를 만드는 데 열려 있지 않은 것 같아서 그에게 말을 걸지 않았다.

12 ★★★

lapse

[læps]

[동] [n] 1)slip, error, failure
[v] 1)elapse, pass by, go by, 2)fall, slip, sink, subdue

[n] 1)(사소한) 실수, 과실 2)(두 사건 사이의) 시간의 경과

A: My memory seems to get worse each year.

내 기억력이 매년 더 나빠지는 듯해.

B: That's because people have more **lapse** in memory as they get older.

그건 사람들이 나이가 들면서 기억력 문제가 더 심해져서 그래.

[v] 1)시간이 경과하다 2)소멸되다, 끝나다, 가라앉다(진정되다)

13 ★★★

callous

[kǽləs]

[동] indifferent, apathetic, heartless

[a] 냉담한, 몰인정한, 무감각한

The **callous** doctor had no problem telling the overweight man he was fat and lazy.

냉담한 의사는 과체중인 남자에게 서슴없이 뚱뚱하고 게으르다고 말했다.

기출 포인트 유사 어휘

callous [a] 무딘, 냉담한
callow [a] 미숙한, 풋내기의

암기Tip 어원 암기법

call(tough skin: 거친 표면) + ous(형접) ▸ 겉이 단단한 ▸ 무감각한

14 ★★★

humble

[hʌ́mbl]

[파] humility [n] 겸손

[a] (긍정적) 겸손한; (부정적) 미천한, 초라한, 변변찮은

Though he was **humble** about his accomplishments, he was actually highly respected in his field.

그는 자신의 업적에 대해 겸손했지만, 사실 그의 분야에서 매우 존경 받았다.

15 ★★★

succumb

[səkʌ́m]

[v] 굴복하다(to), 무릎을 꿇다

A: I am nervous about my speech tomorrow.

나는 내일 연설 때문에 긴장된다.

[동] surrender, give in

B: Relax and don't **succumb** to your nerves.
편히 생각하고 초조함에 굴복하지마.

💡 암기Tip 어원 암기법
suc(sub, down: 아래로) + cumb(lie down: 눕다, 가라앉다)
▸ 아래로 눕다, 가라앉다, (힘에 눌려서) 아래로 가라앉다 ▸ 굴복하다

---

16 ★★★
divulge
[daívʌldʒ]

[동] disclose, reveal, let on (about), let out

[v] (비밀, 정보 등을) 누설하다
My best friend is a trustworthy person who would never **divulge** my secrets to anyone.
내 친한 친구는 어느 누구에게도 내 비밀을 누설하지 않을 믿을만한 사람이다.

👆 기출 포인트
비밀(secret)이나 정보(information)가 목적어로 나올 때 동사는 누설하다(disclose, divulge) 또는 지키다(keep, hold)의 두 가지 범위로 압축된다.

💡 암기Tip 어원 암기법
di(away: 멀리) + vulge(make common: 퍼뜨리다)
▸ 멀리 퍼뜨리다 ▸ 공개하다, 누설하다

---

17 ★★★
incendiary
[inséndièri]

[동] 1)combustible, inflammable

[a] 1)쉽게 화나는, 불이 잘 붙는, 방화의 2)선동적인, 자극적인
Our boss was in one of his **incendiary** moods, so we all worked quietly as not to make him more annoyed.
우리 사장님이 화가 터질 것 같은 상태라서, 우리는 모두 그가 더 짜증나지 않도록 조용히 일했다.

---

18 ★★★
discreet
[diskríːt]

[파] discretion [n] 신중, 재량
[동] careful, sensible, discerning, prudent

[a] 신중한, 분별 있는
A: If I tell you a secret, you promise not to tell anyone.
내가 비밀을 얘기하면, 아무에게도 말하지 않는다고 약속해.
B: Come on Rick. You know how **discreet** I can be.
알았어 Rick. 넌 내가 얼마나 분별력 있는 지 알잖아.

💡 암기Tip 어원 암기법
dis(apart: 따로) + creet(separate: 분리된)
▸ 따로 분리된, 주변을 살필 수 있는 ▸ 주의 깊은, 신중한

---

19 ★★
embody
[imbádi]

🆅 구현하다, 구체화하다, 형상화하다

My boss **embodies** the concept of an entrepreneur so much that she has become <u>a role model</u> to many women.
우리 대표님은 기업가 개념을 구현하며 모든 여성들의 롤 모델이 되어왔다.

---

20 ★★
dogmatic
[dɔ(:)gmǽtik]

🔊 opinionated, arbitrary, peremptory, dictatorial

🅰 독단적인

A: John looks like he refuses to listen to anyone who challenges his opinion.
John은 그의 의견에 반대하는 사람의 말은 들으려고 하지 않는 듯 보인다.
B: Right. He is sort of <u>obstinate</u> and **dogmatic**.
맞아. 그는 좀 완고하고 독단적이야.

---

21 ★★
antagonistic
[æntǽgənístik]

🔊 hostile, rebellious, inimical, antipathetic
🔄 sympathetic

🅰 적대적인, 반대의, 상극인

Because of his **antagonistic** personality, Sam is <u>hostile</u> to everyone in our team.
그의 적대적인 성향 때문에, Sam은 우리 팀의 모든 사람들에게 적의적이다.

---

22 ★★
steadfast
[stédfæst]

🔊 resolute, adamant, indomitable, impregnable

🅰 변함없는, 굳건한, 확고부동한

Simon <u>refused to quit</u> the marathon and stayed **steadfast** to his goal of completing it.
Simon은 마라톤을 포기하지 않고 완주하겠다는 자신의 목표에 확고부동했다.

> 💡 **암기Tip** 〈 연상/확장 암기법
>
> 자신만의 steadfast(확고한) 신념이나 생각을 discreet(분별 있는)하게 내세우는 것은 나쁘지 않으나, 지나치게 dogmatic(독단적인)하고, 무조건적으로 상대의 의견에 antagonistic(반대하는)하는 것은 상대를 disregard(무시하다)하는 것이므로 주의해야 한다.

23 ★★
exude
[igzjúːd]
ⓢ radiate, effuse, ooze

ⓥ (냄새, 감정, 태도 등을) 물씬 풍기다; 스며 나오다

At the news of her college acceptance, Sue could not help but **exude** happiness and excitement.
그녀의 대학 합격 소식에 Sue는 행복감과 흥분감을 풍기지 않을 수 없었다.

> 💡 **암기Tip** 어원 암기법
>
> ex(out: 밖으로)+(s)ude(sweat: 땀 흘리다, 수분을 배출하다)
> ▸ 수분을 밖으로 배출하다 ▸ 뿜어내다, 풍기다

---

24 ★★
vigorous
[vígərəs]
ⓢ active, energetic

ⓐ 생기 있는, 활력 있는, 건강한

A: Every morning I wake up at 5 a.m., do a 5 mile run, and 100 push-ups.
나는 매일 아침 5시에 기상해서, 5마일을 달리고, 100번의 팔굽혀펴기를 해.
B: Wow. That is a **vigorous** workout routine.
와. 활력 있는 운동 일상이네요.

---

25 ★★
trait
[treit]
ⓢ characteristic, attribute, feature

ⓝ 특성, 기질

Selflessness and a desire to give help to others is a personality **trait** of many philanthropists.
사심 없음과 타인을 도우려는 욕망은 많은 박애주의자들의 성격 특성이다.

---

26 ★★
reminisce
[rèmənís]
ⓟ reminiscence ⓝ 추억 (회상)
ⓢ recall, recollect

ⓥ ~을 추억[회상]하다, 추억[회상]에 잠기다

My sisters and I often indulge in a warm nostalgia for our past while we **reminisce** over family photo albums.
나의 자매들은 가족사진 앨범을 보며 추억에 잠기는 동안 가끔 과거의 따뜻한 향수에 빠진다.

---

27 ★★
stubborn
[stʌ́bərn]
ⓢ obstinate, dogged, headstrong, obdurate, inflexible, uncompromising, unbending

ⓐ 고집스런, 완고한

A: Why does our cousin Mitch never listen to our advice?
내 사촌 Mitch는 왜 내 충고를 들으려고 하지 않는 거지?
B: That's because he is an unbending and **stubborn** guy.
그것은 그가 굽힐 줄 모르는 완고한 친구이기 때문이야.

📈 빈출 기출 표현 〈 stubborn 관련 표현

be as **stubborn** as a mule phr 고집 불통이다, 황소고집이다

28 ★★

indifferent

[indífərənt]

(파) indifference (n) 무관심, 무심
(동) callous, apathetic,
nonchalant, insouciant
cf. undifferent (a) 다르지 않은, 구분
되지 않는

ⓐ 무관심한, 냉담한, 무심한, 신경 안 쓰는

A: Which kind of people do you get along best with?
너는 어떤 사람들과 가장 잘 어울려 지내니?

B: I am **indifferent** and can get along with every personality.
나는 무심한 편이라 모든 사람들과 어울려 지낼 수 있어.

📈 빈출 기출 표현 〈 indifferent 관련 표현

be **indifferent** to + N phr ~에 무관심하다
be **indifferent** from phr ~와 다르지 않다

---

29 ★★

disregard

[dìsrigá:rd]

(파) regardless (a) 무관한
(동) (v) ignore, disrespect, turn a
deaf ear to
(n) neglect, inattention

ⓥ 간과하다, 무시하다

It is extremely rude of my manager to **disregard** all the workers' opinion on how to boost sales.
나의 매니저는 판매를 어떻게 촉진시킬 지에 대한 모든 직원들의 의견을 무시할 정도로 지극히 무례하다.

ⓝ 무시, 묵살

📈 빈출 기출 표현 〈 regard 관련 표현

regard A as B phr A를 B로 간주하다
regarding phr ~에 관하여(concerning)
with **regard** to phr ~에 대하여, ~에 관련해서
cf. **regard**less of phr ~와 무관한

---

30 ★★

turn over a new leaf

---

phr 새 사람이 되다, 거듭나다

A: My neighbor is so nice and now talks to me everyday.
나의 이웃은 매우 친절해서 지금은 매일 나에게 말을 건다.

B: Oh, really. He has **turned over a new leaf**.
오, 정말. 그는 새로운 사람이 되었구나.

31 ★★

unruffled

[ʌnrʌ́fld]

(통) unperturbed, imperturbable, composed, undisturbed

ⓐ 침착한, 냉정을 잃지 않은

Despite Randy <u>threatening</u> to quit work again, our coworkers remain **unruffled** as he says this kind of thing all the time.

Randy가 다시 일을 그만두도록 위협을 하지만, 그가 이런 말을 할 때마다 동료들은 침착함을 유지한다.

💡 **암기Tip** 어원 암기법

un(not: 부정) + ruffle(disturb, irritate: 동요시키다, 짜증나게 하다) + ed(형접) ▸ 동요되지 않는, 짜증내지 않는 ▸ 침착한

32 ★★

preference

[préfərəns]

(통) liking, predilection, penchant, taste

ⓝ 선호(하는 것)

A: What is your **preference**, Indian or Thai food?

인도 음식과 타이 음식 중에 당신은 무엇을 선호하나요?

B: Well, I don't really <u>favor</u> one over the other. I like them both.

음, 어느 것을 더 좋아하진 않아요. 저는 둘 다 좋아해요.

📊 **빈출 기출 표현** '~을 선호하다' 관련 표현

have a preference for / have a liking for / have a penchant for

33 ★

contradict

[kɑ̀ntrədíkt]

(파) contradictory ⓐ 모순된 contradiction ⓝ 모순

(통) gainsay, controvert, oppugn, dispute

ⓥ 부정(부인)하다, 반박하다, 모순되게 하다; 모순되다

Because the professor is <u>arrogant</u>, he is not willing to listen to any argument that might **contradict** his opinions.

그 교수는 오만해서, 자신의 의견을 부정하는 주장은 들으려고 하지도 않는다.

💡 **암기Tip** 어원 암기법

contra(against: 반대로) + dict(speak: 말하다) ▸ 반대로 말하다 ▸ 반박하다

34 ★
moody
[múːdi]

(동) [2)]volatile, mercurial, capricious, vagarious, emotional, temperamental

[a] [1)]울적한, 우울한, 음울한 [2)]기분 변화가 있는, 변덕스런

A: You need to change your **moody** first impression.
너는 음울한 첫인상을 바꿀 필요가 있어.
B: I know. I will try to be happier and smile more.
나도 알아. 좀 더 행복해지고 더 웃도록 노력해 볼게.

> 💡 **암기Tip** 연상/확장 암기법
>
> 내 여동생은 지나치게 moody(변덕스런)하다. 조금 전에는 자기 남자 친구가 어떤 일이 일어나도 변함없이 unruffled(침착한)해서 자신이 preference(선호) 한다고 하더니, 지금은 자신의 말을 전혀 듣지 않아 stubborn(고집 센) 하고 impertinent(무례한)하다고 한다.

35 ★
disposition
[dìspəzíʃən]

(파) indisposition [n] 불쾌, 꺼림

[n] [1)]기질, 성향, 성격 [2)]배치

With his gloomy **disposition** aside, Jeremy is a very nice person.
Jeremy는 그의 음울한 기질을 제쳐두면, 아주 멋진 사람이다.

36 ★
put somebody on
(동) tease

[phr] 놀리다

A: I heard that Brian bought a pet elephant.
Brian이 애완 코끼리를 가져왔다고 들었어.
B: Oh, don't believe him. He is always **putting us on with jokes**.
오 그의 말 믿지 마. 그는 항상 농담으로 우리를 놀리잖아

> 🏃 **기출 포인트** '놀리다' 관련 표현
>
> pull one's leg / make fun of / paly a prank(joke, trick) on

37 ★
impertinent
[impə́ːrtənənt]

(동) insolent, uncivil, impolite, presumptuous

[a] [1)]무례한, 버릇없는, 건방진, 주제 넘는, 관계없는

A: I really hate anyone interrupting me when I'm talking.
나는 내가 말하고 있을 때 누군가 나를 방해하는 게 정말 싫어.
B: Yes, I don't like **impertinent** people either.
그래, 나도 무례한 사람들은 싫더라.

Daily Check-up

해석/해설 p. 535

Choose the best answer.

2초 check-up

01 Clara is (impudent, indifferent, allusive) to any change.

02 I always try not to (contradict, compel, convene) myself with information I state.

03 The driver was composed and (vociferous, frenzied, unruffled) though he was overtaken in the race.

04 Beagles generally have an obstinate and (stubborn, slothful, indolent) characteristic.

05 Jake is so naturally optimistic that he (precludes, exudes, ameliorates) happiness and positivity.

5초 check-up

06 A: I am always so afraid of failure.
B: Please do not _____ to any negative ideas.

(a) mention   (b) succumb
(c) solicit   (d) deny

07 A: Martin looks so _____ and modest.
B: Yes, he never brags about his achievements.

(a) humble   (b) finicky
(c) arrogant   (d) bumptious

08 A: I wish my son would be more sociable.
B: I agree. He seems to be _____ to people.

(a) affable   (b) pathetic
(c) aloof   (d) gregarious

09 Kyle is so _____ that he easily believes anything people tell him.

(a) reticent   (b) bold
(c) credulous   (d) obdurate

10 It is hard to _____ Mary when she is too furious to calm down.

(a) reminisce   (b) pacify
(c) arouse   (d) inflame

11 Kelly is such a _____ girl that despite several failures, she never gives up a challenge.

(a) presumptuous   (b) resilient
(c) callous   (d) taciturn

12 Nomads are naturally _____ and continue to move around from place to place

(a) discreet   (b) incendiary
(c) transient   (d) jocular

[정답] **01.** indifferent   **02.** contradict   **03.** unruffled   **04.** stubborn   **05.** exudes   **06.** (b)   **07.** (a)   **08.** (c)   **09.** (c)
    10. (b)   **11.** (b)   **12.** (c)

400점 어휘	
adaptable [ədǽptəbl]	ⓐ (다른 상황에) 잘 적응하는
addictive [ədíktiv]	ⓐ 중독성이 있는
affirm [əfə́:rm]	ⓥ 단언하다, 확언하다
affirmative [əfə́:rmətiv]	ⓐ 확언적인, 확정적인, 긍정적인
ambiguous [æmbígjuəs]	ⓐ 애매한, 알 수 없는
careless [kέərlis]	ⓐ 부주의한
courting [kɔ́:rtiŋ]	ⓐ 1)유혹하는 2)연애 중의, 애인 사이의
covet [kʌ́vit]	ⓥ (남의 것을) 턱없이 탐내다
daring [dέ(:)əriŋ]	ⓐ 대담한, 용감한
deface [diféis]	ⓥ 외관을 손상시키다
desperate [déspərit]	ⓐ 필사적인, 절실한
diligent [dílidʒənt]	ⓐ 근면한
enigmatic [ènigmǽtik]	ⓐ 수수께끼 같은, 이해할 수 없는
exclusive [iksklú:siv]	ⓐ 배타적인, 특권의, 독점적인
exemplary [igzémpləri]	ⓐ 모범적인
fairy [fέ(:)əri]	ⓐ 요정의, 요정 같은
fortified [fɔ́:rtəfàid]	ⓐ 강화된, 강한
immature [imətjúər]	ⓐ 미숙한, 다 자라지 못한
inanimate [inǽnəmit]	ⓐ 생기 없는
indefatigable [ìndifǽtəgəbl]	ⓐ 지치지 않는, 피곤해하지 않는
inquisitive [inkwízitiv]	ⓐ 의구심이 많은, 탐구심이 많은
judicious [dʒu:díʃəs]	ⓐ 분별력 있는, 판단이 적절한
keen [ki:n]	ⓐ 예리한, 날카로운
partial [pá:rʃəl]	ⓐ 편애하는, 불완전한
pliable [plɑ́iəbl]	ⓐ 유연한, 순응하는
suspicious [səspíʃəs]	ⓐ 의심스러운
terrible [térəbl]	ⓐ 형편없는, 끔찍한
negative [négətiv]	ⓐ 부정적인
unadorned [ʌnədɔ́:rnd]	ⓐ 꾸밈이 없는
unruly [ʌnrú:li]	ⓐ 고분고분하지 않는

500점 어휘	
☐ **adamant** [ǽdəmənt]	ⓐ 의지가 굳센, 단호한, 불굴의
☐ **agile** [ǽdʒəl]	ⓐ 민첩한, 경쾌한, 활기찬
☐ **alacrity** [əlǽkrəti]	ⓝ 민활함, 기민
☐ **amorphous** [əmɔ́ːrfəs]	ⓐ 무정형의, 확실한 형태가 없는
☐ **anew** [ənjúː]	ⓐⓓ 새롭게, 다시
☐ **apathetic** [æpəθétik]	ⓐ 무감각한
☐ **asseverate** [əsévərèit]	ⓥ ~을 증언(단언, 확언)하다
☐ **astute** [əstjúːt]	ⓐ 영리한, 약삭빠른, 기민한
☐ **austere** [ɔ(ː)stíər]	ⓐ 근엄한, 소박한, 근엄한
☐ **aver** [əvə́ːr]	ⓥ ~을 단언하다
☐ **bashful** [bǽʃfəl]	ⓐ 수줍어하는, 숫기 없는
☐ **bigoted** [bígətid]	ⓐ 완고한, 고집스런, 편협한
☐ **blunt** [blʌnt]	ⓐ ¹⁾직설적인, 노골적인 ²⁾무딘
☐ **candid** [kǽndid]	ⓐ 솔직한, 정직한
☐ **capitulate** [kəpítʃəlèit]	ⓥ 굴복하다, 항복하다
☐ **capricious** [kəpríʃəs]	ⓐ 변덕스런
☐ **clench** [klentʃ]	ⓥ 주먹을 꽉 쥐다, 악물다, 단단히 고정시키다
☐ **coddle** [kádl]	ⓥ 애지중지하다
☐ **compulsory** [kəmpʌ́lsəri]	ⓐ 강제적인, 의무적인
☐ **conceited** [kənsíːtid]	ⓐ 자만하는
☐ **connive** [kənáiv]	ⓥ 묵인하다, 간과하다; 방조하다, 공모하다
☐ **conscientious** [kànʃiénʃəs]	ⓐ ¹⁾양심적인 ²⁾세심한, 섬세한
☐ **cop out**	ⓟ ~을 회피하다
☐ **curbing** [kə́ːrbiŋ]	ⓐ 억제하는, 구속하는
☐ **decorous** [dékərəs]	ⓐ 점잖은, 예의 바른
☐ **deflect** [diflékt]	ⓥ ~에서 방향을 바꾸다, 피하다, ~을 모면하다
☐ **desist** [dizíst]	ⓥ 단념하다, 그만하다
☐ **deviating** [díːvièiting]	ⓐ 이탈하는, 벗어나는
☐ **dodgy** [dádʒi]	ⓐ 교묘하게 몸을 피하는; 교활한, 교묘한
☐ **elicit** [ilísit]	ⓥ (정보, 반응을) 어렵게 끌어내다

500점 어휘

ethereal [i(:)θí(:)əriəl]	ⓐ 미묘한, 영묘한, 공기 같은, 천상의
fickle [fíkl]	ⓐ 변덕스러운, 불안한
flabby [flǽbi]	ⓐ 늘어진, (의지, 발언 따위가) 연약한
forthright [fɔ́:rθràit]	ⓐ 솔직한, 정직한
frail [freil]	ⓐ 여린, 약한
grudging [grʌ́dʒiŋ]	ⓐ 꺼리는, 주저하는, 마지 못해 하는
gullible [gʌ́ləbl]	ⓐ 남을 잘 믿는
hefty [héfti]	ⓐ 크고 무거운; 대단한, 엄청난
illustrious [ilʌ́striəs]	ⓐ 저명한, 걸출한
impudence [ímpjədəns]	ⓝ 뻔뻔스러움, 철면피
introverted [íntrəvə̀:rtid]	ⓐ 내향적인
irate [airéit]	ⓐ 성난, 분개한, 화난
malignant [məlígnənt]	ⓐ 악의에 찬, 적의가 있는
meticulous [mətíkjələs]	ⓐ 섬세한, 세심한
misanthropy [misǽnθrəpi]	ⓝ 인간혐오
placid [plǽsid]	ⓐ 차분한, 얌전한
plebeian [pləbí:ən]	ⓐ 교양이 없는, 평민의
pusillanimous [pjù:səlǽnəməs]	ⓐ 소심한
quaint [kweint]	ⓐ 진기한
quirky [kwə́:rki]	ⓐ 별난, 변덕스런
reserved [rizə́:rvd]	ⓐ 내성적인, 말을 잘 하지 않는; 유보된
rigid [rídʒid]	ⓐ (행동, 방침 따위가) 엄격한; 굳은; 고정된
scrupulous [skrú:pjələs]	ⓐ 양심적인; 섬세한, 견실한, 성실한
sentient [sénʃənt]	ⓐ 감각 있는, 지각 있는
studious [stjúːdiəs]	ⓐ 학구적인, 공부를 열심히 하는
unadulterated [ʌ̀nədʌ́ltəreitid]	ⓐ 완전한, 순수한
uncanny [ʌnkǽni]	ⓐ 이상한, 묘한
undaunted [ʌndɔ́:ntid]	ⓐ 굽히지 않는, 용감한
versed [və:rst]	ⓐ 조예가 깊은, 재능을 갖춘, 능숙한
vindictive [vindíktiv]	ⓐ 복수심이 있는(강한), 집념이 강한

600점 어휘	
atrocious [ətróuʃəs]	ⓐ 지독한
august [ɔːɡʌ́st]	ⓐ 위엄 있는, 당당한
boorish [bú(ː)əriʃ]	ⓐ 상스러운, 천박한
cantankerous [kæntǽŋkərəs]	ⓐ 성질 나쁜, 고약한
cut didoes	phr 장난치다, 까불거리다
demean [dimíːn]	ⓥ 위신을 떨어뜨리다, 비하하다
derogatory [dirágətɔ̀ːri]	ⓐ (평판, 권위를) 떨어뜨리는
flaccid [flǽksid]	ⓐ 연약한, 축 늘어진
flagitious [f5ədʒíʃəs]	ⓐ 흉악한, 파렴치한, 악명 높은
harried [hǽrid]	ⓐ 어찌할 바를 모르는, 곤란해하는
inveterate [invétərit]	ⓐ 상습적인, 뿌리깊은, 고질적인
jeer [dʒiər]	ⓥ 조롱하다, 야유하다
jilted [dʒíltid]	ⓐ 변심한, 변절한
licentious [laisénʃəs]	ⓐ 음탕한, 음란한
mercurial [məːrkjú(ː)əriəl]	ⓐ 변덕스러운, 기민한, 재치 있는
naughty [nɔ́ːti]	ⓐ 행실이 좋지 않은, 불손한
nettle [nétl]	ⓥ ~를 짜증나게 하다, 화나게 하다 ⓝ 쐐기
ornery [ɔ́ːrnəri]	ⓐ 성질 더러운, 성미 고약한
overweening [òuvərwíːniŋ]	ⓐ 우쭐대는, 자만에 찬
pluck [plʌk]	ⓝ 용기, 결단 ⓥ 잡아 뽑다(뜯다)
quixotic [kwiksátik]	ⓐ 돈키호테 식의, 엉뚱한, 터무니없는
scuffling [skʌ́fliŋ]	ⓐ 혼돈시키는, 난투를 벌이는
spry [sprai]	ⓐ 원기 왕성한, 활발한
spunk [spʌŋk]	ⓝ 용기, 투지
supple [sʌ́pl]	ⓐ 유연한, 탄력 있는
unctuous [ʌ́ŋktʃuəs]	ⓐ (말, 행동이) 번지르르한, 지나치게 상냥한
vagarious [vəɡɛ́(ː)əriəs]	ⓐ 변덕스런
voluptuous [vəlʌ́ptʃuəs]	ⓐ 향락적인
waggish [wǽɡiʃ]	ⓐ 익살맞은, 우스꽝스러운, 장난스러운
wedged [wedʒd]	ⓐ 박혀서 꼼짝 않는

감정·기분·견해

형용사와 동사를 넓게 긍정·부정의 의미로 바로 인지할 수 있게 잘 기억해두어야 한다.

오늘의 단어 듣기
들으면서 암기하세요!

나의 학습노트

1회 암기	∨		2회 암기	∨		3회 암기	∨	
날짜	월	일	**날짜**	월	일	**날짜**	월	일
시간	시	분	**시간**	시	분	**시간**	시	분

01 ★★★

perplex

[pərpléks]

[파] perplexed [a] 당황스러운

[동] baffle, disconcert, bewilder, puzzle, embarrass, confound

[v] 당황시키다

Though my friend said she completely understood the painting, the strange images on the canvas **perplexed** me.

내 친구는 그녀가 그 그림을 완전히 이해했다고 말했지만, 캔버스 위의 낯선 이미지들은 나를 당황시켰다.

암기Tip 어원 암기법

per(through: 완전히) + plex(entangle: 얽어매다)
▸ 완전히 얽어매다, 완전히 꼼짝 못하게 하다 ▸ 당황시키다

---

02 ★★★

begrudge

[bigrʌ́dʒ]

[동] 1)envy
2)grudge, resent

cf. grudge [n] 원한, 유감, 불쾌
(= rancor, pique, umbrage)

[v] 1)시기하다, 시샘하다 2)투덜거리다, 불평하다

A: I'm so jealous of Mike's new German car.

Mike의 새 독일차에 아주 질투가 나네.

B: Yes, me too. I am **begrudged** about him owning an expensive car.

그래, 나도. 그렇게 그렇게 비싼 차를 소유하는 것에 시샘이 난다.

---

03 ★★★

subside

[səbsáid]

[동] abate, diminish, dwindle

[v] 가라앉다, 진정되다

A: My mom was really furious about my poor grades.

우리 엄마는 내 형편없는 성적에 정말 분노하셨어.

B: You need to wait for her to calm down and for her anger to **subside** before you talk to her again.

너는 엄마께 다시 말을 걸기 전에 화가 진정되실 때까지 기다릴 필요가 있어.

기출 포인트

anger를 주어로 받을 수 있는 동사는 '상승하다, 잦아들다, 지속되다, 사라지다, 폭발하다, 터지다' 등의 주로 상승/하강, 증가/감소 등의 의미를 지닌 어휘들이다.

기출 포인트 유사 어휘

subside [v] (분노, 화가) 가라앉다, 진정되다
subsist [v] 근근이 살아가다, 존재하다

암기Tip 어원 암기법

sub(under: 아래로) + side(sit: 앉다)
▸ 아래로 앉다 ▸ 가라앉다, 진정되다

04 ★★★
ruffle
[rʌ́fl]

[파] ruffled [a] 1)(마음이) 산란해진; 2)주름 잡힌
[동] 1)disturb, irritate 2)undulate, flutter

[v] 1)당황스럽게 하다 2)흔들리다, 펄럭이다

Mischievous teenagers will often **ruffle** their teachers and irritate parents by talking back to them.
짓궂은 10대들은 말대꾸를 함으로써 가끔씩 선생님들을 당혹스럽게 하고 부모님들을 화나게 만들 것이다.

05 ★★★
elated
[iléitid]

[파] elating [a] 고무되는, 기운을 북돋는
elation [n] 크게 기뻐함, 의기양양
[동] ecstatic, euphoric, jubilant

[a] 황홀한, 마냥 행복해하는, 신난

A: I got in to Harvard University!
나 하버드대에 합격했어!
B: Oh my God! I bet you are extremely **elated** about that news!
오, 세상에! 너 그 소식에 정말로 황홀하겠다!

암기Tip 연상/확장 암기법
브라운 대학에 합격했다는 소식을 듣고 처음에는 기대하지 않았던 소식이라 몹시 perplexed(당황한)되고 confounded(멍한)한 상태였지만, 곧 너무 elated(황홀한) 기분이 들어서 기쁨을 subside(진정시키다)할 수 없었다.

06 ★★★
hurt one's feelings

[phr] 감정을 상하게 하다

A: I'm really sorry if I upset you yesterday.
어제 내가 기분상하게 했다면 정말 미안해.
B: Yes. You really **hurt my feelings**, saying those nasty things to me.
그래. 너 정말 나한테 그런 고약한 말을 해서 내 감정을 상하게 했어.

기출 포인트 유사 어휘
feelings [n] 감정, 기분
moods [n] 일시적인 분위기

빈출 기출 표현
I'm in a good mood. [phr] 나 기분이 좋아.
I'm in the mood for it. [phr] 그거 하고 싶다[원한다].
I have a feeling for it. [phr] 그것에 소질이 있다[좋아한다].

07 ★★★

tentative

[téntətiv]

(동) [1]provisional, temporary
[2]hesitant, unsteady

ⓐ [1]잠정적인, 임시의 [2]머뭇거리는, 주저하는, 자신 없는

The employees were not happy when they learned their bonuses were **tentative** and could be cancelled.
직원들은 보너스가 잠정적이고 취소될 수 있다는 것을 알았을 때 실망했다.

> 🐾 기출 포인트
>
> '잠정적인'의 의미는 상황상 '결정되지 않은, 결론나지 않은, 불확실한'의 의미가 될 수 있다. 따라서 undecided, unconcluded, unresolved, uncompleted, incomplete로 대체될 수 있는 상황도 있을 수 있음을 염두에 두어야 한다.

08 ★★★

tirade

[táireid]

(동) diatribe, harangue, denunciation

ⓝ 장황한 비난, 장광설

A: Wow, Mitch really gave a long and angry speech in the morning meeting.
와, Mitch가 오늘 아침 회의에서 정말로 길고 화나는 말을 했어.
B: Yes, I thought that his **tirade** was unnecessary.
그래, 내 생각에도 그의 장황한 비난은 불필요했어.

09 ★★★

acclaim

[əkléim]

(파) acclamation ⓝ 칭송, 환호, 갈채
(동) applaud, compliment, eulogize, rave, extol, laud

ⓥ 칭찬하다, 환호를 보내다

A: I still have not seen any of the Godfather movies.
나는 아직 대부 영화를 한 편도 못 봤어.
B: You need to. Those are probably the most highly admired and **acclaimed** by critics and general audience.
넌 봐야 해. 그것들은 아마 비평가와 일반 관객들에 의해 가장 많이 칭찬받고 찬사를 받았을 거야.

> 💡 암기Tip ▶ 어원 암기법
>
> ac(ad, to: ~으로) + claim(shout: 소리치다)
> ▶ ~로 소리치다 ▶ 환호하다, 칭찬하다

10 ★★★

accolade

[ǽkəlèid]

(동) praise, compliment, commendation, award

ⓝ 칭찬, 포상, 표창, 기사 작위 수여(식)

When the police officer was offered an award, he refused to accept an **accolade** for doing his job.
그 경찰관은 상을 받았을 때, 자신의 일을 한 것으로 포상을 받는 것을 거부했다.

ac(ad, to) + col(neck: 목) + ade(명접)
▶ (기사 작위를 줄 때) 목 주의를 감싸는 것 ▶ 칭찬

---

11 ★★★

denigrate

[dénəgrèit]

ⓜ denigration ⑩ 폄하, 명예훼손
ⓢ disparage, deprecate, decry, sully, defame, belittle

ⓥ 폄하하다

You should not **denigrate** other people unless you want individuals to <u>attack</u> your reputation in retaliation.

개인들이 보복으로 너의 명성을 침해하는 것을 원치 않는다면 타인을 폄하해서는 안 된다.

> **암기Tip** 어원 암기법
>
> de(away: 떼어내) + nigr(make black, blacken: 더럽히다, 먹칠하다) + ate(동접)
> ▶ (명성, 인격을) 떼어내 더럽히다, 먹칠을 하다 ▶ 폄하하다

---

12 ★★★

scathing

[skéiðiŋ]

ⓜ unscathed ⓐ 손상 당하지 않은, 본래 그대로의
ⓢ mordant, caustic, trenchant

ⓐ 통렬한, 가차 없는

A: Our manager was really <u>mean</u> to you yesterday.
우리 매니저가 어제 너한테 정말 짓궂었지.

B: Yes, her **scathing** remarks brought tears to my eyes.
응, 그녀의 가차 없는 말이 나를 눈물 나게 했어.

> **암기Tip** 어원 암기법
>
> scathe(scar, injure: 상해를 입히다) + ing(형접)
> ▶ 상해를 입히는, 통렬한

---

13 ★★★

espouse

[ispáuz]

ⓢ [1]support, advocate, accept, adopt, embrace

ⓥ [1]옹호하다, 지지하다 [2]약혼(결혼)하다

Most scientists **espouse** <u>the Big Bang Theory</u> for the beginning of the universe and how life was created.
대부분의 과학자들은 우주의 시작과 생명이 창조된 방법에 대해 빅뱅 이론을 옹호한다.

> **기출 포인트**
>
> 의견, 이론, 주의, 사상 등의 목적어는 주로 제기(제시)하다, 주장하다, 옹호하다, 비판하다, 반박하다 등의 동사를 받고, 정답 동사도 거의 여기에 한정되어 출제된다.

14 ★★★

upbraid

[ʌpbréid]

㉮ upbraiding ㄴ 비난하는
(= reproachful, censorious)
ⓢ reprimand, rebuke, admonish, chastise, chide, reprove, reproach, scold, berate, censure, find fault with

Ⅴ 꾸짖다, 질책하다

Without a doubt, my parents are going to **upbraid** me for not passing any of my classes this semester.
틀림없이, 나의 부모님은 이번 학기에 어떤 수업도 통과하지 못한 것 때문에 나를 꾸짖으실 것이다.

👆 기출 포인트

어휘 영역에 가장 많이 출제되는 동사는 '칭찬(극찬)하다'와 더불어 '비판(비난)하다'의 동사들이라고 해도 과언이 아니다. 특히 부정적으로 '비판하다, 비난하다'의 의미로 쓰이는 동사는 동의어들까지 번갈아 자주 출제되니 반드시 모두 숙지해 두자.

15 ★★★

mawkish

[mɔ́ːkiʃ]

ⓢ sappy, sentimental, maudlin

ⓐ 지나치게 감상적인

A: I didn't believe a word the politician said in his speech.
나는 그 정치인이 연설에서 말하는 단 한 마디도 믿지 않았어.
B: Yes. His **mawkish** speech was so overly sentimental.
그래. 그의 감상적인 연설은 지나치게 감정적이었어.

16 ★★★

confounded

[kɑnfáundid]

ⓢ muddled, disconcerted, dazed, bewildered

ⓐ 어리벙벙한, 멍한

Because Jim did not read the instructions, he was **confounded** by what to do.
Jim은 지시사항을 읽지 않았기 때문에, 무엇을 해야 할지 멍한 상태였다.

17 ★★★

snap at

phr ~에 쏘아붙이다, 잔소리를 하다, 바가지를 긁다

A: You seemed really sensitive yesterday. What was wrong?
너 어제 정말 예민해 보이던데. 뭐가 문제였어?
B: Oh, I'm sorry for getting angry and **snapping at** you.
어, 화내고 쏘아붙여서 미안해.

📊 빈출 기출 표현 snap 관련 표현

snap out of it phr 그만 털어내다, 기운 내다
snap one's head off phr 쏘아붙이다

18 ★★

jubilation

[dʒùːbəléiʃən]

- 웹 jubilant 웹 승리감에 넘친, 환희에 넘치는
- 튕 elation, euphoria, ecstasy, exultation, glee

n 승리감, 의기양양함

When our country <u>won the World Cup</u>, the whole nation was in **jubilation** for a long time.

우리 나라가 월드컵에서 승리했을 때, 전국은 오랫동안 승리감에 빠져있었다.

---

19 ★★

vehement

[víːəmənt]

- 웹 vehemence 웹 격렬한, 맹렬함
- 튕 ardent, fervent, fierce, impassioned, violent, zealous

a 격렬한, 맹렬한

Because Amanda was <u>disappointed</u> in the customer service she received, she wrote a **vehement** letter of complaint.

Amanda는 그녀가 받은 소비자 서비스에 실망해서, 맹렬한 불만의 편지를 썼다.

---

20 ★★

tangential

[tændʒénʃəl]

a ¹⁾별로 관계가 없는(to), 빗나가는; ²⁾(수학) 접선의

¹⁾I didn't learn anything in my history class because my teacher always goes on a **tangential** topic that <u>has nothing to do with</u> history.

나의 선생님은 항상 역사와 무관한 벗어난 주제를 늘어놓기 때문에, 나는 역사 시간에 아무 것도 배운 게 없다.

---

21 ★★

repulsive

[ripʌ́lsiv]

- 웹 repulsion 웹 역겨움
- 튕 disgusting, abhorrent, repugnant, loathsome

a 역겨운, 혐오스러운

Since Helen <u>has a weak stomach</u>, she finds any sight of blood **repulsive**.

Helen은 위가 약해서, 피를 보는 것을 역겨워 한다.

---

22 ★★

discriminatory

[diskrímənətɔ̀ːri]

- 웹 discrimination 웹 차별
- 튕 biased, prejudiced, unfair, preferential

a 차별적인, 불평등한

When conducting an interview, it is important that all the questions do not have any **discriminatory** topics and that all questions are <u>fair</u>.

인터뷰를 할 때는, 모든 질문들에 차별적인 주제를 담지 않는 것과 모든 질문들이 공평한 지가 중요하다.

---

23 ★★

diatribe

[dáiətràib]

(동) tirade, harangue

n (말이나 글로) 비평, 비난, 공격

Upset about his demotion, Edward made an angry **diatribe** about his employer.

자신의 강등에 화가 나서, Edward는 그의 고용주에 대해 비난하는 말을 했다.

> 💡 **암기Tip** 〈 어원 암기법
>
> dia(thorough: 철저히) + tribe(rub: 압력, 마찰을 가함)
> ▸ 철저히 압력, 마찰을 가함 ▸ 맹렬한 공격, 비난

---

24 ★★

monotonous

[mənátənəs]

(파) monotony **n** 단조로움
(동) dull, humdrum, tedious, boring, unvarying

a 단조로운, 변함없는, 지루한

A: He is such a terrible actor. How is he famous?
그는 형편없는 배우야. 어떻게 유명한 거지?
B: I don't know either. His voice is **monotonous** and boring.
나도 잘 모르겠어. 그의 목소리는 단조롭고 지루해.

> 💡 **암기Tip** 〈 어원 암기법
>
> mono(one: 하나) + tone(sound: 소리, 어조) + ous(형접)
> ▸ 하나의 소리, 하나의 오조만 반복되는 ▸ 단조로운, 지루한

---

25 ★★

composure

[kəmpóuʒər]

(파) composed **a** 침착한

a (마음의) 평정, 침착(성)

The spoiled girl could not maintain her **composure** and walked off the stage when she lost the beauty pageant.

그 버릇없는 소녀는 미인 대회에서 떨어졌을 때 평정을 유지할 수 없어서 무대에서 퇴장해 버렸다.

---

26 ★★

fly off the handle

(동) lose one's temper

phr 버럭 화를 내다, 자제력을 잃다

A: You need to learn how to control your temper.
너는 성질을 자제하는 법을 배울 필요가 있어.
B: Yes I know, but I don't **fly off the handle** all the time.
그래 알아, 하지만 항상 자제력을 잃는 건 아니야.

27 ★★

tenacious

[tənéiʃəs]

(동) persistent, dogged, pertinacious

ⓐ 끈질긴, 집요한, 완강한

A: If I don't pass the exam this year, I will study harder and <u>try again</u> next year.

내가 올해 시험에 합격하지 못한다면, 더 열심히 공부해서 내년에 다시 도전할 거야.

B: That is a great **tenacious** attitude to have.

그건 지녀야 할 대단히 끈기 있는 태도구나.

---

28 ★★

laudatory

[lɔ́ːdətɔ̀ːri]

(형) laudable ⓐ 칭찬할만한, 기릴만한
(동) adulatory, complimentary, commendatory, panegyrical

ⓐ 칭찬하는

The **laudatory** announcement <u>praised</u> the team's efforts during the championship game.

칭찬하는 공고는 챔피언 결정전 동안 그 팀의 노력을 극찬했다.

> 💡 암기Tip 〈 연상/확장 암기법
>
> 편파적인 심사위원들의 discriminatory(차별적인)하고 참기 어려운 repulsive(역겨운) 평가에 참가자들은 composure(평정심)을 유지하기 어려웠고, 이를 지켜본 많은 청중들은 diatribe(비난)의 목소리를 vehement(격렬히) 글로 남겼다.

---

29 ★

bespeak

[bispíːk]

ⓥ 시사하다, 보여주다, 말해주다

Although constant customer complaints **bespeak** a problem, they are routinely <u>ignored</u> by the government.

지속적인 소비자 불만들이 문제점을 시사하지만, 그것들은 지속적으로 정부에 의해 무시되었다.

---

30 ★

irritable

[íritəbl]

(동) irritated ⓐ 짜증난, 화난
irritation ⓝ 짜증

ⓐ 화가 난, 짜증을 잘 내는, 성마른, 과민한

A: Why do so many people not like Mel?

왜 많은 사람들이 Mel을 좋아하지 않는 거야?

B: Because Mel is an **irritable** person, always <u>getting on people's nerves</u>.

Mel이 신경질적인 사람이고, 항상 사람들의 신경을 건드리기 때문이야.

31 ★

incarcerate

[inkɑ́ːrsərèit]

[파] incarceration [n] 감금
[동] constrict, confine, imprison, detain, immure

[v] 가두다, 감금하다, 국한시키다

The police are going to **incarcerate** the teen who keeps committing acts of violence in our neighborhood.
경찰은 우리 동네에서 계속해서 범죄 행위를 저지르는 10대를 감금할 것이다.

암기Tip 어원 암기법

in(in: ~안에) + carcer(prison: 감옥, 수감) + ate(동접)
▸ 감옥 안에 있게 하다 ▸ 수감하다, 감금시키다

기출 포인트 유사 어휘

incarcerate [v] ~을 감금하다
incarnate [v] (인간으로) 구현하다, 화신이 되게 하다

32 ★

coarse

[kɔːrs]

[동] uncouth, boorish, vulgar, rude, obscene

[a] 거친, 천박한, 무례한, 상스러운

Not expecting the comedian's **coarse** jokes, I left the venue when he made a number of rude and vulgar jokes.
나는 그 코미디언의 상스러운 농담을 예상하지 못했기에, 그가 많은 무례하고 천박한 농담을 할 때 그 장소를 떠나버렸다.

기출 포인트 유사 어휘

coarse [a] 거친, 상스러운
curse [n] 욕, 악담, 저주

33 ★

contrite

[kəntráit]

[동] remorseful, penitent, regretful

[a] 후회하는, 뉘우치는

A: I don't see what the problem is. Why are you angry?
문제가 뭔지 모르겠어. 너 왜 화가 난 거니?
B: Well, if you were **contrite**, you would have said 'I'm sorry' by now.
글쎄, 네가 뉘우쳤다면, 지금쯤 미안하다는 말을 했겠지.

34 ★

anonymous

[ənɑ́nəməs]

ⓟ anonymity ⓝ 익명(성)

[a] 익명의, 가명의, 작가 미상의

Many people comment on social blogs, however, most of them choose to remain **anonymous** and not give their name.

많은 사람들이 소셜 블로그에 댓글을 남기지만, 그들 대부분은 익명으로 남기를 선택하여 그들의 이름을 밝히지 않는다.

> 💡 **암기Tip** 〈 **어원 암기법**
>
> an(without: ~이 없는) + onym(name: 이름) + ous(형접)
> ▸ 이름이 없는, 이름이 알려지지 않은 ▸ 익명의

Daily Check-up

해석/해설 p. 536

Choose the best answer.

⏱ 2초 check-up

01 The speaker's (monotonous, vociferous, phenomenal) voice made me so drowsy.

02 I am so respectful of your (composed, tenacious, flimsy) and resilient attempts.

03 Despite the trailer being interesting, mostly the movie was (amiable, repulsive, imposing).

04 A number of lower class people supported and (espoused, reprehended, berated) Donald Trump in the election.

05 Due to his successful performance, David was awarded a(n) (tirade, jibe, accolade).

⏱ 5초 check-up

06 A: You must be so _____ about the good news.
B: Yes, I'm so thrilled to win a prize.

(a) unruffled   (b) perplexed
(c) callous   (d) elated

07 A: I don't understand why people are so crazy about this movie.
B: Well, it is highly _____ as one of the most creatively-produced films.

(a) acclaimed   (b) admonished
(c) remonstrated   (d) expelled

08 A: His reviews are usually very acute and _____.
B: I agree. He is so hard on most plays and movies.

(a) sedate   (b) convivial
(c) dull   (d) scathing

09 We didn't _____ Henry his long vacation, though we are annoyed.

(a) allay   (b) defend
(c) begrudge   (d) rave

10 A well-written article should be focused on the topic, refraining from _____ arguments.

(a) concise   (b) tangential
(c) superficial   (d) relevant

11 We shouldn't _____ a junior novelist's work recklessly, as we don't know how popular they could get someday.

(a) mollify   (b) appraise
(c) deteriorate   (d) denigrate

12 The main plot of popular TV drama is rather _____, which makes audience sappy.

(a) mawkish   (b) vulgar
(c) apathetic   (d) tentative

[정답] **01.** monotonous **02.** tenacious **03.** repulsive **04.** espoused **05.** accolade **06.** (d) **07.** (a) **08.** (d) **09.** (c)
10. (b) **11.** (d) **12.** (a)

400점 어휘

consequence [kánsəkwèns]	n 1)결과 2)중요함
console [kánsoul]	v 위로하다
detest [ditést]	v 혐오하다, 싫어하다
diffident [dífidənt]	a (자신감이 부족하여) 조심스러운, 소심한
disagreeable [dìsəgrí(:)əbl]	a 불쾌하게 하는
disquieting [diskwáiitiŋ]	a 불안을 조성하는, 근심하게 만드는
distracted [distrǽktid]	a 주의가 산만한
enamored [inǽmərd]	a 매우 좋아하는
enmity [énməti]	n 원한, 증오
furious [fjú(:)əriəs]	a 화난
grievous [grí:vəs]	a 통탄할, 슬픔을 야기시키는
heated [hí:tid]	a 열띤
heinous [héinəs]	a 극악한
impassive [impǽsiv]	a 무표정한, 냉담한
ingenuous [indʒénjuəs]	a 순진한, 천진난만한, 천진한
lighthearted [láithá:rtid]	a 근심걱정이 없는, 쾌활한
melancholy [mélənkàli]	a 우울한
mournful [mɔ́:rnfəl]	a 슬픈, 애절한
outraged [áutreidʒid]	a 분개한, 화난
proclivity [prouklívəti]	n 성향
refined [rifáind]	a 세련된
regarded [rigá:rdid]	a 높이 평가되는, 존경 받는
reluctant [rilʌ́ktənt]	a 꺼리는
resolute [rézəlʲùːt]	a 단호한
seethe [siːð]	v 부글거리다, 속을 끓이다
sheer [ʃiər]	a 순진한, 온전한
speculative [spékjəlèitiv]	a 명상적인, 사변적인; 이론적인; 추리적인; 투기적인
tickle [tíkl]	v ~을 간질이다; ~을 만족시키다
trite [trait]	a 진부한, 신선함이 부족한
unbiased [ʌ̀nbáiəst]	a 선입견이 없는, 편파적이지 않은

500점 어휘	
abominate [əbámənèit]	v 증오하다
affable [ǽfəbl]	a 상냥한
appease [əpíːz]	v (걱정, 호기심, 불안을) 달래다
abusive [əbjúːsiv]	a 모욕적인, 욕하는
benignant [binígnənt]	a 인자한, 자애로운
caustic [kɔ́ːstik]	a 신랄한, 비꼬는
compunction [kəmpʌ́ŋkʃən]	n 죄책감, 거리낌
conciliate [kənsílièit]	v 달래다, 회유하다
controvert [kántrəvə̀ːrt]	v ~을 논박하다, 부인하다
cordial [kɔ́ːrdʒəl]	a 우호적인, 다정한
denouncing [dináunsing]	a 비난하는, 규탄하는
desultory [désəltɔ̀ːri]	a 두서 없는, 종잡을 수 없는, 산만한
discomfit [diskʌ́mfit]	v 혼란스럽게 만들다
effusive [ifjúːsiv]	a (감정 등이) 넘쳐흐르는, 심정을 토로하는
felicity [filísəti]	n 더할 나위 없는 행복
emphatic [imfǽtik]	a (태도, 발언 등이) 단호한, 강조된
grudge [grʌdʒ]	n 원한, 유감 v 억울해하다
heckle [hékl]	v 야유를 퍼붓다
hypercritical [hàipərkrítikəl]	a 혹평하는
ignominious [ìgnəmíniəs]	a 굴욕적인, 경멸적인
impudent [ímpjədənt]	a 무례한
inept [inépt]	a 재능 없는
inexorable [inéksərəbl]	a 거침없는
infatuated [infǽtʃuèitid]	a 푹 빠진, 몰입한
inscrutable [inskrúːtəbl]	a 수수께끼 같은
insipid [insípid]	a 재미없는, 지루한, 활기 없는
intrepid [intrépid]	a 두려움 없는
livid [lívid]	a 격노한, 화난
macabre [məkáːbrə]	a 무시무시한, 소름 끼치는
maudlin [mɔ́ːdlin]	a 감상적인, 넋두리를 하는

목표 점수대별 어휘

500점 어휘

meek [miːk]	ⓐ 얌전한, 유화한, 온순한, 참을성 있는
mellow [mélou]	ⓐ 부드러운, 그윽한
mollify [máləfài]	ⓥ 달래다, 진정시키다
mulish [mjúːliʃ]	ⓐ 고집불통의
myopic [maiápik]	ⓐ 근시안적인
obdurate [ábdʒurit]	ⓐ 완고한, 고집 센
obnoxious [abnákʃəs]	ⓐ 불쾌한, 역겨운, 추악한; 비난할 만한
pan [pɑn]	ⓥ 혹평하다
panegyric [pæ̀nidʒírik]	ⓝ 칭찬, 찬사
penitential [pèniténʃəl]	ⓐ 뉘우치는, 참회하는
peremptory [pərémptəri]	ⓐ 독단적인
perverse [pərvə́ːrs]	ⓐ 심술궂은
petulant [pétʃələnt]	ⓐ 초조해하는, 성미 급한
poised [pɔizd]	ⓐ 침착한, 자신만만한; 균형이 잡힌
presumptuous [prizámptʃuəs]	ⓐ 주제 넘는, 건방진
racy [réisi]	ⓐ 독특한; 통쾌한, 짜릿한; 신랄한; 음란한, 선정적인
rapacious [rəpéiʃəs]	ⓐ 탐욕스러운
recalcitrant [rikǽlsitrənt]	ⓐ 반항하는
reprehensible [rèprihénsəbl]	ⓐ 비난 받을 만한
risible [rízəbl]	ⓐ 우스꽝스러운
rueful [rúːfəl]	ⓐ 후회하는, 유감스러운
sappy [sǽpi]	ⓐ 감상적인; 수액이 많은
slanderous [slǽndərəs]	ⓐ 중상하는; 명예를 훼손하는
smothering [smʌðəring]	ⓐ 숨막히는, 질식시키는
tactful [tǽktfəl]	ⓐ 요령 있는, 재치 있는
testy [tésti]	ⓐ 짜증을 잘 내는
unwitting [ʌnwítiŋ]	ⓐ 자신도 모르는, 부지불식간의
vapid [vǽpid]	ⓐ 흥미롭지 못한, 맥 빠진
yellow [jélou]	ⓐ 겁이 많은, 비겁한
writhe [raið]	ⓥ (고통으로) 온몸을 비틀다

	600점 어휘	

aerated [ɛ́ərèitid]	ⓐ 화난, 흥분한
aplomb [əplám]	ⓝ 침착함
bowl over	phr 놀라게 만들다, 흥분되게 만들다
buffoonish [bəfúːniʃ]	ⓐ 우스꽝스러운, 익살스러운
bumptious [bʌ́mpʃəs]	ⓐ 무례한
cheeky [tʃíːki]	ⓐ 건방진
consternation [kὰnstərnéiʃən]	ⓝ 실망
flabbergasted [flǽbərgæstid]	ⓐ 크게 놀란
flinch [flinʧ]	ⓥ (고통, 공포로) 주춤하다
forlorn [fərlɔ́ːrn]	ⓐ 쓸쓸해 보이는, 황량한
fray [frei]	ⓥ (신경이) 곤두서다
frazzled [frǽzld]	ⓐ 기진맥진한, 녹초가 된
gleeful [glíːfəl]	ⓐ 기쁜, 신이 난
invective [invéktiv]	ⓐ 비방하는, 경멸적인
ireful [áiərfəl]	ⓐ 화가 난
jaded [dʒéidid]	ⓐ 물린, 싫증난
jaunty [dʒɔ́ːnti]	ⓐ 쾌활한
miffed [mift]	ⓐ 약간 화가 난, 짜증난
moot [muːt]	ⓐ 논란의 여지가 있는
mordant [mɔ́ːrdənt]	ⓐ 신랄한, 통렬한
obfuscate [ɑbfʌ́skeit]	ⓥ 혼란스럽게 하다, 애매하게 만들다
obsequious [əbsíːkwiəs]	ⓐ 아부하는
pejorative [pidʒɔ́(ː)rətiv]	ⓐ 비방하는, 경멸적인
slipshod [slípʃɑd]	ⓐ 대충하는, 엉성한
spooky [spúːki]	ⓐ 섬뜩한, 무서운
spunky [spʌ́ŋki]	ⓐ 용기 있는, 원기 왕성한; 화를 잘 내는, 성마른
swaying [sweiŋ]	ⓐ 마음을 흔드는
tantrum [tǽntrəm]	ⓝ 짜증, 화
winsome [wínsəm]	ⓐ 애교 있는
woozy [wú(ː)zi]	ⓐ (술 따위로) 머리가 띵한; 기분이 좋지 않은, 기운이 없는

DAY 14

학교·교육

칭찬과 질책의 긍정 및 부정의 동사들을 잘 구분해두어야 하며, 명사들은 기본 문제로 출제된다.

오늘의 단어 듣기
들으면서 암기하세요!

나의 학습노트

1회 암기			2회 암기			3회 암기		
날짜	월	일	날짜	월	일	날짜	월	일
시간	시	분	시간	시	분	시간	시	분

01 ★★★
get away with

phr 1)~을 교묘히 모면하다, (들키지 않고) 수행하다, (책임·처벌을) 면하다 2)~을 훔쳐 달아나다

1)A: I can't believe Jerry keeps cheating on his exams.
Jerry가 시험에서 부정행위를 하다니 믿을 수가 없어.
B: It's not right. He is not going to **get away with** it when our teacher catches him.
옳지 않지. 우리 선생님이 그를 잡아내면 부정행위를 모면할 수 없을 거야.

02 ★★★
stern
[stəːrn]

ⓢ rigorous, rigid, strict, stringent

ⓐ 엄격한, 단호한, 심각한

A: Ms. Smith is well known for being strict in her class.
Smith 씨는 수업에서 엄격하기로 잘 알려져 있어.
B: Yes, right. She certainly is a **stern** teacher.
그래, 맞아. 그녀는 확실히 단호한 선생님이야.

> 🔍 기출 포인트
>
> 어휘 영역에서 출제 빈도가 상당히 높은 '엄격한, 단호한'의 의미를 나타내는 형용사인 rigid, rigorous, strict, stringent는 모두 빈번히 출제된다. 또한 이 형용사들은 discipline(규율), law(법), standard(기준), rule(규율), regulations(규칙, 법령)을 수식하는 문제로 가장 많이 출제된다.

03 ★★★
grasp
[græsp]

ⓢ 1)comprehend, understand 2)seize

ⓥ 1)파악하다(comprehend), 이해하다(understand); 2)움켜잡다

1)Algebra is the most difficult subject for me and hard to **grasp**.
대수학은 내게 가장 어려운 과목이고 이해하기 어렵다.

2)A: Do you need me to explain last night's homework to you again?
내가 너에게 어젯밤 과제를 다시 설명할 필요가 있니?
B: Yes, please. I didn't quite **grasp** it the first time you explained.
응, 부탁해. 네가 처음 설명했을 때 그것을 이해하지 못했어.

ⓝ 이해, 파악; 움켜쥠

04 ★★★

knack
[næk]

n 요령, 재주

Although Mike has never taken any photography classes, he had a **knack** for taking wonderful photos.

비록 Mike가 사진 수업을 들은 적은 없지만, 그는 멋진 사진을 찍는 요령을 알고 있다.

> 📊 **빈출 기출 표현** '요령(방법)을 터득하다' 관련 표현
>
> get the knack of / get the hang of

---

05 ★★★

smug
[smʌg]

a 우쭐대는, 의기양양한, 잘난 체하는

Greg was **smug** with self-satisfaction after he got A's in all of his midterm exams.

Greg는 중간 고사에서 모두 A 학점을 받은 후에 자기 만족으로 우쭐댔다.

---

06 ★★★

pertinent
[pə́:rtənənt]

⑩ impertinent **a** 부적절한

a (특정 상황에) 적절한(to), 관련 있는

If you have read the book, it will be easy for you to answer all the **pertinent** questions in the exam.

여러분이 그 책을 다 읽는다면, 모든 시험 관련 질문들에 답변을 하기 쉬울 것이다.

> 📊 **빈출 기출 표현** ~와 관련 있다
>
> be pertinent to / be relevant to / be germane to

---

07 ★★★

disconcerted
[dìskənsə́:rtid]

ⓢ perplexed, baffled, bewildered, bemused, confounded, puzzled

v 어리둥절하게 하다, 당혹스럽게 하다

A: I had a hard time understanding what to do for this assignment.

이 과제를 위해 무엇을 해야 할지 이해하기 어려웠어.

B: Yes, me too. I was also **disconcerted** by it.

그래, 나도. 나는 그것 때문에 어리둥절했어.

> 💡 **암기Tip** 연상/확장 암기법
>
> 시험시간에 cheating(부정 행위)을 저지른 학생을 발견하면, go by the book(원칙대로 하다)하여, 가차없이 stern(엄격한)하게 pertinent(적절한)한 처벌을 할 것이라고 했으나, 일부의 학생들은 이를 잘 get away with(걸리지 않고 잘 넘어가다)한다.

08 ★★★

punctilious

[pʌŋktíliəs]

(동) meticulous, scrupulous

ⓐ 꼼꼼한, 섬세한

My parents are <u>attentive</u> and **punctilious** about me doing my homework every night.

나의 부모님들은 매일 밤 내가 과제 하는 것에 신경 쓰시며 꼼꼼하신 편이다.

> **기출 포인트** 〉 유사 어휘
>
> punctilious ⓐ 꼼꼼한
> punctual ⓐ 시간을 엄수하는
> puncture ⓥ 구멍을 내다 ⓝ 구멍

09 ★★★

fundamental

[fʌ̀ndəméntəl]

(동) ¹⁾basic, rudimentary, elementary ²⁾primary, original
(반) advanced

ⓐ ¹⁾기초적인, 기본적인 ²⁾초기의, 처음의

Even though I have **fundamental** skills of music, I am determined to <u>improve and be better</u> at it.

비록 내가 기초적인 음악 능력이 있긴 하지만, 그것을 향상시키고 더 능숙하게 하기로 결심했다.

> **기출 포인트**
>
> '기본적인, 기초적인'은 아직 완숙된(developed) 단계가 아닌 undeveloped(미발달한)의 단계이지만, '모자란, 부족한, 떨어지는'의 의미가 아닌, '기저가 되는, 없어서는 안 될, 꼭 필요한'의 의미로 쓰일 수 있음을 주의해야 한다.

10 ★★★

insinuate

[insínjuèit]

(동) ¹⁾imply, hint, intimate, indicate ²⁾instill

ⓥ ¹⁾암시하다, 넌지시(완곡히) 말하다 ²⁾교묘히 주입시키다 ³⁾교묘히 ~한 상황으로 이끌다(bring/introduce ~into)

¹⁾A: Did Lisa pass her final exam?
Lisa가 기말 시험을 통과했니?

B: I'm <u>not sure</u> but she **insinuated** that she might have to do it again.
확신할 수는 없지만 그녀가 다시 해야 할수도 있다고 넌지시 말했어.

> **빈출 기출 표현** 〉 insinuate 관련 표현
>
> **insinuate** doubt into a person phr ~에게 의심을 들게 하다
> **insinuate** oneself into favor phr 교묘히 환심으로 이끌다, 환심을 사다

> **암기Tip** 〉 어원 암기법
>
> in(in: 안으로) + sinu(curve: 곡선) + ate(동접)
> ▸ 곡선으로 들어가게 하다 ▸ 암시적으로 나타내다, 완곡히 말하다

11 ★★★

in the same boat

phr 처지가 같은, 운명을 같이하는

A: I got into Oxford University!
나 옥스퍼드 대학에 합격했어.
B: Oh, my! We are **in the same boat** because I got in too!
오, 어머나! 나도 역시 합격했으니 우리는 같은 처지네.

---

12 ★★★

ambivalent

[æmbívələnt]

⑭ ambivalence **n** 양면 가치; 모순
ⓢ equivocal, irresolute

a (태도가) 양면적인, 모순된

When it was time to choose her major, Jane realized she was **ambivalent** about which to choose.
Jane이 전공을 선택할 때, 어느 것을 선택할 지에 대해서 양면적이었다.

> 👍 **기출 포인트** ◀ 유사 어휘
>
> ambivalent **a** 양면적인(ambivalence **n** 양면 가치)
> ambiguous **a** 애매모호한(ambiguity **n** 모호함, 애매모호성)

---

13 ★★★

taunt

[tɔ:nt]

ⓢ jeer, mock, scoff (at), sneer (at)

v 조롱하다, 비웃다, 놀리다

A: I was only joking when I was teasing Jerry.
내가 Jerry를 괴롭힐 때는 그저 장난이었어.
B: You shouldn't do that. To **taunt** someone is the same as bullying.
그러면 안돼. 누군가를 놀리는 것은 괴롭히는 것과 똑같은 거야.

n 조롱, 비웃음, 놀림

---

14 ★★★

foster

[fɔ́(:)stər]

ⓢ ¹⁾encourage, further
  ²⁾bring up, raise, rear

v 조성(양성, 육성)하다, 발전시키다; 키우다, 양육하다

The professor hoped to **foster** a genuine interest in his students to actively participate in the research.
교수는 그의 학생들이 적극적으로 연구에 참여하도록 진정한 관심을 조성하길 바랐다.

15 ★★★

attentive

[əténtiv]

파 attention n 주의, 집중, 주목
inattentive a 주의를 기울이지
않는
동 1)heedful, mindful,
2)polite, considerate,
courteous

a 1)집중하는, 주의를 기울이는 2)공손한, 사려 깊은

A: You really are a considerate teacher towards all
your students.
당신은 정말 모든 학생들에 대해 사려 깊은 선생님이네요.
B: Thank you. I always try to be **attentive** to all my
students.
감사해요. 전 항상 모든 학생들에게 집중을 하려고 노력합니다.

16 ★★★

bewildered

[biwíldərd]

동 perplexed, puzzled,
confounded, baffled

a 당황한

This was not the correct level for my Spanish class,
because I couldn't understand anything and was
completely **bewildered**.
이건 내 스페인어 수업에 적당한 수준이 아니었어, 왜냐하면 난 아무것도
이해할 수 없었고 완전 당황스러웠거든.

> 💡 **암기Tip** ‹ 어원 암기법
> be(thoroughly: 완전히) + wilder(go stray: 길을 잃다) + ed(형접)
> ▸ 완전히 길을 잃은 ▸ 완전 당황한

17 ★★

recount

[rikáunt]

동 1)narrate, relate
2)enumerate

v 1)이야기하다, 말하다 2)열거하다, 나열하다

This subject looks familiar, but I can't **recount** if I
studied this before.
이 주제는 익숙해 보이지만, 내가 전에 이것을 공부했는지는 이야기 할 수
없다.

18 ★★★

implicit

[implísit]

파 implication n 암시, 내포
동 1)insinuated

a 1)암시된, 내포된, 함축성 있는 2)절대적인

When the teacher took out her reading glasses, all the
students took this as an **implicit** sign to take out their
books.
선생님이 돋보기를 꺼냈을 때, 모든 학생들은 이것이 책을 꺼내라는 암시된
표시로 생각했다.

19 ★★★

bolster

[bóulstər]

ⓢ Ⓥ support, buttress, back
Ⓝ buttress

Ⓥ (의견, 주장, 사기를) 지지하다, 강화(보강)하다

If Sarah gets a good grade on her math test, it will really **bolster** her self-confidence.

Sarah가 수학 시험에서 우수한 성적을 받는다면, 그것은 정말로 그녀의 자신감을 강화시킬 것이다.

Ⓝ 받침대, 지지대, 부벽

---

20 ★★

eligible

[élidʒəbl]

ⓢ qualified

ⓐ 자격이 있는

Due to my 3.8 grade point average, I am **eligible** to apply for a scholarship.

나의 평점이 3.8이기 때문에, 나는 장학금을 신청할 자격이 있다.

📈 빈출 기출 표현 ‘~할 자격이 있다’ 관련 표현

be eligible for + N / be eligible to + V

---

21 ★★

hit one's stride

phr 본래의 컨디션(페이스)을 되찾다

A: I finally understand more about biology.

나는 드디어 생물학에 대해 더 많은 것을 이해하게 됐어.

B: See, I told you that if you persevered, you would **hit your stride**.

거봐, 내가 말했잖아, 네가 인내하면 네 본래의 컨디션을 되찾을 거라고.

---

22 ★★

plug[peg] away at

phr ~을 끈기 있게 하다

A: This group project is hard work.

이 그룹 프로젝트는 어려운 작업이야.

B: Yeah, you're right. But If we keep **plugging away at** it, we can finish it this week.

그래, 네 말이 맞아. 하지만 우리가 끈기 있게 한다면, 이번 주에 끝낼 수 있어.

23 ★
distraught
[distrɔ́:t]

⊜ distracted, agitated, deranged, crazed

ⓐ 산만한, 몹시 동요된, 심란한, 완전 제정신이 아닌

I was completely **distraught** <u>after failing</u> the entrance exam to my dream school.

나는 내가 꿈꾸던 학교의 입학 시험에 실패한 후에 완전히 제정신이 아니었다.

> 💡 암기Tip ◀ 어원 암기법
>
> dis(apart: 따로따로)+ tra(tract, draw: 끌어당기다) + aught(과분접) ▸ 따로따로 끌어당겨진, 이리저리 당겨진 ▸ 분산된, 산만한

24 ★★
privileged
[prívəlidʒd]

ⓝ privilege ⓝ 특권, 특혜
underprivileged ⓐ (사회, 경제적으로) 혜택을 받지 못하는

ⓐ 혜택을 받은, 특권을 가진

Students from less **privileged** backgrounds <u>can get funding</u> from the government to attend university.

혜택을 덜 받은 배경의 학생들은 대학을 다니기 위해서 정부로부터 자금을 얻을 수 있다.

> 💡 암기Tip ◀ 연상/확장 암기법
>
> James는 underprivileged(가난한)한 계층이라 반드시 financial aid(재정 지원)를 받아야 하는 상황이라, 장학금 지원을 할 eligible(자격 있는)한 상태가 되기 위해서, 자꾸 distraught(산만한)하게 되는 정신을 좀 더 attentive(집중하는)하려고 지속적으로 plug away at(끈기 있게 하다)했다.

25 ★★
get cracking

phr (일, 움직임을) 시작하다, 좀 더 서둘러 일하다[움직이다]

A: We'd better **get cracking** with our dissertations.

우리 박사 논문을 시작하는 게 좋을 듯해.

B: Yes, you're right. Let's <u>start</u> on them tonight.

그래, 네 말이 맞아. 오늘 밤에 시작하자.

26 ★★
matriculate
[mətríkjəlèit]

ⓥ 대학에 입학하다

Only the best and the brightest can **matriculate** <u>at Ivy League universities</u>.

가장 우수하고 가장 총명한 사람들만이 아이비 리그 대학에 입학할 수 있다.

27 ★★

counsel

[káunsəl]

(파) counselor n 상담사

v 상담을 하다

A: Did you decide what you want to major in when you get to university?
너 대학에 가서 무엇을 전공하고 싶은지 결정했니?

B: I haven't decided yet, but our school guide will **counsel** me in a meeting tomorrow to <u>give me some advice</u>.
아직 결정 못했지만, 우리 학교 지도 선생님이 나에게 몇 가지 충고를 해주기 위해 내일 면담에서 나를 상담해주실 거야.

n (전문가의) 상담, 조언, 충고

> 👆 **기출 포인트** 유사 어휘
>
> counsel **v** 상담을 하다 **n** 상담, 조언
> consul **n** (외교관) 영사
> council **n** (자치단체의) 의회

28 ★★

forbid

[fərbíd]

(파) forbiddance n 금지(하기)
(동) prohibit, ban

v 금(지)하다, 못하게 하다

My parents **forbade** me <u>from playing computer games</u> until I finished my exams.
우리 부모님은 내가 시험을 끝낼 때까지는 컴퓨터 게임을 하지 못하게 하셨어.

29 ★★

pending

[péndiŋ]

(동) unresolved, undecided, unsettled
(반) finalized, decided, resolved

a 미결정의, 보류중인

A: Did you <u>hear any news</u> about doing a semester in France?
너 프랑스에서 한 학기 보내는 것에 관한 소식 들었니?

B: Not yet. The application is still **pending**.
아직. 지원서가 여전히 보류 상태야.

> 👆 **기출 포인트** pending 관련 표현
>
> **pending a** 미결된, 미정의
> im**pending a** 임박한, 곧 닥칠(= imminent)

30 ★
stunt
[stʌnt]

v ¹⁾성장(발달)을 저해하다 ²⁾곡예(묘기)를 하다

¹⁾All study and no play will **stunt** <u>a child's happiness and motivation</u>.
공부만 하고 놀지 않는 것은 아이의 행복과 동기 부여를 저해할 것이다.

n ¹⁾성장(발달) 정지, 성장(발달) 저해; ²⁾성장 저해 식물 또는 동물; ³⁾묘기, 곡예

---

31 ★
down the drain

phr 수포로 돌아간, 헛수고가 된

A: I spent all night studying a topic which never came up in the exam.
나는 밤새 시험에 절대 나오지 않은 주제를 공부하느라 시간을 보냈어.
B: That was <u>a lot of time wasted</u> **down the drain**.
소비한 많은 시간이 수포로 돌아갔네

> 📊 **빈출 기출 표현** 〈 drain 관련 표현
>
> go down the **drain** **phr** 수포(헛수고)로 돌아가다, 못쓰게 되다
> pour(throw) money down the **drain** **phr** 돈을 헛되이 막 쓰다

---

32 ★
reek
[riːk]

⑤ **v** ¹⁾stink
n stench, stink

v ¹⁾악취가 나다 (of), 악취를 풍기다; ²⁾의심스런 기미가 나다

Our school had a problem with <u>a blocked drain</u> making our class room **reek** all day long.
우리 학교는 배수가 막힌 문제가 있었는데 교실에 하루 종일 악취가 나게 했다.

n 악취, 냄새

---

33 ★
dead ringer

phr 똑같이 닮은 사람

Our headmaster is a **dead ringer** for Professor Snape in *Harry Potter* and <u>looks just like</u> him.
우리 교장 선생님은 해리포터의 스네이프 교수를 똑같이 닮은 사람이고 꼭 그처럼 생겼다.

34 ★

contingent on[upon]

ⓐ ~에 달려있는, ~의 여부에 따라

College admission is **contingent** <u>upon</u> a high school diploma, a high grade point average, and a minimum college exam score.

대학 입학은 고등학교 학위, 높은 평균 평점, 그리고 최소 대학 시험 점수에 달려있다.

Daily Check-up

Choose the best answer.

2초 check-up

01 Sam hates that some classmates (taunt, acclaim, coax) him about his ugly appearance.

02 The student was so (tacit, bewildered, solemn) that he didn't know what to say.

03 The study based on actual experiments (bolsters, disburses, wields) the convincing argument.

04 If your GPA is over 3.5, you are (implicit, eligible, probationary) to apply for a scholarship.

05 Some parents impose a curfew, (forbidding, persuading, presuming) their child from hanging around late at night.

5초 check-up

06 A: Mike seems to have the _____ of baking bread.
B: Yes, he is a talented baker.

    (a) anesthesia   (b) knack
    (c) flaw   (d) insensibility

07 A: I think our school rules are very strict.
B: Well, it is imperative to be _____ in order to keep our school running efficiently.

    (a) lenient   (b) reasonable
    (c) stern   (d) flexible

08 A: Brian is too arrogant to listen to other students.
B: Right, he is quite pompous and _____.

    (a) humble   (b) smug
    (c) unpretentious (d) condescending

09 Students need to read more documents that are _____ to their research, and not unrelated topics.

    (a) pertinent   (b) pretending
    (c) digressive (d) tangential

10 My professor usually _____ that she wants us to do something again, and does not tell us directly.

    (a) elaborates (b) insinuates
    (c) publicizes (d) instigates

11 Professor Faulkner is so _____ that he is always obsessed with every single detail.

    (a) subordinate (b) punctilious
    (c) punctual   (d) docile

12 Most college freshmen are _____ about starting school life, feeling excited but also fearful.

    (a) dogged   (b) partial
    (c) querulous (d) ambivalent

[정답] **01.** taunt **02.** bewildered **03.** bolsters **04.** eligible **05.** forbidding **06.** (b) **07.** (c) **08.** (b) **09.** (a) **10.** (b)
    11. (b) **12.** (d)

목표 점수대별 어휘

400점 어휘	
alumnus [əlʌ́mnəs]	n 동창 (*pl.* alumni)
audit [ɔ́ːdit]	v 1)청강하다 2)(회계) 감사를 하다
colloquium [kəlóukwiəm]	n 학회, 세미나
corporal punishment	phr 체벌
credential [kridénʃəl]	n 자격증명서
degree [digríː]	n 학위
diploma [diplóumə]	n 졸업증서, 학위증서
discipline [dísəplin]	n 학과 학문분야
dropout [drápàut]	n 중퇴(자)
empirical [empírikəl]	a 경험적인; 실험성의
enrollment [inróulmənt]	n 등록 ⓢ registration
faculty [fǽkəlti]	n 교수(진), 특정 능력
fraternity [frətə́ːrnəti]	n 남학생 사교 클럽
intensive [inténsiv]	a 집중적인, 철저한,강화하는
kindergarten [kíndərgàːrtən]	n 유치원
liberal arts	phr 인문학
notification [nòutəfəkéiʃən]	n 통지(서), 공고문
overlook [óuvərlùk]	v 1)~을 간과하다, 무시하다 2)위에서 내려다 보다
precocious [prikóuʃəs]	a 발육이 빠른, 조숙한, 이른
prerequisite [prì(ː)rékwizit]	n 선행 조건, 전제
roll book	n 출석부(attendance book)
session [séʃən]	n 1)수업 2)기간, 회기
skimming [skímiŋ]	n 스치며 읽어내기
sophomore [sáfəmɔ̀ːr]	n 2학년
sorority [sərɔ́(ː)rəti]	n 여학생 클럽
suspense [səspéns]	n 정학, 중지
syllabus [síləbəs]	n 강의 계획서
tenure [ténjuər]	n 교수직 보유[유지], 정규 교수직
task [tæsk]	v (하는 일을) 맡다, ~의 일을 수행하다
transcript [trǽnskript]	n 성적표

500점 어휘	
absorb knowledge	phr 지식을 흡수하다(받아들이다)
absurd [əbsə́ːrd]	a 불합리한, 모순된, 어리석은
accomplish [əkʌ́mpliʃ]	v (일, 계획을) 성취하다, 달성하다
apply for	phr (학교, 장학금을) 지원하다, 신청하다
authorized [ɔ́ːθəràizd]	a 공인된, 인정받은
arrested development	phr 성장(발육) 저해
awry [ərái]	a 엉망인, 빗나간
bully [búli]	v (약자를) 괴롭히다, 왕따시키다 n 괴롭히는 사람
caliber [kǽləbər]	n 재간, 역량, 자질; (총포의) 구경
commencement ceremony	phr 학위 수여식
count toward	phr ~로 가산되다(포함되다)
delineated [dilínièitid]	a 상세하게 기술된
dissertation [dìsərtéiʃən]	n (박사) 논문 cf. thesis 석사 논문; paper (학기에 쓰는) 리포트
dyslexia [disléksiə]	n 난독증
effect [ifékt]	n 영향, 효과; 결과
eminent [émənənt]	a 저명한
emulate [émjəlèit]	v (흠모하는 대상을) 모방하다
enrollment [inróulmənt]	n 등록
entitle [intáitl]	v 자격을 부여하다
escapade [éskəpèid]	n 무모한 장난[행동], 일탈
exigent [éksidʒənt]	a 위급한, 급박한 ⓢ pressing
exponent [ikspóunənt]	n (사상, 학설 등의) 주창자, 옹호자
fling [fliŋ]	v 내던지다, (욕설을) 퍼붓다
forgo [fɔːrgóu]	v 삼가다, 포기하다
immerse oneself in	phr ~에 몰두[몰입]하다
incongruous [inkʌ́ŋgruəs]	a 일치하지 않는, 부조화의, 부조리의
instill knowledge	phr 지식을 주입시키다[서서히 스며들게 하다]
intricate [íntrəkit]	a 뒤얽힌, 얽히고 설킨
juvenile delinquency	phr 청소년 비행
leering [líəriŋ]	a 곁눈질하는

500점 어휘

mandatory course	phr 필수 과목, 의무 과목
mischief [místʃif]	n 장난, (작은 성가심을 야기시키는) 짓궂은 행동
motivation [mòutəvéiʃən]	n 자극, 동기부여
neglected [niglέktid]	a 방치된, 도외시된
negligent [néglidʒənt]	a 부주의한, 태만한
obedient [oubí:diənt]	a 순종적인
obstacle [ábstəkl]	n 장애(물)
optional course	phr 선택 과목
outcome [áutkʌm]	n 결과
outlook [áutlùk]	n 관점, 세계관, 전망(prospect)
patronizing [péitrənàiziŋ]	a 은인인체하는, 생색내는; 거만한
proficient [prəfíʃənt]	a 숙련된, 능숙한
protract [proutrǽkt]	v 오래 끌다, 연장하다
push around	phr 괴롭히다, 차별대우하다
quiescent [kwaiésənt]	a 조용한, 진행이 중단된
refute [rifjú:t]	v 논박하다, 반박하다
remonstrate [rimánstreit]	v 항의하다, 불평하다
sabbatical [səbǽtikəl]	n 안식 기간
screening [skrí:niŋ]	n 상영, 방영
segregated [ségrəgèitid]	a 분리된, 격리된, 갈라진
strong suit	phr 강점, 장점, 특기
subsume [səbsjúːm]	v 포함하다, 포괄하다
surmise [səːrmáiz]	v 추측하다
surpass [sərpǽs]	v ~을 능가하다
take a year off	phr 1년을 쉬다, 휴학하다
temper [témpər]	v ~로 완화시키다 (with), 달래다
tome [toum]	n (무겁고 두꺼운, 학술적인) 책
underpin [ʌ̀ndərpín]	v 지지하다, 응원하다, 강조하다
usher [ʌ́ʃər]	v 안내하다, 예고하다
wrangle [rǽŋgl]	v 언쟁을 벌이다

600점 어휘

admonish [ædmániʃ]	v 질책하다
bluster [blʌ́stər]	n 고함, 호통
devolve [diválv]	v (책임, 의무 따위를) 양도하다, 위임하다, 넘겨주다, 맡겨지다
feckless [féklis]	a 1)무기력한, 무책임한 2)소용없는, 헛된(futile)
flounder [fláundər]	v 허둥대다, 실수하다, 간신히 해내다
garble [gáːrbl]	v 혼돈하다, 잘못 이해하다; 왜곡하다
get the ax	phr 해고, 퇴학, 딱지 맞다, (예산이) 삭감되다, 축소되다
glib [glib]	a 입에 발린, 그럴듯한
gripe [graip]	v 투덜대다, 불평을 하다
herald [hérəld]	v 예고하다, 알리다
hit the ceiling(roof)	phr 몹시 화내다
hound [haund]	v 따라다니며 괴롭히다
incense [ínsens]	v 1)몹시 화나게 하다, 격노하게 하다; 2)격노하다 3)~의 향기를 풍기다
interject [ìntərdʒékt]	v 말참견을 하다, 끼어들다
learn the ropes	phr ~에 대해 알게 되다, 요령을 알게 되다
loiter [lɔ́itər]	v (목적 없이) 시간을 보내다, 배외하다
negate [nigéit]	v 부인하다
onerous [ánərəs]	a 아주 힘든
peeve [piːv]	v 화나게 하다, 성질 나게 하다
peruse [pərúːz]	v 정독하다, 숙독하다
postulate [pástʃəlit]	v ~을 상정하다
proffer [práfər]	(충고, 설명을) 내놓다
pugnacious [pʌgnéiʃəs]	a 싸우기 좋아하는, 호전(공격)적인 (= bellicose, belligerent)
purportedly [pərpɔ́ːrtidli]	adv 알려진 바에 따르면, 소문에 의하면
recapitulate [rìːkəpítʃəlèit]	v 개요를 말하다
retort [ritɔ́ːrt]	v 응수하다, 대꾸하다, 쏘아붙이다
revere [rivíər]	v 경의를 표하다. 숭배하다
secede [sisíːd]	v 탈퇴하다; 분리하다
tacit [tǽsit]	a 암묵적인
truculent [trʌ́kjələnt]	a 반항적인, 약간 공격적인

회사·업무

구직, 실직, 이직, 은퇴 등의 상황이나 업무 파악, 업무 처리 등의 상황을
잘 구분해서 기억해 두어야 한다.

오늘의 단어 듣기
들으면서 암기하세요!

나의 학습노트

1회 암기		
날짜	월	일
시간	시	분

2회 암기		
날짜	월	일
시간	시	분

3회 암기		
날짜	월	일
시간	시	분

01 ★★★

hunch

[hʌntʃ]

🔵 premonition (주로 불길한) 예감

🔲 예감, 직감, 느낌

A: Do you have any idea about what our boss will say in the meeting?
너는 우리 사장님께서 회의에서 무슨 말을 하실지 아는 바 있니?
B: Well, not really. But I have a **hunch** he will talk about our poor sales.
음, 확실히는 몰라. 하지만 우리의 저조한 판매에 대해 얘기할 것 같은 예감이 들어.

🔲 (등을) 구부리다

> 🔵 빈출 기출 표현 〈 **hunch** 관련 표현
>
> I have a **hunch** on it. 그것에 대한 예감이 든다.

02 ★★★

maneuver

[mənúːvər]

🔵 ploy, tactic, ruse, subterfuge, wiles

🔲 계책, 술책

Our manager often uses the **maneuver** of a bonus to get us to work harder but he delivers on his promise.
우리 매니저는 간혹 우리가 더 열심히 일하도록 하려고 보너스를 술책으로 이용하기도 하지만 자신이 한 약속은 이행한다.

🔲 책략을 쓰다, 교묘히 처리하다

> 💡 암기Tip 〈 어원 암기법
>
> man(manu, hand: 손) + euver(operate: 작동시키다)
> ▶ 손으로 작동시키다, 손으로 조작하다 ▶ 교묘히 처리하다

03 ★★★

reconcile

[rékənsàil]

🔵 reconciliation 🔲 조정, 일치, 화해

🔲 조정하다, 맞추다, ~와 일치시키다, 화해시키다,

A: Mike and Dave are still not speaking after last week's argument.
Mike와 Dave는 지난 주 다툼 이후로 여전히 말을 하지 않고 있어.
B: Oh dear. They need to **reconcile** in order for us all to work together.
이런 세상에. 우리 모두가 함께 일을 하려면 그들이 꼭 화해를 해야 해.

> 💡 암기Tip 〈 어원 암기법
>
> re(again: 다시) + council(bring together: 함께하게 하다)
> ▶ 다시 함께하게 하다, 다시 조합시키다, 다시 화해시키다

04 ★★★
mistreat
[mistríːt]

Ⅴ 학대하다, 혹사시키다, 막 대하다

To take advantage of or **mistreat** employees is <u>a big problem and illegal</u> in most countries.

고용인들을 이용하거나 학대하는 것은 대부분의 나라에서 큰 문제이며 불법이다.

---

05 ★★★
assume
[əsjúːm]

๏ assumption ⓝ (책임, 권력, 의무의) 인수, 장악; 추정, 상정
ⓢ ¹⁾take over(on), undertake, ²⁾guess, presume, surmise, estimate

Ⅴ ¹⁾(책임, 권력, 의무 등을) 떠맡다 ²⁾추정하다, 가정하다

With me being the team leader, I **assumed** full <u>responsibility</u>.

내가 팀의 리더가 되면서, 나는 전 책임을 떠맡았다.

> 💡 암기Tip 〈 어원 암기법
> as(ad: to) + sume(take up) ▸ 취하다, 떠맡다

> ✋ 기출 포인트 〈 -sume 관련 표현
> as**sume** Ⅴ 떠맡다; 추정하다
> pre**sume** Ⅴ 추정하다, 짐작하다
> re**sume** Ⅴ 개시하다
> con**sume** Ⅴ 소모하다

---

06 ★★★
unfetter
[ʌnfétər]

ⓢ unbridle

Ⅴ 수갑을 풀다, 구속을 풀다, 규제하지 않다

The CEO was **unfettered** <u>by regulations</u>, embezzled money, and wronged his company.

그 최고 경영자는 규정에 의해 규제를 받지 않았고, 공금을 횡령하며, 자신의 회사에 해를 끼쳤다.

---

07 ★★★
perk
[pəːrk]

๏ perky ⓐ 활기찬, 생기 넘치는
ⓢ benefit, perquisite(s)

ⓝ (주로 pl.) 혜택, 특전

A: I got <u>a company car and a brand new cell phone</u> with my new job!

나는 새 직장과 함께 회사차와 신형 휴대폰을 받았어!

B: Wow. Those are some great company **perks**.

우와. 대단한 회사 혜택이다.

Ⅴ 기운을 회복하다(up), 활발해지다; 뽐내다, 으스대다

---

08 ★★★

wrap up

ⓢ wind up, end, finish, complete

🔲 1)마무리 짓다, 끝내다 2)~을 감싸다, 포장하다

Our manager said we can **wrap up** after lunch and start our Christmas holidays early.

우리 매니저는 우리가 점심 식사 후에 마무리를 지을 수 있고 크리스마스 휴가를 일찍 시작할 수 있다고 말했다.

> 📊 **빈출 기출 표현** wrap ~ up 관련 표현
>
> wrap oneself up 🔲 따뜻하게 옷을 감싸다[챙겨입다]

> ✋ **기출 포인트** 유사 어휘
>
> wrap up 🔲 마무리 짓다
> end up ~ing / end up in + N 🔲 결국 ~하게 되다

---

09 ★★★

vocation

[voukéiʃən]

ⓟ avocation ⓝ 취미
ⓢ calling, profession, occupation

🔲 천직, 소명, 소명의식

Because I love sharing knowledge, I chose teaching as my life's **vocation**.

나는 지식을 공유하는 것을 좋아하기 때문에, 가르치는 것을 내 인생의 천직으로 선택했다.

---

10 ★★★

catch on

ⓢ 1)understand, grasp, comprehend
2)become popular, boom

🔲 1)이해하다, 파악하다, 알아듣다; 2)유행하다

1)A: How is the new secretary doing?

새 비서는 어떻게 하고 있니?

B: He's doing well. He's **catching on** and learning really quickly.

잘하고 있어. 그는 정말 빨리 이해하고 습득하고 있어.

> 📊 **빈출 기출 표현** catch 관련 표현
>
> **catch** up with +사람/사물 🔲 ~을 따라잡다, 뒤따라 가다
> **catch** up with him 🔲 그를 뒤따라 잡다
> **catch** up on 🔲 밀린 일을 만회하다
> **catch** up on sleep 🔲 밀린 잠을 자다
> **catch** up on the paperwork 🔲 밀린 서류 작업을 하다

---

11 ★★★

cryptic

[kríptik]

ⓢ secret, puzzling, enigmatic, ambiguous, obscure

🔲 비밀의, 숨은, 암호 같은, 수수께끼 같은, 애매한

A: Did you understand what our manager just said?

너 우리 매니저가 방금 했던 말 이해했니?

B: Not really. His **cryptic** comment left me confused.

아니. 그의 암호 같은 말은 나를 혼란스럽게 했어.

12 ★★★

curtail

[kə(:)rtéil]

(동) abridge, reduce, diminish

V 줄이다

Regretfully, moving office buildings is sure to **curtail** our work output for a couple of weeks.

안타깝게도, 사무실 건물을 옮기는 것은 2주간 우리의 업무 생산량을 줄이는 것이 확실하다.

> **암기Tip 어원 암기법**
>
> curt(short: 짧게 하다) + tail(tail: 꼬리, 끝)
> ▸ 끝을 짧게 하다 ▸ 줄이다

13 ★★★

map out

(동) plan, organize

phr 계획하다, 준비하다

A: We need to make an organized plan for tomorrow's presentation.

우리는 내일 발표를 위해서 정리된 계획을 짤 필요가 있어.

B: Let's have a meeting at 3 p.m. to **map out** how to do things.

오후 3시에 만나서 어떻게 할지 계획을 세우자.

14 ★★★

sift

[sift]

(동) 1)sieve
2)examine, scrutinize, inspect

V 1)체로 치다, 거르다 2)면밀히 검사하다

1)A: Do you have your expense receipts from your business trip?

출장에서의 비용 영수증들을 갖고 있나요?

B: Give me a second to **sift** through them and organize them for you.

추려내서 정리해서 드릴 테니 잠시만 기다려주세요.

15 ★★★

tyro

[táiərou]

(동) novice, neophyte, rookie

n 초보자

A: Do you have any experience in the cosmetic field?

화장품 분야에서의 경력이 있나요?

B: No, I don't. I am a **tyro**, but I can assure you that I will learn quickly.

아니요, 없습니다. 저는 초보자이지만 빨리 익힐 수 있을 거라고 확신할 수 있습니다.

> **기출 포인트**
>
> – tyro, novice, neophyte, rookie, apprentice n 초보자
> – maven, pundit, connoisseur, expert, specialist, veteran
>   n 전문가, 대가

16 ★★★

agitated

[ǽdʒitèitid]

파 agitating a 동요시키는, 선동적인
agitation n 불안, 동요

ⓐ 동요된, 불안해하는

Our manager felt <u>nervously</u> **agitated** when Mitch was late for work and did not answer his phone.

우리 매니저는 Mitch가 지각하고 전화도 받지 않았을 때 신경질적으로 불안해했다.

---

17 ★★★

dispel

[dispél]

동 banish, eliminate

ⓥ 몰아내다, 타파하다, 척결하다

The director of our company organized a meeting to **dispel** <u>the groundless rumors</u> about our company being bought out.

우리 회사 임원은 우리 회사가 매각된다는 근거 없는 소문을 몰아내기 위해 회의를 마련했다.

> 💡 **암기Tip** 〈 어원 암기법
>
> dis(apart: 따로 떼어서) + pel(drive: 몰다)
> ▸ 따로 떼어 몰다 ▸ 몰아내다, 없애다

---

18 ★★★

critical

[krítikəl]

파 critic n 비평가, 평론가
criticism n 비평, 평론
동 1)captious, censorious,
carping, faultfinding,
caviling
2)significant, vital, crucial,
indispensable
3)urgent

ⓐ 1)비판적인, 비난하는 2)중요한 3)위급한

1)A: There are so many good candidates this year.
올해는 훌륭한 후보들이 매우 많네.
B: Yes, you're right. We need to be **critical** with all the resumes <u>to select the best one</u>.
그래, 맞아. 우리는 최고의 후보를 뽑기 위해 모든 이력서들에 비판적일 필요가 있어.

> 📊 **빈출 기출 표현** 〈 critical 관련 표현
>
> be in **critical** condition phr 위급한 상태이다
> It is **critical** that s+v phr ~하는 것은 중요하다

---

19 ★★

recoup

[rikú:p]

동 recover, regain, retrieve,
redeem, get back, make up

ⓥ 되찾다, 회복하다, 만회하다

A: Are you OK? You were sick for over a week.
너 괜찮니? 일주일 넘게 아팠다며.
B: I'm not <u>fully better</u>, but I need to **recoup** at work because I have so much to catch up on.
완전히 회복된 건 아니지만, 만회해야 할 일이 너무 많아서 일하면서 회복해야 해.

20 ★★
make out
ⓢ catch, understand, grasp, comprehend,

phr 1)파악하다, 이해하다 2)식별하다 3)잘 해 나가다

A: Well, that meeting was a waste of time.
음, 저 모임은 시간 낭비였어.
B: Yes, I can't **make out** why we had it in the first place.
그래, 왜 우리가 그것을 우선으로 했는지 이해할 수가 없어.

> 📊 빈출 기출 표현 ❬ make 관련 표현
>
> **make** up with phr ~와 화해하다
> **make** up for phr ~을 벌충하다, 보완하다
> **make** off with phr ~을 가지고 도망가다, 훔치다
> **make** believe phr ~인 체하다
> **make** away with phr ~을 해치우다, 제거하다
> **make** over phr 전달하다; 바꾸다

21 ★★
blatant
[bléitənt]
ⓢ flagrant, brazen

a 1)노골적인, 속이 훤히 보이는 2)소란스러운 3)티나는, 요란한

The supervisor's **blatant** disregard for staff welfare led to the result of him being fired.
그 감독관의 직원 복지에 대한 노골작인 무시는 그가 해고되는 결과를 이끌었다.

> 📊 빈출 기출 표현 ❬ blatant 관련 표현
>
> a **blatant** lie phr 속보이는 거짓말
> a **blatant** attempt phr 노골적인 시도
> **blatant** discrimination phr 노골적인 차별
> **blatant** violation phr 노골적인 위반

22 ★★
reinstate
[rì:instéit]

v (직장, 직책으로) 복귀시키다, 복직시키다, 원상태로 회복시키다

Our company refused to **reinstate** our accountant's job until he is proven innocent.
우리 회사는 회계사가 무죄라는 것이 증명될 때까지 그를 그의 직책으로 복귀시키지 않았다.

> 💡 암기Tip ❬ 어원 암기법
>
> re(back: 뒤로) + in(into: ~로) + state(상태, 상황)
> ▶ 어떤 상태로 다시 돌리다 ▶ 회복시키다

23 ★★
pull some strings

phr 연줄을 동원하다, 아는 사람의 힘을 쓰다

A: I would love to work at your company.
나 너희 회사에서 근무하고 싶어.
B: Let me see if I can **pull some strings** and get you an interview.
내가 힘을 써서 네게 인터뷰 기회를 줄 수 있는지 좀 알아볼게.

---

24 ★★
languish

[læŋgwiʃ]

(파) languid a 힘없는, 나른한, 느릿느릿한

v 1)버려지다, 외면되다, 간과되다 2)약화되다, 시들해지다

1)My neglected proposal continued to **languish** on the team manager's desk for over a month.
나의 외면당한 제안서는 한 달이 넘게 팀장님의 책상에 계속해서 버려져 있었다.

---

25 ★★
contingency

[kəntíndʒənsi]

(파) contingent a 우연의
(동) eventuality, chance, incident, emergency

n 우연성, 우발 사태, 비상 사태

A: Oh, no, all the power went out in our office. This is an emergency.
오, 안돼, 사무실의 모든 전기가 나갔어. 이건 비상 사태야.
B: Don't worry. We have **contingency** measures for that and our back-up generators will start up shortly.
걱정하지마. 우리는 그에 대한 비상 사태 조치들이 있고, 비상 발전기들이 곧 가동될 거야.

> 👆 기출 포인트 유사 어휘
>
> contingency n 우연
> contingence n 접촉(contact)

---

26 ★★
cut out for

phr ~에 적임인, 적합한

A: The new intern isn't doing so well.
새 인턴이 일을 그렇게 잘 하고 있지 않아.
B: Yes. I don't think he is **cut out for** this job.
맞아. 나는 그가 이 일에 적임자가 아니라고 생각해.

> 💡 암기Tip 연상/확장 암기법
>
> 새 직원은 tyro(초보자)이지만, 이 일에 딱 맞춰 잘라낸 것처럼 cut out for(적합한)해서, 이 직업이 그에게는 vocation(천직)이며, 하늘이 내린 calling(소명)인 듯하고, 머지않아 이 분야의 maven(전문가)이 될 것으로 기대된다.

27 ★★
liquidate
[líkwidèit]

v (사업체, 빚을) 청산하다, 매각하다, 정리하다

A: What will you do with all your old stock from last season?
지난 시즌의 오래된 주식들은 전부 어떻게 할거야?
B: I was thinking to have a big sale to **liquidate** it all.
그것들을 모두 매각하기 위해서 대량 판매를 하려고 생각 중이었어.

---

28 ★★
hindsight
[háindsàit]

(반) foresight **n** 예지력, 선견지명
cf. in hindsight **phr** 지나고 나서보니

n 뒤늦은 깨달음

In **hindsight**, Mike wished he had answered the interviewer's questions differently which would have gotten him the job.
지나고 나서보니, Mike는 면접관의 질문들에 색다르게 답변을 했었기를 바랐는데 그것은 그에게 직장을 얻게 해줄 수도 있었을 것이다.

---

29 ★
abscond
[æbskánd]

v (몰래) 달아나다, (체포, 법적 처벌을 피해) 도주하다, 종적을 감추다

Accused of embezzling funds, the CEO **absconded** to a different country to escape being charged for his crimes.
자금 횡령으로 고소당한 상태에서, 최고 경영자는 자신의 죄에 대한 처벌을 피하려고 다른 나라로 몰래 달아났다.

---

30 ★
pull off

phr (힘든 일을) 잘 해내다, 성사시키다

A: Wow! I have no idea how we managed to complete that proposal on such short notice.
우와! 우리가 그렇게 급작스러운 통보에 어떻게 제안서를 완성했는지 모르겠어.
B: Yes, right. We managed to **pull it off** through hard work.
맞아. 우리는 노력한 덕택으로 그 일을 잘 해냈어.

31 ★

oblivious

[əblíviəs]

(비) oblivion (n) 망각
(동) unmindful, unaware,
unconscious, forgetful

ⓐ 의식하지 못하는, 인지하지 못하는, 잘 잊어버리는

A: Hey, we need to recycle paper. Please <u>remember</u> not to throw it in the trash.

이봐, 종이는 재활용 해야 해. 제발 쓰레기통에 종이를 버리지 않도록 명심해줘.

B: Oh, I'm sorry. I was completely **oblivious** to that rule.

오, 미안해. 난 그 규율을 완전히 잊고 있었어.

32 ★

importune

[ìmpɔːrtjúːn]

(동) beg, beseech, implore

ⓥ 성가시게 조르다

Realizing that the boss was in one of his rare good moods, I seized the opportunity to **importune** him <u>for a raise</u>.

나는 상사가 드물게 기분 좋은 상태라는 것을 알아차리고, 임금 인상을 해달라고 조를 수 있는 기회를 잡았다.

33 ★

balk

[bɔːk]

(동) 1)hesitate
2)thwart, hinder

ⓥ 1)(생각, 임무 등을) 받아들이기를 주저하다, 멈칫거리다, 망설이다; 2)진로를 방해하다, 좌절시키다

1)A: Well done. You were the only one to <u>confront</u> our boss.

잘했어. 네가 우리 상사와 맞선 유일한 사람이었어.

B: I had to **balk** about working late with no extra pay. It's not fair.

추가 수당 없이 늦게까지 일하는 것에 주저할 수밖에 없었어. 부당하잖아.

34 ★

burn one's bridges

ⓟʰᵗ 결정을 되돌릴 수 없게 만들다, 퇴로할 모든 가능성을 제거하다

A: <u>Refusing</u> to work as a team will not do Jason any favors.

한 팀으로 일하는 것을 거부하는 것은 Jason에게 어떤 호의도 되지 않을 거야.

B: Yes, you're right. He **burned his bridges** with many coworker relationships.

그래 맞아. 그는 많은 동료 관계들을 끊어 버렸어.

암기Tip 연상/확장 암기법

우리 사장님이 자기 조카를 predilection(매우 좋아함)해서 그를 promote(승진시키다)하자, 그의 blatant(노골적인)한 nepotism(친족 동용)에 agitated(불안해하는)한 직원들은 분노하여 관계를 다시 recoup(회복하다) 하거나 reinstate(복귀시키다)하지 못하게 burn one's bridges(결정을 되돌릴 수 없게 만들다) 하는 행동을 했다.

35 ★

meliorate

[míːljərèit]

v 개선하다, 개량하다

The manager's main task was to **meliorate** the work environment by increasing motivation and team spirit.
관리자의 주요 직무는 동기와 팀의 사기를 진작시킴으로써 근무 환경을 개선하는 것이었다.

암기Tip 어원 암기법

melior(better: 더 좋게) + ate(동접) ▸ 더 좋게 만들다 ▸ 개량하다

Daily Check-up

해석/해설 p. 537

Choose the best answer.

⏱ 2초 check-up

01 Business owners should not (mistreat, honor, revere) foreign employees unjustly.

02 Due to a sudden emergency at work, I had to (accrue, recur, curtail) my visit to Italy.

03 Shane is merely a (tyro, martyr, guru) with no job experience whatsoever.

04 We need to (assert, engage, recoup) our reputation at work since we've lost so much credibility.

05 The business owner's (blatant, benign, austere) belittlement for his employees is hard to overlook.

⏱ 5초 check-up

06 A: When do you think my vacation request will be approved?
B: Well, it's _____ on the manager's desk for more than a week.

  (a) meliorated   (b) languished
  (c) edited   (d) absconded

07 A: What do you want to do for a living?
B: I'd like to do some _____ teaching abroad.

  (a) vocation   (b) avocation
  (c) momentum (d) impetus

08 A: Did John do well on his presentation?
B: I haven't heard about that yet, but I have a(n) _____ he did do well.

  (a) hitch   (b) hunch
  (c) mishap (d) anxiety

09 All the information on the Internet should be _____ through to find what is only needed for our research.

  (a) sated   (b) fallen
  (c) generated (d) sifted

10 It is always hard for me to _____ at following a request from my boss.

  (a) recoup   (b) redeem
  (c) balk   (d) venerate

11 Going out of business, the retailer's had to _____ all the entire merchandise.

  (a) launch   (b) liquidate
  (c) repurchase (d) relieve

12 Please remind me about the task later again, as I might be _____ and forget to do it.

  (a) oblivious   (b) obsolete
  (c) observant (d) conscious

[정답] **01.** mistreat **02.** curtail **03.** tyro **04.** recoup **05.** blatant **06.** (b) **07.** (a) **08.** (b) **09.** (d) **10.** (c) **11.** (b)
12. (a)

400점 어휘

admirable [ǽdmərəbl]	[a] 존경스러운, 감탄스러운
advertise one's skills	[phr] 자신의 재능을 알리다, 광고하다
application [æ̀pləkéiʃən]	[n] 지원(서)
award [əwɔ́:rd]	[v] 수여하다, 지급하다
break [breik]	[n] 휴식, 휴가
candidate [kǽndidèit]	[n] 지원자, 후보자
colleague [káli:g]	[n] 동료 [동] coworker
comprehensible [kɑ̀mprihénsəbl]	[a] 이해할 수 있는
dominate [dámənèit]	[v] 지배하다
domineering	[a] 지배적인, 남을 지배하려는, 고압적인
employ [implɔ́i]	[v] ~을 채용하다, 채택하다
employee [implɔiíː]	[n] 고용인, 직원 *cf.* employer [n] 고용주
fire [fáiər]	[v] 해고하다 [n] 해고 [동] dismissal, discharge, lay-off
fundamental [fʌ̀ndəméntəl]	[a] 기본적인, 본질적인
human resources	[phr] 인사부
incentive [inséntiv]	[n] 장려책, 우대금
incite [insáit]	[v] 자극하다, 선동하다
labor [léibər]	[v] 노동하다 [n] (특히 육체적) 노동
necessitate [nəsésitèit]	[v] ~을 필요로 하다
paycheck [péitʃèk]	[n] 급료
payroll department	[phr] 경리부
personnel [pə̀:rsənél]	[n] 직원들
prior experience	[phr] 사전 경험
productive [prədʌ́ktiv]	[a] 생산적인, 결실 있는
relocation [riloˈkeiˌʃən]	[n] 전근, 이전
retirement [ritáiərmənt]	[n] 은퇴, 퇴직
severance [sévərəns]	[n] 은퇴
submit [səbmít]	[v] 1)(문서, 서류 등을) 제출하다 2)굴복하다
undo [ʌndú:]	[v] 무효로 만들다, 실패하게 만들다, 망치다
unemployment [ʌ̀nimplɔ́imənt]	[n] 실직, 실업

500점 어휘	
address one's concern	phr 불만을 제기하다
agenda [ədʒéndə]	n 안건, 의제(topic), 합의사항
analysis [ənǽləsəs]	n 분석
awkward [ɔ́ːkwərd]	a 어색한, 부자연스러운
blunder [blʌ́ndər]	n (바보 같은, 부주의한) 실수
boost confidence	phr 자신감을 북돋우다
brief [briːf]	v ~에 대해 알려주다, 보고하다 a 짧은 기간의; 간단한
come to a consensus	phr 합의에 이르다
commensurate [kəménsərit]	a ~에 상응하는 (with), ~에 비례한 (to)
commitment [kəmítmənt]	n 1)약속 2)헌신, 전념
compensate [kámpənsèit]	v ~을 보상하다, 벌충하다
conference [kánfərəns]	n 회의
confluence [kánfluəns]	n 융합, 합류, 합일
convention [kənvénʃən]	n 소집, 회의
day shift	phr 낮 근무 cf. night shift phr 밤 근무
debacle [dibáːkl]	n 대실패
dedication [dèdəkéiʃən]	n 헌신
default [difɔ́ːlt]	n 근무태만
demote [dimóut]	v 강등시키다 반 promote
destined [déstind]	a ~할 운명인
draft [dræft]	n 1)원고, 초안; 2)(군대의) 징집
ecstatic [ekstǽtik]	a 황홀해하는, 열광하는
edit [édit]	v (원고, 리포트를) 수정하다, 교정하다
employee turnover	phr 직원 이직
fallacious [fəléiʃəs]	a 잘못된, 틀린
fill the position	phr 일자리를 메우다, 충원하다
fringe benefit	phr 부가 혜택, 특별 혜택
germinating [dʒɔ́ːrmənèiting]	a 싹이 트는, 시작되는
go out of business	phr 폐업하다
go through	phr 1)살펴보다, 조사하다 2)(계약, 법률 등이) 성사되다, 통과되다

목표 점수대별 어휘

500점 어휘

☐ **gradual** [grǽdʒəwəl]	ⓐ 점진적인, 서서히 진행되는
☐ **lay off**	phr ~를 해고하다(sack, fire, dismiss, discharge)
☐ **meager** [míːgər]	ⓐ 불충분한, 결핍된, (양, 질이) 빈약한, 변변찮은
☐ **mean** [miːn]	ⓥ ¹⁾의도하다 ²⁾의미하다
☐ **meet the deadline**	phr 마감 기일을 맞추다
☐ **mock up**	phr 실물크기의 모형을 만들다
☐ **occupation** [àkjəpéiʃən]	ⓝ 직업
☐ **on the same page**	phr 생각이 같은, 동일한 입장에 있는
☐ **outing** [áutiŋ]	ⓝ 야유회, 소풍
☐ **overhaul** [óuvərhɔːl]	ⓝ (기계나 시스템의) 철저한 정비[점검] ⓥ 정비[점검]하다
☐ **position** [pəzíʃən]	ⓝ 직위, 일자리
☐ **post** [poust]	ⓝ 일자리, 직위, 직
☐ **posture** [pástʃər]	ⓝ (몸의) 자세, (정신적) 태도
☐ **predecessor** [prédisèsər]	ⓝ 선배, 전임자
☐ **predicament** [pridíkəmənt]	ⓝ (앞에 놓인) 곤경
☐ **prior commitment**	phr 선약(previous engagement)
☐ **resign** [rizáin]	ⓥ 사임(사직)하다, 물러나다
☐ **revise** [riváiz]	ⓥ 검토하다, 변경하다, 수정하다
☐ **shredder** [ʃrédər]	ⓝ (서류 폐기용) 파쇄기
☐ **spark** [spɑːrk]	ⓥ 유발하다, 야기하다
☐ **speculation** [spèkjəléiʃən]	ⓝ ¹⁾추측, 어림짐작 ²⁾(주식, 부동산, 벤처에) 투기 ³⁾사색
☐ **supervision** [sjùːpərvíʒən]	ⓝ 감독, 관리, 지휘
☐ **take one's pick of**	phr 마음에 드는 것을 선택하다
☐ **thrive** [θraiv]	ⓥ 번성하다, 성공하다
☐ **track** [træk]	ⓥ 추적하다, 뒤쫓다 ⓝ 길, 자취, 자국
☐ **turnout** [tə́ːrnàut]	ⓝ 참석자 수
☐ **turnover** [tə́ːrnòuvər]	ⓝ ¹⁾이직률 ²⁾매출량[액], 총매상고
☐ **unscrupulous** [ʌnskrúːpjələs]	ⓐ 비양심적인(unconscientious), 비도덕적인
☐ **walk on air**	phr 기뻐 날뛰다, 무아지경에 이르다
☐ **work load**	phr 업무량

600점 어휘	
animosity [æ̀nəmάsəti]	n 적대감
aspersion [əspə́ːrʒən]	n 비난, 비방
belated [biléitid]	a 늦어진, 뒤늦은, 시대에 뒤진
cringe [krinʤ]	v 움츠리다, 움찔하다 n 위축, 굽실거림, 아첨
fiasco [fiǽskou]	n 대 실패, 실패작
foist [fɔist]	v (속여서, 부당하게) 떠맡기다
grievance [gríːvəns]	n 불만사항
groggy [grάgi]	a (피로, 충격으로) 비틀거리는, 휘청거리는
impediment [impédəmənt]	n 장애물
malfeasance [mælfíːzəns]	n (공무원의) 잘못된 행위, 부당행위
mangle [mǽŋgl]	v 망치다, 훼손하다
mesh [meʃ]	v 연루시키다
nudge [nʌʤ]	v 성가시게 굴다; 귀찮게 조르다, 자꾸 불평을 늘어놓다
obstruct [əbstrʌ́kt]	v 방해하다, 저지하다
oscillate [άsəlèit]	v ~사이에서 동요되다(between), (양극을) 계속 오가다
plummet into	v ~에 떨어지다, 빠지다
presume [prizjúːm]	v 을 추정하다, 간주하다, 상상하다
propagate [prάpəgèit]	v 전파하다, 선전하다
put down	v 비방하다, 헐뜯다, 대갚음하다, 거절하다
rebuff [ribʌ́f]	v 거절하다, 퇴짜 놓다
rebuke [ribjúːk]	v 비난하다, 징계하다
reprimand [réprəmæ̀nd]	v ~을 질책하다
rescind [risínd]	v (계약, 법률, 결정 등을) 폐지하다
sanction [sǽŋkʃən]	v 허가[승인, 인가]하다
spurn [spəːrn]	v 냉소적으로 거부하다
supersede [sjùːpərsíːd]	v (권력, 권위를) 대신하다, 대체하다
swerve [swəːrv]	v 방향을 급 틀다, 방향을 획 바꾸다
traduce [trədjúːs]	v 중상(비방)하다, 명예를 손상하다; (사실 따위를) 왜곡하다
umbrage [ʌ́mbriʤ]	n 1)불쾌 2)우거진 나뭇잎
unravel [ʌnrǽvəl]	v (실타래를) 풀다; 풀리다; 해명하다

언어·말·글

특정한 용어들을 나타내는 명사, 글이나 말이 간결한·장황한 등의 상반된 형용사, 설명·이해 등을 나타내는 동사들을 구분해서 잘 기억해 두어야 한다.

오늘의 단어 듣기
들으면서 암기하세요!

나의 학습노트

1회 암기			2회 암기			3회 암기		
날짜	월	일	날짜	월	일	날짜	월	일
시간	시	분	시간	시	분	시간	시	분

01 ★★★

concise

[kənsáis]

(동) terse, laconic, pithy, compendious
(반) lengthy, wordy, verbose, prolix

a 간결한, 축약된

Advertising slogans should be catchy, <u>short</u> and **concise** so consumers can easily remember them.
광고 슬로건들은 소비자들이 쉽게 기억할 수 있도록 기억하기 쉽고, 짧고, 간결해야 한다.

> 💡 **암기Tip** 〈 어원 암기법
>
> con(together: 모두) + cise(cid, cut: 베어낸)
> ▸ 전체적으로 베어낸 ▸ 간결한, 간략한

02 ★★★

prolific

[proulífik]

(동) productive, fertile

a 다작의, 다산의

Bill is a tremendous **prolific** writer, who <u>published hundreds of children's books</u> throughout his career.
Bill은 엄청난 다작 작가로, 그의 경력 동안 100권의 아동 서적을 출간했다.

> 📊 **빈출 기출 표현** 〈 prolific 관련 표현
>
> a **prolific** author **phr** 다작 작가
> a **prolific** year **phr** 풍년

03 ★★★

succinct

[səksíŋkt]

(동) concise, terse, pithy, laconic

a 간결한, 간단명료한

A: How should I write a summary?
요약본을 어떻게 작성해야 하나요?
B: Well, an ideal summary is **succinct** and <u>to the point</u>.
B: 음, 이상적인 요약본은 간략하고 핵심적입니다.

n 간결

> 💡 **암기Tip** 〈 어원 암기법
>
> suc(sub, down: 아래에서) + cinc(tuck: 밀어넣다) + t(ed: 과분접)
> ▸ 아래에서 밀어 넣어진, 밀어 올려진 ▸ 간결해진

04 ★★★

elaborate

[ilǽbərit]

(동) expatiate

v 자세히 설명하다, 상술하다

A: Sorry. I didn't quite understand what you meant.
미안해. 네가 무슨 의도인지 확실히 이해하지 못했어.
B: It's okay. Let me **elaborate** and explain it a little more clearly for you.
괜찮아. 내가 너를 위해 자세히 상술하고, 조금 더 명확하게 설명해 줄게.

a 정교한, 치밀한

> **암기Tip** 어원 암기법
>
> e(ex, out: 밖으로) + labor(work: 애쓰다) + ate(동접, 형접)
> ▸ work out 애써서 끄집어 내다 ▸ 잘 풀어내다, 상세히 설명하다

05 ★★★

articulate

[ɑːrtíkjəlit]

(동) **a** lucid, clear

v 분명히 말하다[표현하다]

The president is known for his public speaking ability to **articulate** his thoughts in front of millions of people.
그 대통령은 수백만 명 앞에서 자신의 생각을 분명히 표현하는 대중 연설 능력으로 유명하다.

a 명료하게 언급된, 명확하게 표현된

> **암기Tip** 어원 암기법
>
> article(joint: 마디마디로 연결하다) + ate(동접, 형접) ▸ 마디마디를 선명하게 나누어 결합시키다 ▸ 명확히 드러내다, 분명히 말하다

06 ★★★

misconstrue

[mìskənstrúː]

(동) misinterpret, misunderstand, misapprehend, mistake, misread

v 잘못 이해하다, 잘못 파악하다

When writing up a policy, it's important to be very specific in every detail so that nothing can be **misconstrued** or misunderstood.
보험증서를 작성할 때는, 어떤 것도 오해되거나 잘못 이해되지 않도록 모든 세부 사항들이 구체적인 것이 중요하다.

> **암기Tip** 어원 암기법
>
> mis(wrong: 잘못) + con(together: 함께) + strue(struct, build, put together: 만들다, 결합하다)
> ▸ 잘못 함께 결합시키다 ▸ 잘못 파악하다

07 ★★★
brash
[bræʃ]

⑤ [1] impudent, foolhardy, bumptious, brazen, arrogant, insolent, imprudent
[2] rash, foolhardy, pushy, impetuous, hasty, reckless

ⓐ [1] 건방진, 경솔한, 무례한, 오만한 [2] 성급한, 무모한, 저돌적인

[1] Because Anna is so **brash** at work, she often offends people with her aggressive way of speaking.

Anna는 직장에서 매우 무례하기 때문에, 가끔 그녀의 공격적인 말하는 방식이 사람들에게 상처를 주기도 한다.

---

08 ★★★
thorough
[θə́ːrou]

® thoroughly adj 철저히
⑤ perfect, complete

ⓐ 빈틈없는, 철저한, 충분한

I try to be **thorough** when writing sentences, but sometimes I make careless mistakes.

나는 문장을 쓸 때 철저하게 하려고 노력하지만, 때때로 부주의한 실수를 한다.

---

09 ★★★
purport
[pərpɔ́ːrt]

⑤ profess, claim

ⓥ (사실이 아닐 수 있는 것을) 주장하다, 전달하다

Kelly brazenly **purports** she knows Spanish well though she is only familiar with two words in the language.

Kelly는 비록 두 단어의 스페인어에만 익숙하지만 자신이 스페인어를 잘 안다고 뻔뻔스럽게 주장한다.

ⓝ 취지, 목적, 의도

> 💡 암기Tip 〈 어원 암기법
>
> pur(forth: 밖으로)+port(carry: 가져오다)
> ▶ 밖으로 가져오다, 밖으로 끄집어 내다 ▶ 드러내다, 주장하다

---

10 ★★★
connotation
[kànətéiʃən]

ⓝ 함축, 내포

Calling someone a pig has a negative **connotation** when associated with people.

누군가를 돼지라고 부르는 것은 사람과 연관될 때 부정적인 내포를 갖는다.

> 💡 암기Tip 〈 어원 암기법
>
> con(together, with: 함께) + note(mark: 나타내다) + ate(동접) + ion(명접) ▶ 함께해서 나타남 ▶ 함축

11 ★★★

rapt

[ræpt]

파 rapture n 황홀(감)
enrapt a 도취된
동 enrapt, enraptured, ecstatic, captivated, enthralled

a 몰입한, 넋이 빠진

A: His voice and tone is so captivating when he spoke.

그가 말할 때 그의 목소리와 어조는 아주 매혹적이야.

B: Yes, right. I was also **rapt** with attention.

그래, 맞아. 나도 유심히 몰입했었어.

> 💡 암기Tip 〈 어원 암기법
>
> 무엇인가에 너무 넋이 나가서 rapt(몰입한)한다는 것은 rape(강간, 강간하다)처럼 힘으로 장악해서 seize(와락 움켜쥐다, 장악하다), carry off(뺏어가다), plunder(약탈하다) 하는 의미가 내포되어 '제정신을 빼앗긴', '넋이 빠진', '무엇인가에 매료된' 등의 enthralled(사로잡힌), enrapt(도취한), enraptured(황홀한)의 의미를 갖는다.

12 ★★★

fluent

[flú(ː)ənt]

파 fluently ad 유창하게
fluency n 유창함

a (언어 실력이) 유창한, 능숙한

A: Wow, your French is really good.

와, 당신의 불어 실력이 아주 좋네요.

B: Thanks. I became **fluent** after having lived in France for 5 years.

감사해요. 제가 5년동안 프랑스에서 살고 나서 유창해졌죠.

> 📈 빈출 기출 표현 〈 ~fluent(flowing: 넘치는) 관련 표현
>
> fluent a (언어가) 유창한
> affluent a 부유한
> influential a 영향력 있는, 힘 있는

13 ★★★

modify

[mádəfài]

파 modification n 수정
동 amend, change

v 수정하다, 변경하다, 바꾸다

When learning a new language, you should try to **modify** your pronunciation and tone to sound more fluent.

새로운 언어를 배울 때, 좀 더 유창하게 들리려면 발음과 어조를 수정하려고 노력해야 한다.

14 ★★★

rousing

[ráuziŋ]

동 exciting, stimulating, invigorating

a 활발한, 열렬한

The actor's **rousing** speech in the movie also inspired and excited me.

영화에서 그 배우의 열렬한 연설은 나에게 영감을 주고 나를 흥분시켰다.

15 ★★★
legible
[lédʒəbl]

ⓐ 글자를 알아볼 수 있는, 읽을 수 있는, 읽기 쉬운, 또렷한

I could not read that note you left me, as the writing was <u>unclear</u> and barely **legible**.
글이 분명하지 않고 거의 알아볼 수 없어서, 네가 나에게 남긴 저 메모를 읽을 수 없었어.

16 ★★★
facetious
[fəsíːʃəs]

ⓢ ¹⁾humorous, jocular ²⁾frivolous, flippant

ⓐ ¹⁾(긍정적) 익살맞은, (부정적) 우스꽝스러운 ²⁾경박한, 까부는

A: Do you always have to be so **facetious** all the time?
너는 항상 그렇게 우스꽝스러워야 하니?
B: Sorry about that. It's my personality to <u>joke</u> around a lot.
그 점에 대해선 미안해. 주변을 많이 즐겁게 하는 것은 나의 성격이야.

> 💡 **암기Tip** 어원 암기법
>
> faceti(witty, joking: 재치있는, 익살맞은) + ous(형접)
> ▸ 재치있는, 익살맞은

17 ★★★
jargon
[dʒáːrgən]

ⓢ argot, slang

ⓝ (특정 분야의) 전문 용어, 특수 용어

The **jargon**, a form of <u>special language</u> used by computer programmers, seems strange to people who do not program computers for a living.
컴퓨터 프로그래머들에 의해 사용되는 특별 용어의 형태인 전문 용어는 일생 동안 컴퓨터를 프로그램을 짜보지 못한 사람들에게는 낯설게 보인다.

18 ★★★
eulogize
[júːlədʒàiz]

ⓟ eulogy ⓝ 찬사, 칭찬
ⓢ extol, laud, commend, panegyrize

ⓥ 칭찬하다, 칭송하다

Ashley thought it was a great idea to **eulogize** her heroic uncle with a poem, <u>extolling</u> his devotion.
Ashley는 그녀의 영웅적인 삼촌의 헌신을 극찬하며, 시로 그를 칭송하는 것은 좋은 생각이라고 여겼다.

> 💡 **암기Tip** 어원 암기법
>
> eu(good: 좋은) + logy(speaking: 말) + ize(동접)
> ▸ 좋은 말을 하다 ▸ 칭찬하다

19 ★★★

innovative

[ínəvèitiv]

파 innovation n 혁신
동 original, unique, creative, inventive, novel, unprecedented

a 혁신적인, 획기적인, 참신한

This new translation app is a really unique and **innovative** way to communicate with people of all languages.

이 새로운 번역 어플리케이션은 모든 언어의 사람들과 소통하기 위한 정말로 독특하고 혁신적인 방식이다.

> **기출 포인트**
>
> innovative(독창적인)의 의미는 '전례에 없는, 최초의, 새로운, 독특한, 개성적인, 낯선, 특이한, 색다른'의 의미들과도 통할 수 있으므로 이런 어휘들은 정답의 근거나 정답으로 출제되기도 한다.

20 ★★

coherent

[kouhí(:)ərənt]

파 cohesion n 결속, 응집, 단결
동 consistent, connected, harmonious
반 awkward

a (주장, 이론 등에) 일관성 있는, 논리 정연한, 조리 있는

Unless you can link this chapter to the previous chapter in a more **coherent** way, readers will never be able to understand it.

네가 이 장을 이전의 장과 좀 더 논리 정연한 방식으로 연결시킬 수 없다면, 독자들은 결코 그것을 이해할 수 없을 것이다.

> **암기Tip 어원 암기법**
>
> co(together: 함께) + herent(sticking: 붙어있는)
> ▸ 서로 붙어있는, 서로 연결되어 있는 ▸ 조리 있는

21 ★★

reveal

[rivíːl]

파 revelatory a 드러내는, 밝히는
revelation n 폭로
동 1)disclose, divulge, *betray
2)show, expose

v 1)(비밀, 정보 등을) 드러내다, 폭로하다 2)(신체, 모습을) 드러내다

The anonymous letter **revealed** many secrets about the company which is now under investigation.

그 익명의 편지는 현재 수사 중에 있는 회사에 대한 많은 비밀을 폭로했다.

22 ★★

insolent

[ínsələnt]

동 arrogant, haughty, presumptuous

a 버릇없는, 무례한, 건방진, 거만한

Yesterday, I punished my daughter for speaking to me in a disrespectful and **insolent** tone.

어제, 나는 내 딸이 예의 없고 무례한 어조로 나에게 말을 해서 딸에게 벌을 줬다.

23 ★★

acronym

[ǽkrənim]

◼ 두문자어

In history class, the students learned the **acronym** <u>NATO</u> stands for the North Atlantic Treaty Organization.

역사 수업에서, 학생들은 두문자어인 NATO가 북대서양 조약 기구를 나타내는 것을 배웠다.

> 📈 **빈출 기출 표현** 〈줄임말(글) 관련 표현〉
>
> **acronym** ◼ 두문자어 *ex)* SCUBA, WTO
> **abbreviation** ◼ 줄임(말), 약어, 생략형 *ex)* St. Mon.
> **contraction** ◼ 축약(어) 단축(어), 압축형 *ex)* it's, you're
> **abridgement** ◼ 요약(본), 단축(본)
> **abstract** ◼ 요약(본)
> **excerpt** ◼ 발췌(본)

24 ★★

plagiarize

[pléidʒiəràiz]

⑩ plagiarism ◼ 표절
Ⓢ copy, pirate

🆅 표절하다

A: Why did Marty fail his dissertation?

Marty는 왜 박사 논문에 낙제했니?

B: He was caught **plagiarizing** and <u>copying</u> previous dissertation papers.

그가 이전의 박사 논문들을 표절하고 모방한 것이 걸렸거든.

25 ★★

thrust

[θrʌst]

◼ (글의) 요점, 취지

A: I am really bad at writing. I think my paper is too desultory.

난 글쓰기에 정말 형편 없어. 내 글은 너무 두서 없는 것 같아.

B: You need to focus more on the main **thrust** of your argument, making people <u>get the point</u> of it.

너는 사람들이 핵심을 파악할 수 있도록 네 주장의 요점에 조금 더 집중할 필요가 있어.

🆅 (팔로) 밀치다

26 ★★

affected

[əféktid]

Ⓢ [1)]feigned, concocted, contrived, unnatural

🅰 [1)]가장된, 꾸며진, 거짓의 [2)]영향을 입은

His British accent is often regarded as an **affected** one, which is insincerely <u>feigned and unnatural</u>.

그의 영국 억양은 간혹 무성의하게 가장되고 부자연스러운 거짓된 것으로 여겨진다.

27 ★★

rambling

[rǽmbliŋ]

ⓢ [1]incoherent, discursive, digressive, verbose, prolix

ⓐ [1]장황하고 두서 없는, 산만한, 횡설수설하는 [2]어슬렁거리는, 이동성의

My math professor is known for a long **rambling** speech, which makes many students often fall asleep in class.

나의 수학 교수님은 많은 학생들이 종종 수업시간에 잠에 빠지게 만드는 길고 산만한 강연으로 유명하다.

> 💡 **암기Tip** ◀ 연상/확장 암기법
>
> 그 작가는 숲에서 한참을 정처 없이 rambling(어슬렁거리는)하다가 우연히 예쁜 여인과 encounter(맞닥뜨리다)했다. 그러나 그녀의 미모에 너무 rapt(몰입한)되어 몹시 nervous(초조해하는)되어, 진실되지 못하게 affected(가장된)한 이야기를 지속적으로 끝없이 verbosely(장황하게)하게 계속해서 concoct(지어내다)했다.

28 ★★

testy

[tésti]

ⓢ irritable, testy, touchy, choleric

ⓐ 화를 잘 내는

Because Chris is very **testy**, you have to be mindful in order not to get him to be irascible.

Chris는 매우 화를 잘 내기 때문에, 너는 그를 화나게 만들지 않게 신경 써야만 한다.

29 ★★

mounting

[máuntiŋ]

ⓟ mounted ⓐ 올라탄; 장착된

ⓐ 증가하는, 늘어나는

The pressure of writing my dissertation has been **mounting**, with only 2 week left to finish it.

박사 논문을 집필하는 압박이 그것을 끝내기 불과 2주를 남겨두고 계속 상승하고 있는 상태이다.

> 👆 **기출 포인트**
>
> 주어가 수치·정도 등을 나타내는 price, criticism, pressure가 나오면, 주로 '상승/하락'의 의미를 지닌 동사나 형용사가 서술부에 이어진다.

30 ★★

evade

[ivéid]

ⓢ escape, avoid, dodge, elude

ⓥ (일, 직접적인 답변, 사람을) 피하다, 모면하다

Timmy would **evade** his father's questions about coming home late by <u>changing the topic of conversation</u>.

Timmy는 대화의 주제를 바꿈으로써 집에 늦게 오는 것에 대한 그의 아빠의 질문들을 회피하려할 것이다.

📊 **빈출 기출 표현** '질문을 피하다' 관련 표현

evade the questions ᴘʜʀ 질문을 피하다
dodge the questions ᴘʜʀ 질문을 기피하다
cf. pepper questions ᴘʜʀ 질문을 퍼붓다

💡 **암기Tip** 어원 암기법

e(ex, out: 밖으로) + vade(go: 가다) ▶ go out: 빠져 나가다, 피하다

31 ★

convoluted

[kánvəlùːtid]

ⓟ convolution ⓝ 복잡한 것, 난해한 것
ⓢ complicated, twisted, coiled

ⓐ 복잡한, 복잡하게 얽힌, 난해한

A: I had no idea about what Janice was saying. It was too <u>complicated</u>.

난 Janice가 무슨 말을 하고 있었는지 모르겠어. 너무 복잡했어.

B: Although Janice spoke slowly, I also found it difficult to understand her **convoluted** story.

비록 Janice가 천천히 말을 했지만, 나도 역시 그녀의 난해한 얘기를 이해하기가 어려웠어.

🔑 **기출 포인트** convoluted 관련 표현

a **convoluted** plot ᴘʜʀ 복잡한 구성
a **convoluted** explanation ᴘʜʀ 난해한 설명

32 ★

denote

[dinóut]

ⓟ denotation ⓝ 의미, 지시, 표시
ⓢ indicate, designate, mean

ⓥ 지칭하다, 의미하다

A: How will customers know how much things cost at the yard sale?

고객들이 마당 세일에서 물건들이 얼마인지 어떻게 알지?

B: Well, we will write labels to **denote** <u>the prices</u> of all the items.

음, 우리가 모든 물건의 값을 지칭하는 라벨을 써 둘 거야.

💡 **암기Tip** 어원 암기법

de(away, out: 멀리, 밖으로) + note(mark: 나타내다)
▶ mark out: 표시하다, 나타내다

33 ★
falsify
[fɔ́:lsəfài]
[동] forge, fabricate

[V] 1)조작하다, 위조(변조)하다 2)거짓임이 판명되다

The forger tried to **falsify** the document but was later caught by the immigration officer.

그 위조범은 서류를 조작하려고 애썼지만, 나중에 출입국 관리관에게 잡혔다.

암기Tip 어원 암기법

false(가짜의) + ify(동접: ~로 만들다)
▸ make false: 가짜를 만들어내다, 위조하다

34 ★
putdown
[pútdàun]
[동] humiliation

[n] 비하하는 말, 깎아 내리는 말

A: John really needs to think before he opens his mouth.

John은 입을 열기 전에 정말로 생각을 먼저 할 필요가 있어.

B: Yes. I also heard how much his insulting **putdowns** upset Julie this morning.

그래. 나도 오늘 아침에 그의 모욕적인 비하하는 말들이 Julie를 얼마나 화나게 했는지 들었어.

Daily Check-up

해석/해설 p. 537

Choose the best answer.

⏱2초 check-up

01 It is bad manners to use such insulting (putdowns, bluffs, subterfuges).

02 Kyle was accused of (prewriting, creating, plagiarizing) from other authors.

03 You'd better choose more simple vocabulary, rather than (straightforward, concise, convoluted) words.

04 Negative criticism of the review is (diminishing, dwindling, mounting), with more and more people raising their cynical voices.

05 His speech was so boring and (definite, rambling, terse) that it was hard to enjoy it.

⏱5초 check-up

06 A: D. H. Lawrence is regarded as one of the most _____ writers in the twentieth century.
B: Yes, his style is unique and original.

(a) reclusive   (b) innovative
(c) conventional   (d) archaic

07 A: How was his speech tonight?
B: Good. The audiences kept _____ his witty and logical speaking skills.

(a) polishing   (b) eulogizing
(c) revising   (d) elaborating

08 A: I'm sorry I didn't mean to be _____.
B: I know, but it is true your remarks were flippant and humorous.

(a) fastidious   (b) serious
(c) dilatory   (d) facetious

09 The writer's autobiography is considered factitious, as it is not accurate but _____.
(a) surreptitious
(b) affected
(c) unpresumptuous
(d) prudent

10 AIDS is an _____ that stands for Acquired Immune Deficiency Syndrome.
(a) acronym   (b) recession
(c) omission   (d) deduction

11 The speaker's _____ behavior brought about harsh public criticism, exposing his arrogance.
(a) verbose   (b) insipid
(c) urbane   (d) insolent

12 Every sentence in _____ writing creates a smooth flows and links well with the previous sentences.
(a) coherent   (b) understated
(c) temperate   (d) tedious

[정답] **01.** putdowns   **02.** plagiarizing   **03.** convoluted   **04.** mounting   **05.** rambling   **06.** (b)   **07.** (b)   **08.** (d)   **09.** (b)
   10. (a)   **11.** (d)   **12.** (a)

400점 어휘

abstract [ǽbstrækt]	n 요약; 추상화 a 추상적인 v 추출하다, 끌어내다
antithesis [æntíθisis]	n 반대, 대조
bibliography [bìbliágrəfi]	n 참고문헌
biography [baiágrəfi]	n 전기
bring ~ to a close	phr ~을 끝내다
clarify [klǽrəfài]	v 분명하게 하다, 명확하게 말하다
concrete [kànkríːt]	a 구체적인
dawn on	phr 명확해지다, 깨닫게 되다
debate [dibéit]	n 논쟁, 토론
deliver an address	phr 연설하다
ennui [áːnwiː]	n 권태감, 피로
epigram [épəgræm]	n 경구, 짧은 풍자
fragmented [frægméntid]	a 단편화된, 조각난
installment [instɔ́ːlmənt]	n (연재물의) 1회분
maxim [mǽksim]	n 격언, 금언
mediator [míːdièitər]	n 중재자
nonsense [nánsèns]	n 터무니없는 말
novel [návəl]	a 새로운 n 소설
preach [priːtʃ]	v 설교하다, 설파하다
pronounced [prənáunst]	a (발음, 억양 등이) 명확한, 확고한
proof-read	v 교정을 보다
pseudonym [sjúːdənim]	n 필명, 가명
satirical [sətírikəl]	a 풍자적인
serialization [sìəriəlizéiʃən]	n 연재
soliloquy [səlíləkwi]	n 독백
sparsely [spáːrsli]	adv 드물게
spectator [spékteitər]	n 관객
synonymous [sinánəməs]	a 동의어의, 유의어의
synopsis [sinápsis]	n (글의 간략한) 줄거리
unoriginal [ʌnərídʒənl]	a 독창적이지 않은, 독창성이 없는

500점 어휘	
acrimonious [æ̀krəmóuniəs]	ⓐ 폭언이 오가는, 험악한
adage [ǽdidʒ]	ⓝ 속담, 격언
aphorism [ǽfərìzəm]	ⓝ 경구
assess [əsés]	ⓥ 평가하다
allegory [ǽləgɔ̀ːri]	ⓝ 풍자
argot [áːrgou]	ⓝ 은어(slang)
capitalize [kǽpətəlàiz]	ⓥ 대문자로 쓰다
collocation [kàləkéiʃən]	ⓝ 병치, 배치, 배열
colloquial [kəlóukwiəl]	ⓐ 일상회화의, 구어체의
deride [diráid]	ⓥ 조롱하다, 비웃다
dialect [dáiəlèkt]	ⓝ 지역어, 방언
digress [daigrés]	ⓥ 논제(본론)에서 벗어나다
discursive [diskə́ːrsiv]	ⓐ 두서 없는, 산만한
ellipsis [ilípsiːz]	ⓝ 생략
eloquence [éləkwəns]	ⓝ 웅변
euphemism [júːfəmìzəm]	ⓝ 완곡어법
exacting [igzǽktiŋ]	ⓐ 까다로운, 힘든
exposition [èkspəzíʃən]	ⓝ 설명, 해설
digressing [daigrésing]	ⓐ (화제, 논의 등이 본론에서) 벗어나는
factitious [fæktíʃəs]	ⓐ 인위적인, 꾸며낸
fastidious [fæstídiəs]	ⓐ 세심한
garrulous [gǽrələs]	ⓐ 수다스러운
gist [dʒist]	ⓝ (글의) 요점, 핵심
gloss [glɑs]	ⓝ 주석, 해설
harangue [hərǽŋ]	ⓝ 장황설 ⓥ 장황하게 연설하다
hold out	phr ¹⁾어려운 상황 속에서도 잘 살아남다, 지속하다 ²⁾내밀다
hyperbole [haipə́ːrbəli]	ⓝ 과장
hyperbolic [hàipərbálik]	ⓐ 과장의
incipient [insípiənt]	ⓐ 처음의, 시초의, 초보의
incognito [inkágnitòu]	ⓐ 익명의, 가명의, 가명으로

500점 어휘	
indubitable [indʒú:bitəbl]	ⓐ 의심할 나위 없는, 확실한
literacy [lítərəsi]	ⓝ 읽고 쓰는 능력
literal [lítərəl]	ⓐ 문자 그대로의
mendacious [mendéiʃəs]	ⓐ 허위의/진실을 말하지 않는
metaphor [métəfɔːr]	ⓝ 은유
modifier [mάdəfàiər]	ⓝ 수식 어구
monogram [mάnəgræm]	ⓝ 합일문자(첫 글자들을 합쳐서 한 글자로 도안하는 것)
motley [mάtli]	ⓐ 잡다하게 섞인
mumble [mΛmbl]	ⓥ 중얼거리다
outdated [auˈtdeiˌtid]	ⓐ 구식의, 케케 묵은
pester [péstər]	ⓥ (지속적인 요청으로 타인을) 괴롭히다 ⓝ 훼방
pithy [píθi]	ⓐ 간결한
platitude [plǽtitʃùːd]	ⓝ 상투적인 말
plausible [plɔ́ːzəbl]	ⓐ 그럴듯한, 있을법한, 사실인듯한
preeminently [priémənəntli]	ⓐdv 현저하게, 특출나게
ravenous [rǽvənəs]	ⓐ 엄청난, 아주 열정적인
receptive [riséptiv]	ⓐ 의견을 수용하는
skewing	ⓐ ¹⁾왜곡하는 ²⁾갑자기 방향을 바꾸는
soliloquy [səlíləkwi]	ⓝ 독백
specious [spíːʃəs]	ⓐ 허울만 그럴싸한
stock phrase	phr 흔해빠진 문구
talk behind one's back	phr ~의 험담을 하다
terse [təːrs]	ⓐ 간결한
titillate [títəlèit]	ⓥ 자극하다, 흥분시키다
truisms	ⓝ 뻔한 말, 진부한 말, 자명한 이치
vast [væst]	ⓐ 방대한, 어마어마한
verify [vérəfài]	ⓥ ~을 입증하다; (증서, 선서 따위에 의해) ~을 확증[입증]하다
vernacular [vərnǽkjələr]	ⓝ 지역어, 방언
vindicate [víndəkèit]	ⓥ ~을 입증하다, ~을 옹호하다
voluble [vάljəbl]	ⓐ 달변인

600점 어휘	
abstruse [æbstrúːs]	ⓐ 난해한
badger [bǽdʒər]	ⓥ 조르다, 집적대다
baloney [bəlóuni]	ⓝ 허튼 소리
banter [bǽntər]	ⓝ 농담, 조롱
billingsgate [bíliŋzgèit]	ⓝ 욕설, 거친 말
broach [broutʃ]	ⓥ (하기 힘든 이야기를) 꺼내다
collate [kɑléit]	ⓥ 대조하다
construe [kánstruː]	ⓥ 문법적으로 설명되다, 해석하다
descant [déskænt]	ⓥ 상세히 설명하다
encomium [enkóumiəm]	ⓝ 찬사
enunciate [inʌ́nsièit]	ⓥ (이론, 의견을) 명확히 말하다, (목적, 제안을) 발표하다
enunciation [inʌ̀nsiéiʃən]	ⓝ 똑똑한 말투
epithet [épəθèt]	ⓝ ¹⁾별명 ²⁾욕설
esoteric [èsətérik]	ⓐ 난해한
excoriate [ikskɔ́ːriit]	ⓥ 혹평하다
expound [ikspáund]	ⓥ 자세히 설명하다
four-letter word	phr 욕설
innuendo [ìnju(ː)éndou]	ⓝ 암시, 풍자 ⓥ 빗대어 말하다, 암시하다
jesting [dʒéstiŋ]	ⓝ 농담, 조롱
kudo [kjúːdou]	ⓝ 칭찬
libelous [láibələs]	ⓐ 비방하는
malign [məláin]	ⓥ 비방하다 중상하다
prattle [prǽtl]	ⓥ 수다 떨다
revilement [riváilmənt]	ⓝ 욕설
scurrility [skəríləti]	ⓝ 상스러운 말
slur [sləːr]	ⓥ 불분명하게 말하다[발음하다] ⓝ ¹⁾불분명하게 말함 ²⁾중상, 비방
swear word	phr 욕설
verbose [vərbóus]	ⓐ 장황한
verbosity [vərbásəti]	ⓝ 말이 많음
vilification [vìləfikéiʃən]	ⓐ 욕설

DAY 17

문학·서적·출판

문체에 관한 어휘 중 특히 '간단 명료한, 장황한, 흥미로운, 지루한' 등의
의미의 형용사가 빈번히 출제된다.

오늘의 단어 듣기
들으면서 암기하세요!

나의 학습노트

1회 암기			2회 암기			3회 암기		
날짜	월	일	날짜	월	일	날짜	월	일
시간	시	분	시간	시	분	시간	시	분

01 ★★★

intriguing

[intríːgiŋ]

ⓢ interesting, exciting, fascinating, attracting, captivating

ⓐ 흥미로운, 호기심을 북돋는

A: The novel is so captivating. I can't stop reading it.
그 소설은 아주 매혹적이야. 읽기를 멈출 수 없어.
B: Yes, you're right. The story is very **intriguing**.
그래, 맞아. 스토리가 매우 흥미롭지.

02 ★★★

boil down to

ⓢ ¹⁾shorten, abridge
²⁾come to, add up to

phr ¹⁾~로 요약되다 ²⁾결국 ~이 되다, ~로 귀결되다

A: Can you please help me summarize this publication?
내가 이 출판물을 요약하는 것을 도와줄 수 있니?
B: Well, the book basically **boils down to** the morals of Joh Dean and his influential decisions.
음, 그 책은 기본적으로 Joh Dean의 도덕과 그의 영향력 있는 결단력으로 요약될 수 있어.

03 ★★★

render

[réndər]

ⓟ rendition ⓝ 해석, 공연, 연주; (용의자의) 인도

ⓢ ¹⁾translate, interpret
³⁾perform, interpret

ⓥ ¹⁾번역하다 ²⁾(어떤 상태로) 만들다 ³⁾연기(연주)하다 ⁴⁾(서비스, 도움을) 제공하다 ⁵⁾제시하다, 보여주다, 표현하다

¹⁾Many literary works lose a lot of emotion and feeling, when it is **rendered** in a different language.
많은 문학 작품들은 다른 언어로 번역되었을 때, 많은 감정과 느낌을 잃게 된다.

04 ★★★

pregnant

[prégnənt]

ⓐ ¹⁾충만한, 의미 심장한 ²⁾임신한

The book is so hard to read as the story is **pregnant with a lot of meanderings and twists** in it.
그 책은 그 속에 많은 우여곡절과 꼬임으로 의미 심장해서 읽기 매우 어렵다.

> 💡 암기Tip ⟨ 어원 암기법
>
> pre(before: 앞선, 전인) + gnant(born: 태어난) ▶ 태어나기 앞서, 태어나기 전인, 나오기 전인, 여러 의미들을 품은, 의미 심장한

05 ★★★

sequentially

[səkweˈntʃəli]

ⓐ sequential ⓐ 연속적인, 순차적인, 결과적인
sequence ⓝ 연속

ad 연속적으로, 순차적으로

It's never a good idea to start reading a book further on in the <u>series</u> as they are designed to be read **sequentially**.

시리즈물은 순서대로 읽도록 구성된 것이므로, 시리즈의 뒤부터 읽기 시작하는 것은 결코 좋은 생각이 아니다.

> 🖑 **기출 포인트**
>
> in sequence **phr** 차례차례, 순서대로(= in order)

---

06 ★★★

predilection

[prèdəlékʃən]

ⓢ partiality, preference, bias, liking, predisposition

n 매우 좋아함, 애호, 편애

As Ben has <u>a large book collection</u>, his **predilection** for literature is apparent.

Ben은 엄청나게 많은 서적을 소유하고 있기에, 그의 문학에 대한 애호는 분명하다.

> 💡 **암기Tip** 어원 암기법
>
> pre(before: 먼저, 앞서서) + di(apart: 따로) + lect(choose: 선택하다) + ion(명접) ▸ 먼저 따로 선택함 ▸ 편애

---

07 ★★★

unanimously

[juːnǽnəməsli]

ⓐ unanimity ⓝ 만장일치

ad 만장일치로, 이의 없이, 이구동성으로

A: <u>Everyone seems to love</u> **the Game of Thrones** novels.

모두가 왕좌의 게임 소설들을 좋아하는듯해.

B: Yes, they are **unanimously** known as being fantastic books.

그래, 그 책들은 이의 없이 환상적인 책들로 알려져 있지.

> 💡 **암기Tip** 어원 암기법
>
> uni(one: 하나) + anim(mind: 마음, 생각) + ous(형접)
> ▸ 하나의 마음인, 의견이 하나로 합의되는 ▸ 만장일치의

---

08 ★★★

appraise

[əpréiz]

ⓟ appraisal ⓝ 감정, 평가
ⓢ estimate, evaluate

ⓥ (가치, 특성, 중요성 등을) 살피다, 감정하다, 평가하다

The teacher **appraised** my publication and decided to award me a perfect score.
선생님은 내 출판물을 살펴보시고는 나에게 만점을 주기로 결정하셨다.

> 💡 **암기Tip** 어원 암기법
>
> ap(ad, to: ~로) + praise(price, worth: 가치)
> ▸ set the price on: 가치를 매기다, 가치를 평가하다

09 ★★★

issue

[íʃuː]

ⓝ 1)(신문, 잡지의) 호 2)발행, 발표, 발급 3)쟁점, 주제

1)This magazine is great, but regretfully, they only release a new **issue** once every 3 months.
이 잡지는 훌륭하지만 안타깝게도 세 달에 한 번만 새로운 호를 발행한다.

ⓥ 발행하다

10 ★★★

replete

[riplíːt]

ⓢ 1)teeming
2)sated, satiated

ⓐ 1)가득한, 충분한 2)만족된

Although generally the publication was **replete** with positive aspects, it still had a very negative point of view.
비록 전반적으로 그 출판물은 긍정적인 측면들로 가득했지만, 매우 부정적인 견해도 여전히 있었다.

> 💡 **암기Tip** 어원 암기법
>
> re(again: 다시, 또) + plete(filled: 채워진)
> ▸ 다시 채워진, 또 채워진 ▸ 가득찬

11 ★★★

riveting

[rívitiŋ]

ⓢ fascinating, enthralling

ⓐ 관심을 사로잡는, 흥미진진한

A: So, how was that book I lent you?
그래서, 내가 너한테 빌려준 책은 어땠어?
B: It's brilliant. The story was so captivating and **riveting** that I read it all in one weekend.
굉장해. 이야기가 너무 매혹적이고 흥미진진해서 주말에 전부 다 읽었어.

12 ★★★

pirate

[páiərət]

v 불법 복제하다

Some people choose to **pirate** e-books rather than pay for them, which is <u>copyright infringement</u>.

일부 사람들은 돈을 지불하기보다는 전자책을 불법 복제하는 선택을 하는데, 이는 저작권 침해이다.

n 저작권 침해자

---

13 ★★★

florid

[flɔ́(ː)rid]

ⓢ ¹⁾ornate, adorned
²⁾reddish, ruddy, rosy

a ¹⁾화려한, 현란한, 장식이 많은 ²⁾붉은 빛이 도는

¹⁾I could not understand the **florid** publication made in yesterday's newspaper as it was <u>excessively complicated</u>.

그것이 과하게 복잡했기 때문에, 나는 어제 신문의 현란한 개재를 이해할 수 없었다.

---

14 ★★★

adept

[ədépt]

ⓢ deft, dexterous, adroit, skillful, expert, proficient

a 능숙한, 재능 있는

Rob is so **adept** writer in expressing different styles and genres that he can <u>make all his novels interesting</u>.

Rob은 다양한 스타일과 장르에 능숙한 작가라서 모든 자신의 소설들을 흥미롭게 만들 수 있다.

---

15 ★★★

make up

ⓢ ¹⁾concoct, reinvent
²⁾put together, compile, construct
³⁾conclude, decide
⁴⁾complete

v ¹⁾(이야기를) 만들어내다, 지어 내다 ²⁾조합하다, 결합하다 ³⁾결론짓다, 결정 내리다 ⁴⁾완성하다

¹⁾A: Sometimes it's hard to believe that her stories are not true and are all <u>fiction</u>.

때때로 그녀의 이야기가 사실이 아닌, 완전한 소설이라는 것이 믿기 어렵다.

B: Yes, she is well known to **make up** fantastic and believable stories.

그래, 그녀는 환상적이고 그럴싸한 이야기를 만들어내는 것으로 잘 알려져 있어.

---

16 ★★★

unabashed

[ʌnəbǽʃt]

ⓢ brazen, blatant, flagrant, bold

a 부끄러운 줄 모르는, 뻔뻔한

A: Mike, aren't you <u>embarrassed</u> to be reading love stories and romantic novels?

Mike, 너는 연애 소설과 로맨틱 소설을 읽고 있는 게 당황스럽지 않니?

B: No, not at all! I am **unabashed** and not shy about my enjoyment for them.

아니, 전혀! 나는 그런 것을 즐기는 것에 대해 부끄럽지 않고 수줍지도 않아.

[💡] 암기Tip 어원 암기법

un(not: ~않는) + abash(bring down: 낮추게 하다) + ed(과분접: ~하게 된) ▸ 낮추게 되지 않는 ▸ 뻔뻔한

---

17 ★★★

laborious

[ləbɔ́:riəs]

[동] arduous, strenuous, grueling, exacting, onerous

[a] (많은 시간과 노력이 요구되는) 힘든, 고된, 수고스러운

Writing a book is regarded as an arduous and **laborious** task only a few people can do.

책을 쓰는 것은 소수의 사람들만 할 수 있는 고되고 힘든 일로 간주된다.

[☞] 기출 포인트

'수고스러운, 고된'의 의미를 지닌 형용사들은 가장 많이 출제되는 어휘들 중 하나이다.

---

18 ★★★

resonate

[rézənèit]

[파] resonant [a] 깊이 울리는, 반향의

[동] resound, reverberate

[v] 울려 퍼지다, 반향을 일으키다

The writer hopes her inspirational story will **resonate** with readers and spur them to chase their dreams.

그 작가는 그녀의 영감을 주는 이야기가 독자들에게 반향을 일으키고 그들이 자신들의 꿈을 뒤쫓을 수 있게 자극을 주기를 바란다.

[💡] 암기Tip 어원 암기법

re(again: 다시) + sonate(sound: 울리다) ▸ 다시 울리다, 반향되다

---

19 ★★★

strenuous

[strénjuəs]

[동] laborious, arduous, onerous, burdensome

[a] 몹시 힘든, 고군분투하는

A: I finally managed to complete that article for the magazine.

나는 드디어 그 잡지에 실을 글을 그럭저럭 완성했어.

B: Well done! I knew you went through a laborious and **strenuous** time to complete it.

잘했네! 난 네가 그것을 완성하기 위해 고되고 힘든 시간을 겪었다는 것을 알아.

---

20 ★★

prelude

[prélju:d]

[동] introduction, overture

[n] 서곡, 서막, 전초, 전주

Jake Hoffman is known for his short stories which he uses as a **prelude** into the main story of his books.

Jake Hoffman은 그의 책들의 줄거리의 서막으로 단편 글을 이용하는 것으로 유명하다.

---

21 ★★
milieu(s)
[miljú]

🇳 (사회적) 환경

Because he <u>grew up in</u> a military **milieu**, most of his stories are about war and conflict.

그는 군사적 환경에서 자랐기 때문에, 그의 이야기의 대부분은 전쟁과 분쟁에 관한 것이다.

> 💡 **암기Tip** 　어원 암기법
>
> mi(middle: 중간) + lieu(place: 자리)
> ▸ 중간 자리, 둘러싼 주변을 만들어내는 자리

---

22 ★★
laden
[léidən]

🅢 loaded, burdened

🇦 (~을) 잔뜩 실은

This novel is very personal as it is **laden** <u>with a lot of the writer's private experiences</u>.

이 소설은 그 작가의 많은 사적 경험들을 싣고 있기 때문에 매우 개인적이다.

> 📊 **빈출 기출 표현** 　laden 관련 표현
>
> be **laden** with phr ~로 넘치다, ~로 덮이다

---

23 ★★
feud
[fjuːd]

🅢 enmity, hostility

🇳 ¹⁾(오랫동안 지속되는) 불화, 반목 ²⁾영지, 영토

Romeo and Juliet is a famous play which is about the love between the two main characters and the **feud** between the two <u>conflicting</u> families.

로미오와 줄리엣은 두 주인공들의 사랑과 대립하는 두 가족들간의 불화에 대한 유명한 연극이다.

---

24 ★★
imperative
[impérətiv]

🅢 essential, inescapable, indispensable

🇦 필수적인, 없어서는 안될

It is **imperative** that novels <u>should</u> make some kind of emotional connection with the readers in order to be interesting.

소설이 흥미롭기 위해서는 독자들과 일종의 감정적인 연계를 만들어내는 것이 필수적이다.

---

n 의무, 필수

🖐 기출 포인트

'It is imperative(necessary, essential) that+S+(should)+동사원형'에서 당위성의 should는 생략할 수 있으므로 that절 안에는 동사 원형이 와야 한다는 점에 주의해야 한다.

---

25 ★★

derisive

[diráisiv]

⒨ derision n 조롱, 비웃음

a 조롱하는, 비웃는

Literary critics were extremely <u>harsh</u> with their **derisive** comments about the new book.

문학 평론가들은 그 새 책에 대해서 조롱하는 말을 하며 지극히 가혹하게 굴었다.

---

26 ★★

allure

[əljúər]

⒮ fascination, charm, appeal

n 매력

Joy was <u>attracted</u> by the **allure** of fantasy stories and kept browsing books online, searching for what to read next.

Joy는 그 판타지 소설의 매력에 이끌려서, 다음에 읽을 것을 찾으며 온라인에서 계속해서 책들을 훑어보았다.

v 유혹하다, 꾀다

---

27 ★★

infamous

[ínfəməs]

⒨ praiseworthy, admirable

a 평판이 좋지 않은, 악명 높은, 저질의

Jack the Ripper is an **infamous** character who is always <u>portrayed negatively</u> in many plays and novels.

토막 살인자 Jack은 악명 높은 인물로, 많은 연극과 소설에서 항상 부정적으로 묘사된다.

📈 빈출 기출 표현 ◀ infamous 관련 표현

be **infamous** for phr ~로 악명이 높다
infamous offense(crime) phr 파렴치 죄

---

28 ★★

procreate

[próukrièit]

⒮ generate, beget

v 야기하다, 초래하다, 낳다

The author's work **procreated** <u>interest</u> in a certain period of history that many people had forgotten about.

그 작가의 작품은 많은 사람들이 잊고 있었던 역사의 한 시기에 대한 흥미를 야기시켰다.

---

29 ★★

eke out

phr 아껴 쓰며 버티다, 근근이 먹고 살다

A: I don't know how Jeff <u>survives financially</u> from being a novelist.
Jeff가 어떻게 소설가를 해서 재정적으로 버티는지 모르겠어.

B: He manages to **eke out** enough to survive by doing some smaller writing jobs on the side.
그는 부업으로 몇몇 짤막한 글쓰기 작업들을 해서 살아가기 충분할 정도로만 간신히 아껴 쓰며 버티고 있어.

---

30 ★★

depiction

[dipíkʃən]

ⓜ depict **v** 묘사하다

n 묘사, 서술

The writer's **depiction** <u>of the war</u> gave a very different view of the conflict that many people didn't know about.
그 작가의 전쟁에 관한 묘사는 많은 사람들이 알지 못했던 그 분쟁에 대한 색다른 관점을 제시했다.

> 🖐 **기출 포인트**
>
> depict도 글로 상세하게 묘사하는 의미로 자주 사용되지만, 어원상 depict는 그림으로 그대로 묘사하는 것, describe는 글로 묘사하는 의미로 구분될 수 있음을 기억해 두어야 한다.
> - depict = de(down to the bottom, completely)+pict(paint)
> - describe = de(down)+scribe(write)

---

31 ★★

literature

[lítərətʃùər]

ⓜ literary **a** 문학의
literal **a** 문자의
literate **a** 글을 아는
illiterate **a** 문맹의

n 문학, 문헌, 문학 작품

A famous author of Greek **literature**, Aesop wrote hundreds of <u>fables</u> that used storytelling to explain the natural world.
유명 그리스 문학 작가인 Aesop은 자연계를 상세히 설명하기 위해 이야기하기를 통해서 수백 가지 우화들을 썼다.

> 📈 **빈출 기출 표현**
>
> **literary** works **phr** 문학 작품들
> a **literate** person **phr** 글을 읽고 쓸 줄 아는 사람, 교육받은 사람
> **literal** translation **phr** 직역

32 ★
verbatim
[vərbéitim]

ad 말 그대로, 정확히 같은 말로 **a** 말 그대로의

If you are too lazy to read the book, you can get the full story plot **verbatim** by watching the movie.

만일 네가 너무 게을러서 그 책을 읽을 수 없다면, 영화를 봄으로써 전체 이야기를 말 그대로 파악할 수 있다.

> 💡 **암기Tip** ◀ 어원 암기법
>
> verb(word: 단어, 말) + atim(부접)
> ▸ 말 그대로, 글자 그대로, 정확히 같은 말로

33 ★
equivocal
[ikwívəkəl]

ⓢ ambiguous, indefinite, vague, hazy, imprecise
ⓐ precise, lucid, articulate

a 모호한, 애매한, 불분명한

The writer's **equivocal** article did not provide readers with a clear understanding of the concerning issue.

그 작가의 애매한 글은 독자들에게 관련된 문제에 대한 명확한 이해를 제공하지 못했다.

> 💡 **암기Tip** ◀ 어원 암기법
>
> equi(equal: 같은) + voc(voice: 소리) + al(형접)
> ▸ 같은 소리가 나는, 구분이 모호한

34 ★
galvanize
[gǽlvənàiz]

ⓢ stimulate, spur
cf. galvanize ~ into life
phr ~를 소생시키다

v 자극하다, 활력을 불어넣다

By explaining the structure of story writing, the novelist hoped to **galvanize** young people to become story writers themselves.

소설의 구조를 설명함으로써, 그 소설가는 젊은 사람들이 소설가가 되도록 자극을 주길 바랐다.

> 💡 **암기Tip** ◀ 어원 암기법
>
> galva(stimulate by electricity: 전기로 자극하다) + ize(동접)
> ▸ 전기로 자극을 만들다

35 ★
circulation
[sə̀ːrkjəléiʃən]

n ¹⁾판매부수 ²⁾유포, 유통 ³⁾순환

The New York Times is extremely popular with the largest **circulation** of any daily newspaper in the United States.

뉴욕 타임즈는 미국 일간지 중 가장 큰 판매 부수를 올리는 것으로 굉장히 유명하다.

36 ★

obsolete

[ὰbsəlíːt]

(통) outdated, old-fashioned

ⓐ 오래된, 한물간

With the rise of everything going digital, newspapers along with books will soon be **obsolete** with everything moving over to an e-version format.

모든 것의 디지털화가 증가되면서, 모든 것이 전자 버전 형태로 바뀌면서 책과 함께 신문은 곧 쓸모 없게 될 것이다.

---

37 ★

page turner

phr 숨 막힐 듯이 재미있는 책

A: This mystery story is so interesting and is perfect for our hobby.

이 미스터리 소설은 아주 재미있어서 여가에 딱 좋아.

B: Yes, it's a real **page turner** and I can't stop reading it.

맞아, 정말 재미있어서 읽기를 멈출 수 없어.

> 💡 암기Tip 〈 연상/확장 암기법
>
> 그 작가는 모두가 관심을 두지 않는 banal(따분한)하고 insipid(재미없는)한 글쓰기 스타일을 버리고, 지속적으로 laborious(힘든)하고 strenuous(격렬한)한 노력으로, intriguing(아주 흥미로운)하고 galvanizing(활력을 불어 넣는)하고, 누구에게도 새로운 unhackneyed(참신한)한 완전히 다른 글을 procreate(만들어내다)해 냈다.

---

38 ★

epitomize

[ipítəmàiz]

(유) epitome ⑪ 완벽한, 본보기, 전형

ⓥ 전형을 보여주다, 완벽한 본보기이다

The Daily Telegraph newspaper **epitomizes** the typical style of British journalism.

Daily Telegraph 신문은 영국 언론의 전형적인 스타일의 완벽한 본보기이다.

> 💡 암기Tip 〈 어원 암기법
>
> epi(into: 안에) + tome(cut: 자르다) + ize(동접)
> ▶ 안에 자르게 하다, (중요 부분을) 간략하게 만들다

Daily Check-up

해석/해설 p.538

Choose the best answer.

⏱2초 check-up

01 A long and tedious writing style can make it (laborious, lucid, deceptive) to follow.

02 Her new book of poetry (sagged, coincided, resonated) with most of the readers.

03 It is (dispensable, imperative, illicit) that good writings should make some connections with readers.

04 Some harsh critics don't hesitate to make (impetuous, indolent, derisive) comments.

05 The new political magazine is (procreating, censuring, suppressing) a big issue among the public.

⏱5초 check-up

06 A: You should read this novel. This is a very _____ story.
B: Yes, I also heard a lot about the interesting book.

(a) convoluted   (b) trite
(c) intriguing   (d) banal

07 A: When can you finish reading the article?
B: Well, it will take a long time to grasp it, because each sentence is profound and _____.

(a) pregnant   (b) facetious
(c) tedious   (d) cliche

08 A: Did everyone love her new short story?
B: Yeah, all the critics _____ gave a rave review to it.

(a) capriciously   (b) unanimously
(c) anonymously   (d) arbitrarily

09 Many new writers had a _____ for the author's literary techniques and continued to mimic style.

(a) contrivance (b) ambivalence
(c) predilection (d) impartiality

10 Kelly subscribed to the movie magazine, not to miss a single _____.

(a) mode   (b) issue
(c) circulation   (d) period

11 The story line is very jumpy, _____ with suspense and reverse.

(a) recondite   (b) expedient
(c) depleted   (d) replete

12 While some favor an ornate and _____ style in writing, others prefer a straightforward and lucid one.

(a) concomitant   (b) florid
(c) articulate   (d) perspicuous

[정답] **01.** laborious   **02.** resonated   **03.** imperative   **04.** derisive   **05.** procreating   **06.** (c)   **07.** (a)   **08.** (b)   **09.** (c)

10. (b)   **11.** (d)   **12.** (b)

400점 어휘

account for	phr ~을 설명·해명하다, ~의 이유가 되다
acknowledge [əknάlidʒ]	v 인정하다
article [άːrtikl]	n 기사
authentic [ɔːθéntik]	a 진정한, 진품의
center [séntər]	v 중심(중앙)에 두다(on, in)
conceit [kənsíːt]	n 1)은유, 비유 2)자만심
contain [kəntéin]	v ~을 포함하다
correlate [kɔ́(ː)rəlèit]	v 상호 연관성이 있다
craft [kræft]	n 기교, 기술
critic [krítik]	n 비평가
curious [kjú(ː)əriəs]	a 궁금한, 호기심이 많은
delete [dilíːt]	v 삭제하다
devise [diváiz]	v ~을 고안하다, 창안하다
enlightening [inláitniŋ]	a 계몽적인, 깨우치는
excerpt [éksəːrpt]	n 발췌(문)
fabricate [fǽbrəkèit]	v 조작하다, 조합해서 만들다
illiterate [ilítərit]	a 문맹의, 글을 모르는
impulsive [impʌ́lsiv]	a 충동적인
inscribe [inskráib]	v ~을 새겨 넣다
latent [léitənt]	a 숨어 있는, 잠재하는
lesson [lésən]	n 교훈(moral), 가르침; 수업
market [máːrkit]	v 상품을 내놓다, 광고하다
master [mǽstər]	v ~을 숙달하다, 통달하다 n (능력, 권력을) 보유한 사람
offhand address	phr 즉흥 연설
personification [pəːrsὰnəfəkéiʃən]	n 의인화
publisher [pʌ́bliʃər]	n 출판사
recreate [rékrièit]	v ~을 재창조하다
say [sei]	v (글, 기사에) ~라고 적혀있다, ~라고 전하다
simile [síməli]	n 직유(법)
vintage [víntidʒ]	a 오래된

500점 어휘

abbreviate [əbríːvièit]	v (단어의 수를) 줄이다, ~을 축소시키다
accredit [əkrédit]	v ~을 신용하다, ~을 인가하다
accord [əkɔ́ːrd]	v ~와 일치시키다, 부합시키다
affix [ǽfiks]	v 부착하다, ~에 첨부하다
aggravate [ǽgrəvèit]	v ~을 악화시키다
allude [əljúːd]	v ~을 암시하다 (to), 넌지시 말하다
ascribe A to B	phr A를 B의 탓[원인]으로 돌리다
baffle [bǽfl]	v 완전히 당황하게 하다
be bogged down with	phr ~에 빠지게 되다, 꼼짝 못하게 되다, 교착 상태에 빠지다
buttress [bʌ́tris]	v ~을 지지하다, 지탱하다, 버티다
censorship [sénsərʃip]	n 검열
clinch [klintʃ]	v 성사시키다, 결말을 내다, 매듭짓다
cohere [kouhíər]	v 일관성이 있다, 논리 정연하다
compile [kəmpáil]	v (책을) 편찬하다, 편집하다
conceive [kənsíːv]	v 생각해내다, (생각·의견·감정 따위를) 마음에 품다
consummate [kənsʌ́mit]	a 완전한, 완벽한 v 완벽하게 하다
copyright [kápiràit]	n 저작권
clash [klæʃ]	n 의견의 충돌, 언쟁 v 1)(의견을) 대립하다 2)소음을 내다
criticism [krítisìzəm]	n 비평
deduce [didjúːs]	v 추론[추정]하다, 연역하다
detract [ditrǽkt]	v (가치, 중요성 등을) 손상시키다, 감하다, 떨어뜨리다
dichotomy [daikátəmi]	n 양분, 이분
didactic [daidǽktik]	a 교훈적인
dilate on	phr ~에 대해 상술하다
discerning [disə́ːrnig]	a 안목이 있는, 식견이 있는
ebullient [ibʌ́ljənt]	a 패기 넘치는, 사기 충전한
efficacious [èfəkéiʃəs]	a 효과적인
elegiac [èlədʒáiək]	a 애가의, 비가의
elucidate [ilúːsidèit]	v (상세하게) 설명하다
entail [intéil]	v ~을 수반하다

목표 점수대별 어휘

500점 어휘	
evaluate [ivǽljuèit]	ⓥ 평가하다, 감정하다
flair [flɛər]	ⓝ 재능, 능력
from all walks of life	phr 각계각층의
glean [gli:n]	ⓥ (조금씩 천천히) 모으다, 수집하다
grandiloquent [grændíləkwənt]	ⓐ (말이) 과장된
have a rough time ~ing	phr ~하는데 힘든 시간을 보내다
implicate [ímpləkèit]	ⓥ 연루되었음을 보여주다, 암시[함축]하다, 연루시키다
impute A to B	phr A를 B에게 전가하다, 탓으로 돌리다
insidious [insídiəs]	ⓐ 서서히 퍼지는, 잠행성의
interpret [intə́:rprit]	ⓥ 설명하다, 해석하다, 연주[공연]하다
kernel [kə́:rnəl]	ⓝ 알맹이, 핵심
laconic [ləkánik]	ⓐ (말이) 간결한, 간소한
lampoon [læmpú:n]	ⓥ 풍자하다 ⓝ 풍자
lapse into	phr ~에 빠지다, ~의 상태가 되다
live up to	phr ~에 맞추다
liken [láikən]	ⓥ 비유하다
loquacious [loukwéiʃəs]	ⓐ 말이 많은
lucid [lú:sid]	ⓐ 분명한, 명료한, 알기 쉬운
make sense	phr 말이 되다, 의미가 있다, 타당하다
menial [mí:niəl]	ⓐ 하찮은, 천한, 시시한
newsletter [njú:zlètər]	ⓝ 회보, 소식지
oxymoron [àksimɔ́:rɑn]	ⓝ 모순어법
periodical [pìəriádikəl]	ⓝ 정기 간행물
pitfall [pítfɔ̀:l]	ⓝ 위험
rake [reik]	ⓝ 난봉꾼, 방탕아
recite [risáit]	ⓥ (외워서) 낭송하다; (청중 앞에서) 낭독하다
remiss [rimís]	ⓐ 태만한, 무기력한
repugnant [ripʌ́gnənt]	ⓐ 혐오스러운
satire [sǽtaiər]	ⓝ 풍자
weave [wi:v]	ⓥ (직물, 글 등을) 엮어서 만들다, 짜서 만들다

600점 어휘	
affront [əfrʌ́nt]	ⓥ ~를 모욕하다
aficionado [əfìʃjənɑ́:dou]	ⓝ 애호가, 마니아, 광
assonance [ǽsənəns]	ⓝ 음의 유사, 유운
cerebrate [sérəbrèit]	ⓥ 생각하다, 이성적인 능력을 이용하다, 머리를 쓰다
clairvoyant [klɛərvɔ́iənt]	ⓐ 천리안의, 투시의 ⓝ 천리안을 가진 사람
clandestine [klændéstən]	ⓐ 은밀한, 비밀리에 하는
conflate [kənfléit]	ⓥ 융합하다, 합체하다
conjecture [kəndʒéktʃər]	ⓥ 추측[짐작]하다 ⓝ 추측(한 내용)
connote [kənóut]	ⓥ 함축하다, 내포하다
cursory [kə́:rsəri]	ⓐ 대충 하는, 피상적인, 형식적인
demur [dimə́:r]	ⓥ 이의를 제기하다, 반대하다 ⓝ 이의
dollop [dáləp]	ⓝ 소량
emanate [émənèit]	ⓥ (특징, 느낌을) 발하다, 발산하다, ~에서 나오다
gaudy [gɔ́:di]	ⓐ (문체 따위가) 화려하게 꾸민, 야한
hokum [hóukəm]	ⓝ 허튼소리
lacerate [lǽsərèit]	ⓥ (피부, 감정 등을) 도려내다, 베다; 혹평하다
lackadaisical [lӕkədéizikəl]	ⓐ 태만한, 부주의한
lay it on the line	ⓟ 단도직입적으로 이야기하다
levity [lévəti]	ⓝ 경박함
lingo [líŋgou]	ⓝ 전문 용어
make away with	ⓟ ~을 면하다, ~을 훔치다
onomatopoeia [ànəmӕtəpíːə]	ⓝ 의성어, 의성법
perfidious [pərfídiəs]	ⓐ 배신의, 믿을 수 없는
perfunctory [pərfʌ́ŋktəri]	ⓐ 겉치레의, 형식적인
plaudit [plɔ́:dit]	ⓝ 칭찬, 찬사
powwow [páuwàu]	ⓝ 회의, 회담
ribald [ríbəld]	ⓐ (언어나 행동이) 상스러운, 외설스러운
rig [rig]	ⓥ (부정으로) 조작하다
stanza [stǽnzə]	ⓝ 시구
travesty [trǽvisti]	ⓝ 희화화

미술·음악

진부한·새로운, 지루한·흥미로운 등의 상대적인 형용사들이 빈번히 출제된다.

오늘의 단어 듣기
들으면서 암기하세요!

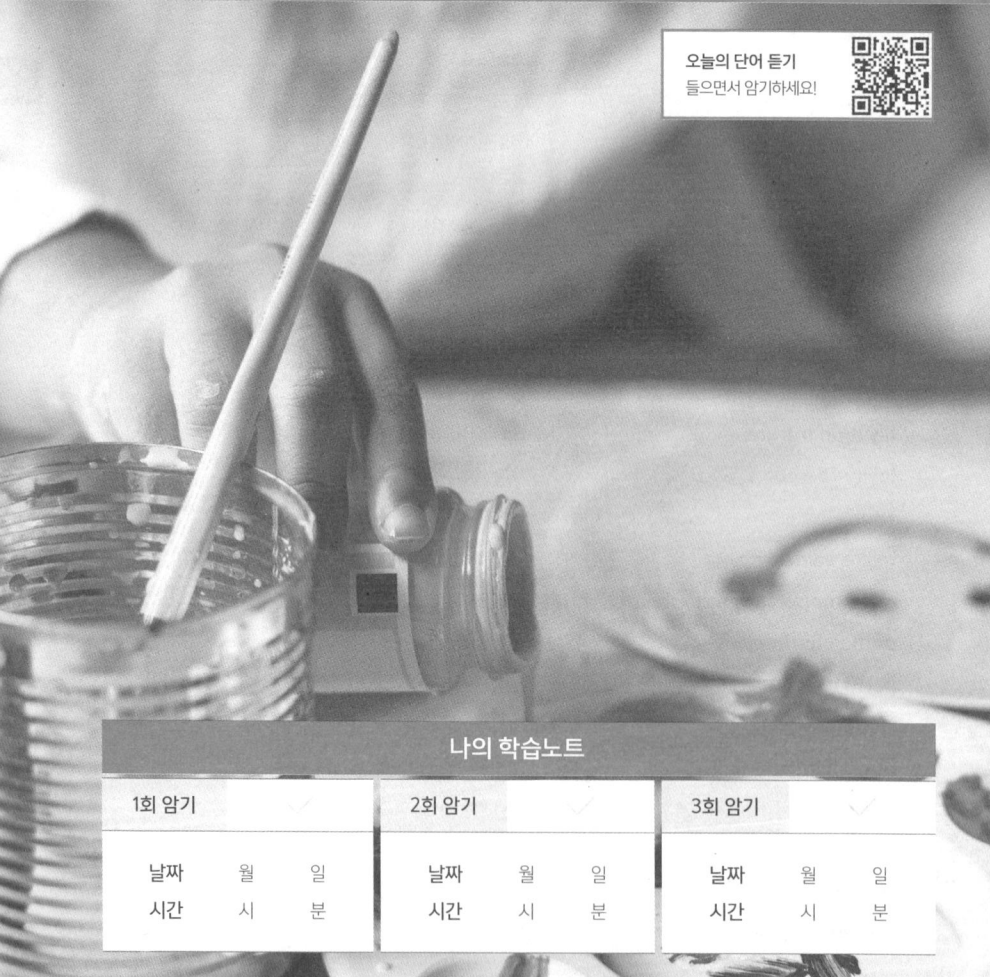

나의 학습노트

1회 암기		✓	2회 암기		✓	3회 암기		✓
날짜	월	일	날짜	월	일	날짜	월	일
시간	시	분	시간	시	분	시간	시	분

01 ★★★

forte

[fɔ́ːrtei]

ⓢ strong suit
ⓐ foible

n 장점, 강점

A: Wow! You are a <u>really talented</u> artist!
와! 당신 정말 재능 있는 예술가군요!
B: Thanks. Art was my **forte** when I was in school.
감사해요. 미술은 학교 다닐 때 저의 장점이었어요.

---

02 ★★★

penchant

[péntʃənt]

ⓢ liking, proclivity, predilection,
preference, partiality,
predisposition

n 애호, 기호

At an early age, my little brother seemed to have a
penchant for playing musical instruments, as he <u>liked</u>
to learn four different instruments at the same time.
어릴 적에, 내 남동생은 악기를 연주하는 것을 좋아하는 듯 보였는데, 네 가
지의 다른 악기를 동시에 익히고 싶어할 정도였다.

📈 **빈출 기출 표현** ‘~에 대한 애호가 있다’ 관련 표현

have a penchant for / have a liking for / have a proclivity for

---

03 ★★★

crude

[kruːd]

ⓢ raw, coarse, vulgar
ⓐ refined, polish

a 다듬어지지 않은, 조잡한, 투박한, 대충의, 대강의

My <u>lack of artistic skills</u> was evident when I showed
my **crude** attempt at building a sculpture.
나의 예술적 재능이 부족하다는 것은 조각상을 만들면서 조잡한 시도를 보
였을 때 명확해졌다.

📈 **빈출 기출 표현** crude 관련 표현

crude oil **n** 원유
crude criticism **n** 원색적인 비난

---

04 ★★★

improvise

[ímprəvàiz]

ⓝ improvisation **n** 즉흥(작, 곡)
ⓢ extemporize, play it by ear,
wing it

v 즉석에서 연주하다

Although John was a popular rapper, he failed terribly
when he had to **improvise** <u>on the spot</u>.
비록 John은 유명한 래퍼지만, 현장에서 즉석으로 공연을 해야 했을 때는
형편없이 못했다.

05 ★★★

portray

[pɔːrtréi]

ⓟ portrayal ⓝ 묘사
portrait ⓝ 초상화
ⓢ depict

ⓥ (그림, 글로) 묘사하다

The singer's song 'Goodbye my Love' **portrays** his personal feelings for his first love.

그 가수의 '안녕, 내 사랑'이라는 노래는 그의 첫사랑에 대한 개인적인 감정들을 묘사하고 있다.

> 💡 **암기Tip** 어원 암기법
>
> por(pro, forth: 앞으로) + tray(draw: 당기다, 끌다)
> ▶ draw forth: 앞으로 끌어내다, 그대로 옮기다 ▶ 묘사하다

06 ★★★

inspire

[inspáiər]

ⓟ inspiration ⓝ 영감
ⓢ imbue, instill

ⓥ (감정, 의견을) 불어 넣다, 고취시키다

After visiting the Tate art museum, I was **inspired** to get back into art and start painting again.

Tate 미술관을 방문한 후에, 나는 미술로 돌아가 다시 그림을 그리기 시작하도록 영감을 받았었다.

> 💡 **암기Tip** 어원 암기법
>
> in(into: 안으로) + spire(breathe: 숨쉬다) ▶ 안으로 숨을 불어넣다, ~을 고취시키다

> 👆 **기출 포인트** '~spire' 관련 표현
>
> inspire ⓥ 고취시키다
> conspire ⓥ (함께) 공모하다
> perspire ⓥ 땀을 흘리다
> respire ⓥ 호흡하다, 숨쉬다

07 ★★★

pull out all the stops

phr 온갖 노력을 다하다

A: Did you see Adele's performance at the Music Awards last night?

너 어젯밤 그 뮤직 어워즈에서 Adele의 공연 봤니?

B: Yes, it was amazing. She really **pulled out all the stops**.

응, 대단했어. 그녀는 정말 혼신을 다하더군.

08 ★★★

adulation

[ædʒuléiʃən]

ⓢ flattery

ⓝ 과찬, 지나친 찬사

Although Jason was a famous musician, he was still uncomfortable with the **adulation** from his fans.

Jason이 비록 유명한 음악인이긴 했지만, 아직도 팬들의 과찬에는 불편해했다.

09 ★★★

acquisition

[ǽkwizíʃən]

n 습득, 취득, 입수

The young woman recently completed an **acquisition** of paintings from her favorite artist.

그 젊은 여성은 그녀가 좋아하는 예술가의 그림들을 최근에 입수 완료했다.

> 기출 포인트 ◀ acquisition 관련 표현
>
> merger and **acquisition** phr 인수 합병(M&A)

---

10 ★★★

transcendent

[trænséndənt]

유 unparalleled, incomparable, inimitable

a 초월적인, 탁월한

The purpose of **transcendent** art is to transport art lovers into exceptional worlds they normally would not encounter.

초월적인 예술의 목적은 예술 애호가들을 보통은 만나볼 수 없는 특별한 세계로 데려가는 것이다.

> 암기Tip ◀ 어원 암기법
>
> trans(across: 가로질러) + cend(climb: 오르다) + ent(형접)
> ▸ 가로질러 오르는, 탁월한 ▸ 초월적인

---

11 ★★★

eclectic

[iklέktik]

유 wide-ranging, extensive, comprehensive

a 다방면의, 다양한, 취사선택하는

A: Do you only like pop music?

너는 팝 음악만 좋아하니?

B: No, not at all. I have an **eclectic** taste and like all genres of music.

아니야. 나는 다양한 취향이 있고 모든 장르의 음악을 좋아해.

> 암기Tip ◀ 어원 암기법
>
> ec(ex: out) + lect(select: 선택하다, 고르다) + ic(형접)
> ▸ 선택하는, 고르는

---

12 ★★★

endeavor

[endévər]

유 n effort, exertion
v strive, attempt, exert

n 노력, 시도

The manuscript for the musical was a collaborative **endeavor** that included two writers, a composer, and a lyricist.

그 뮤지컬 원고는 두 명의 작가와 한 명의 작곡가, 그리고 한 명의 작사가를 포함한 공동의 노력이었다.

v 노력하다, 시도하다

13 ★★★

ovation

[ouvéiʃən]

(동) applause, acclamation

n 박수, 박수갈채

When the young boy finished playing a perfect sonata on the piano with thunderous <u>applause</u>, the crowd gave him a standing **ovation**.

그 어린 소년이 우뢰와 같은 환호와 함께 완벽한 피아노 소나타 연주를 마치자, 관중들은 그에게 기립 박수를 보냈다.

> 📈 **빈출 기출 표현 ❬** ovation 관련 표현
>
> a standing **ovation** `phr` 기립 박수
> give a standing **ovation** `phr` 기립 박수를 치다

---

14 ★★★

allay

[əléi]

(동) relieve, alleviate, assuage, mitigate, palliate

v (고통, 굶주림, 두려움, 걱정, 의혹을) 완화시키다

The mom sang a song for the baby in a soft and gentle voice to **allay** <u>the baby's crying</u>.

그 엄마는 아이의 울음을 달래려고 부드럽고 온화한 목소리로 아이를 위한 노래를 불렀다.

---

15 ★★★

brag

[bræg]

(동) boast, show off, bluff, vaunt

v 자랑하다, 떠벌리다

A: That is a fantastic drawing! You should be an artist!
저거 멋진 그림이네! 너 예술가가 되어야겠다!
B: Thank you. I don't mean to **brag** but <u>I do have some talent</u> for sketching.
고마워. 자랑하려는 건 아니지만, 내가 스케치에 재능이 좀 있어.

---

16 ★★★

applaud

[əplɔ́ːd]

(파) applause **n** 환호, 칭찬
(동) praise, admire, extol, praise, laud

v 박수갈채를 보내다, 칭찬하다

The crowd stood up and **applauded** <u>loudly</u> when the old singer finished singing the final song at his concert.

그 나이 든 가수가 그의 콘서트에서 마지막 노래를 마쳤을 때 관중들은 자리에서 일어나서 큰 소리로 박수갈채를 보냈다.

17 ★★
entrust
[intrʌ́st]

v (책임, 업무를) 맡기다, 위임하다, 위탁하다

My class teacher **entrusted** me with the task of designing the front page of our yearly school photo album.

나의 담임 선생님은 우리 학교 연간 사진첩의 첫 페이지는 구성하는 일을 나에게 위임하셨다.

> 🖑 **기출 포인트** ‹ entrust 관련 표현
>
> **entrust** A with B **phr** A에게 B를 맡기다
> **entrust** B to A **phr** B를 A에게 맡기다

18 ★★
virtuoso
[vəːrtʃuóusou]
ⓢ master, maestro

n (음악 연주 분야의) 거장, 명연주자

Even though the **virtuoso** died over five centuries ago, his piano music is still being performed on a daily basis.

그 음악의 거장은 500년 전에 죽었지만, 그의 피아노 음악은 여전히 매일 연주되고 있다.

19 ★★
refrain
[rifréin]

n 후렴구, 반복구

When the performer reached a **refrain** from the song, the audience began to sing along.

그 공연자가 그 노래의 후렴구에 도달하자, 관중들이 함께 노래를 부르기 시작했다.

v ~을 삼가다

> 📈 **빈출 기출 표현** ‹ refrain 관련 표현
>
> **refrain** from **phr** ~을 삼가다(= abstain from)

20 ★★
overt
[ouvə́ːrt]
ⓢ manifest, obvious, apparent
ⓐ covert

a 명백한, 명시적인, 공공연한, 표면화된

The song's PG rating is based on its content's **overt** use of swear words.

그 노래의 보호자 지도 등급은 내용에 공공연한 욕설의 사용을 기준으로 한다.

21 ★★
fashion

[fǽʃən]

v 형성하다, 만들다, 빚다

These clay pots were **fashioned** from the red clay dug up from our garden.

이 도자기 주전자들은 우리 정원에서 파낸 붉은 점토로 만들어졌다.

n 패션, 인기, 방식

---

22 ★★
antiquated

[ǽntəkwèitid]

동 obsolete, outdated, outmoded, archaic, fusty, oldfangled

a 낡은, 구식의, 고루한

A: Why don't cars have CD players anymore?

왜 차량들에 더 이상 CD 플레이어가 없는 거지?

B: Because no one uses CDs now. It is **antiquated** thanks to music on people's phones.

아무도 CD를 사용하지 않기 때문이지. 사람들의 전화기에 들어있는 음악 덕분에 그것은 이제 구식이야.

---

23 ★★
attain

[ətéin]

파 attainment **n** 성과, 성취, 달성

v ~을 얻다, 획득하다, 이루다

I would not have been able to **attain** my musical goals without the support and guidance of my parents.

나의 부모들의 지원과 지도가 없었더라면 나의 음악적인 목표들을 달성할 수 없었을 것이다.

---

24 ★★
ignorant

[ígnərənt]

파 ignorance **n** 무지, 무식
동 unaware, uninformed, unlearned

a 무지한, 무식한

A: Is this music from the 18th century?

이 음악이 18세기 음악이니?

B: I'm sorry but I have no clue. I'm totally **ignorant** when it comes to classical music.

미안하지만 나는 몰라. 난 고전 음악에 관해서는 완전 무지하거든.

---

25 ★★
keepsake

[kíːpsèik]

동 souvenir, memento, token

n 기념품, 진품

They bought a T-shirt as a **keepsake** to remember the awesome concert.

그들은 그 멋진 콘서트를 기억하기 위해 티셔츠를 기념품으로 샀다.

26 ★★

apprise

[əpráiz]

동 inform, notify, tell

V ~을 알리다, 통보하다

Each week, the music teacher **apprises** the parents of her students' progress by emailing grade reports.

매주, 음악 교사는 성적표를 이메일로 발송하며 부모들에게 학생들의 진전 상태를 알리고 있다.

> **📊 빈출 기출 표현 〈 apprise 관련 표현**
>
> **apprise A of B** pur A에게 B를 알리다(=notify A of B)

27 ★★

offend

[əfénd]

파 offensive ⓐ 모욕적인, 불쾌한
동 ¹⁾irritate, annoy, anger
²⁾violate, transgress

V ¹⁾불쾌하게 하다, 기분 상하게 하다 ²⁾(종교, 법을) 위반하다

¹⁾The beeps in the song are to cover explicit words as not to **offend** listeners who don't wish to hear that kind of language.

노래 속에 삐 하는 소리는 그런 종류의 말을 듣고 싶지 않은 청취자들을 불쾌하게 하지 않기 위해서 노골적인 말들을 덮기 위한 것이다.

> **💡 암기Tip 〈 어원 암기법**
>
> of(ob, against: 대항해서) + fend(strike: 치다, 공격하다)
> ▶ strike against: 반대로 치다, 공격하다

28 ★★

flock

[flɑk]

파 flocking ⓐ 떼지어 몰리는
동 flood

V (많은 수가) 모이다 (to)

After the concert many fans **flocked** to the pop group's tour bus to get a glimpse of their favorite singers.

콘서트 후에 많은 팬들은 그들이 좋아하는 가수들을 슬쩍 보려고 그 팝 그룹의 투어 버스로 몰려들었다.

n 떼, 무리; 군중

> **👆 기출 포인트**
>
> 주어가 다수일 때 이를 받는 자동사로 주로 출제되며 '주어가 무리 지어 어떤 방향으로 향하다'의 구조로 거의 쓰이기에 방향을 나타내는 전치사 to가 바로 따라 나온다.

29 ★★

impact

[ímpækt]

⑤ 1)influence, effect
2)shock
3)collision, crash, smash

n 1)영향 2)충격 3)충돌

1)Michael Jackson made a <u>revolutionary</u> **impact** on the music industry by illustrating how well R&B, funk, pop, and dance music work together.

Michael Jackson은 R&B, 펑크, 댄스 음악이 얼마나 함께 잘 어울릴 수 있는지를 보여주며 음악 산업에 혁신적인 영향을 미쳤다.

📊 빈출 기출 표현 ᐸ **impact** 관련 표현

have(make) an **impact** on **phr** ~에 영향을 미치다

---

30 ★★

transformation

[trænsfərméiʃən]

n 변형

The group goes through a dramatic **transformation** <u>from</u> music style <u>to</u> the fashion they wear with every album.

그 그룹은 매 앨범마다 음악 스타일에서 들이 입은 패션까지 극적인 변화를 겪는다.

👆 기출 포인트 ᐸ 유사 어휘

transform **v** 변형시키다
transfer **v** 갈아타다; 인계하다, 이체하다

---

31 ★

unite

[júːnait]

⑭ united **n** 연합된, 통합된

v 연합하다, 통합시키다

This piece of art shows how people **unite** together and <u>come together</u> to help during a crisis.

이 예술 작품은 사람들이 어떻게 위기의 상황에서 함께 연합하고 함께 할 수 있는 지를 보여준다.

👆 기출 포인트 ᐸ uni-(one) 관련 표현

united **a** 연합된
unilateral **a** 일방적인
unanimous **a** 만장 일치의

---

32 ★

soothing

[súːðiŋ]

a 달래는, 위로하는

A: What kind of music do you listen to when you get home?

너는 집에 가면 어떤 종류의 음악을 듣니?

B: Well, I like classical music as it's **soothing** <u>after a long hard day at work</u>.

음, 나는 힘든 하루의 일과 후에 위로가 되기 때문에 고전 음악을 좋아해.

33 ★

metamorphosis

[mètəmɔ́ːrfəsis]

n 탈바꿈, 변형

In the weird song, the singer sang about how a man went through a **metamorphosis** that <u>turned him into a cat</u>!

그 기이한 노래에서, 그 가수는 한 남자가 어떻게 그가 고양이가 된 변형을 겪게 됐는지를 노래했다.

> 💡 **암기Tip** 〈 어원 암기법
>
> meta(change: 변화) + morphosis(form: 형태)
> ▸ 형태의 변화, 변형

34 ★

dozy

[dóuzi]

동 drowsy, somnolent

a 졸리는

I don't like to listen to slow gentle music as it makes me feel **dozy** and <u>fall asleep</u>.

나는 느리고 부드러운 음악은 졸리고 잠에 빠지게 만드는 느낌이 들어서 좋아하지 않는다.

35 ★

gloomy

[glúːmi]

a 우울한, 침울한

A: Looking at the **gloomy** painting makes me very <u>sad</u>.

침울한 그림을 보는 것은 나를 매우 슬프게 만들어.

B: Yes. That shows you how powerful art can be!

맞아. 그건 예술이 얼마나 강력할 수 있는지를 보여줘.

36 ★

row

[rou]

n (좌석의) 줄, 열

A: Did you book the tickets for the concert?

콘서트 티켓 예약했니?

B: Yes, but guess what? I managed to get us <u>seats</u> on the second **row**!

응, 그런데 무슨 일이 있었는지 알아? 내가 간신히 두 번째 줄에 우리 좌석을 잡았어.

> 📈 **빈출 기출 표현** 〈 row 관련 표현
>
> in a **row** **phr** 연이어, 잇따라, 계속해서(= consecutively, successively)
> *ex)* three times in a **row** 세 번 연속으로

37 ★
banal
[bəná:l]

ⓢ clichéd, hackneyed,
humdrum, dull, mundane

ⓐ 진부한

Even though his songs have been **banal** and his style always sounds the same, I still enjoy listening to my favorite singer.
그의 노래가 진부하고 그의 스타일이 항상 똑같은 것처럼 들리지만, 나는 여전히 내가 좋아하는 가수의 노래를 즐겨 듣는다.

👆 기출 포인트

banal은 주로 '진부한, 변함없는, 지루한, 일상적인, 속세의' 의 뻔하고 재미없는 부정적 의미로 많이 출제가 되며, 상반된 의미의 '새로운, 천상의, 독특한, 특이한'의 형용사들도 크게 묶어서 잘 기억해 두어야 한다.

38 ★
flop
[flɑp]

cf. flip-flops ⓝ 발가락 끈 슬리퍼

ⓥ ¹⁾망하다, 실패하다 ²⁾(무겁게 쳐져) 매달려 있다 ³⁾파닥거리다

¹⁾If my daughter **flops** again at the musical contest like last year, she will be really dejected.
내 딸이 작년처럼 음악 대회에서 다시 실패한다면, 그녀는 정말로 낙담할 것이다.

ⓝ 대실패(작)

39 ★
autograph
[ɔ́:təgræf]

ⓝ (유명인의) 사인

Some maniac fans waited outside the famous singer's studio all day, so that they could get her **autograph** on their T-shirt.
일부 광적인 팬들은 그 유명 가수의 작업실 밖에서 하루 종일 기다렸고, 결국은 그들의 티셔츠에 사인을 받을 수 있었다.

40 ★
progress
[prɑ́gres]

ⓢ ⓝ advance, progression
ⓥ advance, proceed

ⓝ 진전, 발전

A: I feel like I'm getting much better at the piano.
나는 피아노 치는 게 훨씬 더 향상된 듯한 느낌이 들어.

B: Yes, you're right. I also can see the **progress** you have made.
그래, 맞아. 나도 네가 진전된 것을 볼 수 있어.

ⓥ 전진하다, 나아가다

Daily Check-up

해석/해설 p. 539

Choose the best answer.

⏱2초 check-up

01 The song sounds (banal, novel, intriguing) but gave me an inspiration for fresh ideas.

02 I took a seat in the fourth (layer, row, tier) at the concert.

03 Hundreds of fans (dispersed, flocked, dissented) to the coffee shop to see the pop singer.

04 The art teacher (apprised, dismissed, interfered) her students of the upcoming exhibition.

05 To (attain, arouse, relieve) his artistic goals, the singer has strived for a long time.

⏱5초 check-up

06 A: What did you get at the art museum?
B: I bought a _____ to make me recall today.

(a) mettle   (b) keepsake
(c) voucher   (d) stimulant

07 A: What was touching at the concert?
B: When the singer reached the first _____, all the audience sang together in a chorus.

(a) refrain   (b) note
(c) ritual   (d) salutation

08 A: Great! Your son won the prize at the musical contest!
B: Yes, I don't like to _____, but he ranked first.

(a) brag   (b) dribble
(c) scoff   (d) drag

09 The _____'s music has been still played by many musicians, though he passed away two centuries ago.

(a) gourmet   (b) virtuoso
(c) novice   (d) glutton

10 Vincent Van Gogh continuously _____ to depict peasant laborers in his early paintings.

(a) purloined   (b) avoided
(c) condemned   (d) endeavored

11 The Olympic song got people around the world to _____ together into one.

(a) comprehend   (b) allay
(c) unite   (d) collide

12 This paining is the latest _____ which I collected from a promising Japanese artist.

(a) acquisition   (b) collateral
(c) production   (d) transformation

[정답] **01.** banal   **02.** row   **03.** flocked   **04.** apprised   **05.** attain   **06.** (b)   **07.** (a)   **08.** (a)   **09.** (b)   **10.** (d)   **11.** (c)
   12. (a)

목표 점수대별 어휘

400점 어휘

abstain from	phr ~을 삼가다, 절제하다
acquire [əkwáiər]	v 얻다, 획득하다, 인수하다
arouse [əráuz]	v (느낌, 감정, 반응을) 불러 일으키다, 일깨우다
auditorium [ɔ̀:ditɔ́:riəm]	n 공연장
aural [ɔ́:rəl]	a 청각의
brighten [bráitən]	v 기분을 북돋우다
bust [bʌst]	n 반신상, 흉상 v 파멸되다, 깨지다; 파멸시키다
carving [ká:rviŋ]	n 조각(품)
charity performance	phr 자선 공연(= benefit performance)
chorus [kɔ́:rəs]	n 후렴, 합창곡
composer [kəmpóuzər]	n 작곡가
conductor [kəndʌ́ktər]	n (악단의) 지휘자
elegy [élidʒi]	n 비가, 애가
evident [évidənt]	a 분명한, 눈에 띄는
exhibition [èksəbíʃən]	n 전시(회)
exposition [èkspəzíʃən]	n 전시회, 박람회; 설명, 해설
fraud [frɔːd]	n 사기(꾼), 엉터리
genuine [dʒénjuin]	a 진짜의, 진품의
humming [hʌ́miŋ]	a 콧노래로 부르는 n 콧노래
illustration [ìləstréiʃən]	n 삽화
inciting [insáit]	a 선동적인, 자극적인
insensitive [insénsitiv]	a 무신경한
lyricist [lírisist]	n 작사가
meet [miːt]	v ~을 충족시키다
porcelain [pɔ́:rsəlin]	n 도자기 a 도제의
prevail [privéil]	v 만연하다, 유행하다
prodigy [prádədʒi]	n 신동, 영재
sculpture [skʌ́lptʃər]	n 조각
statue [stǽtʃuː]	n 조각상
subtle [sʌ́tl]	a 섬세한

500점 어휘	
acoustic [əkúːstik]	ⓐ 음향의, 청각의 ⓐ 전자장치를 쓰지 않는
aesthetic [esθétik]	ⓐ 심미적인, 미학적인 ⓝ 미학, 미적 특질
align [əláin]	ⓥ 나란히 하다, 가지런히 하다
apprentice [əpréntis]	ⓝ 견습생, 도제, 초심자
band [bænd]	ⓥ 뭉치다, 단결하다
belie [bilái]	ⓥ ~을 어기다, ~와 상반되다
besmirch [bismə́ːrtʃ]	ⓥ (평판 등을) 더럽히다, 먹칠하다
bogus [bóuɡəs]	ⓐ 거짓의, 가짜의
breathtaking [bréθtèikiŋ]	ⓐ (아름답거나 놀라워서) 숨이 막히는
burnish [bə́ːrniʃ]	ⓥ (금속을) 윤을 내다
clip [klip]	ⓥ 잘라내다, 다듬다
coax [kouks]	ⓥ 속이다, 꾀이다
consign [kənsáin]	ⓥ 위탁하다, ~에게 맡기다
contrived [kəntráivd]	ⓐ 꾸며낸, 짜낸, 부자연스런
cut one's teeth (on)	ⓟⓗⓡ 처음 익히다, 처음 일을 시작하다
cut the mustard	ⓟⓗⓡ 능숙하게 잘하다
edify [édəfài]	ⓥ 고양시키다, 교화시키다
egregious [igríːdʒəs]	ⓐ 터무니 없는, 엄청난
episode [épisòud]	ⓝ 1회 방송분
exempt [igzémpt]	ⓐ 면제된 cf. exempt from the duties ⓥ 면제시키다
extemporize [ikstémpəràiz]	ⓥ (연주, 연설 등을) 즉흥적으로 하다
forgery [fɔ́ːrdʒəri]	ⓝ 위조
garner [ɡáːrnər]	ⓥ 모으다
gig [ɡiɡ]	ⓝ (재즈, 락) 연주회
glitter [ɡlítər]	ⓥ (반사되어) 반짝이다
imbue [imbjúː]	ⓥ (감정, 의견, 가치 등을) 고취시키다, 가득 채우다, ~에게 심어주다
in chorus	ⓟⓗⓡ 모두 함께, 합창으로
inflection [inflékʃən]	ⓝ (소리, 말의) 변화, 굴절
infuse [infjúːz]	ⓥ 불어넣다, 주입하다
inimitable [inímitəbl]	ⓐ 모방할 수 없는, 독창적인, 독보적인

500점 어휘

intelligible [intélidʒəbl]	ⓐ 쉽게 이해할 수 있는
intoxicate [intáksəkit]	ⓥ 취하게 하다, 도취[흥분]시키다, 열광케 하다
inveigle [invéigl]	ⓥ 속이다, 사취하다
marginal [máːrdʒənəl]	ⓐ 주변적인, 중요하지 않은, 미미한
marginalized [máːrdʒinəlàiz]	ⓐ 소외된
mellifluous [melífluəs]	ⓐ (음색이) 감미로운, 달콤한
mesmerize [mézməràiz]	ⓥ (공연에) 마음을 사로잡다
mural [mjú(ː)ərəl]	ⓐ 벽의, 벽에 그린
outmatch [àutmǽtʃ]	ⓥ ~보다 낫다, ~보다 한 수 위이다
outright [áutràit]	ⓐ 완전한, 전면적인
pallid [pǽlid]	ⓐ (색이) 옅은; (혈색이) 창백한
patron [péitrən]	ⓝ (예술) 후원자; 고객
placate [pléikeit]	ⓥ (화난 사람을) 달래다
posthumous [pástʃəməs]	ⓐ 사후의
preliminary [prilímənèri]	ⓐ 예비의
probity [próubəti]	ⓝ 정직성, 성실성
propitiate [prəpíʃièit]	ⓥ (영혼, 신, 넋을) 달래다
prosaic [prouzéiik]	ⓐ 평범한, 단조로운; 산문적인
quotidian [kwoutídiən]	ⓐ 일상의, 보통의
resplendent [rispléndənt]	ⓐ 눈부시게 빛나는
restoration [rèstəréiʃən]	ⓝ (건물, 그림의) 복원, 원상 복귀
rhapsody [rǽpsədi]	ⓝ 광시곡, 랩소디
stark color	phr 강렬한 색
superficial [sjùːpərfíʃəl]	ⓐ 표면적인, 피상적인
sycophancy [síkəfənsi]	ⓝ 아첨, 아부
timbre [tímbər]	ⓝ 음색, 음질
vertigo [vɔ́ːrtəgòu]	ⓝ 현기증, 어지러움
vibrant [váibrənt]	ⓐ 활기찬, 생기 넘치는
washout [wáʃàut]	ⓝ 대실패
wing it	phr 즉흥적으로 하다

600점 어휘	
antediluvian [æ̀ntidilúːviən]	ⓐ 아주 구식의
apocryphal [əpɑ́krəfəl]	ⓐ (말, 글 등의) 출처가 불분명한, 사실이 아닌 듯한
aquarelle [æ̀kwərél]	ⓝ 수채화(법)
beguile [bigáil]	ⓥ 구슬리다, 알랑거려 ~하게 하다; 기쁘게 하다, 달래주다
corny [kɔ́ːrni]	ⓐ 진부한
croaky [króuki]	ⓐ (목이 아파서) 저음의 거친 쉰 소리를 내는
dilatory [dílətɔ̀ːri]	ⓐ 지체하는, 미적거리는
dote [dout]	ⓥ 맹목적으로 좋아하다(on), 애지중지 하다
doyen [dɔ́iən]	ⓝ 대부, 원로, 중진, 수석
dour [dáuər]	ⓐ 재미없는, 감흥 없는, 우중충한
dowdy [dáudi]	ⓐ (사람이나 옷이) 볼품없는, 시대에 뒤진
dummy [dʌ́mi]	ⓝ 인체 모형, 마네킹, 모조품 ⓐ 모조의
effigy [éfidʒi]	ⓝ 모형, 조각상, 인형
electrifying [iléktrəfàiiŋ]	ⓐ 열광적인
enchanting [intʃǽntiŋ]	ⓐ 황홀하게 만드는, 매혹적인
impromptu [imprɑ́mptjuː]	ⓐ 즉석에서 한, 즉흥적인
lascivious [ləsíviəs]	ⓐ 음탕한, 선정적인
lewd [luːd]	ⓐ 외설적인, 선정적인
obscene [əbsíːn]	ⓐ 터무니 없는, 음란한, 음탕한
on the edge of one's seat	phr 몹시 흥분하여, 완전 매료되어
puerile [pjú(ː)ərəl]	ⓐ 유치한, 어린애 같은, 앳된
rebus [ríːbəs]	ⓝ 그림 또는 글자 조합(퍼즐, 수수께끼)
reverberation [rivə̀ːrbəréiʃən]	ⓝ (소리의) 반향, 잔향, 파문
riff [rif]	ⓝ (음악의) 반복 악절, 리프 ⓥ 리프를 연주하다
salutary [sǽljətèri]	ⓐ 유익한
stentorian [stentɔ́ːriən]	ⓐ (소리가) 우렁찬
swoon [swuːn]	ⓝ 기절, 졸도 ⓥ 기절하다
trumpet [trʌ́mpit]	ⓥ 자랑스럽게 알리다
tune up	phr 조율하다, 음을 맞추다
wanton [wɑ́ntən]	ⓐ 무절제의, 잡스러운, 난잡한

DAY 19

영화·연극·미디어

영화나 연극에 대한 흥미로운, 지루한 등의 상반적 반응을 나타내는 형용사들과 분야별로 나오는 명사들이 주로 출제된다.

오늘의 단어 듣기
들으면서 암기하세요!

나의 학습노트

1회 암기	∨		2회 암기	∨		3회 암기	∨	
날짜	월	일	날짜	월	일	날짜	월	일
시간	시	분	시간	시	분	시간	시	분

01 ★★★

sequel

[síːkwəl]

ⓢ [1)]follow-up
[2)]consequence, result
cf. preque ⋂ 이전 이야기를 다룬 속편

ⓝ [1)](책 영화, 연극 등의) 속편, 뒤이어 일어난 일 [2)]결과

The movie's **sequel** picks up where the previous movie ended and will be played again by my favorite actor.

그 영화의 속편은 전편이 끝난 곳에서 다시 시작되어 내가 좋아하는 배우에 의해 다시 연기될 것이다.

---

02 ★★★

retraction

[ritrǽkʃən]

ⓢ withdrawal

ⓝ 철회, 취소

After the producer gave an incorrect premier date for the movie in an interview, he needed to make a **retraction** of the remark.

그 프로듀서가 인터뷰에서 영화 개봉일을 잘못 알려준 후에, 그는 그 말을 철회할 필요가 있었다.

> 💡 **암기Tip** ▸ 어원 암기법
>
> re(back: 뒤로) + tract(draw: 끌다) + ion(명접) ▸ 뒤로 끌다 ▸ 철회

---

03 ★★★

laud

[lɔːd]

ⓟ laudatory ⓐ 칭찬, 감탄
laudable ⓐ 칭찬할만한
ⓢ extol, rave, applaud, eulogize

ⓥ 극찬하다

Many movie critics **laud** the popular Godfather movie as one of the best of all time.

많은 영화 평론가들은 대중적인 대부 영화를 역대 최고 중의 하나로 극찬한다.

> ✎ **기출 포인트**
>
> '칭찬하다, 비난하다'의 긍정·부정적 의견을 나타내는 동사들은 가장 빈번히 출제되는 어휘들이니 넓게 묶어서 기억해 두어야 한다.

---

04 ★★★

acerbic

[əsə́ːrbik]

ⓟ acerbity ⓝ 신랄한 말, 신랄함
ⓢ sarcastic, mordant, scathing, trenchant

ⓐ 가혹한, 신랄한

The writer's **acerbic** tone in the media did not sit well with people who found his harsh criticism offensive.

미디어에서 그 작가의 신랄한 어조는 그의 거친 비판이 공격적이라고 여긴 사람들에게 쉽게 받아들여지지 않았다.

---

05 ★★★

surreptitious

[sə̀ːrəptíʃəs]

ⓐ 비밀의, 은밀한

Some online social media sites have their **surreptitious** ways of gathering your private information.

ⓜ surreptitiously **ad** 은밀하게
ⓢ stealthy, clandestine, furtive

일부 온라인 소셜 미디어 사이트들은 여러분의 개인 정보를 수집하는 은밀한 방식들을 갖고 있다.

---

06 ★★★

vulgar

[vʌ́lgər]

ⓢ lewd, obscene, crude, coarse

a 저속한, 천박한, 상스러운

A: My girlfriend has a hard time watching violent or scary movies.
내 여자친구는 폭력적이고 무서운 영화를 잘 못 봐.
B: Yes, mine too! She really hates **vulgar** scenes.
그래, 내 여자친구도 그래! 그녀는 저속한 장면들을 정말 싫어해.

---

07 ★★★

bias

[báiəs]

ⓢ prejudice, favoritism, partiality

n 편견

A: Do you trust what you read in newspapers?
너는 신문에서 읽은 내용을 믿니?
B: Well, mostly I do, but sometimes their reporting shows some **bias**, taking sides on the issues.
음, 대개는 그래, 하지만 가끔 그들의 보도는 사건들에 편파적이고, 편견을 드러내.

v 편견을 보이다, 한쪽으로 치우치게 하다

---

08 ★★★

culminate

[kʌ́lmənèit]

v 최고점에 달하다, 끝이 나다, 막을 내리다

At the end of the night, the final play will **culminate** in a huge party with all the staff members.
그날 밤늦게, 그 마지막 연극은 모든 스태프들과 함께하는 성대한 파티로 막을 내릴 것이다.

---

09 ★★★

gruesome

[grú:səm]

ⓢ grisly, ghastly, horrible

a 소름 끼치는, 섬뜩한

The scary movie was filled with lots of **gruesome** scenes that made my stomach queasy.
그 섬뜩한 영화는 내 속을 메스껍게 만드는 많은 소름 끼치는 장면들로 꽉 차 있었다.

---

10 ★★★

rave

[reiv]

[동] [v] acclaim
[n] plaudits, tribute

[v] 열변을 토하다, 격찬하다, 극찬하다

A: Did you watch the latest Transformers movie?
너 최신 Transformers 영화 봤니?
B: Yes I did. But I don't know why people are **raving** about it because I thought it was terrible.
응 봤어. 하지만 내 생각에는 형편없던데 왜 사람들이 그것을 극찬하는지 모르겠어.

[n] 격찬, 극찬

빈출 기출 표현 rave 관련 표현

rave review [phr] 격찬하는 기사, 엄청난 호응

11 ★★★

provoke

[prəvóuk]

[파] provocation [n] 자극, 유발

[v] 자극하다, 야기하다

The music in this play was written to **provoke** strong emotional reactions from the audience and connect them more with the story.
이 연극의 음악은 청중들에게서 강한 감정적인 반응을 야기시켜 그들이 그 이야기에 더욱 연결되도록 하기 위해서 쓰여졌다.

암기Tip 어원 암기법

pro(forth: 앞으로) + voke(call: 불러내다)
▸ 앞으로 불러내다 ▸ 야기시키다

기출 포인트 -voke(call) 관련 표현

pro**voke** [v] 자극하다, 야기시키다
in**voke** [v] 호소하다
re**voke** [v] 철회하다, 폐지하다
con**voke** [v] 소집하다

12 ★★★

hold back

[v] 저지하다, 억제하다, 제지하다

A: Do you ever cry in movies?
너 영화보다 울어본 적 있니?
B: Yes, if the scene touches me, it's hard to **hold back** my tears.
응, 장면이 나를 감동시키면, 눈물을 참기 어렵지.

빈출 기출 표현 hold back 관련 표현

hold back information [phr] 비밀로 하다, 정보를 말하지 않다

13 ★★★

infringe

[infríndʒ]

ⓘ infringement ⓝ 침해

ⓥ 침해하다

The press should not <u>oppress</u> or **infringe** upon the rights of others under the name of freedom of speech.

언론은 표현의 자유라는 이름 하에 타인의 권리를 억압하거나 침해해서는 안 된다.

> 💡 **암기Tip** 〈 어원 암기법
>
> in(into: 안으로) + fringe (frange/break: 부수다)
> ▸ break into: 침입하다, 침해하다

14 ★★★

convey

[kənvéi]

ⓘ conveyance ⓝ 운송, 수송, 탈 것

ⓥ 전달하다

During the short film, the music will **convey** the emotions of the characters and the atmosphere of the scene <u>to the audience</u>.

단편 영화에서, 그 음악은 인물들의 감정과 장면의 분위기를 관객들에게 전달할 것이다.

> 💡 **암기Tip** 〈 어원 암기법
>
> con(together: 함께) + vey(via/way: 길)
> ▸ 길을 함께하다, 같은 길을 동행하다 ▸ 전달하다

> 🖐 **기출 포인트** 〈 -vey(voy) 관련 표현
>
> con**vey** ⓥ ~을 전달하다
> con**voy** ⓥ ~을 호송하다, 호위하다(= escort)
> en**voy** ⓝ 사절, 특사

15 ★★★

ingenious

[indʒíːnjəs]

ⓐ 기발한, 독창적인, 재간둥이의

A: I love this director as his movies are so different from the norm.

나는 그의 영화들이 일반적인 것들과는 상당히 다르기 때문에 그 감독을 좋아해.

B: Yes, you're right. He really is an **ingenious** and <u>creative</u> man.

그래, 맞아. 그는 정말 기발하고 독창적인 사람이야.

> 🖐 **기출 포인트** 〈 유사 어휘
>
> in**genious** ⓐ 독창적인, 기발한
> in**genuous** ⓐ 천진난만한, 순진한
> in**digenous** ⓐ 토착의, 토박이의, 고유의
> in**digent** ⓐ 궁핍한

16 ★★★
maudlin
[mɔ́ːdlin]
ⓢ mawkish, sentimental, overemotional

ⓐ 감상적인, 눈물겨운

The heroine was so **maudlin** that people couldn't stand the <u>overly sentimental</u> storyline anymore.
여주인공이 너무 감상적이어서 사람들은 그 지나치게 감상적인 줄거리를 더 이상 참을 수 없었다.

17 ★★★
debunk
[diːbʌ́ŋk]

ⓥ (신화, 생각, 믿음이 잘못됐음을) 드러내다, 밝히다

My attempts to **debunk** my young son's <u>belief</u> in superheroes only ended with him crying for days.
내 어린 아들의 슈퍼히어로에 대한 믿음이 잘못됐음을 밝히려던 나의 시도는 결국 그를 며칠 동안 울게 만들 뿐이었다.

18 ★★★
diffusion
[difjúːdʒən]

ⓝ 유포, 확산, 보급, 발산

Through the process of cultural **diffusion**, we are now able to enjoy movies and plays <u>from different countries.</u>
문화적 확산 과정을 통해서, 우리는 현재 다른 나라의 영화와 연극들을 즐길 수 있다.

> 💡 **암기Tip** 〉 어원 암기법
>
> dis(away: 멀리) + fus(pour: 붓다) + ion(명접)
> ▸ 멀리로 쏟아 붓기 ▸ 유포, 확산

19 ★★
backlash
[bǽklæ̀ʃ]
ⓢ opposition, resistance

ⓝ (사회적, 정치적 대중의) 반발

The new movie received **backlash** from thousands of people who <u>disagreed</u> with its violence and portrayal of women.
새 영화는 폭력성과 여성에 대한 묘사에 동의하지 않는 수천 명의 사람들로부터 반발을 받았다.

20 ★★
inure
[injúər]
ⓟ inured ⓐ (거친 일에) 단련된
ⓢ toughen, harden, habituate

ⓥ 단련시키다, 익숙하게 만들다

I am **inured** to violence on television because I watch so many movies containing violence that I am now <u>desensitized</u> to it.
나는 폭력적인 요소들을 포함한 영화들을 많이 봐서 이제는 그에 둔감하기 때문에 TV에서의 폭력성에 익숙하다.

21 ★★

preview

[príːvjùː]

n 1)시사(회) 2)(영화, TV 등의) 예고편

I won free tickets to the premier so that we can watch a **preview** of the movie <u>before it's released</u>.

나는 그 영화가 개봉하기 전에 시사회를 보기 위해 시사회 무료 표를 얻었어.

> 💡 암기Tip ◀ 연상/확장 암기법
>
> 2주 후에 release(개봉하다) 될 영화의 trailer(예고편)를 잠깐 보고 나니 그 내용이 궁금해져서 급하게 지인에게 다음 주에 있을 그 영화 preview(시사회)를 보기 위한 티켓을 얻어서 기쁨을 debunk(드러내다)하지 않을 수 없었다.

---

22 ★★

be up for

phr ~하고 싶다; 기꺼이 참여하다

A: Hey, **are** you **up for** watching a play this weekend?
저기, 너 이번 주말에 연극 보고 싶니?
B: Yeah, sure! I'm wondering what play you <u>are interested in</u>.
응, 물론이지! 네가 어떤 연극에 관심이 있을지 궁금하네.

---

23 ★★

subscribe

[səbskráib]

파 subscription n 가입, 구독(시청)

v (TV, 인터넷에) 가입하다, (신문을) 구독하다(to)

These days, it is a huge trend to **subscribe** <u>to movie sites</u> to watch movies.

요즘은 영화 시청을 위해 영화 사이트에 가입하는 것이 하나의 거대한 추세이다.

> 📊 빈출 기출 표현 ◀ ~scribe(write) 관련 표현
>
> **subscribe** v 구독 신청하다
> **proscribe** v 금하다, 금지하다
> **conscribe** v ~에 국한시키다; 징집하다

---

24 ★★

clamor

[klǽmər]

v 떠들어대다, 시끄럽게 요구하다, 아우성치다

Production companies release dynamic movie trailers so people will <u>be intrigued</u> and **clamor** to watch the entire film.

제작사들은 사람들이 흥미로워 하고 영화 전체를 보기 위해 떠들어대도록 극적인 영화 예고편을 출시한다.

n 소란, 아우성

25 ★★

marvel

[máːrvəl]

ⓟ marvelous ⓐ 놀라운, 경이적인

ⓥ ~에 놀라게 하다; ~에 놀라다 (at), 경이로워하다

The Harry Potter movies are **marveled** by many children and adults alike, and are referred to as <u>amazing and creative</u> classics.

해리 포터 영화들은 많은 아이들과 어른들 모두가 감탄하며, 놀랍고 독창적인 명작으로 언급된다.

ⓝ 경이로운 결과(사람), 놀라운 일, 놀람

---

26 ★★

salacious

[səléiʃəs]

ⓢ vulgar, obscene, lewd, indecent

ⓐ 외설스러운, 음란한

The **salacious** content of this magazine has led parents to demand for it to be <u>removed from school libraries</u>.

이 잡지의 외설스러운 내용은 학부모들이 그것을 도서관에서 제거해 달라는 요구를 하게 했다.

📊 **빈출 기출 표현** sal~ 관련 표현

salubrious ⓐ 건강에 좋은
salutary ⓐ 유익한, 바람직한
salient ⓐ 두드러진, 현저한

---

27 ★★

posse

[pάsi]

ⓢ band, flock, horde, throng, mob

ⓝ (유사성이 있는 사람들의) 무리, 패거리

A: What is the movie about?
그 영화는 뭐에 관한 거야?
B: Well, to summarize, it's about the lives of a **posse** of teens who formed <u>a gang</u> in New York.
음, 요약하자면, 뉴욕에서 갱단을 만든 한 10대 무리의 삶에 관한 거야.

---

28 ★★

inhibit

[inhíbit]

ⓢ forbid, hinder, prohibit, prevent

ⓥ 저해하다, 못하게 하다 (from)

His fear of heights **inhibited** the actor <u>from</u> filming some scenes, so CG had to be used.

고소 공포 때문에 그 배우는 영화에서 몇 장면을 촬영하지 못하고, 결국 CG를 이용해야만 했다.

📊 **빈출 기출 표현** inhibit 관련 표현

inhibit[prohibit, forbid, prevent] A from B(~ing)
ⓟⓗⓡ A가 B 하는 것을 못하게 하다

29 ★★
boon
[buːn]

🔊 blessing, benefit, advantage

n 이점, 혜택, 은혜

I think the main **boon** of being an actor is being able to travel to different countries to film in various locations.
내 생각엔 배우가 되는 것의 주요 이점은 여러 곳에서 촬영을 하기 위해 다른 나라들로 돌아다닐 수 있다는 것이다.

a 가까운, 친근한, 좋아하는

> **📊 빈출 기출 표현** boon 관련 표현
>
> **boon** companions **phr** 마음 맞는 친구들

---

30 ★★
collaborative
[kəlǽbərèitiv]

a 공동의, 협력의

The movie which is due to be released next week is a **collaborative** effort between two famous directors.
다음 주에 출시되는 영화는 두 유명 감독 간의 공동의 노고 작품이다.

> **📊 빈출 기출 표현** collaborative 관련 표현
>
> **collaborative** research **phr** 공동 리서치(실태 조사)

---

31 ★★
feature
[fíːtʃər]

v 특집(특징)으로 다루다

The new monthly magazine **features** articles on pop culture, focusing on movies and pop music.
새 월간지는 영화와 대중 음악에 초점을 맞추면서, 대중 문화에 관한 기사들을 특집으로 다룬다.

n 특징, 특색, (신문이나 잡지의) 특집(기사)

---

32 ★★
raise
[reiz]

v 1)(아이를) 기르다 2)(위로) 들어올리다

1)Mowgli, from **The Jungle Book**, is a young boy who is **raised** in the jungle by wolves and grows up with animals.
정글북의 Mowgli는 정글 속에서 늑대들이 길렀으며, 동물들과 함께 성장한 어린 소년이다.

33 ★
pedestrian
[pədéstriən]

(동) (a) dull, tedious, monotonous

a 지루한

A: I heard the new play is extremely <u>boring</u>.
새 연극이 지극히 재미없다고 들었는데.
B: Yes, a large number of people fell asleep during the **pedestrian** performance.
응, 많은 사람들이 그 지루한 공연을 보다가 잠들었대.

n 보행자

---

34 ★
snicker
[sníkər]

(동) chuckle, giggle, snigger

v (숨죽여) 낄낄거리다, 킥킥거리다, 비웃다

The audience began to **snicker** and <u>chuckle</u> as the actor's performance was so unconvincingly poor.
관객들은 배우의 연기가 매우 설득력 없이 형편없었기 때문에 숨죽여 낄낄거리며 웃기 시작했다.

---

35 ★
rip
[rip]

(동) (n) 1)rip-off, swindle, cheat

v (거칠게, 재빨리) 잡아 찢다, 밝히다, 공개하다

A: I can't believe what happened in last night's episode.
지난밤 에피소드에서 일어난 일은 믿을 수가 없어.
B: You have to <u>tell</u> me now! **Rip** open what happened.
나한테 당장 얘기해줘! 무슨 일이 있었는지 어서 말해줘.

n 1)사기, 사취, 바가지 2)터진 곳

> 📊 **빈출 기출 표현** rip 관련 표현
>
> What a **rip**-off! 너무 비싸네!

---

36 ★
sweep
[swi:p]

(파) sweeping (a) 전면적인

v 휩쓸다, 싹쓸이 하다, (바닥을) 쓸다

The new **Blade Runner** movie is **sweeping** across the globe as one of <u>the most watched</u> movies in 2017.
새로운 Blade Runner 영화는 2017년 가장 많이 본 영화 중 하나로 전 세계를 휩쓸고 있다.

> 📊 **빈출 기출 표현** sweep 관련 표현
>
> **sweep**ing effect **phr** 전면적 효과
> **sweep**ing change **phr** 전면적인 변화

37 ★

bedraggled

[bidrǽgld]

ⓐ (비나 흙탕물에) 젖은, 후줄그레한, 지저분한

Johnny Depp portrayed a **bedraggled** and scruffy pirate in the movie *Pirates of the Caribbean*.

Jonny Depp은 영화 캐리비안의 해적에서 후줄그레하고 꾀죄죄한 해적을 연기했다.

> 💡 암기Tip 〈 어원 암기법
>
> be(thoroughly: 완전히) + draggle(더럽게 만들다) + ed(형접)
> ▸ 완전히 더럽혀진 ▸ 지저분한

---

38 ★

exposé

[ikspóuze]

ⓝ 폭로기사(영상)

The movie is based around the story of how one journalist is trying to report an **exposé** on police officers' bribery.

그 영화는 어떻게 한 기자가 경찰관들의 뇌물 수수에 대한 폭로 기사를 보도하려고 했는지에 대한 이야기에 근거한다.

---

39 ★

regale

[rigéil]

ⓢ entertain, delight

ⓥ 매우 즐겁게 해주다, 맘껏 즐기게 하다, 융숭하게 대접하다

Since I prefer films with a happy theme, watching gory crime movies doesn't **regale** me.

나는 행복한 주제의 영화들을 선호해서, 유혈과 폭력이 난무하는 영화들은 나를 즐겁게 하지 못한다.

ⓝ 성찬, 산해진미

> 💡 암기Tip 〈 어원 암기법
>
> re(강조) + gale(make merry: 즐겁게 만들다) ▸ 아주 즐겁게 만들다

---

40 ★

dud

[dʌd]

ⓝ 1)실패작, 불발탄 2)옷 3)놈, 녀석

Even though the movie cost millions of dollars, it was far from a blockbuster and turned out to be the biggest **dud** of 2016.

그 영화는 수 백만 달러의 비용이 들었음에도 불구하고, 블록버스터와는 상당히 거리가 멀어서 2016년 가장 큰 실패작으로 평가됐다.

ⓐ 못쓰는, 쓸모 없는

Choose the best answer.

2초 check-up

01 Unfortunately, his latest film was regarded not as a blockbuster but as a (dud, fame, boon).

02 The stage actor (regaled, expelled, diverged) the audience with a good sense of humor.

03 The famous TV news program aired a(n) (exhibition, melioration, expose) on the mayor's bribery.

04 Audition programs have (inured, deprived, mollified) many new actors or singers to malicious comments.

05 Evil that is often glorified in a movie is (embellished, debunked, procreated) by good.

5초 check-up

06 A: I got a letter from the film company I had an audition last week.
B: _____ it open right now. I want to know the result.

(a) Darn   (b) Dilute
(c) Rip   (d) Reap

07 A: News reporters should be impartial at any cases.
B: Well, but if they become emotional, they can fall in a _____.

(a) diatribe   (b) bias
(c) bliss   (d) equality

08 A: I prefer stage performances which directly can _____ actors' emotions to the audience.
B: Right, in a more vivid way.

(a) stimulate   (b) convey
(c) convoke   (d) paralyze

09 Finally, the long TV debate between politicians _____ with revealing their shames.

(a) encountered   (b) veiled
(c) extended   (d) culminated

10 The new movie version of Beauty and the Beast _____ almost all the trophies at the movie festival.

(a) spread   (b) submitted
(c) swept   (d) donated

11 Some scandalous and _____ scenes of the movie actress upset her fans, who demanded they should be deleted.

(a) salubrious   (b) salacious
(c) salutary   (d) sanitary

12 Not only children but also adults _____ at the amazing Harry Potter series.

(a) rendered   (b) contemplated
(c) marveled   (d) disregarded

[정답] **01.** dud   **02.** regaled   **03.** expose   **04.** inured   **05.** debunked   **06.** (c)   **07.** (b)   **08.** (b)   **09.** (d)   **10.** (c)   **11.** (b)   **12.** (c)

400점 어휘

acting [ǽktiŋ]	n 연기
address [ədrés]	v 말하다, 언급하다; 주장하다; 제기하다
admit [ədmít]	v (본인의 잘못을) 인정하다, 시인하다
assert [əsə́:rt]	v ~을 주장하다
box office	phr 매표소
circulate [sə́:rkjəlèit]	v 순환하다, 순환시키다, (소문 등이) 유포되다
disgust [disgʌ́st]	v 혐오감을 유발하다, 역겹게 만들다
distinguish [distíŋgwiʃ]	v ~을 구별하다, 구분하다
disturb [distə́:rb]	v 혼돈스럽게 하다
dull [dʌl]	v 무감각하게[무디게] 만들다
excessive [iksésiv]	a 지나친, 과도한
expose [èkspouzéi]	v 노출시키다
figure [fígjər]	n 형체, 모형; 인물
flatter [flǽtər]	v (~을) 기쁘게 하다
flood [flʌd]	v 쇄도하다, 몰려들다
highlight [háilàit]	v 강조하다
informative [infɔ́:rmətiv]	a 유익한
lead role	phr 주연
matinee [mæ̀tənéi]	n (연극, 영화의) 주간 상영
mob [mɑb]	v 시끄럽게 모여들다
mock [mɑk]	v ~을 놀리다, 조롱하다
notoriety [nòutəráiəti]	n 악명
oppress [əprés]	v 탄압하다, 압박을 주다
part [pɑːrt]	v ~을 갈라놓다, 분리시키다, 쪼개다
pause [pɔːz]	v 일시 정지시키다
perceive [pərsíːv]	v ~을 지각하다, 인지하다
pervasive [pərvéisiv]	a 만연한
resume [rizjúːm]	v 다시 시작하다
spot [spɑt]	v ~을 목격하다
star [stɑːr]	v 주연을 맡다

500점 어휘	
besiege [bisíːʤ]	ⓥ 포위하다, 에워싸다
binding [báindiŋ]	ⓐ 법적 구속력이 있는
blur [bləːr]	ⓥ 흐릿하게(모호하게) 만들다; 흐릿해지다
convene [kənvíːn]	ⓥ 소집시키다, 불러 모으다
decipher [disáifər]	ⓥ 해독하다, 번역하다
deem [diːm]	ⓥ ~로 여기다, 간주하다
delegate [déləgèit]	ⓥ (권리, 권한, 임무 등을) 위임하다
delve into	phr 철저히 조사하다, 파고들다
deny [dinái]	ⓥ 부정하다
diffuse [difjúːs]	ⓥ 분산시키다, 분산되다
disintegrate [disíntəgrèit]	ⓥ 분해시키다, 분산시키다
downplay [dáunplèi]	ⓥ 경시하다, 무시하다
elusive [ilúːsiv]	ⓐ 포착하기 힘든, 알아내기 힘든, 교묘히 회피하는
equitable [ékwitəbl]	ⓐ 공정한, 편견 없는
excise [éksaiz]	ⓥ 삭제하다, 잘라내다
expunge [ikspʌ́nʤ]	ⓥ 삭제하다
fixate [fíkseit]	ⓥ (신경, 물건을) 고정시키다 (on), 정착시키다
foray [fɔ́(ː)rei]	ⓝ (다른 분야로의) 진출
gaffe [gæf]	ⓝ (공식석상 등에서의) 실수
gear [giər]	ⓥ ~의 준비를 갖추게 하다
gimmick [gímik]	ⓝ 술책
gritty [gríti]	ⓐ 투지 넘치는
grueling [grú(ː)əliŋ]	ⓐ 심한, 엄한
harbor [háːrbər]	ⓥ ~을 수용하다, 포용하다
hoodwink [húdwìŋk]	ⓥ 눈가림하다, 속이다
implausible [implɔ́ːzəbl]	ⓐ 현실성이 없는, 믿기 어려운
induce [indʤúːs]	ⓥ 유도하다, 설득하다, 유발하다; 분만을 유도하다
inimical [inímikəl]	ⓐ 해로운
initiative [iníʃ̇ətiv]	ⓝ 진취성, 결단성, 독창성
inoculate [inʌ́kjəlèit]	ⓥ (새로운 사상 등을) 불어넣다; ~을 접종하다

500점 어휘

intransigent [intrǽnsədʒnet]	ⓐ 고집스러운
intrinsic [intrínsik]	ⓐ 본질적인, 고유의
lustful [lʌ́stfəl]	ⓐ 탐욕스러운, 음탕한
make a name for oneself	phr 유명해지다
mediate [míːdiit]	ⓥ 중재하다
numb [nʌm]	ⓥ 무감각하게 만들다
onset [ánsèt]	ⓝ 시작, 착수
over the top	phr 과장된, 지나친
pique [piːkéi]	ⓥ 공격하다; 찌르다
premiere [primjéər]	ⓥ (영화를) 개봉하다, (연극을) 초연하다 ⓝ 개봉, 초연
proclaim [proukléim]	ⓥ 선언하다, 분명히 보여주다
raze [reiz]	ⓥ 완전히 파괴하다, 깎아내다
resolve [rizálv]	ⓥ ~을 결심하다
rouse [rauz]	ⓥ ~을 일깨우다, ~을 불러 일으키다, 자극하다
segregate [ségrəgit]	ⓥ 분리하다, 구분하다, 떼어놓다, 차별하다
setback [sétbæk]	ⓝ (어떤 상황의) 지연, 방해, 악화
slander [slǽndər]	ⓥ ~을 중상하다; ~의 명예를 훼손하다
substantiate [səbstǽnʃièit]	ⓥ 입증[증명]하다, ~을 구체화하다, 강화하다
subtitle [sʌ́btàitl]	ⓝ 자막; 부제
squeamish [skwíːmiʃ]	ⓐ 비위가 약한
syncopate [síŋkəpèit]	ⓥ 단축시키다, 줄이다; (음악) 당김음을 두다
tactless [tǽktlis]	ⓐ 요령(눈치) 없는, 재치 없는
tattle [tǽtl]	ⓥ 고자질하다
trailer [tréilər]	ⓝ (영화 등의) 예고편
transpose [trænspóuz]	ⓥ (순서를) 뒤바꾸다, 바꿔놓다
urbane [ərbéin]	ⓐ 세련된, 도회풍의; 예의 바른, 점잖은
venality [viːnǽləti]	ⓝ 뇌물에 좌우됨, 매수되기 쉬움
voice [vɔis]	ⓥ 의견을 말하다, 소리 내다
warp [wɔːrp]	ⓥ 뒤틀리게 만들다
windfall [wíndfɔ̀ːl]	ⓝ 뜻밖의 횡재

600점 어휘	
bravado [brəvάːdou]	n 허세
defiant [difáiənt]	a 반항하는, 저항하는
deplorable [diplɔ́ːrəbl]	a 개탄스러운, 비참한
digest [dáidʒest]	n 요약(판) v 소화하다, 완전히 이해하다
dither [díðər]	v 망설이다
fugacious [fju(ː)géiʃəs]	a 덧없는
gibber [dʒíbər]	n 횡설수설 v 횡설수설하다
gingerly [dʒíndʒərli]	adj 조심스럽게
gooey [gúːi]	a (지나치게) 감상적인
hubris [hjúːbris]	n 자만심
jib [dʒib]	v 주저하다, 망설이다
lachrymose [lǽkrəmòus]	a 잘 우는, 눈물을 유도하는, 감상적인
lamentable [lǽməntəbl]	a 한탄스러운, 통탄할
lecherous [létʃərəs]	a 호색의, 음탕한
nosy [nóuzi]	a 참견하기 좋아하는, 꼬치꼬치 캐묻는
opprobrious [əpróubriəs]	a 불명예스러운
pandemonium [pæ̀ndəmóuniəm]	n 아수라장
prurient [prú(ː)əriənt]	a 외설스런, 호색의
rascal [rǽskəl]	n 악한, 악당, 악동
recant [rikǽnt]	v (신념, 견해, 주장 등을) 철회하다, 포기하다
revolve [riválv]	v ~을 중심으로(위주로) 돌아가다, 회전하다
rogue [roug]	n 불한당, 사기꾼, 범죄자
ruminate [rúːmənèit]	v 심사숙고하다(on), 곰곰이 반추하다
scoundrel [skáundrəl]	n 악당
secrete [sikríːt]	v 감추다, 은닉하다; (분비물을) 분비하다
squall [skwɔːl]	n 돌풍, 소란
trammel [trǽməl]	n 구속, 제한
venom [vénəm]	n 악의, 앙심, 원한
villain [vílən]	n 악당, 악한
washout [wáʃàut]	n 실패작

DAY 20

기계·장치·금속

기계 장치를 나타내는 명사들과 고장, 수리, 성능, 특성과 관련된 어휘들이 자주 출제된다.

오늘의 단어 듣기
들으면서 암기하세요!

나의 학습노트

1회 암기			2회 암기			3회 암기		
날짜	월	일	**날짜**	월	일	**날짜**	월	일
시간	시	분	**시간**	시	분	**시간**	시	분

01 ★★★
proliferate
[proulífərèit]

⊕ proliferous ⓐ 증식하는, 번식하는
proliferation ⓝ 급증, 증식, 번식

Ⓥ **급증하다, 확산되다**

As cell phones become more and more multi-functional, their use continues to **proliferate** and you can see them everywhere you go.

휴대전화가 점점 더 다양한 기능을 가지게 되면서, 그 쓰임은 계속해서 확산되어 어디를 가든지 휴대전화를 볼 수 있다.

02 ★★★
discern
[disə́:rn]

ⓥ perceive, recognize, distinguish

Ⓥ **파악하다, 알아차리다, 구별하다**

The new phone can **discern** its users with facial recognition to unlock the phone.

새 전화기는 전화의 잠근 장치를 해제하기 위해서 얼굴 인식으로 그 사용자들을 식별할 수 있다.

> 💡 **암기Tip** 〈 어원 암기법
>
> dis(apart: 따로) + cern(separate: 분리하다)
> ▸ 따로 분리하다, 따로 구별하다 ▸ 파악하다

03 ★★★
malfunction
[mælfʌ́ŋkʃən]

ⓥ glitch, fritz

ⓝ **(기계의) 기능 불량, 고장**

A: The printer isn't working in our office.
우리 사무실에 프린터가 작동이 안돼요.

B: Is the **malfunction** light blinking? If so, we need to call the technician.
고장등이 깜박거리나요? 그렇다면 기술자를 불러야 해요.

Ⓥ **(기계 등이) 제대로 작동하지 않다**

> 💡 **암기Tip** 〈 어원 암기법
>
> mal(bad/wrong: 잘못된) + function(기능)
> ▸ 잘못된 기능 ▸ 기능 이상, 고장

04 ★★★
sturdiness
[stər'dinəs]

ⓝ **내구성**

German machinery is so well-known for its **sturdiness** that you can use it for a long time.

독일 기계류는 내구성으로 유명해서 오랫동안 사용할 수 있다.

05 ★★★

sprout

[spraut]

[동] germinate, burgeon

[v] (많은 수로) 생기다, 나타나다, 싹이 나오다

A number of CCTV cameras have **sprouted** up around our neighborhood to deal with the growing crime rate.

많은 CCTV 카메라들이 증가하는 범죄율에 대처하기 위해서 우리 동네에 많이 생겨나고 있다.

[n] 1)싹, 눈 2)젊은이

06 ★★★

obviate

[ɑ́bvièit]

[동] preclude, prevent, rule out

[v] (필요성, 문제 들을) 배제하다, 없애다, 제거하다

We replaced the old mechanisms because we wanted to **obviate** any possibility for potential breakdowns.

우리는 잠재적인 고장의 가능성을 배제하기 위해서 낡은 기계 장치들을 교체했다.

암기Tip 어원 암기법

ob(against: 막는) + via(way: 길) + ate(동접)
▸ 길을 막다, 방해하다, 못 가게 하다 ▸ 제거하다

07 ★★★

untangle

[ʌntǽŋgl]

[v] (얽힌 것을) 풀다

Though the manufacturer said their earphones are tangle-proof, I always find myself **untangling** them every time I use them.

그 제조사는 그들의 이어폰이 엉키지 않는다고 했지만, 나는 사용할 때마다 항상 이어폰을 풀고 있는 나를 발견한다.

08 ★★★

iterate

[ítərèit]

[v] (수학적 연산 처리를) 반복하다, 되풀이하다

We needed to **iterate** the process multiple times in order for you to fully understand how this machine works.

우리는 네가 이 기계의 작동법을 충분히 이해하도록 그 과정을 여러 번 반복할 필요가 있었다.

[n] 반복 처리

암기Tip 어원 암기법

iter(again: 다시) + ate(동접) = do again/repeat: 다시 하다, 반복하다

09 ★★★

rife

[raif]

ⓢ rampant, prevalent,
ubiquitous, widespread

ⓐ (특히 해롭거나 유해한 것으로) 가득한, 널리 퍼진

I will never buy a phone from this company again as it is **rife** with problems and I'm <u>always getting it fixed</u>.

나는 이 회사의 전화기를 절대 다시 사지 않을 것인데 문제가 많아서 항상 수리를 받아야 하기 때문이다.

> 👆 **기출 포인트** ◀ 유사 어휘
>
> rife ⓐ 가득한, 만연한
> ripe ⓐ 익은, 숙성한

> 📈 **빈출 기출 표현** ◀ rife 관련 표현
>
> be **rife** with phr ~로 가득 차 있다

---

10 ★★★

mend

[mend]

ⓢ fix, repair

ⓥ (고장난 것을) 수리하다, 고치다

Ask John to look at your slow computer for you, as he can **mend** almost anything and he <u>fixed</u> mine last month.

John은 거의 뭐든 고칠 수 있고 지난 달엔 내 것도 수리해줬으니, 그에게 부탁해서 너의 느린 컴퓨터를 봐달라고 해.

ⓝ 수리, 고침

> 👆 **기출 포인트** ◀ 유사 어휘
>
> mend ⓥ (고장난 것을) 고치다, 수리하다
> amend ⓥ (문서, 법안을) 수정하다, 개정하다(= revise, alter)

> 📈 **빈출 기출 표현** ◀ mend 관련 표현
>
> on the **mend** phr (질병, 곤경에서) 회복 중인

---

11 ★★★

gadget

[ɡǽdʒit]

ⓢ apparatus, appliance,
mechanism

ⓝ 기기 장치, 전기 장치

Mike is always buying the latest **gadgets** as he is very tech-savvy and loves <u>all things digital</u>.

Mike는 기술에 매우 정통하고 디지털 방식의 모든 것을 좋아해서 항상 최신 기기 장치들을 산다.

12 ★★★

annoyance

[ənɔ́iəns]

ⓢ nuisance, irritation, exasperation, vexation

ⓝ 골칫거리, 성가신 것, 짜증

Cell phones should be put on silent or switched off during a movie, as not to cause an **annoyance** to others in the cinema.

휴대 전화기는 극장에서 다른 사람들에게 짜증을 유발시키지 않기 위해서 영화를 보는 동안 무음으로 하거나 꺼야 한다.

---

13 ★★★

beef up

ⓢ reinforce, strengthen

ⓥ (시스템, 조직, 세력을) 보강하다, 강화하다

A: My computer is really slow, compared to the one at work.

사무실에 있는 것과 비교해서 내 컴퓨터는 정말 느려.

B: Did you consider **beefing up** your processor with an upgrade?

업그레이드로 프로세서를 보강하는 것을 고려해봤니?

---

14 ★★★

faint

[feint]

ⓢ dim, indistinct, vague

ⓐ [1](냄새, 소리, 빛 등이) 희미한, 약한, 흐릿한 [2]아주 적은

[1]My phone light is too **faint**, but I can't figure out how to increase the brightness.

내 전화기 불빛이 너무 흐릿한데, 어떻게 밝기를 올리는지 모르겠다.

ⓥ 기절하다, 졸도하다

> 🖑 **기출 포인트** 〈 유사 어휘
>
> faint ⓐ 희미한 ⓥ 기절하다
> feint ⓝ 상대를 속이는 동작 ⓥ 상대를 속이는 동작을 하다
> feign ⓥ 가장하다, ~인 척하다

---

15 ★★★

diagnose

[dáiəgnòus]

ⓟ diagnosis ⓝ 진단
ⓢ identify, recognize, determine, detect

ⓥ (문제의 원인, 질병 등을) 진단하다, 상태를 파악하다

Take your laptop computer to the service center and ask a technician to **diagnose** the problem that you have with it.

너의 노트북 컴퓨터를 서비스 센터로 가져가서 기술자에게 문제를 진단해 달라고 요청해.

> 💡 **암기Tip** 〈 어원 암기법
>
> dia(thoroughly: 완전히) + gnose(know/recognize: 인지하다)
> ▶ 완전히 파악하다(인지하다) ▶ 진단하다

16 ★★★

tarnish

[tɑ́ːrniʃ]

[동] discolor, stain

[v] (금속 광택을) 흐리게 하다, 변색시키다; 변색되다, 흐려지다

I bought a cover to protect my cell phone as not to **tarnish** it with daily wear and tear.

나는 매일의 마모로 그것을 변색되지 않도록 내 휴대폰의 커버를 샀다.

기출 포인트 유사 어휘

tarnish [v] 변색시키다, 변색되다
barnish [n] 광택제 [v] 광택제를 바르다
vanish [v] (갑자기) 사라지다, 없어지다
banish [v] 추방하다

17 ★★★

oversight

[óuvərsàit]

[동] mistake, error, lapse, slip, blunder

[n] 1)실수, 간과 2)감독, 관리

1)Rob apologized for the **oversight** of breaking the lawn mower, insisting that it was a mistake that would never happen again.

Rob은 절대 다시는 일어나지 않을 실수였다고 주장하며 잔디 깎는 기계를 고장 낸 실수에 대해 사과했다.

18 ★★★

supplant

[səplǽnt]

[동] replace

[v] ~을 대신하다, 대체하다

A text message cannot **supplant** an actual phone call because it is not capable of expressing emotion enough.

문자 메시지는 감정을 충분히 표현할 수 없기 때문에 실제 전화 통화를 대체할 수 없다.

기출 포인트 유사 어휘

supplant A [phr] A를 대신하다
replace A with B [phr] A를 B로 대신하다, 바꾸다(B를 선택)
substitute A for B [phr] B를 위해 A로 치환하다(A를 선택)

19 ★★

disassemble

[dìsəsémbl]

[동] dismantle, deconstruct, take apart

[v] 분해하다, 해체하다

In order to properly clean the internal parts of this machine, we need to **disassemble** it.

이 기계의 내부 부품들을 제대로 청소하기 위해서는, 우리는 그것을 해체할 필요가 있다.

기출 포인트 유사 어휘

disassemble [v] 분해하다
dissemble [v] (동기, 감정, 믿음, 의도 등을) 숨기다, 가식으로 꾸미다

20 ★★

equip

[ikwíp]

⑩ equipment ⑪ 장비, 장치
equipped ⓐ 장비를 갖춘

ⓥ 장비를 갖추다

These days cell phone is fully **equipped** with lots of features making many other devices redundant.

요즘 휴대전화는 많은 다른 장치들을 불필요하게 만드는 많은 특징들을 충분히 갖추고 있다.

> 📊 **빈출 기출 표현** ‹ equip 관련 표현
>
> be **equip**ped with ⟨phr⟩ ~을 갖추고 있다

21 ★★

minute

[mainjú:t]

cf. minutes 회의록

ⓐ 미세한, 정밀한

Many machines have been made to detect **minute** changes in our environment to give a more accurate prediction of weather forecasts.

많은 기계들은 일기예보의 예측을 더 정확히 하기 위해서 환경에서의 미세한 변화를 추적할 수 있게끔 만들어지고 있다.

ⓝ 분, 순간

22 ★★

outmoded

[autmóudid]

⑤ antiquated, obsolete, old-fashioned

ⓐ 구식의, 유행에 뒤떨어진, 구형의

The **outmoded** electrical system is not equipped to handle all of these modern appliances.

그 구식의 전자 시스템은 이 모든 현대적인 장비들을 다루도록 장치를 갖추고 있지 않다.

> 💡 **암기Tip** ‹ 어원 암기법
>
> out(out of: 벗어난) + mode(양식, 형식, 유행)
> ▸ 벗어난 형식의, 양식에 안 맞는 ▸ 유행에서 벗어난, 구식의

23 ★★

mower

[móuər]

ⓝ 잔디 깎는 기계

A: How did you cut your lawn so evenly?
넌 잔디를 어떻게 그렇게 고르게 잘랐니?

B: Oh, I used the new **mower** I bought last week.
아, 지난주에 구입한 새 잔디 깎는 기계를 사용했어.

24 ★★

rickety

[ríkiti]

(동) ¹⁾dilapidated

ⓐ ¹⁾곧 부서질 듯한, 노후된 ²⁾구루병에 걸린

¹⁾This **rickety** old tractor is the oldest piece of machinery my grandfather has on his farm.

이 곧 부서질 듯한 오래된 트랙터는 나의 할아버지가 농장에서 갖고 계신 가장 오래된 기계류야.

25 ★★

calibrate

[kǽləbrèit]

(동) ¹⁾adjust, measure, correct

ⓥ ¹⁾보정하다 ²⁾눈금을 매기다

Before weighing substances in the lab, you should **calibrate** the scale by adjusting the dials.

실험실에서 물체의 무게를 재기 전에, 눈금판을 조정함으로써 저울을 보정해야 한다.

26 ★★

woeful

[wóufəl]

(동) miserable, lamentable, terrible, awful, atrocious

ⓐ 형편없는, 한탄스러운, 비통한, 통탄할, 한심한, 구슬픈

Because of his computer's **woeful** and awful performance, the annoyed office worker started using a pencil and paper to document his ideas.

그의 컴퓨터의 형편없고 끔찍한 실행 때문에, 분노한 직원은 자신의 아이디어들을 서류로 작성하기 위해 연필과 종이를 이용하기 시작했다.

27 ★★

negligible

[néglidʒəbl]

(동) small, insignificant, trifling

ⓐ (규모, 중요성이 작아서) 무시해도 될 정도의

If the price difference between the generic calculator and the brand calculator is **negligible**, people will prefer the brand one.

이름 없는 계산기와 브랜드 계산기 사이의 가격 차이가 무시할만할 정도라면, 사람들은 브랜드 제품을 선호할 것이다.

28 ★★

out of order

ⓐ 고장 난

A: Our vending machine has been **out of order** for the past two weeks!

우리 자판기가 지난 2주 동안 고장 난 상태였어.

B: Don't worry. I heard it will be getting fixed today.

걱정하지마. 오늘 수리될 거라고 들었어.

> 🔊 빈출 기출 표현 '고장 난' 관련 표현
>
> out of order / on the fritz / broken down

29 ★★

puissant

[pjúːisənt]

⑭ impuissant ⓐ 무기력한, 무능한
⑤ powerful, potent

ⓐ 강력한, 막강한, 영향력이 있는

Cell phones have become a **puissant** device which we all regard as being <u>very important in our daily lives</u>.
휴대전화는 우리 모두가 우리 일상에서 매우 중요한 것으로 간주하는 막강한 장치가 되었다.

---

30 ★★

a laughing stock

ⓝ 웃음거리, 놀림감, 구경거리

James is **a laughing stock** in our office as he is <u>still using an old outdated flip phone</u>!
James는 아직도 오래된 구식의 플립 폰을 사용하고 있기 때문에 우리 사무실에서 웃음거리이다.

---

31 ★★

profitable

[práfitəbl]

⑤ lucrative

ⓐ 수익성 있는

The arrival of the television manufacturing plant will <u>generate a lot of revenue</u> and create **profitable** jobs for many people in our community.
텔레비전 제조 공장의 유입은 많은 소득을 만들어내고 우리 지역의 많은 사람들에게 수익성 있는 일자리를 창출할 것이다.

---

32 ★★

launch

[lɔːntʃ]

ⓥ (상품을) 출시하다, 개시하다

The new tablet PC will be **launched** <u>to the public</u> next month at their product presentation.
새로운 태블릿 PC는 다음달 제품 설명회에서 대중에게 출시될 것이다.

---

33 ★

warranty

[wɔ́(ː)rənti]

⑤ guarantee, guaranty

ⓝ 보증

This <u>product</u> comes with a one-year **warranty**, but you can pay extra to extend it if you would like to.
이 상품은 1년의 품질 보증이 제공되지만, 원한다면 기간 연장을 위해 추가 비용을 지불할 수 있다.

> 👆 **기출 포인트** 〈 **유사 어휘**
>
> warranty ⓝ 보증, 품질 보증서
> warrant ⓝ 보증서; 영장 ⓥ 보증하다, 정당화하다
> warrantee ⓝ 피보증인

34 ★
do without
(동) dispense with

phr ~없이 지내다

A: Do you think you can move to a barren island with no technology?
너는 아무 기술도 없는 불모의 섬으로 이사갈 수 있을 것 같아?
B: Well, I don't think so. I can't **do without** technology as it's become a huge part of my life.
글쎄, 안될 것 같아. 기술은 내 인생의 큰 부분이 되었기 때문에 기술 없이 지낼 수는 없어.

35 ★
activate
[ǽktəvèit]

v 활성화시키다, 작동시키다

You need to go online and **activate** your product before you use it to its full potential.
당신은 그것을 최대로 이용하기 전에 온라인에 접속해 당신의 제품을 활성화시켜야 한다.

To **activate** your new credit card, call 800-555-4887.
당신의 새 신용카드를 활성화시키려면, 800-555-4887로 전화주세요.

36 ★
manually
[mǽnjuəli]

(파) manual (n) 사용설명서 (a) 수동의

ad 수동으로, 손으로

Even though you can organize your files on your desktop automatically, I prefer to do so **manually** as I can have more control.
비록 자료들을 컴퓨터로 자동적으로 정리할 수도 있지만, 나는 더 많이 제어할 수 있기 때문에 수동으로 하는 것을 선호한다.

> 📊 **빈출 기출 표현** ‹ manually 관련 표현
>
> **manually** operated vehicles **phr** 수동 작동 차량(= manual vehicles)

37 ★
debut
[déibjùː]

(동) launch, introduction

v 첫 선을 보이다, 첫 출연[출전]하다

The new device is due to **debut** on the market early next week, when it will finally be available to purchase.
새 장치는 다음 주 초에 시장에 첫 선을 보이기로 예정되어 있으므로, 그때 구매 가능할 것이다.

n 데뷔, 첫 출연

38 ★

fiddle

[fídl]

(동) fidget

v 만지작거리다, 손장난하다

In order to <u>tune your radio</u>, you need to **fiddle** around with the frequency switch.

라디오를 맞추려면, 주파 스위치를 만지작거려야 한다.

n ¹⁾바이올린, 비올라 ²⁾사기, 조작

> 📈 **빈출 기출 표현** fiddle 관련 표현
>
> (as) fit as a **fiddle** phr 혈기왕성한, 아주 탄탄한
> be on the **fiddle** phr 사기를 치다, 조작하다

---

39 ★

go dead

(동) lose one's power, be discharged

phr 작동을 멈추다, 방전되다

A: What happened last night? You ended the call suddenly.

어젯밤에 무슨 일이었어? 갑자기 전화를 끊었잖아.

B: Oh, sorry about that! My <u>phones battery</u> **went dead**.

아, 미안해! 내 전화기 배터리가 방전됐어.

---

40 ★

condemn

[kəndém]

v ¹⁾(사용) 부적격 판정을 내리다, 폐기 처분을 하다 ²⁾비난하다 ³⁾선고를 내리다, 유죄판결을 하다

<u>Some older vehicles</u> are **condemned** in our city as they create too much harmful pollution.

일부 오래된 차량들은 너무 많은 해로운 오염물질을 만들어내기 때문에 우리 도시에서는 사용 부적격 판정이 내려진 상태이다.

> 💡 **암기Tip** 어원 암기법
>
> con(강조) + demn(inflict loss on: 손실을 가하다)
> ▶ 완전 손실을 가하다 ▶ 불량으로 결정하다, 비난하다, 규탄하다

> 🔖 **기출 포인트** ~demn(loss/harm) 관련 표현
>
> con**demn** v 비난하다, 규탄하다, 매도하다
> in**demn**ify v 손해를 안 입히게 하다, 배상하다, 보상하다

Daily Check-up

해석/해설 p. 540

Choose the best answer.

⏱2초 check-up

01 This new device is the latest (gadget, nuisance, fritz) that was released yesterday.

02 Anthony just (faltered, fiddled, alloyed) with his cell phone, not saying anything.

03 Many neglected public bicycles became a(n) (annoyance, plaudit, pinnacle) of the city.

04 Aesop's new version of the game was (transmitted, launched, banned) to the market on Monday.

05 Abandoned vehicles will be (condemned, polluted, replenished) within 3 months by the city government.

⏱5초 check-up

06 A: What's wrong with the _____?
It's not working!
B: Oh, no. We cannot delay cutting the lawn any longer.

(a) sprinkler   (b) blender
(c) blower   (d) mower

07 A: What's the difference between these coffee machines?
B: They have a different brand and price, but the performance difference is _____.

(a) prevalent   (b) negligible
(c) exorbitant   (d) glaring

08 A: This old _____ wheelchair looks so unstable. You should get a new one.
B: Well, I am trying to get it repaired.

(a) rickety   (b) firm
(c) rambling   (d) offensive

09 This newest air purifier can detect and clean even _____ dusts, called 'ultrafine particles'.

(a) massive   (b) combustible
(c) minute   (d) pulmonary

10 The broken clock should be _____ to find what the problem is.

(a) disassembled   (b) hung
(c) equipped   (d) subsumed

11 You should polish a silver plate before it _____ in air.

(a) survives   (b) vanishes
(c) tarnishes   (d) varnishes

12 My TV screen is too _____ to recognize movements on it.

(a) subtle   (b) faint
(c) blithe   (d) transparent

[정답] **01.** gadget   **02.** fiddled   **03.** annoyance   **04.** launched   **05.** condemned   **06.** (d)   **07.** (b)   **08.** (a)   **09.** (c)
    10. (a)   **11.** (c)   **12.** (b)

400점 어휘	
adjust [ədʒʌ́st]	ⓥ ~을 조정[조절]하다
angle [ǽŋgl]	ⓥ (어떤 각도로) 기울다, 움직이다
assemble [əsémbl]	ⓥ 조립하다, 조합하다
contaminate [kəntǽmənit]	ⓐ ~을 오염시키다
contrast [kántræst]	ⓥ ~을 대조시키다
device [diváis]	ⓝ (고안된) 장치, 기구
expectantly [ikspéktəntli]	ⓐⓓ 기대하며
facile [fǽsil]	ⓐ 손쉬운, 익숙한
fatal [féitəl]	ⓐ 치명적인
faulty [fɔ́ːlti]	ⓐ 결점(결함)이 있는, 잘못된
frequency [fríːkwənsi]	ⓝ 주파수; 빈도
gigantic [dʒaigǽntik]	ⓐ (규모, 부피가) 거대한
grab [græb]	ⓥ ~을 움켜쥐다
immobile [imóubi(ː)l]	ⓐ 움직이지 않는
industrious [indʌ́striəs]	ⓐ 근면한
installation [ìnstəléiʃən]	ⓝ 설치[설비], (기계) 장치
instruction [instrʌ́kʃən]	ⓝ 설명(서), 지시
instrument [ínstrəmənt]	ⓝ 기구
opt [ɑpt]	ⓥ 선택하다, 고르다
obtain [əbtéin]	ⓥ 얻다, 획득하다
operate [ápərèit]	ⓥ (기계를) 작동시키다
powerful [páuərfəl]	ⓐ 강력한, 파워가 센
quiver [kwívər]	ⓥ 흔들리다, 떨리다, 진동시키다
scarce [skɛərs]	ⓐ 부족한, 결핍된
seize [siːz]	ⓥ ~을 꽉 잡다, 움켜쥐다
shift [ʃift]	ⓥ 옮기다, 이동하다, (잽싸게) 움직이다; 자세를 바꾸다
sink [siŋk]	ⓥ 가라앉다, 침몰하다, 주저앉다
technology [teknálədʒi]	ⓝ 기술, 장비, 기계
thread [θred]	ⓥ 실을 꿰다 ⓝ 실
tool [tuːl]	ⓝ 연장, 공구

500점 어휘	
apparatus [æ̀pərǽtəs]	n 기구, 기계
augment [ɔ́:gment]	v (길이, 시간, 품질 등을) 늘리다, 증가시키다
bolt [boult]	v 꽉 조이다; 발사하다
bulletproof [búlitprù:f]	a 방탄이 되는
cap [kæp]	v (가격, 월급, 소비의) 최고 한계를 정하다
clasp [klæsp]	v 꽉 움켜쥐다, 꽉 껴안다
coin [kɔin]	v ~을 주조하다, 만들다
compute [kəmpjú:t]	v 계산하다, 산정하다
defile [difáil]	v 더럽히다, 오염시키다
destitute [déstitʃù:t]	a 궁핍한, 극빈한
diminutive [dimínjətiv]	a 아주 작은
effectual [iféktʃuəl]	a 효력이 있는, (수단, 행위 따위가) 적절한
escalating [éskəlèit]	a 증가하는, 상승하는
expertise [èkspəːrtí:z]	n 전문 지식, 전문 기술
glitch [glitʃ]	n 작은 결함
gravely [gréivli]	a 대단히, 심각하게
hoard [hɔːrd]	v 비축하다, 사재기하다
hold [hould]	v 보유하다, 갖고 있다, 유지하다; 잡다
hook up	phr (인터넷, 전원에) 연결시키다, 연결하다; 설치하다
indignant [indígnənt]	a 분개하는
indiscreet [ìndiskrí:t]	a 무분별한, 지각 없는
intangible [intǽndʒəbl]	a 만질 수 없는, 실체가 없는, 무형의
internal [intə́:rnəl]	a 내부의; 체내의
involuntarily [inváləntèrəli]	ad 본의 아니게
leap [li:p]	v 뛰어오르다, 급증하다
life-preserver [prizə́:rvər]	n 구명구
look something up	phr (사전, 컴퓨터 등에서 정보를) 찾아보다
manipulate [mənípjulèit]	v (기계, 연장, 사람, 상황 등을) 조작하다, 조정하다
mechanism [mékənìzəm]	n 기계장치
mine [main]	v 채굴하다, 파다 n 채굴

500점 어휘	
mount [maunt]	ⓥ 증가하다, 늘어나다, 상승되다
muffle [mʌfl]	ⓥ (소리를) 죽이다, 덮어 싸다, 감싸다
obligation [àbləgéiʃən]	ⓝ (법적, 도의적) 의무
oblige [əbláidʒ]	ⓥ 의무, 책임을 지우다
obliged [əbláidʒ]	ⓐ 감사한, 고마운
peripheral [pərífərəl]	ⓝ (컴퓨터의) 주변 장치
perpetuate [pərpétʃuèit]	ⓥ 영속시키다, 영구화하다
persuasive [pərswéisiv]	ⓐ 설득적인, 설득력이 있는
ponder [pándər]	ⓥ 숙고하다, 곰곰이 생각하다
precise [prisáis]	ⓐ 명확한
prematurely [prì:mətʃúərli]	ⓐⓓ 시기상조로, 이르게
pressing [présiŋ]	ⓐ 긴급한, 절박한, 임박한
pricy [práisi]	ⓐ (값이) 비싼
pseudo [sjú:dou]	ⓐ 모조의, 가짜의
quest [kwest]	ⓝ 탐구, 탐색 ⓥ 탐구(탐색)하다
replicate [répləkit]	ⓥ ~을 되풀이하다
resist [rizíst]	ⓥ 저지하다, 막다, 저항하다
robust [roubʌst]	ⓐ (기구가) 튼튼한, 강력한; 몸이 단단한
shrink [ʃriŋk]	ⓥ 줄어들게 하다; 줄어들다, 움츠러들다
spendthrift [spéndθrìft]	ⓐ 낭비하는
space [speis]	ⓥ 멍하게 하다 ⓝ 공간
stain [stein]	ⓥ 더럽히다, 얼룩지게 하다
stagnant [stǽgnənt]	ⓐ 정체된, 침체된, 고여 있는; 불황의
steer [stiər]	ⓥ (보트, 차 등을) 조종하다, 움직이다
swap [swɑp]	ⓥ 교환하다, 바꾸다 ⓝ 교환, 교체
swap shop	ⓟⓗⓡ 중고 시장, 물품 교환 시장
underlying [ʌndərlàiiŋ]	ⓐ 근본적인, 근원적인, 밑에 있는
void [vɔid]	ⓥ 무효화하다
wear and tear	ⓟⓗⓡ 마모
wind [waind]	ⓥ (실을) 감다, 태엽을 감다; 구불구불하다

600점 어휘	
abrade [əbréid]	ⓥ (금속, 보석 등을) 연마하다
abrasion [əbréiʒən]	ⓝ 마모, 연마; 찰과상
amplitude [ǽmplitʃùːd]	ⓝ (파동의) 진폭
carping [káːrpiŋ]	ⓐ 트집 잡는, 잔소리 심한
cavil [kǽvəl]	ⓥ 트집을 잡다
coffer [kɔ́(ː)fər]	ⓝ 금고, 귀중품 상자
console [kánsoul]	ⓝ 제어판, 계기판
corrode [kəróud]	ⓥ 부식시키다, 좀먹다
decompose [dìːkəmpóuz]	ⓥ 분해되다, 부패하다; 분해하다
denotation [dìːnoutéiʃən]	ⓝ 표시, 지시, 명시적 의미
equilibrium [ìːkwəlíbriəm]	ⓝ 평형(상태), 균형; 평정
erosion [iróuʒən]	ⓝ 부식, 침식
explosive [iksplóusiv]	ⓝ 폭발물, 폭약 ⓐ 폭발성의
gizmo [gízmou]	ⓝ 작은 기계 장치
incremental [ìnkrəméntəl]	ⓐ 증가하는, 증가의
newfangled [njúːfæ̀ŋgld]	ⓐ 최신식의
perforate [pə́ːrfərit]	ⓥ ~에 구멍을 뚫다
primordial [praimɔ́ːrdiəl]	ⓐ 최초의, 본원의, 근본적인
ramshackle [rǽmʃæ̀kl]	ⓐ (건물, 가구, 기계 등이) 곧 망가질 듯한
recompense [rékəmpèns]	ⓥ 보상하다, 배상하다 ⓝ 보상, 배상
reimburse [rìːimbə́ːrs]	ⓥ 배상하다, 변제하다
remunerate [rimjúːnərèit]	ⓥ 보답하다, 보답하다
reprise [ripráiz]	ⓥ 다시 일어서다, 회복하다
scud [skʌd]	ⓥ 바람처럼 빨리 움직이다, 하늘을 질주하다
sniffer [snífər]	ⓝ 탐지기
state-of-the-art	ⓟʰʳ 최첨단의, 최신식의
tangible [tǽndʒəbl]	ⓐ 만질 수 있는, 분명히 실재하는
viable [váiəbl]	ⓐ 실현 가능한, 성공할 수 있는
virtual [və́ːrtʃuəl]	ⓐ 사실상의; 가상의
whiz [hwiz]	ⓥ 윙하며 움직이다 ⓝ 명인, 달인

정치·이념·사상

정치적 부정행위, 뇌물 수수, 전제적인 권력 행사, 그로 인한 기소하기, 처벌하기 등의 상황과 관련 어휘가 자주 출제된다.

오늘의 단어 듣기
들으면서 암기하세요!

나의 학습노트					
1회 암기	✓	**2회 암기**	✓	**3회 암기**	✓
날짜 월 일		날짜 월 일		날짜 월 일	
시간 시 분		시간 시 분		시간 시 분	

01 ★★★

thwart

[θwɔːrt]

(동) frustrate

☑ 좌절시키다, 막다, 방해하다

The Prime Minister assured the citizens that the government was doing everything to **thwart** the activities of terrorists.

총리는 정부가 테러리스트들의 활동을 막기 위한 모든 일을 하고 있다고 시민들에게 확신했다.

02 ★★★

transitory

[trǽnsitɔːri]

(동) transient, ephemeral, fleeting
(반) permanent

ⓐ 순식간의, 일시적인, 수명이 짧은

Because voting for a new president is a **transitory** amount of time, you'd better hurry to vote soon before it is too late.

새 대통령 투표는 일시적인 기간이기 때문에, 너무 늦기 전에 서둘러서 빨리 투표를 하는 것이 낫다.

> 🖐 기출 포인트
>
> transitory(일시적인)는 undecided(결정되지 않은), unfinalized(끝나지 않은), incomplete(미완성의)의 의미로도 통한다.

03 ★★★

upheaval

[ʌphíːvəl]

(동) cataclysm, debacle,
pandemonium, mayhem

ⓝ ¹⁾격변, 대변동, 파동 ²⁾융기, 밀어 올림

¹⁾When the rebel forces tried to remove the dictator from power, their actions created an **upheaval** that left the country in chaos.

반란 세력들이 독재자를 권력으로부터 제거하려고 했을 때, 그들의 행동은 나라를 혼돈에 놓이게 한 대격변을 일으켰다.

> 📊 빈출 기출 표현 〈 upheaval 관련 표현
>
> a political **upheaval** phr 정치 파동
> social **upheaval** phr 사회 격변

04 ★★★

pass by

(동) elapse

☑ (시간이) 흐르다, 경과하다

It took so long for the City Council to make a decision and nearly one year has **passed by** since the problem first arose.

시 의회가 결정을 내리는 데 매우 오랜 시간이 걸렸고, 그 문제가 발생한 이래로 거의 일 년이 흘렀다.

> 🖐 기출 포인트 〈 pass 관련 표현
>
> **pass by** ☑ (시간이) 흐르다, 경과하다 **pass away** ☑ 죽다
> **pass out** ☑ 기절하다 **pass over** ☑ 간과하다, 무시하다

05 ★★★
forestall
[fɔːrstɔ́ːl]

ⓥ 미연에 방지하다

Fortunately, a mediator was able to talk to the two aggressive world leaders and **forestall** a war.
운 좋게도, 한 중재자가 두 공격적인 세계 지도자들과 대화할 수 있었고 전쟁을 미연에 방지할 수 있었다.

> **💡 암기Tip ⟨ 어원 암기법**
>
> fore(before: 앞에) + stall(stand: 서다)
> ▸ 앞에 서다, 앞에서 저지하다 ▸ 미리 막다

06 ★★★
mandate
[mǽndeit]

ⓐ mandatory ⓐ 강제적인, 의무적인

ⓢ ⓥ command, order
ⓝ ordinance

ⓥ ¹⁾명령하다, 요구하다 ²⁾(정부, 위원회에) 권한을 주다

¹⁾The minister of Environment said that the state law **mandates** to charge higher taxes to companies who were not doing enough to be environmentally friendly.
환경부 장관은 주의 법이 환경 친화적이지 않았던 회사들에게는 더 높은 세금을 부과할 것을 요구한다고 말했다.

ⓝ (공식적인) 명령, 지시

> **💡 암기Tip ⟨ 어원 암기법**
>
> man(manu/hand: 손) + date(give: 주다)
> ▸ 손을 주다 ▸ 명령을 내리다, 명령

07 ★★★
taint
[teint]

ⓥ (평판을) 더럽히다, 오염시키다

A: The senator's image was damaged when people found out about his fraudulent past.
그 상원 의원의 이미지는 사람들이 그의 기만적인 과거에 관해 알게 되었을 때 손상되었지.

B: Yes, that really **tainted** his reputation and deprived him of a real chance at being elected U.S. president.
그래, 그건 정말 그의 명성을 더럽혔고 그가 미국 대통령으로 당선될 진정한 기회를 박탈했어.

08 ★★★
beat around the bush

ⓢ skirt (get around) a subject

ⓟʰʳ 말을 빙빙 돌리다, 돌려 말하다, 요점을 피하다

A: Politicians are masters at avoiding questions and not answering directly.
정치인들은 질문을 회피하고 직접 답변을 하지 않는 데에 달인들이야.

B: Yes, I'm telling you. They always **beat around the bush**.
그래, 내가 하려던 말이야. 그들은 항상 말을 빙빙 돌리지.

09 ★★★
dethrone
[di(:)θróun]

(동) depose

🔲 (왕좌에서) 퇴위시키다, 몰아내다

With his strong campaign and growing public support, John Smith might **dethrone** <u>the current mayor</u> who held his position for 8 years.

그의 강력한 캠페인과 증가하는 대중의 지지로, John Smit은 8년간 자리를 지킨 현 시장을 자리에서 물러나게 할 수 있을지도 모른다.

> 💡 암기Tip **어원 암기법**
>
> de(away: 제거, 분리) + throne(high seat: 왕좌)
> ▶ 왕좌에서 분리시키다 ▶ 왕좌를 박탈하다, 자리에서 몰아내다

10 ★★★
oust
[aust]

(동) expel, expulse, dismiss, sack

🔲 (자리에서) 몰아내다, 쫓아내다

Many citizens of Germany wanted to **oust** Adolf Hitler <u>from power</u>, but were too scared to do anything about it.

많은 독일 시민들은 Adolf Hitler를 권력에서 몰아내고 싶어했지만, 너무 두려워서 아무것도 할 수 없었다.

> 💡 암기Tip **어원 암기법**
>
> ob(op/against: 반대하는) + st(stand: 서다)
> ▶ 반대하는 입장에 서다, 막다 ▶ 몰아내다

11 ★★★
rampant
[rǽmpənt]

(동) rife, widespread, unchecked, unrestrained, prevalent

🔳 만연한, 횡행하는, 무성한

<u>Countless</u> white collar crimes associated with corrupt politicians are **rampant** in some South American Countries.

부패한 정치인들과 관련된 무수히 많은 화이트 칼라 범죄들은 일부 남미 국가에서 만연하다.

12 ★★★
vacillate
[vǽsəlèit]

(동) waver, dither, sway, hesitate

🔲 (의견, 생각, 마음이) 흔들리다, 망설이다, 주저하다

The government tends to **vacillate** and <u>wastes a long time</u> when changing a law that has been around for a long time.

정부는 주저하는 경향이 있어서 오랫동안 있었던 법을 바꾸려고 할 때 오랜 시간을 허비한다.

> 💡 암기Tip **어원 암기법**
>
> vacill(sway to and fro: 이리저리 흔들리다) + ate(동접)
> ▶ 이리저리 흔들리다 ▶ 망설이다, 주저하다

13 ★★★

overthrow

[òuvərθróu]

(동) 1)overturn
2)depose, defeat

v 1)전복시키다, 뒤엎다 2)(자리에서) 물러나게 하다

To **overthrow** a government can only be carried out by rebels with enough military strength to <u>defeat</u> the government army.

정권을 전복시키는 것은 그 정부군을 물리치기에 충분한 군대를 지닌 반란군에 의해서만 수행될 수 있다.

n (정부나 지도자를) 전복, 타도

---

14 ★★★

on the fence

phr 태도가 흐릿한, 양다리를 걸친, 중립적인, 형세를 관망하는

A: I am still **on the fence** about who to vote for.

나는 아직 누구에게 투표를 할지 결정하지 못했어.

B: I recommend doing more research into their proposals to help you <u>decide</u>.

네가 결정하는 것을 돕기 위해 그들의 제안서들을 좀 더 살펴볼 것을 추천해.

> 📈 **빈출 기출 표현** on the fence 관련 표현
>
> sit **on the fence** **phr** 중립적인 태도를 취하다, 양다리를 걸치다

---

15 ★★★

assault

[əsɔ́ːlt]

(동) **v** attack, assail, strike
n violence, battery

v (물리적으로) 공격을 가하다

<u>Holding a bat</u> in her hand, the angry woman threatened to **assault** the wicked politician.

방망이를 손에 든 채로, 그 분노한 여성은 악질의 정치인을 구타하겠다고 위협했다.

n 폭행, 구타

---

16 ★★★

alliance

[əláiəns]

(파) allay **n** 동맹군, 협력자 **v** 동맹하다
(동) coalition, affiliation, association

n 동맹, 연합

Because the two parties have been <u>rivals</u> since the beginning of time, there is no way they could ever form an **alliance**.

그 두 정당은 시작부터 계속해서 경쟁 상대였기 때문에, 동맹을 맺을 수 있는 방법은 없다.

> 💡 **암기Tip** 어원 암기법
>
> al(ad/toward: ~쪽으로) + ly(bind: 묶다) + ance(명접)
> ▸ 묶는 방향으로 하는 것, 결합하는 것 ▸ 동맹, 결합

기출 포인트 ‹ 유사 어휘

ally ⓥ 동맹하다
allay ⓥ (고통, 불안감 등을) 완화시키다
alloy ⓥ 합금하다

17 ★★★

ploy

[plɔi]

ⓢ tactics, ruse, subterfuge

ⓝ 계략, 술책

Candidates always use different **ploys** and publicity gimmicks to get them noticed and increase their public attention.

후보자들은 항상 다양한 계략들과 홍보 술책들을 이용해서 그들이 주목받게 하고 대중의 관심을 높인다.

18 ★★★

keep up with

phr 뒤지지 않고 보조를 맞추다, (뉴스, 유행 등에 대해) 알게 되다

A: Did you hear the latest news about the government?

최근 정부에 관한 뉴스 들었니?

B: No, I didn't. I am bad at **keeping up with** political news.

아니. 난 정치적인 뉴스를 잘 몰라.

빈출 기출 표현 ‹ ~up with 관련 표현

keep **up with** ⓥ 유행을 따르다
come **up with** ⓥ ~을 생각해 내다, 내놓다
catch **up with** ⓥ 따라 잡다, 따라가다
put **up with** ⓥ 참다, 견디다
make **up with** ⓥ ~와 화해하다

19 ★★★

faction

[fǽkʃən]

ⓝ 파편, 일부, 파벌, 파당

The United States Civil War began when several southern states decided to become a **faction** and form their own separate nation.

미국의 내전은 몇몇 남부의 주들이 하나의 파벌을 형성해 그들만의 별도의 나라를 형성하려고 했을 때 시작되었다.

20 ★★

commemorate

[kəmémərèit]

ⓥ 기념하다

Every year we **commemorate** the anniversary of our country's independence with a huge fireworks display in the town square.

ᵖʰ commemorable ⓐ 기념할만한
commemoration ⓝ 기념

매년 우리는 도시 광장에서 거대한 불꽃놀이로 우리나라의 독립 기념일을 축하한다.

> 💡 **암기Tip** 〈 어원 암기법
>
> com(together: 함께) + memor(mindful: 마음에 두는) + ate (동접) ▸ 함께 마음 속에 두다, 함께 마음에 염두에 두다 ▸ 기념하다

---

21 ★★

asylum

[əsáiləm]

⑤ refuge

ⓝ 망명, 피난(수용소)

After receiving **asylum** from the government, the foreign woman was able to remain in the country without fear of being extradited.

정부로부터 망명된 후에, 그 외국인 여자는 추방될 두려움 없이 그 나라에 머물 수 있었다.

> 💡 **암기Tip** 〈 어원 암기법
>
> a(without: 없는) + sylum(sulon/right of seizure: 잡을 권한)
> ▸ 잡을 권한이 없는 것 ▸ 도피(처), 피난(처)

---

22 ★★

despotic

[dispátik]

⑤ autocratic, dictatorial
⑪ democratic

ⓐ 전제적인, 독재적인

Under absolute commands from the **despotic** ruler, citizens were denied the freedom of speech.

그 전제 군주로부터의 절대적인 명령하에서, 시민들은 언론의 자유를 거부당했다.

> 💡 **암기Tip** 〈 어원 암기법
>
> des(house: 거처) + pot(pot: husband/master/having power: 권력을 가진, 강력한) + ic(형접) ▸ 거처하는 곳에서 최고의 힘을 가진 ▸ 전제적인

---

23 ★★

wage

[weidʒ]

⑤ ⓥ contend, struggle

ⓥ (전쟁, 전투, 논쟁, 캠페인을) 벌이다

Hilary Clinton **waged** two campaigns for presidency, which were both unsuccessful.

Hilary Clinton은 두 번의 대권 캠페인을 벌였지만, 둘 다 성공하지 못했다.

ⓝ 임금

> 📊 **빈출 기출 표현** 〈 wage 관련 표현
>
> **wage** a war ᵖʰʳ 전쟁을 벌이다
> **wage** a campaign ᵖʰʳ 캠페인을 벌이다

24 ★★
sully
[sʌ́li]

ⓢ defile, debase, disgrace, spoil, tarnish

v (가치를) 훼손하다, 떨어뜨리다, 더럽히다

The accusation of corruption is sure to **sully** the politician's reputation and cause him to lose his position.

부패 혐의는 분명히 그 정치인의 명성을 훼손하고 그의 지위를 잃게 할 것이다.

> 💡 **암기Tip** 연상/확장 암기법
>
> 부패한 정치인의 malfeasance(불법 행위)에 ireful(화난)한 대중들은 그에게 흙을 던졌으며, 이는 그의 reputation(명성)을 sully(훼손하다)한다는 것을 상징한다.

25 ★★
unequivocal
[ʌ̀nikwívəkəl]

ⓢ obvious, unambiguous, undeniable

a 명백한, 분명한

With the election a few weeks away, the president announced his absolutely **unequivocal** support for all the candidates of his political party.

선거를 몇 주 앞두고, 당 총재는 그의 정당의 모든 후보자들을 위해 그의 전적으로 분명한 지지를 알렸다.

> 💡 **암기Tip** 어원 암기법
>
> un(not: 아닌) + equi(equal: 유사한) + voc(voice: 목소리) + al(형접) ▶ 유사한 목소리가 아닌, 불분명한 소리가 아닌 ▶ 명확한, 확실한

26 ★★
confrontation
[kɑ̀nfrəntéiʃən]

n 대립, 대치

Russia accused the British government of choosing **confrontation** over cooperation as handling the case of a former Russian spy poisoned in Britain.

러시아는 영국 정부가 영국에서 독살당한 전 러시아 비밀요원의 사건을 서리할 때 협력보다는 대립을 취하고 있다고 비난했다.

27 ★★
lucrative
[lú:krətiv]

ⓢ profitable

a 유리한, 수익성이 좋은

Some people think that the presidency is a **lucrative** position, but the financial salary of a president is relatively lower than expected.

일부 사람들은 대통령직이 돈을 많이 버는 직위라고 생각하지만, 대통령의 임금은 예상보다는 상대적으로 더 낮다.

> 💡 **암기Tip** 어원 암기법
>
> lucrat(gained: 얻은) + ive(형접) ▶ 얻은 것이 있는, 이득이 있는

28 ★★
scrap
[skræp]

[v] 1)(쓰레기로) 버리다, 폐기하다 2)조각 내다, 깨뜨리다

The president's plans to go to war were **scrapped** by the senate who all voted against the proposal.
전쟁을 하고자 했던 대통령의 계획들은 그 제안에 모두 반대 표를 던진 상원에 의해 폐기되었다.

[n] 1)조각, 파편 2)(부정문에서) 조금

[a] 폐물이 된

29 ★★
cloak
[klouk]

[동] [n] mask, veil
[v] mask, conceal, disguise, dissemble

[n] 1)은폐(물), 가장, 위장 2)망토

The politician's big smile and friendly attitude acts as a **cloak** to mask his negative personality.
그 정치인의 함박 웃음과 다정한 태도는 그의 부정적인 성품을 가리는 위장 역할을 한다.

[v] 은폐하다, ~을 가리다(숨기다)

30 ★★
ballot
[bǽlət]

[n] 1)투표용지 2)투표 3)투표자 수

1)The election results are announced when all the **ballots** are counted a few hours after the voting is over.
투표 결과들은 투표가 끝난 몇 시간 후 모든 투표용지가 전부 계산되면 발표된다.

2)Jessica cast her **ballot** for Clinton while her husband voted for Trump.
Jessica의 남편이 Trump에게 투표를 한 반면에, Jessica은 Clinton에게 투표했다.

[v] 투표하다

빈출 기출 표현 **ballot 관련 표현**
cast a **ballot** [phr] 투표하다

31 ★★
nepotism
[népətìzəm]

cf. cronyism [n] 정실 인사

[n] (친구나 친족들 위주의) 혈연주의, 족벌주의, 친족 등용

The public was in uproar and accused the President of **nepotism** as he replaced most of the existing government with his friends and family members.
대통령이 현정부의 대부분을 그의 친구와 친족들로 교체하자, 대중들은 분노해서 그의 친족 등용을 비난했다.

32 ★

decry

[dikrái]

(동) 1)condemn, censure,
     denounce
     2)disparage, depreciate

Ⓥ 1)비난하다, 헐뜯다 2)폄하하다

1)Some media is constantly trying to **decry** the efforts of the president and always portrays him <u>in a negative way</u>.

일부 언론매체는 지속적으로 대통령의 노고를 비난하고 항상 그를 부정적인 방식으로 묘사한다.

> 💡 암기Tip ◂ 어원 암기법
>
> de(down: 내려서) + cry(울부짖다)
> ▸ cry down: 깎아내리다 ▸ 비난하다

33 ★

commission

[kəmíʃən]

Ⓥ 임명하다, 위임하다

The public **commissioned** the head of police <u>to become the new mayor</u> as he was loved and well received by everyone.

경찰서장이 모든 사람에게 사랑받고 인정받고 있기 때문에, 대중은 그를 새 시장으로 임명했다.

Ⓝ 위원회, 수수료

34 ★

cease

[siːs]

Ⓥ 중단되다, 그만두다; 중단시키다;

Once the peace treaty is signed, the <u>fighting</u> on the border should **cease** and we can all live in peace.

일단 그 평화 조약이 체결되면, 국경에서의 싸움은 중단되고 우리 모두는 평화롭게 살 수 있다.

35 ★

impeach

[impíːtʃ]

(파) impeachment Ⓝ 탄핵, 고발
(동) censure, denounce

Ⓥ (공직자를) 탄핵하다, 고발하다

Due to his illegal activities, the president was **impeached** and <u>removed from office</u> in a way public officials are treated.

그의 불법적인 행동 때문에, 대통령은 공무원들이 다루어지는 방식대로 탄핵되고 직위를 박탈당했다.

36 ★

throe

[θrou]

Ⓝ (pl.) 극심한 고통, 진통

Over a thousand people were <u>killed</u> in Vietnam in the **throes** of revolution.

혁명의 극심한 진통 속에서 천 명이 넘는 사람들이 베트남에서 살해되었다.

37 ★

volatile

[vάlətil]

[동] [1]capricious, frivolous, flighty, mercurial
[2]fleeting, transient

[a] [1]불안한, 변덕스러운 [2]덧없는 [3]휘발성의

Easily annoyed, the **volatile** politician often yelled at his opposition.

쉽게 짜증내는, 그 변덕스러운 정치인은 종종 그의 반대 의견에 고함을 쳤다.

> 암기Tip 어원 암기법
>
> vola(fly: 날아가다) + ate(동접) + ile(capability: 능력)
> ▸ 날아가게 하는 특성이 있는 ▸ 휘발성의, 사라지는, 불안정한

38 ★

chicanery

[ʃikéinəri]

[동] trickery, deception, subterfuge

[n] 교묘한 속임수, 발뺌

Instead of being truthful on his campaign for Senator, McCarthy resorted to **chicanery**.

McCarthy는 상원의원직 캠페인에서 진실하기보다는 속임수에 의존했다.

39 ★

outsmart

[àutsmάːrt]

[동] outwit, outplay, outdo, outstrip

[v] ~보다 한 수 앞서다, 앞지르다

Even though George was a new and inexperienced candidate, he **outsmarted** his opposition and finally gained himself a seat on the council.

비록 George는 새로운 경험 없는 후보였지만, 그는 상대 후보보다 한 수 앞섰으며, 결국에 의회의 자리를 차지했다.

40 ★

bribery

[bráibəri]

cf. bribe [n] 뇌물
briber [n] 뇌물 주는 사람

[n] 뇌물 수수

Many politicians were accused of **bribery** and for doing things for money, but it is very rare in this day and age.

많은 정치인들이 뇌물 수수와 돈을 위해 일을 한다고 비난을 받았지만, 지금은 아주 드문 편이다.

> 빈출 기출 표현 bribery 관련 표현
>
> commit **bribery** [phr] 뇌물 수수를 저지르다

Daily Check-up

해석/해설 p. 540

Choose the best answer.

🕐2초 check-up

01 The dictator banned every rally in order to (forestall, predict, trigger) riots or commotions.

02 Dictatorial power is still dominant and (rare, rampant, obscure) even in democratic systems.

03 Many pacifists keep (bothering, waging, forgoing) several campaigns against war.

04 The new governor (formed, fermented, scrapped) the plan to change tax rules, as he confronted strong oppositions.

05 With remaining (ballots, subjects, breaches) counted, his election as president became evident.

🕐5초 check-up

06 A: I heard the mayor was impeached for _____.
B: Yeah, he appointed his niece to his secretary position.

  (a) nepotism   (b) coup
  (c) fraud   (d) sycophancy

07 A: The political situation of the Korean Peninsula looks _____ these days again.
B: Yeah, the North and South Korea were in good terms last week and are against each other this week again.

  (a) versatile   (b) volatile
  (c) tentative   (d) preliminary

08 A: The two senators should _____ SNS disputes.
B: Now it is too exhausting. It is time to quit such worthless arguments.

  (a) crease   (b) satiate
  (c) cease   (d) invigorate

09 The governor proposed to impose some sanctions in order to _____ crimes in the state.

  (a) resume   (b) commit
  (c) incur   (d) thwart

10 The senator's bribery scandal _____ his positive public image and reputation.

  (a) begot   (b) tainted
  (c) denoted (d) tolerated

11 If you have a strong conviction, you will never _____ between two concepts.

  (a) determine (b) venerate
  (c) vacillate   (d) resolve

12 Most tyrants tend to exercise their dictatorial and _____ powers over every decision.

  (a) benighted (b) enlightened
  (c) couth   (d) despotic

[정답] **01.** forestall **02.** rampant **03.** waging **04.** scrapped **05.** ballots **06.** (a) **07.** (b) **08.** (c) **09.** (d) **10.** (b)
11. (c) **12.** (d)

400점 어휘

ambassador [æmbǽsədər]	⋒ 대사
authority [əθɔ́:rəti]	⋒ 권한, 정부당국
autonomy [ɔ:tánəmi]	⋒ 자치
border [bɔ́:rdər]	⋒ 국경, 경계선
bribe [braib]	⋒ 뇌물
cabinet [kǽbənit]	⋒ 내각
captive [kǽptiv]	⋒ 포로 ⓐ 사로잡힌, 넋이 나간
chancellor [tʃǽnsələr]	⋒ 수상
chaos [kéiɑ̀s]	⋒ 혼돈, 대혼란
civilian [sivíljən]	⋒ 시민
communism [kámjənìzəm]	⋒ 공산주의
congress [káŋɡrəs]	⋒ 회의, 의회
conscience [kánʃəns]	⋒ 양심
corrupt [kərʌ́pt]	ⓐ 부패한
corruption [kərʌ́pʃən]	⋒ 부패, 타락
coup [ku:]	⋒ 쿠데타
dictator [díkteitər]	⋒ 독재자
diplomacy [diplóuməsi]	⋒ 외교
election [ilékʃən]	⋒ 선거
embassy [émbəsi]	⋒ 대사관
immigration [ìməɡréiʃən]	⋒ (들어오는) 이민 ⑪ emigration (나가는) 이민
inauguration [inɔ̀:ɡjəréiʃən]	⋒ 취임(식)
interrogation [intèrəɡéiʃən]	⋒ (경찰) 심문, 취조, 문의
monocracy [mounákrəsi]	⋒ 독재정치
parliament [pá:rləmənt]	⋒ 의회, 국회
progressive [prəɡrésiv]	ⓐ 진보적인
rally [rǽli]	⋒ 집회 ⓥ 모으다; 모이다
retinue [rétənjù:]	⋒ 수행원
riot [ráiət]	⋒ 폭동, 소요, 소동
severity [sivérəti]	⋒ 엄격, 혹독, 가혹

500점 어휘

afflict [əflíkt]	ⓥ 괴롭히다
assassin [əsǽsin]	ⓝ 암살자
assassination [əsæ̀sənéiʃən]	ⓝ 암살
bailout [beiˈlau̯t]	ⓝ (재정위기의 국가나 기업의) 금융구제
bureaucracy [bjuərákrəsi]	ⓝ 관료주의
clique [kli:k]	ⓝ 파벌
coalition [kòuəlíʃən]	ⓝ 연합, 합동
cohesion [kouhí:ʒən]	ⓝ 결합, 점착, 단결
coincidence [kouínsidəns]	ⓝ 일치, 동시에 일어남 (with)
collude [kəlú:d]	ⓥ 공모하다, 결탁하다
collusion [kəlú:ʒən]	ⓝ 공모, 결탁
conscript [kánskript]	ⓝ (군대의) 징집
consensus [kənsénsəs]	ⓝ 일치, 여론
consul [kánsəl]	ⓝ 영사
consulate [kánsjəlit]	ⓝ 영사관
culprit [kʌ́lprit]	ⓝ 범인, 범죄자
decree [dikrí:]	ⓝ 법령, 칙령 ⓥ 명하다, 결정하다
deputy [dépjəti]	ⓝ 대리인, 보좌관
defection [difékʃən]	ⓝ 탈당, 탈퇴
deference [défərəns]	ⓝ 존중, 존경
deliberation [dilìbəréiʃən]	ⓝ 심사숙고
discriminate [diskrímənit]	ⓥ 차별하다, 차별 대우하다
eliminate [ilímənèit]	ⓥ ~을 없애다, 제거하다
emancipate [imǽnsəpèit]	ⓥ ~을 해방시키다, ~에서 해방하다 (from)
emissary [émisèri]	ⓝ 특사, 사절
endow [endáu]	ⓥ 주다, 부여하다
envoy [énvɔi]	ⓝ 외교 사절
espionage [éspiənà:ʒ]	ⓝ 스파이(첩보) 활동
expulsion [ikspʌ́lʃən]	ⓝ 추방
fugitive [fjú:dʒitiv]	ⓝ 도망자, 탈주자; 탈주

목표 점수대별 어휘

500점 어휘

halo effect	phr 후광 효과
hegemony [hidʒéməni]	n 주도권, 패권
hermit [hə́ːrmit]	n 은둔자
immurement [imjúərmənt]	n 감금, 칩거
impede [impíːd]	v 방해하다
inception [insépʃən]	n 시작
indemnity [indémnəti]	n 면책, 사면; 보상, 배상(금)
indictment [indáitmənt]	n 기소
incognizant [inkágnizənt]	a 알아채지 못하는
incursion [inkə́ːrʒən]	n (영토의) 침략, 습격, 습격
lame [leim]	a 설득력이 없는, 믿기 힘든; 절름발이의
menace [ménəs]	n 협박
nebulous [nébjələs]	a 흐릿한, 모호한
ostracism [ástrəsìzəm]	n 외면, 배척
quell [kwel]	v 진압하다
quorum [kwɔ́ːrəm]	n 정족수
rebellion [ribéljən]	n 반란
referendum [rèfəréndəm]	n 국민 투표
regime [rəʒíːm]	n 정권, 제도, 체제
reign [rein]	n 통치 시기[기간], 통치(= sovereignty)
repatriate [riːpéitriit]	n 본국으로 송환된 사람
sedition [sidíʃən]	n (반란, 폭동의) 선동
sovereignty [sávrinti]	n 주권, 지배권
treason [tríːzən]	n 반역죄
treaty [tríːti]	n 조약
truce [truːs]	n 휴전
tyranny [tírəni]	n 전제 정치
ulterior motive	phr 숨은 동기, (이면의) 저의
unwieldy [ʌnwíːldi]	a 통제하기 힘든, 다루기 불편한
warfare [wɔ́ːrfɛ̀ər]	n 교전

600점 어휘

abrogate [ǽbrəgèit]	v ~을 폐지하다
ammunition [æ̀mjəníʃən]	n 탄약
anchorite [ǽŋkəràit]	n 은둔자
cabal [kəbǽl]	n (정권반대에 가담하는) 도당; 계략
debauchery [dibɔ́:tʃəri]	n 방탕
debug [di:bʌ́g]	v (생각, 믿음 등을) 틀렸음을 드러내다, 정체를 폭로하다
decapitate [dikǽpitèit]	v 목을 자르다, 참수하다
defy [difái]	v 반항하다, 저항하다, 거부하다
depose [dipóuz]	v (왕좌에서) 물러나게 하다, 퇴위시키다
detain [ditéin]	v 구금하다, 지체하게 하다
deteriorate [dití(:)əriərèit]	v 악화시키다, 악화되다
duress [dju(:)ərés]	n 구속, 감금; 압박
expropriate [ekspróuprièit]	v 몰수하다, 빼앗다
finagle [finéigl]	v 속임수를 쓰다
flagrant [fléigrənt]	a 노골적인, 명백한
go kaput	phr 망가지다, 끝장나다
imbroglio [imbróuljou]	n 분규
knavery [néivəri]	n 속임수, 악당 근성
legerdemain [lèdʒərdəméin]	n 속임수
maverick [mǽvərik]	n 무소속 정치인
munition [mju(:)níʃən]	n 군수품, 탄약
nefarious [nifé(:)əriəs]	a 비도덕적인, 범죄의
neocolonialism [nì:oukəlóuniəlìzm]	n 신식민주의
pigheaded [píghèdid]	a 옹고집의
quash [kwɑʃ]	v (명령, 의안을) 파기하다, 진압하다
scuffle [skʌ́fl]	n 난투
sleaze [sli:z]	n (정치, 사업가의) 부정적 행위; 추잡
squash [skwɑʃ]	v 억압하다, 진압하다
standoffish [stǽndɔ̀(:)f]	a 냉담한
stranglehold [strǽŋglhould]	n 목 조르기

DAY 22

법·범죄·처벌

법률, 규범 등을 '준수하다, 어기다'의 동사와 '기소하다, 고발하다'의 동사가 특히 자주 출제되니 잘 기억해 두어야 한다.

오늘의 단어 듣기
들으면서 암기하세요!

나의 학습노트

1회 암기	✓	2회 암기	✓	3회 암기	✓
날짜 월 일		**날짜** 월 일		**날짜** 월 일	
시간 시 분		**시간** 시 분		**시간** 시 분	

01 ★★★
enforce
[infɔ́ːrs]

v (법을) 집행하다, 시행하다, 강제로 시키다

Lawmakers in the congress enact laws, police and prosecutors **enforce** them, and citizens observe them.

의회의 국회의원들이 법을 재정하고, 경찰과 검찰은 그것을 시행하고, 시민들은 그것들을 준수한다.

> **기출 포인트** 유사 어휘
>
> enforce a law **phr** 법을 시행하다
> enact a law **phr** 법을 제정하다

02 ★★★
precedent
[présədənt]

파 unprecedent **a** 전례 없는, 보기 드문

n (판결, 결정 등의) 선례, 판례, 전례

The judges had no **precedent** to review before making their decision on the controversial case.

판사들은 그 논란이 되는 사건에 대한 결정을 내리기 전에 검토할 만한 판례가 없었다.

a 앞서는, 선행하는

> **암기Tip** 어원 암기법
>
> pre(before: 앞선) + cede(go: 가다) + ent(명접/형접)
> ▸ 앞서 가는 것, 앞서 가는 ▸ 선례, 선행하는

03 ★★★
custody
[kʌ́stədi]

cf. in custody **phr** 구류된, 감금된

n ¹⁾구류, 감금 ²⁾양육권, 보호권

With the suspect in **custody**, the police began to investigate the robbery and question the suspect detained.

용의자를 구류시킨 상태에서, 경찰은 그 강도 사건을 조사하고 구류된 용의자를 심문하기 시작했다.

04 ★★★
ban
[bɑːn]

(동) v forbid, prohibit, bar, block

n 금지(법)

The U. S. travel **ban** prohibits migrants from a number of countries from entering into the United States.

미국의 여행 금지법은 여러 나라에서 온 이주자들이 미국으로 들어오는 것을 금한다.

v ~을 금지시키다

05 ★★★

testify

[téstəfài]

v (목격자가) 증언하다, 진술하다

The <u>witness</u> was nervous to **testify** about what she had seen during the incident.

목격자는 사건 도중 그녀가 본 것에 대해 증언하는 것을 불안해했다.

> 💡 **암기Tip** ▸ 연상/확장 암기법
>
> witness(목격자)는 목격한 것을 testify(증언하다)하고, 그 증인의 testimony(증언)를 듣고 난 jury(배심원단)는 숙고하여 verdict(평결)를 내리고, 그에 따라서 judge(판사)가 defendant(피고)에게 conviction(유죄 선고)을 내리고 punishment(형벌)를 sentence(선고하다)하게 된다.

---

06 ★★★

petition

[pətíʃən]

ⓢ **n** appeal
　 v beg, entreat

n 탄원(서), 청원(서), 진정(서)

Despite the <u>appeal</u> for changing the labor law, their **petition** is not brought before a council vote.

노동법을 바꾸기 위한 청원에도 불구하고, 그들의 탄원은 의회의 투표거리가 되지 못하고 있다.

v 청원하다

---

07 ★★★

bar

[bɑːr]

ⓢ block, obstruct

v 금지하다

The trail was conducted out of the public eye, **barring** the media <u>from</u> writing about the story.

그 재판은 언론 매체가 그 기사를 쓰는 것을 금지시키면서, 대중에게 공개되지 않고 진행되었다.

n 줄, 막대

> 📶 **빈출 기출 표현** ▸ bar 관련 표현
>
> behind **bars** **phr** 감옥에 있는(= in jail)

---

08 ★★★

outlaw

[áutlɔ̀ː]

n 범법자, 도망자

After the man committed several crimes, he became an **outlaw** who was <u>on the run from the law enforcement</u>.

그 남자는 몇 번의 범죄를 저지른 후에, 법의 집행을 벗어나 도망치는 범법자가 되었다.

v 불법화하다, 금하다

---

09 ★★★

incriminate

[inkrímənèit]

[동] implicate

[v] (범죄에) 연루시키다, 혐의를 씌우다, 잘못한 것처럼 보이게 하다

The suspect refused to talk because he did not want to **incriminate** himself in court.

그 혐의자는 법정에서 자신에게 죄가 있는 것처럼 보이고 싶지 않아서 말하는 것을 거부했다.

> 암기Tip 어원 암기법
>
> in(into: 안으로) + crime(범죄) + ate(동접)
> ▸ 범죄에 연루시키다, 죄가 있다고 하다

10 ★★★

compliance

[kəmpláiəns]

[n] (법, 명령 등의) 준수

A: Why are the tax officers here?

왜 세무 공무원들이 여기 있는 거지?

B: They are checking that we are not breaking the law and in **compliance** with their regulations.

그들은 우리가 법을 어기지 않고 법령을 준수하고 있는지를 확인하고 있어.

> 빈출 기출 표현 compliance 관련 표현
>
> in **compliance** with [phr] ~을 준수하는, ~에 응하는

11 ★★★

perjury

[pə́ːrdʒəri]

[n] 위증(죄)

Mitch was warned by the judge to tell the truth or else be arrested for **perjury**.

Mitch는 판사에게 진실을 말하지 않으면 위증으로 구속될 것이라고 경고를 받았다.

> 암기Tip 어원 암기법
>
> per(beyond: 벗어나서) + jury(oath: 서약)
> ▸ 벗어난 서약, 잘못된 서약, 서약을 어기기 ▸ 위증

12 ★★★

entrench

[intréntʃ]

[동] 1)establish
2)encroach, trespass, infringe

[v] 1)구축하다, 단단히 자리잡게 하다 2)침해하다

The ex-criminal vowed to **entrench** himself in law-abiding acts and never to commit acts of crime again.

그 전과자는 법을 준수하는 행동을 확실히 하고 다시는 법을 어기는 행동을 절대 하지 않겠다고 맹세했다.

13 ★★★

observance

[əbzə́ːrvəns]

ⓝ (법, 규율의) 준수

My father has never got into trouble or had any issues with the police due to his **observance** of the law.

나의 아버지는 법을 준수하기 때문에 곤란에 빠지거나 경찰과 문제가 생기는 일은 없었다.

> 👆 기출 포인트 ◀ 유사 어휘
>
> observance ⓝ 준수
> observation ⓝ 관찰
> observatory ⓝ 관측소, 천문대

---

14 ★★★

conviction

[kənvíkʃən]

⑪ convict ⓝ 재소자, 기결수
ⓥ 유죄 판결을 내리다

ⓝ [1]유죄 선고, 유죄 판결 [2](강한) 신념

[1]In order to send the criminal to prison, the judge needed a key testimony so that he could make a **conviction** during the trial.

그 범인을 감옥에 보내기 위해서, 그 판사는 재판 동안 유죄 판결을 내릴 수 있도록 핵심 증언이 필요했다.

---

15 ★★★

curfew

[kə́ːrfjuː]

ⓝ 통행금지(령), 시간 제한

In some conservative countries, the government sets a **curfew** where all members of the public should be indoors by a certain time.

일부 보수적인 나라에서는, 정부가 국민들이 일정 시간까지 귀가할 수 있도록 통행금지를 정한다.

> 💡 암기Tip ◀ 어원 암기법
>
> cur(cover: 덮다) + few(fire: 불)
> ▸ 불을 덮다, 소등하다 ▸ 통행 금지, 시간 제한

---

16 ★★★

accuse

[əkjúːz]

⑪ accusation ⓝ 고발, 고소, 비난

ⓥ 고발(고소, 비난)하다, 혐의를 제기하다, 몰아세우다

A: The police also charged me due to the fact that I was also being at the scene of the crime.

경찰은 나도 범죄 현장에 있었다는 사실 때문에 나를 기소했어.

B: Don't worry. They had to **accuse** you until they could figure out what had happened.

걱정하지마. 그들은 무슨 일이 있었는지 밝혀낼 수 있을 때까지 너를 고소할 수밖에 없었어.

accuse A of B / charge A with B / indict A for B

17 ★★★
allegation
[ǽləɡéiʃən]

🔟 (근거 없는) 주장, 혐의

Because he wanted to dispel the **allegation** of drug use, the famous athlete hired a lawyer to <u>disclose the truth</u>.

그 유명한 운동 선수는 자신의 약물 복용 혐의를 없애버리고 싶었기 때문에 진실을 밝히기 위해 변호사를 고용했다.

👆 기출 포인트

It is alleged that ~ 주장[제기]되는 바에 따르면

18 ★★★
apprehend
[æ̀prihénd]

ⓜ apprehension 🔟 체포, 불안, 이해
ⓢ ¹⁾arrest
　²⁾grasp, understand

🔽 ¹⁾~을 체포하다 ²⁾파악하다, 이해하다

A: Did the police <u>catch</u> the terrorist?
경찰이 그 테러리스트를 잡았어?
B: Yes, they **apprehended** him this morning.
응, 오늘 아침에 그를 체포했어.

19 ★★★
impose
[impóuz]

ⓢ levy
cf. impose A on B 🅿🅷🆁 A를 B에게 부과하다

🔽 ¹⁾(세금, 의무, 조건 등을) 부과하다[지우다] ²⁾(법률을) 도입하다

The city is going to **impose** <u>new laws on</u> businesses and residents to reduce the amount of pollution.

그 시는 오염 물질의 양을 줄이기 위해서 사업체와 거주민들에게 새로운 법을 도입할 것이다.

📊 빈출 기출 표현 〈 ~pose 관련 표현

im**pose** 🔽 (법, 의무 등을) 부과하다
de**pose** 🔽 (자리에서) 폐위시키다, 물러나게 하다
dis**pose** 🔽 ~을 배치하다
re**pose** 🔽 (특정 장소에) 보관하다 🔟 휴식, 수면

20 ★★★
forbid

[fərbíd]

(동) prohibit, ban, outlaw

v ~을 금하다, ~을 못하게 하다

Laws in Korea **forbid** people to smoke in public buildings and smoking should only be <u>done in designated areas</u>.

한국의 법은 사람들이 공공 건물에서 담배 피우는 것을 금하고 있고, 흡연은 정해진 구역에서만 행해져야 한다.

---

21 ★★
discharge

[distʃɑːrdʒ]

v 1)(액체를) 방류시키다, 배출시키다 2)(로켓을) 발사하다 3)석방시키다, 해고하다

1)It is a crime to **discharge** waste and chemicals <u>into waterways</u> as it pollutes and seriously damages the environment.

폐기물과 화학물질을 수로로 방류시키는 것은 범죄 행위인데, 환경을 오염시키고 심각히 손상시킬 수 있기 때문이다.

n 방출, 배출(물), 해고

---

22 ★★
veracity

[vəræsəti]

(파) veracious (형) 진실한, 정직한

n 진실성, 정확성

Since the witness is a known enemy of the defendant, his <u>testimony</u> certainly needs to be evaluated for its **veracity**.

그 목격자는 피고의 원수로 알려져 있기 때문에, 그의 증언은 진실성에 대해 확실히 평가되어야 한다.

> 💡 **암기Tip** 어원 암기법
>
> verac(true: 진실한) + ity(명접) ▸ 진실한 것 ▸ 진실성

---

23 ★★
raid

[reid]

n (경찰의 형장) 급습, 습격

During a **raid** of <u>the building</u>, the police found several terroristic plans and homemade bombs.

건물을 습격하면서 경찰은 몇 가지 테러 계획들과 자체 제작한 폭탄을 발견했다.

---

24 ★★
violate

[váiəlèit]

(동) break, infringe, contravene

v (법, 규율을) 위반하다, 어기다

The smuggler was arrested because he **violated** <u>the law</u> by bringing drugs into the country illegally.

그 밀수꾼은 불법적으로 약품들을 반입함으로써 법을 위반했기 때문에 체포되었다.

25 ★★

intercept

[íntərsépt]

🔲 가로 막다, 차단하다

The country uses high tech technology to **intercept** an exchange of information, cutting off the communication between foreign countries and its spies.

그 나라는 외국의 여러 나라들과 그 스파이들 간의 소통을 차단하면서 정보 교환을 막기 위해 하이테크 기술을 이용한다.

> 💡 암기Tip 〈 어원 암기법
>
> inter(between: ~사이에) + cept(carch: 잡다)
> ▸ 사이에서 잡다, 중간에서 가로채다 ▸ 차단하다

26 ★★

sabotage

[sǽbətàːʒ]

(동) 🔲 vandalize, wreck, damage, destroy
🔳 vandalism, impairment, destruction, damage

🔲 방해하다, 파괴하다

Hackers **sabotaged** the server, planting a computer virus that would destroy the system and disrupt the government.

해커들은 시스템을 파괴하고 정부를 붕괴시킬 컴퓨터 바이러스를 심어두면서, 서버를 망가뜨렸다.

🔳 방해 행위, 방해 공작

27 ★★

serve time

(동) serve one's sentence

🔳 복역하다

When criminals **serve time** in prison for a considerable amount of time, it's hard for them to assimilate back into normal society.

범죄자들이 상당한 시간을 감옥에서 복역할 때, 그들이 다시 보통의 사회로 복귀해 동화되는 것은 어렵다.

28 ★★

restitution

[rèstitjúːʃən]

(동) reparation, restoration

🔳 배상, 보상, 복원; 반환

Everyone was shocked when the judge did not order the vandal to pay **restitution** for destroying the building.

판사가 그 공공 기물 파손자에게 건물 파괴에 대한 배상을 할 것을 명하지 않았을 때, 모두가 놀랐다.

> 💡 암기Tip 〈 어원 암기법
>
> re(again: 다시) + stitut(stand: 서다) + ion(명접)
> ▸ 다시 세우기, 다시 복원하기, 다시 돌려놓기 ▸ 배상, 복원, 반환

29 ★★

forensic

[fərénsik]

ⓐ 법의학적인, 법정의, 재판에 관한

The crime scene investigators collected several **forensic** samples at the site of the murder.

범죄 현장 수사관들은 살인 현장에서 몇 가지 법의학적인 샘플들을 수집했다.

---

30 ★★

facet

[fǽsit]

ⓝ 측면, 양상

In order to fairly charge someone with a crime, it is important to evaluate every **facet** of the case before making a judgement.

누군가를 정당하게 범죄로 기소하기 위해서는, 판결을 내리기 전에 그 사건에 대한 모든 국면을 검토하는 것이 중요하다.

---

31 ★★

table

[téibl]

ⓥ (논의를) 미루다, 연기하다

A: How come the crime hasn't been solved yet?

어째서 그 범죄가 아직 해결이 안 된 거야?

B: With lack of evidence, the investigation has been **tabled** until they find some new evidence.

증거 부족으로 새로운 증거를 찾을 때까지 수사가 연기되고 있어.

> 📈 **빈출 기출 표현** ‹ table 관련 표현
>
> on the **table** ㅍㄹ ¹⁾미뤄진, 연기된 ²⁾고려를 위해 상정된
> turn the **tables** ㅍㄹ 현재의 상황을 뒤집다
> under the **table** ㅍㄹ ¹⁾비밀스럽게 ²⁾술에 취한

---

32 ★★

conform

[kənfɔ́ːrm]

ⓢ obey, follow, observe, comply (with)

ⓥ 따르다(to), 응하다, 준수하다

It is not easy for some ex-criminals to **conform** to strict social regulations when they leave prison.

일부 전과자들에게는 석방되었을 때 엄격한 사회 규제들을 따르는 것이 쉽지 않다.

> 📈 **빈출 기출 표현** ‹ '(법, 규칙 등을) 준수하다, 지키다' 관련 표현
>
> conform to the law / comply with the law / abide by the rule

33 ★
epidemic
[èpidémik]

n 1)(급속한) 확산, 유행 2)전염병, 유행병

1)The **epidemic** of pick-pockets in London has led to Scotland Yard <u>investing more police presence</u> on the streets.
런던에서 소매치기들의 확산으로 런던 경찰국은 더 많은 경찰들을 도로에 투입시키게 되었다.

a 확산된, 유행성의, 전염성의

> 💡 암기Tip ⟨ 어원 암기법
>
> epi(among: ~사이에) + dem(people: 사람들) + ic(명접/형접)
> ▸ 사람들 사이에 있는 (것), 사람들 속에 확산된 (것)

34 ★
fine
[fain]
⑤ penalty

n 벌금

It is argued that in order to keep our city clean, anyone who gets caught littering should be made to <u>pay</u> a **fine**.
우리 도시를 깨끗하게 지키려면, 쓰레기 투기로 잡힌 사람들이 벌금을 내도록 해야 한다.

35 ★
unwarranted
[ʌnwɔ́(:)rəntid]
⑤ groundless, unreasonable

a 근거 없는, 부당한, 보증되지 않은

Many believe that John's jail sentence was **unwarranted** and <u>should be reduced</u> by several years.
많은 이들이 John의 징역형이 부당했고, 몇 년은 더 줄어야 한다고 믿고 있다.

> 📊 빈출 기출 표현 ⟨ unwarranted 관련 표현
>
> **unwarranted** assumption **phr** 없는 가설
> **unwarranted** infringement **phr** 부당한 침해

36 ★
panacea
[pæ̀nəsí(:)ə]
⑤ cure-all

n 만병통치약

The new laws are designed to be a **panacea** for safety, <u>solving all the problems</u> in the country.
새로운 법안들은 그 나라의 모든 문제들을 해결하는, 안전을 위한 만병통치약이 되도록 고안되었다.

> 💡 암기Tip ⟨ 어원 암기법
>
> pan(all: 전부) + ace(cure: 치료하다) + ia(명접)
> ▸ 전부 치료하는 것, 모두를 치료하는 것 ▸ 만병통치

37 ★

escape

[iskéip]

[v] 도망치다, 도주하다

Alcatraz was meant to be the most secure prison in the whole of America, but three prisoners did manage to **escape** from it.

Alcatraz는 미국 전역에서 가장 안전한 감옥이 되고자 했지만, 세 명의 죄수나 거기서 가까스로 탈출을 했다.

[n] 도피, 모면

38 ★

renege

[riní(:)g]

[v] (약속, 합의 등을) 어기다 (on, upon), 취소하다

Although the ex-criminal made a promise not to commit future crimes, he later decided to **renege** upon his word and continued his unlawful acts.

그 전과범은 앞으로 범죄를 저지르지 않겠다고 약속했지만, 나중에 그의 말을 어기고 불법 행위를 계속했다.

암기Tip **어원 암기법**

re(강조) + nege(deny: 부정하다) ▸ 부정하다, 저버리다, 어기다

기출 포인트 **유사 어휘**

renege [v] (약속, 합의를) 어기다 (on)
renegade [n] 변절자, 이탈자, 탈당자
relegate [v] 좌천시키다 (to), 강등시키다

39 ★

fake

[feik]

[동] counterfeit

[a] 가짜의, 위조의

These days money is being designed harder to reproduce in order to eliminate **fake** money.

요즘은 위조 지폐를 없애기 위해서 화폐를 복제하기 어렵게 디자인되고 있다.

40 ★

conclude

[kənklú:d]

[v] 1)판결[결론, 판단]을 내리다 2)끝내다, 마치다

1)The judge **concluded** that with such insignificant evidence, the case has to be dropped.

판사는 그런 하찮은 증거로는 소송을 취하해야 한다는 판결을 내렸다.

Daily Check-up

해석/해설 p. 541

Choose the best answer.

⏱ 2초 check-up

01 The textile firm illegally (distended, discharged, deviated) harmful chemicals into the nearby river.

02 The city police (apprehended, indicted, litigated) two suspects at the scene of the accident.

03 The city government will strictly (induce, impose, lift) the new environmental laws on all the businesses and individuals.

04 The imposter was released today after (conducting, cultivating, serving) three years in prison.

05 Recently shoplifting incidents are (epidemic, allusive, elliptical), with its crime occurring all around the city.

⏱ 5초 check-up

06 A: Why didn't the group file a lawsuit yet?
B: It has been _____ because of a lack of evidence.

(a) cited   (b) abnegated
(c) processed   (d) tabled

07 A: It's almost time to go home. I should be home before 11 o'clock.
B: I can't believe your parents still impose a(n) _____ on you.

(a) permission   (b) curfew
(c) bully   (d) suspense

08 A: How come the case hasn't been solved?
B: The police said there are too many _____ to investigate.

(a) paces   (b) facets
(c) allegations   (d) settlements

09 The suspect has been detained in the last three days and is still in _____.

(a) invasion   (b) petition
(c) infringement   (d) custody

10 Standing before the court, the witness _____ that he saw the plaintiff hitting the defendant on the face with his fist.

(a) testified   (b) mandated
(c) prosecuted   (d) accused

11 We should always check if we are in _____ with fire safety laws.

(a) pretense   (b) agreement
(c) adjustment   (d) compliance

12 The city official was _____ of embezzling millions of dollars.

(a) absconded   (b) accused
(c) blamed   (d) appointed

[정답] 01. discharged 02 apprehended 03. impose 04. serving 05. epidemic 06. (d) 07. (b) 08. (b) 09. (d)
10. (a) 11. (d) 12. (b)

400점 어휘	
abolish [əbáliʃ]	ⓥ (법률, 제도 등을) 폐지하다
arrest [ərést]	ⓥ 체포하다, 저지하다 ⓝ 체포
attorney [ətə́:rni]	ⓝ 변호사
burglar [bə́:rglər]	ⓝ 강도
burglary [bə́:rgləri]	ⓝ 절도, 강도질
commit [kəmít]	ⓥ (범죄를) 저지르다
cop [kɑp]	ⓝ 경찰 ⓥ 체포하다
court [kɔ:rt]	ⓝ 법정, 임원회
detective [ditéktiv]	ⓝ 탐정, 형사
dispute [dispjú:t]	ⓝ 분쟁, 논쟁
imprison [imprízən]	ⓥ 투옥하다, 감금하다
inmate [ínmèit]	ⓝ 수감자, 재소
inquiry [inkwáiəri]	ⓝ 조사, 취조, 문의
intrude [intrú:d]	ⓥ 침범하다, 침해하다, 방해하다
innocence [ínəsəns]	ⓝ 무죄, 결백
jury [dʒú(:)əri]	ⓝ 배심원단
justify [dʒʌ́stəfài]	ⓥ 정당화시키다, 해명하다
legal guardian	phr 법적 보호자
mimicking [mímiking]	ⓐ 흉내 내는, 모방하는
murder [mə́:rdər]	ⓝ 살인
pickpocket [píkpàkit]	ⓥ 소매치기하다 ⓝ 소매치기
prosecution [prὰsəkjú:ʃən]	ⓝ 기소, 소추, 고발
prosecutor [prάsəkjù:tər]	ⓝ 검찰, 경찰, 검사
robbery [rάbəri]	ⓝ 강도질
shoplifter [ʃáplìftər]	ⓝ 좀도둑
summon [sʌ́mən]	ⓥ 소환하다, 소집하다
suspect [sʌ́spekt]	ⓥ 의심하다 ⓝ 용의자, 혐의자
trial [tráiəl]	ⓝ 재판, 심리
victim [víktim]	ⓝ 피해자, 희생자
wary [wɛ́(:)əri]	ⓐ 조심하는, 경계하는

500점 어휘	
abduction [æbdʌ́kʃən]	ⓝ 유괴, 납치
absolve [æbzálv]	ⓥ 무죄임을 선고하다
abuse [əbjúːs]	ⓝ 학대, 욕설, 남용 ⓥ 남용하다
amendment [əméndmənt]	ⓝ (법의) 개정, 수정
amnesty [ǽmnisti]	ⓝ 사면
annul [ənʌ́l]	ⓥ (법적으로) 무효화하다
appeal [əpíːl]	ⓝ 항소, 상고, 호소
arson [áːrsən]	ⓝ 방화
arsonist [áːrsnist]	ⓝ 방화범
attempted murder	phr 살인 미수
breach [briːʧ]	위반; (관계의) 단절, (계약의) 파기
capital punishment	phr 사형 (death penalty)
cite [sait]	ⓥ (법정으로) 소환하다
concede [kənsíːd]	ⓥ ~을 용인하다(to), 양보하다
confer [kənfə́ːr]	ⓥ 수여하다, 상의하다
constitution [kànstitjúːʃən]	ⓝ 헌법
contraband [kántrəbæ̀nd]	ⓝ 밀수품
culpability [kʌlpəbíləti]	ⓝ 과실, 죄
defendant [diféndənt]	ⓝ 피고
detention [diténʃən]	ⓝ 구금
enlist [inlíst]	ⓥ (군대에) 입대시키다, 징집하다
exonerate [igzánərèit]	ⓥ 무죄임을 밝혀주다
felony [féləni]	ⓝ 중죄
file[lodge] a suit	phr 소송을 걸다, 고소하다
flee [fliː]	ⓥ 달아나다. 피하다
forge [fɔːrʤ]	ⓥ 위조하다; 가짜[모조품]를 만들다
frisk [frisk]	ⓥ (용의자의) 몸수색을 하다; (동물 등이) 즐겁게 뛰어 놀다
hostage [hástidʒ]	ⓝ 볼모, 인질
impound [impáund]	ⓥ ~을 투옥[구금, 감금]하다, 유폐하다
legitimacy [lidʒítəməsi]	ⓝ 적법성, 합법

500점 어휘

legitimate [lidʒítəmit]	ⓐ 합법적인, 정당한, 타당한
levy [lévi]	ⓥ (세금, 벌금 등을) 부과하다
libel [láibəl]	ⓝ (문서에 의한) 명예훼손
lift [lift]	ⓥ (규제, 금지조치 등을) 해제하다
litigate [lítəgèit]	ⓥ (법률) 소송하다, 고소하다
litigator [lítigèitər]	ⓝ (법적) 소송자
loot [lu:t]	ⓥ 훔치다, 약탈하다 ⓝ 전리품, 노획물
legislation [lèdʒisléiʃən]	ⓝ 제정법, 법률(제정)
legislative [lédʒislèitiv]	ⓐ 입법의, 입법부의
misdemeanor [mìsdimí:nər]	ⓝ 경범죄
ordinance [ɔ́:rdənəns]	ⓝ 법령, 조례
parole [pəróul]	ⓝ 가석방 ⓥ 가석방하다
plea [pli:]	ⓝ (피고인의) 탄원, 청원, 간청
probation [proubéiʃən]	ⓝ (법률) 보호 관찰, 근신; 수습
ratify [rǽtəfài]	ⓥ (조약, 법 등을) 비준하다, 인가하다, 허락하다
rebellious [ribéljəs]	ⓐ 반역하는, 반역자의
repeal [ripí:l]	ⓥ (법률을) 폐지하다, (인가를) 취소하다
seeming [sí:miŋ]	ⓐ 외관상의, 표면상의
sentence [séntəns]	ⓥ (형을) 선고하다 ⓝ (법적) 선고, 처벌
shudder [ʃʌ́dər]	ⓥ (공포, 추위로 인해) 떨다, 몸서리 치다 ⓝ 몸서리, 전율
smuggler [smʌ́glər]	ⓝ 밀수업자, 밀수범
snatch [snætʃ]	ⓥ 와락 잡아채다
statute [stǽtʃu:t]	ⓝ 법규, 법령
statutory [stǽtʃutɔ̀:ri]	ⓐ 법령의
testimony [téstəmòuni]	ⓝ (목격자의) 증언, 증거
transgress [trænsgrés]	ⓝ ~을 위반하다, (도덕적, 법적) 한계를 넘어서다
transgression [trænsgréʃən]	ⓝ 위반, 범죄
unwilling [ʌnwíliŋ]	ⓐ 하지 않으려는, 꺼리는
verdict [və́:rdikt]	ⓝ (배심원의) 평결, 의견
witness [wítnis]	ⓥ (사건, 사고를) 목격하다 ⓝ 목격자, 증인

600점 어휘	
adjudicate [ədʒúːdəkèit]	ⓥ 판정[판결]을 내리다
caper [kéipər]	ⓝ 이탈 행위, 범법 행위, 강도; 즐겁게 뛰어 놈
contravene [kὰntrəvíːn]	ⓥ (법률, 규칙을) 위반하다
despoil [dispɔ́il]	ⓥ 약탈하다; 훼손하다, 파괴하다
exculpation [èkskʌlpéiʃən]	ⓝ 변호, 변명, 면책, 면죄
exculpatory [ikskʌ́lpətɔ̀ːri]	ⓐ 무죄를 증명하는, 변명의
fetter [fétər]	ⓥ 족쇄를 채우다, 구속하다,
fleece [fliːs]	ⓥ 빼앗다, 뜯어내다; 털을 깎다
forfeit [fɔ́ːrfit]	ⓥ 벌금을 내다, 빼앗기다, 포기하다
impel [impél]	ⓥ ~하게 압박감을 주다, 압박해서 ~하게 하다
plaintiff [pléintif]	ⓝ 원고, 고소인
stipulation [stìpjəléiʃən]	ⓝ (법적) 명문화, 명기, 규정
lurk [ləːrk]	ⓥ 잠복하다, 잠적하다
manacle [mǽnəkl]	ⓥ 수갑을 채우다
molest [məlést]	ⓥ 성추행하다, 추근대다, 폭행하다, 괴롭히다
molestation [mòulestéiʃən]	ⓝ 성희롱, 성추행
overrule [òuvərrúːl]	ⓥ (결정, 반대를) 기각하다, 뒤엎다
peek [piːk]	ⓥ 훔쳐보다, 살짝 엿보다
pilfer [pílfər]	ⓥ 훔치다, 빼내다
pillage [pílidʒ]	ⓥ 약탈하다
pretext [príːtèkst]	ⓝ 구실, 핑계
purloin [pəːrlɔ́in]	ⓥ 훔치다, 절취하다
reparation [rèpəréiʃən]	ⓝ (국가가 지불하는) 배상금
scout [skaut]	ⓥ 정찰하다, (무엇을 찾아) 돌아다니다; 딱 잘라 거절하다 ⓝ 정찰(병)
scrounge [skraundʒ]	ⓥ 슬쩍 훔치다, 훔치려고 어슬렁거리다
shackle [ʃǽkl]	ⓝ 족쇄
snoop [snuːp]	ⓥ 기웃거리다, 염탐하다 ⓝ 염탐꾼
subpoena [səbpíːnə]	ⓥ (증인으로) 소환하다 ⓝ 소환(장)
truant [trúːənt]	ⓐ 무단결석인
usurious [ju(ː)ʒú(ː)əriəs]	ⓐ 고리대금의; (가격이) 터무니없는

의학·질병

질병과 노령화로 인한 증세, 증세의 악화, 완화 등과 관련된 어휘들과 동
의어들도 넓게 익혀두어야 한다.

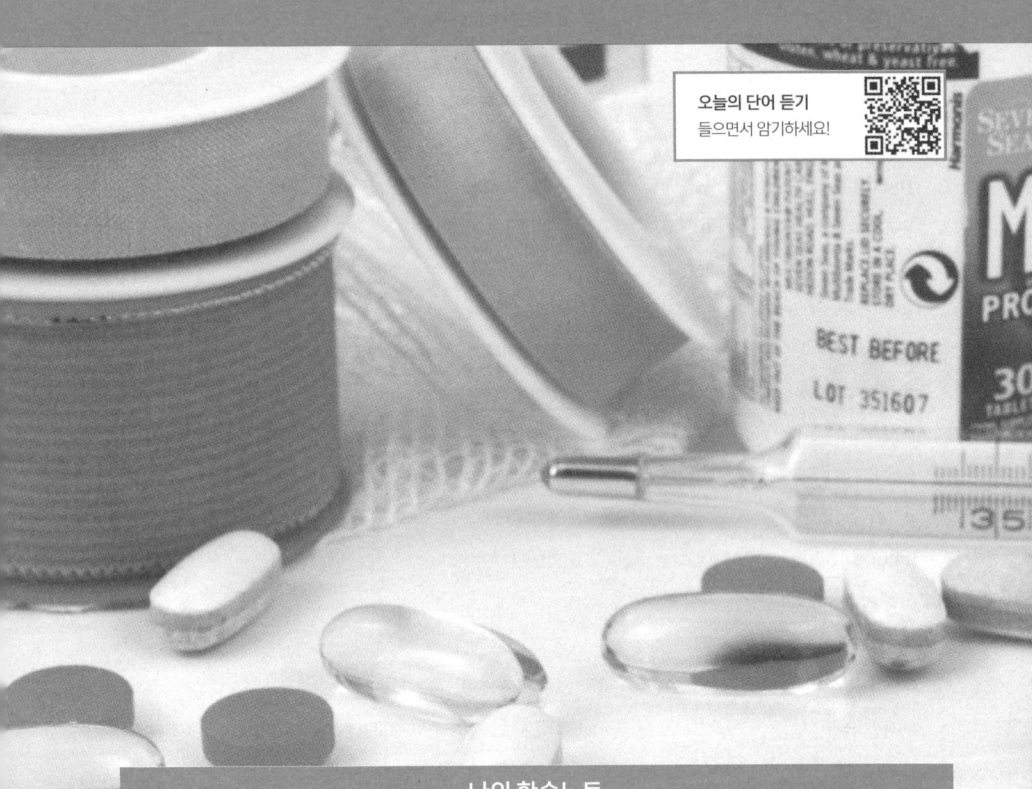

나의 학습노트								
1회 암기			2회 암기			3회 암기		
날짜	월	일	**날짜**	월	일	**날짜**	월	일
시간	시	분	**시간**	시	분	**시간**	시	분

01 ★★★
end up

phr 결국 ~하게 되다

A: John has not been eating right and has not been sleeping well.
John은 제대로 먹지도 않고 잠도 잘 못 자고 있어.
B: Oh my God. If he isn't careful he's going to **end up in hospital**.
오 이런. 주의하지 않으면 그는 결국 병원에 가게 될 거야.

02 ★★★
under the weather

phr ¹⁾(날씨 탓으로) 몸 상태가 안 좋은, 아픈 ²⁾기분이 안 좋은 ³⁾숙취로 고생하는, 좀 취한

A: I'm not feeling so bad these days.
나 요즘 몸이 매우 안 좋은 것 같아.
B: Yes, you have been looking **under the weather** recently
그래, 넌 최근에 몸 상태가 안 좋아 보였어.

> **기출 포인트**
>
> weather는 동사의 형태로 '폭풍, 고비, 위기 등을 잘 넘기다', 즉 pass through, get through의 의미로도 자주 출제됨에 주의해야 한다.

03 ★★★
degenerative
[didʒénərèitiv]

a (병이) 퇴행성의

Because **degenerative** diseases such as arthritis will get worse and worse over time, they will affect the older man for the remainder of his life.
관절염 같은 퇴행성 질환들은 시간이 흐르면 악화되기 때문에, 그 노인의 여생 동안 그에게 영향을 미칠 것이다.

> **암기Tip** 어원 암기법
>
> de(down: 떨어지는, 감퇴하는) + gene(beget: 자식을 낳다, 생산을 하다) + ate(동접) + ive(형접)
> ▶ 생산 기능이 떨어지는, 생성 기능이 감퇴되는 ▶ 퇴행성의

> **기출 포인트**
>
> dementia(치매), arthritis(관절염) 등이 degenerative(퇴행성의)를 묻는 상황으로 자주 출제된다.

04 ★★★
abate
[əbéit]

(동) lessen, diminish

⊽ 완화시키다, 약화시키다; 완화되다, 줄다, 약화되다

A: Did you get some medicine from the doctor?
병원에서 약은 좀 받았어?
B: Yes, I did. I hope this medicine will **abate** the pain in my leg.
응, 받았어. 이 약이 다리 통증을 완화시켜줬으면 좋겠어.

> **💡 암기Tip 〈 어원 암기법**
>
> a(ad/to: ~로) + bate(beat: 치다)
> ▸ ~로 치다, 때리다, 막다 ▸ 완화시키다

---

05 ★★★
sustain
[səstéin]

(파) sustenance (n) 지속, 유지, 자양물
(동) support, maintain

⊽ 지속시키다, 유지시키다; 버티다, 유지하다

Eating a well-balanced diet is good for your health and helps **sustain** a long and healthy life.
균형 잡힌 식사를 하는 것은 당신의 건강에 좋고 오랫동안 건강한 삶을 유지하는 데에 도움이 된다.

> **💡 암기Tip 〈 어원 암기법**
>
> sus(sub/under: 아래에서) + tain(hold)
> ▸ 아래에서 잡아주다, 받쳐주다, 떠받치다 ▸ 지속시키다

> **📊 빈출 기출 표현 〈 ~tain 관련 표현**
>
> sus**tain** ⊽ 지속[지탱]시키다
> con**tain** ⊽ ~을 함유하다, 포함하다
> re**tain** ⊽ (없어지지 않게 계속) 유지하다, 보유하다
> per**tain** ⊽ ~에 속하다 (to), ~와 관련이 있다

---

06 ★★★
resuscitate
[risʌ́sitèit]

(동) revive

⊽ 되살리다, 소생시키다

Using CPR, the nurse was able to **resuscitate** the unconscious patient.
심폐소생술을 사용해서 그 간호사는 의식이 없는 환자를 소생시킬 수 있었다.

> **💡 암기Tip 〈 어원 암기법**
>
> re(again: 다시) + sus(sub: 아래부터) + cit(summon: 소환하다) + ate(동접) ▸ 다시 아래에서부터 소환시키다 ▸ 소생시키다, 되살리다

07 ★★★
fall through

phr 수포로 돌아가다, 실현되지 않다

A: How is it going with your trip to Egypt?
너희 이집트 여행은 어떻게 되어가니?
B: Well, that plan **fell through** as my girlfriend was sick and we had to cancel.
음, 그 계획은 내 여자친구가 아파서 취소해야만 했기 때문에 수포로 돌아갔어.

08 ★★★
quarantine
[kwɔ́(:)rəntìːn]

n 격리

The woman infected with Ebola has been placed in **quarantine** to ensure she does not spread the virus further.
에볼라에 감염된 여성은 더 이상 바이러스를 퍼뜨리지 못하도록 격리되어 왔다.

v (정치, 사회, 위생 등의 이유로) 격리시키다

09 ★★★
prescribe
[priskráib]

파 prescription n 처방

v 처방하다

The doctor **prescribed** painkillers and suggested getting a physical therapy for my back pain.
의사는 내 등의 통증을 위해서 진통제를 처방해주고 물리 치료를 받을 것을 제안했다.

> 🖐 기출 포인트
>
> make a prescription phr (의사가) 처방전을 쓰다
> fill the prescription phr (약사가 처방전대로) 약을 조제하다

> 📈 빈출 기출 표현 〈 ~scribe(write) 관련 표현
>
> pre**scribe** v (의사가 미리 처방전을 써주다) 처방하다
> con**scribe** v 병적에 등록하다, 징집하다
> in**scribe** v ~을 새기다

10 ★★★

ingest

[indʒést]

[v] (음식, 음료 등을) 삼키다, 먹다

Because the athlete failed to **ingest** enough food and water, he quickly became lethargic and dehydrated.

그 운동선수는 충분한 음식과 물을 섭취하지 않아서 그는 급격히 무기력해졌고 탈수 상태가 되었다.

암기Tip 어원 암기법

in (into: 안으로) + gest(carry: 가져가다)
▸ 안으로 가져가다 ▸ 섭취하다, 먹다

빈출 기출 표현 ~gest 관련 표현

ingest [v] (음식을 입 속으로) 섭취하다, 먹다
digest [v] (음식을 위에서) 소화시키다
congest [v] 혼잡하게 하다, 정체시키다

11 ★★★

ensue

[insjú:]

[파] ensuing [a] 뒤이은, 이어지는
[동] follow, result

[v] (일, 결과 등이) 뒤따르다, 이어지다

Dehydration will **ensue** when the body is unable to obtain enough water.

몸이 충분한 물을 얻을 수 없을 때 탈수 증세가 뒤따를 것이다.

암기Tip 어원 암기법

en(동접) + sue(follow: 뒤따르다) ▸ 뒤따르다

기출 포인트

in the ensuing ten year [phr] 그 다음 10년 동안에
the following day [phr] 다음 날

12 ★★★

euthanasia

[jù:θənéiʒiə]

[n] 안락사

When people discuss **euthanasia**, they often refer to it as mercy killing or ending a life without pain.

사람들이 안락사에 대해 논의를 할 때, 그들은 종종 그것을 자비로운 살해 또는 고통 없이 삶을 끝내는 것으로 언급한다.

암기Tip 어원 암기법

eu(good: 좋은) + thana(death: 죽음) + ia(명접)
▸ 좋은 죽음, 안락한 사망 ▸ 안락사

euthanasia 🔟 안락사
euphemism 🔟 완곡 어법
eulogy 🔟 칭찬
euphoria 🔟 황홀경, 극도의 행복감

---

13 ★★★

tamper

[tǽmpər]

🔻 1)변질시키다 (with), 손대다, 함부로 변경하다, 고장 내다 2)쓸데없이 참견하다 (with)

1)Many painkiller containers are kept <u>tightly sealed</u> to prevent children from **tampering** with them.

많은 진통제 통들은 아이들이 맘대로 손을 대지 못하도록 완전히 밀봉되어 있다.

---

14 ★★★

immunity

[imjúːnəti]

🔟 immunization 🔟 면역(법, 조치)

🔟 1)면역(력), 면역성 2)면제

1)A: How come we need to have an <u>injection for the measles</u>?

우리는 왜 홍역 주사를 맞아야 하나요?

B: If so, our body builds up your **immunity**, so we don't get the measles later on in our lives.

그렇게 하면, 우리 몸이 면역력을 키워서 평생 홍역에 걸리지 않거든요.

---

15 ★★★

breakthrough

[bréikθrùː]

🔟 돌파구, 혁신, 대전환, 약진

Scientists have been working for many years to <u>find a cure for cancer</u>, however there has been no **breakthrough** yet.

과학자들은 수 년 동안 암의 치료법을 찾기 위해 애써왔지만, 아직까지는 어떤 획기적인 치료법도 찾지 못했다.

---

16 ★★★

lethargic

[ləθáːrdʒik]

🔟 lethargy 🔟 무기력
🔟 torpid, inert, languid, listless

🔷 무기력한, 활발하지 못한, 둔감한

The patient has been feeling **lethargic** and <u>disinterested</u> in everything for more than two weeks.

그 환자는 2주 넘게 무기력함을 느꼈으며 만사에 무관심했다.

> 💡 **암기Tip** 어원 암기법
>
> letharg(drowsy: 졸린) +ic(형접)
> ▶ 졸린 상태의, 혼수 상태의 ▶ 기력이 없는

---

17 ★★★

counterfeit

[káuntərfit]

ⓢ ⓐ fake, bogus, pseudo, forged

ⓐ 가짜의, 위조의

You must be careful when buying medicine abroad as there have been several reports of <u>fake</u> and **counterfeit** pills.

가짜 약들에 대한 보도들이 있었기 때문에, 외국에서 의약품을 살 때는 주의해야 한다.

ⓝ 가짜, 위조품

---

18 ★★★

dose

[dous]

ⓟ overdose ⓝ 과다 복용

ⓝ (약의) 복용량, 투여량

These flu tablets should be taken twice a day in a **dose** <u>of two tablets</u>.

이 감기약들은 하루에 두 알의 복용량으로 두 번씩 먹어야 한다.

> 🖑 **기출 포인트**
>
> a dose of medicine ⓟʰʳ 약의 복용량
> a portion of meal ⓟʰʳ 한 끼 식사량

---

19 ★★★

nip it in the bud

ⓟʰʳ 미연에 방지하다, 싹을 자르다, 근절시키다

A: I think I'm catching a cold.
나 감기 걸릴 것 같아.
B: You should drink ginger and lemon tea to **nip it in the bud** <u>before it gets worse</u>.
악화되기 전에 미연에 방지하려면 생강 레몬 차를 마셔야 해.

---

20 ★★★

relieve

[rilíːv]

ⓟ relief ⓝ 안도, 안심
ⓢ ease, alleviate
cf. relieve A of B ⓟʰʳ A의 B를 덜어주다

ⓥ (고통, 불쾌감 등을) 덜어주다, 완화시키다

It seemed like nothing would **relieve** <u>this irritating mosquito bite</u> on my arm.

어떤 것도 내 팔에 짜증나는 모기가 물린 것을 완화시킬 것 같지 않다.

> 💡 **암기Tip** 어원 암기법
>
> re(강조) + lieve(levi/lighten: 가볍게 하다)
> ▸ 가볍게 만들다 ▸ 짐을 덜다, 완화시켜주다

21 ★★

medicinal

[mədísənəl]

Ⓢ medicine Ⓝ 의학, 의료, 의술
medication Ⓝ 약, 약물

Ⓐ 약효가 있는

Medicinal herbs were added to the tea to cure the woman's stomachache.
약효가 있는 허브들이 여성의 복통을 치료하기 위해 차에 더해졌다.

22 ★★

stupor

[stjúːpər]

Ⓢ torpor, apathy, stupefaction, inertia, lethargy

Ⓝ 무감각, (감각) 마비, (의식) 혼미

Because Bill was in a drunken **stupor**, he couldn't remember where he placed his house keys.
Bill은 술에 취해 혼미한 상태였기 때문에 그가 집 열쇠를 어디에 두었는지 기억할 수 없었다.

23 ★★

probe

[proub]

Ⓢ examine

Ⓥ 면밀히 살피다, 캐묻다, 조사하다

The pathologist will **probe** the tissue for signs of cancer.
병리학자들은 암의 증후를 살피기 위해 조직을 면밀히 살펴볼 것이다

Ⓝ (철저한) 조사

24 ★★

ordeal

[ɔːrdíːəl]

Ⓢ agony, torment, toll, trial, tribulation

Ⓝ 지독한 시련

Jeremy looks happy and much better even though he went through terrible **ordeal** with his health.
Jeremy는 비록 건강상 끔찍한 시련을 겪긴 했지만, 행복해 보이고 훨씬 더 건강해 보인다.

> 💡 **암기Tip** 〈 연상/확장 암기법
>
> 나의 할아버지는 심근경색으로 인해서 한쪽 팔과 다리가 stupor(마비)된 상태가 되어 몸과 마음이 debilitate(심신을 약화시키다)되고 lethargic(무기력한)한 상태로 누워지내는 ordeal(지독한 시련)을 겪었지만, 꾸준한 물리치료를 받으며 현재는 많이 recuperating(회복하는)하며 서서히 원래의 건강을 regain(되찾다)하려고 애쓰고 있다.

25 ★★

debilitate

[dibílətèit]

㉸ weaken, enfeeble

ⅴ (심신을) 약화시키다; (국가, 기관을) 약화시키다

The effects of diabetes can work to **debilitate** you if you don't monitor your blood sugar.

네가 혈당을 계속 추적 관찰하지 않으면, 당뇨의 영향들이 너를 약화시키는 작용을 할 것이다.

> **💡 암기Tip** 어원 암기법
>
> debility(weak: 약한) + ate(동접) ▶ weaken: 약화시키다

26 ★★

preclude

[priklú:d]

㉸ prevent, exclude, debar

ⅴ 못하게 하다, 방지하다, 방해하다

You should take multivitamins every day to **preclude** the chance of catching a cold and to build your immune system.

감기에 걸릴 가능성을 사전에 막고 면역 체계를 형성하기 위해서는 매일 종합비타민제를 복용해야 한다.

> **💡 암기Tip** 어원 암기법
>
> pre(before: 미리, 앞서서) + clude(close/shut: 닫다, 차단하다)
> ▶ 미리 차단하다, 미리 막다 ▶ 못하게 하다, 방지하다

27 ★★

confine

[kánfain]

ⓝ confinement ⋒ 금고, 감금
㉸ imprison, detain, incarcerate, lock up

ⅴ 국한시키다, ~에 제한하다(to)

Due to being so weak after his operation, Mark was **confined** to his bed for three days.

Mark는 수술 후에 매우 약해져서 3일 동안 그의 침대에 누워만 있었다.

ⓝ 국한된 범위

> **📊 빈출 기출 표현** confine 관련 표현
>
> be **confined** to ⓟⓗⓡ ~에 국한되다, ~에 갇혀 있다

28 ★★

regain

[rigéin]

㉸ recover, restore, get back, take back

ⅴ (힘, 건강, 능력, 특질 등을) 회복하다, 되찾다

A: How are you feeling? Still feeling sick?
몸 상태는 어때? 아직도 아파?
B: No, I feel much better. I have been **regaining** strength everyday.
아니, 훨씬 나아졌어. 매일 기력을 회복하고 있는 중이야.

29 ★★

starvation

[stɑːrvéiʃən]

(동) famine, hunger

ⁿ 기아, 굶주림

A: I haven't eaten anything for three days.
나 3일동안 아무것도 못 먹었어.
B: That's not dieting. That's **starvation**!
그건 식이요법이 아니야. 굶주림이지.

---

30 ★★

perish

[périʃ]

(동) die, expire, disappear, vanish

ᵛ 죽다, 사라지다, 소멸하다

Many people **perished** on the Titanic because there weren't enough life boats to save everyone.
모두를 구할 수 있을 만큼의 충분한 구명 보트가 없었기 때문에 많은 사람들이 타이타닉호에서 죽었다.

---

31 ★★

nimble

[nímbl]

(동) agile, sprightly, spry, active, energetic, astute, swift

ᵃ (동작이) 민첩한, (정신적으로) 이해가 빠른

Even though Grandma Helen is in her nineties, she still has the keen and **nimble** mind of a young woman.
Helen 할머니는 90대이지만, 여전히 젊은 여성의 예리하고 기민한 정신을 가지고 있다.

> 🖑 **기출 포인트**
> 노인들은 나이가 들면서 동작이나 정신적 반응 상태가 빠르지 않게 된다는 상황에서 nimble(이해가 빠른), agile(민첩한)은 중요한 빈출 어휘이다.

---

32 ★★

cessation

[seséiʃən]

ⁿ 중단, 중지

The budget cuts have brought about a **cessation** of medical R&D in our company.
예산 삭감은 우리 회사의 의학적 연구 개발의 중단을 가져왔다.

---

33 ★★

sedate

[sidéit]

(파) sedative ⁿ 진정제

ᵛ 진정시키다, ~에게 진정제를 주다

During an anxiety attack, you can sometimes **sedate** yourself by breathing slowly.
불안발작이 있는 동안에는, 숨을 천천히 쉬면서 스스로를 진정시킬 수 있다.

ᵃ 고요한, 차분한

34 ★★

compound

[kámpaund]

🆅 1)증가시키다, 가중시키다, 악화시키다 2)(약을) 혼합하다, 합성하다, 조제하다

Not eating healthily **compounded** <u>by the lack of sleep</u> caused Jane to get ill from her hectic lifestyle.

수면 부족에 의해 악화되어 건강하게 먹지 못하는 것이 Jane을 바쁜 일상에서 병이 나게 하는 원인이 됐다.

🅝 혼합물, 합성물

---

35 ★★

infinitesimal

[ìnfinitésəməl]

🅰 극미한, 극소의

According to the label on this supplement, possible side effects are **infinitesimal** <u>compared to the many valuable benefits</u>.

이 영양제에 붙은 상표에 따르면, 발생할 수 있는 부작용들은 가치 있는 많은 이점들과 비교하면 극미하다.

> 💡 **암기Tip** 어원 암기법
>
> in(not: ~않는) + finite(finish/limit: 끝을 내다, 한계를 짓다) + esim(수접) + al(형접)
> ▸ 끝을 내지 않는, 한계를 두지 않는, 끝없이 미세한(fine) ▸ 극미한

---

36 ★

sprain

[sprein]

🔊 wrench

🆅 (팔목, 발목 등을) 삐다, 접지르다

Most people **sprain** their ankle when playing a sport or <u>missing a step</u> when they walk.

대부분의 사람들은 스포츠를 하거나 걷다가 헛디뎠을 때 발목을 삐게 된다.

---

37 ★

flare up

🅟🅷🆁 1)확 일어나다, 확 타오르디 2)벌킥 성을 내다

1)A: Do you have <u>hay fever</u>?

너 꽃가루 알레르기 있니?

B: Yes, I do. It always **flares up** like this when it is spring.

응, 있어. 봄이 왔을 때 이처럼 항상 확 올라와.

---

38 ★

inject

[indʒékt]

(파) injection (n) 주사, 주입

(v) 주입하다, 주사하다

Some people have a fear of needles and even the thought of **injecting** their body with a sharp needle makes them scared.

어떤 사람들은 바늘에 대한 공포를 갖고 있어서, 심지어 날카로운 바늘로 그들의 몸에 주사를 놓는다는 생각만으로도 그들을 공포스럽게 한다.

> 💡 암기Tip ‹ 어원 암기법
>
> in(into: 안으로) + ject(throw: 던지다, 투사하다)
> ▶ 안으로 투사하다 ▶ 주입하다, 주사하다

> 📊 빈출 기출 표현 ‹ ~ject(throw) 관련 표현
>
> **inject** (v) 주입하다, 주사하다
> **conject** (v) 추측하다
> **eject** (v) 튀어나오게 하다, 내쫓다
> **reject** (v) 거부(거절)하다

39 ★

tender

[téndər]

(a) 1)민감한, 약한, 연한 2)다정한, 상냥한

1)A: Even though my wound has been healing for a week, it is still very sore.

내 상처를 일주일 동안 치료하고 있긴 하지만, 아직도 매우 통증이 있다.

B: Yes, it will be **tender** for a while.

그래, 한동안은 민감할 거야.

(v) 제출하다

(n) 제출, 제안

40 ★

swollen

[swóulən]

(동) puffy

(a) 부어 오른, 불어 난

A bee sting left the child's arm puffy and **swollen**.

벌에 쏘인 상처가 아이의 팔을 불룩하게 부어 오르게 했다.

> 💡 암기Tip ‹ 어원 암기법
>
> 이틀 전에 급하게 계단을 내려오다가 ankle(발목)을 sprain(삐다)했는데, 여전히 발목이 puffy(부어 있는)하고 swollen(부어 오른)한 상태라서 recuperate(회복하다)될 때까지는 더 오랜 시간이 필요할 듯하다.

41 ★

fragile

[frǽdʒəl]

ⓢ frail, vulnerable, brittle

ⓐ 약한, 여린, 잘 부서지기 쉬운

After leaving the mental hospital, my daughter was in a **fragile** emotional state, <u>needing a lot of rest</u>.

정신 병원을 떠난 이후에, 내 딸은 많은 휴식이 필요한 허약한 감정 상태였다.

> 💡 **암기Tip** 어원 암기법
>
> frag(break: 깨지다) + ile(capability: 재능을 의미하는 형접)
> ▸ 잘 깨지는 ▸ 잘 부스러지는, 약한

42 ★

recuperate

[rikjúːpərèit]

ⓝ recuperation ⓝ 회복, 만회
ⓢ recover, get better, convalesce

ⓥ 회복하다, 되찾다, 만회하다

The doctor told the tennis player she needed to **recuperate** for nine months before <u>getting back</u> into competition.

의사는 그 테니스 선수에게 시합에 돌아가기 전까지 9개월 동안 회복기를 가질 필요가 있다고 말했다.

> 💡 **암기Tip** 어원 암기법
>
> re(back: 다시) + cuper(coper/take: 가져오다) + ate(동접)
> ▸ 다시 가져오다, 되찾아오다 ▸ 회복하다

Daily Check-up

해석/해설 p. 542

Choose the best answer.

⏱ 2초 check-up

01 (Empirical, Degenerative, Subsequent) disease such as dementia increasingly deteriorates over time.

02 Rescue personnel tried to (reverberate, relegate, resuscitate) the unconscious driver.

03 I was so (lavish, lethargic, secular) I didn't want to do anything, feeling listless.

04 The psychiatrist (grappled, retrieved, probed) into the patient's past which he thought caused his current mental disorder.

05 Though he gets old, he still remains agile and (sluggish, nimble, senile).

⏱ 5초 check-up

06 A: Why is Sally limping?
B: Unfortunately she tumbled down the stairs and _____ her left ankle.

(a) wept   (b) creeped
(c) sprained   (d) swooped

07 A: What happen to your face? It looks _____.
B: Yes, It's a little puffy, because I had one wisdom teeth pulled out today.

(a) dour   (b) drab
(c) swollen   (d) sullen

08 A: Did you get over the Dengue fever?
B: Not completely. I am still _____ from it.

(a) exhorting   (b) infuriating
(c) recuperating (d) redeeming

09 The tranquilizer the doctor administered _____ the patient in order to stop him from screaming.

(a) aroused   (b) inflamed
(c) sedated   (d) incited

10 You should keep checking your blood pressure, of which the disorder can _____ you and finally endanger your life.

(a) debilitate   (b) daunt
(c) deride   (d) encounter

11 Sometimes drug overdose can lead a person into a state of _____ or numbness.

(a) advent   (b) stupor
(c) awakening   (d) epiphany

12 This nasal spray will _____ or ease various allergy symptoms, such as coughing, sneezing, and a runny nose.

(a) meditate   (b) aggravate
(c) affirm   (d) relieve

[정답] **01.** Degenerative **02.** resuscitate **03.** lethargic **04.** probed **05.** nimble **06.** (c) **07.** (c) **08.** (c) **09.** (c)

10. (a) **11.** (b) **12.** (d)

목표 점수대별 어휘

400점 어휘

abortion [əbɔ́ːrʃən]	ⁿ 유산, 낙태, 삭제
addiction [ədíkʃən]	ⁿ 중독, 탐닉, 열중, 몰두
ailment [éilmənt]	ⁿ 질병
antibiotic [æ̀ntaibaiátik]	ⁿ 항생제
blood vessel	ᵖʰʳ 혈관
cast [kæst]	ⁿ 깁스 ᵛ 던지다
chronical disease	ᵖʰʳ 만성질환 ⁽ᵃⁿ⁾ acute disease 급성질환
crutch [krʌtʃ]	ⁿ 목발
coma [kóumə]	ⁿ 혼수상태
conquer [káŋkər]	ᵛ (질병, 전염병 등을) 정복하다
corporal [kɔ́ːrpərəl]	ᵃ 육체의, 신체의
cure [kjuər]	ᵛ 치유하다, 고치다
delusion [dilúːʒən]	ⁿ 망상
depressant [diprésənt]	ⁿ 진정제
heal [hiːl]	ᵛ 치유하다, 낫다
heart attack	ᵖʰʳ 심장마비
infect [infékt]	ᵛ 감염시키다, 오염시키다
injure [índʒər]	ᵛ 상해를 입히다, 해치다, 손상시키다
obesity [oubíːsəti]	ⁿ 비만
ointment [ɔ́intmənt]	ⁿ 연고
runny nose	ᵖʰʳ 콧물
sanitation [sæ̀nitéiʃən]	ⁿ 위생
shot [ʃat]	ⁿ 주사 한방
side effect	ᵖʰʳ 부작용
sneeze [sniːz]	ᵛ 재채기하다 ⁿ 재채기
sore throat	ᵖʰʳ 인후염
itching [ítʃiŋ]	ⁿ 가려움
terminal illness	ᵖʰʳ 불치병
urine [jú(ː)ərin]	ⁿ 소변
womb [wuːm]	ⁿ 자궁

500점 어휘	
abdomen [ǽbdəmən]	n 복부, 배
act up	phr 악화되다; 버릇없이 굴다; 작동이 제대로 되지 않다
amnesia [æmníːʒə]	n 건망증, (일시적) 기억상실증
anemia [əníːmiə]	n 빈혈
anesthetic [æ̀nisθétik]	n 마취제
antigen [ǽntidʒən]	n 항원
appendix [əpéndiks]	n 맹장, 충수; 부록, 첨부
artery [ɑ́ːrtəri]	n 동맥
asthma [ǽzmə]	n 천식
autism [ɔ́ːtizəm]	n 자폐증
autopsy [ɔ́ːtɑpsi]	n 부검, 검시
breed [briːd]	v 키우다, 재배하다 n (동물의) 품종, 혈통
brood [bruːd]	v 알을 품다
cardiac arrest	phr 심장 마비
casualty [kǽʒjuəlti]	n 사상자, 희생자
come down with	phr 병에 걸리다
complexion [kəmplékʃən]	n 안색, 혈색
complication [kɑ̀mpləkéiʃən]	n 합병증
constipation [kɑ̀nstəpéiʃən]	n 변비
contagion [kəntéidʒən]	n 전염, 감염
contagious [kəntéidʒəs]	a 전염되는, 감염되는
decease [disíːs]	n 사망
dementia [diménʃə]	n 치매
diabetes [dàiəbíːtiz]	n 당뇨병
diabetic [dàiəbétik]	n 당뇨 환자 a 당뇨병의
diarrhea [dàiərí(ː)ə]	n 설사
efficacy [éfəkəsi]	n 효능, 효험
embryo [émbriòu]	n 배아
fatality [feitǽləti]	n 사망자, 치사율; 숙명
fetus [fíːtəs]	n 태아

500점 어휘

fracture [frǽktʃər]	n 골절
hemorrhage [héməridʒ]	n 출혈
hypochondria [hàipəkándriə]	n 심기증, 우울증, 건강 염려증
incubate [ínkjəbèit]	v 배양하다, 품다
inflammation [ìnfləméiʃən]	n 염증
insalubrious [insəljúːbriəs]	a 불결한
insomnia [insámniə]	n 불면증
lesion [líːʒən]	n 상처, 병변
leukemia [ljuː(ː)kíːmiə]	n 백혈병
marrow [mǽrou]	n 골수
melancholia [mèlənkóuliə]	n 우울증
osteoporosis [àstiəpəróusis]	n 골다공증
over-the-counter (OTC) drugs	phr 처방전 없이 살 수 있는 약품들
paralysis [pərǽlisis]	n 마비
placebo [pləsíːbou]	n 위약, 가짜약
plague [pleig]	n 역병, 전염병
pneumonia [njuː(ː)móunjə]	n 폐렴
psychiatry [sikáiətri]	n 정신과
rash [ræʃ]	n 발진, 뾰루지 a (지나치게) 성급한
respiration [rèspəréiʃən]	n 호흡
saliva [səláivə]	n 침, 타액
sanity [sǽnəti]	n 제정신, 온전한 정신
seizure [síːʒər]	n 경련, 발작; 압수, 몰수
sign [sain]	n 징후, 조짐, 기색 v 서명하다
tuberculosis [tjuː(ː)bə̀ːrkjəlóusis]	n 폐결핵, 결핵
ulcer [ʎlsər]	n 궤양
vein [vein]	n 정맥
veterinarian [vètərənɛ́(ː)əriən]	n 수의사
virulent [vírjələnt]	a 전염성이 강한, 치명적인
ward [wɔːrd]	v ~을 피하다, 막다 (off), 병실, 병동

600점 어휘

abscess [ǽbses]	ⓝ 농양, 종기
acrophobia [æ̀krəfóubiə]	ⓝ 고소공포증
acupuncture [ǽkjupʌ̀ŋkt∫ər]	ⓝ 침술
anorexia [æ̀nəréksiə]	ⓝ 거식증
anosognosia [ænəsagnóuʒə, -∫ə]	ⓝ 질병 불각증, 질병 자각 결여
aphrodisiac [æ̀frədíziæ̀k]	ⓝ 최음제, 마약
atrophy [ǽtrəfi]	ⓥ (신체의 일부가) 위축되다, 퇴화되다 ⓝ 위축(증)
bulimia [bjuːlímiə]	ⓝ 폭식증
charlatan [∫ɑ́ːrlətən]	ⓝ 돌팔이
chemotherapy [kèməθérəpi]	ⓝ 화학 요법
contraceptive [kɑ̀ntrəséptiv]	ⓝ 피임, 피임약, 피임기구
convalesce [kɑ̀nvəlés]	ⓥ 건강을 회복하다
convulsion [kənvʌ́l∫ən]	ⓝ 경련, 발작
endoscope [éndəskòup]	ⓝ 내시경
endoscopy [endáskəpi]	ⓝ 내시경술(검사)
epilepsy [épəlèpsi]	ⓝ 간질, 발작
hepatitis [hèpətáitis]	ⓝ 간염
malady [mǽlədi]	ⓝ 고질병, 병폐
molar [móulər]	ⓝ 어금니
necrosis [nəkróusis]	ⓝ (조직, 세포의) 괴사
neurology [njuərálədʒi]	ⓝ 신경학
paranoia [pæ̀rənɔ́iə]	ⓝ 편집증, 피해망상
pulmonary congestion	ⓟ 폐울혈, 폐충혈
quack [kwæk]	ⓝ 돌팔이 의사, 가짜 의사
sallow [sǽlou]	ⓐ 혈색이 나쁜, 흙빛의
salutiferous [sæ̀ljətífərəs]	ⓐ 건강에 좋은
salve [sæv]	ⓝ 연고; 위로 ⓥ 연고를 바르다; 양심을 달래다
schizophrenia [skìtsəfríːniə]	ⓝ 정신 분열증
venereal disease	ⓟ 성병
virile [vírəl]	ⓐ (남자가) 건강한, 남성적인

DAY 24

종교·철학·사상

'초자연적인', '주술적인' 등의 형용사들과 '금욕적인', '고결한' 등의 형용사들이 빈번히 출제되며, 더불어 교리나 신조를 나타내는 명사들도 잘 기억해 두어야 한다.

오늘의 단어 듣기
들으면서 암기하세요!

나의 학습노트

1회 암기	∨		2회 암기	∨		3회 암기	∨	
날짜	월	일	**날짜**	월	일	**날짜**	월	일
시간	시	분	**시간**	시	분	**시간**	시	분

01 ★★★

venerate

[vénərèit]

파 veneration ⰰ 존경
동 revere, esteem, respect,
honor, worship

ⓥ 존경하다, 존중하다, 공경하다

The Bible says we should **venerate** our parents and
our elders and also <u>love</u> our neighbor.

성경에는 우리가 부모님과 어른을 존중하고 우리 이웃도 사랑해야 한다고
쓰여있다.

> 💡 암기Tip 〈 어원 암기법
>
> vene(worship: 숭배하다) + ate(동접) ▸ 숭배하다, 공경하다

02 ★★★

guru

[gú(:)ru:]

동 preceptor, leader, guide,
advisor, mentor

ⰰ (종교적, 지적, 정신적) 지도자

Henry once met a **guru** in India who <u>taught him any</u>
<u>spiritual things</u> about himself.

Henry는 자신에 대한 정신적인 것들을 가르쳐 준 인도에 있는 지도자를
만났었다.

03 ★★★

doctrine

[dáktrin]

동 teaching, creed, ideology

ⰰ (종교적인) 교리, 신조, 주의

Because Mark was opposed to some elements of
the church's **doctrine** and refused to follow the
<u>teachings</u>, he decided to find another place to
worship.

Mark는 교회의 교리 중 몇 가지 요소들에 반대하며 그 가르침을 따르기를
거부했기 때문에, 예배할 다른 곳을 찾기로 결심했다.

04 ★★★

ascetic

[əsétik]

파 asceticism ⰰ 금욕주의
동 ⓐ austere, abstinent

ⓐ 금욕적인, 엄격한

When John became a monk, he had to live an **ascetic**
lifestyle that <u>excluded worldly goods</u>.

John이 수도승이 되었을 때, 그는 속세의 것들을 배제한 금욕적인 생활 방
식으로 살아야 했다.

ⰰ 수도자, 도인

> 👆 기출 포인트 〈 유사 어휘
>
> ascetic ⓐ 금욕적인
> acetic ⓐ 신맛 나는, 초산의
> aesthetic ⓐ 심미적인, 미학적인

05 ★★★

lofty

[lɔ́(ː)fti]

ⓢ sublime, exalted, noble

ⓐ 1)(지위, 신분 등이) 고귀한, 고상한 2)(높이가) 드높은, 아주 높은 3)(태도가) 도도한

1)Without help, my daughter was able to complete her **lofty** mission of raising five hundred dollars for our local church.

도움 없이, 나의 딸은 우리 지역의 교회를 위해 500달러를 모으는 그녀의 고귀한 임무를 완수할 수 있었다.

---

06 ★★★

invocation

[ìnvəkéiʃən]

ⓝ (신을 향한) 기도, 기원, 주문, 기도

During the **invocation**, the reverend asked for love, happiness, and good fortune for the newborn baby.

기도를 하는 동안 그 목사는 새로 태어난 아기를 위해 사랑, 행복, 행운을 빌었다.

> 💡 **암기Tip** 어원 암기법
>
> in(in: 안에) + vocate(call: 부르다) + ion(명접)
> ▸ 안에 호소함 ▸ 기도, 기원

---

07 ★★★

atheist

[éiθiist]

ⓝ 무신론자

The **atheist** wrote a novel disproving the existence of any kind of god.

그 무신론자는 어떤 신이든 그 존재를 반박하는 소설을 썼다.

> 💡 **암기Tip** 어원 암기법
>
> a(without: 없는) + theos(god: 신) + ist(명접)
> ▸ 신이 없다고 하는 사람, 무신론자

> 👆 **기출 포인트** 유사 어휘
>
> atheist ⓝ 무신론자
> agnostic ⓝ 불가지론자
> nihilist ⓝ 허무주의자(= skeptic, pessimist)

---

08 ★★★

promulgate

[práməlgèit]

ⓝ promulgation ⓝ 공표
ⓢ publish, proclaim

ⓥ (사상, 신조 등을) 널리 알리다, 공표하다

A: What is this TV show you are watching?
네가 지금 보는 이 TV쇼는 뭐니?
B: It's a documentary to **promulgate** the importance of religion and hope.
종교와 희망의 중요성을 널리 알리는 다큐멘터리야.

---

09 ★★★

fast
[fæst]

ⓥ 금식하다

Biblically, Christians **fast** and <u>abstain from</u> food, drink and even sleep to focus on a period of spiritual growth.

성경에 의해, 기독교인들은 영적 성장의 기간에 집중하기 위해서 음식, 음료, 심지어는 잠도 금하고 절제한다.

---

10 ★★★

occult
[əkʌ́lt]
ⓢ supernatural, preternatural

ⓐ 주술적인, 초자연적인

Although the fake psychic has no **occult** or <u>supernatural</u> powers, she leads people to believe she does.

비록 그 가짜 심령술사는 어떤 주술적이거나 초자연적인 힘도 없지만, 사람들로 하여금 그녀가 그렇다고 믿게 유도한다.

ⓝ 주술

---

11 ★★★

martyr
[mɑ́:rtər]
ⓓ martyrdom ⓝ 순교

ⓝ 순교자, 순직자

Monks become **martyrs** after they devote their lives to religion and <u>turn away from</u> the life they once had.

수도승들은 그들의 삶을 종교에 헌신하고 한때 살았던 삶에서 유명을 달리하게 되면 순교자가 된다.

ⓥ 순교자로 만들다

---

12 ★★★

tenet
[ténit]
ⓢ creed, belief, doctrine, dogma

ⓝ 신조

A: Why shouldn't priests get married?

사제들은 왜 결혼을 하면 안되나요?

B: According to the Catholic church's **tenet**, they are <u>forbidden</u> to marry so they can give their entire souls to God.

성당의 신조에 따르면, 그들은 그들의 모든 영혼을 신에게 바칠 수 있도록 결혼이 금지되어 있어.

> 💡 **암기Tip** 연상/확장 암기법
>
> 반종교적인 persecution(박해) 속에서도 그는 자신의 tenet(신조)을 굽히지 않고, 오히려 자신의 doctrine(교리)을 공식적으로 promulgate(널리 알리다)하려다가 목숨을 잃게 되는 martyr(순직자)가 되었다.

13 ★★★

holdover

[hóuldòuvər]

n 1)잔존물, 유물 2)(권력, 직책의) 위임자

1)Ann's deep-rooted belief in religion was a **holdover** from her childhood and from growing up in a religious environment.

Ann의 뿌리 깊은 종교적 믿음은 그녀의 어린 시절의 유물이자 종교적 환경 속에서 성장한 잔존물이다.

14 ★★★

opacity

[oupǽsəti]

n 불분명함, 불투명함

Because of the **opacity** in the philosopher's presentation, many people found his views hard to understand.

그 철학자의 발표의 난해함 때문에, 많은 사람들은 그의 견해를 이해하기 어렵다고 여겼다.

15 ★★★

devotion

[divóuʃən]

동 dedication, fidelity, faithfulness, piety

a (신 등에게) 헌신, 봉헌, 지성, 전념

Everyone can clearly see Adam's **devotion** to God as he prays over ten times a day.

Adam은 하루에 10번 이상을 기도하기 때문에, 누구나 그의 신에 대한 헌신을 확실히 알 수 있다.

16 ★★★

reclusive

[riklú:siv]

동 secluded, isolated, hermitlike

a 은둔하는

In the past some religions were prosecuted, which is why some people were **reclusive** with their beliefs.

과거에는 몇몇 종교들이 박해를 받았고 그것이 일부 사람들이 그들의 믿음과 더불어 사라진 이유이다.

> 💡 **암기Tip** 어원 암기법
>
> re(away: 멀리) + cluse(close: 폐쇄시키다) + ive(형접)
> ‣ 멀리 폐쇄시키는, 격리시키는 ‣ 은둔하는

17 ★★★

pious

[páiəs]

파 piety n 신앙심, 경건함, 독실함

a 경건한, 독실한

Under the guidance of a very **pious** minister, I learned a great deal about the origin of the bible.

매우 경건한 성직자의 지도하에, 나는 성경의 기원에 대해 상당히 많이 알게 되었다.

18 ★★★

fanatical

[fənǽtikəl]

ⓐ fanatic ⓝ 광신도
ⓢ ardent, fervent

ⓐ 광신적인, 열광적인

A: Richard only seems to speak about his religion.
Richard는 그저 자신의 종교에 관한 말만 하는 것 같아.

B: Yes, he is **fanatical** about his beliefs, preaching to anyone that will listen.
맞아, 그는 귀 기울여 들어줄 사람에게 설교를 하면서, 자신의 믿음에 대해 광신적이야.

19 ★★★

bereaved

[birí:vd]

ⓐ 사별한, 여읜

The minister tried to comfort the **bereaved** widower after the loss of her husband.
그 성직자는 그의 남편의 죽음 이후에 사별을 겪은 미망인을 위로하려고 했다.

> 💡 암기Tip 〈 어원 암기법
>
> be(thoroughly: 완전히) + reaved(robbed: 빼앗긴)
> ▶ 완전히 빼앗긴, 완전히 잃은 ▶ 사별한, 여읜

20 ★★

obscure

[əbskjúər]

ⓢ ⓐ blurred, ambiguous, vague
ⓥ cloud

ⓐ 모호한, 알려지지 않은

Some people confuse **obscure** and strange cults as a type of religion.
일부 사람들은 모호하고 낯선 사이비 이단들을 종교의 한 유형으로 혼돈한다.

ⓥ 모호하게 하다, 어렵게 하다

> 📈 빈출 기출 표현 〈 obscure 관련 표현
>
> **obscure** motivations phr 모호한 동기
> **obscure** points phr 애매한 점

21 ★★

zealous

[zéləs]

ⓢ enthusiastic

ⓐ 광적인, 열정적인

When the **zealous** missionary talks about his religious beliefs, he actually glows with enthusiasm.
그 광적인 선교사가 자신의 종교적 신념들에 대해 말할 때, 그는 정말로 열광한다.

22 ★★
posit
[pάzit]
[동] postulate

[v] 상정하다

The students were asked to **posit** their ideas about philosophy in the box at the front of the room.
학생들은 교실 앞쪽에 있는 상자에 철학에 관한 그들의 생각들을 상정할 것을 요청 받았다.

23 ★★
disavow
[dìsəváu]
[동] deny, disclaim, repudiate

[v] (지식, 책임 등을) 부인하다

Even though faced with the threat of deportation under the pretext of religious persecution, the priest refused to **disavow** his religious creeds, sticking to his faith.
비록 종교 박해라는 구실 하에 추방의 위협에 대면하고 있었지만, 그 신부는 자신의 신앙을 고수하며 그의 종교적 신조를 부인하는 것을 거부했다.

24 ★
instigate
[ínstəgèit]
[동] goad, incite, egg on

[v] 선동하다, 부추기다

Hopefully, these leaflets will **instigate** a greater awareness of our new church and more people will join.
바라건대, 이 전단지가 우리의 새 교회에 대한 더 많은 인식을 부추겨서 더 많은 사람들이 합류할 것이다.

암기Tip 어원 암기법
in(in: 안) + stig(prick: 쿡 찌르다) + ate(동접)
▸ 안을 쿡 찌르다, 자극하다 ▸ 부추기다, 선동하다

25 ★★
flippant
[flípənt]
[파] flippancy [n] 경솔, 경박
[동] frivolous, facetious

[a] 1)(사람이나 행동이) 경솔한, 경박한 2)말 많은, 수다스런

1)My mother often spends her money on **flippant** purchases like popular philosophy books she never reads.
나의 엄마는 간혹 절대 읽을 것 같지 않은 유명한 철학서와 같은 경솔한 구매에 돈을 쓴다.

암기Tip 어원 암기법
flip(toss: 가볍게 툭 던져 올리다) + ant(형접)
▸ 가볍게 툭 던져 올리는 ▸ 경박한

빈출 기출 표현 flippant 관련 표현
flippant remarks [phr] 경솔한 말
flippant tones [phr] 경박한 어조

26 ★★
ephemeral
[ifémərəl]

[동] transitory, transient, fleeting

[a] 일시적인

Rick's enthusiasm for Western thinkers, such as Heidegger and Freud, was **ephemeral**, lasting on only a couple of days.

Rick의 Heidegger와 Freud같은 서양 사상가들에 대한 열정은 겨우 이틀간 지속되는 일시적인 것이었다.

빈출 기출 표현 ephemeral 관련 표현

ephemeral life [phr] 덧없는 인생
ephemeral joys [phr] 일시적 즐거움
ephemeral glory [phr] 일시적 영광

27 ★★
altruistic
[æ̀ltru(:)ístik]

[파] altruism [n] 이타주의
[동] selfless
[반] egoistic, selfish

[a] 이타적인, 사심 없는

Mother Teresa is well known for her **altruistic** acts which were always putting other people before herself.

Teresa 수녀는 항상 자신보다는 타인들을 우선시한 이타적인 행동들로 잘 알려져 있다.

빈출 기출 표현 altruistic 관련 표현

altruistic motives [phr] 이타적인 동기
altruistic endeavors [phr] 사심 없는 노력

28 ★★
ulterior
[ʌltí(:)əriər]

[동] 1)covert, undisclosed, underlying, hidden
2)later, subsequent

[a] 1)이면의, 숨은 2)이후의

1)Politicians often use religion as a tool to get people to believe them despite their **ulterior** motives.

정치인들은 가끔 그들의 이면의 숨은 동기들에도 불구하고 사람들이 그것들을 믿도록 하기 위해서 종교를 도구로 이용한다.

빈출 기출 표현 ulterior 관련 표현

ulterior motives [phr] 속셈, 숨은 동기, 저의
ulterior objects [phr] 숨은 목적, 속셈

암기Tip 어원 암기법

ulter(ultra/beyond: 저 너머, 멀어진) + ior(er: 더~한)
▸ 더 저 너머의, 더 멀어진 ▸ 이면의

29 ★★

immortal

[imɔ́ːrtəl]

㉙ immortality ⋒ 불멸

ⓐ 불멸의

Angels from heaven are considered as **immortal** beings, incapable of death.

천국에서 온 천사들은 죽을 수 없는, 불멸의 존재들로 여겨진다.

> 💡 암기Tip 〈 어원 암기법
>
> im(in/not: ~않는) + mort(death: 죽음) + al(형접)
> ▸ 죽지 않는 ▸ 불멸의

30 ★★

soporific

[sàpərífik]

㉭ drowsy, hypnotic

ⓐ 졸리는, 최면성의

Although philosophy lectures are usually **soporific** to me, I managed to stay awake throughout the whole lecture!

비록 철학 강의들이 나에게는 보통 졸리지만, 나는 강의 내내 그럭저럭 깨어 있었다.

ⓝ 수면제

> 💡 암기Tip 〈 어원 암기법
>
> sopor(sleep: 잠) + ific(형접: 만들어내는, 유도하는)
> ▸ 잠을 유도하는, 잠이 오게 하는 ▸ 졸리는

31 ★★

hedonistic

[hìːdənístik]

㉙ hedonism ⋒ 쾌락주의

ⓐ 쾌락주의의, 향락주의의

Even though Alan makes jokes about his **hedonistic** lifestyles, he has taken a religious vow to live an ascetic life and help those in need.

비록 Alan이 자신의 쾌락적인 생활 방식에 관한 농담을 하지만, 그는 금욕적인 삶을 살며 궁핍한 사람들을 돕겠다는 종교적인 맹세를 해왔다.

32 ★★

subsequent

[sʌ́bsəkwənt]

㉭ succeeding, following

ⓐ 이어지는, 이후의, 다음의, 후속의

Subsequent philosophy books have been published by the same author whose first book was so well received.

후속의 철학서들은 첫 번째 서적을 매우 인정받은 같은 작가에 의해 출간되어 왔다.

> 💡 암기Tip 〈 어원 암기법
>
> sub(under: 아래로, 밑으로) + sequ(follow: 따르다) + ent(형접)
> ▸ 아래로 뒤따르는 ▸ 뒤이어지는, 이후의

33 ★★
inculcate
[inkʌ́lkeit]

(동) instill, infuse, indoctrinate

v (생각, 인상을) 심어주다, 주입시키다

My father spent most of his life trying to teach and **inculcate** me with his values and ideas through his teaching.

나의 아버지는 대부분의 그의 가르침을 통해서 나에게 그의 가치와 이상을 심어주려고 애쓰시면서 보냈다.

> 💡 **암기Tip** ⟨ 어원 암기법
>
> in (in: 안으로)+culc (tread/trample: 밟다, 짓밟다) + ate(동접)
> ▶ 안으로 밟아 넣다, 말뚝을 박다 ▶ 심어주다, 주입시키다

34 ★★
spirituality
[spìrit∫uǽləti]

n 영성, 정신성

Religion and **spirituality** are said to be just stories as there is no scientific evidence to support their claims.

종교와 영성은 그들의 주장을 뒷받침할 과학적 증거가 없기 때문에 그저 이야기일 뿐이라고 말해진다.

35 ★
authoritative
[əθɔ́:ritèitiv]

a 권위 있는, 독재적인

My philosophy teacher has such an **authoritative** presence that even rebellious students behave and listen around him.

나의 철학 선생님은 권위 있는 존재라서 심지어 반항적인 학생들도 행동을 잘 하며 그의 얘기를 잘 듣는다.

36 ★
ultimately
[ʌ́ltimitli]

ad 궁극적으로, 결국

Most religions believe that people who sin will **ultimately** be punished in some form for their wrong doings.

대부분의 종교는 죄를 지은 사람들은 궁극적으로 어떤 형태로든 잘못한 것에 대해 벌을 받을 것이라고 믿는다.

37 ★
divine
[diváin]

a 신성한

In the Bible, Moses came down from the mountain bearing **divine** commandments from God.

성경에서, 모세는 신의 신성한 명령을 지니고 산에서 내려왔다.

38 ★
atone

[ətóun]

ㅁ atonement ⑪ 속죄, 보상

ⓥ 속죄하다 (for), 보상하다

A: Why did Catherine go to church?
Catherine은 왜 교회에 갔었어?
B: She <u>went to confession</u> so the priest could help her **atone** for her sins.
그녀는 신부가 그녀의 속죄를 도와줄 수 있도록 고해성사를 하러 갔었어.

> 🔎 **암기Tip** 〈 어원 암기법
> at(ad/to: ~로) + one(one: 하나)
> ▶ 하나가 되다, 절대자와 하나가 되기 위해 속죄하다

39 ★
male chauvinist

phr 남성 우월주의자

Male chauvinists are one of the factors that <u>prevent women</u> from pursuing positions of power within their religion.
남성 우월주의자들은 여성들이 그들의 종교 내에서 권력의 자리를 추구하는 것을 막는 요인 중의 하나이다.

40 ★
labyrinthine

[læbərínθən]

ⓐ 복잡한, 미로와 같은

The castle of the most **labyrinthine** passages in Greek mythology contained a ferocious Minotaur who was slayed in the complex <u>maze</u>.
그리스 신화에서 가장 복잡한 통로를 가진 성은 그 복잡한 미로에서 살해당한 흉포한 미노타우루스를 포함했다.

41 ★
cathartic

[kəθáːrtik]

ㅁ catharsis ⑪ 카타르시스

ⓐ 카타르시스의

According to psychologists, tragedy or music produces a **cathartic** effect and helps you <u>purge</u> your emotional tensions.
심리학자들에 따르면, 비극이나 음악은 카타르시스 효과를 만들어내서 감정적인 긴장감을 없애도록 도와준다.

42 ★
infallible

[infǽləbl]

ⓐ 절대 확실한, 결코 틀리지 않는

It is widely believed that though you may think you are **infallible**, you <u>make mistakes</u> just like everyone else.
비록 자신이 결코 틀리지 않다고 생각할 수도 있지만, 모두가 그렇듯이 마찬가지로 실수를 한다는 것은 널리 알려져 있다.

Daily Check-up

해석/해설 p. 542

Choose the best answer.

⏱2초 check-up

01 The Protestant became a (martyr, patriotic, renegade) who suffered death for the sake of his conviction.

02 In Buddhism, all the conditional things are regarded as an impermanent or (ephemeral, imminent, eternal) one.

03 Some religious sects embraces (overt, occult, ominous) or paranormal practices as a mystical experience.

04 The man was a(n) (adamant, recalcitrant, reclusive) philosopher who spent his life in solitude.

05 The religious sermon was so (explicit, soporific, novel) that we couldn't stay awake.

⏱5초 check-up

06 A: What do you think the key _____ of Heidegger's philosophy is?
B: His doctrine basically concentrates on an exploration of Dasein.

(a) hiatus   (b) acquisition
(c) phase   (d) tenet

07 A: I think some religious people are too pushy to non-believers.
B: Yes. Some _____ believers don't care what other people think of, only devoting themselves to their mission work.

(a) futile   (b) fanatical
(c) fickle   (d) feeble

08 A: I can't believe my brother John said he would help me with my homework.
B: Me neither. I guess he might have a(n) _____ motive for doing it.

(a) interim   (b) frenetic
(c) inferior   (d) ulterior

09 Martin Heidegger has been _____ for his contribution to existential philosophy by his philosophical followers.

(a) venerated   (b) vibrated
(c) urged   (d) devoted

10 He was so devout that he refused to _____ his religious belief.

(a) convince   (b) acquit
(c) disavow   (d) concede

11 He sincerely regretted his sinful actions, and wanted to _____ for his wrongs to the God.

(a) contribute   (b) atone
(c) abet   (d) abash

12 He is a(n) _____ who believes that there is no God and differs from an agnostic.

(a) atheist   (b) freak
(c) guru   (d) swindler

[정답] 01. martyr   02. ephemeral   03. occult   04. reclusive   05. soporific   06. (d)   07. (b)   08. (d)   09. (a)   10. (c)
11. (b)   12. (a)

400점 어휘

altar [ɔ́:ltər]	n 제단
autocracy [ɔːtɑ́krəsi]	n 독재 정치, 독재 정권
barbaric [bɑːrbǽrik]	a 야만적인
Buddhism [bú(:)dizəm]	n 불교
consecration [kɑ̀nsəkréiʃən]	n 신성화, 정화
devout [diváut]	a 독실한
dictatorship [diktéitərʃìp]	n 독재 정권
faith [feiθ]	n 신앙, 믿음
hermeneutics [hə̀:rmənjú:tiks]	n 해석학
holy [hóuli]	a 신성한, 성스러운
infamy [ínfəmi]	n 오명, 악명, 악행
monastic [mənǽstik]	a 수도사의, 금욕적인
monasticism [mənǽstisìzəm]	n 수도원 생활
momentous [mouméntəs]	a 중대한
monk [mʌŋk]	n 수도승, 수도자
motto [mátou]	n 좌우명
pastor [pǽstər]	n 목사
pilgrim [pílgrim]	n 순례자
pray [prei]	v 기원하다, 기도하다
prayer [prɛər]	n 기도, 기도문; 기도하는 사람
priest [pri:st]	n 사제, 신부, 성직자
protestation [prɑ̀tistéiʃən]	n 주장, 항변
psychology [saikálədʒi]	n 심리학
ritual [rítʃuəl]	n 종교적 의식[의례]
sanctified [sǽŋktəfàid]	a 신성화된; 사회적으로 수용된
solemn [sɑ́ləm]	a 엄숙한
spiritual [spíritʃuəl]	a 영혼의, 정신적인
supernatural [sjùː:pərnǽtʃərəl]	a 초자연적인
taboo [təbú:]	n 금기
worship [wə́:rʃip]	v 숭배하다 n 숭배, 예배

500점 어휘

acumen [əkjúːmən]	ⓝ 예리함, 날카로움
agnostic [ægnάstik]	ⓐ 불가지론자
amalgam [əmǽlgəm]	ⓝ 혼합(체), 교착
austerity [ɔ(ː)stérəti]	ⓝ 내핍 생활, 금욕주의, 엄격함
blasphemy [blǽsfəmi]	ⓝ 신성 모독
clergy [klə́ːrdʒi]	ⓝ 성직자들
cannibalism [kǽnəbəlìzəm]	ⓝ 인육을 먹는 풍습, 식인, 잔인, 만행
carnivorous [kɑːrnívərəs]	ⓐ 육식성의, 육식 동물의
celestial [səléstʃəl]	ⓐ 천상의, 천체의, 하늘의
Confucianism [kənfjúːʃənìzəm]	ⓝ 유교, 유교주의
Confucius [kənfjúːʃəs]	ⓝ 공자
doom [duːm]	ⓝ 비운, 죽음, 파멸 ⓥ 불행한 결말을 얻게 하다
ecclesiastical [iklìːziǽstikəl]	ⓐ 기독교의, 기독교적인, 교회의
egalitarian [igæ̀lité(ː)əriən]	ⓐ 평등주의의
embrace religion	ⓟⓗⓡ 종교를 인정하다[받아들이다]
epiphany [ipífəni]	ⓝ (종교적) 계시, 깨달음
epistemology [ipìstəmάlədʒi]	ⓝ 인식론
exegesis [èksidʒíːsis]	ⓝ (성서의) 해석, 해설
exhort [igzɔ́ːrt]	ⓥ 촉구하다, 권하다
expiate [ékspièit]	ⓥ 속죄하다
herbivorous [həːrbívərəs]	ⓐ 초식의, 초식 동물의
heretic [héritik]	ⓝ 이단자
heresy [hérəsi]	ⓝ 이단
homily [hάməli]	ⓝ 설교, 훈계
incarnation [ìnkɑːrnéiʃən]	ⓝ 화신
infidel [ínfidəl]	ⓐ 신앙이 없는 ⓝ 신앙이 없는 사람
invidious [invídiəs]	ⓐ 남의 심기를 건드릴, 부당한, 불공평한
laity [léiəti]	ⓝ 평신도, 일반 신자
neologian [niːάlədʒìzm]	ⓐ 신교리를 채택한 ⓝ 신교리 지지자
nihilism [náiəlìzəm]	ⓝ 허무주의

500점 어휘

odious [óudiəs]	ⓐ 끔찍한, 혐오스런
omnipotence [ɑmnípətəns]	ⓝ 전능
opprobrium [əpróubriəm]	ⓝ 오명, 맹비난
ordination [ɔ̀ːrdənéiʃən]	ⓝ 성직 서임[성직 임명]
ordain [ɔːrdéin]	ⓥ 성직에 임명하다; 명령하다
pagan [péigən]	ⓐ 이교도의
paranormal [pæ̀rənɔ́ːrməl]	ⓐ 초자연적인, 불가사의한 ⓝ 초자연적 현상
piety [páiəti]	ⓝ 독실함
profane [prəféin]	ⓐ 신성 모독의
profanity [prəfǽnəti]	ⓝ 신성 모독, 불경스러움
prophet [práfit]	ⓐ (종교의) 선지자, 예언자
providence [právidəns]	ⓝ 섭리(신이나 자연이 창조물에 대해 하는 선견적 주의나 인도)
psyche [sáiki]	ⓝ 마음, 정신, 심령
psychic [sáikik]	ⓐ 심령의, 초자연적인 ⓝ 심령술사, 초능력자
rector [réktər]	ⓝ 교구 목사
reincarnation [rìːinkɑːrnéiʃən]	ⓝ (불교의) 환생, 윤회
reverend [révərənd]	ⓝ 목사
sacred [séikrid]	ⓐ 성스러운, 신성한
sacrilege [sǽkrəlidʒ]	ⓝ 신성 모독
sanctify [sǽŋktəfài]	ⓥ 신성화하다
savage [sǽvidʒ]	ⓐ 야만적인, 사나운 ⓝ 미개인 ⓥ 무참히 공격하다
sect [sekt]	ⓝ 종파
secular [sékjələr]	ⓐ 세속의, 세속적인
sermon [sə́ːrmən]	ⓝ 설교, 예배
service [sə́ːrvis]	ⓝ 예배; 근무; 복무; 복역
shrine [ʃrain]	ⓝ 성지
sorcery [sɔ́ːrsəri]	ⓝ 마법, 주술
sublime [səbláim]	ⓐ 숭고한
superstition [sjùːpərstíʃən]	ⓝ 미신
Taoism [táuìzəm]	ⓝ 도교

600점 어휘	
addle [ǽdl]	v 혼란스럽게 하다; 곪게 하다 a 곪은
addle one's brain	phr 두뇌를 썩게 하다, 고민하다
apotheosis [əpὰθióusis]	n 신격화, 신성시
asperity [əspérəti]	n 퉁명스러움, 가혹함
avatar [ǽvətὰːr]	n 화신
befuddle [bifʌ́dl]	v 어리둥절하게 하다, 정신을 잃게 하다
chauvinism [ʃóuvənìzəm]	n 광신적 애국주의
covenant [kʌ́vənənt]	n (종교적, 법적) 조건적 합의(서), 협약, 계약
dastardly [dǽstərdli]	a 악랄한
fluster [flʌ́stər]	v 허둥지둥하게 만들다 n 허둥지둥함
incantation [ìnkæntéiʃən]	n 주문
incarnate [inkάːrnit]	v 화신이 되게 하다 a 인간의 모습을 한 n 화신
inquisition [ìnkwizíʃən]	n (카톨릭의) 종교 재판, 심문
libation [laibéiʃən]	n 헌주(신에게 술을 따르는 것), 신주, 제주
miscreant [mískriənt]	n 이단아, 신앙이 없는 자; 악한, 악당
monotheism [mάnəθìːizəm]	n 일신교
moribund [mɔ́(ː)rəbʌ̀nd]	a 소멸 직전의, 빈사 상태의
misogynist [misάdʒənist]	n 여성 혐오자
necromancy [nékrəmæ̀nsi]	n 주술, 마법
nemesis [néməsis]	n 천벌, 응징
nirvana [niərvάːnə]	n (불교) 해탈
ontology [ɑntάlədʒi]	n 존재론
pantheism [pǽnθi(ː)ìzəm]	n 범신론, 범신교
retribution [rètrəbjúːʃən]	n (행위에 대한) 응보, 응징, 인과응보, 천벌
sacrosanct [sǽkrousæ̀ŋkt]	a 신성불가침의
shrive [ʃraiv]	v 죄를 사해주다
staunch [stɔːntʃ]	a 확고한, 독실한, 충실한
tenable [ténəbl]	a (이론, 의견 등이) 옹호될 수 있는, 납득할 수 있는
tutelage [tjúːtəlidʒ]	n 가르침, 지도
zealot [zélət]	n 광신도

DAY 25

역사

약탈·추방·소멸의 동사들과 독단적이고 제멋대로인 왕의 특성을 나타내는 형용사, 퇴위하다·물러나다 등의 동사가 자주 등장한다.

오늘의 단어 듣기
들으면서 암기하세요!

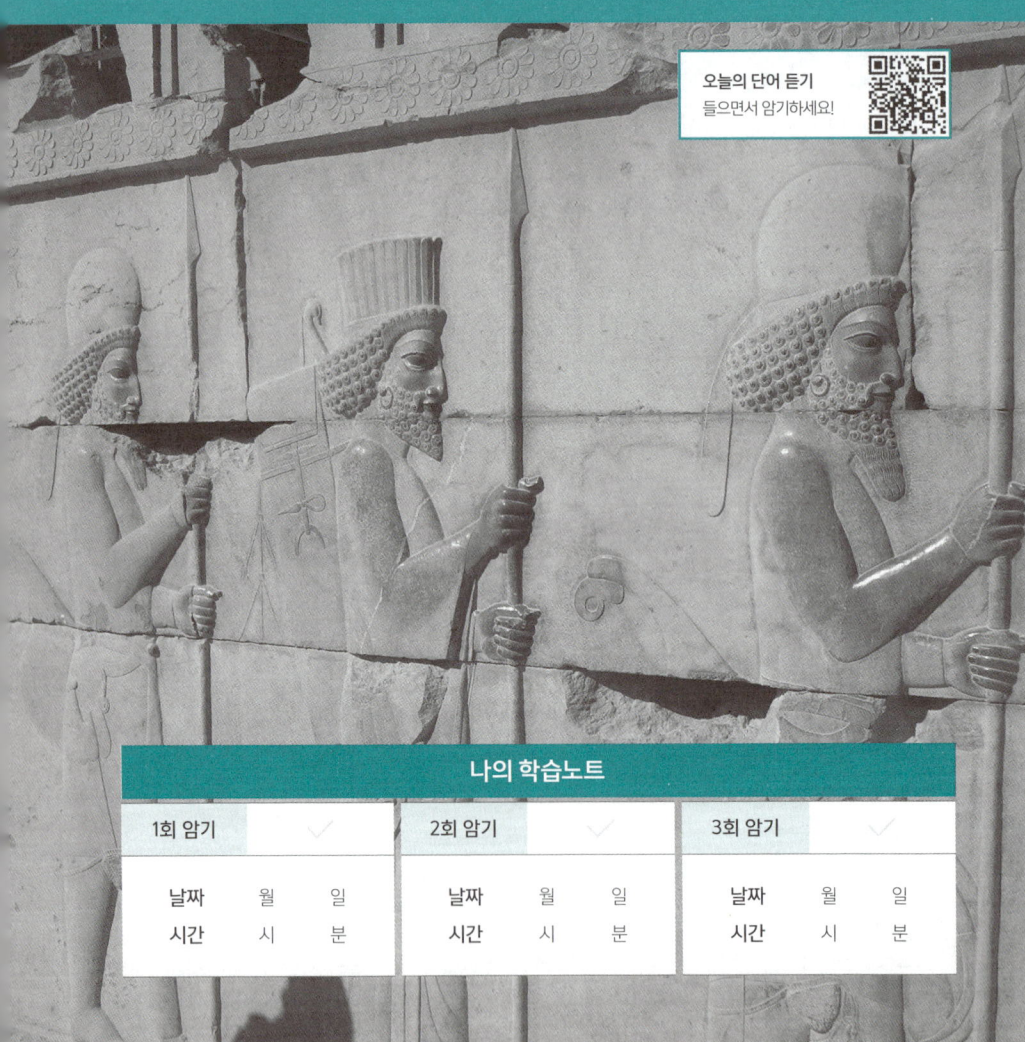

나의 학습노트								
1회 암기	✓		2회 암기	✓		3회 암기	✓	
날짜	월	일	날짜	월	일	날짜	월	일
시간	시	분	시간	시	분	시간	시	분

01 ★★★

abhor

[əbhɔ́ːr]

- (형) abhorrent (n) 혐오하는
- (동) abominate, loathe, detest

ⓥ 혐오하다

President Lincoln **abhorred** slavery but tolerated it in order to keep peace.

Lincoln 대통령은 노예 제도를 혐오했지만, 평화를 지키기 위해 그것을 용인했다.

> 💡 **암기Tip** 〈 어원 암기법
>
> ab(away from: 벗어나는, 달아나는) + hor(shudder: 몸서리치다)
> ▸ 몸서리치며 달아나다 ▸ 혐오하다

02 ★★★

diverge

[divə́ːrdʒ]

- (형) divergent (n) 분기하는, 갈라지는

ⓥ (다른 방향으로) 갈라지다, 나뉘다

Some historians say that monkeys, apes and humans **diverged** from the same DNA.

일부 역사가들은 원숭이, 유인원, 그리고 인간이 같은 유전자에서 갈라졌다고 말한다.

> 💡 **암기Tip** 〈 어원 암기법
>
> dis(apart: 따로) + verge(turn: ~방향으로 향하다)
> ▸ 다른 방향으로 분기하다, 다른 방향으로 나뉘어지다

> 📊 **빈출 기출 표현** 〈 di(de)- 관련 표현
>
> **di**verge ⓥ (다른 방향으로) 갈라지다
> **di**vert ⓥ (방향을) 바꾸자, 전환하다
> **di**gress ⓥ (주제, 논지에서) 벗어나다, 빗나가다
> **de**viate ⓥ (행로, 규준, 관습에서) 벗어나다, 일탈하다

03 ★★★

drudgery

[drʌ́dʒəri]

- (동) toil, chores

(n) 힘들고 단조로운 일, 고된 일

In the earlier centuries, the upper class believed only servants should perform **drudgery**, including arduous domestic work.

초기에 상류층은 하인들만이 힘든 집안 일을 포함한, 고된 일을 수행해야 한다고 믿었다.

04 ★★★

enclose

[inklóuz]

- (동) shut, surround, hold, contain

ⓥ 두르다, 에워싸다

Ancient Egyptians liked to **enclose** their dead in elaborate tombs.

고대 이집트인들은 정교한 무덤에 고인들을 묻는 것을 좋아했다.

05 ★★★

futile

[fjúːtəl]

㉮ futility ⓝ 쓸모없음, 무의미함
ⓢ ineffective, useless, vain

ⓐ 헛된, 소용없는

In the early days of medicine, all attempts at saving patients with cancer were **futile** and there was a high mortality rate.

초기 의학에서는, 암환자를 구하려는 모든 시도들이 소용이 없었고 사망률이 높았다.

> 📊 빈출 기출 표현 **futile 관련 표현**
>
> **futile** attempts phr 헛된 시도
> **futile** hope phr 헛된 희망
> **futile** talk phr 시시한 이야기

06 ★★★

ostracize

[ástrəsàiz]

ⓢ banish, exclude

ⓥ 외면하다, 배척하다, 추방하다

The Nazi's were known to exclude or **ostracize** people of different race and religions, punishing them and even killing them.

나치들은 다른 종족이나 다른 종교의 사람들을 배제하거나 배척하고, 그들을 처벌하고 심지어 죽이기까지 한 것으로 알려져 있다.

07 ★★★

plunder

[plΛ́ndər]

ⓢ ⓥ pillage, rob, despoil
　　ⓝ loot, spoliation, pillage

ⓥ 약탈하다

In the 2011 riots in London, looters began to **plunder** goods from closed stores, smashing windows and stealing all the products.

2011년 런던 폭동에서, 약탈자들은 창문을 깨고 모든 상품을 훔치면서, 문 닫힌 상점에서 물건들을 약탈하기 시작했다.

ⓝ 약탈, 강탈

08 ★★★

excavate

[ékskəvèit]

㉮ excavation ⓝ 발굴
ⓢ unearth, dig

ⓥ 발굴하다, (구멍을) 파다

When the archaeologists began to **excavate** the ancient burial site, they unearthed several impressive artifacts from the ground.

고고학자들이 그 고대의 매장 장소를 발굴하기 시작했을 때, 그들은 땅속에서 몇 가지 인상적인 유물들을 파냈다.

> 💡 암기Tip 어원 암기법
>
> ex(out: 밖으로) + cave(hollow: 구멍을 내다) + ate(동접)
> ▸ hollow out: 구멍을 파다 ▸ 출토하다

09 ★★★
integral
[íntəgrəl]

图 ¹⁾necessary
²⁾entire, complete, whole

ⓐ ¹⁾필수적인, 필요불가결한 ²⁾전체의

¹⁾The Polish Resistance was a <u>fundamental</u> and **integral** <u>part</u> of the resistance movement in World War II.

폴란드 항쟁은 세계 2차 대전에서 항거 운동의 근본적이고 필수적인 부분이었다.

---

10 ★★★
sedentary
[sédəntèri]

ⓐ 정착하는; 주로 앉아서 하는

After the introduction of farming in the Neolithic Revolution, early humans were able to live a **sedentary** lifestyle as opposed to their past <u>nomadic</u> lifestyle.

신석기 혁명기에 농사를 시작한 이후에, 초기 인간들은 과거의 유목민의 생활과는 반대되는 정착하는 삶을 살 수 있었다.

> 💡 암기Tip ◀ 어원 암기법
>
> sed(sit: 앉다) + ent(형접) + ary(형접: 관련이 있는)
> ▸ 앉아서 하는, 정적인

---

11 ★★★
banish
[bǽniʃ]

图 ostracize, expel

ⓥ 추방하다, 유형을 보내다

After the war is over, the king will **banish** the rebels <u>from</u> his kingdom.

전쟁이 끝난 후에는, 왕이 반란군들을 그의 왕국에서 추방할 것이다.

> 📊 빈출 기출 표현 ◀ -nish 관련 표현
>
> **banish** ⓥ 추방하다
> **vanish** ⓥ 사라지다, 없어지다

---

12 ★★★
ominous
[ámənəs]

图 omen ⓝ 징조, 조짐; 불길한 조짐
凹 auapicious, propitious

ⓐ 불길한, 조짐이 나쁜

When the allied forces started making progress and pushing Germany back, things started to look **ominous** for the once powerful country which was <u>defeated</u>.

동맹군이 전진하며 독일을 몰아냈을 때, 상황은 패배한 그 한때의 강대국에게는 불길해 보이기 시작했다.

> 📊 빈출 기출 표현 ◀ ominous 관련 표현
>
> **ominous** signs 凹 불길한 징조, 흉조
> **ominous** fortune 凹 불길한 운명

13 ★★★

abdicate
[ǽbdəkèit]
⑤ resign

ⓥ (왕위, 권력, 직위에서) 물러나다, 퇴위하다

A: What are your views on North Korea?

북한에 대한 당신의 견해는 어떤가요?

B: Well, since the dictator of that country will not simply **abdicate** his position, we must find a way to remove him from power.

음, 그 나라의 독재자가 그의 자리에서 간단히 물러나지 않을 것이기 때문에 그를 권력에서 몰아낼 방법을 찾아야 합니다.

> 💡 **암기Tip** 〈 **어원 암기법**
>
> ab(away: 떨어져, 멀리) + dic(speak: 말하다) + ate(동접)
> ▶ 떨어질 것을 말하다, 직위를 떠난다고 말하다, 물러나다

> ✋ **기출 포인트** 〈 **유사 어휘**
>
> abdicate ⓥ (왕위, 직위, 권력 등을) 포기하다, 물러나다
> abrogate ⓥ (법령, 협의, 조약, 협정 등을) 폐지하다, 철회하다

---

14 ★★★

adopt
[ədápt]

ⓥ 채택하다, 도입하다, 입양하다

The Romans were pioneering in terms of military capabilities and many future armies **adopted** a similar style during later centuries.

로마인들은 군사력의 측면에서 개척적이었고 많은 미래의 군대들은 다음 몇 세기 동안 비슷한 방식을 도입했다.

> 💡 **암기Tip** 〈 **어원 암기법**
>
> ad(to: ~로) + opt(choose: 선택하다) ▶ 선택하다, 도입하다, 채택하다

---

15 ★

suffrage
[sʌ́fridʒ]

ⓝ 투표권, 선거권, 참정권

Over the years, many people have been injured and killed to make **suffrage**, the right to vote, universal in most political systems.

수년 간, 많은 사람들이 투표할 권리 즉 참정권을 대부분의 정치체계에서 보편적인 것으로 만들기 위해 다치거나 살해되어 왔다.

> 💡 **암기Tip** 〈 **어원 암기법**
>
> suf(sub: 아래에서) + frage(din/shout: 소리침)
> ▶ 아래에서 승인의 소리를 침, 밑에서 지지의 소리를 내는 것 ▶ 투표권

16 ★★★

allegiance

[əlíːdʒəns]

[n] (통치자, 종교에 대한) 충성

The Knights of the Round Table swore their **allegiance** to the Roman Empire and vowed their loyalty to the king.

원탁의 기사들은 로마 제국에 그들의 충성을 맹세하고 왕에게 충실할 것을 서약했다.

17 ★★★

vanish

[vǽniʃ]

[v] 사라지다, 없어지다

Napoleon, one of the greatest military commanders of all time, **vanished** at the battle of Waterloo ending his legacy and military career.

역대 가장 위대한 군의 사령관인 Napoleon은 그의 족적과 군 경력을 끝내며 워털루 전투에서 사라졌다.

18 ★★★

appall

[əpɔ́ːl]

[파] appalling [n] 소름 끼치는, 무서운

[v] 오싹하게 하다, 질리게 하다

They were **appalled** when they learned about the cruel and terrible history of the 18th century.

그들은 18세기의 잔인하고 끔찍한 역사에 대해 알았을 때 오싹해 했다.

19 ★★★

precursor

[prikə́ːrsər]

[동] predecessor, forerunner

[n] 선구자, 선도자, 선행하는 사람(것)

Throughout history, greed for commodities such as oil is always a **precursor** to a war.

역사를 통해 보면, 석유 같은 원자재에 대한 탐욕은 항상 전쟁에 선행하는 것이다.

암기Tip 어원 암기법

pre(before: 앞서서) + cur(run: 달리다)+sor(명접)

▸ 앞서 달린 사람, 앞서간 사람 ▸ 선구자

20 ★★

infiltrate

[infíltreit]

[동] permeate

[v] 침투시키다; 침입(잠입)하다

The black Plague was one of the most infamous diseases which **infiltrated** many countries in Europe, permeating terror.

흑사병은 공포를 퍼뜨리며 유럽의 많은 나라에 침입한 가장 악명 높은 질병 중의 하나였다.

21 ★★

till

[til]

(유) tillage n 경작
(동) cultivate, plough

v (땅을) 갈다, 경작하다

In the past, <u>farming</u> and **tilling** lands was a reputable source of income, however these days it's hard to earn a good living only by doing so.

과거에 농사를 짓고 땅을 경작하는 것이 괜찮은 소득원이었지만, 요즘은 그것만으로 생계를 유지하기는 어렵다.

---

22 ★★

nomadic

[noumǽdik]

a 유목의, 유랑의, 떠돌아다니는

In the past, whenever a food shortage occurred, **nomadic** people would tear down their homes and <u>relocate</u> to where food was plentiful.

과거에, 식량 부족이 발생했을 때마다, 유목민들은 그들의 집을 부수고 음식이 풍부한 곳으로 다시 이동했을 것이다.

---

23 ★★

repository

[ripázətɔ̀:ri]

(동) depository

n 저장소, 보관소

The National <u>Archives</u> is a **repository** for thousands of important historical documents.

국립 문서 보관소는 수천 개의 중요한 역사적 서류들의 보관소이다.

> 💡 **암기Tip** 어원 암기법
>
> re(back: 뒤에) + posit(put: 놓다) + tory(명접: 장소를 만듦)
> ▸ 뒤에 놓아두는 곳, 저장하는 곳 ▸ 저장소, 보관소

---

24 ★★

exile

[égzail]

(동) n expulsion, banishment, deportation
v expel, banish

n 망명, 추방, 유배

The <u>banished</u> prince swore he would one day return from **exile** and reclaim the throne that was rightfully his.

추방된 왕자는 언젠가 그가 망명 생활에서 돌아와서 마땅히 자신의 것이었던 왕좌를 되찾을 것이라고 맹세했다.

v 추방하다, 몰아내다

---

25 ★★

ascend

[əsénd]

(유) ascent n (위로) 오름

v (왕좌에) 오르다

King Henry VIII is one of the most famous monarchs in England and he **ascended** <u>the throne</u> in 1491.

Henry 8세는 영국의 가장 유명한 군주 중 한 명으로 1491년에 왕위에 올랐다.

26 ★★
annex
[ǽneks]

v ¹⁾(무력으로 영토를) 합병시키다, 통합하다 ²⁾부가하다, 부설하다

¹⁾Genghis Khan was the greatest Mongol Emperor who greatly <u>expanded</u> his territories by defeating many nations and **annexing** their lands.

Genghis Khan은 가장 위대한 몽골의 황제로 많은 다른 국가들을 물리치고 그들의 땅을 합병시킴으로써 자신의 영토를 크게 확장했었다.

n 부가(물), 신관

---

27 ★★
influential
[ìnfluénʃəl]

a 영향력 있는

Abraham Lincoln was an **influential** president who <u>guided the Union through</u> four bloody years of conflict.

Abraham Lincoln은 4년의 피비린내 나는 전투 과정 내내 연방을 이끌던 영향력 있는 대통령이었다.

---

28 ★★
signifier
[sígnəfàiər]

n 기표

Martin Luther King, <u>a leader in the civil rights movement</u>, was deemed as one of the greatest **signifiers** of race equality.

시민 운동 지도자인 Martin Luther King은 인종 평등의 가장 위대한 기표들 중의 하나로 여겨졌다.

> 📈 **빈출 기출 표현** ‹ signifier 관련 표현
>
> the **signifier** and the signified **phr** 기표와 기의

---

29 ★★
haughty
[hɔ́ːti]

s arrogant, supercilious, disdainful, insolent

a 거만한, 오만한

Napoleon Bonaparte was considered **haughty** and <u>egotistic</u> by many people who knew him personally.

Napoleon Bonaparte는 개인적으로 그를 알던 많은 사람들에게 오만하고 자기 중심적인 사람으로 인식되었다.

> 💡 **암기Tip** ‹ 연상/확장 암기법
>
> 독재자 왕의 tyrannical(폭군의)하고 despotic(독재적인)한 태도는 국민을 disdainful(무시하는)한 자세와 달리 자신을 극도로 높이 치켜세우는 arrogant(거만한)하고 haughty(오만한)함을 그대로 보여주는 signifier(기표)이다.

30 ★★

unveil

[ʌnvéil]

ⓢ disclose, reveal, divulge

ⓥ 베일을 벗기다, 드러내다

A new species of dinosaur was <u>discovered</u> in the Sahara Desert in Egypt and will be **unveiled** to the public next week.

새로운 종의 공룡이 이집트의 사하라 사막에서 발견되었고, 다음 주에 대중에게 공개될 것이다.

---

31 ★★

constrain

[kənstréin]

ⓟ constraint ⓝ 제한, 통제
ⓢ confine

ⓥ 제한(제약)하다, 억누르다, 억지로 시키다

Lack of technology and transportation **constrained** people <u>from</u> traveling abroad in earlier centuries.

기술과 운송 수단의 부족은 사람들이 초기에 외국으로 여행하는 것을 제한했다.

> 📈 빈출 기출 표현 ‹ constrain 관련 표현
>
> **constrain** A from ~ing ⓟⓗⓡ A가 ~하는 것을 제한하다

---

32 ★★

demonstrate

[démənstrèit]

ⓟ demonstration ⓝ 시위, 입증

ⓥ ¹⁾시위(데모)하다 ²⁾증명(입증)하다 ³⁾시연하다

¹⁾Every war America has participated in has been **demonstrated** against by members of the public who were <u>opposed to</u> war in all forms.

미국이 가담했던 모든 전쟁은 어떤 형태의 전쟁도 반대하는 대중들에 의해 그 반대 시위가 행해졌었다.

---

33 ★

deed

[diːd]

ⓢ ¹⁾act
  ²⁾achievement, feat

ⓝ ¹⁾행위, 행동 ²⁾업적, 위업

¹⁾Mother Teresa, the world famous humanitarian, was admired by many for her good **deeds** and charitable <u>work</u>.

세계적으로 유명한 박애주의자인 Teresa 수녀는 그녀의 선행과 자선 사업으로 많은 사람들에게 존경을 받았다.

---

34 ★★★

arbitrary

[ɑ́ːrbitrèri]

ⓢ ¹⁾unpredictable, capricious, random
  ²⁾despotic, undemocratic, dictatorial

ⓐ ¹⁾임의적인, 제멋대로의 ²⁾독단적인

¹⁾In early years of the government, many rules and laws were **arbitrary**, <u>ridiculous, and not well considered</u>.

그 정부의 초기에, 많은 규범과 법률들이 임의적이고, 터무니 없고, 제대로 고려되지 않은 것이었다.

35 ★
opulent
[ápjələnt]

파 opulence n 부유, 풍부
동 wealthy, affluent, abundant

a 호화로운, 부유한

The ancient Egyptians were well known for their **opulent** and <u>lavish</u> gold decorations.
고대 이집트인들은 호화롭고 부유한 금 장식물들로 잘 알려져있다.

> 💡 암기Tip 어원 암기법
>
> op(wealth: 부) + ulent(형접: 가득한, 넘치는)
> ▸ 부가 가득한, 부유함이 넘치는 ▸ 부유한

36 ★
link
[liŋk]

동 connect

v 연결(연계)하다, 접속하다

Ancient China's economy was **linked** <u>with</u> the West through the Silk Road trade route.
고대 중국의 경제는 실크로드 통상로를 통해 서양과 연결되었다.

n 연결, 연계

> 📈 빈출 기출 표현 link 관련 표현
>
> be **link**ed with phr ~와 연계되다
> **link** A with B phr A를 B와 연결하다

37 ★
reminder
[rimáindər]

n 상기시키는 것

The statues in London serve as a **reminder** of <u>many significant people</u> throughout British history.
런던에 있는 조각상들은 영국 역사 전체를 통틀어 많은 중요한 사람들을 상기시키는 역할을 한다.

> 📈 빈출 기출 표현 reminder 관련 표현
>
> a **reminder** of that day phr 그날을 떠올리게 하는 것

38 ★
neutrality
[nju:trǽləti]

n 중립(성, 노선)

The country of Switzerland is well known for their **neutrality**, <u>offering safe refuge to both sides in conflict</u>.
스위스라는 나라는 대립 관계에 있는 양측에 안식처를 제공하며, 그들의 중립적인 태도로 잘 알려져 있다.

39 ★

superb

[sju(ː)pə́ːrb]

ⓢ excellent, splendid, grand

ⓐ 최고의, 최상의, 더할 나위 없는

Bill Gates is a **superb** example as one of our century's greatest minds.

Bill Gates는 우리 세기의 가장 위대한 인물들 중의 하나로서 최고의 본보기이다.

---

40 ★

prevalent

[prévələnt]

ⓢ ubiquitous, omnipresent, pervasive, widespread

ⓐ 만연한

Online shopping is now widely **prevalent** in many countries, however this is still a new chapter in our history.

온라인 쇼핑은 현재 많은 나라에서 널리 만연해 있지만, 여전히 우리 역사의 새로운 장이다.

> 💡 **암기Tip ‹ 어원 암기법**
>
> pre(per/through: 통해서) + vale(strong: 강한) + ent(형접)
> ▸ 전반적으로 강한, 전반적으로 영향이 있는 ▸ 만연한

---

41 ★

contemporary

[kəntémpərèri]

ⓐ 동시대의

Art has gone through many historical changes, but this new form for **contemporary** art is very different from what was seen in the past.

예술은 많은 역사적인 변화들을 거쳐왔지만, 이 새로운 동시대 예술의 형태는 과거에 보여졌던 것과는 매우 다르다.

ⓝ 동시대 사람

> 💡 **암기Tip ‹ 어원 암기법**
>
> con(with: 함께) + tempor(time: 시간) + ary(형접)
> ▸ 시기를 함께하는 ▸ 동시대의

---

42 ★

concept

[kánsept]

ⓝ 개념, 생각

The **concept** of 'mummification' practiced by the ancient Egyptians is still used in some countries today.

고대 이집트인들에 의해 실행된 '미이라화'의 개념은 오늘날에도 일부 국가에서 여전히 상용된다.

Daily Check-up

해석/해설 p. 543

Choose the best answer.

⏱2초 check-up

01 Decades ago, many farmers had to (till, irrigate, mop) the land by using tools, without the help of modern machines.

02 Although the man used to be a ruler of the country, he is (outwitted, banished, elaborated) from his homeland.

03 Ancient Greek music played a(n) (repulsive, subsequent, integral) part in learning their general culture.

04 The Neolithic Revolution brought to people a (sedentary, itinerant, peripatetic) farming lifestyle, instead of a wandering life.

05 During the war, many villages were (quelled, wielded, plundered) by looters.

⏱5초 check-up

06 A: I don't understand why Japan keeps distorting their cruel misdeeds of the past.
B: I think it is _____ to try to talk to them for that reason.

(a) transient   (b) fastidious
(c) futile   (d) reticent

07 A: Why did King Edward abandon the throne voluntarily?
B: He _____ in favor of marrying a divorced woman, though the British government opposed.

(a) abdicated   (b) abated
(c) abetted   (d) absolved

08 A: Did you hear that a 2,300-year-old mummy was _____ in Egypt?
B: Yes, it was discovered by an Egyptian archeological team.

(a) unveiled   (b) harbored
(c) meddled   (d) bickered

09 Nero used a luxurious office of emperor to suit his desire for his _____ lifestyle.

(a) frivolous   (b) ardent
(c) opulent   (d) ponderous

10 Women's _____ is Women's right to vote, gained by women in the late 19th century.

(a) petition   (b) referendum
(c) custody   (d) suffrage

11 Women's life in the Victorian era was _____ to the domestic sphere, just taking care of their children and housework.

(a) convened   (b) indemnified
(c) constrained   (d) condemned

12 Paleolithic people were highly skilled farmers, but they were _____, moving from place to place to find food.

(a) nomadic   (b) serene
(c) erect   (d) reciprocal

[정답] **01.** till **02.** banished **03.** integral **04.** sedentary **05.** plundered **06.** (c) **07.** (a) **08.** (a) **09.** (c) **10.** (d)
11. (c) **12.** (a)

400점 어휘

avow [əváu]	ⓥ 맹세하다
battle [bǽtl]	ⓥ 싸우다, 투쟁하다 ⓝ 전투, 투쟁
colonial [kəlóuniəl]	ⓐ 식민지의, 식민 시대의
colonialism [kəlóuniəlìzəm]	ⓝ 식민주의
combat [kámbæt]	ⓥ 싸우다 ⓝ 전투, 싸움
component [kəmpóunənt]	ⓝ (구성) 요소, 성분
concession [kənséʃən]	ⓝ 양보, 인정
conciliatory [kənsíliətɔ̀:ri]	ⓐ 회유하는
confirm [kənfə́:rm]	ⓥ 확인하다
decent [díːsənt]	ⓐ 제대로 된, 괜찮은, 번듯한; 품위 있는
define [difáin]	ⓥ 정의하다, 규정하다
heir [ɛər]	ⓝ 상속인, 계승자
heritage [héritidʒ]	ⓝ (전통적) 유산
historic [histɔ́(:)rik]	ⓐ 역사적으로 중요한, 역사적인
humanitarian [hju:mæ̀nité(:)əriən]	ⓐ 인도주의적인
impair [impɛ́ər]	ⓥ 손상시키다
in practice	ⓟⓗⓡ 실제로
intellectual [ìntəléktʃuəl]	ⓝ 지식인 ⓐ 지적인, 지능의
intent [intént]	ⓐ 몰두하는, 열중하는 ⓝ 의도
irrational [irǽʃənəl]	ⓐ 비이성적인, 비논리적인, 몰지각한
nobility [noubíləti]	ⓝ 귀족; 고귀함, 고결함
post-war [wɔ́:r]	ⓐ 전후의
practice [prǽktis]	ⓝ 관행, 관례; 연습 ⓥ 실행[실습]하다
precede [prisíːd]	ⓥ 선행하다, ~에 앞서다
prehistoric [prì:histɔ́(:)rik]	ⓐ 선사시대의
protest [próutèst]	ⓥ 항의하다, 반대하다 ⓝ 항의, 이의, 시위
slavery [sléivəri]	ⓝ 노예 제도
slow down	ⓟⓗⓡ 지체시키다
tribal [tráibəl]	ⓐ 부족의, 종족의
willfully [wílfəli]	ⓐⓓ 고의로

500점 어휘	
drawn battles	phr 비긴 전투
antiquity [æntíkwəti]	n 유물; 고대
archeology [à:rkiáləʤi]	n 고고학
artifact [á:rtəfæ̀kt]	n 인공물, 공예품, 가공품
bequest [bikwést]	n (물려받은) 유산, 유증
bestow [bistóu]	v 수여하다, 부여하다, 주다
burial [bériəl]	n 매장, 안장
bury [béri]	v 묻다, 매장하다
caste [kæst]	n (힌두교의) 계급 제도, 카스트; 계층
chivalrous [ʃívəlrəs]	a 정중한, 예의 바른
chivalry [ʃívəlri]	n 기사도 정신, 정중함, 예의 바름
comity [káməti]	n 예의, 예의바름
conquest [kánkwest]	n 정복, 정벌, 극복; 점령지
decadent [dékədənt]	a 타락한, 퇴폐적인
defeat [difí:t]	v 패배시키다, 물리치다 n 패배
disown [disóun]	v 의절하다, 단절하다
distort [distɔ́:rt]	v (사실을) 왜곡하다, 변조시키다
do away with	phr 버리다, 처분하다, 없애다, 타파하다
encircle [insə́:rkl]	v 둘러싸다, 포위하다
ethnic [éθnik]	a 민족의, 종족의
evince [ivíns]	v (감정, 특징 등을) 나타내다, 분명히 피력하다
evoke [ivóuk]	v (감정, 기억 등을) 불러내다, 환기시키다, 자아내다
exhume [igzú:m]	v 파내다, 발굴하다
fraternize with	phr ~와 친하게 지내다[교류하다]
give in	phr 항복하다
hub [hʌb]	n 중심지, 중추
inducing [indjú:s]	a 유도적인, 유발적인
infer [infə́:r]	v 추론하다
inferential [ìnfərénʃəl]	a 추론(추정)에 의한
inherit [inhérit]	v 물려받다, 상속받다

목표 점수대별 어휘

500점 어휘

legacy [légəsi]	n (죽은 사람이 남긴) 유산, (과거의) 유산
malicious [məlíʃəs]	a 악의적인
medieval [mìːdíːvəl]	a 중세의
monumental [mànjəméntəl]	a 기념비적인, 대단한
Neolithic [nìːəlíθik]	a 신석기 시대의
pact [pækt]	n 약속, 협정, 조약
Paleolithic [pèiliəlíθik]	a 구석기의
paleontologist [peiləntálədʒist]	n 고생물학자
paleontology [pèiliantálədʒi]	n 고생물학, 화석학
prudent [prúːdənt]	a 신중한, 세심한
push one's way	ad 헤치고 나가다
region [ríːdʒən]	n 지역, 지방
relic [rélik]	n 유물, 유적
remains [riméinz]	n 유적, 남은 것
renounce [rináuns]	v 포기하다, (공식적으로) 포기를 선언하다
scribe [skraib]	n 서기, 필경사
senile [síːnail]	a 노쇠한
senility [sináləti]	n 노쇠, 노령, 노망
shrewd [ʃruːd]	a 빈틈 없는, 기민한, 빠른, 영리한
slacken [slǽkən]	v 완화되다, 늦추다; 완화하다
sly [slai]	a 간사한
sphere [sfiər]	n 영역, 분야, 차원; 구
trace [treis]	v (역사의 흔적을) 추적하다 (back) n 흔적, 자취
unbeatable [ə́nbiˌtəbəl]	a 패배시킬 수 없는, 무적의
unearth [ʌnə́ːrθ]	v 파내다, 발굴하다
unnerving [ənə́rviŋ]	a 용기를 잃게 하는, 무기력하게 하는, 불안하게 하는
untouchable [ʌntʌ́tʃəbl]	a 당해낼 상대가 없는, 건드릴 수 없는, 손댈 수 없는
uphill [ʌ́phíl]	a 오르막의, 힘겨운
utterly [ʌ́tərli]	ad 완전히
weather [wéðər]	v (어려움, 위기 등을) 견디어 내다, 극복하다

600점 어휘	
☐ **amity** [ǽməti]	ⓝ 우회, 친선
☐ **annihilate** [ənáiəlèit]	ⓥ 전멸시키다, 말살하다
☐ **antagonism** [æntǽɡənìzəm]	ⓝ 적의, 적대감
☐ **arsenal** [ɑ́ːrsənəl]	ⓝ 병기고
☐ **belligerent** [bəlídʒərənt]	ⓐ 호전적인
☐ **blight** [blait]	ⓥ 망치다, 엉망으로 만들다
☐ **blithe** [blaið]	ⓐ 태평스러운, 쾌활한
☐ **categorically** [kætəɡɔ́ːrikəli]	ⓐⓓ 절대적으로, 단언적으로
☐ **congruity** [kəngrú(ː)əti]	ⓝ 적합, 조합, 일치
☐ **contumacious** [kàntjuméiʃəs]	ⓐ 반항적인
☐ **contumelious** [kàntəmíːliəs]	ⓐ 오만불손한
☐ **cripple** [krípl]	ⓥ 심각한 손상을 입히다, 불구로 만들다
☐ **defunct** [difʌ́ŋkt]	ⓐ 현존하지 않는
☐ **dissipation** [disəpéiʃən]	ⓝ 소멸, 소실
☐ **expurgate** [ékspəːrɡèit]	ⓥ (서적에서 부정적인 부분을) 삭제하다
☐ **extricate** [ékstrəkèit]	ⓥ 해방되다; 해방시키다, 탈출시키다
☐ **extirpate** [ékstəːrpèit]	ⓥ 근절시키다, 제거하다, 없애다
☐ **extort** [ikstɔ́ːrt]	ⓥ 갈취하다, 강탈하다
☐ **fusty** [fʌ́sti]	ⓐ 케케묵은, 구식의
☐ **gallantly** [ɡǽləntli]	ⓐⓓ 용감하게, 당당하게, 씩씩하게
☐ **hairsplitting** [hɛ́ərsplìtiŋ]	ⓐ 사소한 일을 따지는
☐ **impregnable** [imprégnəbl]	ⓐ 난공불락의
☐ **invincible** [invínsəbl]	ⓐ 천하무적의
☐ **invulnerable** [invʌ́lnərəbl]	ⓐ 해칠 수 없는, 철벽의
☐ **skirmish** [skə́ːrmiʃ]	ⓥ 소규모 충돌(언쟁)을 벌이다 ⓝ 작은 충돌[언쟁], 접전
☐ **subjugation** [sʌbdʒuɡéiʃən]	ⓝ 정복, 예속
☐ **tempestuous** [tempéstʃuəs]	ⓐ 열렬한, 격정적인; 폭풍이 치는
☐ **tractable** [trǽktəbl]	ⓐ 다루기 쉬운, 길들이기 쉬운
☐ **transmute** [trænsmjúːt]	ⓥ 바꾸다, 변화시키다
☐ **vitiate** [víʃièit]	ⓥ 해치다, 손상시키다

DAY 26

지리·지질·붕괴·파괴

지진과 화산에 관련된 상황이 가장 빈번히 출제되며, '파괴하다'의 의미로
쓰이는 동사들도 주의해서 알아두어야 한다.

오늘의 단어 듣기
들으면서 암기하세요!

나의 학습노트

1회 암기	✓		2회 암기	✓		3회 암기	✓	
날짜	월	일	날짜	월	일	날짜	월	일
시간	시	분	시간	시	분	시간	시	분

01 ★★★
desolate
[désəlit]

[동] [a] barren, devastated

[a] 1)황량한, 내버려진 2)쓸쓸한, 외로운

1)Before Las Vegas became a mobster's paradise, the entire area was nothing but a **desolate** desert.

Las Vegas가 갱들의 천국이 되기 전에, 그 전 지역은 단지 황량한 사막일 뿐이었다.

[v] 황폐화시키다

암기Tip 어원 암기법

de(completely: 완전히) + sole(lonely: 외로운) + ate(형접/명접)
▸ 완전히 외로운, 완전히 처량한 ▸ 내버려진, 황량한

02 ★★★
impending
[impéndiŋ]

[동] imminent

[a] 임박한, 곧 닥칠

Because the volcano was starting to smoke and rumble, locals feared an **impending** eruption.

화산이 연기가 나고 우르릉거리는 소리를 내기 시작했기 때문에, 지역 사람들은 곧 닥칠 폭발을 두려워했다.

빈출 기출 표현 impending 관련 표현

an **impending** crisis [phr] 임박한 위기
impending doom [phr] 임박한 종말

03 ★★★
seismic
[sáizmik]

[파] aseismic [a] 지진이 없는
seismology [n] 지진학

[a] 지진의, 지진에 의한

Seismic waves caused by the earthquake caused a tsunami on the island shore.

지진으로 인한 지진파들은 도서 해안에 쓰나미를 야기시켰다.

암기Tip 어원 암기법

seismo(earthquake: 지진) + ic(형접) ▸ 지진의

빈출 기출 표현 seismic 관련 표현

seismic zone [phr] 지진대
seismic center [phr] 진원지

04 ★★★

erupt

[irʌ́pt]

㉺ eruption n 분출

v (화산이나 온천이 갑자기) 분출하다, 터지다; 분출시키다

As the water and steam continued to **erupt**, onlookers took pictures of the newly discovered geyser.

물과 증기가 계속 분출했을 때, 구경꾼들은 그 새롭게 발견된 온천을 사진으로 찍었다.

암기Tip 어원 암기법

e(ex/out: 밖으로) + rupt(break: 부서지다)
▸ 부서져 나오다 ▸ 터지다, 분출하다

빈출 기출 표현 ~rupt(break) 관련 표현

erupt v 분출하다
dis**rupt** v 파괴하다, 붕괴시키다, 혼돈을 초래하다
inter**rupt** v 가로막다, 중단시키다

05 ★★★

sediment

[sédəmənt]

n 침전물

After the flood waters receded, there was a huge amount of **sediment** deposited near the shore.

홍수로 범람한 물이 빠져나간 후에, 물가에는 엄청난 양의 퇴적된 침전물이 있었다.

06 ★★★

undermine

[ʌ̀ndərmáin]

㉯ weaken, collapse

v (침식에 의해 기반을) 약화시키다, 손상시키다

We had to cut down the enormous tree because the roots were beginning to **undermine** the rock wall.

그 거대한 나무의 뿌리들이 암벽을 손상시키기 시작했기 때문에 베어버릴 수밖에 없었다.

암기Tip 어원 암기법

under(아래) + mine(땅을 파다)
▸ ~의 아래를 파다, 뿌리(토대)를 침식시키다 ▸ 약화시키다

07 ★★★

erode

[iróud]

파 erosion ⋒ 침식

Ⅴ 침식되다; 침식시키다, 좀먹다, 서서히 파괴하다

When the heavy rains cause the soil to **erode**, many crops were destroyed.

폭우로 토사가 침식됐을 때, 많은 농작물들이 파괴되었다.

> 💡 암기Tip 〈 어원 암기법
>
> e(ex/out: 밖으로) + rode(gnaw: 갉아 먹다)
> ▸ 밖으로 갉아내다, 침식하다 ▸ 좀먹다

08 ★★★

emerge

[imɔ́ːrdʒ]

파 emergence ⋒ 출현

Ⅴ 나오다, 드러나다, 발생하다

The seeds we planted last week are starting to **emerge** from the soil as small shoots.

우리가 지난주에 심은 씨앗들이 작은 새싹으로 땅에서 나오기 시작하고 있다.

> 💡 암기Tip 〈 어원 암기법
>
> ex(out: 밖으로) + merge(sink: 가라앉다)
> ▸ 가라앉은 것이 밖으로 튀어 오르다 ▸ 출현하다, 나타나다

09 ★★★

foolproof

[fúːlprùːf]

동 infallible

a 아주 확실한, 실패할 염려가 없는, 간단한

Even though nowadays geologists predict diastrophism more accurately with technical help, there is still no **foolproof** way to foretell all kinds of natural disasters.

요즘은 지질학자들이 기술적인 도움으로 더 정확하게 지각 변동을 예측한다고 하더라도, 온갖 종류의 자연 재해를 예측할 확실한 방법은 여전히 없다.

> 💡 암기Tip 〈 어원 암기법
>
> fool(바보) + proof(resistant: ~을 막는) ▸ 누구든 바보가 되는 것을 막는, 절대 바보가 될 수 없는 ▸ 실패할 수 없는, 간단한

> 📊 빈출 기출 표현 〈 foolproof 관련 표현
>
> a **foolproof** method phr 실패할 수 없는 방법
> a **foolproof** explanation phr 간단한 설명

10 ★★★

gape

[geip]

[파] agape [a] (입을) 떡 벌리고
[동] gap, breach

[n] 1)큰 구멍, 벌어진 틈 2)(아연실색해서) 응시함 3)하품

1)The **gape** in the street, caused by the earthquake, was so big that it could swallow a car.
지진에 의해 생긴 도로의 벌어진 틈이 매우 커서 차를 삼켜버릴 수 있었다.

[v] 입이 떡 벌어지다(at), 넋 놓고 쳐다보다

11 ★★★

stampede

[stæmpíːd]

[n] 쇄도, 서둘러 몰려감

A: These new escape procedures are much safer.
이 새로운 대피 절차가 훨씬 더 안전해.
B: Yes, you're right. It's to make sure that without a **stampede** people can escape with different routes.
그래 맞아. 쇄도하는 상황 없이 사람들이 다른 행로로 대피할 수 있도록 확실히 해주거든.

[v] 우르르 도망치다, 크게 쇄도하다

12 ★★★

extract

[ékstrækt]

[v] 1)빼내다, 추출하다 2)(글을) 발췌하다

1)After the landslide, emergency services rushed to **extract** the huge rock which trapped three cars.
산사태 이후에, 긴급 구조대들이 3대의 차량을 꼼짝 못하게 한 거대한 바위를 빼내려고 쇄도했다.

[n] 추출(물), 발췌(문)

암기Tip 어원 암기법

ex(out: 밖으로) + tract(draw: 끌다)
▸ draw out: 추출하다, 끌어내다, 빼내다

13 ★★★

astonish

[əstániʃ]

[파] astonishment [n] 놀람
[동] amaze, astound, shock

[v] 깜짝 놀라게 하다

The discovery of a new rock **astonished** geologists as it was nothing like anything they had seen before.
새로운 암석의 발견은 그 암석이 전에 본 것과는 완전히 다른 것이어서 고고학자들을 깜짝 놀라게 했다.

14 ★★★

dormant

[dɔ́ːrmənt]

(반) active

a 휴면기의, 활동을 중단한

Since the volcano is <u>inactive</u> and **dormant** right now, you do not have to be concerned about its erupting.

그 화산은 지금 당장은 활동을 중단한 휴면기이기 때문에, 분출에 대한 걱정을 할 필요는 없다.

> **📊 빈출 기출 표현 〈 dormant 관련 표현**
>
> a **dormant** volcano phr 휴화산
> a **dormant** account phr 휴면 계좌

15 ★★★

extinguish

[ikstíŋgwiʃ]

(동) ¹⁾put out
²⁾annihilate

v ¹⁾불을 끄다 ²⁾전멸시키다

It took over three weeks to **extinguish** the huge forest <u>fire</u> which swept across West America.

서 아메리카 전역을 휩쓴 거대한 산불을 진화시키는 데 3주가 넘게 걸렸다.

> **💡 암기Tip 〈 어원 암기법**
>
> ex(out: 밖으로) + stinguish(quench: 불을 끄다) ▸ 불을 끄다

> **✋ 기출 포인트**
>
> 화재를 목적어로 받는 동사 문제는 '불을 끄다', '진화하다'의 의미인 extinguish나 put out이 거의 정답이라고 해도 과언이 아니고, 더불어 '불을 지피다'라는 의미인 set a fire 또는 make a fire도 같이 기억해 두자.

16 ★★★

on the loose

phr 도주한

A: Did you hear that the arsonist who caused the forest fire is **on the loose**?

산불을 낸 방화범이 도주한 상태라는 거 들었니?

B: Oh, no! The police need to <u>catch</u> him before he causes more trouble.

오, 안돼! 그가 더 많은 문제를 일으키기 전에 경찰이 잡아야 하는데.

17 ★★★

prosper

[práspər]

(형) prosperous a 번창하는, 번성하는
(동) thrive, flourish

v 번성하다, 번영하다

Grapes **prosper** in hot and dry regions but don't <u>thrive</u> well in cold and wet areas.

포도는 뜨겁고 건조한 지대에서 번성하지만, 춥고 습한 지역에서는 그렇게 잘 자라지 않는다.

18 ★★★

dearth

[dəːrθ]

(동) lack, scarcity, shortage, need

(반) plethora

n 부족, 결핍, 기근

Although the lake is <u>filled</u> with water, the **dearth** of aquatic life makes it a gloomy sight.

그 호수는 물은 가득 찼지만, 수중 생물의 부족이 그곳의 시야를 흐리게 한다.

> **🔥 기출 포인트**
>
> '결핍'과 '과다'의 대립되는 어휘는 근거와 정답으로 동시에 자주 출제되므로 동의어와 반의어 모두 명확하게 구분해서 잘 기억해 두어야 한다.

> **📈 빈출 기출 표현** dearth 관련 표현
>
> a **dearth** of information **phr** 정보의 부족
> a **dearth** of water **phr** 물의 기근

---

19 ★★★

tremor

[trémər]

(파) tremulous (a) 약간 떨리는

n 미진, (약간의) 떨림

Compared to <u>a full blown earthquake</u>, an earth **tremor** is so weak that you might not even notice it.

본격적인 지진과는 상반되게, 대지의 미진은 매우 약해서 심지어 알아채지 못할지도 모른다.

---

20 ★★

smother

[smʌ́ðər]

(동) 1)stifle, suffocate 2)suppress, repress

v 1)질식시키다 2)(감정을) 억누르다

1)The camper needed to **smother** the camp fire out before going to bed, so he <u>stomped</u> it <u>out</u> with his boot.

그 캠핑객은 자기 전에 모닥불을 꺼야 했고, 그래서 그는 부츠로 짓밟아 껐다.

---

21 ★★

nestle

[nésl]

v 포근하게 자리하다, 포근하게 안다[눕다]

Fertile lands are **nestled** <u>between</u> the Andean Mountains where many types of crops are grown.

비옥한 땅들이 많은 경작물들이 자라고 있는 Andean 산맥의 산들 사이에 자리하고 있다.

22 ★★

obliterate

[əblítərèit]

(동) do away with, efface

ⓥ 완전히 파괴하다, (흔적을) 없애다, 지우다

The earthquake was so powerful that it destroyed and completely **obliterated** the city.

그 지진은 매우 강해서 그 도시를 파괴하고 완전히 없애버렸다.

> 💡 **암기Tip** ⟨ **어원 암기법**
>
> ob(against: 대항해서) + litter(letter: 글자) + ate(동접)
> ▸ 글자에 대항하게 하다, 글자를 없애게 하다 ▸ 없애다, 지우다, 파괴하다

---

23 ★★

rescue

[réskjuː]

(동) save, release

ⓝ 구출, 구조, 구제

A swift moving river made it difficult for the search party to **rescue** the stranded hikers.

빠른 유속의 강은 수색대가 꼼짝 못하고 갇힌 등산객들을 구출하기 어렵게 만들었다.

ⓥ 구출[구조, 구제]하다

---

24 ★★

ruin

[rú(ː)in]

ⓝ 붕괴, 몰락

Our village was left in **ruin** and many homes were damaged due to the severe earthquake we had last week.

우리 마을은 지난주의 심각한 지진으로 인해 붕괴 상태로 남았고 많은 주택들이 훼손되었다.

ⓥ 망치다, 폐허로 만들다

---

25 ★★

undulate

[ʌ́ndʒəlit]

ⓥ 파도에 굽이치다, 기복을 이루고 있다

The road, having a continuous up and down geographical feature, **undulates** for 10 miles before an even ground.

오르락 내리락 하는 지형적 특징이 계속 이어지는 그 도로는 평지 전까지 10마일 간은 굽이쳤다.

26 ★★
tread
[tred]
[동] step on, trample

[v] (발로) 밟다, 디디다, 발로 뭉개다

A: Be careful not to **tread** on anything and contaminate this geological area.
아무것도 밟지 않게 그리고 이 지질학 지역을 오염시키지 않게 주의해.
B: Okay, I'll be cautious not to ruin it.
알겠어, 망치지 않도록 주의할게.

[n] 짓밟음, 걸음, 발걸음 소리

27 ★★
explode
[iksplóud]
[파] explosion [n] 폭발

[v] 터지다, 폭발하다; 터뜨리다

A: Why do we have to stand so far away from that geyser?
왜 우리는 온천에서 그렇게 멀리 떨어져 서 있어야 하나요?
B: We need to keep a safe distance in case it **explodes**.
그것이 폭발하는 경우에 대비해서 안전 거리를 유지해야 해요.

28 ★★
uncommon
[ʌnkámən]

[a] 흔치 않은, 드문

It is not **uncommon** for this area to experience earthquakes as it is situated on the edge of a tectonic plate.
이 지역은 지질 구조판의 가장자리에 위치해 있기 때문에 지진을 경험하는 것이 드문 일은 아니다.

29 ★★
buckle
[bʌ́kl]
[동] warp, bend

[v] 휘다, 찌그러지다

Buildings in earthquake prone areas need to have slightly flexible structures so they don't **buckle** and collapse in an earthquake.
지진 발생 지역에 있는 건물들은 지진에 휘거나 붕괴되지 않도록 약간 탄성이 있는 구조를 갖출 필요가 있다.

30 ★★
conflagration
[kὰnfləgréiʃən]

[n] 큰불, 대화재

The **conflagration** and civil war completely change the geography of the country dividing it in two.
대화재와 시민 전쟁은 그 나라의 지형을 둘로 나누면서 완전히 변화시켰다.

> **💡 암기Tip** ❬ 어원 암기법
>
> con(강조) + flagrat(burn: 불태우다) + ion(명접)
> ▸ 엄청나게 불태우는 것 ▸ 대화재

31 ★★
mitigate
[mítəgèit]

㉴ lessen, alleviate

Ⅴ (강도, 힘을) 완화시키다, 경감시키다

To mitigate the devastation of the drought, the government will offer financial subsidies and aid to farmers.

가뭄의 파괴 정도를 완화시키기 위해서, 정부는 농부들에게 재정적인 보조와 원조를 제공할 것이다.

> **💡 암기Tip** ❬ 어원 암기법
>
> miti(mild: 가벼운, 온화한) + agate(make: 만들다)
> ▸ 가볍게 만들다, 온화하게 만들다 ▸ 완화시키다

32 ★★
negligence
[néglidʒəns]

㉵ negligent ⓐ 태만한, 부주의한

ⁿ 부주의, 태만

A: We all need to be careful to save our environment.
우리 모두는 환경을 보존하기 위해 주의할 필요가 있어.
B: Yes, you're right. Our **negligence** has caused enough damage already.
그래, 맞아. 우리의 부주의가 이미 충분한 손상을 입혀왔거든.

33 ★
withhold
[wiðhóuld]

㉴ restrain, check, refrain

Ⅴ 억제시키다, 제지시키다, 보류시키다

A: How many people died in the eruption?
얼마나 많은 사람들이 폭발로 사망했어?
B: I don't know. The emergency services are **withholding** that information from the public at the moment.
모르겠어. 비상 구조대가 지금 대중들에게 그 정보를 알리지 않고 있거든.

> **💡 암기Tip** ❬ 어원 암기법
>
> with(back: 뒤로) + hold(꽉 잡다) ▸ 뒤로 꽉 잡다 ▸ 제지시키다

> **📈 빈출 기출 표현** ❬ with(back/against)~ 관련 표현
>
> **with**hold Ⅴ 제지시키다
> **with**draw Ⅴ 철수하다, 회수하다
> **with**stand Ⅴ 견뎌내다, 이겨내다

34 ★

terrain

[təréin]

n 지형, 지역

When walking <u>mountainous</u> **terrain**, it is essential you protect your feet by wearing boots.
산이 많은 지형을 걸을 때, 부츠를 신어서 발을 보호하는 것은 필수이다.

---

35 ★

cascade

[kæskéid]

⑤ waterfall, fall

n 작은 폭포, 폭포처럼 쏟아지는 물

This area is prone to a <u>waterfall</u> or **cascade** of different types of natural disasters.
이 지역은 다양한 형태의 자연 재해들 중에서 폭포나 작은 폭포가 생기기 쉽다.

v 폭포처럼 흐르다

---

36 ★

irreparably

[irépərəbli]

ad 돌이킬 수 없을 정도로

A: Is there any way you can <u>repair</u> your house after the land slide?
산사태 후에 너의 집을 수리할 수 있는 방법이 있니?
B: No, it was **irreparably** damaged beyond repair.
아니, 수리가 불가능할 정도로 돌이킬 수 없이 손상되었어.

> **💡 암기Tip 어원 암기법**
> ir(in/not: 없는) + re(again: 다시) + pare(make ready: 준비시키다) + able(형접) + ly(부접) ▶ 다시 준비시킬 수 없을 정도로 ▶ 돌이킬 수 없을 정도로

---

37 ★

proof

[pru:f]

n 증거(물), 증명

The layers in this rock as <u>evidence</u> shows **proof** that volcanic activity is the reason why this terrain is shaped the way it is.
증거로서의 이 바위의 층들은 화산 활동이 이 지형을 지금처럼 만들어지게 한 이유라는 증거를 보여준다.

---

38 ★

crater

[kréitər]

n 분화구, 큰 구멍

The Moon has a **crater** so large, that the <u>hole</u> can be seen by the naked eye from earth.
달은 매우 큰 분화구를 갖고 있어서, 지구에서 육안으로도 관찰될 수 있다.

---

39 ★

crust

[krʌst]

n 1)(지구, 행성, 위성의) 표층, 지각 2)(빵) 껍질, 딱딱한 부분

The average age of Earth's continental **crust** that is the outermost solid shell is estimated to be about two billion years old.

가장 바깥쪽의 단단한 껍질인 지구 대륙 표층의 평균 연식은 약 20억 년으로 추정된다.

> 💡 암기Tip ⟨ 연상/확장 암기법
>
> 최근에 지구의 crust(표층)와 중심부인 core(핵)에서 활동이 없이 dormant(활동을 중단한)상태에 있던 volcano(화산)가 갑자기 erupt(분출하다)되거나 earthquake(지진)에 의해 건물들이 buckle(휘어지다) 되는 등의 불안한 활동이 계속되고 있다.

---

40 ★

latitude

[lǽtətjùːd]

n 위도

Precise location on the earth is given on coordinates of <u>longitude</u> and **latitude**.

지구상에서의 정확한 위치는 경위도 좌표에 기재된다.

> 🔑 기출 포인트 ⟨ 유사 어휘
>
> latitude n 위도
> lassitude n 노곤함, 피곤함
> aptitude n 소질, 적성

---

41 ★

ridge

[ridʒ]

n 산등성이, 산마루

Ridges are usually called hills or mountains as well, which geologically form <u>a continuous elevated crest</u> for some distance.

산등성이는 보통 언덕 또는 산맥이라고도 불리고, 지리적으로 일정한 구간 동안 지속적으로 높이 솟은 산마루를 형성한다.

> 🔑 기출 포인트 ⟨ 유사 어휘
>
> ridge n 산등성이
> ledge n 바위 턱, 벼랑길, 선반

---

42 ★

grotto

[grátou]

n 작은 동굴

A '**grotto**' is a natural or artificial cave: natural ones are often <u>small caves</u> near water and artificial ones are sometimes used as garden features.

'작은 동굴'은 자연적 혹은 인공적인 동굴이다. 자연적인 것들은 보통 물가 근처의 작은 동굴들이고 인공적인 것들은 종종 정원의 장치로 이용된다.

Daily Check-up

해석/해설 p. 544

Choose the best answer.

🕐 2초 check-up

01 Earthquakes, though (typical, familiar, uncommon) in Korea in the past, often occur nowadays.

02 No one was hurt when the geyser (exploded, extracted, ruined) suddenly.

03 The safety warning flags (stifled, undulated, rescinded) in the breeze.

04 There was a disastrous (compost, landfill, conflagration) which burned the entire small town.

05 The fossil was found from the layer of (sediments, erosion, flames) deposited at the bottom of the river.

🕐 5초 check-up

06 A: Those old buildings look risky after the strong earthquake.
B: The city government has to do something in a hurry before their _____ causes bigger damage.

(a) negligence   (b) attention
(c) liability   (d) discretion

07 A: I heard some more relics are being excavated at the historic site.
B: Yes, no entrance is allowed lest people _____ on or ruin them carelessly.

(a) forbid   (b) flee
(c) thrust   (d) tread

08 A: Have you ever seen the volcano erupting?
B: No, it's been in a(n) _____ state for over 100 years.

(a) inimical   (b) active
(c) dormant   (d) incipient

09 The prehistoric caves of Yagul is _____ in the central valley of Oaxaka.

(a) nettle   (b) peddled
(c) nestled   (d) fetched

10 Since there was a _____ of geological information on the area, it was hard for researchers to come up to it.

(a) abuse   (b) dearth
(c) surplus   (d) plethora

11 On the basis of scientific evidence, scientists have offered _____ that desertification is going on in many countries of the world.

(a) negation   (b) confusion
(c) proof   (d) assumption

12 Many historic sites have been _____ damaged and collapsed in the violent earthquake.

(a) irreparably   (b) reversibly
(c) unaffectedly   (d) primitively

[정답] **01.** uncommon   **02.** exploded   **03.** undulated   **04.** conflagration   **05.** sediments   **06.** (a)   **07.** (d)   **08.** (c)
      09. (c)   **10.** (b)   **11.** (c)   **12.** (a)

400점 어휘

antarctic [æntá:rktik]	ⓐ 남극의
arctic [á:rktik]	ⓐ 북극의
cliff [klif]	ⓝ 절벽, 낭떠러지
column [kάləm]	ⓝ (건물의) 기둥; 칼럼
crop [krɑp]	ⓝ 농작물, 수확량 ⓥ 짧게 깎다
earthquake [ə́:rθkwèik]	ⓝ 지진
fall apart	phr 부서지다, 무너지다
geography [dʒiágrəfi]	ⓝ 지리학
geology [dʒiálədʒi]	ⓝ 지질학
granite [grǽnit]	ⓝ 화강암
gravel [grǽvəl]	ⓝ 자갈
lava [lά:və]	ⓝ 용암
loaded [lóudid]	ⓐ 풍부한
longitude [lάndʒətjù:d]	ⓝ 경도
marble [mά:rbl]	ⓝ 대리석
massive [mǽsiv]	ⓐ 거대한, 엄청난
meadow [médou]	ⓝ 목초지
outlast [àutlǽst]	ⓥ ~보다 오래가다
out of blue	phr 느닷없이, 갑자기
peninsula [pənínsələ]	ⓝ 반도
pebble [pébl]	ⓝ 조약돌, 자갈
puddle [pʌ́dl]	ⓝ 웅덩이
sea level	phr 해수면
seemingly [sí:miŋli]	ⓐⓓ 겉보기에는, 외관상으로는
set on	phr 기습[공격]하다
specimen [spésəmən]	ⓝ 표본, 견본
swamp [swɑmp]	ⓝ 늪, 습지
taper [téipər]	ⓥ (폭이) 점점 가늘어지다, (수, 양, 정도가) 점점 줄어들다
uproar [ʌ́prɔ̀:r]	ⓝ 대소동, 소란
volcanism [vάlkənìzəm]	ⓝ 화산 활동, 화산 작용

500점 어휘

aerial [ɛ́(ː)əiəl]	ⓐ 공기의, 기체의
aftermath [ǽftərmæ̀θ]	ⓝ 여파, 후유증
aftershock [ǽftərʃɑ̀k]	ⓝ (지진의) 여진
a host of	phr 다수의
antecedent [æ̀ntisíːdənt]	ⓐ 이전의, 선행된 ⓝ 선조, 선행 사건
basin [béisən]	ⓝ 분지, 유역; 세면기, 대야
batter [bǽtər]	ⓥ 강타하다, 연타하다, 세게 두드리다
blow up	phr 폭파시키다, 날려 버리다; 폭파되다; ~에게 화를 내다 (at)
bulge [bʌldʒ]	ⓥ 툭 튀어 나오다, 불거지다 ⓝ 팽창, 돌출, 불룩함
burrow [bə́ːrou]	ⓥ (땅, 굴을) 파다, (속으로) 파고 들다
conductive [kəndʌ́ktiv]	ⓐ 전도성의, 전도하는
convergent [kənvə́ːrdʒənt]	ⓐ 한 점에 모이는, 집중적인, 수렴되는
credence [kríːdəns]	ⓝ 신빙성
crevice [krévis]	ⓝ (바위, 땅의) 균열, 틈
deformation [dìːfɔːrméiʃən]	ⓝ 변형, 기형
deglaciation phase	phr 해빙기 단계
demarcation [dìːmɑːrkéiʃən]	ⓝ 지역의 구분[경계]
deposit [dipázit]	ⓥ 퇴적되다, 퇴적시키다
dune [djuːn]	ⓝ 모래언덕, 사구
epicenter [épisèntər]	ⓝ 진앙
equator [ikwéitər]	ⓝ 적도
fertile [fə́ːrtəl]	ⓐ 비옥한, 기름진
flame [fleim]	ⓥ 활활 타오르다 ⓝ 불꽃
flux [flʌks]	ⓝ 끊임없는 변화[유동], 흐름
focal depth	phr 진원 깊이, 촛점 심도
foreshock [fɔ́ːrʃɑ̀k]	ⓝ (지진의) 초기 미동
frictional [fríkʃənəl]	ⓐ 마찰의, 마찰로 일어나는
holocaust [háləkɔ̀ːst]	ⓝ 대참사, 대파괴
hover [hʌ́vər]	ⓥ 허공을 맴돌다, (다른 사람 주위를) 서성이다
hypothesize [haipáθisàiz]	ⓥ 가설을 세우다[제기하다], 가정하다

목표 점수대별 어휘

500점 어휘	
in a panic	phr 공황상태에 빠진
gorge [gɔːrdʒ]	n 협곡 v 잔뜩 먹다
landslide [lǽndslàid]	n 산사태; 압도적 승리[득표]
magnitude [mǽgnətjùːd]	n 규모; (별의) 광도
mountain ridge	phr 산등, 능선, 산맥
perpetual [pərpétʃuəl]	a 지속되는, 영원한
pinnacle [pínəkl]	n 정점, 절정
prospectors [práspektər]	n 탐사자, 탐광자
radiate [réidiət]	v (열, 빛, 에너지 등을) 발산하다, 내뿜다; 방출되다
ravine [rəvíːn]	n 산골짜기, 협곡
remnants [rémnənt]	n 나머지, 잔여물
revelation [rèvəléiʃən]	n 폭로, 계시
rift [rift]	n (지면, 암석 사이의) 갈라진 틈 v 트림하다
rim [rim]	n 가장자리, 테두리
rugged [rʌ́gid]	a 바위투성이의, 기복이 심한, 험준한; 단호한
rumble [rʌ́mbl]	v (지진, 천둥 등이) 우르르 울리다 n 우르르 소리
rupture [rʌ́ptʃər]	n 파열, 균열; 단절, 결렬, 파탄
sequence [síːkwəns]	n 순서, 차례, 배열, 연속
shatter [ʃǽtər]	v 산산이 부서지다; 산산조각 내다
specify [spésəfài]	v (분명하게) 명시하다
terrestrial [təréstriəl]	a 지상의, 지구의
thaw [θɔː]	v (얼음, 눈이) 녹다, 날씨가 풀리다 n 해빙(기)
topography [təpágrəfi]	n 지형학, 지형
tumble [tʌ́mbl]	v 굴러 떨어지다
tributary [tríbjətèri]	n 지류
upheaval [ʌphíːvəl]	n 격변, 대변동, 파동, 정변; 융기
uplifted [ʌplíftid]	a (지형이) 융기된, (감정이) 고조된, 행복해 하는
velocity [vəlásəti]	n 속도
wipe out	phr 쓸어 버리다, 몰살하다, 섬멸하다
wreckage [rékidʒ]	n (사고의) 잔해

600점 어휘

☐ **asunder** [əsʌ́ndər]	ad 산산이, 뿔뿔이
☐ **cartography** [kɑːrtɑ́grəfi]	n 지도 제작(법)
☐ **cataclysm** [kǽtəklìzəm]	n 대재앙, 대변동
☐ **conical** [kɑ́nikəl]	a 원뿔 모양의
☐ **cleave** [kliːv]	v 쪼개다, 가르다, 틈을 내다
☐ **cornucopian** [kɔ̀ːrnjukóupiə]	a 풍부한
☐ **crest** [krest]	n 산마루
☐ **fissure** [fíʃər]	n (암석, 지면의) 갈라진 틈
☐ **galore** [gəlɔ́ːr]	a 많은, 풍부한
☐ **graphite** [grǽfait]	n 흑연
☐ **hubbub** [hʌ́bʌb]	n 왁자지껄한 소리; 소란, 대소동
☐ **hypocenter** [háipəsèntər]	n (지진의) 진원지
☐ **igneous rock**	phr 화성암
☐ **level off**	phr 수평을 유지하다;(평면이 되게)고르게 만들다
☐ **lithify** [líθəfài]	v 석화되다
☐ **lithosphere** [líθəsfìər]	n 대륙권, 암석권
☐ **mantle** [mǽntəl]	n (표면을 덮고 있는) 꺼풀, 장막 v (표면을) 덮다
☐ **mantle plume**	phr 맨틀 융기
☐ **molten** [móultən]	a (금속, 암석 등이) 녹은
☐ **plateau** [plætóu]	n 고원; 안정기, 정체기
☐ **rive** [raiv]	v 쪼개다, 찢다
☐ **rubble** [rʌ́bl]	n 돌무더기, 잔해
☐ **sever** [sévər]	v 자르다, 끊다, 단절시키다
☐ **sonic boom**	phr 굉음, 폭발음, 충격파음
☐ **strait** [streit]	n 해협; 궁핍, 곤경
☐ **stalactite** [stəlǽktait]	n 종유석
☐ **succor** [sʌ́kər]	v 원조하다, 구조하다 n 원조, 구조
☐ **sunder** [sʌ́ndər]	v 찢다, 떼어놓다, 분열시키다
☐ **tectonic** [tektɑ́nik]	a (지질) 구조상의
☐ **viscous** [vískəs]	a 점성이 있는, 끈적끈적한

동식물·자연 과학

동물의 거친 특성과 행동, 식물 재배의 특성을 포함해 대체로 문제점과
부정적인 동사, 형용사들이 많이 출제된다.

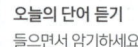

오늘의 단어 듣기
들으면서 암기하세요!

나의 학습노트

1회 암기		∨	2회 암기		∨	3회 암기		∨
날짜	월	일	**날짜**	월	일	**날짜**	월	일
시간	시	분	**시간**	시	분	**시간**	시	분

01 ★★★

unfurl

[ʌnfə́ːrl]

⒮ unfold

Ⅴ (말려있던 것들이) 펼쳐지다; 펼치다, 펴다

A: Wow! These flowers changed a lot!
와! 이 꽃들이 많이 달라졌네!
B: Yes, they look much better after their buds began to **unfurl**.
응, 꽃봉오리가 피기 시작한 후로 훨씬 보기 좋아.

> 💡 **암기Tip** ❬ 어원 암기법
>
> un(not: 아닌) + furl(bind: 묶다)
> ▸ 묶지 않다, 풀어두다 ▸ 펼쳐두다, 펼쳐지다

02 ★★★

endorse

[indɔ́ːrs]

⒫ endorsement ⓝ 지지, 보증
⒮ ¹⁾support, back, uphold
²⁾countersign, autograph

Ⅴ ¹⁾추천(지지)하다, 홍보(보증)하다 ²⁾(수표에) 이서하다

¹⁾The famous actress is **endorsing** the commercial for the World Wildlife Federation because she believes in their cause.
그 유명한 여배우는 그들의 신조가 좋다고 생각하기 때문에 세계야생생물협회를 위한 광고를 지지하고 있다.

> 💡 **암기Tip** ❬ 어원 암기법
>
> en(on: ~에) + dorse(back: 뒤)
> ▸ 뒤에서 하다, 뒷받침하다, 뒷면에 쓰다 ▸ (수표에) 이서하다

03 ★★★

contract

[kántrækt]

⒫ contractor ⓝ 계약자
⒮ shrink, shrivel
⒜ expand

Ⅴ ¹⁾수축하다; 수축시키다 ²⁾(감염에 의해) 질병을 얻다, 병에 걸리다

¹⁾Water **contracts** on melting or heating and expands on freezing.
물은 녹거나 열을 가하는 상황에서 수축하고 어는 과정에서는 팽창한다.

ⓝ 계약(서), 약정(서)

> 💡 **암기Tip** ❬ 어원 암기법
>
> con(together: 함께) + tract(draw: 끌다)
> ▸ 모두 함께 끌어오다, 줄어들다 ▸ 수축시키다, 수축하다

> 📈 **빈출 기출 표현** ❬ contract 관련 표현
>
> **contract** a disease phr 질병에 걸리다

04 ★★★

permeate

[pə́ːrmièit]

(동) penetrate, pervade

ⓥ 배다, 스며들다

An unpleasant smell started to **permeate** from my cat's litter box, indicating that it was to clean it.

청소를 해야 한다는 것을 나타내며 불쾌한 냄새가 고양이 변기에서 스며들기 시작했다.

> 💡 **암기Tip** 어원 암기법
>
> per(through: 통하여) + meate(pass: 지나가다)
> ▸ pass through: ~을 통해 지나가다 ▸ ~에 스며들다, 퍼지다

---

05 ★★★

auspicious

[ɔːspíʃəs]

(동) propitious, opportune,
     fortunate
(반) ominous

ⓐ 상서로운, 행운의

In Chinese culture, some animals are considered a fortunate and **auspicious** augury such as the animals in the Chinese zodiac.

중국 문화에서는, 중국의 12간지 동물들과 같은 일부 동물들이 행운을 가져오는 상서로운 징후로 여겨진다.

---

06 ★★★

droop

[druːp]

(동) sag, languish

ⓥ (아래로) 처지다, 시들해지다, 풀이 죽다

After swaying in the wind, the branches of the willow seemed to **droop** even lower than before.

바람에 흔들린 후에, 버드나무의 나뭇가지들은 전보다 더 낮게 늘어져 있는 듯 보였다.

ⓝ 의기소침

> 📊 **빈출 기출 표현** droop 관련 표현
>
> in a **droop** phr 의기소침한

> ✋ **기출 포인트**
>
> 가뭄이나 물을 주지 않고 방치해서 식물이 기력 없이 축 늘어져 있는 상황이 자주 나오므로 상황과 함께 잘 기억해 둔다.

---

07 ★★★

neglect

[niglékt]

ⓥ 방치하다, 무시하다

Neglecting your garden will cause you more trouble in the future as it will be overgrown and difficult to manage.

정원을 방치하는 것은 무성하게 자라서 관리하기 어렵게 될 것이기 때문에 미래에 더 많은 문제를 야기시킬 것이다.

08 ★★★

repudiate

[ripjúːdièit]

(동) deny, renounce, reject

ⓥ 부인하다, 거부하다, 물리치다

The zoo called for a television interview to **repudiate** claims of animal abuse and prove the allegations wrong.

동물원은 동물학대의 주장을 부인하고 근거 없는 주장들이 잘못됐음을 증명하려고 텔레비전 인터뷰를 요청했다.

> 💡 **암기Tip** 〈 **어원 암기법**
>
> re(back/away: 멀리하는) + pudi(feel shamed: 수치스러워하다) + ate(동접) ▸ 수치스러움에 멀리하다 ▸ 거부하다, 부인하다

09 ★★★

nullify

[nʌ́ləfài]

(동) void, annul, negate, invalidate, abrogate

ⓥ 무효화하다

All the results relating to pollution were **nullified** as they had failed to take temperature fluctuations into consideration.

오염관 관련된 모든 결과들은 기온 변동을 고려하지 않았기 때문에 무효화되었다.

10 ★★★

cast

[kæst]

(동) throw, hurl, fling

ⓥ 던지다

The lack of wildlife protection **casts** doubt in my mind on whether the endangered animals will survive.

야생동물 보호의 결여는 위험에 처한 동물들이 생존할 수 있을지에 대한 의구심을 들게 한다.

> 📊 **빈출 기출 표현** 〈 **cast 관련 표현**
>
> **cast** doubt on phr ~을 의심하다, 의구심을 제기하다
> **cast** a vote phr 투표하다

11 ★★★

extant

[ékstənt]

ⓐ 잔존하는, 현존하는

The researcher was surprised to learn the species he thought was extinct was only **extant** and living on a tiny island.

그 연구가는 자신이 멸종했을 거라고 생각한 종이 작은 섬에 잔존해서 살아있는 것을 알고 놀랐다.

> 👆 **기출 포인트** 〈 **유사 어휘**
>
> extant ⓐ 현존의
> extinct ⓐ 멸종된, 사라진
> extent ⓝ 정도

12 ★★★

hereditary

[hərédìtèri]

ⓐ 유전하는, 유전성의, 세습적인

Dogs have <u>inherited</u> many **hereditary** traits, such as physical, intellectual, physiological, neurological and behavioral factors, through selective breeding.

개들은 선발 번식을 통해서 육체적, 지적, 생리학적, 신경학적, 행동적 요인들과 같은 유전적인 특성들을 물려받아왔다.

---

13 ★★★

vicious

[víʃəs]

ⓢ savage, ferocious, atrocious, cruel, heinous

ⓐ 포악한, 잔인한, 공격적인

You should be very careful <u>not to be bitten</u> when handling that snake, because it can get **vicious** if you are not gentle with it.

저 뱀을 다룰 때는 물리지 않도록 매우 주의해야 하는데, 조심스럽게 다루지 않으면 뱀이 공격적이게 될 수 있기 때문이다.

---

14 ★★★

ascertain

[æsərtéin]

ⓥ 알아내다, 확인하다

In a few moments, the vet will <u>identify</u> if our pet rabbit is infected and **ascertain** whether it will need to be hospitalized.

잠시 후에, 수의사가 우리 애완 토끼의 감염 여부를 알아보고 입원해야 할지 말지를 확인할 것이다.

---

15 ★★★

occur

[əkə́ːr]

ⓓ occurrence ⓝ 발생

ⓥ 생기다, 일어나다

There is a myth that werewolves only come out when <u>a full moon</u> **occurs**.

늑대인간은 보름달이 떴을 때만 나타난다는 미신이 있다.

---

16 ★★★

magnify

[mǽgnəfài]

ⓓ magnification ⓝ 확대

ⓥ (크기, 소리, 강도 등을) 확대하다, 과장하다

Objects that are too minute to be seen with the naked eye can be made visible if **magnified** <u>with a microscope</u>.

너무 미세해서 육안으로 볼 수 없는 물체들은 현미경으로 확대하면 보이게 만들 수 있다.

> 📈 빈출 기출 표현 ◀ magnify 관련 표현
>
> **magnify**ing glass ⓟⓗⓡ 확대경, 돋보기
> **magnify** victories ⓟⓗⓡ 승리를 과장하다

17 ★★★

devoid

[divɔ́id]

⑤ destitute, lacking, wanting

ⓐ ~이 전혀 없는 (of), ~이 결여된

We need rain soon or the lake will be **devoid** of water and all the fish will die.

곧 비가 와야 하는데 그렇지 않으면 호수에 물이 없어 모든 물고기가 죽게 될 것이다.

> 📊 빈출 기출 표현 ❮ devoid 관련 표현
>
> be **devoid** of phr ~이 결여되다

18 ★★★

enumerate

[injú:mərèit]

ⓥ 열거하다, 나열하다

The speaker **enumerated** one by one all of the benefits that being environmentally friendly can change our environment for the better.

연설자는 환경 친화적이 되는 것이 우리의 환경을 더 좋게 바꿀 수 있다는 이점들을 모두 하나하나씩 나열했다.

19 ★★

scintillation

[sìntəléiʃən]

⑤ sparkling

ⓝ 섬광, 번쩍임

Many people are amazed when they see the beautiful **scintillation** of natural lights in the auroral zone.

많은 사람들은 오로라대에서 자연 빛의 아름다운 섬광을 보았을 때 놀라워했다.

> 💡 암기Tip ❮ 어원 암기법
>
> scintilla(sparkle: 반짝이다) + ate(동접) + ion(명접)
> ▸ 반짝거림, 광채가 남 ▸ 섬광

20 ★★

muted

[mjú:tid]

ⓐ (색이) 옅은; (소리가) 죽은

It is quite common for male birds to be more extravagant in color while the females are rather more **muted**.

암컷 새들이 오히려 좀 더 색이 옅은 반면에, 수컷 새들의 색상이 더 화려한 것은 상당히 흔한 일이다.

> ✋ 기출 포인트 ❮ 유사 어휘
>
> muted color phr 옅은 색상
> stark color phr 선명한, 강렬한 색상

21 ★★

affection

[əfékʃən]

(동) liking, penchant, predilection

n 애정

A: Wow, look at that puppy!

와, 저 강아지 봐!

B: It's so cute. His little eyes are full of **affection**.

정말 귀엽다. 그의 작은 눈이 애정으로 가득하네.

> **빈출 기출 표현** '~에 대한 애정이 있다' 관련 표현
>
> have affection for / have a penchant for

---

22 ★★

hypocritical

[hìpəkrítikəl]

a 위선의, 가식의

The **hypocritical** protesters shouted threats and abuse to the slaughter house workers but refused to turn vegetarian and stop eating meat.

위선적인 시위자들은 도축장 직원들에게 위협과 욕설을 외쳤지만, 채식주의로 바꾸거나 고기 먹는 것을 중단하는 것은 거부했다.

> **기출 포인트** 유사 어휘
>
> hypocritical a 위선적인
> hypercritical a 혹평하는

---

23 ★★

nuisance

[njúːsəns]

(동) annoyance, headache

n 골칫거리, 성가신 것

A: The ants in the kitchen are becoming quite a **nuisance**.

부엌의 개미들이 꽤나 골칫거리가 되고 있어.

B: Yes, we need to call the exterminator.

그래, 해충 박멸업자를 불러야겠어.

> **암기Tip** 어원 암기법
>
> nuis(injure: 해를 입히다) + ance(명접) ▸ 해를 입히는 것, 골칫거리

---

24 ★★

fend

[fend]

(동) defend, protect, guard

v 부양하다, 돌보다, 막다 (off)

The young cubs were left to **fend** for themselves, without their parents to protect them, while their mother went off hunting.

어린 새끼들의 어미가 사냥을 나간 동안에, 그들은 보호해 줄 부모 없이 스스로를 돌보도록 남겨졌다.

25 ★★

indiscriminate

[ìndiskrímənit]

⑤ thoughtless, undiscerning, reckless

ⓐ 무분별한, 무차별적인, 신중하지 못한

Jane's **indiscriminate** use of pesticides caused her dog to become ill and led all of her plants to die.

Jane의 무분별한 살충제 사용은 그녀의 개를 아프게 했고, 그녀의 모든 식물들을 죽게 만들었다.

26 ★★

tremendous

[triméndəs]

⑤ immense, enormous, huge

ⓐ 대단한, 엄청난, 굉장한

A: John has influentially created awareness in the preservation of endangered plants.

John은 위험에 처한 식물들의 보존에 대한 인식을 영향력 있게 구축해왔어.

B: Yes, he has made a **tremendous** effort to make this problem known to everyone.

그래, 그는 그 문제를 모든 사람들에게 알리려고 대단한 노력을 해왔어.

27★★

severely

[sivíərli]

⑤ badly, violently, harshly

ⓐⓓ 심하게, 극심하게

Even though a chimpanzee looks friendly and innocent, it can **severely** hurt you.

침팬지는 우호적이고 천진난만해 보이지만, 심하게 상해를 입힐 수 있다.

28 ★★

threatening

[θrétəniŋ]

⑤ intimidating, menacing

ⓐ 위협적인, 겁을 주는

All poisonous species of animals can be quite **threatening** to both humans and other animals.

모든 독성이 있는 동물 종들은 인간과 다른 동물들 모두에게 상당히 위협적일 수 있다.

29 ★★

foliage

[fóuliidʒ]

ⓝ 나뭇잎

The snake was not seen because his brown color allowed him to blend in with the maroon **foliage** of the tree in the backyard.

그 뱀은 몸의 갈색 빛이 뒤뜰에 있는 나무의 밤색 잎들과 섞여있었기 때문에, 눈에 띄지 않았다.

30 ★★

corroborate

[kərábərèit]

통 confirm, verify, validate, authenticate

v 입증하다, 굳건히 하다, 확증하다

Dr. Samuel was glad his partner was willing to **corroborate** his scientific findings by proving their veracity.

Samuel 박사는 그의 파트너가 자신의 과학적 발견들의 진실성을 입증함으로써 그것들을 확증하려는 것에 기뻐했다.

> 💡 암기Tip **어원 암기법**
>
> cor(com/together: 함께) + robor(make strong: 강하게 만들다) + ate(동접) ▶ 모두 함께 강하게 만들다 ▶ 굳건히 하다, 확고하게 만들다

---

31 ★

fallacy

[fǽləsi]

파 fallacious **a** 잘못된, 틀린

n 오류, 틀린 생각

It is a wrong **fallacy** to assume that all birds have small brains and are not intelligent.

모든 새들이 뇌가 작고 똑똑하지 않다고 추정하는 것은 잘못된 오류이다.

---

32 ★★

diminutive

[dimínjətiv]

통 tiny

a 아주 작은

Despite its tiny size, the **diminutive** predator was able to kill its prey over double its size.

아주 작은 크기에도 불구하고, 그 작은 포식자는 자신보다 두 배 이상 큰 먹잇감을 죽일 수 있었다.

> 💡 암기Tip **어원 암기법**
>
> di(dis:away: 제거) + minut(reduce: 줄이다) + ive(형접) ▶ 제거하여 줄이는, 작게 줄이는 ▶ 아주 작은

---

33 ★

migrate

[máigreit]

파 migration **n** 이동, 이주
통 move, relocate

v 이동하다, 이주하다

Some birds often stop off at the lake in front of the building when they are **migrating** south for the winter.

일부 새들은 겨울에 남쪽으로 이동할 때, 가끔 그 건물 앞에 있는 호숫가에서 잠시 멈춘다.

> 📈 빈출 기출 표현 **~migrate 관련 표현**
>
> **migrate** **v** 이동하다
> im**migrate** **v** 이주해 오다, 이민을 오다
> e**migrate** **v** 이주해 가다, 이민을 가다

34 ★

advocate

[ǽdvəkit]

ⓟ advocacy ⋒ 주창
ⓢ ⅴ support, defend,
champion

ⅴ 옹호하다, 주장하다, 찬성하다

As an animal activist, James **advocated** the effective alternative methods the government presented to save the endangered animals.

동물 운동가로서, James는 정부가 위험에 처한 동물들을 구하기 위해 제시한 효과적인 대안적 방법들을 옹호했다.

⋒ 지지자, 주창자

> 💡 암기Tip ⟨ 어원 암기법
>
> ad(to: 긍정) + voc(call: 소리내다) + ate(동접)
> ▸ 긍정의 소리를 내다, 찬성의 소리를 내다 ▸ 옹호하다

35 ★★

mate

[meit]

ⅴ 짝짓기를 하다 (with)

Stags fight one another, sometimes to the death, during **mating** season for the chance to reproduce offspring.

수사슴들은 자식을 낳기 위한 기회를 위해 짝짓기 철에 서로 싸우고, 간혹 죽기까지 한다.

⋒ 배우자, 동료, 친구

36 ★

stymie

[stáimi]

ⓢ hinder, block, thwart,
frustrate

ⅴ 방해하다, 좌절시키다

With the new law against animal testing, scientists were **stymied** from testing the effects of their products on animals in trails.

동물 실험에 반대하는 새로운 법으로 인해서, 과학자들은 그들의 상품이 동물에 미치는 영향을 테스트하는 것이 좌절되었다.

37 ★

iridescent

[ìridésənt]

a 무지개 빛의; (보는 위치에서) 색이 변하는

While exploring the rainforest, researchers were captivated by the **iridescent** plants that give the area its lustrous rainbow colors.

열대 우림을 탐험하는 동안에, 연구자들은 그 지역에 반짝이는 무지개 색상들을 선사하는 무지개 빛의 식물들에 사로잡혔다.

> 💡 암기Tip ⟨ 어원 암기법
>
> irid(rainbow: 무지개) + escent(형접) ▸ 무지개의, 무지개 색의

38 ★

evolve

[iválv]

🅟 evolution 🇳 진화, 발전

🇻 (점진적으로) 진화하다 (from), 발달하다, 진전하다

Some scientists say humans have **evolved** from apes and that we share similar DNA.

일부의 과학자들은 인간이 유인원에서 진화되어 왔고, 그래서 유사한 유전 자를 공유한다고 말한다.

> 💡 **암기Tip** 어원 암기법
>
> e(ex/out: 밖으로) + volve(roll: 구르다, 말다)
> ▸ unfold/unroll: 밖으로 구르다, 떨쳐지다, 확장되다 ▸ 진화하다

---

39 ★

hide

[haid]

🇳 1)(큰 짐승의) 가죽 2)은신처

1)Leather is a material that most of us take for granted and sometimes we forget that it comes from the **hide** of a cow.

가죽은 우리 대부분이 당연하게 여기는 재료로, 가끔은 그것이 소의 가죽 으로부터 얻는다는 사실을 잊는다.

🇻 숨다; 숨기다, 감추다

---

40 ★

detest

[ditést]

🅟 detestable 🇦 가증스러운
🅢 abhor, loathe

🇻 몹시 싫어하다, 혐오하다

Animal rights activists really **detest** how animal trafficking still continues to this day and there is nothing that we can do to stop it.

동물 인권 운동가들은 동물매매가 어떻게 오늘날까지 여전히 계속되고 있 는지, 또 그것을 막기 위해 우리가 할 수 있는 일이 없다는 것을 진정으로 싫 어한다.

> 💡 **암기Tip** 연상/확장 암기법
>
> 동물 보호 운동을 지지하는 advocate(옹호자)라고 내세우며, 동물 의 hide(가죽)로 만든 leather(가죽) 제품이나 모피 제품을 입고 다 니는 severely(심하게)하게 hypocritical(위선적인)한 사람들을 detest(혐오하다)하지 않을 수 없다.

---

41 ★

visible

[vízəbl]

🅢 conspicuous, obvious, manifest

🇦 눈에 보이는, 알아볼 수 있는

The male bird of paradise has extremely bright feathers in order to be more **visible** to the opposite sex.

수컷 극락조는 상대 이성에게 더 잘 보일 수 있도록 매우 밝은 깃털을 갖고 있다.

Daily Check-up

해석/해설 p. 544

Choose the best answer.

⏱ 2초 check-up

01 Though sharks are considered (vicious, benevolent, vulnerable), most of them are benign.

02 A magpie in Korea is considered (perspicuous, auspicious, despiteful), while a crow is thought of as a bad omen.

03 Some species of birds, presumed to be extinct, have been discovered to be (bestial, filial, extant) on the island.

04 Recently elderly people show (refraction, affection, reprehension) for pet dogs, deeming them as one family member.

05 Raccoons are thought to be a(n) (nuisance, cliff, acme), since they keep messing up garbage.

⏱ 5초 check-up

06 A: That little young bird doesn't look like having a parent to protect him.
B: Yeah, he seems to _____ for himself, without help.

(a) devour   (b) fend
(c) discriminate   (d) hatch

07 A: Do you know if that peacock is male or female?
B: All I know is that female peacocks are more _____ in color and less eye-catching.

(a) muted   (b) stark
(c) iridescent   (d) conspicuous

08 A: Bans on animal testing have _____ scientists who have kept using animals as subjects.
B: They should not have used animals for their experiments.

(a) abhorred   (b) detested
(c) stymied   (d) captivated

09 Every April the cherry tree in the garden is in full blossom, _____ its buds.

(a) unfurling   (b) ruffling
(c) fluttering   (d) undulating

10 The author's emotions for animals _____ through his book, so anyone can feel his love for animals almost everywhere in the book.

(a) perturb   (b) precipitate
(c) permeate   (d) enumerate

11 As my plants were neglected for over two weeks, their leaves were totally dehydrated and _____.

(a) swaying   (b) drooping
(c) blooming   (d) watering

12 A proposal of creating an animal park was _____ because of the violent objection of some people who extremely hate animals.

(a) evolved   (b) nullified
(c) executed   (d) advocated

[정답] **01.** vicious   **02.** auspicious   **03.** extant   **04.** affection   **05.** nuisance   **06.** (b)   **07.** (a)   **08.** (c)   **09.** (a)   **10.** (c)
11. (b)   **12.** (b)

400점 어휘

bloom [blu:m]	ⓥ 꽃이 피다
bush [buʃ]	ⓝ 관목, 덤불
captivity [kæptívəti]	ⓝ 감금
chemical [kémikəl]	ⓝ 화학 물질
common [kámən]	ⓐ 흔한, 보통의
cottage [kátidʒ]	ⓝ 오두막, 작은집
funnel [fʌ́nəl]	ⓝ 깔때기
graze [greiz]	ⓥ 풀을 뜯다 ⓥ 방목해서 놓아 먹이다 ⓝ 찰과상
hatch [hætʃ]	ⓥ 부화하다, 부화되다
herd [həːrd]	ⓝ (짐승의) 떼, 무리
in full bloom	phr 꽃이 만개한
magpie [mǽgpài]	ⓝ 까치
mammal [mǽməl]	ⓝ 포유류
mess up	phr 엉망진창으로 만들다, 망치다
microbe [máikroub]	ⓝ 미생물
microscope [máikrəskòup]	ⓝ 현미경
offspring [ɔ́(:)fsprìŋ]	ⓝ 자손
peacock [píːkàk]	ⓝ 공작
physics [fíziks]	ⓝ 물리학
plumage [plúːmidʒ]	ⓝ (새의) 깃털층
plume [pluːm]	ⓝ 깃털 ⓥ 깃털로 장식을 하다
prey [prei]	ⓝ 먹이, 사냥감; 희생자, 피해자
protect [prətékt]	ⓥ 보호하다, 지키다
rodent [róudənt]	ⓝ 설치류
species [spíːʃiːz]	ⓝ (생물의) 종
toxic [táksik]	ⓐ 유독성의
twinkle [twíŋkl]	ⓥ 반짝거리다, 빛나다
vegetation [vèdʒitéiʃən]	ⓝ 초목
weed [wiːd]	ⓝ 잡초 ⓥ 잡초를 뽑다
zoologist [zouálədʒist]	ⓝ 동물학자

500점 어휘	
amphibian [æmfíbiən]	n 양서류
ape [eip]	n 유인원 v 흉내를 내다, 모방하다
arcane [ɑːrkéin]	a 불가사의한, 신비로운
bellow [bélou]	v (큰 짐승이) 우렁찬 소리를 내다, 울부짖다; 고함치다
benign [bináin]	a 상냥한, 온순한
bestial [béstʃəl]	a 짐승의, 짐승 같은
blossom [blásəm]	v 꽃이 피다, 꽃을 피우다
botanical [bətǽnikəl]	a 식물(학)의
bovine [bóuvain]	a 소 같은, 우둔한
camouflage [kǽməflɑːʒ]	n (보호색이나 형태 등으로) 위장 n 위장하다
canine [kéinain]	a 개의
cerebral [sérəbrəl]	a 뇌의
combustion [kəmbʌ́stʃən]	n (화학적) 연소
comet [kámit]	n (천문) 혜성
desiccate [désəkèit]	v 건조시키다, 말리다; 마르다, 무기력하게 하다
disarray [dìsəréi]	v 혼란시키다
fauna [fɔ́ːnə]	n 동물군
ferocious [fəróuʃəs]	a 흉포한, 맹렬한, 사나운
filial [fíliəl]	a 자손의
ferocious [fəróuʃəs]	a 잔인한
flora [flɔ́ːrə]	n 식물군
flutter [flʌ́tər]	v (새, 곤충이 날개를) 파닥이다, 펄럭이다 n 펄럭임, 떨림
fodder [fádər]	n (가축의) 사료
forage [fɔ́(ː)ridʒ]	v (동물이) 먹이를 찾다 n 동물의 사료
forebear [fɔ́ːrbɛ̀ər]	n 조상, 선조
fungus [fʌ́ŋgəs]	n 균류, 곰팡이류
ghastly [gǽstli]	a 섬뜩한, 무시무시한, 끔찍한
genetics [dʒənétiks]	n 유전학
gleam [gliːm]	v 희미하게 빛나다 n 흐릿한 빛
hibernate [háibərnèit]	v 동면[겨울잠]을 하다

500점 어휘

harness [hάːrnis]	ⓥ (말에) 마구를 채우다; (특정 목적으로) 통제하다, 지배하다 ⓝ 마구
howl [haul]	ⓥ (개, 늑대 등이) 길게 울부짖다 ⓝ 울부짖는 소리
infest [infést]	ⓥ (해충, 곤충 등이) 들끓다, 우글거리다
in harness	ⓟhr 긴밀히 협조하는; 정상 근무중인
lineage [láinidʒ]	ⓝ 가계, 혈통
litter [lítər]	ⓥ 어지럽히다, 어수선하게 하다 ⓝ 쓰레기
livestock [láivstὰk]	ⓝ 가축
marsh [mɑːrʃ]	ⓝ 습지
moss [mɔ(ː)s]	ⓝ 이끼
mutate [mjúːteit]	ⓥ 돌연변이가 되다
offspring [ɔ́(ː)fsprìŋ]	ⓝ 자손, 자식, 새끼
paw [pɔː]	ⓝ (동물의 발톱이 달린) 발, 동물의 발 ⓥ 발로 할퀴다, 바닥을 긁다
pest [pest]	ⓝ 해충, 유해 동물; 성가신 것(사람)
leech [liːtʃ]	ⓝ 거머리(같은 사람)
poultry [póultri]	ⓝ 가금류
predator [prédətər]	ⓝ 포식 동물, 포식자, 약탈자
primate [práimèit]	ⓝ 영장류
progeny [prάdʒəni]	ⓝ 자손
reef [riːf]	ⓝ 암초; 광맥
rear [riər]	ⓥ (아이, 동물을) 기르다, 양육하다; 부양하다
refraction [rifrǽkʃən]	ⓝ (빛의) 굴절
reptile [réptil]	ⓝ 파충류
shed [ʃed]	ⓥ 털갈이하다
shrub [ʃrʌb]	ⓝ 관목
spawn [spɔːn]	ⓥ 알을 낳다, 산란하다, (결과, 상황을) 낳다, 야기하다
tolerate [tάlərèit]	ⓥ 참다, 인내하다
venomous [vénəməs]	ⓐ (뱀) 독이 있는; 원한에 찬
vermin [və́ːrmin]	ⓝ 해충, 벌레
vertebrate [və́ːrtəbrèit]	ⓝ 척추동물
wag [wæg]	ⓥ (개가 꼬리를) 흔들다; 흔들리다; (거만하게) 손가락을 흔들다

600점 어휘	
☐ algae [ǽldʒiː]	ⓝ (식물) 조류, 바닷말, 해조
☐ arbor [ɑ́ːrbər]	ⓝ 나무, 수목
☐ arboretum [ɑ̀ːrbəríːtəm]	ⓝ 수목원
☐ caterpillar [kǽtərpìlər]	ⓝ 애벌레, 유충
☐ chlorophyll [klɔ́ːrəfil]	ⓐ (식물) 엽록소(체)
☐ claw [klɔː]	ⓥ (손톱, 발톱으로) 할퀴다, 긁다 ⓝ (동물, 새의) 발톱
☐ coral [kɔ́ːrəl]	ⓝ 산호(층) ⓐ 산호의
☐ epiphyte [épəfàit]	ⓝ 착생(기생) 식물
☐ fern [fəːrn]	ⓝ 양치식물
☐ frond [frɑnd]	ⓝ 길게 갈라진 잎, 엽상체
☐ gargantuan [gɑːrɡǽntjuən]	ⓐ 거대한
☐ gill [gil]	ⓝ (동물) 아가미, (식물) 주름살
☐ glucose [glúːkous]	ⓝ 포도당
☐ growl [graul]	ⓥ (개가) 으르렁거리다
☐ grunt [grʌnt]	ⓥ (돼지가) 꿀꿀대다
☐ lagoon [ləgúːn]	ⓝ 석호, 작은 호수
☐ larvae [láːrviː]	ⓝ 유충, 애벌레
☐ parasite [pǽrəsàit]	ⓝ 기생동물(식물), 기생충, 기생충 같은 인간
☐ photosynthesis [fòutəsínθisis]	ⓝ 광합성
☐ provender [prɑ́vəndər]	ⓝ 여물 ⓥ 여물을 주다
☐ rump [rʌmp]	ⓝ (동물의) 엉덩이, (소의) 우둔살
☐ rustle [rʌ́sl]	ⓥ 바스락거리는 소리를 내다; (가축, 소를) 훔치다
☐ shrivel [ʃrívəl]	ⓥ (열, 냉기, 건조함으로 인해) 쭈글쭈글해지다, 수축하다
☐ spore [spɔːr]	ⓝ 홀씨, 포자
☐ stalk [stɔːk]	ⓝ (식물의) 줄기, 대 ⓥ (사냥감에) 몰래 접근하다, (지역에) 퍼지다
☐ symbiosis [sìmbaióusis]	ⓝ 공생
☐ tentacle [téntəkl]	ⓝ (오징어, 문어 등의) 촉수
☐ vascular [vǽskjələr]	ⓐ (식물의) 관다발의; (혈관 등의) 관의, 도관의
☐ yap [jæp]	ⓥ (작은 개가) 요란하게 짖어대다, 시끄럽게 떠들어대다
☐ yelp [jelp]	ⓥ (개가) 컹컹 짖다

자연·환경·농업

감소, 증가, 멸종, 삭감 등 수치의 변화가 빈번히 출제되니 포괄적으로 구분해서 기억해 두어야 한다.

오늘의 단어 듣기
들으면서 암기하세요!

나의 학습노트		
1회 암기 ✓	**2회 암기** ✓	**3회 암기** ✓
날짜　월　일	**날짜**　월　일	**날짜**　월　일
시간　시　분	**시간**　시　분	**시간**　시　분

01 ★★★

vertiginous

[vərtídʒənəs]

[동] 1)dizzy, giddy
3)whirling, spinning

[a] 1)어지러운, 아찔한, 현기증 나는 2)빙빙 도는

1)After summiting the top of the mountain, Molly became increasingly **vertiginous**, lightheaded, and lost her balance.

산의 정상에 도달한 후에, Molly는 점점 어지럽고, 현기증이 나며, 균형을 잃었다.

> 암기Tip 어원 암기법
> vert(turn: 돌다) + igin(명접) + ous(형접)
> ▸ 도는 듯한 ▸ 어지러운, 현기증 나는

02 ★★★

unheeded

[ʌnhí:did]

[a] 무시된, 주의를 끌지 못하는

If global warming continues to go **unheeded** without attracting any attention, more and more natural disasters will occur.

지구 온난화가 이목을 끌지 않고 계속 등한시된다면, 점점 더 많은 자연 재해들이 일어날 것이다.

> 암기Tip 어원 암기법
> un(not: 않는) + heed(attend: 주의하다) + ed(과분접)
> ▸ 주의 받지 못하는 ▸ 등한시되는, 무시된

03 ★★★

diminish

[dimíniʃ]

[동] decrease, lessen

[v] 줄어들다, 약해지다; 줄이다, 약화시키다

As the rain began to **diminish**, the farmers headed out from under the tree where they took shelter.

비가 약해지기 시작하자, 농부들은 그들이 대피했던 나무 아래에서 밖으로 향했다.

04 ★★★

immutable

[imjú:təbl]

[동] invariable, everlasting

[a] 변화할 수 없는, 불변의

Many people say that an old dog's habits are **immutable**, but we believe an old dog can still learn new tricks and be changed.

많은 사람들이 늙은 개의 습관은 바뀔 수 없다고 말하지만, 우리는 늙은 개도 여전히 새로운 비법을 배우고 변화될 수 있다고 믿는다.

> 암기Tip 어원 암기법
> im(not: 않는) + mut(change: 변하다) + able(형접)
> ▸ 변화할 수 없는, 불변의

05 ★★★
ubiquitous
[juːbíkwitəs]

ⓟ ubiquitously ad 편재하여, 보편적으로
ⓢ omnipresent

ⓐ 도처에 존재하는

Grasses are an important food for many animals, though they can look useless because they are **ubiquitous** and can be seen everywhere.
풀은 도처에 있고 어디서든 볼 수 있어서 쓸모없이 보일 수도 있지만, 많은 동물들에게 중요한 식량이다.

06 ★★★
deter
[ditə́ːr]

ⓢ prevent, discourage

ⓥ 단념시키다, 그만두게 하다

Many people, concerned about environment, follow a chemical-free way to **deter** insects from eating vegetables in their garden.
환경을 염려하는 많은 사람들은 벌레들이 그들의 정원에 있는 야채를 먹지 못하게 하기 위해 유기농 방식을 따른다.

💡 암기Tip 〈 어원 암기법

de(away/from: 제지, 분리) + ter(frighten: 겁먹게 만들다)
▶ 겁먹고 떨어지게 하다, 접근하지 못하게 겁을 주다 ▶ 저지시키다

07 ★★★
exert
[igzə́ːrt]

ⓟ exertion n 노력, 분투
ⓢ exercise, wield

ⓥ (권력, 영향력 등을) 행사하다, 가하다

The government plans to **exert** more pressure on companies to comply with environmental regulations.
정부는 회사들이 환경 규제를 준수하도록 더 많은 압력을 행사하기로 했다.

📊 빈출 기출 표현 〈 exert 관련 표현

exert[exercise, wield] power phr 권력을 행사하다
exert one's influence phr 영향력을 행사하다
exert control (over) phr 지배력을 행사하다, 통제하다

08 ★★★

implement

[ímpləmənt]

동 v ¹⁾perform, carry out
²⁾fulfill

v ¹⁾(계획을) 이행하다, 시행하다, 실행하다 ²⁾완수하다, 완료하다

Unfortunately, the <u>plan</u> to be 100% environmentally friendly was harder to **implement** than they thought it would be.

불행히도, 100% 환경친화적이고자 한 계획을 이행하는 것은 그들이 생각했던 것보다 더 어려웠다.

n 도구, 기구, 수단

> 💡 암기Tip 〈 어원 암기법
>
> im(in: 안에) + ple(fill: 채우다) + ment(명접)
> ▸ 안을 채움, 다 메꾸기 ▸ 완성하기, 완성하다

09 ★★★

incinerate

[insínərèit]

파 incineration n 소각

v 소각하다, 완전히 다 태우다, 재로 만들다

Incinerating garbage is bad for the environment as the <u>smoke given off</u> contains toxic fumes.

쓰레기를 소각하는 것은 발산된 연기에 유독성 매연이 들어있기 때문에 환경에 해롭다.

> 💡 암기Tip 〈 어원 암기법
>
> in(into: ~으로) + ciner(ash: 재) + ate(동접)
> ▸ 재로 만들다 ▸ 완전히 태우다, 소각하다

10 ★★★

dwindle

[dwíndl]

동 shrink, lessen, decrease, diminish

v (점점) 줄어들다, 작아지다, 감소하다

We have seen our natural resources **dwindle** in all areas of the world, and it is time for an international effort to <u>find other alternative resources</u>.

우리는 전세계 모든 지역에서 천연 자원이 줄어드는 것을 보아왔으니, 이제는 대체 자원을 찾기 위한 세계적 노력이 필요한 때이다.

11 ★★★

susceptible

[səséptəbl]

a ~에 영향 받기 쉬운 (to), ~에 민감한

If your garden is not sprayed with pesticides, it will be **susceptible** to <u>damaging insects</u>.

정원에 살충제를 뿌리지 않으면, 해충의 영향을 받기 쉬울 것이다.

> 📊 빈출 기출 표현 〈 '~에 영향 받기 쉽다, ~에 약하다' 관련 표현
>
> be susceptible to+N / be vulnerable to+N / be prone to+N

12 ★★★
profligate

[práfləgit]

(동) (형) 1)prodigal, extravagant
2)immoral, debauched,
dissipated, dissolute

(형) 1)낭비하는 2)방탕한

Last summer the government warned people that the **profligate** use of water would bring about severe drought and shortage of drinking water.
지난 여름에 정부는 물을 낭비하는 것이 심각한 가뭄과 식수 부족을 가져올 수 있다고 사람들에게 경고했다.

(명) 방탕한 사람

---

13 ★★★
cutback

[kʌ́tbæ̀k]

(동) reduction, decrease

(명) 감축, 삭감

Cutbacks need to be made with our use of fossil fuels, as they are nonrenewable resources.
화석 연료들은 재생 불가한 자원이기 때문에, 사용을 감축할 필요가 있다.

---

14 ★★★
invaluable

[invǽljuəbl]

(형) 귀중한

Electricity is an indispensably **invaluable** part of our life, but we need to find a cleaner way of producing it.
전기는 우리의 삶에 반드시 귀중한 부분이지만, 그것을 생산하는 더 명확한 방법을 찾을 필요가 있다.

> 👆 기출 포인트 ◀ 유사 어휘
>
> invaluable (형) 귀중한
> priceless (형) 값을 매길 수 없는, 대단히 귀중한
> valueless (형) 가치 없는

---

15 ★★★
fallow

[fǽlou]

(동) uncultivated

(형) 1)(경작을) 쉬는, 사용하지 않는 2)연한 회갈색의

1)The city council planned to plant seeds and trees in the **fallow** field, not in use, to turn it into a beautiful park.
시의회는 사용하지 않는 경작을 쉬는 땅을 예쁜 공원으로 바꾸기 위해서 그 땅에 씨와 나무를 심기로 계획했다.

---

16 ★★★
forsake

[fərséik]

(동) abandon, renounce,
relinquish

(동) 관두다, 저버리다, 포기하다

John has decided to **forsake** his love for sports cars and get an electric vehicle which is much better for the environment.
John은 스포츠 카에 대한 애정을 버리고, 환경에 훨씬 좋은 전기 차를 사기로 결심했다.

17 ★★★

ramification

[ræməfəkéiʃən]

n ¹⁾(pl.) 파문, 여파, 영향, 결과 ²⁾분파

¹⁾Electric gadgets with short lives have serious **ramifications** on the environment as most cannot be recycled.

짧은 수명의 전기 제품들은 대부분이 재활용 할 수 없기 때문에 환경에 심각한 영향을 미친다.

> 💡 **암기Tip** 어원 암기법
>
> ram(branch: 가지) + ify(동접) + ation(명접)
> ▸ a branching out: 가지를 내는 것, 가지 나누기 ▸ 분기, 분열, 분파

18 ★★★

conservation

[kɑ̀nsərvéiʃən]

쀄 conserve ☑ 보호[보존]하다
㊦ preservation, protection

n 보호, 보존

The laws against killing creatures on the endangered species list are a huge part of the animal **conservation** plan.

멸종위기 생물 살해 방지법들은 동물 보호 계획의 큰 부분이다.

> 💡 **암기Tip** 어원 암기법
>
> con(together: 함께, 모두) + serve(guard: 지키다) + ation(명접)
> ▸ 함께 지키기, 모두 지키기 ▸ 보호(하기), 보존(하기)

19 ★★★

jeopardize

[dʒépərdàiz]

㊦ imperil

☑ 위태롭게 하다, 위험에 빠뜨리다

The building of the factory near the lake might **jeopardize** the water's ecosystem.

그 호수 근처의 공장 건립은 물의 생태계를 위태롭게 할지도 모른다.

20 ★★

scenic

[síːnik]

a 경치가 좋은

A: Can you recommend any driving courses for a date?

데이트를 위한 드라이브 코스를 추천해줄 수 있니?

B: Sure. I would take the road which leads up the mountain as it has beautiful **scenic** views of the city.

물론이지. 나라면 아름다운 도시 경치가 있기 때문에 산으로 뻗어있는 도로를 선택할거야.

21 ★★

depletion

[diplí:ʃən]

(통) exhaustion

n 고갈

This **depletion** of the mineral content in the soil produces <u>deficiencies throughout the food chain</u>.

토양 속의 무기질 함량의 고갈은 먹이 사슬 전체에 결핍을 만든다.

> 💡 **암기Tip** 어원 암기법
>
> de(away: 제거, 분리) + ple(fill: 채우다) + tion(명접)
> ▸ empty out: 비우는 것, 채워지지 않게 함 ▸ 고갈시킴, 고갈

---

22 ★★

restore

[ristɔ́:r]

(파) restoration **n** 복원

v (원래의 상태로) 복원하다, 회복시키다

The forest fire caused so much damage that it will take hundreds of years for the forest to be fully **restored** <u>to what it once was</u>.

그 산불은 너무 큰 피해를 야기시켜서, 숲이 한때 과거의 모습으로 완전히 복원되는 데는 수백 년이 걸릴 것이다.

> ✋ **기출 포인트**
>
> restore는 '지위, 건강, 기분, 건축, 조각, 그림' 등의 포괄적인 상황에서 쓰이지만, refurbish는 '건축물, 가구' 등을 복원하는 상황에 주로 출제된다.

---

23 ★★

extinction

[ikstíŋkʃən]

n 멸종

Animal **extinction** is caused by many factors including <u>human pollution and destruction of habitats</u>.

동물 멸종은 인간에 의한 오염과 서식지의 파괴를 포함한 많은 요인들에 의해 야기된다.

---

24 ★★

proscribe

[prouskráib]

(통) outlaw

v (공식적으로) 금하다, 금지하다

Dumping any kind of chemical in the river is **proscribed** and will be <u>punished by law</u>.

강에 어떤 화학물질이라도 투기하는 것은 금지되어 있어 법에 의해 처벌을 받을 것이다.

> 💡 **암기Tip** 어원 암기법
>
> pro(before: 미리) + scribe(write: 쓰다) ▸ 미리 글로 쓰다, 미리 글로 공지하다, 미리 공식적으로 금하다 ▸ 불법화하다, 금하다

---

25 ★★
detritus
[ditráitəs]

(동) debris

n (암반의) 잔해, 찌꺼기

The **detritus** from the volcano eruption left the city covered in volcanic ash and rocks.
화산 폭발로 인한 잔해는 도시를 화산재와 암석들로 뒤덮이게 했다.

---

26 ★★
fleeting
[flíːtiŋ]

a 덧없는, 어느덧 지나가는

During the rainy season, we are happy to get an ephemeral, **fleeting** day of dry weather.
우기 동안에는, 짧고 일시적인 건조한 날씨를 맞는 것이 행복하다.

---

27 ★★
cluster
[klʌ́stər]

n (함께 자라거나 나타나는 사람, 동식물, 별 등의) 무리, 송이

It was a nice surprise when a **cluster** of wild flowers started to grow in our garden.
한 무리의 야생화들이 우리 정원에서 자라기 시작했을 때는 뜻밖의 기쁜 소식이었다.

> 빈출 기출 표현 ◀ cluster 관련 표현

a cluster of phr 한 무리의

> 기출 포인트 ◀

a herd of cattle phr 한 무리의 소
a pride of lions phr 한 무리의 사자
a school(shoal) of fish phr 한 무리의 물고기
a swarm of bees phr 한 무리의 벌

---

28 ★★
cultivate
[kʌ́ltəvèit]

(파) cultivation n 경작, 재배
(동) till

v 재배하다, 경작하다

Farmers spend most of hours each day **cultivating** their crops growing in the fields.
농부들은 매일 대부분의 시간을 밭에서 자라고 있는 그들의 농작물들을 경작하며 지낸다.

---

29 ★★
run-down
[daun]

ⓐ 황폐한, 쇠퇴한

The **run-down** and <u>derelict</u> city was quickly overgrown with plants and foliage after people move out.

그 황폐하고 버려진 도시는 사람들이 떠난 후에 급격히 식물과 나뭇잎들로 무성해졌다.

---

30 ★★
subterranean
[sʌ̀btəréiniən]

ⓐ 지하의, 땅속의

Because the insect prefers the cool of the **subterranean** soil, it lives <u>beneath the top layer of dirt</u>.

그 곤충은 지하의 땅의 선선함을 더 좋아하기 때문에, 흙의 표층 바로 아래에서 살고 있다.

> 💡 **암기Tip** 〈 어원 암기법
>
> sub(under: 아래에) + terrane(earth: 땅) + an(형접)
> ▸ 땅 아래의 ▸ 땅속의, 지하의

---

31 ★★
evanesce
[èvənés]

ⓐⓓⓙ evanescent ⓐ 순간적인, 덧없는
ⓢ vanish

ⓥ 사라져 가다, 소멸되다

The Korean tiger has **evanesced** for its environment and is <u>extinct</u> due to poaching and urbanization.

한국의 호랑이는 환경적인 이유로 서서히 사라져왔고, 지금은 밀렵과 도시화로 인해서 멸종된 상태이다.

> 💡 **암기Tip** 〈 어원 암기법
>
> e(ex/out of: 나간, 없어진)+van(empty/vain: 텅빈, 공허한) + esce(동접) ▸ 없어져 텅 빈 상태가 되다 ▸ 사라져 버리다, 소멸되다

---

32 ★★
proponent
[prəpóunənt]

ⓢ advocate, adherent
ⓐⓝⓣ opponent

ⓝ 지지자, 제창자

Because Kerry loves animals, she is a fierce **proponent** of <u>the animal rights movement</u>.

Kerry는 동물을 사랑하기 때문에, 그녀는 동물 권리 운동의 열렬한 지지자이다.

> 💡 **암기Tip** 〈 어원 암기법
>
> pro(forward: 앞으로) + pone(out/set: 놓다) + ent(ant: 명접)
> ▸ 앞으로 내놓는 사람 ▸ 주창자, 제창자, 지지자

33 ★

patient

[péiʃənt]

(빤) impatient ⓐ 인내하지 못하는
patience ⓝ 인내, 참을성
(동) forbearing, tolerant

ⓐ 인내하는, 참는

A: I can't believe these seeds haven't sprouted yet.
이 씨들이 아직도 발아하지 않았다니 믿을 수가 없네.
B: Be **patient**. It won't grow overnight. Nature takes time.
인내심을 가져. 하룻밤 사이에 자라진 않아. 자연은 시간이 걸려.

ⓝ 환자

---

34 ★

emission

[imíʃən]

(동) discharge, emanation

ⓝ (가스, 액체, 빛, 열, 소리 등의) 배출

Residents can decrease the city's **emission** of noxious fumes by carpooling more often.
거주민들은 자동차를 더 자주 함께 탐으로써 도시의 유해 가스 배출을 감소시킬 수 있다.

> 💡 **암기Tip** 〈 어원 암기법
>
> e(ex/out: 밖으로) + miss(send: 보내다) + ion(명접)
> ▸ 밖으로 내보내는 것 ▸ 배출, 발산

---

35 ★

unspoiled

[ʌnspɔíld]

ⓐ 훼손되지 않은

We would love to take a vacation in the place where the environment is **unspoiled** and we can really experience true nature of the original state.
우리는 환경이 훼손되지 않아 정말로 원상태의 진짜 자연을 체험할 수 있는 곳에서 휴가를 보내고 싶어한다.

---

36 ★

pollute

[pəljúːt]

(빤) polluted ⓐ 오염된
pollution ⓝ 오염

ⓥ (물리적, 도덕적으로) 오염시키다

Waste plastic is a huge problem which **pollutes** our oceans and also affects our food chain.
폐비닐은 우리의 해양을 오염시키고 우리의 먹이 사슬에 영향을 미치는 엄청난 문젯거리다.

---

37 ★

bizarre

[bizáːr]

(동) odd, peculiar, unusual

ⓐ 독특한, 기이한, 특이한

Australia is famous for a host of **bizarre** and unique range of wildlife.
호주는 다수의 특이하고 독특한 야생 동물의 범주로 유명하다.

---

38 ★

recyclable

[riːsáikləbl]

ⓐ 재활용할 수 있는

Most people don't realize that the majority of the trash they throw out is also **recyclable**.

대부분의 사람들은 그들이 버린 쓰레기의 대부분 역시 재활용할 수 있다는 것을 알지 못한다.

39 ★

riparian

[ripέ(ː)əriən]

ⓐ 강가의, 하천 부근의, 강기슭(강둑)에 사는

River habitats, also called **riparian** systems, often contain vegetation and a wealth of animal species.

강가 생태계라고도 불리는 강의 서식지들은 흔히 초목 식물과 풍부한 동물 종들을 포함하고 있다.

40 ★

rustic

[rʌ́stik]

ⓐ urban

ⓐ 시골 특유의, 소박한

Since Julia has a rural upbringing, she is planning a **rustic** wedding in the mountains.

Julia는 시골에서 자랐기 때문에, 그녀는 산속에서 소박한 결혼을 계획 중이다.

41 ★

dubious

[djúːbiəs]

ⓢ doubtful, questionable

ⓐ 수상쩍은, 좋다고 할 수 없는

Even though that oil company says they are doing a lot for the environment, I am **dubious** if they really are.

비록 그 석유 회사는 자신들이 환경을 위해 많은 것을 하고 있다고 말하지만, 그들이 정말 그런지는 의심스럽다.

42 ★

discard

[diskáːrd]

ⓢ get rid of, throw out, throw away

ⓥ 버리다, 폐기하다

We need a way to reuse old batteries rather than just simply **discarding** them.

우리는 폐건전지를 그냥 단순히 폐기하기 보다는 재사용할 방법이 필요하다.

ⓝ 버리는 행위; 버려진 것(사람)

> 💡 **암기Tip** 어원 암기법
>
> dis(away: 멀리, 분리) + card(카드)
> ▶ (카드 게임에서) 카드를 멀리 던져버리다 ▶ 버리다

Daily Check-up

해석/해설 p. 545

Choose the best answer.

⏱ 2초 check-up

01 Just (reuse, discard, retrieve) unwanted household items that cannot be recycled.

02 The old-fashioned agricultural tools look unfamiliar and (bizarre, usual, petulant) to new generations.

03 The mountain enthusiast is a big (progeny, prodigy, proponent) of a nature conservation campaign.

04 The villagers started to use (subsequent, subterranean, foregoing) water passing under the earth.

05 The (cluster, pride, school) of infections has increased our anxieties about drinking water.

⏱ 5초 check-up

06 A: Where do you plan to go for this exploration?
B: I'm looking for unbeaten and _____ places with fewer people.

(a) muddled   (b) unspoiled
(c) giddy   (d) congested

07 A: I am so tired with that yellow dust.
B: Today it is _____ gradually and we will have a clear sky this afternoon.

(a) evanescing   (b) forgoing
(c) banishing   (d) inducing

08 A: Why did you break up with James?
B: I was repelled by his _____ manners, far from being urbane.

(a) incisive   (b) timorous
(c) rustic   (d) kemp

09 At this time of the year people look forward to the _____ view which a variety of blooming flowers make.

(a) peevish   (b) scenic
(c) tacit   (d) surly

10 Farmers' voluntary _____ in production are one inescapable way to raise crop prices.

(a) enhancement   (b) cutbacks
(c) harvest   (d) succor

11 Cultivating agricultural products is _____ to environmental factors, such as weather and pollution.

(a) susceptible   (b) profligate
(c) detrimental   (d) hapless

12 Global warming has brought about changes in the ecosystem and crop yields are _____ down to 30 percent in many areas around the world.

(a) impeding   (b) rallying
(c) mounting   (d) dwindling

[정답] 01. discard   02. bizarre   03. proponent   04. subterranean   05. cluster   06. (b)   07. (a)   08. (c)   09. (b)
10. (b)   11. (a)   12. (d)

400점 어휘

acute [əkjúːt]	ⓐ 극심한; 급성의; 날카로운
agricultural [æ̀grəkʌ́ltʃərəl]	ⓐ 농업의
animate [ǽnəmit]	ⓐ 살아있는, 생물의 ⓥ 생기를 불어넣다
catalyst [kǽtəlist]	ⓝ 촉매(제), 촉진제
chronic [kránik]	ⓐ 만성적인, 오래된
cling to	phr ~을 고수[고집]하다, ~에 매달리다
cut off	phr 잘라내다
decay [dikéi]	ⓥ 썩다; 부패시키다
deepen [díːpən]	ⓥ 깊어지다, 악화되다; 깊어지게 하다, 악화시키다
dumping [dʌ́mpiŋ]	ⓝ (유독 물질의) 투기, 폐기
ecosystem [ékousìstəm]	ⓝ 생태계
enzyme [énzaim]	ⓝ 효소
expert [ikspə́ːrt]	ⓝ 전문가
float [flout]	ⓥ 떠가다, 떠돌다
folk [fouk]	ⓝ 사람들 ⓐ 민속의, 전통의
fortify [fɔ́ːrtəfài]	ⓥ 강화시키다, 요새화하다; 기운을 돋우다
friction [fríkʃən]	ⓝ 마찰
garbage [gáːrbidʒ]	ⓝ 쓰레기
grind [graind]	ⓥ (곡식 등을) 빻다, 갈다
paddy fields	phr 논, 전지
plough [plau]	ⓥ 쟁기로 일구다 ⓝ 쟁기
pretend [priténd]	ⓥ ~인 체하다, 가식적으로 행동하다
proverb [právəːrb]	ⓝ 속담
pursue [pərsjúː]	ⓥ ~을 얻으려고 애쓰다, (목적, 경력을) 추구하다
reap [riːp]	ⓥ ~을 수확하다, (좋은 결과를) 거두다
refine [rifáin]	ⓥ 정제하다, 개선하다
scatter [skǽtər]	ⓥ 흩어지게 하다, 사방으로 분산시키다; 흩어지다
seed [siːd]	ⓝ 씨, 씨앗, 종자 ⓥ 씨를 뿌리다
stockpile [stákpàil]	ⓥ 비축하다
store [stɔːr]	ⓥ 보관하다, 저장하다 ⓝ 상점

500점 어휘	
aberration [æ̀bəréiʃən]	n 일탈, 일탈 행동(일), 기이 현상
agrarian [əgrɛ́(:)əriən]	a 농업의
arable [ǽrəbl]	a 곡식을 경작하는
balk [bɔːk]	v ~에 멈칫하다 (at), 꺼리다, 망설이다
bale [beil]	n 불행, 고통, 슬픔
baleful [béilfəl]	a 악의적인, 해로운, 사악한
baneful [béinfəl]	a 해로운, 치명적인
binary [báinəri]	a 둘로 이루어진, 2진법의
compel [kəmpél]	v 강요하다, 강제로 ~하게 만들다
comply with	v (법, 규범, 규율, 조약을) 준수하다
crave [kreiv]	v 갈망하다, 열망하다
deleterious [dèlití(:)əriəs]	a 해로운, 유해한
deplete [diplíːt]	v 고갈시키다, 대폭 감소시키다
deviate [díːviit]	v 벗어나다 (from), 이탈하다
disruptive [disrʌ́ptiv]	a 지장을 주는, 위배되는, 해를 끼치는
embryonic [èmbriánik]	a 초기의, 배아의
exploit [éksplɔit]	v 이용하다, 활용하다, 개발하다; 착취하다
exploitation [èksplɔitéiʃən]	n 개발; 이용
ferment [fə́ːrment]	v 발효시키다; 발효되다 n 소요, 소동
fertilize [fə́ːrtəlàiz]	v ~에 비료를 주다
grieve [griːv]	v 비통해하다, 한탄하다, 슬퍼하다
harrow [hǽrou]	n (농기구) 써레 v 약탈하다, 빼앗다; 괴롭히다
hurl [həːrl]	v ~을 막 던지다; 비난[욕설]을 퍼붓다
idyllic [aidílik]	a 목가적인
impel [impél]	v ~하도록 압박하다
inflict [inflíkt]	v (고통, 해, 상처를) 가하다, 입히다, 안겨주다
insectivore [inséktəvɔ̀ːr]	n 식충 동물
irrigate [írəgèit]	v 물을 대다, 관개하다
lament [ləmént]	v 애통해하다, 한탄하다
lush [lʌʃ]	a (초목이) 무성한, 비옥한

500점 어휘

noxious [nάkʃəs]	ⓐ 유해한, 유독한
palatial [pəléiʃəl]	ⓐ 웅장한
pastoral [pǽstərəl]	ⓐ 목가적인; 목회자의
peasant [pézənt]	ⓝ 농부, 소작인
pitch [pitʃ]	ⓥ 설치하다; 던지다
plight [plait]	ⓝ 역경, 곤경, 어려움
poise [pwɑːz]	ⓝ 침착, 균형, 평형 ⓥ 평형을 유지하다
prairie [prɛ́(ː)əri]	ⓝ 대초원
protrude [proutrúːd]	ⓥ 튀어나오다, 돌출되다
rake leaves	phr 나뭇잎을 갈퀴로 긁다
refuse [réfjuːs]	ⓝ 폐기물, 쓰레기 ⓥ 거절하다
reiterate [riːítərit]	ⓥ (주장, 입장, 요구 등을) 되풀이 하다, 반복하다
repel [ripél]	ⓥ 쫓아버리다, 거절하다, 물리치다
requisite [rékwizit]	ⓐ 필요한, 필수적인 ⓝ 필수품, 필요 요건
saw [sɔː]	ⓥ 톱질을 하다, 톱으로 자르다 ⓝ 톱; 속담, 격언
seasoned [síːzənd]	ⓐ 익숙한, 경험을 쌓은; 조미한, 맛을 들인
seminal [sémənəl]	ⓐ 중대한, 영향력이 큰
serene [səríːn]	ⓐ 고요한, 차분한
set forth	phr (의견 등을) 제시하다, 내세우다, 피력하다
sever [sévər]	ⓥ ~을 자르다, 절단하다. 끊다
sow [sau]	ⓥ 씨를 뿌리다, 심다
spur [spəːr]	ⓥ 자극하다, 원동력이 되다 ⓝ 자극제, 원동력
strife [straif]	ⓝ 갈등, 불화, 다툼; 문제
suggestible [səgdʒéstəbl]	ⓐ 쉽게 영향 받는
tilt [tilt]	ⓥ 기울이다, 비스듬하게 하다
torment [tɔːrmént]	ⓝ 고통, 고뇌 ⓥ 괴롭히다, 고통을 안겨주다
twittering [twítəring]	ⓐ (새가) 지저귀는, 속삭이는
vent [vent]	ⓥ (기체, 연기, 감정, 분노 등을) 배출시키다, 분출하다 ⓝ 배출(구)
verdant [vɔ́ːrdənt]	ⓐ 신록의, 파릇파릇한
wither [wíðər]	ⓥ 시들다, 말라 죽다

600점 어휘

☐ **avert** [əvə́ːrt]	ⓥ 꺼리다, 피하다, 외면하다
☐ **demolish** [dimáliʃ]	ⓥ (건물 등을) 부수다, 무너뜨리다, 파괴하다
☐ **duly** [djúːli]	ⓐᵈ 적절한 때에, 때를 맞춰
☐ **felicitous** [filísitəs]	ⓐ 아주 적절한, 더할 나위 없는
☐ **foregone** [fɔːrgɔ́(ː)n]	ⓐ 뻔한, 기정의, 정해진
☐ **gore** [gɔːr]	ⓥ 뿔로 들이받다 ⓝ 살인, 살해, 폭력; 선혈, 피
☐ **hapless** [hǽplis]	ⓐ 불운한, 불행한, 기구한
☐ **hermetic** [həːrmétik]	ⓐ 밀폐된, 밀봉된; 사이가 긴밀한
☐ **hurtle** [hə́ːrtl]	ⓥ 돌진하다, 서두르다
☐ **innocuous** [inάkjuəs]	ⓐ 악의 없는, 무해한
☐ **interdict** [íntərdìkt]	ⓥ 금하다, 제지하다 ⓝ 금지 명령
☐ **in unison**	ⓟʰʳ 일제히, 합심하여, 한마음으로
☐ **largess** [lɑːrdʒés]	ⓝ 아낌없이 줌, 선물
☐ **lethal** [líːθəl]	ⓐ 치사의, 치명적인, 파괴적인
☐ **omnivore** [άmnivɔ̀ːr]	ⓝ 잡식 동물
☐ **pasteurize** [pǽstʃəràiz]	ⓥ 저온 살균하다
☐ **peripatetic** [pèrəpətétik]	ⓐ 이동해 다니는, 순회하는; 방황하는
☐ **pervert** [pə́ːrvərt]	ⓥ 왜곡하다 ⓝ 변태
☐ **petrify** [pétrəfài]	ⓥ 석화시키다; 석화하다; (겁에 질려) 아연실색하게 하다
☐ **ply** [plai]	ⓥ ~을 열심히 해나가다, ~을 잘 다루다; (교통편) 정기적으로 오가다
☐ **rank** [ræŋk]	ⓐ 무성한, 울창한; (땅이) 기름진; (냄새, 맛 등이) 고약한
☐ **recondite** [rékəndàit]	ⓐ 심오한
☐ **sector** [séktər]	ⓝ 분야, 부문
☐ **shorn** [ʃɔːrn]	ⓐ 베어버린, (털 등이) 깎인; (권한 등을) 박탈당한
☐ **slack** [slæk]	ⓐ 느슨한, 처진; 부진한; 부진한 ⓥ 해이해지다, 태만해지다
☐ **snip** [snip]	ⓥ (가위로) 싹둑 자르다 ⓝ (싹둑) 자르기
☐ **sterilize** [stérəlàiz]	ⓥ 살균[소독]하다; 불임 시술을 하다
☐ **taut** [tɔːt]	ⓐ (밧줄 등이) 팽팽한; 긴장된
☐ **tract** [trækt]	ⓝ 지대, 지역
☐ **wedge** [wedʒ]	ⓥ 막 쑤셔 넣다 ⓝ 쐐기

사회·문화·인구

사회, 문화적 변화로 인한 부정적인 상황을 묘사하는 형용사, 동사들을
특히 잘 기억해 두어야 한다.

오늘의 단어 듣기
들으면서 암기하세요!

나의 학습노트

1회 암기	✓		2회 암기	✓		3회 암기	✓	
날짜	월	일	날짜	월	일	날짜	월	일
시간	시	분	시간	시	분	시간	시	분

01 ★★★

pose

[pouz]

ⓥ (문제, 위협, 위험 등을) 제기하다

Many countries around the world suffer from a declining birth rate which **poses** a serious problem for future generations.

전 세계의 많은 나라들이 미래 세대에 심각한 문제를 제기할 감소하는 출산율로 인해 고충을 겪고 있다.

ⓝ 포즈, 자세

> ✎ **기출 포인트**
>
> 비공식적으로 문제를 제기할 경우에는 pose a problem, 서류를 통해서나 공식적인 절차를 통해 문제를 고발할 경우에는 file[lodge, register] a problem을 사용한다.

02 ★★★

unilateral

[jùːnəlǽtərəl]

ⓟ unilaterally ⓐⓓ 일방적으로
bilateral ⓐ 쌍방의
ⓢ one-sided

ⓐ 일방적인, 단독의

Since the legislators were slow to act on the issue, the president used his own executive powers to make a **unilateral** solution for the cultural problem, without agreement.

국회의원들이 그 문제에 대한 처리에 늑장을 부리자, 대통령은 동의 없이 그 문화적 문제에 대한 단독 해결을 위해 자신의 고유 집행권을 동원했다.

> ♀ **암기Tip** 어원 암기법
>
> uni(one: 하나) + later(side: 측면) + al(형접)
> ▸ 하나의 측면의 ▸ 단독의, 일방적인

03 ★★★

innate

[inéit]

ⓢ inborn, native

ⓐ 타고난, 선천적인

Because an **innate** behavior occurs naturally, it cannot be unlearned as easily as a taught behavior.

타고난 행동은 자연적으로 발생되므로, 학습된 행동처럼 쉽게 잊혀질 수 없다.

> ♀ **암기Tip** 어원 암기법
>
> in(into: ~으로) + nate(nasci/be born: 태어나다)
> ▸ 태어나는 것으로 ▸ 타고난, 선천적인

04 ★★★

embed

[imbéd]

ⓢ fix, root, insert, implant

ⓥ 끼워 넣다, 단단히 박다

Asian countries have many values **embed** in its culture which are fascinating to Western people.
아시아 국가들은 서양인들에게 매력적인 그들의 문화에 단단히 박힌 많은 가치관들을 갖고 있다.

ⓝ (정치 운동이나 군대에 파견된) 기자

---

05 ★★★

throng

[θrɔ(ː)ŋ]

ⓢ ⓝ crowd

ⓝ 군중

As soon as the store opened at 5 a.m., a **throng** of customers rushed through the doors to get the Black Friday deals.
5시에 가게 문이 열리자마자, 군중들이 블랙 프라이데이 거래를 하기 위해 문으로 쇄도해 들어왔다.

ⓥ (떼지어) 모여들다, 모여 있다

ⓐ 혼잡한; 분주한

📊 빈출 기출 표현 ❮ throng 관련 표현

a **throng** of people phr 군중의 사람들
a **throng** of memories phr 여러 가지 추억들

---

06 ★★★

demographic

[dìːməɡrǽfik]

ⓐ 인구(통계)학의, 인구학적인

When people migrate to other areas, the **demographic** statistic of both areas will change.
사람들이 다른 지역으로 이동할 때, 두 지역의 인구학적 통계는 변동될 것이다.

ⓝ 인구 통계

💡 암기Tip 어원 암기법

demo(people: 사람들) + graphy(writing: 기록) + ic(형접)
▸ 인구 기록에 관련된 ▸ 인구학적인

📊 빈출 기출 표현 ❮ ~graphy(writing, recording) 관련 표현

calli**graphy** ⓝ 서예, 서법
typo**graphy** ⓝ 활판 기술
topo**graphy** ⓝ 지형(학)

---

07 ★★★
decimate
[désəmèit]
ⓢ wipe out, destroy

ⓥ (특정 지역을) 심하게 훼손하다, (사람, 동식물 등을) 대량으로 죽이다, 몰살시키다

The people fled their homes as the fire <u>threatened</u> to **decimate** their community.

화재가 그들 지역을 훼손하려고 위협할 때, 사람들은 그들의 집에서 달아났다.

> 💡 암기Tip ⟨ 어원 암기법
>
> decim(tenth: 10번째) + ate(동접)
> ▸ 10명마다 하나씩 (처형하다) ▸ 대량으로 죽이다

08 ★★★
definitive
[difínitiv]
ⓢ final, conclusive, complete, ultimate

ⓐ 명확한, 결정의, 최종적인, 확정적인, 거의 완벽한

Without <u>accurate</u> and **definitive** information, the newspaper editor is not allowed to publish his theory of increased divorce rates in England.

정확하고 명확한 정보가 없으면, 그 신문의 편집장은 영국의 증가한 이혼율에 대한 그의 이론을 출판하는 것을 허가 받지 못한다.

> 💡 암기Tip ⟨ 어원 암기법
>
> de(completely: 완전히) + fin(end/limit: 끝내다, 한계 짓다) + ite(형접) + ive(형접) ▸ 완전히 끝내게 하는, 완전히 한계를 짓는
> ▸ 최종적인, 확정적인, 명확한

09 ★★★
bond
[bɑnd]
ⓢ ⓝ 1)cohesion, solidarity

ⓝ 1)연대, 유대, 끈 2)노예, 농노 3)채권

1)Religion does more than just offers faith; it offers social **bonds** as groups <u>gather together</u> on a weekly basis.

종교는 단지 신앙을 제공하는 것 이상의 일을 한다. 단체들이 매주 함께 모여서 사회적 연대를 맺게 한다.

ⓥ 결합[접착]하다

10 ★★★
hypothesis
[haipάθisis]
ⓢ thesis, supposition, premise, assumption

ⓝ 가정, 가설, 추정

A **hypothesis** was presented by the panel, <u>making a supposition</u> for why young couples are getting married much later in life than people did a generation ago.

왜 젊은 커플들이 한 세대 전보다 훨씬 더 늦은 시기에 결혼을 하는지에 대해 추정하는 하나의 가설이 패널들에 의해 제시되었다.

---

11 ★★★

encroach

[inkróutʃ]

ⓢ trespass (on), infringe, invade, intrude

ⓥ (남의 시간, 권리, 재산, 영토 등을) 침해하다 (on, upon), 침식하다

A: Wow, Korea has changed so much in 10 years.
와! 한국은 10년 동안 아주 많이 변했네.

B: Yes, you're right. Cites <u>expanded</u> and **encroached** on many rural areas.
응, 맞아. 도시가 팽창했고, 많은 시골 지역을 잠식했지.

---

12 ★★★

befitting

[bifítiŋ]

ⓢ suitable, becoming, proper, appropriate, equivalent, adequate, moderate

ⓐ 적절한, 제격인, 어울리는, 상응하는

In some conservative societies, many people do not consider <u>short dresses</u> are **befitting** for women over the age of forty.
일부 보수적인 사회에서는, 많은 사람들이 40세 이상의 여성에게는 짧은 치마가 어울리지 않는다고 생각한다.

---

13 ★★★

clout

[klaut]

ⓢ influence, leverage

ⓝ 영향력

Trying to build a business, the entrepreneur was looking to establish **clout** in the community, meeting someone with <u>influence</u> in the society.
사업체를 설립하려고 하면서, 그 기업가는 그 사회에서 영향력을 가진 사람을 만나면서 그 지역에서의 영향력을 확립하려고 살피고 있었다.

---

14 ★★★

homage

[hámidʒ]

ⓢ respect, reverence

ⓝ 경의, 존경의 표시

When the singer accepted his award, he paid **homage** to all of the members in his musical society by <u>thanking</u> them in his speech.
그 가수가 상을 받을 때, 그는 그의 음악 친목회 집단의 모든 회원들에게 감사의 말을 전하며 경의를 표했다.

📈 **빈출 기출 표현** homage 관련 표현

pay **homage** to phr ~에 경의를 표하다

---

15 ★★★
burden
[bə́ːrdən]

㉙ burdensome ⓐ 힘든, 부담스러운

ⓝ (물리적인) 짐, (정신적 책임, 의무, 어려움 등의) 부담

People living much longer is a <u>blessing</u> but also can be a **burden** as society needs to adapt to a larger older population.

훨씬 더 오래 사는 사람들은 축복이지만, 사회는 더 많은 노인 인구에 적응해야 하기 때문에 부담이 될 수도 있다.

ⓥ 부담[짐]을 지우다, 힘들게 하다

---

16 ★★★
invasion
[invéiʒən]

ⓢ intrusion, encroachment, infringement

ⓝ 침해, 방해

A: I've noticed that Westerners don't stand as close as we do when they speak to each other.

서양 사람들은 서로에게 말을 할 때 우리가 하는 것처럼 가까이 서지 않는다는 것을 알아차렸어.

B: Yes, you're right. They regard it as an **invasion** of <u>their personal space</u>.

그래, 맞아. 그들은 그것을 개인 공간을 침해하는 것이라고 여기거든.

> 📈 빈출 기출 표현 ❮ invasion 관련 표현
>
> an **invasion** of privacy ᴘʜʀ 사생활 침해

---

17 ★★★
selected
[siléktid]

ⓢ select

ⓐ 선출된, 엄선된

Some members were **selected** <u>from all the society</u> for the social experiment conducted by the government.

일부 구성원들이 정부가 시행하는 사회적 실험을 위해서 그 사회 전체로부터 선출되었다.

> 💡 암기Tip ❮ 어원 암기법
>
> se(apart: 따로) + lect(choose: 고르다) + ed(과분접)
> ▸ 따로 골라진, 따로 선출된 ▸ 엄선된

---

18 ★★★
estimate
[éstəmit]

ⓢ ⓝ quote, approximate calculation
ⓥ assess, evaluate, appraise

ⓝ 견적(서), 대략적인 수치, 추정, 추산

According to the city officials, the company will bring around two hundred jobs to the area, but the number is not an <u>official figure</u>, but just an **estimate**.

공무원들에 따르면, 그 회사는 대략 200개의 일자리를 그 지역에 가져올 것이라고 하지만 그 수는 공식적인 수치가 아니라 그저 견적일 뿐이다.

ⓥ 추정[추산]하다, 가치를 평가하다

---

19 ★★★

equivalent

[ikwívələnt]

🅐 (가치, 중요도, 의미가) 동등한, 맞먹는

If we are not paid a <u>fair</u> salary **equivalent** to that of our male coworkers, we will not accept the job offer.

우리가 남자 동료들의 것에 상응하는 타당한 월급을 받지 못하면, 우리는 그 일자리 제안을 받아들이지 않을 것이다.

🅝 등가물

> 💡 **암기Tip** 〈 **어원 암기법**
>
> equi(equal: 같은) + valent(strong: 강한)
> ▸ 같은 강한 정도의, 동등한 세기의 ▸ 동등한

> 👆 **기출 포인트** 〈 **유사 어휘**
>
> equivalent 🅐 동등한
> equivocal 🅐 같은 소리의, 애매한, 모호한

20 ★★

gratifying

[grǽtəfàiiŋ]

🅢 pleasing

🅐 기쁘고 만족스러운

A: The two societies which were at war finally made peace.

전쟁을 하던 그 두 사회가 드디어 화해했어.

B: That's <u>wonderful</u>. It is **gratifying** to know that they could settle their differences.

잘됐네. 그들이 서로의 차이점들을 해결할 수 있다는 것을 아는 것은 기쁜 일이야.

> 💡 **암기Tip** 〈 **어원 암기법**
>
> grat(grateful: 감사하는) + ify(make: 만들다) + ing(현분접)
> ▸ 감사하게 만드는, 고맙게 여기게 만드는 ▸ 기쁜, 흐뭇한

21 ★★

unwarranted

[ʌnwɔ́(ː)rəntid]

🅢 groundless

🅐 부당한, 보증되지 않은, 부적절한, 근거 없는

Even though CCTV cameras are installed for our protection, some members of society feel they are **unwarranted** and <u>an invasion of privacy</u>.

비록 CCTV가 우리의 보호를 위해 설치된다고 해도, 일부 사회 구성원들은 그것들이 부당하고 사생활 침해라고 느낀다.

> 📊 **빈출 기출 표현** 〈 **unwarranted 관련 표현**
>
> an **unwarranted** assumption phr 근거 없는 가설
> an **unwarranted** intrusion phr 부당한 침해

22 ★★
preoccupation
[priːὰkjəpéiʃən]

(동) 1)concentration, engrossment, obsession

n 1)집착, 몰두 2)선취

1)The cosmetic industry in Korea has grown significantly in the past 10 years, which is due to women's **preoccupations** with their appearance.

한국에서의 화장품 사업은 지난 10년 동안 상당히 성장해왔으며, 그것은 여성들의 외모에 대한 집착에 기인된다.

> 💡 암기Tip **어원 암기법**
>
> pre(beforehand: 미리) + occupa(seize/take up: 잡다) + tion(명접) ▸ 미리 잡는 것 ▸ 선취; 정신적인 선취, 몰입, 집착

23 ★★
vaunt
[vɔːnt]

(동) flaunt, brag, boast

v 자랑하다, 허풍 떨다

Donald Trump loves to **vaunt** his wealth and grandiosity, which angers many members of society as he is now their president.

Donald Trump는 그의 부와 당당함을 자랑하고 싶어하지만, 이것은 그가 현재 그들의 대통령이기 때문에 많은 사회 구성원들을 분노하게 한다.

n 허풍, 자랑, 호언장담

> 💡 암기Tip **연상/확장 암기법**
>
> vaunt를 '공허한, 빈'의 vain과 연결시켜서 기억해 두자.
> ▸ 공허한 말을 하다, 의미 없는 말을 떠들다

24 ★★★
scarcity
[skɛ́ərsəti]

(동) dearth, shortage, deficiency, lack, insufficiency

n 부족, 결핍

Due to the **scarcity** of apartments in the city, the rental rates are quite high, affecting the social demographic of the area, too.

도시의 아파트 부족으로 인해서, 임대 비율이 매우 높은데, 그 지역의 사회적 인구 통계 수치에도 영향을 미치고 있다.

25 ★★
dish out

phr 나누다, 주다

A: People say that I talk too much when I meet people for the first time.

사람들이 말하길 내가 사람들을 처음 만날 때 말을 너무 많이 한대.

B: That's fine to do so, but don't **dish out** any personal information.

그렇게 하는 것은 괜찮지만, 어떤 개인적인 정보도 주지마.

26 ★★

disingenuous

[dìsindʒénjuəs]

ⓢ insincere, uncandid,
   dishonest
cf. ingenuous ⓐ 순진한, 천진한

ⓐ 솔직하지 못한, 표리부동한

Although the politician promised to be open
and honest during the election, he later became
disingenuous and hid important facts from society.

그 정치인은 선거 동안에 마음을 열고 정직하겠다고 약속했지만, 그는 나중
에 솔직하지 못하게 되었고 중요한 사실을 사회에 숨겼다.

> 💡 **암기Tip** 〉 어원 암기법
>
> dis(opposite of: 반대의) + in(in: 안에) + gen(produce: 만들어
> 내다) + ous(형접) ▸ 안에서 만들어내지 않는, 속에서 나온 것이 아닌
> ▸ 진실하지 못한, 정직하지 못한

> 👆 **기출 포인트** 〉 유사 어휘
>
> ingenuous ⓐ 순진한, 천진한
> ingenious ⓐ 기발한, 재간이 있는, 독창적인

---

27 ★★

transparent

[trænspɛ́(:)ərənt]

ⓥ transparency ⓝ 투명
ⓢ lucid, clear, translucent

ⓐ 투명한, 속이 뻔히 들어다 보이는

A: What do you think is the current problem with our
society?

너는 우리 사회의 현재 문제점이 뭐라고 생각해?

B: Well, our society needs to be more **transparent**
and not deceiving and dishonest.

글쎄, 우리 사회는 좀 더 투명하고 기만적이거나 부정직하지 않을 필요가
있어.

> 💡 **암기Tip** 〉 어원 암기법
>
> trans(through: 통과하여) + pare(appear: 나타나다) + ent(형접)
> ▸ 통과해서 나타나는, 통과해서 보이는 ▸ 투명한

---

28 ★★

imperil

[impérəl]

ⓢ endanger, jeopardize

ⓥ 위태롭게 하다, 위험에 빠뜨리다

Littering trash **imperils** many different factors in our
food chain and therefore threats humans' health and
our ecosystems.

쓰레기를 마구 버리는 것은 우리의 먹이 사슬에 많은 다양한 요소들을 위
태롭게 하고 인류의 건강과 우리의 생태계들을 위협한다.

> 💡 **암기Tip** 〉 어원 암기법
>
> im(in: 안에) + peril(risk: 위험하게 하다)
> ▸ 위험 안에 빠지게 하다, 위험하게 하다

29 ★★

rocketing

[rɑ́kitiŋ]

동 soaring, mounting

형 치솟는, 급등하는, 급증하는

The **rocketing** tension between the two tribes ended up in a fight.

두 종족 간에 치솟는 긴장감은 결국 싸움으로 끝났다.

📶 빈출 기출 표현 ‹ rocketing 관련 표현

rocketing prices phr 치솟는 물가
rocketing hostilities phr 치솟는 적대감

---

30 ★★

vestige

[véstidʒ]

동 mark, trace, footprint

명 흔적, 자취, 종적

After digging for hours, the researchers finally found the **vestige** of an ancient society.

몇 시간 동안 땅을 판 후에, 그 연구원들은 드디어 고대 사회의 흔적을 찾았다.

---

31 ★★

implacable

[implǽkəbl]

동 inflexible, intractable, unappeasable
cf. placable 형 온화한

형 완강한, 확고한, 바꿀 수 없는

Some cultures are **implacable** and not willing to accept change from modern society.

몇몇 문화는 완강해서 현대 사회의 변화를 받아들이려고 하지 않는다.

💡 암기Tip ‹ 어원 암기법

im(in/opposite of: 반대의) + placa(calm: 진정시키다) + able(형접) ▸ 쉽게 진정시킬 수 없는 ▸ 확고한, 완강한

---

32 ★★

combine

[kəmbáin]

파 combination 명 조합, 결합

동 결합[연합]하다; 연합되다

New York is as diverse in terms of culture as many societies have **combined** together.

뉴욕은 많은 사회 집단들이 함께 연합해온 만큼 문화적 측면에서 매우 다양하다.

---

33 ★

usurp

[juːsə́ːrp]

동 seize, expropriate

동 (권력, 지위를) 빼앗다, 약탈하다

Genuine feminists don't try to undermine or **usurp** male authority, and they are actually not interested in doing so.

진정한 페미니스트들은 남성의 권위를 약화시키거나 빼앗으려고 하지 않으며, 실제로 그들은 그렇게 하는 데는 관심이 없다.

34 ★
intrepidity
[ìntrəpídity]
(동) courage, boldness

n 용맹

Many people admire the Spartan culture for the <u>fearlessness</u> and **intrepidity**.

많은 사람들은 스파르타 문화의 대담무쌍함과 용맹함에 감탄한다.

---

35 ★
corpulence
[kɔ́:rpjələns]
(동) obesity, portliness

n 비만, 비대

The USA is known for their <u>obesity</u> and **corpulence** which most people blame on their love for junk food.

미국은 비만과 비대함으로 잘 알려져 있는데, 대부분의 사람들은 그들의 정크푸드에 대한 애정의 탓으로 돌린다.

---

36 ★
aberrant
[æbérənt]
(동) deviant, divergent, abnormal

a 도리를 벗어난, 일탈적인

John's **aberrant** behavior is going to get him in a lot of trouble one of these days, as our society doesn't tolerate that kind of <u>immortal</u> behavior.

John의 일탈 행동은, 우리 사회가 그런 비도덕적인 행동에 관대하지 않기 때문에, 조만간 그를 상당한 어려움에 처하게 할 것이다.

---

37 ★
exasperation
[igzǽspəréiʃən]
(동) rage, fury, irritation, annoyance, vexation

n 분노, 격분

Bill watched in **exasperation** as the comedian continued to <u>make fun of and mock</u> his culture.

Bill은 그 코미디언이 계속해서 그의 문화를 비웃고 조롱할 때 분노하며 시청했다.

Daily Check-up

해석/해설 p. 545

Choose the best answer.

⏱ 2초 check-up

01 The one-moment silent prayer was a(n) (acclamation, burden, homage) to victims in the Korean War.

02 The former mayor still tries to exert (vision, reverence, clout), giving some influence on the city's policies.

03 The outcome of the scientific study was expected to prove their (hypothesis, hypocrisy, hyperbole).

04 There has been a social (breach, bond, adhesion) between religion and culture, profoundly linked each other.

05 Lack of (definitive, tardy, intriguing) statistics can make analytical errors.

⏱ 5초 check-up

06 A: Some women in Japan look too submissive to men.
B: I know. I think such behaviors are somehow _____ and naturally inborn in their culture.

(a) contiguous (b) acquired
(c) innate   (d) learned

07 A: Why does the government continue to support the couples having kids?
B: It is because the low birth rate could _____ a serious problem for future workforce.

(a) preclude (b) pose
(c) deny   (d) exclude

08 A: Jiho just tells his ideas to other people and won't listen to anything.
B: I think he sometimes are too _____.

(a) slovenly   (b) courtly
(c) unilateral (d) flexible

09 A decrease in the rate of marriage and birth is our current _____ trends that sociologists study.

(a) demographic   (b) physiographic
(c) geographic   (d) topographical

10 If no action is made, more and more wild animals and plants will be _____ by humans' heedless behaviors.

(a) amplified   (b) decimated
(c) relinquished (d) adapted

11 A _____ of tourists flocked to Times Square to see the ball drop and millions watched it on TV.

(a) morsel (b) slew
(c) throng (d) handful

12 European values and ideas are _____ in their culture and attract people who are interested in them.

(a) embedded (b) engrossed
(c) enlarged (d) pilfered

[정답] 01. homage 02. clout 03. hypothesis 04. bond 05. definitive 06. (c) 07. (b) 08. (c) 09. (a) 10. (b)
11. (c) 12. (a)

400점 어휘

accede [æksíːd]	v (조건, 요구 등에) 응하다, 동의하다
access the Internet	phr 인터넷에 접속하다
advancement [ədvǽnsmənt]	n 발전, 진보
agony [ǽgəni]	n 심한 고통, 고민, 고뇌
aim [eim]	v ~을 목표[목적]로 하다
allocate [ǽləkèit]	v ~을 할당하다
assumption [əsʌ́mpʃən]	n 추정, 상정
celebrate [séləbrèit]	v 기념하다, 축하하다
compliment [kámpləmənt]	v ~와 어울리다; 칭찬하다
criteria [kraití(ː)əriə]	n 기준, 표준
dimension [dimén∫ən]	n 차원, 규모, 범위
dispose of	phr ~을 처분하다, 없애다
downgrade [dáungrèid]	v (품격, 질, 가치 등을) 격하시키다, 떨어뜨리다
dual [djú(ː)əl]	a 이중의
hierarchical [hàiərɑ́ːrkikəl]	a 계급의, 위계적인
hyperactivity [haiˌpəræktiˈviti]	n 과한 행동
imply [implái]	v 암시하다, 넌지시 비추다
inaugurate [inɔ́ːgjərèit]	v 취임시키다
incorporate [inkɔ́ːrpərit]	v 조직으로 만들다, 포함하다
irritate [íritèit]	v ~을 짜증나게 하다, 약 올리다
juggle [dʒʌ́gl]	v (두 가지 말을) 곡예하듯 하다, 기술을 부리다
pacific [pəsífik]	a 평화로운
pledge [pledʒ]	v 서약하다 n 서약
reverse [rivə́ːrs]	v 역전시키다; 역전되다, 반전되다
rural [rú(ː)ərəl]	a 시골의, 전원의
saying [séiiŋ]	n 속담
scan [skæn]	v 유심히 살피다, 훑어보다
subjective [səbdʒéktiv]	a 주관적인
subservience [səbsə́ːrviəns]	n 추종, 종속, 굴종
vicarious [vaikɛ́(ː)əriəs]	a 대리의, 간접적인

500점 어휘

acclimate [əkláimit]	ⓥ ~에 순응하다 (to)
adjourn [ədʒə́ːrn]	ⓥ 휴회[정회]하다, 회의를 연기하다
aggrandize [əɡrǽndaiz]	ⓥ ~을 확대시키다
apathy [ǽpəθi]	ⓝ 냉담함, 무관심
apportion [əpɔ́ːrʃən]	ⓥ 몫을 나누다, 배분하다
bucolic [bjuːkálik]	ⓐ 전원의, 목가적인
canny [kǽni]	ⓐ 영리한, 약삭빠른
commotion [kəmóuʃən]	ⓝ 소동, 소란, 야단법석
convert [kánvəːrt]	ⓥ 전환시키다, 개종시키다
cultural diffusion	phr 문화 전파
deferential [dèfərénʃəl]	ⓐ 경의를 표하는
demagogy [déməɡɑ̀dʒi]	ⓝ 민중 선동
detonate [détənèit]	ⓥ 폭파시키다, 폭파하다
diaspora [daiǽspərə]	ⓝ 고국을 떠나는 사람, 집단의 이동
disable [diséibl]	ⓥ 망가뜨리다, 장애를 입히다
discipline [dísəplin]	ⓝ 학문 분야, 지식분야
dismiss [dismís]	ⓥ 해고하다; (생각, 느낌을) 떨쳐버리다
dispose [dispóuz]	ⓥ (특정 위치에 물건, 사람을) 배치하다
disposed [dispóuzd]	ⓐ 마음이 있는, 호감을 갖고 있는, 하고 싶은
dissolve [dizálv]	ⓥ 용해시키다, 녹이다; 끝내다
dissident [dísidənt]	ⓝ 반체제 인사
dissipate [dísəpèit]	ⓥ (시간, 돈을) 낭비하다, 방탕한 생활을 하다
earmark [íərmàːrk]	ⓥ (특정 목적으로) 책정하다, 배정하다, 따로 떼놓다
escalate [éskəlèit]	ⓥ 상승[강화, 상승]시키다; 상승하다
expatiate [ikspéiʃièit]	ⓥ ~에 대해 상세히 설명하다
expel [ikspél]	ⓥ 내쫓다, 몰아내다
expulse [iskpʌls]	ⓥ 몰아내다
fathom [fǽðəm]	ⓥ 깊이를 측정하다, ~을 파악[이해]하다
fertility rate	phr 출산율
fester [féstər]	ⓥ 곪다, 곪아터지다

500점 어휘

fraudulent [frɔ́:dʒələnt]	ⓐ 사기치는, 기만적인
frustrate [frʌ́strèit]	ⓥ ~를 좌절시키다, 낙담시키다
fuss [fʌs]	ⓝ 호들갑, 법석, 야단
haul [hɔːl]	ⓥ 끌다, 당기다
incisive [insáisiv]	ⓐ (인식 능력이) 예리한, 날카로운; 기민한
insurgency [insə́:rdʒənsi]	ⓝ 반란
nerve [nəːrv]	ⓝ 뻔뻔스러움, 건방짐, 버릇없음, 용기(-s)
obsolescent [àbsəlésənt]	ⓐ 구식의, 쇠퇴해 가는
peep [piːp]	ⓥ 훔쳐보다, 살짝 보다, 엿보다 ⓝ 살짝 봄
pervade [pəːrvéid]	ⓥ 퍼지다, 스며들다
precipitate [prisípitit]	ⓥ 촉발시키다
premeditate [pri(:)méditèit]	ⓥ ~을 미리 고려[연구, 계획]를 하다
prod [prɑd]	ⓥ 쑤시다, ~을 찌르다
puzzle [pʌ́zl]	ⓥ 의아하게 만들다, 당황시키다
quintessential [kwìntəsénʃəl]	ⓐ 전형적인
revelatory [rivélətɔ̀:ri]	ⓐ 드러내는, 밝히는
seclusion [siklúːʒən]	ⓝ 은둔, 은퇴
sear [siər]	ⓥ (불에) 그슬리다
shark [ʃɑːrk]	ⓝ 사기꾼
shirk [ʃəːrk]	ⓥ 회피하다, 게을리하다
shove [ʃʌv]	ⓥ 밀치다
smear [smiər]	ⓥ 더럽히다, 중상하다, 비방하다
span [spæn]	ⓥ 기간이 ~에 해당되다; 걸치다, 다리를 놓다;
stock up	ⓟⓗⓡ ~을 채우다; ~을 사서 비축하다, 많이 사두다
storm out	ⓟⓗⓡ 뛰어나가다
surly [sə́:rli]	ⓐ 무뚝뚝한
temperate [témpərit]	ⓐ 차분한, 절제된
vary [vé(:)əri]	ⓥ 다르다, 다양하다
volatility [vɑ̀lətíləti]	ⓝ 휘발성, 변덕
waver [wéivər]	ⓥ 이리저리 요동치다, 흔들거리다

600점 어휘

churlish [tʃə́ːrliʃ]	ⓐ 막된, 무례한, 버릇없는
crab [kræb]	ⓥ 흠잡다, 불평하다, 깎아내리다 ⓝ 심술쟁이
crabbed [krǽbid]	ⓐ 심술 궂은; 글씨가 읽기 어려운
crane [krein]	ⓥ (학처럼 목을) 길게 빼다
crass [kræs]	ⓐ 무신경한, 제멋대로의
defalcate [difǽlkeit]	ⓥ (위탁금을) 유용하다, 횡령하다
grumble [grʌ́mbl]	ⓥ 툴툴거리다, 넋두리를 하다, 불평하다 ⓝ 불평, 불만
grungy [grʌ́nʤi]	ⓐ 지저분한
imbecile [ímbisi(ː)l]	ⓝ 바보, 천치
jerk [ʤəːrk]	ⓥ 갑자기 홱 움직이다
lubricious [luːbrəʃəs]	ⓐ 음란한
moratorium [mɔ̀(ː)rətɔ́ːriəm]	ⓝ 일시 중지, 활동 중단, 지불 유예[정지]
mutiny [mjúːtəni]	ⓝ 반란, 폭동
pang [pæŋ]	ⓝ (정신적, 육체적) 고통, 아픔
pep [pep]	ⓝ 생기, 활력
preponderant [pripándərənt]	ⓐ 압도적인, 우세한
preposterous [pripástərəs]	ⓐ 엉뚱한, 터무니없는, 파격적인
savvy [sǽvi]	ⓐ 요령 있는 ⓝ 지식, 요령, 상식
straddle [strǽdl]	ⓥ 다리를 벌리고 올라앉다, (양쪽에 다리를) 걸치다
stride [straid]	ⓥ 성큼성큼 걷다
stumble into	phr 우연히 ~에 관여하게 되다
subdue [səbdjúː]	ⓥ 진압하다, 가라앉히다
subsist [səbsíst]	ⓥ 근근이 살아가다
subsistence [səbsístəns]	ⓝ 최저 생활, 생계
traverse [trǽvəːrs]	ⓥ 가로지르다, 횡단하다
twinge [twinʤ]	ⓝ (육체적, 정신적, 감정적) 찌릿한 통증
twitch [twitʃ]	ⓥ 홱 잡아당기다
unrequited [ʌ̀nrikwáitid]	ⓐ 상대방이 알아주지 않는, 짝사랑의
vault [vɔːlt]	ⓥ 도약하다, 비약하다
vex [veks]	ⓥ 성가시게 하다, 화내다

DAY 30

수량·대조·감각

수의 많고 적음, 규모의 크고 작음, 시작과 끝의 대조적인 어휘들은 출제 비중이 꾸준히 높다.

오늘의 단어 듣기
들으면서 암기하세요!

나의 학습노트

1회 암기	∨	
날짜	월	일
시간	시	분

2회 암기	∨	
날짜	월	일
시간	시	분

3회 암기	∨	
날짜	월	일
시간	시	분

01 ★★★
pittance
[pítəns]

n 소량, 박봉, 쥐꼬리만한 돈

Because Jared was unsatisfied with the **pittance** his parents gave him each week, he decided to get a part time job for <u>more money</u>.

Jared는 그의 부모님이 매주 주는 아주 적은 돈에 만족하지 못했기 때문에, 더 많은 돈을 위해 아르바이트를 구하기로 결심했다.

👆 **기출 포인트** ‹ 유사 어휘

pittance n 소량, 박봉
pith n 핵심, 골자, 요점

02 ★★★
plethora
[pléθərə]

🔊 excess, overabundance
🔄 dearth, paucity

n 과다, 과잉

Despite the **plethora** of movies offered by the video store, Jake always rents <u>the same movie</u> over and over again.

비디오 가게에서 제공하는 수많은 영화들이 있음에도 불구하고, Jake는 계속해서 같은 영화를 대여한다.

📊 **빈출 기출 표현** ‹ plethora 관련 표현

a **plethora** of opportunities phr 무수한 기회

03 ★★★
colossal
[kəlásəl]

🔊 huge, gigantic

a (규모, 정도, 범주가) 거대한, 엄청난

The new stadium is **colossal** <u>in size</u> and can hold nearly one hundred thousand people.

새 경기장은 규모가 엄청나서 거의 만 명을 수용할 수 있다.

04 ★★
gustatory
[gʌ́stətɔ̀ːri]

cf. gusto n 개인적인 취향

a 맛의, 미각의

The party supplied <u>all kinds of food</u>, including an array of desserts paired with different wines, and delighted people looking to enjoy a **gustatory** experience.

그 파티는 다양한 와인들과 어울리는 많은 후식들을 포함한 다양한 음식을 제공했고, 미각적 경험을 즐기려는 사람들을 즐겁게 했다.

💡 **암기Tip** ‹ 어원 암기법

gusta(gusto/taste: 맛) + tory(형접) ▶ 맛의, 미각의

05 ★★★
fetid
[fétid]

(동) stinking, foul-smelling

ⓐ 악취가 진동하는

You'd better refuse to use the **fetid** public bathroom that I smells as though it has not been cleaned in months.

마치 몇 달간 청소를 하지 않은 것 같은 냄새가 나는 악취가 진동하는 공중 목욕탕은 사용하지 않는 것이 낫다.

> 💡 암기Tip 〈 어원 암기법
>
> fet(stink: 악취를 풍기다) + id(형접) ▶ 악취를 풍기는

06 ★★★
modicum
[mádəkəm]

ⓝ 약간, 조금

A: How was Jamie's art project?
James의 미술 프로젝트는 어땠니?
B: His project was boring and did not display a **modicum** of creativity.
그의 프로젝트는 지루했고 약간의 창의성도 제시하지 못했어.

> 🔧 기출 포인트 〈 유사 어휘
>
> moribund ⓐ 소멸 직전의, 죽어가는
> mordant ⓐ 신랄한, 통렬한
> morbid ⓐ 병적인, 소름 끼치는; 병의, 질환의

07 ★★★
discrepancy
[diskrépənsi]

ⓝ 차이, 불일치, 서로 어긋남

When the store manager noticed a **discrepancy** in the inventory, he knew one of his employees was stealing.

매장 책임자가 재고가 차이 나는 것을 알아차렸을 때, 그는 그의 직원 중 한 명이 훔치고 있다는 것을 알았다.

> 💡 암기Tip 〈 어원 암기법
>
> dis(apart: 따로) + crepa(crack: 갈라지다, 틈이 생기게 하다) + ancy(명접) ▶ 따로 갈라지는 것, 따로 틈이 생기는 것 ▶ 어긋남, 차이, 불일치

08 ★★★
novice
[návis]

(동) tyro, beginner, neophyte

ⓝ 초보자, 초년생

The bicycle race is only for **novice** cyclists who have never participated in a professional race before.

그 자전거 경주는 이전에 프로 경기에 참여한 적이 없는 초보 사이클 선수들만을 위한 것이다.

암기Tip 어원 암기법

nov(new: 처음인, 새로운) + ice(명접)
▸ 처음인 사람, 새로운 사람 ▸ 초보자

---

09 ★★★

amplify

[ǽmpləfài]

동 ¹⁾heighten, enlarge, extend, expand
²⁾expatiate

ⓥ ¹⁾증폭시키다, 확대시키다 ²⁾상세히 설명하다

I need to get better speakers, as my laptop isn't doing a good job of **amplifying** the music.

내 노트북 컴퓨터가 음악을 증폭시키는 일을 제대로 못하고 있기 때문에 더 좋은 스피커를 구매해야 한다.

암기Tip 어원 암기법

ample(wide/large: 폭넓은, 큰) + ify(make: 만들다, 동접)
▸ 폭넓게 만들다, 확대시키다

---

10 ★★★

gamut

[gǽmət]

동 whole

ⓝ 전체, 전반

W-mart carries a whole **gamut** of products ranging from kids toys to groceries.

W마트는 아이 장난감에서부터 식료품까지 전 범위의 상품들을 취급한다.

빈출 기출 표현 gamut 관련 표현

a(the) **gamut** of 句 ~의 가능한 전 범위

---

11 ★★★

schism

[sízəm]

동 split, division, disunion

ⓝ 분열, 분립, 분리

The **schism** between my two best friends put me in the awkward position of having to choose one over the other.

나의 가장 친한 친구 두 명 사이의 분열은 나를 누구 한 편을 선택해야만 하는 어색한 위치에 두었다.

암기Tip 어원 암기법

schis(split: 갈라지다, 분열되다) + m(명접)
▸ 갈라지는 것, 분열되는 것 ▸ 분리, 분열

12 ★★★

hackneyed
[hǽknid]

(동) banal, stale, trite, dull, commonplace, platitudinous

(a) 진부한, 구식의

Every time my Internet goes down, the cable company gives me a **hackneyed** explanation that has been <u>repeated</u> to me many times.

인터넷이 다운될 때마다, 케이블 회사는 나에게 여러 번 반복했던 진부한 설명을 한다.

---

13 ★★★

redolent
[rédələnt]

(명) redolence (n) 향기, 향
(동) 1)odorous, odoriferous
2)reminiscent

(a) 1)냄새가 나는 (of, with), 냄새를 풍기는 2)~을 생각나게 하는

1)The candy shop was **redolent** <u>with the sweet smell</u> of chocolate and candy.

그 사탕 가게는 초콜릿과 사탕의 달콤한 냄새를 풍기고 있었다.

2)Since there appears to be no <u>originality</u> left in Hollywood, all the new movies appear **redolent** of the films previously made.

헐리우드에 남은 독창성은 없는 듯이 보여서, 모든 새로운 영화들은 이전에 만들어진 영화를 생각나게 하는 듯 보인다.

> 💡 **암기Tip** 〈 어원 암기법
>
> red(re/backward: 뒤로) + ol(smell: 냄새가 나다) + ent(형접)
> ▶ emitting odor, diffusing odor: 뒤로 냄새를 내보내는, 냄새를 발산시키는 ▶ 냄새를 풍기는

> 👆 **기출 포인트** 〈 유사 어휘
>
> redolent (a) 냄새를 풍기는
> indolent (a) 게으른, 나태한

---

14 ★★★

indigent
[índidʒənt]

(동) (a) destitute, needy, impoverished

(a) 궁핍한, 가난한, 극빈한

The government has a healthcare program for **indigent** individuals who <u>cannot pay for</u> their own healthcare.

정부는 자신의 건강 관리를 위해 돈을 지불할 수 없는 궁핍한 개인들을 위한 건강 보험 프로그램을 갖추고 있다.

(n) 궁핍한 사람

> 💡 **암기Tip** 〈 어원 암기법
>
> ind(into: ~으로) + ige(ege/lack: 부족하다) + ent(형접)
> ▶ 부족한 상태가 된, 궁핍한 상태인 ▶ 결핍된

15 ★★★

exuberant

[igzjúːbərənt]

[동] 1)abundant, copious, plentiful

[a] 1)활기 넘치는, 활발한 2)풍부한, 무성한, 울창한 3)화려한

1)The girl was **exuberant** when her mother surprised her with concert tickets for her favorite singer.

소녀는 그녀의 엄마가 그녀가 좋아하는 가수의 콘서트 티켓으로 그녀를 깜짝 놀라게 했을 때 활기가 넘쳤었다.

💡 암기Tip 어원 암기법

ex(thoroughly: 완전히)+uber(be fruitful: 열매를 맺다) + ant(형접) ▸ 완전히 열매를 맺는, 풍성하게 자란 ▸ 넘치는

16 ★★★

diverse

[divə́ːrs]

[파] diversity [n] 다양성

[동] divergent, varied, various, different

[a] 다양한, 다른

They hold widely **diverse** opinions on controversial issues like war and the death penalty.

그들은 전쟁이나 사형 선고 같이 논란이 될만한 문제들에 대한 다양한 의견들을 널리 수용한다.

💡 암기Tip 어원 암기법

di(dis/apart: 따로) + ver(vert/turn: 바꾸다) + se(tus: 과분접)
▸ 따로 바꾸어진, 다른, 다양한

빈출 기출 표현 ~verse(turn) 관련 표현

diverse [a] 다양한, 다른
converse [v] 대화를 (주고 받고) 나누다
traverse [v] 가로지르다, 횡단하다

17 ★★★

raucous

[rɔ́ːkəs]

[동] 1)rowdy, clamorous, vociferous, boisterous, obstreperous
2)strident, grating

[a] 1)요란한, 시끌벅적한 2)(소리가) 귀에 거슬리는

1)When the actress came out of her limousine, she had to cover her ears because of the **raucous** crowd noise.

그 여배우가 리무진 밖으로 나왔을 때, 그녀는 요란한 군중의 소음 때문에 자신의 귀를 막아야만 했다.

빈출 기출 표현 raucous 관련 표현

a **raucous** party [phr] 요란스러운 파티
raucous laughter [phr] 귀에 거슬리는 웃음

18 ★★★
olfactory
[ɑlfǽktəri]

a 후각의

My cold and blocked <u>nose</u> is interfering with my main **olfactory** nerve, so I cannot smell anything.
나의 감기와 막힌 코가 나의 주요 후각 신경을 방해하고 있어서, 아무런 냄새를 맡을 수가 없다.

> 💡 **암기Tip** 어원 암기법
>
> ol(smell: 냄새를 맡다) + fac(make/do: 만들다, 하다) + tor(명접) + y(형접) ▸ 냄새를 맡게 하는 것의, 후각의

> 📈 **빈출 기출 표현** olfactory 관련 표현
>
> **olfactory** memories phr 후각의 기억
> **olfactory** nerve phr 후각 신경
> **olfactory** system phr 후각계

---

19 ★★★
offbeat
[ɔ́(ː)fbíːt]
Ⓢ eccentric, unconventional, unusual, novel, peculiar, odd

a 색다른, 별난, 이채로운

His latest movie is really **offbeat** and <u>completely different</u> from the other movies he has created.
그의 최근 영화는 정말 색다르고, 그가 만들어 왔던 다른 영화들과는 아주 다르다.

---

20 ★★
get down to
Ⓢ launch, undertake

phr ~을 시작하다, 착수하다; ~에 관심을 기울이다

We are running out of time and we need to hurry up and **get down to** <u>the main points</u> of this meeting.
시간이 다 되어가니 서둘러서 이 회의의 주요 핵심으로 들어가야 해.

> ✋ **기출 포인트** get down to 관련 표현
>
> **get down to** business phr 일에 착수하다
> **get down to** earth phr 현실 문제에 파고 들다

---

21 ★★
retrench
[ritrénʧ]
Ⓢ retrenchment ⓝ 삭감, 긴축
Ⓢ curtail, reduce, diminish, cut down

v (인원, 비용, 경비 등을) 줄이다, 긴축하다, 절감하다

In this unstable economy, many businesses have to **retrench** and <u>cut down on</u> spending.
이런 불안정한 경제 상황에서 많은 사업체들은 긴축을 하여 지출을 줄여야 한다.

> 💡 **암기Tip** 어원 암기법
>
> re(back: 뒤로) + trench(trunk/cut: 잘라내다)
> ▸ cut back: 잘라내다, 줄이다, 삭감하다, 긴축하다

22★★

amass

[əmǽs]

(동) gather, accumulate, collect

🔲 모으다, 축적하다

Because the detective believed the suspect was guilty, he worked hard to **amass** sufficient evidence for a prosecution.

탐정은 그 용의자가 유죄라고 믿었기 때문에, 기소를 위한 충분한 증거를 모으기 위해 열심히 일했다.

---

23 ★★

spate

[speit]

(동) overpouring, flood

🔲 (갑작스런) 범람

America has had a **spate** of natural disasters continuously this year which many people blame on global warming.

미국은 올해 계속해서 자연재해들을 겪었고, 많은 이들은 이를 지구온난화의 탓으로 전가한다.

> 📈 **빈출 기출 표현** spate 관련 표현
>
> a **spate** of words phr 퍼붓는 말
> a **spate** of robberies phr 잇따르는 강도 사건

---

24 ★★★

racket

[rǽkit]

(동) 🔲 noise, clamor, din, uproar

🔲 ¹⁾소음; 소동; 법석 ²⁾유흥, 방탕

¹⁾A: What's that **racket** coming from upstairs?

위층에서 나오는 저 소음은 뭐니?

B: Oh, with a rattling noise, the kids are playing upstairs with their new toys.

아, 달그락거리는 소음을 내며, 애들이 위층에서 새 장난감을 가지고 놀고 있거든.

🔲 ¹⁾시끄럽게 하다 ²⁾방탕에 빠지다

---

25 ★★

layperson

[léipə̀ːrsən]

(반) maven

🔲 비전문가, 문외한; 평신도

Even a **layperson** without detailed computer knowledge is able to install antivirus software and run a scan.

상세한 컴퓨터 지식이 없는 비전문가도 바이러스 퇴치용 소프트웨어를 설치하고 검색을 실행할 수 있다.

26★★

distinctive

[distíŋktiv]

🔲 색다른, 독특한

While my father had many peculiar habits, his biggest **distinctive** behavior was collecting his own toenail clippings.

[파] distinction [n] 차이, 대조; 뛰어남

나의 아버지는 특이한 습관들이 많긴 했지만, 가장 특이한 행동은 자신의 잘라낸 발톱을 수집하는 것이었다.

---

27 ★★

pundit

[pʌ́ndit]

[동] expert, whiz, guru, maven

[n] 전문가, 권위자

According to the efficiency **pundit**, the factory can increase productivity and profits by making use of robotic machines.

효율성 전문가에 따르면, 그 공장은 로봇식 기계를 사용함으로써 생산성과 이윤을 증가시킬 수 있다.

---

28 ★★

scion

[sáiən]

[동] descendant, offspring, progeny

[n] 자손; 어린 가지

Rahul Rai was the **scion** of a noble and highly educated family, and correspondent of the *New York Post*.

Rahul Rai는 고상하고 학식이 높은 집안의 후손이었고, New York Post의 특파원이었다.

29★★

truncate

[trʌ́ŋkeit]

[v] (길이를) 줄이다, 잘라내다

Although the director loved all of his film footage, he had to **truncate** the movie so its runtime would be less than two hours.

감독은 그의 모든 영화 장면들을 마음에 들어 했지만, 상영시간을 2시간 이내로 만들기 위해서 길이를 잘라내야만 했다.

> 암기Tip 어원 암기법
> trunc(lop: 잘라내다) + ate(동접) ▸ 줄어들게 하다, 잘라내다

---

30 ★★

neophyte

[ní:əfàit]

[동] tyro, greenhorn, novice

[n] 초보자, 풋내기

Because Nick had no experience with the financial markets, everyone in his team considered him to be a **neophyte**.

Nick은 재정 시장에 대한 경험이 없었기 때문에, 그의 팀 모두가 그를 풋내기로 여겼다.

> 암기Tip 어원 암기법
> neo(new: 새로) + phyte(planted: 심어진)
> ▸ 새로이 심어진 것 ▸ 풋내기, 초보자

---

31 ★★

bulk

[bʌlk]

㉘ bulky ⓐ 부피가 큰

🅝 큰 규모(양)

A: Where do we need to buy all the ingredient for our cake?

우리 케이크 재료들을 모두 어디서 사야 하니?

B: The **bulk** of the ingredients will be bought locally and a couple will need to be ordered online.

재료의 대부분은 지역에서 구매하고, 두 가지는 온라인으로 주문해야 해.

> **📊 빈출 기출 표현 〈 bulk 관련 표현**
>
> in **bulk** 🅟🅗🅡 대량으로

> **💡 암기Tip 〈 어원 암기법**
>
> 우유 같은 dairy products(유제품)나 야채, 과일 등의 짧은 기간에 쉽게 perishable(잘 상하는) 되는 item(품목)을 제외하고, 다른 goods(물건)는 warehouse store(창고형 매장) 같은 대형 매장을 이용해 in bulk(대량으로)로 구매하면 좀 더 expense(비용)를 retrench(줄이다) 할 수 있다.

32 ★★

initiate

[iníʃiit]

㉘ initiative 🅝 독창성, 자주성, 진취성
initial ⓐ 초기의

🅥 개시하다, 착수시키다

To **initiate** your saving plan, we will start from opening a special bank account where you can deposit money each month.

당신의 저축 계획을 착수하기 위해서, 우리는 매달 예금을 예치할 수 있는 특별 은행 계좌를 개설하는 것부터 시작할 것입니다.

> **💡 암기Tip 〈 어원 암기법**
>
> in(in: 안에) + iti(iri/go: 가다) + ate(동접)
> ▸ 안에 들어가다 ▸ 시작하다, 개시하다

33 ★★

obtuse

[əbtʃúːs]

Ⓢ dull, insensible, impervious
Ⓐ acute, blunt, alert

ⓐ (감각이) 둔한, 둔감한, 무딘, 우둔한

The **obtuse** young man had a hard time understanding the simple instructions.

그 둔한 젊은이는 단순한 지시사항을 이해하는데 어려움을 겪었다.

> **🖐 기출 포인트 〈 유사 어휘**
>
> obtuse ⓐ 둔한, 무딘
> abstruse ⓐ 난해한, 이해하기 어려운, 심오한

34 ★
din
[din]

[동] noise, clamor

[n] (지속적이고 큰) 소음

The **din** of a city can sometimes be overwhelming for people who come from a quiet rural area.
도시의 소음은 때때로 조용한 시골에서 온 사람들에게는 지나치게 압도적일 수 있다.

35 ★
luscious
[lʌ́ʃəs]

[동] 1)delectable, palatable

[a] 1)(소리, 맛 등이) 감미로운, 달콤한 2)매혹적인, 호화스런

1)Because the bread smelled **luscious**, I decided to go into the bakery and buy a loaf.
감미로운 빵 냄새가 나서, 나는 빵집 안으로 들어가서 한 덩어리를 사기로 결정했다.

36 ★
immense
[iméns]

[동] tremendous, enormous, colossal

[a] 엄청난, 어마어마한

The museum was so **immense** that we can't look around it all in one day.
그 박물관은 규모가 매우 거대해서 하루 안에 전체를 둘러볼 수 없다.

37 ★
attenuate
[əténjuèit]

[동] reduce, lessen, diminish, weaken

[v] (강도, 효과, 양, 가치 등을) 약화시키다, 줄이다

Sarah sleeps with earplugs to **attenuate** the noise that comes from the highway outside her house.
Sarah는 집 밖의 고속도로에서 오는 소음을 줄이기 위해 귀마개를 하고 잠을 잔다.

암기Tip 어원 암기법
at(ad/to: 긍정) + tenu(thin: 얇은, 여린) + ate(동접)
▸ 여리게 만들다 ▸ 약화시키다

38 ★
exacerbate
[igzǽsərbèit]

[동] 1)aggravate 2)irritate, exasperate

[a] 1)(질병, 문제 등을) 악화시키다 2)(감정을) 짜증나게 하다, 화나게 하다

1)If you do not take your medicine, your condition will **exacerbate**, and you will feel worse.
약을 먹지 않으면, 상태가 악화되어 더 아플 것이다.

암기Tip 어원 암기법
ex(thorouhly: 완전히) + acerb(acerbic/harsh: 가혹한) + ate(동접) ▸ 완전히 가혹하게 하다 ▸ 악화시키다

Daily Check-up

해석/해설 p. 546

Choose the best answer.

⏱2초 check-up

01 The new staff is a (neophyte, maven, pundit) who has never worked in counseling.

02 Hansoo is a (scion, guru, gourmet) of royal family in the Chosun dynasty.

03 Although I am a(n) (expert, virtuoso, layperson) of business, I decided to start my own business.

04 Everyone enjoyed a(n) (gustatory, aural, fetid) experience, just by tasting those cakes.

05 Although he is a good pianist, Daniel didn't reveal a (discrepancy, gusto, modicum) of musical talent in his childhood.

⏱5초 check-up

06 A: This smell reminds me of my grandmother's soup.
B: Some foods ignite _____ memories of our childhood

(a) olfactory   (b) tactic
(c) optic   (d) vociferous

07 A: How was the dance performance?
B: It is really eccentric and _____ to me.

(a) bulky   (b) apathetic
(c) commonplace   (d) offbeat

08 A: Don't you think these pants are too long for me?
B: If so, you can _____ a little to make it shorten.

(a) thrust   (b) truncate
(c) jostle   (d) wither

09 Her _____ imagination could run away with her vigorous writing styles.

(a) exuberant   (b) insipid
(c) pretentious   (d) routinely

10 My mother combined her recipe with a steak sauce _____ of the pungent Thai spices

(a) split   (b) colossal
(c) redolent   (d) indigent

11 The _____ between religion sects could lead to various heresies.

(a) harbinger   (b) alliance
(c) coalition   (d) schism

12 Our company has decided to _____ 20 percent of the budget due to the financial difficulties.

(a) expatiate   (b) retrench
(c) amass   (d) undertake

[정답] **01.** neophyte **02.** scion **03.** layperson **04.** gustatory **05.** modicum **06.** (a) **07.** (d) **08.** (b) **09.** (a)
10. (c) **11.** (d) **12.** (b)

목표 점수대별 어휘

400점 어휘	
alien [éiljən]	ⓐ 낯선, 외국의, 이국의
auditory [ɔ́:ditɔ̀:ri]	ⓐ 청각의
babble [bǽbl]	ⓥ 잡소리를 늘어놓다, 주절거리다 ⓝ 왁자지껄 소리, 횡설수설
boom [bu:m]	ⓝ 쿵하고 울리는 소리
brisk [brisk]	ⓐ 빠른
countless [káuntlis]	ⓐ 무수한
extensive [iksténsiv]	ⓐ 광범위한, 대규모의
extent [ikstént]	ⓝ 정도, 크기, 규모
enormous [inɔ́:rməs]	ⓐ 거대한
forefather [fɔ́:rfὰ:ðər]	ⓝ 조상, 선조
fragrant [fréigrənt]	ⓐ 향기로운
gain currency	ⓟʰʳ 통용화되기 시작하다
handful [hǽndfùl]	ⓐ 한 움큼의, 얼마 안 되는
intermission [ìntərmíʃən]	ⓝ (연극) 막간, 휴게시간
interval [íntərvəl]	ⓝ 간격, 차이, 거리
invisible [invízəbl]	ⓐ 보이지 않는, 볼 수 없는
kick off	ⓟʰʳ 경기가 시작되다
numerous [njú:mərəs]	ⓐ 많은
obvious [ábviəs]	ⓐ 명확한, 분명한
odorous [óudərəs]	ⓐ 냄새가 나는
one and only	ⓟʰʳ 유일한
optic [áptik]	ⓐ 시력의
pinch [pinʧ]	ⓝ 소량
plentitude [pléntitjù:d]	ⓝ 풍부함
scent [sent]	ⓝ 향기, 향내, 냄새
scream [skri:m]	ⓥ 비명을 지르다, 괴성을 내다
set in	ⓟʰʳ 시작하다[되다]
swift [swift]	ⓐ 신속한, 재빠른
trifling [tráifliŋ]	ⓐ 사소한, 하찮은
visibility [vìzəbíləti]	ⓝ 가시성

500점 어휘

abridge [əbrídʒ]	ⓥ 축소[삭감, 단축]시키다
adjunct [ǽdʒʌŋkt]	ⓝ 부속물, 부가물
a host of	phr 다수의
bate [beit]	ⓥ 약화하다, 감소되다, 줄다; 할인하다, 덜다, 줄이다
bawl [bɔːl]	ⓥ 고함치다 (at), 소리치다 (out), (시끄럽게) 울어대다 (off)
boisterous [bɔ́istərəs]	ⓐ 난폭하고 시끄러운
brevity [brévəti]	ⓝ 간결성
cacophony [kəkáfəni]	ⓝ 불협화음
callow [kǽlou]	ⓐ 미숙한, 풋내기의
chasm [kǽzəm]	ⓝ 틈, 간극, 단절
clatter [klǽtər]	ⓥ 달가닥하는 소리를 내다
decrepit [dikrépit]	ⓐ 노후한; 노쇠한
discrete [diskríːt]	ⓐ 별개의, 분리된
dissonant [dísənənt]	ⓐ 귀에 거슬리는, 불협화음의
dulcet [dʌ́lsit]	ⓐ (소리가) 감미로운
enfeeble [infíːbl]	ⓥ 쇠약하게 만들다, 약화시키다
fledgling [flédʒliŋ]	ⓝ 신참내기, 초보
foul-smelling [faul-sméliŋ]	ⓐ 냄새가 역겨운
frank [fræŋk]	ⓐ 솔직한, 노골적인
heterogeneous [hètərədʒíːniəs]	ⓐ 이질적인, 나른
hiatus [haiéitəs]	ⓝ 정지, 중지
holler [hálər]	ⓥ 고함치다, 소리치다; 부르다
impervious [impə́ːrviəs]	ⓐ 둔감한
in a roar	phr 떠들썩하게
inflame [infléim]	ⓥ 격앙[흥분]시키다, 악화시키다
luxuriant [lʌgʒú(ː)əriənt]	ⓐ 풍성한, 무성한
maven [méivən]	ⓝ 전문가
measly [míːzli]	ⓐ 아주 조금의, 쥐꼬리만한
minuscule [mínəskjùːl]	ⓐ 극소의
miscellaneous [mìsəléiniəs]	ⓐ 여러 종류의, 잡다한

500점 어휘

multifaceted [mʌltifǽsitid]	ⓐ 다방면의
multifarious [mʌ̀ltəfέ(:)əriəs]	ⓐ 다양한, 다채로운
nasal [néizəl]	ⓐ 코의, 콧소리의
offensive [əfénsiv]	ⓐ (냄새가) 역겨운, 불쾌한
phonemic [fəníːmik]	ⓐ 음소의
posterity [pɑstérəti]	ⓝ 후세, 후대
puny [pjúːni]	ⓐ 보잘것없는
rap [ræp]	ⓝ 아주 조금
recess [risés]	ⓝ 휴게, 휴회
recede [risíːd]	ⓥ 물러나다, 멀어지다, 약해지다, 희미해지다
roar [rɔːr]	ⓥ (큰 짐승이) 포효하다, 으르렁거리다 ⓝ 포효, 으르렁거림
screech [skriːtʃ]	ⓥ 귀에 거슬리는 날카로운 소리를 내다
slot [slɑt]	ⓝ (공간, 시간적) 빈틈, 자리, 구멍
stench [stentʃ]	ⓝ 악취
stinging [stíŋiŋ]	ⓐ 찌르는, 쏘는; 통렬한, 신랄한
stink [stiŋk]	ⓥ 악취가 풍기다, 구린내가 난다, 수상쩍다 ⓝ 악취
stint [stint]	ⓝ 할당량
sundry [sʌ́ndri]	ⓐ 여러 가지의, 잡다한
platitudinous [plæ̀titʃúːdənəs]	ⓐ 진부한
sniff [snif]	ⓥ 냄새를 맡다[들이 마시다]; 코를 훌쩍거리다 콧방귀 뀌다 (at)
sniff out	phr 냄새[후각]로 찾아내다
tactile [tǽktil]	ⓐ 촉각의, 촉감의, 촉각이 좋은
tart [tɑːrt]	ⓐ (맛이) 시큼한, 자극적인; (태도가) 신랄한 ⓥ 야하게 꾸미다 (up)
tetchy [tétʃi]	ⓐ 성질이 있는 , 화를 잘 내는
threshold [θréʃʌould]	ⓝ 시발점, 문턱, 입구
tone-deaf [def]	ⓐ 음치의
ultimatum [ʌ̀ltəméitəm]	ⓝ 최후통첩
vicissitude [visísitʃùːd]	ⓝ 우여곡절, 풍파, 파란만장
vivacious [vivéiʃəs]	ⓐ 명랑한, 쾌활한, 활기 있는
wordy [wɔ́ːrdi]	ⓐ 장황한, 말수가 많은

600점 어휘

abysmal [əbízməl]	ⓐ 최악의, 최저의
abyss [əbís]	ⓝ 심연, 깊은 구렁텅이
acme [ǽkmi]	ⓝ 정점, 절정
apex [éipeks]	ⓝ 꼭대기, 정점
breakneck [bréiknèk]	ⓐ 위험할 정도로 빠른, 정신 없이 달려가는
cadent [kéidənt]	ⓐ 하강하는; 리듬 있는, 율동적인
classy [klǽsi]	ⓐ 고급의, 세련된
fractious [frǽkʃəs]	ⓐ 성질을 잘 내는, 괴팍한, 투덜대는
halitosis [hæ̀litóusis]	ⓝ 구취, 입 냄새
haptic [hǽptik]	ⓐ 촉각의
hulking [hʌ́lkiŋ]	ⓐ 거대한
hullabaloo [hʌ́ləbəlù:]	ⓝ 시끌벅적한 소리
humongous [hju:mʌ́ŋgəs]	ⓐ 거대한
lilliputian [lìlipjú:ʃən]	ⓐ 극히 작은
mammoth [mǽməθ]	ⓐ 거대한, 엄청난
mangy [méindʒi]	ⓐ 지저분한, 누추한, 초라한
nadir [néidər]	ⓝ 최악의 순간
nascent [nǽsənt]	ⓐ 초기의, 발생기의
noisome [nɔ́isəm]	ⓐ (냄새가) 고약한, 역겨운
oldfangled [óuldfǽŋgld]	ⓐ 구식의
pachydermatous [pæ̀kidə́:rmətəs]	ⓐ 둔감한, 무신경한
regiment [rédʒəmənt]	ⓝ (사람, 동물의) 다수, (군대의) 연대
snarl [snɑ:rl]	ⓥ 으르렁거리다 ⓝ (개의) 으르렁 거리는 소리
squeak [skwi:k]	ⓥ (마찰로 인한) 끽 소리를 내다
tenderfoot [téndərfùt]	ⓝ 풋내기, 신출내기
tip-top [tɑp]	ⓐ 최고의, 최상의
tumid [tʃú:mid]	ⓐ 과장된, 비대한, 부어 오른
turgid [tə́:rdʒid]	ⓐ 과장된, 팽창한
zenith [zí:niθ]	ⓝ 천정, 절정, 정점
whit [hwit]	ⓝ 약간, 조금

영 단 기

TEPS VOCA

Actual Test
1~2

Actual Test 1

Part I Questions 1-10
Choose the option that best completes each dialogue.

1   A: Hi, can you check over this proposal for me?
    B: Yes, sure. Leave it on my desk and I will _____ it by the morning.
    (a) inscribe   (b) repair
    (c) purge   (d) review

2   A: Hello, I'm calling for Julie. Is she _____ now?
    B: Well, she's in a meeting now.
    (a) useful   (b) available
    (c) profitable   (d) awful

3   A: This desk looks really old. I think it should be replaced.
    B: It is really old, but it is still strong and _____ enough to last a few more years.
    (a) obscure   (b) trepid
    (c) shrewd   (d) durable

4   A: Do you have any idea how to _____ this machine?
    B: Yeah, let me show you how to handle it.
    (a) operate   (b) vend
    (c) probe   (d) grapple

5   A: The next part in the series is due to publish this December!
    B: Oh excellent! I'm really _____ as to how the story will develop and what will happen next.
    (a) pompous   (b) curious
    (c) opulent   (d) odious

6   A: Why are your hands shaking?
    B: My hands are _____ because I am nervous about the speech.
    (a) ardent   (b) ponderous
    (c) trembling   (d) dogmatic

7 A: Are you satisfied with your new University?

B: Yes, I am quite _____ and I made the right choice to come here.

(a) fulfilled
(b) persistent
(c) deliberate
(d) obscure

8 A: How was Jamie's art project?

B: It was boring because it did not display a _____ of creativity.

(a) plenty
(b) slew
(c) modicum
(d) core

9 A: John, can you send the price breakdown to my email?

B: Sure, I will _____ you it right now.

(a) connect
(b) forward
(c) touch
(d) contact

10 A: James and Henry seem to be on bad terms.

B: Yeah, they are always _____ each other over politics.

(a) in the same boat
(b) on the books
(c) at a standstill
(d) at odds with

Part II Questions 11-30

Choose the option that best completes each sentence.

11 Residents in low-lying areas are strongly urged to _____ the area before the hurricane hits their town.

(a) vacate   (b) engage
(c) occupy   (d) evacuate

12 Forest fires can cause devastating damage if they are not _____.

(a) set   (b) extinguished
(c) endangered   (d) preserved

13 In the First World War, soldiers came up with a number of different tricks to _____ if a person was a spy.

(a) contrive   (b) sublet
(c) conjure   (d) denote

14 Many people regard the NFL Championship of Baltimore Colts vs. New York Giants in 1958 as one of the greatest _____ of all times.

(a) matters   (b) conformations
(c) matches   (d) shots

15 Since the dog lives outside, he is highly _____ to parasites that are abundant in the outdoors.

(a) vulnerable   (b) conformable
(c) insusceptible (d) resistible

16 Our vicar has been respected as the _____ of a good religious figure by many people.

(a) epidemic   (b) pest
(c) infestation (d) epitome

17 The lack of _____ in my knee is the reason I'm having difficulty bending my leg.

(a) agony   (b) analgesic
(c) mobility   (d) salve

18 The _____ between the two neighbors escalated into violence, which is why the police were called.

(a) dispute   (b) consent
(c) conference   (d) agenda

19 The DMZ is currently the most militarized _____ in the world with thousands of soldiers posted at both sides.

(a) notion   (b) boarder
(c) aspect   (d) border

20 The senator refused to comment on _____ or speculations and insisted on sticking to hard facts.

(a) grounds   (b) intentions
(c) rumors   (d) provisions

21 Since the movie star is only helping the homeless in order to get media attention, she is not a(n) _____ individual.

(a) altruistic   (b) egoistic
(c) amiable   (d) aloof

22 Filming the scene was _____ due to bad weather which further delayed the film's schedule.

(a) determined   (b) proceeded
(c) extended   (d) postponed

23 Play critics can easily _____ a perfect performance from a flawed one.

(a) implement   (b) distinguish
(c) integrate   (d) enforce

24 Sometimes I revisit older movies to bring back memories and _____ my childhood.

(a) enhance   (b) reminisce
(c) reinforce   (d) remind

25 The singer's popularity began to _____ after he was rude to his fans in the concert.

(a) soar   (b) foster
(c) wane   (d) emerge

26 Magazines _____ me, as it is so confusing with so many articles of random topics.

(a) baffle   (b) eradicate
(c) extirpate   (d) ameliorate

27 This is a very moving novel which is about the tumult and _____ of war.

(a) serenity   (b) diversion
(c) hush   (d) turmoil

28 I think the best novels perfectly _____ a range of emotions to connect with readers on different levels.

(a) undo   (b) reverse
(c) blend   (d) alter

29 As a teacher, I am a strong _____ for more parent involvement in schools.

(a) opponent   (b) protagonist
(c) antagonist   (d) advocate

30 In Asian countries it is believed that socializing after work is a good way to build _____ with your coworkers.

(a) vigor   (b) subordination
(c) rapport   (d) contingency

You have finished the Vocabulary questions. Please continue on to the Grammar questions.

Actual Test 2

1 A: How was your trip to Japan?
B: It was _____ as I couldn't communicate well with the locals.

(a) enticing   (b) frustrating
(c) desperate   (d) pressing

2 A: I am always annoyed when Mike and his girlfriend fight.
B: Don't worry about their relationship. It's a _____ matter which doesn't concern you.

(a) imperious   (b) impertinent
(c) salient   (d) trifling

3 A: I'm worried about this trip. Don't you think traveling alone is risky?
B: You'll have a great adventure. Just take reasonable _____.

(a) infringement   (b) precautions
(c) refrains   (d) custody

4 A: Would you give up your career to start a family?
B: No, I'm trying to _____ both if possible.

(a) abandon   (b) prevent
(c) juggle   (d) dodge

5 A: The storm last week was _____.
B: Yeah, the whole town was totally caught off guard.

(a) devastating   (b) controversial
(c) austere   (d) auspicious

6 A: What do you think about cloning DNA?
B: I don't think it's a good idea as it causes too many moral _____.

(a) consequences
(b) sequence
(c) implications
(d) applications

7 A: Why is our boss being questioned by the police?
B: I think he has been _____ his taxes, which is a serious crime.

(a) depleting   (b) compensating
(c) dwindling   (d) evading

8 A: These days movies are extremely boring.
B: Yes, you're right. Script writers are so _____ and need to change.

(a) peculiar   (b) banal
(c) initial   (d) extraordinary

9 A: It's about time you _____.
B: Well, I'm still afraid of divulging the confidential information.

(a) spill the beans
(b) start from scratch
(c) chew the fat
(d) fly off the handle

10 A: You should pack some food for the field trip.
B: Well, I think I'll _____ something to eat along the way.

(a) gaze   (b) frown
(c) grab   (d) clench

11 Tomorrow pest control will come round to fumigate our home and hopefully _____ the cockroach problem we have.

(a) entice   (b) render
(c) exterminate   (d) seduce

12 Even though the _____ died over two centuries ago, his piano music is still being performed today.

(a) epicure   (b) novice
(c) glutton   (d) virtuoso

13 *American Road* is a novel that _____ race, class conflict, and fate together into a complex tapestry.

(a) shrinks   (b) weaves
(c) creeps   (d) clings

14 _____ populations around the world seem to be shrinking as more people move into cites for better opportunities.

(a) Suburb   (b) Urban
(c) Rural   (d) Chic

15 The full moon festival is very important to many Asian cultures and is _____ in autumn.

(a) refined   (b) celebrated
(c) dismissed   (d) banished

16 During the parade, the sounds of holiday music will _____ throughout the whole of our society.

(a) conceive   (b) persevere
(c) deserve   (d) pervade

17 Wilkes was _____ as a caring and helpful man who did many great achievements for science.

(a) eulogized   (b) reprimanded
(c) censored   (d) capitulated

18 Though I had to confront a critical decision, I really wanted to _____ the situation if it was possible.

(a) eschew   (b) face
(c) overcome   (d) encounter

19 The high cost of flight tickets is sure to _____ holiday travel abroad.

(a) persist   (b) flourish
(c) abridge   (d) retain

20 Many of our old customs have been _____ due to them not being important anymore.

(a) absolved   (b) denounced
(c) acceded   (d) obliterated

21 The United States is trying hard to form strong political _____ with China to benefit both their economies.

(a) ties (b) layers
(c) tiers (d) aspects

22 I like to paint with oil paints as the colors don't _____ and stay vibrant for a long time.

(a) fade (b) dye
(c) slit (d) stumble

23 A lot of our culture still uses most of the _____ set previously by our ancestors.

(a) morale (b) conjunction
(c) appraisal (d) disciplines

24 The low _____ rate in some countries is the reason for unstable number of population.

(a) fertility (b) mortality
(c) emigration (d) turnover

25 Many worshipers have changed to a different church in order to escape the preachings of their dictatorial and _____ priest.

(a) nascent (b) reticent
(c) despotic (d) gregarious

26 Sometimes I feel that newspapers exaggerate their stories and fail to _____ the true point of delivering accurate news.

(a) abet (b) perplex
(c) reprehend (d) grasp

27 Jim hoped a doctor's diagnosis would _____ his fear and worry about the rash on his arm.

(a) agitate (b) allay
(c) alloy (d) rally

28 As the teacher was talking at the front of class, Emma _____ checked her phone under the table.

(a) lucidly (b) loquaciously
(c) bombastically (d) surreptitiously

29 Even though they are identical twins, they have such _____ personalities.

(a) incorporate (b) implicit
(c) heterogeneous (d) inherent

30 His parents had to _____ any knowledge to their church about how their daughter changed her religion.

(a) disparage (b) convert
(c) scoff (d) disavow

You have finished the Vocabulary questions. Please continue on to the Grammar questions.

영 단 기

TEPS VOCA

TEPS Idiom
300

a blessing in disguise	뜻밖의 좋은 결과[이득]
above par	액면 이상의, 평가 이상의, 표준 이상의
account for	~의 원인이 되다; ~을 설명하다; 차지하다
act up	버릇없이 굴다; 악화되다[나빠지다]
add fuel to the fire	불난 집에 부채질하다, (문제를) 악화시키다
against the clock	시간에 쫓겨서
all over the map	널리 퍼져 있는, 다양한
all walks of life	사회 각계 각층
allow for	~을 감안하다
angle for	~을 노리다
around the clock	24시간 내내, 밤낮으로
at odds with	~와 불화가 있는, 사이가 안 좋은
back out of	약속을 저버리다, 발뺌하다
back up	~을 지지하다, 후원하다; 정체되다, 막히다
bail ~ out	~를 곤경에서 구하다, ~의 보석금을 내다
bank on	~에 의지하다
bark up the wrong tree	잘못 짚다, 헛다리를 짚다
bask in	누리다, 즐기다
be all ears	열심히 귀를 기울이다
be contingent upon	~을 조건으로 하다
be cut out for	~에 적임이다[적합하다]
be fed up with	~에 진저리가 나다, 질리다
be inured to	~에 단련되다
be laden with	~이 가득하다
be on edge	안절부절 못하다, 신경이 곤두서있다
be oneself	자연스럽게 행동하다
be the icing on the cake	금상첨화다
bear on	~와 관련되다, 관계가 있다
beat around the bush	둘러서 말하다, 요점을 피하다
beef up	강화하다

behind the times	시대에 뒤떨어진
behind the wheels	운전을 하는
bend[lean] over backwards	무진 애를 쓰다
bite the bullet	이를 악물고 하다, 고통을 참다
blow one's chance	기회를 놓치다
blow the whistle	밀고하다
boil down to	~으로 요약되다
botch up	망쳐버리다
bowl somebody over	강한 인상을 주다, 놀라게 하다
break a leg	행운을 빌다
break down	고장 나다; 부서지다
break even	수지 타산을 맞추다
break in	(새 제품을) 길들이다, 훈련시키다
break one's back	등골이 빠지게 일하다
break one's neck	몹시 노력하다, 전력을 다하다
break out	(전쟁, 화재, 전염병 등이) 발생하다
break through	돌파하다, 극복하다
bring somebody to his senses	~를 정신 차리게 하다
buckle down	본격적으로 착수하다
burn one's bridges	배수의 진을 치다
burn the midnight oil	밤늦게까지 공부하다[일하다]
bury the hatchet	화해하다[무기를 거두다]
butt in	간섭하다, 참견하다
by a close call	간신히, 간발의 차이로, 구사일생으로
by a long shot	결코, 절대로
by trial and error	시행착오를 거쳐서
call back	~에게 다시 전화하다, ~를 다시 방문하다
call it quits	그만두다, 무승부로 하다
call off	취소[철회]하다
call the shots	지휘하다, 주도권을 잡다

catch on	이해하다, 유행하다; 인기를 얻다
catch up with	따라잡다; 체포하다
chew over	심사숙고 하다, 생각해 보다
chew the fat	수다 떨다, 오래 담소를 나누다
chill to the bone	추위가 뼛속까지 스며들다
chip in	(돈을) 조금씩 내다; 끼어들다
churn out	마구 쏟아내다, 잇따라 내다, 대량 생산하다
come across	우연히 발견하다
come down with	병에 걸리다
come up with	(생각, 해답을) 찾아내다, 내놓다
confide in	~에게 비밀[속마음]을 털어 놓다
cop out	책임을 회피하다, 약속을 어기다, 배신하다
cost an arm and a leg	큰 돈이 들다, 비용이 비싸다
count on	믿다, 의지하다, 기대다
crack the whip	채찍을 휘두르다, 사람들을 볶아대다
crane one's neck	(잘 보려고) 목을 길게 빼다
crocodile tears	거짓 눈물
cross out	말소하다, 선을 그어 지우다
cry over spilt milk	이미 엎질러진 물이다, 소용 없다
cut one's teeth	첫 경험을 하다; 이가 나다; 철이 들다
cut some slack	~에게 여유[기회]를 주다; ~를 덜 몰아붙이다
dish out	(많이) 주다, 내놓다, 담아 내다
down in the dumps	풀이 죽은, 우울한
drive me up the wall	나를 미치게 하다
drop in	잠깐 들르다
drop the ball	실수로 망치다
dwell on	~을 곱씹다, 되씹다, 깊이 생각하다
edge out	간신히 이기다
eke out	보충하다; 겨우 생계를 잇다
even out	잠잠해지다, ~을 균등하게 나누다

face off		경기를 시작하다
face the music		(자신의 행동에) 비난을 받다
fall on		날짜가 ~에 해당되다
fall out with		~와 사이가 나빠지다
fall through		수포로 돌아가다, 실패하다
feel out of place		그 자리에 어울리지 않는 것처럼 느끼다
fill in for		~을 대신하다
fill out		작성하다, 기재하다
flare up		왈칵 회를 내다, 확 타오르다
fly off the handle		버럭 화를 내다
foam at the mouth		(화가 나서) 입에 거품을 물다
get a kick out of		~에게서 큰 기쁨[쾌감, 짜릿함]을 얻다
get away with		처벌받지 않고 넘어가다
get away[off] scot-free		처벌을 면하다, 탈출하다
get by		그럭저럭 살아가다
get carried away		자제력을 잃다
get cracking		서둘러 일을 시작하다
get going		출발하다
get hitched		결혼하다
get in the way		방해되다
get over		(질병, 충격을) 극복하다, 회복하다
give ~ the cold shoulder		~를 냉대하다
give in		굴복하다, 양보하다
give somebody a ride[lift]		태워주다
gloss over		얼버무리고 넘어가다
go against the grain		뜻이 맞지 않다, ~에 어긋나다
go belly up		완전히 망하다, 도산하다
go by the book		원칙대로 하다
go down the drain		수포로 돌아가다, 실패하다, 파산하다
go out on a limb		(다른 사람의 지지 없는) 불리한 입장에 처하다

go through the roof	치솟다, 급등하다
grow out of	자라서 ~을 못 입게 되다
hail from	~출신이다
hang on	기다리다; 꽉 붙잡다
have a ball	신나게 즐기다
have a bee in one's bonnet	머리가 좀 이상해져 있다
have a fat chance of ~	~의 가능성이 희박하다
have a green thumb	식물 재배를 잘하다
have a hunch	예감이 들다
have a knack for	~에 재능이 있다
have a rough time ~ing	~하는 데에 힘든 시간을 보내다
have a word with	~와 이야기하다
have one too many	너무 많이 마시다
have one's cake and eat it	둘 다 취하다, 독차지하다
have one's nose in a book	책벌레이다
head for	~으로 향하다
hearken to	~에 귀를 기울이다
hem in	꼼짝 못하게 둘러싸다
hit the nail on the head	정곡을 찌르다
hit the spot	딱 그거야, 바로 그거야
hold ~ back	~를 저지하다
hold back one's tears	눈물을 참다
hold one's horses	침착하다, 서두르지 않다
hold one's breath	숨을 가다듬다, 한 숨 돌리다, 진정하다
hold out	(끝까지) 요구하여 버티다
hold out for	~을 끝까지 요구하다
in a huff	발끈 성을 내는, 노기를 띠는, 씩씩거리는
in full swing	한창 진행 중인
in the bag	거의 확실한
iron out	(문제를) 해결하다, 바로 잡다; 다림질하다

jump the gun	섣불리[성급히, 경솔하게] 행동하다
keep in shape	건강을 잘 유지하다
keep one's nose clean	문제가 될 일을 하지 않다
keep[old, control] one's temper	화를 참다, 성내지 않다
kick off	시작하다
kick the bucket	골로 가다, 죽다
knock off	(일을) 해치우다; 중단하다; 가치를 떨어뜨리다
knock the socks off	타격을 주다
lay down the law	강압적으로 말하다
lay it on thick	심하게 과장하다
leaf through	대충 훑어내다
leave ~ in the dark	~에게 알리지 않다
leave out	빼다, 생략하다
let sleeping dogs lie	잠자고 있는 개를 건드리지 마라, 긁어 부스럼 만들지 마라
let the cat out of the bag	무심코 비밀을 누설하다
let up	그치다; 강도가 약해지다, 완화하다
live hand to mouth	근근이 살다
live high on the hog	사치스럽게 살다
live on	~을 먹고 살다
look into	~을 조사하다
look on the bright side of things	사물의 밝은 면을 보다, 낙관하다
lop off	~을 쳐내다, 삭제하다
lose one's temper	화를 내다, 흥분하다
make a long face	침울한 얼굴을 하다
make a play for	~을 얻으려 하다, 수작을 걸다
make a scene[noise, row]	한바탕 소란을 피우다
make out	(문서를) 작성하다; 파악하다, 알아보다
make[pull] a face	얼굴을 찌푸리다, 침울한 표정을 짓다
manage to	간신히 ~하다
map put	계획하다

meet ~ halfway	~와 타협하다	
meet the deadline	마감 기한을 지키다	
much to one's chagrin	분하게도	
mull over	숙고하다	
nip it in the bud	싹을 자르다, 미연에 방지하다	
of all time	역대, 지금껏	
off the record	비공개의, 비공식적으로	
on a budget	한정된 예산으로	
on cloud nine	너무 행복한, 황홀한	
on one's toes	활발한, 원기있는, 긴장을 늦추지 않는	
on the dot	제 시간에	
on the house	무료로 제공되는	
on the tip of one's tongue	생각이 날 듯 말듯하는	
on top of that	게다가	
one too many	도가 지나친, 불필요한	
out of question	틀림없는, 의심할 여지없는	
out of shape	꼴이 말이 아닌, 엉망인	
out of sorts	기분이 언짢은; 몸이 불편한	
out of the blue	갑자기, 난데없이	
out of the question	불가능한, 소용없는	
out of this world	기상천외의, 최고의	
over the moon	너무나 황홀한	
over the top	과장된, 지나친	
pan out	전개되다, 진행되다	
pander to	~에 영합하다	
pass away	사망하다	
pass off on	(가짜를) ~에게 팔아 넘기다	
pass out	기절하다	
pass the buck	남에게 책임을 전가하다	
pay lip service	입에 발린 말을 하다	

pay off	성과를 드러내다
pay through the nose	바가지 쓰다
pick up the tab	값[계산]을 치르다, 돈을 내다
play down	폄하하다, 깎아내리다
play it by ear	그때그때 처리하다, 즉흥적으로 하다
play up	과대평가하다; 말썽 피우다, 괴롭히다
pull off	힘든 일을 해내다, 성사시키다
pull one's leg	장난치다, 농담하다
pull out all the stops	(무엇을 달성하기 위해) 최선을 다하다
pull over	차를 길가에 대다
pull the plug	중단시키다; 지원을 끊다, ~에서 손을 떼다
pull through	회복하다, 극복하다
put off	연기하다, 미루다
put out	불을 끄다; 내쫓다; 출간하다, 생산하다
rack one's brain	지혜를 짜내다, 머리를 쓰다
rain cats and dogs	비가 억수같이 쏟아지다
raise an eyebrow	놀라게 하다, 눈살을 찌푸리다
rock the boat	배를 흔들다, 풍파를 일으키다
rub off	(문질러) 지우다; ~에게 전염되다 (on, onto)
run out	(시간이) 다 되다
run out of steam	기력이 다하다
run over	차가 사람을 치다, 넘치다, 초과하다
run up the hill	정상에 다다르다
scratch the surface	수박 겉핥기식으로 처리하다
see the writing on the wall	불길한 징조를 알다
see through	끝까지 지켜보다, 간파하다
seek after	추구하다, 찾다
sell the farm	투자를 목적으로 모든 자산을 팔다
set A up with B	A에게 B를 소개해 주다
set aside	챙겨 두다, 확보하다

shake a leg	빨리빨리 움직이다
shoot the breeze	수다를 떨다
show off	과시하다, 으스대다
show up	나타나다, 등장하다
side with	~의 편을 들다
sink in	~에 빠져들다; 충분히 이해되다
sit on the fence	중립적인 태도를 취하다
slip through the cracks	허점을 통해 빠져나가다
snap out of it	기운을 차리다, 회복하다
sort out	(문제를) 해결하다; 구분하다
speak of the devil	호랑이도 제 말 하면 온다
speak volumes	(말을 하지 않고) 많은 것을 말하다[보여주다]
spill the beans	무심코 말해 버리다
spread out	~을 유포하다; 쭉 벋다
stand somebody up	~를 바람맞히다
stand for	~을 의미하다, 상징하다
start from scratch	처음부터 시작하다
stave off	저지하다, 미리 방지하다
stop by	잠시 들르다
string along with	동조하다, 따르다
take ~ into account	~을 고려하다, 참작하다
take a dive	급격히 악화되다
take a rain check on	미루다
take a stab at	~을 시도해 보다
take a stroll	산책하다
take after	~를 닮다
take in	(신문 등을) 구독하다; 자기 집에서 지내게 하다
take it or leave it	싫으면 그만두다
take on	고용하다; 떠맡다
take one's pick of	마음에 드는 것을 골라잡다

	take out on	~에게 화풀이를 하다
	take over	양도받다, 인계 받다
	take up	시작하다; (시간, 공간을) 차지하다
	talk the talk	말을 번지르르하게 하다
	tally up	집계하다, 총계를 하다
	tamper with	~을 조작하다
	tantamount to	~와 마찬가지의
	taper off	점점 줄어들다, 좁아지다
	teem with	~로 풍부하다
	Tell me about it	무슨 말인지 잘 안다
	throw the book	엄벌에 처하다
	tie the knot	결혼하다, 인연을 맺다
	to a tee	정확히, 꼭 맞게
	to make matters worse	설상가상으로
	to top it all	설상가상으로
	turn in	제출하다
	turn off	신경을 끊다, 벗어나다; (전기, 기계 등을) 끄다
	turn out	판명되다; 모습을 드러내다, 나타나다
	turn over a new leaf	새 사람이 되다, 개과천선하다
	turn the tide	~의 형세를 뒤집다
	turn up	(뜻밖에) 나타나다[찾게 되다]
	under the weather	(날씨 탓으로) 몸이 안 좋은; 기분이 안 좋은
	up in arms	들고 일어날 태세인
	up in the air	아직 미정인
	up the creek	난처하여, 곤경에 빠져
	walk on air	무아지경에 이르다, 기뻐 날뛰다
	wind up	마무리 짓다
	work out	운동하다; 일이 잘 처리되다
	wrap up	마무리 짓다; 옷을 단단히 챙겨 입다
	zip one's lip	입을 다물다

영 단 기

TEPS VOCA

해석 및 해설

Daily Check-up 해석/해설

DAY 01

본문 p. 12

⏱2초 check-up

01 운전자들은 교통 체증을 피하기 위해서 다른 길로 (준수하다, 계속 가다, **방향을 바꾸다**) 해야 한다.

02 내 차에 곧 교체되어야 하는 두 개의 (**닳은**, 새로운, 소심한) 타이어가 있다.

03 지도상 시청이 어디에 있는지 (다가가다, 우회하다, **정확하게 찾다**) 줄래?

04 보행자들은 공사 지역을 (방해하다, **우회하다**, 묶어 두다) 하도록 요청 받았다.

05 과속으로 그의 차를 들이받은 남자는 (경계하는, 구불구불한, **부주의한**) 운전자이다.

⏱5초 check-up

06 A: Katie, 너 취했어? 차선을 넘어가고 있잖아.
B: 아니야, 난 완전 정신 멀쩡해. 난 그저 저 빨간색 표지판을 읽으려 했어.
(a) 성급한　　　 (b) 음주 상태에서
(c) 정신 멀쩡한　 (d) 복잡한

해설 No라고 했으므로 drunk(취한)의 상반된 의미가 정답

07 A: Herring 도로 공사가 수요일에나 끝난다고 들었어.
B: 그럼 우리는 남쪽으로 우회해서 Canal 거리로 가야 해.
(a) 질주하다　 (b) 겪다
(c) 멈추다　　 **(d) 우회하다**

해설 도로공사 중이니, 다른 길로 우회해야 (detour)한다는 의미가 정답

08 A: 현대 미술관에 어떻게 가는지 알아?
B: 다음 역에서 내려서 2호선으로 갈아타야 해.
(a) 변형시키다　 **(b) 갈아타다**
(c) 타다　　　　 (d) 지속하다

해설 다음 역에서 2호선으로(to Line 2) 바꾸는 것이므로 갈아타야(transfer)한다는 의미가 정답

09 경찰은 정지된 면허증을 소지한 한 운전자가 East Lampeter에서 많은 불법 운전 범죄를 저질러 왔다고 말했다.
(a) 발행된　　 **(b) 정지된**
(c) 갱신된　　 (d) 편집된

해설 illegal driving offenses(불법 운전 범죄)가

단서

10 Subaru 운전자 Pastrana는 굽이진 산길을 따라 구불구불하게 난, Washington 산의 랠리 코스를 질주했다.
(a) 구불구불하다　 (b) 지시하다
(c) 다른 길로 돌아가다　 (d) 통근하다

해설 twisty(굽이진, 꾸불꾸불한)가 단서

11 Great Baddow 주차장은 두 대의 불탄 차량으로 인해 폐쇄되었고, 경찰에 의해 테이프로 비상선이 쳐졌다.
(a) 체포되었다　　 (b) 제한되었다
(c) 비상선이 쳐졌다　 (d) 지정되었다

해설 빈칸 뒤 off와 with tape(테이프로)가 단서

12 그 피해자는 운전자가 일부러 그의 차량으로 그녀에게 부딪쳤다고 진술했다.
(a) 어루만졌다　　 **(b) 부딪쳤다**
(c) 뒤집었다　　　 (d) 앞질렀다

해설 빈칸 뒤 into와 with his vehicle(그의 차량으로)이 단서

Day 02

본문 p. 28

⏱2초 check-up

01 저희 아이스크림 가게에 들러서 (**맛있는**, 요리의, 해로운) 아이스크림을 드셔 보세요.

02 이 소고기 육수는 내 입맛엔 아주 맛없고 (혼합, 상표, **싱거운**)이다.

03 나는 내 친구 생일을 위해 3(계단 층, **층**, 바닥 층) 치즈 케이크를 주문했다.

04 Blue Bell은 목요일에 또 다른 스무디 (**맛**, 미식가, 대식가)를 출시할 것이다.

05 벌목꾼들이 (소란스러운, **왕성한**, 진실한) 식욕을 가졌다는 것이 일반적인 생각이다.

⏱5초 check-up

06 A: 이 콜드 브루 커피 너무 진하네.
B: 그럼, 물을 좀 더 첨가해서 희석하면 돼.
(a) (석쇠에) 굽다　 (b) 섞다
(c) 희석하다　　 (d) 맛을 내다

해설 potent(진한, 강한)가 단서

07 A: 너 하루에 그렇게 많은 에너지 음료를 마시면 안 돼.

B: 응, 나도 알아. 지나친 카페인은 내 건강에 해롭지.
(a) **해로운**   (b) 합당한
(c) 이로운   (d) 맛있는

해설 너무 많이 마시면 안 된다는 A의 말과 to my health(내 건강에)가 단서

08 A: 저기, 나 이 머핀 좀 먹어도 될까?
B: 음, 좋은 생각은 아닌 것 같아. 2주나 돼서 상해 가고 있거든.
(a) 신선한   **(b) 신선하지 않은, 오래된**
(c) 느끼한   (d) 바삭한

해설 two weeks old(2주 된)가 단서

09 우리 엄마는 보통 더 먹음직스럽게 보이도록 구운 바나나 빵에 땅콩버터로 고명을 얹기를 좋아한다.
(a) 펼치다   **(b) 고명을 얹다, 곁들이다**
(c) 윤을 내다   (d) 끓이다

해설 more appetizing(더 먹음직스러운)하게 보이기 위해 하는 것은 장식, 즉 '고명'의 역할임

10 포도주 양조장을 구경하는 손님들은 St. James 포도 농장에서 주최 측에서 제공하는 무료 와인을 시음할 수 있고 지역 상품들을 즐길 수 있다.
(a) 상호 보완적인   (b) 자기 민족적인
(c) 무료의   (d) 의무적인

해설 on the house(무료[서비스]로 제공되는)의 동의어가 정답

11 그 실험적인 요리사는 많은 이상한 재료를 수프에 집어넣고 완전히 먹을 수 없는 것을 만들었다.
(a) 비난했다   (b) (강한 불에) 그을렸다
(c) 야기시켰다   **(d) (조합해서) 만들었다**

해설 put a number of strange ingredients가 단서

12 어떤 사람들은 늘 즉석식품을 먹고도 날씬한 몸매를 유지하는 반면에 다른 이들은 아무리 자제하려고 노력해도 계속 살이 찐다.
(a) 자제하는   (b) 게걸스러운
(c) 오싹한   (d) 육감적인

해설 접속사 while(반면에)이 있으므로, eat junk food all the time의 상반된 의미를 가진 단어가 정답

Day 03
본문 p. 44

⏱ 2초 check-up

01 그 홍수 경보는 호숫가 범람이 (건조한, **임박한**, 산발적인)임을 나타낸다.
02 (추운, 더운, **간헐적인**) 소나기가 오후 내내 발생할

것으로 예보되었다.
03 우리의 등산은 (끊임없는, 안정적인, **궂은**) 날씨 때문에 연기되었다.
04 (상해 입은, 손상된, **뜨거운**) 열기는 지구 온난화 때문이다.
05 지난해 내린 (**누적된**, 끔찍한, 흠뻑 젖은) 눈은 총 60피트였다.

⏱ 5초 check-up

06 A: 너 완전히 흠뻑 젖었네!
B: 응, 조깅하다가 갑작스럽게 천둥을 동반한 소나기를 맞았어.
(a) (불에) 그을린   **(b) 흠뻑 젖은**
(c) 견뎌진   (d) 젖지 않은; 불포화된

해설 thunder shower(천둥을 동반한 소나기)가 단서

07 A: 하루 종일 비가 오다니 믿을 수가 없어.
B: 그래, 내 생각엔 곧 그칠 것 같지도 않아.
(a) 그치다   (b) 지속되다
(c) 존재하다   (d) 유지하다

해설 raining all day(하루 종일 비가 오는)가 단서

08 A: 하늘 봐봐, 먹구름으로 뒤덮였어.
B: 머지않아 비가 올듯하네.
(a) 바싹 말라버린   (b) 흠뻑 젖은
(c) 뜨거운   **(d) 뒤덮인**

해설 dark clouds(먹구름)와 looks like it's going to rain이 단서

09 다행스럽게도 폭풍으로 인한 부상자는 없었지만, 한 사람이 59번 국도의 차량이 부서진 잔해 현장에서 구출됐다.
(a) 대피(소)   (b) 피난(처)
(c) 부서진 잔해   (d) 생존

해설 was rescued from(~에서 구출됐다)이 단서로, 부정적인 사고나 사건 현장을 의미할 수 있는 단어가 정답

10 일기예보에서 심한 홍수가 예상된다고 했으므로, 일본 북동부의 수천 명의 사람들은 일요일에 그들의 집에서 대피하라는 명령을 받았다.
(a) 대피하다   (b) 수리하다
(c) 참여하다   (d) 침해하다

해설 severe flooding(심각한 홍수)이 단서

11 미국은 지진, 홍수, 허리케인과 같은 자연재해에 특히 취약하다.
(a) 해로운   **(b) 취약한**
(c) 느끼지 못하는   (d) 동요 없는, 안정적인

해설 natural disasters(자연재해)에 강하냐 약하
느냐의 문제

12 전국적으로 온도가 급상승하면서, 영국의 사람들은
더위에 대처하려고 애쓰고 있다.
(a) 일깨우다　　　(b) 훼손시키다
(c) 간청하다　　　**(d) 급상승하다**

해설 heat(더위)와 temperatures(온도)가 단서
로, 수치가 주어인 동사 문제는 보통 '상승하다, 하
락하다, 유동적이다'라는 의미를 가진 단어가 정답

Day 04

본문 p. 60

⏱ **2초 check-up**

01 영국은 여객기에서 전자 기기 사용을 (**금지한다**,
과속한다, 포함한다).

02 일부 승객들은 항공기가 직항이든 (목적지, 관광지,
경유)가 있든 별로 개의치 않는다.

03 당신은 웹사이트를 통해 예약한 어떤 국내선 항공
에 대한 탑승 마일리지도 (**누적하다**, 승인하다, 주
다)할 수 있습니다.

04 이 장치는 사람들에게 (**다가오는**, 적절한, 이용할
수 있는) 열차에 대해 경보를 발하는 데 사용된다.

05 특별한 (속도, **가격**, 시간)에 항공권을 사기 위해서
는 미리 예약하셔야 합니다.

⏱ **5초 check-up**

06 A: 이 좌석은 나한테는 너무 좁아서 다리를 움직일
수가 없어.
B: 맞아. 다른 항공사를 탔어야 했는데.
(a) 질척한　　　**(b) 좁은**
(c) 넉넉한, 충분한　(d) (공간이) 넓은

해설 move my legs(다리를 움직이다)를 통해 공
간의 문제임을 알 수 있으므로 '좁은'이라는 의미가
정답

07 A: 여보세요, 이번 주말 호텔 예약 때문에 전화했는
데요.
B: 죄송합니다. 이번 주말에는 예약이 꽉 찼습니다.
(a) 채택하다　　　(b) 동반하다
(c) 점검하다　　　**(d) 예약하다**

해설 are fully reserved(예약이 꽉 차다)가 단서

08 A: 현재 오전 10시와 오후 2시 항공편이 있네요. 어
떤 것이 더 좋으세요?
B: 저는 오전 10시가 편할 듯해요.
(a) 편한, 적절한　(b) 견줄만한
(c) 무료의　　　　(d) 시간이 있는

해설 더 좋은 시간대를 물어봤으므로 '편한, 적절한'
이라는 의미가 정답. (d) available은 사람이 주어

이면 가능

09 추가 비용을 발생시키지 않으려면 여행객들은 출발
하기 전 48시간 내에 항공편을 취소해야 한다.
(a) (사건이) 발생하다　(b) 동의하다
(c) 재발하다　　**(d) (비용을) 발생시키다**

해설 additional fee(추가 비용)가 단서

10 세관은 한 커플이 신고하지 않은 15kg 이상의 연초
와 300팩의 담배를 압수했다.
(a) 압수했다　　　(b) 훔쳤다
(c) 체포했다　　　(d) 찾았다

해설 세관에서 신고 안 된 물건을 처리하는 것이므
로 '압수했다'는 의미가 정답

11 여행객이 의심스러운 여행 서류를 제시하면, 출입
국 관리소에 가서 출입국 관리관에 의해 조회를 당
할 수 있다.
(a) 단호한　　　　(b) 결심한
(c) 의심스러운　(d) 잘 믿는[속는]

해설 여행 서류를 제시하면 출입국 관리관에 의해
조회를 당할 수 있다(be referred)고 했으므로 '의
심스러운'이라는 의미가 정답

12 그 성당은 솟아있는 탑, 복잡한 세부, 스테인드글라
스 창문, 그리고 흠잡을 데 없는 도시 전망으로 유명
하다.
(a) 잘못된　　　　(b) 더럽혀진
(c) 비난받을 만한　**(d) 흠잡을 데 없는**

해설 좋게 알려진 이유 중의 하나이므로 긍정적인
의미를 가진 형용사가 정답

Day 05

본문 p. 76

⏱ **2초 check-up**

01 선수들은 소모적인 경기가 끝났을 때쯤에는 완전히
(겁이 난, **진이 다 빠진**, 기분이 들뜬) 상태였다.

02 Andrew는 휴가에서 돌아왔을 때 약간 (**통통한**, 경
쟁하는, 겁을 주는) 상태가 된 듯 보였다.

03 선수 기숙사는 (**시설**, 서비스, 예약) 확장으로 인해
폐쇄될 것이다.

04 그 사이클 선수들은 임박한 폭풍 때문에 그들의 주
말 훈련을 (방문하다, 요구하다, **취소하다**)해야만
했다.

05 팬들은 선수들의 (도덕성, 사망, **사기**)를 북돋우기
위해서 환호하며 노래를 불렀다.

⏱ **5초 check-up**

06 A: 지난밤에 TV 봤어? 한국 축구팀이 일본 축구팀
을 3대2로 이겼어.
B: 그래, 정말 흥미진진했어. 내 생각에 우리는 결승

까지 갈 듯해.

(a) (경기를) 이겼다 (b) (상대를) 이겼다

(c) 만족시켰다 (d) 고취시켰다

해설 we're going to the final(결승까지 갈 듯하다)이 단서로, 목적어인 the Japanese soccer team(일본 축구팀)을 받을 수 있는 동사가 정답

07 A: 우리 삼촌은 주말마다 골프장에 나가시고 또 매일 연습해.

B: 진짜로 열렬한 골퍼이신 것 같아.

(a) 축 처진 (b) 열 받은

(c) 생생한 **(d) 열렬한**

해설 매일, 매주 한다는 것은 '광적인, 빠진, 몰두한' 경우라 할 수 있음

08 A: 산 위에 있는 절에 어떻게 갈 수 있어?

B: 내가 듣기로는 그곳까지 나 있는 산길이 있다.

(a) 산길 (b) (차가 다니는) 길

(c) (차가 다니는) 거리, 길 (d) 통로, 복도

해설 산에 나 있는 길을 의미하는 단어가 정답

09 올림픽 경기장은 다음 세계 챔피언이 되려고 경쟁하는 전 세계의 운동선수들로 꽉 찼다.

(a) (상대를) 이기다 (b) 상의하다

(c) 경쟁하다 (d) 방어하다

해설 챔피언이 되려고 하는 것은 '경쟁하기'가 정답

10 그가 전례 없는 기록을 세웠을 때, 모든 청중이 열광적인 박수를 터뜨렸다.

(a) 약화된 **(b) 전례 없는**

(c) 이상한 (d) 불명확한

해설 record(기록)를 수식하며, applause(환호)할 만한 긍정적인 형용사가 정답

11 새롭게 개발된 해안선에는 걷고, 뛰고, 자전거 타는 사람들이 많으며, 모두가 그 아름다운 경관을 즐기고 있다.

(a) 흘려보내다 (b) 압도하다

(c) 한산하다 **(d) 풍부하다**

해설 with가 단서로서, with 이하의 사람들로 '풍부하다, 넘치다, 채워지다, 분주하다' 등의 의미가 가능

12 만약 당신이 체육관 규율의 어떤 것이라도 어긴다면 당신의 회원권은 자동으로 취소될 것입니다.

(a) 취소되다 (b) 적용되다

(c) 인용되다 (d) 행사되다, 가해지다

해설 체육관 규율을 깨면 일어날 수 있는 부정적인 의미의 단어가 정답

🕐 **2초 check-up**

01 James는 간신히 아들이 이사 나가지 (**못하게 말리다**, 말하다, 얘기하다)했다.

02 Paula는 그녀의 오빠를 (못하게 설득했다, **감언으로 구슬렸다**, 애지중지했다)해서 그녀에게 맛있는 브런치를 사게 했다.

03 Dave는 그의 할아버지인 Dave Harrison의 (닮았다, **이름을 따서 지어졌다**, 돌봤다).

04 우리 건물은 모두 완전히 (**가구가 비치된**, 근절된, 측정된) 상태이므로 세입자들은 가구에 대해 걱정할 필요가 없다.

05 나는 우리 부모님이 가끔 내 앞에서 사소한 일로 (샅샅이 뒤지다, 보답하다, **언쟁을 벌이다**)는 것이 싫다.

🕐 **5초 check-up**

06 A: 우리 아이의 소란스러운 행동에 대해 미안해.

B: 괜찮아. 아이들은 떠들썩하게 노는게 보통이지.

(a) 침묵의 **(b) 소란스러운**

(c) 순종하는 (d) 생기 없는, 재미없는

해설 rambunctious(떠들썩한)가 단서

07 A: 부엌 바닥에 있는 우유는 뭐야?

B: 미안, 내가 냉장고에서 꺼내다가 부주의하게 쏟았어.

(a) 부주의하게 (b) 주의해서

(c) 조심스럽게 (d) 형식적으로

해설 spilt(쏟았다)의 행동을 꾸며 줄 부사로 '실수로, 잘못해서, 부주의하게'의 의미가 정답

08 A: 우리 숙제는 나중에 하고 컴퓨터 게임 할래?

B: 아니, 그러면 안 돼. 엄마가 우리를 꾸짖으실 거야.

(a) 칭찬하다 (b) 유심히 보다

(c) 꾸짖다 (d) 꼬치꼬치 캐묻다; 엿보다

해설 A의 제안을 거부한 이유로 숙제를 하지 않으면 할 수 있는 엄마의 행동이 정답

09 거실에 있는 저 오래되고 허름한 카펫을 교체하는 게 좋을 듯해.

(a) 깔끔한 (b) 단정한

(c) 멋진; 공정한 **(d) 허름한**

해설 replace(교체하다)와 old(오래된)에 어울리는 형용사가 정답

10 내가 자랑하고 싶진 않지만, 내 딸이 이번 학기에 장학금을 받았다.

(a) 자랑하다 (b) 비난하다

(c) 뽐내며 걷다 (d) 반항하다

해설 자식이 scholarship(장학금)을 받은 일은 '과시, 자랑할 일'임

11 모든 부모는 자식들을 통해 대리로 살기보다는, 즐기고 자신만의 고유한 목표를 추구할 필요가 있다.
(a) 공개적으로　　　(b) 유명하게
(c) 은밀하게　　　**(d) 대리로**

해설 instead of(대신에)가 있으므로 their own goals(자신만의 고유한 목표)를 추구하는 것과 상반된 내용이어야 함

12 Williams 부부는 <u>사교적인</u> 커플로, 그들의 집은 항상 친구들과 가족들로 북적인다.
(a) 잘 속는　　　**(b) 사교적인**
(c) 까다로운　　　(d) 수다스러운

해설 친구들과 가족들로 집이 crowded(북적이는)하다는 것으로 유추 가능

Day 07
본문 p. 110

🕐 **2초 check-up**

01 나는 매우 (민첩한, **나른한**, 흥분된) 상태여서, 아무 것도 하고 싶지 않았다.
02 내 사촌 Nick은 자신의 빚을 갚게 대출을 해달라고 내게 (**간청했다**, 방해했다, 보조했다)
03 새로 산 바지가 너무 길어서 (단열, **수선**, 수리)를 해야 한다.
04 이 실크 블라우스는 매우 섬세하고 (은밀한, 촘촘한, **약한**) 상태라서 조심스럽게 손빨래를 해야 한다.
05 그 수하물은 너무 우리가 들기에는 너무 (널찍한, **크고 무거운**, 멋진)해서 도움을 요청할 필요가 있었다.

🕐 **5초 check-up**

06 A: Ron에게 무슨 문제가 있어? 그는 요즘 상실한 듯 보여.
B: 알아. 내 생각엔 최근의 기분은 그의 아내의 죽음 때문인듯해.
(a) 두려운　　　**(b) 상실한**
(c) 정보통인　　　(d) 깜짝 놀란

해설 loss of his wife(아내의 죽음)가 근거

07 A: 제가 일자리 지원을 위해 당신의 웹사이트에 어떻게 접속할 수 있나요?
B: 당신이 등록할 때 우리가 메일로 보내드린 암호로 로그인 하셔야 합니다.
(a) 다가가다　　　**(b) 접속[접근]하다**
(c) 제한하다　　　(d) (~의 위치를) 찾다

해설 목적어인 website에 어울리고, log in과 연결

되는 동사가 정답

08 A: 아, 도서관 책을 반납하는 걸 완전 잊고 있었네.
B: 이런. 최소 일주일은 <u>기한이 지났겠군</u>.
(a) (기한이)정해진　　(b) 유통기한이 지난
(c) 오래된, 상한　　　**(d) 기한이 지난**

해설 forgot to return(반납을 잊다)에 어울리는 형용사가 정답

09 싼 좌석의 문제는 네가 경기 내내 쭉 서있어야 하는 불편을 <u>인내해야</u> 한다는 거야.
(a) 따라잡다　　　**(b) 참다, 인내하다**
(c) (처벌 등에서)면제받다(d) ~을 고안해내다

해설 discomfort(불편)를 목적어로 받는 '극복하다, 이기다, 참다, 간과하다' 등의 동사가 정답

10 Roy는 항상 자신의 가족과 친구들에게 <u>사고</u>와 불행한 사람들 이야기를 하는 듯 하다.
(a) 사고　　　　(b) 상기시키는 것
(c) 간청　　　　　(d) 노력

해설 unfortunates(불행한 사람들)가 근거

11 모든 부모들은 학교 활동으로 마모되는 것을 버틸 만한 튼튼하고 <u>견고한</u> 교복을 원한다.
(a) 약한　　　　(b) 변덕스런, 불안정한
(c) 견고한　　　(d) 연약한

해설 sturdy(튼튼한)와 유사한 단어가 정답

12 내 아들은 화학을 정말 좋아하고 학교 성적도 좋아서, 나는 아들이 언젠가 멋진 과학자가 되는 것을 <u>상상해</u> 본다.
(a) 상상하다, 그리다　(b) 안락하게 하다
(c) 위로하다　　　　(d) 달래다

해설 someday(미래의 언젠가)와 어울릴 동사가 정답

Day 08
본문 p. 128

🕐 **2초 check-up**

01 그녀의 생일 파티를 위해 요리를 하는 것은 좋은 (**동작**, 기분, 성가신 일)이다.
02 나는 보통 식료품을 사러 저 마켓에 (수행하다, **자주 간다**, 명시하다).
03 당신의 상사가 제품 출시에 관해 논의하려고 당신과 (동의하다, **연락하다**, 부딪치다) 싶어합니다.
04 너희 집은 매우 조용하고 (소란스러운, 부담을 주는, **안락한**) 편이고, 그것이 내가 여기서 편안함을 느끼는 이유이다.
05 화려한 색의 옷을 좋아하는 내 여동생과 달리, 나는 보통 어둡고 (**칙칙한**, 화려한, 멋진) 의상을 더 좋아한다.

5초 check-up

06 A: 이 소포는 너무 크고 무거워. 2층에 있는 내 방까
지 옮기는 걸 도와줬으면 해.
B: 걱정마. 내가 옮기는 거 도와줄게.
(a) 크고 무거운 (b) 지루한, 싫증나는
(c) 수수께끼 같은 (d) 대충의, 피상적인

해설 바로 앞에 있는 형용사 big(큰)이 근거

07 A: 어제 결혼식은 어땠어?
B: 마치 호화스러운 할리우드 결혼식처럼 사치스러
웠어.
(a) 검소한 (b) 검소한
(c) 휴경(휴한)중인 (d) 사치스런, 호화로운

해설 posh(화려한)가 근거

08 A: Kerrie하고 얘기 나눴니?
B: 아니, 내가 사과하려고 했는데, 그녀가 나를 완전
히 무시했어.
(a) (코를) 훌쩍였다 (b) 기웃거리다, 염탐했다
(c) 무시했다 (d) 겁먹게 했다

해설 접속사 but을 기준으로 apologize(사과하다)
라는 동사에 상반된 행동이 정답

09 나의 엄마는 매우 까탈스러워서, 오빠와 내가 그녀
의 선물을 사는데 어려움이 있다.
(a) 용이한, 쉬운 (b) 다정한
(c) 마음이 통하는 (d) 까탈스러운

해설 buying gifts(선물 사기)가 어렵다는 내용으
로 엄마의 기질 유추 가능

10 그렇게 느리고 더디게 하다가는 Nick의 졸업 파티
에 늦을 거야.
(a) 더딘, 늦은 (b) 부재한
(c) 시간을 엄수하는 (d) 조심스런, 경계하는

해설 late, slow가 근거

11 Norman Lear는 연방 예술 문화 자금을 대폭 줄이
려고 계획하는 정부를 거침없이 말하고 인정사정
없이 비판하는 사람이다.
(a) 유순한 (b) 거침없이 말하는
(c) 과묵한 (d) 냉담한

해설 unrelenting(인정사정 없이)이 근거

12 Betty와 Brian은 같은 관심사와 취미를 서로 공유
하는 매우 잘 어울리는 한 쌍이다
(a) 위엄 있는 (b) 잘 속는
(c) 잘 어울리는 (d) 해고된

해설 두 사람이 같이 공유하는(share) 특성의 형용
사가 정답

2초 check-up

01 한국 원화로 지불하실 수 있고, 일본 엔화도 (판매
하다, 받습니다, 빚지다).

02 카드 리더기에 당신의 현금 카드를 (쓸고, 흘리고,
긁고), 핀 번호를 입력해주세요.

03 시민들은 버스 요금 인상에 (반기를 들고 있는, 최
고의, 미결된) 상태이다.

04 너의 시급이 겨우 5달러라니, 그건 매우 (참회하는,
쥐꼬리만한, 소멸직전의) 액수라 믿을 수가 없어.

05 우리는 현금 (교환, 교대, 환불)은 해드리지 않지만,
고객들은 스토어 크레딧을 받을 수 있습니다.

5초 check-up

06 A: 이 블루투스 스피커는 내 예산을 훨씬 넘어가는
듯하네요.
B: 걱정마세요. 현금으로 지불하시면 할인을 협상
할 수 있습니다.
(a) (비용을) 청구하다 (b) 구매하다, 얻다
(c) 협상하다, 타협하다 (d) 자격이 있다

해설 조건(if~)과 목적어 discount(할인)가 근거

07 A: 너 그렇게 비싼 스카프를 살 거야?
B: 물론 아니야. 합당한 가격이 아니라고 생각해.
(a) 합당한, 적절한 (b) 상당한
(c) 분명한 (d) 비논리적인

해설 합당한 가격이 아니라서 안 산다고 한 것이 근
거

08 A: 너는 우리 아빠가 항상 지나치게 돈을 아낀다고
생각하니?
B: 그래. 아빠는 자신에게 어느 정도 돈을 좀 써야
해.
(a) 낭비하다 (b) 아끼다
(c) 다 쓰다, 소비하다 (d) 돈을 막 쓰다

해설 should spend가 근거이므로 spend의 반의
어가 정답

09 10대들은 경솔하게 게임이나 오락에 그들의 용돈을
탕진하는 경향이 있다.
(a) 분주하다 (b) 탕진하다, 막 쓰다
(c) 후회하다 (d) 절약(저축)하다

해설 목적어인 allowance(용돈)와 thoughtlessly
(경솔하게)가 근거

10 Cathy는 돈을 쓰는 데에 매우 인색해서 쇼핑 가는
것을 꺼린다.
(a) 과도한, 사치스런 (b) 궁핍한
(c) 흥미로운 (d) 인색한

해설 쇼핑을 reluctant(꺼리는)하는 것이 근거

11 너무 비싸게 산 듯하니 내가 더 저렴한 가격을 위해 흥정했었어야 했다.
(a) 흥정했다 (b) 제공했다
(c) 둘러봤다 (d) 바쁘게 움직였다

해설 for a lower price(더 저렴한 가격을 위해서)가 근거

12 대부분의 전자제품 매장들은 새로 출시된 폰을 구매하려는 <u>다수의</u> 고객들로 붐빈다.
(a) 소량, 부족, 결핍 (b) 소량
(c) 소량, 조금 **(d) 다수**

해설 crowded(붐비는)가 근거

Day 10
본문 p. 164

🕐 2초 check-up

01 투자하기 전에, 금융 시장의 경향을 (막다, **면밀히 조사하다**, 방해하다)해야 한다.

02 광고는 소비자들에게 제품을 구매하도록 (**확신시키다**, 공모하다, 마술을 부리다)는 한 가지 방법이다.

03 다행히, 타코사의 주식값은 5퍼센트 정도 (저해했다, 급락했다, **급등했다**).

04 많은 사람들이 미래가 어두운 그 회사에 투자하기를 (**꺼리는**, 기꺼이 하려는, 동의하는) 편이다.

05 사업 확장에 실패한 후에, Holly's 커피는 (불안정한, 순종적인, **탄탄한**) 재정적인 위치에 있지 않았다.

🕐 5초 check-up

06 A: 부동산 투자를 어떻게 시작하는지 아시나요?
B: 아니요, 하지만 <u>시작</u> 단계에서 주의해야 합니다.
(a) 전망 있는 (b) 이윤이 되는
(c) 초기의, 시초의 (d) 연이은

해설 start(시작하다)가 근거

07 A: 난 이 집을 사는 것에 매우 회의적이야.
B: 맞아. 나도 낮은 가격에 대해 들었을 때 <u>회의적</u>이었어.
(a) 회의적인 (b) 할 수 있는, 유능한
(c) 그럴듯한 (d) 신중한

해설 doubtful(의심스런, 회의적인)이 근거

08 A: 우리는 어떤 사업체도 <u>독점권</u>을 갖도록 해서는 안 된다.
B: 그래, 하지만 현실적으로는 공정 경쟁을 방해하는 사업체들이 많이 있거든.
(a) 자산 (b) 재산, 소유권
(c) 특허(권) **(d) 독점(권)**

해설 fair competition(공정한 경쟁)이 근거

09 대부분의 전자 상점들이 기기에 관심이 있는 <u>다수</u>의 사람들로 분주합니다.
(a) 한줌 **(b) 다수**
(c) 소량 (d) 소량, 한모금

해설 bustling(분주한)이 근거

10 그 전자 회사는 TV와 소셜 미디어 광고를 통해서 고화질과 그래픽 성능을 지닌 새 폰을 홍보했다.
(a) 홍보했다, 광고했다 (b) 회생했다
(c) 촉발시켰다 (d) 멈칫했다

해설 advertising(광고)가 근거

11 자금의 유입은 우리 새 제품의 출시를 가속화하며 <u>촉진시켰다</u>.
(a) 다 쓰다 **(b) 촉진시키다**
(c) (등을) 내뿜다 (d) (범주를) 늘리다

해설 accelerate(가속화시키다)가 근거

12 과거에 이탈리아의 경제는 몹시 강력했지만, 요즘은 상당히 <u>암담한</u> 듯 보인다.
(a) 낙관적인 **(b) 암담한, 참담한**
(c) 잠재적인 (d) 명료한

해설 strong(강력한)이 근거

Day 11
본문 p. 180

🕐 2초 check-up

01 한국의 재정적 위기는 1990년대에 (최저, **최고**, 기동)였고 IMF의 금융 감독 하에 있었다.

02 비밀번호는 입금과 인출 같은 모든 은행(**거래**, 번역, 이전)를 위해서 필요하다.

03 일부 사람들은 돈을 행복에 비유하는데, 나는 우스운 (비꼼, 반어, **비유**)라고 생각한다.

04 나는 여행을 위한 재정적인 (공간, **여유**, 보상금)가 없다.

05 내 사업 동료는 좀 (재정적인, **돈 버는 데만 관심이 있는**, 인색한) 편이며 항상 돈만 추구한다.

🕐 5초 check-up

06 A: 이전 모델에 대한 그들의 해결책은 실질적으로 들리지 않아.
B: 동의해. 그들은 더 <u>실현 가능한</u> 방식을 제시해야 해.
(a) 토착의 (b) 약한
(c) 실현 가능한 (d) 모순적인

해설 practical(실질적인)이 근거

07 A: 정부는 실직 수당금 마련에 어려움이 있는 듯해.
B: 그래, 그들은 예산 문제로 <u>궁지에 몰려있어</u>.

(a) 궁지에 몰다　　(b) 보조하다
(c) 거짓으로 보여주다　(d) 면제(해제)하다

해설 have difficulty(어려움이 있다)가 근거

08 A: 이 콘서트의 목적은 뭔가요?
　　B: 미혼모들에게 재정적인 도움을 주고자 계획되었
　　고, 모든 수익금은 그들에게 전해질 겁니다.
　　(a) 비용　　　　(b) 가격
　　(c) 수익금　　(d) (주식) 배당금

해설 concert와 aids(도움)가 근거

09 환율이 지속적으로 변동하고 있어서 환전할 완벽한
　　시기를 예측하기 어렵습니다.
　　(a) 번성하다　　**(b) 변동하다**
　　(c) 완수하다　　(d) 나아가다

해설 exchange rate(환율)이 근거

10 이자율이 낮기 때문에, 요즘이 주택 소유자들이 은
　　행에서 대출을 받기에 좋은 때이다.
　　(a) 전당(물)　　(b) 담보
　　(c) 대출　　(d) 채권

해설 homeowners(주택 소유자들)와 interest
rates(이자율)가 근거

11 회사 최고 재무 담당자가 10년 넘게 회사 자금을 횡
　　령한 죄를 지은 것으로 밝혀졌다.
　　(a) 도망가다　　　**(b) 횡령하다**
　　(c) 저축하다, 구하다　(d) 입금하다, 쌓아두다

해설 guilty(죄 지은)와 company funds(회사 자
금)가 근거

12 채권자는 나의 대출금 채무 불이행을 근거로 내 집
　　을 압류하기 위해 소송을 제기했다.
　　(a) 압류하다(담보권을 행사하다)
　　(b) (세금, 의무를) 부과하다
　　(c) 승인하다, 벌주다
　　(d) 포기하다

해설 mortgage default(대출금 채무 불이행)가 근
거

Day 12

⏱2초 check-up
01 Clara는 어떤 변화에도 (무례한, **무관심한**, 암시적
　　인) 편이다.
02 나는 항상 내 자신이 내가 말한 정보와 (**모순되다**,
　　강요하다, 모으다)하지 않으려고 한다.
03 그 운전자는 경주에서 따라 잡혔지만 차분하고 (시
　　끄러운, 광적인, **침착한**) 상태였다.
04 비글들은 전반적으로 고집이 세고 (**완고한**, 나태한,
　　게으른) 성향이다.

05 Jake는 천성적으로 낙천적이라서 행복과 적극성을
　　(방해하다, **내뿜는다**, 개선하다).

⏱5초 check-up
06 A: 난 항상 실패가 매우 두려워.
　　B: 어떤 부정적인 생각에도 굴복하지 마.
　　(a) 언급하다　　　　**(b) 굴복하다, 굽히다**
　　(c) 간청하다, 애원하다　(d) 부정하다

해설 to any negative ideas(어떤 부정적인 생각
에도)가 근거

07 A: Martin은 매우 겸손하고 얌전해 보인다.
　　B: 그래, 그는 절대 자신의 업적에 대해 자랑을 하지
　　않아.
　　(a) 겸손한　　　(b) 까다로운
　　(c) 오만한, 거만한　(d) 잘난체하는, 건방진

해설 modest(얌전한)가 근거

08 A: 내 아들이 좀 사교적이었으면 좋을 텐데.
　　B: 그러게. 그 애는 다른 사람들에게 냉담해 보여.
　　(a) 다정한　　　(b) 애처로운
　　(c) 냉담한　　(d) 사교적인

해설 sociable(사교적인)의 반의어가 정답

09 Kyle은 매우 잘 속는 편이어서 사람들이 그에게 말
　　한 어떤 것이든 쉽게 믿는다.
　　(a) 조용한　　　　　(b) 대담한
　　(c) 잘 속는, 잘 믿는　(d) 고집 센

해설 easily believe(쉽게 믿다)가 근거

10 Mary가 너무 화가 나서 진정하지 못할 때는 그녀를
　　진정시키기가 어렵다.
　　(a) 회상하다　　　　**(b) 진정시키다**
　　(c) 자극하다, 불러 일으키다　(d) 격앙시키다

해설 calm down(진정하다)이 근거

11 Kelly는 매우 포기를 모르는 소녀여서 몇 번의 실패
　　에도 불구하고 절대 도전을 포기하지 않는다.
　　(a) 주제넘은, 건방진　**(b) 포기를 모르는**
　　(c) 냉담한　　　　　(d) 말없는

해설 never give up(절대 포기하지 않다)이 근거

12 유목민들은 천성적으로 일시적으로 머물며 계속해
　　서 이곳 저곳으로 돌아다닌다.
　　(a) 사려 깊은　　　　(b) 선동적인
　　(c) 일시적으로 머무는　(d) 익살스러운

해설 continue to move around(계속 돌아다니
다)가 근거

Day 13

본문 p. 212

🕐 2초 check-up

01 그 연설자의 (**지루한**, 소란스런, 멋진) 음색은 나를 매우 졸리게 만들었다.

02 나는 당신의 (차분한, **끈질긴**, 여린) 포기할 줄 모르는 시도가 몹시 존경스럽다.

03 예고편은 흥미롭지만, 그 영화는 대체로 (다정한, **혐오스러운**, 강압적인) 편이다.

04 상당수의 하층민들은 선거에서 Donald Trump를 지지하고 (**옹호했다**, 비난했다, 헐뜯다)

05 그의 성공적인 실적으로 인해서, David는 (비난, 조롱, **포상**)을 받았다.

🕐 5초 check-up

06 A: 너 그 기쁜 소식에 매우 황홀했겠다.
B: 그래, 상을 받는다니 아주 흥분돼.
(a) 동요되지 않는　　(b) 당황한
(c) 무감각한　　　　　(d) **황홀한**
해설 thrilled(아주 흥분한)가 근거

07 A: 난 사람들이 왜 그렇게 이 영화에 열광하는지 이해가 안돼.
B: 글쎄, 그 영화는 가장 독창적으로 연출된 영화들 중의 하나로 아주 극찬을 받았어.
(a) **칭찬하다**　　　　(b) 충고하다
(c) 비난하다　　　　　(d) 몰아내다
해설 crazy(열광적인)가 근거

08 A: 그의 리뷰는 보통 매우 날카롭고 통렬한 편이야.
B: 맞아, 그는 대부분의 연극과 영화에 혹독하지.
(a) 차분한　　　　　　(b) 명랑한, 유쾌한
(c) 무딘, 지루한　　　(d) **통렬한**
해설 acute(날카로운)가 근거

09 우리는 화가 나긴 했지만 Henry에게 그의 긴 휴가를 불평하지는 않았다.
(a) 달래다, 진정시키다　　(b) 방어하다
(c) **불평하다, 시기하다**　(d) 칭찬하다
해설 annoyed(화난)가 근거

10 잘 구성된 기사는 벗어난 주장이 아닌 주제에 철저히 초점을 맞춰야 한다.
(a) 간결한　　　　　　(b) 관련이 없는
(c) 표면적인　　　　　(d) **적절한, 관련된**
해설 focused on the topic가 근거

11 우리는 후배 소설가들이 언젠가 얼마나 유명해질지 모르기 때문에 무모하게 그들의 작품을 폄하해서는 안 된다.
(a) 진정시키다, 완화시키다

(b) 칭찬하다; 평가하다
(c) 악화시키다
(d) **폄하하다**
해설 recklessly(무모하게)로 봐서 부정적인 동사가 정답

12 인기 있는 TV 드라마의 줄거리가 다소 감상적이어서, 시청자를 감상적이게 만든다.
(a) **감상적인**　　　　(b) 상스러운
(c) 무감각한　　　　　(d) 감정적인
해설 sappy(감상적인)가 근거

Day 14
본문 p. 228

🕐 2초 check-up

01 Sam은 몇몇 반 친구들이 그의 못생긴 외모에 대해 그를 (**조롱하다**, 칭찬하다, 속이다)는 것을 싫어한다.

02 그 학생은 매우 (말수가 적어서, **당황해서**, 엄숙해서) 무슨 말을 해야 할지 몰랐다.

03 실제 실험에 근거한 연구는 설득력 있는 주장을 (**지지한다**, 지불[지출]한다, 행사한다[휘두르다]

04 평균 학점이 3.5 이상이면, 장학금을 신청할 (내포하는, **자격이 있는**, 견습중인[집행 유예중인]) 상태이다.

05 어떤 부모들은 자녀가 밤늦게 헤매고 돌아다니는 것을 (**금지하며**, 설득하며, 추정하며), 통행금지를 부과한다.

🕐 5초 check-up

06 A: Mike는 빵을 굽는 재주가 있어 보이네.
B: 맞아, 그는 재능 있는 제빵사야.
(a) 마취, 무감각증　(b) **재주, 요령**
(c) 결점　　　　　　(d) 무감각
해설 talented(재능 있는)의 의미와 동의어가 정답

07 A: 나는 우리 학교 규율들이 너무 엄격하다고 생각해.
B: 글쎄, 학교를 효율적으로 움직이게 하려면 엄격한 것이 필수적이야.
(a) 관대한　　　　　(b) 합당한, 이성적인
(c) **엄격한**　　　　(d) 탄력 있는
해설 strict(엄격한)가 근거

08 A: Brian은 너무 오만해서 다른 학생들의 말을 듣지 않는 듯해.
B: 맞아, 그는 꽤 거만하고 의기양양한 편이지.
(a) 겸손한　　　　　(b) **의기양양한, 우쭐해 하는**
(c) 잘난 체하지 않는　(d) 잘난 체하는, 업신여기는
해설 pompous(거만한)와 유의어가 정답

09 학생들은 그들의 연구와 무관한 주제들이 아닌, 그와 연관된 더 많은 자료들을 읽을 필요가 있다.
(a) **연관된, 적합한** (b) 겉치레하는
(c) 본론에서 벗어난 (d) 별로 관계가 없는

해설 unrelated(무관한)와 상반된 의미가 정답

10 우리 교수님은 우리가 다시 뭔가를 하기를 원한다는 것을 보통은 **완곡히 표현하며**, 직접적으로 말을 하지 않는다.
(a) 상술하다 **(b) 완곡히 말하다, (넌지시) 암시하다**
(c) 공표하다 (d)부추기다, 선동하다

해설 saying directly(직접적으로 말하다)의 반의어가 정답

11 Faulkner 교수는 너무 꼼꼼해서 모든 세부사항에도 항상 강박을 갖는다.
(a) 종속적인, 부수적인 **(b) 꼼꼼한**
(c) 정각의 (d) 순종적인, 온순한

해설 obsessed with every single detail가 근거

12 대부분의 대학 신입생들은 학교 생활을 시작하는 것에 대해 양면적인 상태로, 흥분하면서도 동시에 두려워한다.
(a) 고집 센 (b) 편파적인
(c) 불평하는, 짜증내는 **(d) 양면적인, 양가적인**

해설 excited(흥분한)와 fearful(두려운)을 동시에 표현할 수 있는 의미가 정답

Day 15
본문 p. 244

⏱ **2초 check-up**

01 사업주들은 외국인 직원들을 부당하게 (**학대하다**, 존중하다, 존경하다)해서는 안 된다.

02 직장의 비상사태로 인해서, 나는 이탈리아 방문을 (늘리다, 재발하다, **줄이다**)해야 했다.

03 Shane은 업무 경험이 전혀 없는 그저 (**초보자**, 순교자, 권위자)이다.

04 우리는 지금까지 상당히 신뢰를 잃었기 때문에 일에서의 명성을 다시 (주장하다, 연루시키다, **만회하다**)할 필요가 있다.

05 그 사업주의 직원들에 대한 (**노골적인**, 상냥한, 소박한) 멸시를 간과하기 힘들다.

⏱ **5초 check-up**

06 A: 나의 휴가 신청이 언제 승인될 것 같으니?
B: 글쎄, 한 주가 넘게 매니저 책상에 방치되어 있었어.
(a) 개선시켰다 **(b) 방치되었다**
(c) 편집했다 (d) 도망쳤다

해설 on the desk에 그대로 있는 상태여야 함

07 A: 너는 생계를 위해 무슨 일을 하고 싶니?
B: 나는 외국에서 가르치는 소명을 하고 싶어.
(a) 천직, 소명 의식 (b) 취미
(c) 계기 (d) 자극, 원동력

해설 do for a living(일을 하다)이 근거

08 A: John이 발표를 잘 했니?
B: 난 아직 듣지 못했지만, 잘 했을 것 같은 예감이 들어.
(a) 장애 **(b) 예감**
(c) 실수 (d) 불안

해설 haven't heard이므로 느낌, 예감 등이 정답

09 우리 연구에 필요한 것만 찾기 위해서는, 인터넷에 있는 모든 정보가 걸러져야 한다.
(a) 충족시키다 (b) 떨어지다
(c) 만들어지다 **(d) 거르다, 채로 치다**

해설 only needed(필요한 것만)가 근거

10 나의 상사의 요구를 따르기 주저하는 것은 항상 힘들다.
(a) 되찾다, 회복하다 (b) 만회하다, 상환하다
(c) 망설이다, 주저하다 (d) 공경하다

해설 following a request를 부정하는 어휘가 정답

11 그 소매상은 폐업을 하면서 전 상품들을 처분해야만 했다.
(a) 개시하다 **(b) 처분하다**
(c) 재구매하다 (d) 덜어주다, 없애주다

해설 out of business(폐업한) 상태에서의 물건 처리법이 정답

12 내가 그 임무에 대해 의식하지 못하고, 해야 하는 것을 잊을 수 있으니 나중에 다시 그 일에 대해 나에게 상기시켜주라.
(a) 의식하지 못하는 (b) 오래된
(c) 관찰력 있는 (d) 의식이 있는

해설 remind me ~ again(다시 상기시키다)이 근거

Day 16
본문 p. 260

⏱ **2초 check-up**

01 그런 모욕적인 (**비하하는 말**, 허세, 속임수)을 사용하는 것은 나쁜 태도야.

02 Kyle은 다른 작가들로부터 (미리 쓰기, 창작하기, **표절하기**)를 한 것으로 기소되었다.

03 당신은 (간단한, 간결한, **난해한**) 단어보다는 더 간단한 어휘를 선택하는 것이 낫습니다.

04 점점 더 많은 사람들이 그들의 냉소적인 목소리를

높이면서, 그 리뷰의 부정적인 비평은 (감소하는, 줄어드는, **증가하**sms) 상태이다.

05 그의 연설은 매우 지루하고 (명확한, **횡설수설하는**, 간결한) 편이어서 즐기기 어려웠다.

⏱5초 check-up

06 A: D. H. Lawrence는 20세기 가장 혁신적인 작가 중의 하나로 여겨진다.
B: 그래. 그의 문체는 독특하고 독창적이야.
(a) 은둔한 　　　**(b) 혁신적인**
(c) 전통적인 　　(d) 고전의
해설 unique(독특한)와 original(독창적인)의 동의어가 정답

07 A: 오늘 밤 그의 연설은 어땠어?
B: 좋았어. 청중들은 그의 재치 있고 논리적인 화술을 계속 칭찬했어.
(a) 닦다, 문지르기 　**(b)칭찬하기**
(c) 검토하기 　　(d) 상술하기
해설 목적어 his witty and logical speech skill이 근거

08 A: 경박할 의도는 아니었는데 미안해.
B: 알아, 하지만 네 말이 경솔하고 우스웠던 건 사실이야.
(a) 세심한, 꼼꼼한 　(b) 심각한, 진심인
(c) 지체시키는 　　**(d) 경박한, 까부는**
해설 flippant(경솔한)와 humorous(우스운)의 동의어가 정답

09 그 작가의 자서전은 정확하지 않고 꾸며낸 것이라서, 인위적으로 여겨진다.
(a) 은밀한 　　　**(b) 꾸며낸, 가짜의**
(c) 주제넘지 않은 　(d) 신중한
해설 factitious(꾸며낸, 인위적인)와 동의어가 정답

10 AIDS는 후천성 면역 결핍증을 나타내는 두문자어이다
(a) 두문자어 　　(b) 불경기
(c) 생략 　　　(d) 줄임
해설 이니셜 A, I, D, S를 딴 것이 정답을 의미함

11 그 화자의 무례한 태도는 오만함을 드러내면서, 대중들의 거친 비판을 야기시켰다.
(a) 말 많은 　　(b) 재미없는
(c) 세련된, 점잖은 　**(d) 무례한, 오만한**
해설 arrogance(오만함)와 유사한 의미가 정답

12 일관성 있는 글의 모든 문장은 부드러운 흐름을 만들고 이전 문장들과 잘 연결된다.

(a) 일관성 있는, 논리적인 　(b) 절제된
(c) 절제된, 차분한 　　(d) 지루한
해설 smooth flow(부드러운 흐름)가 근거

Day 17
본문 p. 276

⏱2초 check-up

01 길고 지루한 글쓰기 스타일은 그것을 따라가기 (**힘든**, 분명한, 기만적인)게 만들 수 있다.

02 그녀의 새 시집은 대부분의 독자들에게 (축 쳐졌다, 일치했다, **반향을 일으켰다**).

03 좋은 글은 독자들과의 어느 정도의 연계를 만들어야 하는 것이 (불필요하다, **필수적이다**, 불법이다).

04 일부 혹독한 비평가들은 (성급한, 나태한, **조롱하는**) 논평을 하는 것을 주저하지 않는다.

05 새 정치 잡지는 대중들 사이에서 큰 화제를 (**낳고 있다**, 비난하고 있다, 진압하고 있다).

⏱5초 check-up

06 A: 너 이 소설 읽어야 해. 이거 매우 흥미로운 이야기야.
B: 그래, 나도 그 재미있는 책에 대해 많이 들었어.
(a) 난해한, 복잡한 　(b) 진부한
(c) 흥미로운 　　(d) 따분한, 평범한
해설 interesting(재미있는)이 근거

07 A: 너 그 글 읽는 거 언제 끝낼 수 있니?
B: 글쎄, 각각의 문장이 심오하고 의미심장하기 때문에, 파악하는데 오랜 시간이 걸릴 거야.
(a) 의미심장한 　(b) 경박한, 익살스러운
(c) 지루한 　　(d) 상투적인
해설 profound(심오한)와 유사한 의미가 정답

08 A: 모두가 그녀의 새 단편 소설을 좋아했어?
B: 어, 모든 평론가들이 만장일치로 호평을 했어.
(a) 변덕스럽게 　**(b) 만장일치로**
(c) 익명으로 　　(d) 임의적으로
해설 all the critics(모든 평론가들)가 근거

09 많은 신인 작가들은 그 저자의 문학적 기법들을 편애해서 그의 스타일을 계속해서 모방했다.
(a) 고안 　　　(b) 양면성
(c) 애호 　　(d) 공평
해설 mimic(모방하다)은 좋아하는 근거

10 Kelly는 한 호도 놓치지 않으려고, 그 영화 잡지를 구독 신청했다.
(a) 방식 　　　**(b) 호**
(c) 판매부수 　　(d) 기간
해설 subscribe(구독하다)하려면 연재물이어야

하고 그 중 한 편, 즉 한 호가 정답

11 그 이야기의 흐름은 긴장과 반전이 가득해서 매우 변화무쌍하다.
(a) 난해한　　　　(b) 임기응변의
(c) 고갈된　　　　**(d) 가득찬, 채워진**

해설 jumpy가 근거

12 어떤 사람들은 장식적이고 화려한 글쓰기 스타일을 좋아하는 반면에, 어떤 사람들은 쉽고 명료한 것을 선호한다.
(a) 다른 일과 수반되는　　**(b) 화려한**
(c) 분명한　　　　(d) 명료한

해설 ornate(화려하게 장식된)가 근거

Day 18
본문 p. 292

⏱2초 check-up

01 그 노래는 (**진부한**, 새로운, 흥미로운)하게 들리지만, 나에게는 참신한 생각을 위한 영감을 주었다.
02 나는 콘서트에서 네 번째 (층, **줄**, 층) 좌석에 앉았다.
03 수백 명의 팬들이 그 팝 가수를 보려고 커피숍으로 (흩어졌다, **떼지어 갔다**, 반대했다).
04 미술 교사는 자신의 학생들에게 곧 있을 전시회를 (**알렸다**, 무시했다, 방해했다).
05 그의 예술적인 목적들을 (**달성하다**, 일깨우다, 안도하게 하다)하기 위해서, 그 가수는 오랫동안 애써 왔다.

⏱5초 check-up

06 A: 너 미술관에서 뭐 샀어?
　　B: 오늘을 기억하기 위해 기념품을 샀어.
(a) 패기　　　　**(b) 기념품**
(c) 상품권　　　(d) 각성제

해설 recall(기억하다)가 근거

07 A: 콘서트에서 뭐가 감동적이었어?
　　B: 가수가 첫 번째 후렴구에 도달했을 때, 모든 관객이 합창으로 함께 노래를 했어.
(a) 후렴구　　(b) 메모, 주석
(c) 의식　　　　(d) 인사말

해설 sang together in a chorus가 근거

08 A: 대단해! 네 아들이 음악 경연에서 상을 탔다며!
　　B: 맞아, 자랑하고 싶지는 않지만, 1등을 했어.
(a) 자랑하다　　(b) 줄줄 흘리다, 침을 흘리다
(c) 비웃다　　　　(d) ~을 끌다

해설 he ranked first 라고 말하는 행동이 정답

09 비록 그는 200년 전에 죽었지만, 그 거장의 음악은

많은 음악인들에 의해 여전히 연주되고 있다.
(a) 미식가　　　**(b) 거장, 대가**
(c) 초보자　　　(d) 대식가

해설 music(음악)과 관련된 인물이 정답

10 Vincent Van Gogh는 그의 초기 그림에서 농부들을 묘사하려고 지속적으로 노력했다.
(a) 훔쳤다　　　　(b) 피했다
(c) 처벌했다, 비난했다　　**(d) 노력했다**

해설 continuously(계속해서)가 근거

11 올림픽 노래는 전 세계 사람들이 하나로 함께 화합하게 만들었다.
(a) 이해하다　　　(b) 가라앉히다
(c) 화합하다, 동맹하다　(d) 충돌하다, 부딪치다

해설 together into one이 근거

12 이 그림은 전도유망한 일본 아티스트에게서 내가 수집한 최근 습득한 것이다.
(a) 습득　　　(b) 담보
(c) 생산, 제조　　(d) 변형

해설 from ~artist가 근거

Day 19
본문 p. 308

⏱2초 check-up

01 불행히도, 그의 최근 영화는 블록버스터가 아닌 (**대실패작**, 명성, 혜택)으로 간주되었다.
02 그 무대 배우는 멋진 유머 감각으로 관객들을 (**즐겁게 했다**, 몰아냈다, 갈라졌다).
03 유명 TV 뉴스 프로그램은 시장의 뇌물 수수에 대한 (전시, 개선, **폭로기사**)를 방영했다.
04 오디션 프로그램들은 많은 신인 배우나 가수들을 악의적인 평가들에 (**단련시켰다**, 박탈했다, 진정시켰다).
05 간혹 영화 속에서 미화된 악은 선에 의해 (꾸며진다, **잘못됐음이 밝혀진다**, 번식된다).

⏱5초 check-up

06 A: 나 지난주에 오디션 본 영화사에서 편지를 받았어.
　　B: 당장 뜯어봐. 결과를 알고 싶어.
(a) 꿰매다　　　　(b) 희석하다
(c) 뜯다　　　　(d) 수확하다

해설 open(펼쳐진)이 근거

07 A: 뉴스 리포터들은 어떤 사건에도 공정해야 해.
　　B: 글쎄, 하지만 그들도 감정적이 되면, 편견에 빠질 수 있어.
(a) 비판　　　　**(b) 편견**
(c) 행복, 지복　　(d) 평등

해설 impartial(공정한)의 반의어가 정답

08 A: 나는 배우들의 감정을 관객에게 바로 <u>전달할 수 있는</u> 무대 공연들이 더 좋더라.
B: 맞아, 좀 더 생생한 방식으로.
(a) 자극하다 **(b) 전달하다**
(c) 소집하다 (d) 마비시키다

해설 목적어인 actors' emotions가 근거

09 마침내, 정치인들의 긴 TV 토론이 그들의 수치를 들어내면서 끝이 났다.
(a) 마주쳤다 (b) 가려졌다
(c) 확장시켰다 **(d) 끝이 났다, 막을 내렸다**

해설 finally(마침내)가 근거

10 미녀와 야수의 새 영화 버전은 영화제에서 거의 모든 트로피를 <u>휩쓸었다</u>.
(a) 퍼졌다 (b) 제출했다
(c) 휩쓸었다 (d) 기부했다

해설 목적어인 all the trophies(모든 트로피)가 근거

11 일부의 수치스럽고 <u>외설스러운</u> 여자 영화배우의 장면들이 그녀의 팬들을 화나게 했고 그들은 그 장면들을 삭제해야 한다고 요구했다.
(a) 건강에 좋은 **(b) 외설스러운**
(c) 유익한 (d) 위생의

해설 scandalous(수치스러운)가 근거

12 아이들뿐 아니라 어른들도 놀라운 해리포터 시리즈에 <u>경탄했다</u>.
(a) 줬다, 번역했다 (b) 고찰했다, 사색했다
(c) 경탄했다 (d) 무시했다, 묵살했다

해설 amazing(놀라운)가 근거

Day 20
본문 p. 324

⏱2초 check-up
01 이 새 기기는 어제 출시된 최신 (**기기 장치**, 골칫거리, 고장)이다.
02 Anthony는 아무런 말없이 그저 자신의 휴대폰만 (말을 더듬거렸다, **만지작거렸다**, 합금했다).
03 많은 방치된 공공 자전거들은 그 도시의 (**골칫거리**, 찬사, 절정)가 되었다.
04 이솝의 새 버전의 게임은 월요일에 시장에 (전송되었다, **출시되었다**, 금지되었다).
05 버려진 차량들은 시 정부에 의해 3개월 이내에 (**처분될 것이다**, 오염될 것이다, 보충될 것이다).

⏱5초 check-up
06 A: <u>잔디 깎는 기계</u>에 뭐가 문제지? 작동이 안돼!

B: 오, 안돼. 우리는 잔디 깎는 것을 더 이상 미룰 수 없는데.
(a) 살수기 (b) 믹서기
(c) 송풍기 **(d) 잔디 깎는 기계**

해설 cutting the lawn이 근거

07 A: 이 커피기기들의 차이점이 뭔가요?
B: 그들은 브랜드와 가격이 다르지만, 성능 차이는 <u>무시할 만합니다</u>.
(a) 만연한 **(b) 무시할 만한**
(c) 과도한 (d) 확연한, 두드러진

해설 but 앞 문장의 different(다른)와 상반된 내용이 와야 함

08 A: 이 오래된 <u>부서질 듯한</u> 휠체어는 아주 불안정해 보여. 새 것을 하나 사야겠어.
B: 음, 수리하려고 했는데.
(a) 부서질 듯한 (b) 단단한
(c) 횡설수설하는 (d) 불쾌한, 모욕적인

해설 old와 get a new one이 근거

09 이 최신 공기 청정기는 '초미세 입자'라고 불리는 <u>미세</u> 먼지들마저도 탐색해 제거한다.
(a) 엄청난, 거대한 (b) 가연의
(c) 미세한 (d) 폐의

해설 ultrafine(초미세한)이 근거

10 망가진 시계는 문제점을 알아내기 위해서 <u>해체해야</u> 한다.
(a) 해체하다 (b) 걸다
(c) 장비를 갖추다 (d) 포함하다

해설 broken clock이 근거

11 공기에 변색되기 전에 은접시를 닦아야 한다.
(a) 살아남다 (b) 사라지다
(c) 변색되다 (d) 광택제를 바르다

해설 silver(은)와 in air(공기에)가 근거

12 나의 TV 화면은 너무 <u>희미해서</u> 화면에 움직임들을 인지할 수 없어.
(a) 섬세한 **(b) 희미한**
(c) 즐거운, 쾌활한 (d) 투명한

해설 recognize(인지하다)할 수 없는 것이 근거

Day 21
본문 p. 340

⏱2초 check-up
01 그 독재자는 폭동과 소요를 (**미연에 방지하다**, 예측하다, 야기시키다)하기 위해서 모든 집회를 금지시켰다.
02 독재적인 권력은 심지어 민주주의 체계에서도 여전

540 I 영단기 NEW 텝스 VOCA

히 지배적이고 (드문, **만연한**, 모호한) 상태이다.

03 많은 평화주의자들은 계속해서 전쟁을 반대하는 캠
페인을 (괴롭히다, **벌인다**, 포기한다).

04 새 주지사는 강한 반대에 부딪혔기 때문에 세법을
바꾸려는 계획을 (형성했다, 발효시켰다, **폐기했
다**).

05 남아있는 (**투표수들**, 주제들, 위반들)을 세는 가운
데, 그의 대통령 당선이 분명해졌다.

06 A: 시장이 친족등용으로 탄핵되었다고 들었어.
B: 그래, 그가 그의 조카를 그의 비서직에 임명했대.
(a) **친족등용** (b) 쿠데타, 성공
(c) 사기 (d) 아첨

해설 appoint his secretary가 근거

07 A: 한반도의 정치 상황이 요즘 다시 불안정한 듯 보
인다.
B: 어, 북한과 남한은 지난주에 서로 다정한 상태더
니, 이번 주는 다시 서로 대적하는 상태잖아.
(a) 다재다능한 (b) **불안정한**
(c) 잠정적인 (d) 예비의

해설 was in good terms였지만, 다시 또 are
against each other라는 것이 근거

08 A: 그 두 상원 의원들은 SNS 논쟁을 그만둬야 한
다.
B: 이제 너무 지겨워. 이제 그런 가치 없는 논쟁들을
그만둬야 할 때야.
(a) 주름지다 (b) 충족시키다
(c) **그치다** (d) 생기를 불어넣다

해설 quit(관두다)의 동의어가 정답

09 그 주지사는 그 주에서 범죄를 막기 위해서 몇 가지
처벌을 부과할 것을 제안했다.
(a) 개시하다 (b) 저지르다, 범하다
(c) 초래하다 (d) **좌절시키다**

해설 목적어인 crimes(범죄)가 근거

10 그 상원의원의 뇌물수수 스캔들은 그의 긍정적인
대중적 이미지와 명성을 더럽혔다.
(a) 자식을 낳았다 (b) **더럽혔다, 얼룩지게 했다**
(c) 조짐을 보였다 (d) 참았다

해설 주어인 scandal(스캔들)과 목적어구 속의
positive(긍정적인)가 근거

11 강한 확신이 있으면, 두 개념들 사이에서 결코 동요
되지 않을 것이다.
(a) 결정하다 (b) 존중하다
(c) **동요되다, 흔들리다** (d) 해결하다, 다짐하다

해설 between two ~가 근거

12 대부분의 폭군들은 모든 결정에 그들의 독재적이고
전제적인 권력들을 행사하려는 경향이 있다.
(a) 무지몽매한 (b) 계몽된
(c) 세련된, 고상한 (d) **전제적인**

해설 dictatorial(독재적인)이 근거

Day 22 본문 p. 356

01 그 직물 회사는 불법적으로 해로운 화학물질을 근
처의 강으로 (확장시켰다, **방류시켰다**, 벗어났다).

02 시 경찰은 사고 현장에서 두 명의 용의자를 (**체포했
다**, 기소했다, 고소했다).

03 시 정부는 새 환경법을 모든 사업체와 개인들에게
엄격히 (유도하다, **부과하다**, 해제하다)할 것이다.

04 그 사기꾼은 3년간 감옥에서 (지휘하다, 경작하다,
복역하다)한 후, 오늘 출소했다.

05 최근에 범죄들이 도시 곳곳에서 일어나면서 들치기
사건들이 (**만연된**, 암시적인, 생략된) 상태이다.

06 A: 왜 그 단체는 아직 소송을 안 했어?
B: 증거 부족으로 연기되었대.
(a) (법정에) 소환하다 (b) 자제하다, 거부하다
(c) 진행하다 (d) **연기하다**

해설 주어인 it(lawsuit)을 받을 수 있는 동사가 정
답

07 A: 거의 집에 가야 할 시간이야. 11시 전에는 집에 가
야 해.
B: 너의 부모님이 아직도 너한테 **통금조치**를 부여
하다니 믿을 수가 없어.
(a) 허락, 허가 (b) **통금조치**
(c) 해코지, 괴롭힘 (d) 긴장감, 미결상태

해설 should be home before 11이 근거

08 A: 왜 그 사건이 아직 해결이 안 된 거야?
B: 경찰에 따르면 수사할 너무 많은 국면들이 있다
네.
(a) 보폭 (b) **국면, 양상**
(c) 혐의, 주장 (d) 합의, 해결, 정착

해설 investigate(수사하다)의 목적어가 정답

09 그 용의자는 지난 3일간 구류되었었고 지금도 여전
히 구류 상태이다.
(a) 침략 (b) 탄원, 청원
(c) 위반, 위배 (d) **구류**

해설 detained(구류된)가 근거

10 법정에 서서 그 목격자는 자신이 원고가 주먹으로 피고의 얼굴을 가격하는 것을 목격했다고 증언했다.

(a) **증언했다**   (b) 명령했다

(c) 기소했다   (d) 고발(기소)했다

해설 witness(목격자)가 법정에서 하는 것

11 우리는 화재 안전법을 준수하는 지를 항상 점검해야 한다.

(a) 가식, 위장   (b) 동의

(c) 조정   (d) **준수**

해설 전치사 with와 laws(법)가 근거

12 그 시 공무원은 수 백만 달러를 횡령한 것으로 기소되었다.

(a) 도주하다   (b) **기소하다**

(c) 비난하다   (d) 임명하다, 지목하다

해설 전치사 of가 근거

Day 23
본문 p. 372

🕐 **2초 check-up**

01 치매와 같은 (경험적인, **퇴행성의**, 이어지는) 질병은 시간이 지나면서 점점 더 악화된다.

02 구조 요원들은 의식이 없는 그 운전자를 (메아리가 울리다, 강등시키다, **소생시키다**)하려고 애썼다.

03 나는 매우 (후한, **무기력한**, 세속적인) 상태로 기운이 없어서 아무것도 하고 싶지 않았다.

04 정신과 의사는 환자의 현재 정신적 이상을 야기시켰다고 생각하는 그의 과거를 (씨름했다, 회수했다, **캐물었다**).

05 그는 나이가 들었지만, 여전히 날렵하고 (게으른, **민첩한**, 노망든) 상태이다.

🕐 **5초 check-up**

06 A: 왜 Sally가 절뚝이는 거니??

B: 불행히도 그녀는 계단에서 넘어져서 왼쪽 발목을 삐었어.

(a) 울었다   (b) 기었다

(c) **(관절을) 삐었다** (d) 급강하다, 위에서 덮치다

해설 limping(절뚝이는)과 목적어인 ankle(발목)이 근거

07 A: 너 얼굴에 무슨 일이 있었니? 부풀어 오른 것 같아

B: 응, 오늘 사랑니 하나를 빼서 약간 부었어.

(a) 시무룩한, 새침한 (b) 칙칙한, 재미없는

(c) **부풀어 오른**   (d) 시무룩한, 뚱한

해설 puffy(부은)가 근거

08 A: 너 뎅기열은 다 나았니?

B: 완전히는 아냐. 이직도 회복 중이야.

(a) 촉구하다   (b) 극도로 화나게 만들다

(c) **회복하다**   (d) 보완하다, 벌충하다

해설 get over(회복하다, 극복하다)가 근거

09 의사가 투여한 진정제가 환자가 소리를 지르지 못하게 그를 진정시켰다.

(a) 자아내다, 불러 일으키다 (b) 격분시키다

(c) **진정시키다**   (d) 선동(조장)하다

해설 tranquilizer(진정제)가 근거

10 혈압의 이상은 너를 악화시켜 결국엔 목숨을 위험하게 할 수 있기에 계속해서 혈압을 점검해야 한다.

(a) **악화시키다**   (b) 두렵게 하다

(c) 조롱(조소)하다   (d) (우연히) 마주치다

해설 endanger(위험에 빠트리다)가 근거

11 때때로 약의 과다복용은 사람을 무감각 혹은 마비 상태로 이끌 수 있다.

(a) 도래   (b) **무감각, 마비**

(c) 지각, 깨달음   (d) 계시

해설 numbness(마비)가 근거

12 이 코에 뿌리는 스프레이는 기침, 재채기, 그리고 인후염 같은 알레르기 증세들을 완화시키고 가라앉힐 것이다.

(a) 명상하다   (b) 악화시키다

(c) 단언하다   (d) **완화시키다**

해설 ease(완화시키다, 가라앉히다)가 근거

Day 24
본문 p. 390

🕐 **2초 check-up**

01 그 신교도는 자신의 신념을 위해 죽음을 당하는 (**순교자**, 애국자, 변절자)가 되었다.

02 불교에서는, 모든 조건적인 것들은 영원하지 않고 (**일시적인**, 임박한, 영원한)으로 간주된다.

03 일부 종파들은 (공개된, **주술적인**, 불길한) 또는 초자연적인 관행들을 신비로운 경험으로 포용한다.

04 그 사람은 자신의 삶을 고독하게 보낸 (단호한, 다루기 힘든, **은둔하는**) 철학자였다.

05 그 종교적 설교는 매우 (명확한, **졸음이 오는**, 새로운)해서 우리는 깨어있을 수 없었다.

🕐 **5초 check-up**

06 A: 하이데거 철학의 주요 신조는 뭐라고 생각하니?

B: 그의 교리는 기본적으로 현존재의 탐구에 핵심을 두고 있어.

(a) 중단, 틈   (b) 습득, 취득

(c) 단계   (d) **교의, 교리, 주의**

해설 doctrine(교리)이 근거

07 A: 몇몇 종교인들은 비신자들에게 너무 강압적인 듯해.
　　B: 그래. 일부의 광적인 신도들은 오로지 그들의 전도에만 몰두하며, 다른 사람들의 생각은 개의치 않아.
　　(a) 헛된　　　　　　　**(b) 광적인**
　　(c) 변덕스러운　　　　(d) 여린, 약한

해설 only devoting ~to their mission work가 근거

08 A: 내 동생 John이 내 과제를 도와주겠다고 말하다니 믿을 수가 없어.
　　B: 나도 그래. 내 생각에는 그렇게 하는 것에 대한 숨은 동기가 있을지도 몰라.
　　(a) 중간의, 과도의　　(b) 열광적인
　　(c) 열등한　　　　　　**(d) 숨은, 이면의**

해설 can't believe ~ help ~가 근거

09 마틴 하이데거는 그의 철학적 추종자들에 의해 존재론적 철학에 대한 그의 공헌에 공경을 받아왔다.
　　(a) 공경하다　　　　(b) 진동하다
　　(c) 촉구하다　　　　　(d) 헌신하다, 전념하다

해설 for his contribution이 근거

10 그는 매우 독실해서 그의 종교적인 믿음을 부인하기를 거부했다.
　　(a) 확신시키다　　　　(b) 무죄를 선고하다
　　(c) 부인하다, 거부하다　(d) 동의하다, 인정하다

해설 devout(독실한)가 근거

11 그는 진심으로 자신의 사악한 행동에 대해 후회를 했고, 자신의 잘못을 신에게 속죄하기를 원했다.
　　(a) 공헌하다　　　　　**(b) 속죄하다**
　　(c) 사주하다, 교사하다　(d) 무안하게 하다

해설 regret(후회)이 근거

12 그는 신은 없다고 믿는 무신론자이며, 불가지론자와는 다르다.
　　(a) 무신론자　　　　(b) 괴짜
　　(c) 지도자　　　　　　(d) 사기꾼

해설 who believes that there is no god이 근거

Day 25

본문 p. 406

⏱ 2초 check-up

01 수십 년 전에, 많은 농부들은 현대적인 기계의 도움 없이, 도구들을 이용해서 땅을 (**경작하다**, 관개하다, 대걸레로 닦다)를 해야 했다.

02 그는 과거에 그 나라의 통치자였지만, 현재는 그의 조국에서 (한 수 앞서다, **추방하다**, 자세히 설명하

다)된 상태이다.

03 고대 그리스 음악은 그들의 전반적인 문화를 익히는 데 (역겨운, 이어지는, **필수적인**) 역할을 했다.

04 신석기 혁명은 사람들에게 배회하는 삶이 아닌, (**정착하는**, 떠돌아다니는, 이동해다니는) 농경 삶의 방식을 가져왔다.

05 전쟁 동안, 많은 마을이 약탈자들에 의해 (진압하다, 권력을 휘두르다, **약탈하다**) 되었다.

⏱ 5초 check-up

06 A: 왜 일본이 계속해서 과거의 잔인한 만행들을 왜곡하는 건지 이해가 안 돼.
　　B: 그들에게 그 이유에 대해 말하려고 하는 것은 소용없는 짓이라고 생각해.
　　(a) 일시적인　　　　　(b) 꼼꼼한, 세심한
　　(c) 소용없는, 헛된　(d) 말없는, 조용한

해설 keep distorting이 근거

07 A: 왜 Edward 왕은 자발적으로 왕좌를 포기했나요?
　　B: 그는 영국 정부의 반대에도 불구하고 이혼한 여성과 결혼을 원해서 그의 직위를 포기했어.
　　(a) (직위, 왕좌, 권리 등을) 포기하다
　　(b) 약화시키다
　　(c) 사주하다
　　(d) 용서하다

해설 abandon the throne이 근거

08 A: 이집트에서 2,300년된 미이라가 발견됐다는 소식 들었니?
　　B: 응, 이집트 고고학 팀에 의해 발견됐다네.
　　(a) 발견하다　　　　(b) 포용하다, 포함하다
　　(c) 끼어들다　　　　　(d) 다투다

해설 discovered(발견되다)가 근거

09 Nero는 그의 부유한 생활방식에 대한 욕망을 맞추기 위해 호화스러운 황제의 직무실을 이용했다.
　　(a) 경솔한, 하찮은　　　(b) 열렬한, 간절한
　　(c) 부유한, 풍요로운　(d) 묵직한

해설 luxurious(호화로운)가 근거

10 여성의 참정권은, 19세기 후반에 여성들에 의해 획득된, 여성의 투표할 권리이다.
　　(a) 탄원(서)　　　　　(b) 국민투표, 총선거
　　(c) 양육(권); 구금　　　**(d) 참정권, 투표권**

해설 right to vote가 근거

11 빅토리아 시대에 여성들의 삶은 단지 아이와 가사를 돌보면서 가정의 영역에 제한되어 있었다.
　　(a) 소집하다, 집합시키다　(b) 배상(변상, 보상)하다
　　(c) 제한하다　　　　(d) 비난하다

해설 to the domestic sphere가 근거

12 구석기 시대인들은 아주 능숙한 농부들이었지만, 식량을 찾아 여기저기 이동하며 유랑을 했다.

(a) 유목의, 유랑하는   (b) 고요한

(c) 똑바로 선   (d) 상호적인, 상호간의

해설 moving from place to place가 근거

Day 26
본문 p. 422

🕐 2초 check-up

01 지진은 과거에 한국에서는 (전형적인, 익숙한, **흔치 않은**) 했지만, 요즘은 자주 발생한다.

02 그 온천이 갑자기 (**폭발하다**, 추출하다, 망치다)했을 때 아무도 다치지 않았다.

03 안전 경고 깃발들이 미풍에 (질식했다, **굽이쳤다**, 철회했다).

04 작은 마을 전체를 태운 끔찍한 (퇴비, 매립지, **대화재**)가 있었다.

05 그 화석은 강 바닥에 퇴적된 (**침전물**, 침식, 화염)층에서 발견되었다.

🕐 5초 check-up

06 A: 저 오래된 건물들은 강진 이후로 위험해 보여.

B: 시 정부는 그들의 태만으로 더 큰 피해를 야기시키기 전에 서둘러서 뭔가를 해야 해.

(a) 태만, 부주의   (b) 관심, 주의

(c) 책무, 책임   (d) 신중함

해설 do something in a hurry가 근거

07 A: 그 유적지에서 몇 가지 유물들이 더 발굴 중이라고 들었어.

B: 응, 사람들이 부주의하게 짓밟거나 망치지 않도록 출입이 금지되어 있어.

(a) 금지하다   (b) 달아나다, 도망치다

(c) 밀다   (d) (발로) 짓밟다

해설 ruin(망치다)이 근거

08 A: 그 화산이 폭발하는 것을 본 적이 있니?

B: 아니, 그것은 100년 넘게 휴면기 상태야.

(a) 적대적인   (b) 활동하는

(c) 휴면기의, 활동하지 않는 (d) 처음의, 시작의

해설 the volcano(화산)와 erupting(폭발하는)이 근거

09 Yagul의 선사시대의 동물들은 Oaxaka의 중앙 계곡에 아늑히 자리해 있다.

(a) 짜증나게 하다   (b) 행상하다, 퍼뜨리다

(c) 아늑히 안다(눕다)   (d) 불러오다

해설 caves와 위치(in ~)를 이어줄 내용이 정답

10 그 지역에 대한 지질학적 정보가 부족하기 때문에, 연구자들이 접근하기가 어려웠다.

(a) 남용, 욕설   (b) 부족, 결핍

(c) 과잉   (d) 과다

해설 geological information의 정도가 근거

11 과학적인 입증들을 근거로 해서, 과학자들은 세계의 많은 나라에서 사막화가 진행 중이라는 증거를 제공했다.

(a) 부정   (b) 혼돈

(c) 증거   (d) 가정, 추정

해설 evidence(증거)가 근거

12 많은 유적지들이 엄청난 지진으로 회복할 수 없이 손상되거나 붕괴되었다.

(a) 회복할 수 없이 (b) 역으로, 반대로

(c) 자연적으로   (d) 원초적으로

해설 damaged and collapsed의 부정적인 상태를 강조할 수 있는 부사가 정답

Day 27
본문 p. 440

🕐 2초 check-up

01 상어는 (**포악한**, 자애로운, 연약한)하다고 여겨지지만, 그들 대부분은 온순하다.

02 까마귀가 불길한 것으로 여겨지는 반면에, 한국에서 까치는 (눈에 띄는, **상서로운**, 경멸적인) 것으로 간주된다.

03 멸종된 것으로 추정된 일부 새의 종들이 그 섬에서 (짐승 같은, 지식의, **현존하는**)다고 밝혀졌다.

04 최근에 노인들은 애견을 가족의 일원으로 여기면서, 그들에 대한 (굴절, **애정**, 질책)을 보인다.

05 라쿤은 그들이 계속해서 쓰레기를 지저분하게 만들고 있기 때문에, (**골칫거리**, 절벽, 절정)로 여겨진다.

🕐 5초 check-up

06 A: 저 작은 새는 그를 보호해 줄 부모가 없는 것처럼 보여.

B: 그래, 도움 없이 혼자의 힘으로 돌보는 듯해.

(a) 게걸스레 먹다   (b) 돌보다

(c) 차별하다, 식별하다 (d) 부화하다

해설 protect(보호하다)와 ~ for himself(혼자, 각자)가 근거

07 A: 너는 저 공작이 수컷인지 암컷인지 아니?

B: 내가 아는 것은 암컷 공작이 색상이 더 옅고 눈에 덜 띈다는 거야.

(a) (색, 소리가) 옅은   (b) 강렬한

(c) 무지개 빛깔의   (d) 눈에 띄는

08 A: 동물 테스트 금지는 지금까지 동물을 연구 대상으로 이용해온 과학자들을 좌절시켰다.
B: 그들은 동물을 실험에 이용하지 말았어야 해.
(a) 싫어하다   (b) 미워하다
(c) 방해하다, 좌절시키다   (d) 사로잡다

해설 bans(금지)가 scientist(과학자들)에게 미치는 영향이 정답

09 매년 4월이면 정원에 있는 벚나무가 그 꽃봉오리를 펼치며 만개한다.
(a) 펼치다   (b) 흐트러뜨리다
(c) 펄럭이다, 흔들다   (d) 굽이치다, 물결치다

해설 in full blossom이 근거

10 그 작가의 동물에 대한 감정들이 그의 책 전체에 스며들어 있어서 누구든 그 속에 거의 모든 곳에서 그의 동물에 대한 애정을 느낄 수 있다.
(a) 당황시키다   (b)촉발시키다
(c) 스며들다, 배다   (d)열거하다, 나열하다

해설 almost everywhere가 근거

11 내 식물들은 2주 이상 방치된 상태였기 때문에, 그 잎들이 완전히 탈수 상태로 축 늘어져 있었다.
(a) 흔들리다   **(b) 늘어지다, 처지다**
(c) 활짝 피다   (d) 물을 주다

해설 dehydrated(탈수 상태인)가 근거

12 동물 공원 조성 제안은 지극히 동물을 싫어하는 일부의 반대로 인해서 무효화 됐다.
(a) 진전됐다   **(b) 무효화됐다**
(c) 실행됐다   (d) 주창됐다

해설 objection(반대)이 근거

Day 28 본문 p. 456

⏱2초 check-up

01 재활용될 수 없는 원치 않는 가정 용품들은 그저 (재사용해라, **버려라**, 되찾아라).
02 구식의 농기구들은 신세대들에게는 낯설고 (**기이한**, 흔한, 심술부리는)해 보인다.
03 그 산에 열광하는 사람은 자연보호 운동의 대단한 (후손, 천재, **지지자**)이다
04 그 마을 사람들은 땅밑으로 지나가는 (이어지는, **지하의**, 앞서는) 물을 이용하기 시작했다.
05 그 감염 (**집단**, (사자) 무리, (물고기) 무리)은 물을 마시는 것에 대한 우리의 불안감을 가중시켜왔다.

⏱5초 check-up

06 A: 이번 탐사는 어디로 갈 계획이니?

B: 나는 다녀간 사람도 없고 사람들이 거의 없는 훼손되지 않은 곳들 찾고 있다.
(a) 어수선한   **(b) 훼손되지 않은**
(c) 어지러운   (d) 혼잡한

해설 unbeaten(사람이 지나간 적이 없는)이 근거

07 A: 저 황사에 아주 진저리가 난다.
B: 오늘 점차 사라지면서 오후에는 하늘이 맑을 거래.
(a) 사라지는   (b) 금지하는
(c) 추방하는   (d) 유도하는

해설 will have a clear sky가 근거

08 A: 너 James와 왜 헤어졌어?
B: 나는 그의 세련된 것과는 거리가 있는, 촌티 나는 태도에 질렸어.
(a) 통렬한   (b) 겁이 많은
(c) 촌티 나는, 시골의   (d) 말쑥한, 단정한

해설 urbane(세련된)이 근거

09 매년 이때쯤에 사람들은 만개하는 다양한 꽃들이 만드는 멋진 전망을 기대한다.
(a) 성질을 잘 내는   **(b) 멋진**
(c) 조용한   (d) 퉁명스런, 무례한

해설 a variety of blooming flowers가 근거

10 농부들의 자발적인 생산 삭감은 농작물 가격을 인상하기 위한 불가피한 방법이다.
(a) 증대, 향상   **(b) 삭감**
(c) 수확   (d) 구제, 도움

해설 to raise crop prices가 근거

11 농산물 재배는 날씨와 오염과 같은 환경적인 요인들에 영향을 받기 쉽다.
(a) 영향 받기 쉬운   (b) 낭비하는, 방탕한
(c) 해로운   (d) 불운한

해설 blank 뒤에 이어지는 전치사 to가 근거

12 지구 온난화는 생태계에 변화를 야기해왔고, 농작물 생산량은 전세계의 여러 지역에서 30퍼센트까지 떨어지고 있다.
(a)방해하다   (b) 상승하다
(c) 오르다   **(d) 줄어들다**

해설 down to 30 percent가 근거

Day 29 본문 p. 472

⏱2초 check-up

01 그 짧은 묵념은 한국 전쟁의 희생자들에 대한 (환호, 부담, **존경의 표시**)였다.
02 그 이전 시장은 도시 정책들에 일부 영향을 미치며,

여전히 (전망, 존경, **영향력**)을 행사하려고 한다.

03 그 과학적 연구의 결과가 그들의 (**가정**, 위선, 과장)을 증명할 것으로 기대된다.

04 종교와 문화 사이에는, 서로 심오하게 연결된 (위반, **연계**, 집착)가 있어왔다.

05 (**명확한**, 느린, 흥미로운) 통계 수치의 부족이 분석적인 오류들을 만들 수 있다.

🕐 **5초 check-up**

06 A: 일본의 일부 여성들은 남성에게 너무 순종적인 것 같아.
B: 나도 알아. 그런 행동들은 다소 **타고난** 것으로, 그들의 문화에서 자연스럽게 선천적으로 가지고 태어난다고 생각해.
(a) 인접한　　　　(b) 습득된
(c) **타고난**　　　(d) 학습된

해설 inborn(선천적인)이 근거

07 A: 왜 정부가 계속해서 아이가 있는 부부들을 지원하는 거야?
B: 그것은 낮은 출산율이 미래의 노동력에 심각한 문제를 제기할 수 있기 때문이지.
(a) 미리 막다　　　(b) **제기하다**
(c) 부정하다　　　(d) 배제시키다

해설 목적어인 a serious problem이 근거

08 A: 지호는 다른 사람들에게 자신의 생각을 말하기만 하고 들으려고 하지는 않아.
B: 내 생각엔 그는 가끔은 너무 **일방적**이야.
(a) 지저분한　　　(b) 우아한
(c) **일방적인**　　(d) 유연한

해설 just tell과 won't listen이 근거

09 결혼과 출산율의 감소는 사회학자들이 연구하는 우리의 현재 인구학적인 경향들이다.
(a) **인구학적인**　　(b) 지형학적
(c) 지리학적인　　(d) 지형(학)상의

해설 marriage(결혼), birth(출산)와 관련된 내용이 정답

10 어떤 조치도 하지 않으면, 점점 더 많은 동식물들이 인간의 부주의한 행동들로 대량으로 죽게 될 것이다.
(a) 증폭시키다　　(b) **대량으로 죽이다**
(c) 포기하다, 단념하다　(d) 적용하다

해설 humans' heedless behaviors가 근거

11 군중의 관광객들이 공이 떨어지는 것을 보려고 타임 스퀘어로 떼로 몰렸고, 수백만이 그것을 TV로 시청했다.
(a) (음식의) 소량　　(b) 다수, 다량

(c) **군중, 다수의 무리**　(d) 소수, 적은 수

해설 flocked(몰려들었다)가 근거

12 유럽인의 가치와 사상들은 그들의 문화 단단히 박혀있고, 그것들에 관심이 있는 사람들을 끌어들인다.
(a) **꽉 박혀있는**　　(b) 몰두한
(c) 확대된　　　　(d) 강탈당한

해설 in their culture가 근거

Day 30
본문 p. 488

🕐 **2초 check-up**

01 그 신입 사원은 상담 분야에서 일해본 적이 없는 (**초보자**, 전문가, 대가)이다.

02 Hansoo는 조선 시대에 왕족 집안의 (**자손**, 대가, 미식가)이다.

03 나는 비록 사업에 (전문가, 거장, **문외한**)이긴 하지만, 내 사업을 시작해 보기로 결심했다.

04 모두가 그저 저 케이크들을 맛봄으로써 (**미각적인**, 청각의, 악취 나는) 체험을 즐겼다.

05 Daniel은 훌륭한 피아니스트이지만, 어린 시절에는 (차이, 열정, **조금**)의 음악적인 재능도 드러내지 않았다.

🕐 **5초 check-up**

06 A: 이 냄새는 내게 할머니의 수프를 떠올리게 해.
B: 어떤 음식들은 어린 시절의 **후각적인** 추억들에 불을 지피곤 하지.
(a) **후각적인**　　(b) 촉각의
(c) 시각의　　　(d) 시끄러운

해설 smell(냄새)이 근거

07 A: 춤 공연은 어땠니?
B: 나에겐 진짜 특이하고 이색적이었어.
(a) 부피가 큰　　(b) 무감각한
(c) 일상의　　　(d) **이색적인, 색다른**

해설 eccentric(특이한)이 근거

08 A: 이 바지가 나한테 너무 긴 것 같지 않니?
B: 그러면, 약간을 **잘라내**고 좀 더 짧게 만들면 되지.
(a) 밀치다　　　(b) **잘라내다**
(c) 거칠게 밀다　(d) 시들다

해설 shorten(짧게 하다)이 근거

09 그녀의 풍부한 상상력은 그녀의 활발한 글쓰기 스타일로 날개를 달 수 있었다.
(a) **풍부한**　　　(b) 심심한
(c) 가식적인　　(d) 판에 박힌, 일상적인

해설 vigorous(활발한)가 근거

10 나의 엄마는 자신의 요리법을 자극적인 타이 양념 냄새가 나는 스테이크 소스와 결합시켰다.
(a) 분열된　　　　(b) 거대한
(c) **냄새가 나는**　　(d) 궁핍한

해설 pungent(자극적인)가 근거가 되어, 맛이나 냄새 관련 내용이 정답

11 종교 파들 사이의 분열은 다양한 이교들을 생기게 할 수 있다.

(a) 조짐　　　　(b) 동맹
(c) 연합　　　　**(d) 분열**

해설 between(~사이의)과 various heresies가 근거

12 우리 회사는 재정적인 어려움으로 인해서 예산의 20퍼센트를 감축하기로 결정했다.
(a) 상세히 설명하다　**(b) 감축하다, 삭감하다**
(c) 모으다　　　　　　(d) 착수하다

해설 financial difficulties가 근거

Actual Test 정답 및 해석/해설

Actual Test 1

1 (d)	**2** (b)	**3** (d)	**4** (a)	**5** (b)	**6** (c)	**7** (a)	**8** (c)	**9** (b)	**10** (d)
11 (d)	**12** (b)	**13** (d)	**14** (c)	**15** (a)	**16** (d)	**17** (c)	**18** (a)	**19** (d)	**20** (c)
21 (a)	**22** (d)	**23** (b)	**24** (b)	**25** (c)	**26** (a)	**27** (d)	**28** (c)	**29** (d)	**30** (c)

1 A: 안녕, 나를 위해 이 제안서를 검토해 줄 수 있겠니?
B: 그래, 물론이지. 내 책상에 두면 아침까지 내가 검토할게.
(a) 새겨 넣다　　　　(b) 수리하다
(c) 정화시키다, 없애나　**(d) 검토하다**

해설 check over(검토하다)가 근거

2 A: 여보세요, Julie와 통화하고 싶은데요. 지금 그녀가 시간이 되나요?
B: 음, 그녀는 지금 회의 중인데요.
(a) 유용한　　　　**(b) 시간이 되는**
(c) 이윤이 되는　　(d) 끔찍한

해설 in a meeting now가 근거

3 A: 이 책상 정말 오래돼 보이네. 교체해야 할 것 같아.
B: 정말 오래됐지만, 몇 년은 더 버틸 수 있을 정도로 여전히 튼튼하고 견고해.
(a) 모호한　　　　(b) 두려운, 소심한
(c) 기민한, 빠른　　**(d) 견고한**

해설 strong(튼튼한)이 근거

4 A: 너 이 기계 작동시키는 방법 아니?
B: 응, 내가 어떻게 다루는지 보여줄게.
(a) (기계를) 작동시키다 (b) 팔다
(c) 캐묻다, 조사하다　　(d) 겨루다, 씨름하다

해설 handle(다루다)이 근거

5 A: 이 연재물의 다음 부분은 올 10월에 출간될 예정이야.
B: 오, 잘됐다! 그 이야기가 어떻게 전개되고 다음에 무슨 일이 일어날 지 정말 궁금해.
(a) 전체하는　　　　**(b) 궁금한**
(c) 호화로운, 부유한 (d) 혐오스런, 끔찍한

해설 how the story will develop~이 근거

6 A: 너 왜 손을 떨고 있니?
B: 연설에 긴장해서 손이 떨린다.
(a) 열정적인, 열렬한 (b) 무거운, 육중한
(c) 떨리는　　　　(d) 독단적인

해설 shaking(떨고 있는)이 근거

7 A: 너는 너의 새로운 대학교에 만족하니?
B: 응, 나는 굉장히 성취감을 느끼고 있고 여기 오기로 한 것은 올바른 선택이었어.

(a) 성취감을 느끼는   (b) 끈질긴, 집요한

(c) 고의의, 의도적인   (d) 모호한

> 해설 satisfied(만족하는)에 Yes라고 답한 것이 근거

8 A: Jamie의 아트 프로젝트는 어땠니?

B: 약간의 독창성도 보이지 않아서 지루했어.

(a) 많음   (b) 다수, 많음

(c) 조금, 약간   (d) 핵심

> 해설 boring(지루한)의 원인이 정답

9 A: John, 가격 내역을 이메일로 보내줄 수 있니?

B: 물론, 지금 바로 너한테 보내도록 할게.

(a) 연결하다   **(b) 보내다**

(c) 만지다   (d) 접촉하다

> 해설 send(보내다)와 동의어가 정답

10 A: James와 Henry는 사이가 좋지 않은 듯 보여.

B: 그래, 그들은 정치에 대해 항상 상극이야.

(a) 비슷한 입장인   (b) 명단에 있는

(c) 정지하는   **(d) 상극인, 상반되는**

> 해설 on bad terms(나쁜 사이의)가 근거

11 저지대 거주민들은 허리케인이 그 마을을 강타하기 전에 그 지역에서 대피할 것을 강력히 촉구합니다.

(a) 공간을 비우다   (b) 연루시키다

(c) 차지하다   **(d) 대피하다**

> 해설 허리케인이 강타하기 전에 할 행동이 정답

12 산불은 진화되지 않으면 엄청난 손상을 야기할 수 있다.

(a) 놓다   **(b) 진화시키다, 끄다**

(c) 위험하게 만들다   (d) 보존하다, 지키다

> 해설 Forest fires가 devastating damage를 야기할 수 있는 상황이 정답

13 제1차 세계대전 동안, 군인들은 누군가가 스파이인지 아닌지를 나타내는 많은 다양한 묘책들을 생각해냈다.

(a) 고안하다

(b) 재임대하다

(c) 기원하다, 탄원하다; 마술을 부리다

(d) 나타내다, 조짐을 보여주다

> 해설 if a person was a spy가 근거

14 많은 사람들이 1958년의 Baltimore Colts와 New York Giants의 NFL 챔피언 전을 역사상 가장 위대한 경기 중의 하나로 간주한다.

(a) 문제   (b) 형태[구조]들

(c) 시합, 경기   (d) 발사; 장면

> 해설 Championship(챔피언 전)을 대체할 수 있는

단어가 정답

15 그 개는 실외에서 살기 때문에, 야외에 많은 기생충들에 취약하다.

(a) 취약한   (b) 적합한, ~에 상응하는

(c) 영향 받지 않는   (d) 저항할 수 있는

> 해설 실외에 있기 때문에 기생충의 영향을 받는다는 내용이 정답

16 우리 목사님은 많은 사람들에 의해서 훌륭한 종교인의 본보기로 존경을 받아왔다.

(a) 유행병, 전염병   (b) 해충

(c) 침략, 만연   **(d) 전형, 본보기**

> 해설 respected(존경 받다)가 근거

17 내 무릎의 운동 부족이 내가 무릎을 굽히기 어려운 이유이다.

(a) 고통, 괴로움   (b) 진통제

(c) 운동성, 움직임   (d) (상처에 바르는) 연고

> 해설 무릎을 굽히기 어려운 이유로 운동의 부족이 정답

18 두 이웃 사이의 논쟁은 폭력으로 치달았고, 이는 결국 경찰을 부른 이유가 되었다.

(a) 논쟁, 분쟁   (b) 동의

(c) 회의, 회담   (d) 의제, 안건

> 해설 violence(폭력)로 치닫게 된 원인이 정답

19 DMZ는 수천 명의 군사들이 양쪽에 배치되어 있는 세계에서 가장 무장된 국경이다.

(a) 관념, 개념   (b) 하숙인, 기숙사 거주 학생

(c) 측면, 양상   **(d) 국경, 경계**

> 해설 militarized(무장된)이 근거

20 그 상원 의원은 소문이나 추측에 대한 언급을 하지 않고 확고한 사실만을 고수할 것을 주장했다.

(a) 근거   (b) 의도

(c) 소문   (d) 항목, 조항

> 해설 speculations(추측)와 유사한 의미가 정답

21 그 영화 배우는 그저 언론의 관심을 받기 위해 집 없는 사람들을 돕고 있기 때문에, 이타적인 사람은 아니다.

(a) 이타적인   (b) 이기적인

(c) 다정한   (d) 냉담한

> 해설 in order to get media attention이 근거

22 영화 스케줄을 더욱 미루게 만든 안 좋은 날씨 때문에, 그 장면의 촬영은 연기되었다.

(a) 결정하다   (b)진행하다

(c) 연장하다   **(d) 연기하다**

> 해설 delayed(미루는)가 근거

23 연극 비평가들은 완벽한 공연과 결함이 있는 것을 쉽게 <u>구분</u>해낼 수 있다.
(a) 시행하다 **(b) 구분하다**
(c) 통합시키다 (d) 집행[시행]하다

해설 from이 근거

24 나는 가끔씩 추억을 상기시키는 오래된 영화들을 다시 보고, 나의 어린 시절을 <u>추억</u>한다.
(a) 향상시키다 **(b) 추억하다**
(c) 강화하다 (d) (~에게) 상기시키다

해설 bring back(상기시키다)가 근거

25 그 가수가 콘서트에서 그의 팬들에게 무례하게 한 이후로 그의 인기는 <u>감소</u>하기 시작했다.
(a) 오르다, 솟구치다 (b) 기르다
(c) 감소하다, 시들다 (d) 나오다, 드러나다

해설 rude(무례한) 이후의 popularity(인기)의 상태가 정답

26 잡지들은 많은 마구잡이 식의 주제들로 매우 혼란스럽기 때문에 나를 <u>당황스럽게</u> 한다.
(a) 당황시키다 (b) 근절시키다
(c) 없애다, 근절시키다 (d) 개선시키다

해설 confusing(혼란스러운)이 근거

27 이것은 전쟁의 소란과 <u>혼란</u>에 관한 매우 감동적인 소설이다.

(a) 고요 (b) 기분전환
(c) 침묵, 고요 **(d) 혼란**

해설 tumult(소란)와 유사한 어휘가 정답

28 나는 최고의 소설들은 다양한 수준의 독자들과 소통하기 위해서 다양한 감정들을 완벽하게 <u>섞는다</u>고 생각한다.
(a) 무료로 만들다 (b) 반전시키다
(c) 혼합하다, 섞다 (d) 바꾸다, 고치다

해설 a range of(다양한)이 근거

29 나는 교사로서 더 많은 부모님들이 학교 활동에 연루되는 것의 강력한 <u>지지자</u>이다.
(a) 반대자 (b) 주인공
(c) 적대자 **(d) 지지자**

해설 for가 근거. advacate for는 '~의 지지자'라는 뜻

30 아시아 국가에서는 일과 후의 사교가 직장 동료들과의 <u>친밀한 관계</u>를 형성하는 좋은 방법이라 여겨진다.
(a) 생기, 원기 (b) 복종, 순종
(c) (친밀한) 관계 (d) 우연성, 우발성

해설 coworkers(동료들)와 형성할 수 있는 것이 정답

Actual Test 2

1 (b)	**2** (d)	**3** (b)	**4** (c)	**5** (a)	**6** (c)	**7** (d)	**8** (b)	**9** (a)	**10** (c)
11 (c)	**12** (d)	**13** (b)	**14** (c)	**15** (b)	**16** (d)	**17** (a)	**18** (a)	**19** (c)	**20** (d)
21 (a)	**22** (a)	**23** (d)	**24** (a)	**25** (c)	**26** (d)	**27** (b)	**28** (d)	**29** (c)	**30** (d)

1 A: 너의 일본 여행은 어땠니?
B: 현지인들과 의사소통을 잘 할 수 없어서 <u>힘들었어</u>.
(a) 매력적인 **(b) 좌절감을 주는, 힘든**
(c) 필사적인, 극단적인 (d) 긴급한

해설 couldn't communicate가 근거

2 A: Mike와 그의 여자친구가 싸울 때 난 항상 짜증이 나.
B: 그들의 관계는 걱정하지마. 네가 신경 쓸 바가 아닌 <u>사소한</u> 문제야.
(a) 고압적인, 긴급한 (b) 관계없는; 무례한
(c) 현저한, 두드러진 **(d) 사소한**

해설 doesn't concern you가 근거

3 A: 나는 이번 여행이 걱정돼. 혼자 여행하는 것이 위험하다고 생각하지 않니?
B: 너는 멋진 모험을 하게 될 거야. 적절히 <u>주의</u>하면 돼.
(a) 위반, 위배, 침해 **(b) 예방책, 주의, 경계**
(c) 후렴; 반복되는 말, 불평 (d) 양육(권); 구류

해설 risky(위험한)가 근거

4 A: 너 가정을 이루기 위해 직장을 포기할 거니?
B: 아니, 가능하면 양쪽을 <u>동시</u>에 잘 해보려고 해.
(a) 포기하다
(b) 예방하다

(c) (두 가지 일을 동시에) 곡예하듯 하다
(d) 피하다

해설 both(둘 다)가 근거

5 A: 지난의주 폭풍은 대단히 파괴적이었어.
B: 그래, 마을 전체가 완전히 속수무책으로 당했어.
(a) 대단히 파괴적인 (b) 논란이 많은
(c) 소박한, 꾸밈없는 (d) 상서로운

해설 storm(폭풍)과 caught off guard(당하다)가 근거

6 A: 너는 DNA 복제에 대해 어떻게 생각하니?
B: 그건 너무 많은 도덕적인 함축을 야기시키기 때문에 좋은 생각 같지 않아.
(a) 결과; 중요성 (b) 연속, 순서, 차례
(c) 내포, 함축, 암시(d) 적용, 응용; 지원(서)

해설 DNA와 moral(도적적인)이 근거

7 A: 왜 우리 사장님이 경찰의 심문을 받고 있는 거야?
B: 내 생각에 그는 세금을 포탈해온 듯 한대, 그건 심각한 범죄야.
(a) 고갈시키다 (b) 보상하다
(c) 줄이다 **(d) 피하다, 탈세하다**

해설 경찰에 심문을 받는 이유로 tax(세금)을 피한 것이 정답

8 A: 요즘 영화들은 너무 지루해.
B: 그래, 맞아. 대본 작가들이 너무 따분해서 달라질 필요가 있어.
(a) 특이한 **(b) 따분한, 지루한**
(c) 처음의 (d) 특별한

해설 boring(지루한)과 유사한 의미가 정답

9 A: 이제는 네가 비밀을 털어놓을 때야.
B: 글쎄, 난 여전히 기밀 정보를 누설하는 것이 두려워.
(a) 비밀을 누설하다
(b) 처음부터 다시 시작하다
(c) 오래 담소를 나누다
(d) 버럭 화를 내다

해설 confidential(비밀의)가 근거

10 A: 너는 현장 학습을 위해 음식을 좀 싸가야 해.
B: 음, 나는 중간에 간단히 먹을 생각이야.
(a) 응시하다 (b) 찡그리다
(c) 간단히 먹다 (d) 꽉 쥐다, 단단히 고정시키다

해설 along the way(도중에)가 근거

11 내일 해충 방제는 우리 집을 훈증 소독하게 될 것이고, 우리의 현재 바퀴벌레 문제들을 완전히 근절시

키길 바란다.
(a) 유인[유도]하다 (b) 주다; 번역하다
(c) 근절시키다 (d) 유혹하다, 꾀다

해설 pest control과 cockroach(바퀴벌레)가 근거

12 그 거장은 2세기도 더 전에 사망했지만, 그의 피아노 음악은 여전히 오늘 날에도 연주되고 있다.
(a) 미식가 (b) 초보자
(c) 대식가 **(d) (음악의) 거장**

해설 사망 후에도 음악이 여전히 연주되고 있다는 점에서 virtuoso(거장)가 정답

13 American Road는 인종, 계층의 대립, 그리고 숙명을 함께 엮어서 복합적인 태피스트리로 짜낸 소설이다.
(a) 줄어들게 하다; 줄어들다 **(b) 짜다, 엮다**
(c) 살금살금 움직이다 (d) 달라붙다

해설 together(함께)와 tapestry(태피스트리)가 근거

14 더 많은 사람들이 더 나은 기회를 위해 도시로 이동을 하면서, 전 세계적으로 시골의 인구는 줄어들고 있는 듯 보인다.
(a) 변두리의, 외곽의 (b) 도시의
(c) 시골의 (d) 멋진, 세련된

해설 cities(도시)와 대조되는 어휘가 정답

15 한가위 축제는 많은 아시아 문화에서 매우 중요하며 가을에 주로 기념한다.
(a) 정제하다 **(b) 기념하다**
(c) 묵살하다 (d) 추방하다

해설 festival(축제)과 관련된 어휘가 정답

16 퍼레이드 동안에, 연휴 음악 소리가 우리 동네 전역에 만연할 것이다.
(a) 구상[상상]하다 (b) 인내하다
(c) ~을 받을만하다 **(d) 만연하다, 퍼지다**

해설 throughout the whole of our society가 근거

17 Wilkes는 과학에 많은 위대한 업적을 남긴 배려심 있고 도움이 되는 사람으로 칭송 받았다.
(a) 칭송하다, 극찬하다 (b) 꾸짖다, 나무라다
(c) 검열하다 (d) 굴복[항복]하다

해설 did many great achievements가 근거

18 나는 중대한 결정에 직면해야 했지만, 가능하다면 정말로 그 상황을 피하고 싶었다.
(a) 피하다 (b) 대면하다
(c) 극복하다 (d) 우연히 마주치다

해설 confront(직면하다)와 대조되는 어휘가 정답

19 높은 항공권 비용이 연휴의 해외 여행을 축소시킬 것이라 확신한다.
(a) 지속하다　　　　(b) 번창하다
(c) 축소시키다, 줄이다　(d) 보유[유지]하다

해설 high cost가 해외 여행에 끼친 영향이 정답

20 우리의 많은 오래된 관습들은 그것들이 더 이상 중요하지 않기 때문에 없어져 왔다.
(a) 용서하다　　　　(b) 맹렬히 비난하다
(c) 응하다; ~에 오르다　**(d) 없애다, 말살하다**

해설 not being important anymore가 근거

21 미국은 그들 쌍방의 경제를 이롭게 하기 위해서 중국과 강력한 정치적인 유대를 형성하려고 애쓰고 있다.
(a) 유대, 결합　　(b) 층, 겹
(c) 층, 단　　　　　(d) 양상

해설 political(정치적인)이 근거

22 나는 색상들이 바래지 않고 오랫동안 선명하도록 유화 물감으로 그림을 그리고 싶다.
(a) (색) 바래다　(b) 염색하다
(c) 구멍을 내다; 틈　(d) 비틀거리다

해설 stay vibrant가 근거

23 많은 우리 문화는 이전에 조상들이 세운 규율들의 대부분을 여전히 사용하고 있다.
(a) 사기, 의욕　　(b) 결합, 접합
(c) 평가, 판단　　　**(d) 규율, 훈육; 학문**

해설 culture(문화)가 근거

24 일부 국가에서의 낮은 출산율은 불안정한 인구 수의 원인이다.
(a) 생식력, 비옥함　(b) 사망
(c) (국외로의) 이민　(d) 이직

해설 unstable population이 근거

25 많은 숭배자들이 독재적이고 전제적인 목사의 설교를 피하기 위해 다른 교회로 옮겨갔다.
(a) 초기의　　　　　(b) 말없는, 과묵한
(c) 횡포한, 전제적인　(d) 사교적인

해설 dictatorial(독재적인)과 유사한 어휘가 정답

26 때때로 나는 신문들이 그들의 이야기를 과장하고 정확한 소식을 전달하는 진정한 핵심을 파악하지 못한다고 느낀다.
(a) 사주하다, 교사하다　(b) 당황시키다
(c) 비판하다　　　　　**(d) 파악하다, 이해하다**

해설 accurate news의 true point를 파악하지 못한다는 내용이 정답

27 Jim은 의사의 진단이 그의 팔에 종기에 대한 그의 두려움과 걱정을 완화시키기를 바랬다.
(a) 동요시키다　　　**(b) 완화시키다, 진정시키다**
(c) 합금하다　　　　(d) 단결시키다; 결집하다

해설 fear and worry가 근거

28 선생님이 교실 맨 앞에서 말을 하고 있었을 때, Emma는 책상 아래에서 그녀의 전화기를 몰래 확인했다.
(a) 알기 쉽게, 명확하게　(b) 수다스럽게, 재잘재잘
(c) 과장되게, 허풍으로　**(d) 몰래, 은밀히**

해설 선생님이 말을 하고 있을 때하는 행동이므로 surreptitiously가 정답

29 비록 그들은 일란성 쌍둥이지만, 이질적인 성격을 지니고 있다.
(a) 무형의, 영적인　(b) 암시된, 내포된
(c) 이질적인　　　(d) 내재하는, 고유한

해설 Even though(비록)와 identical(동일한)이 근거

30 그의 부모님들은 그들의 딸이 어떻게 종교를 바꿨는지에 관해 알고 있는 어떤 것도 교회에 부인해야만 했다.
(a) 폄하하다　　　　(b) 개종하다
(c) 비웃다, 조롱하다　**(d) 부인[부정]하다**

해설 knowledge(알고 있음)가 근거

영 단 기

TEPS VOCA

INDEX, 이렇게 활용하세요!

1. 얼마나 암기했는지 체크!
본 교재를 모두 학습한 후, Index를 차례로 훑어보며 뜻을 기억하고 있는지 확인해보세요.

2. 사전으로 활용하기!
문제를 풀거나 시험을 본 후 알쏭달쏭한 단어가 있었다면 Index를 사전처럼 활용해보세요! A부터 Z까지의 순서로 정렬되어 있어 찾기가 편하답니다.

3. 친구들과 함께 스터디 하기!
토익 보카 스터디를 할 때 친구들과 Index에 있는 단어로 서로 퀴즈를 내 보세요.

Index

A
B
C
D
E

TEPS

전문가에게 배워야
제대로 배울 수 있습니다.

이정로　　최진성　　마크김　　나탈리

누적 수강생 수
1위

최다
수강후기

강의경력
17년

강의평가
최우수

특강 누적수
16,791회

수강생 만족도
100%

  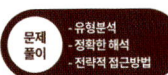

이미 수많은 수강생들이 '영단기 텝스'와 함께하고 있습니다.
선배들의 '생생한 후기'가 증명합니다.

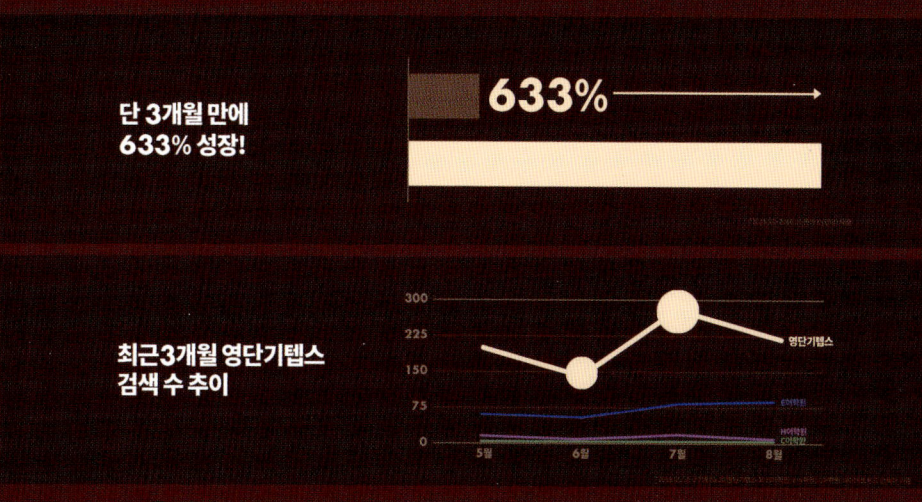

**단 3개월 만에
633% 성장!**

633%

**최근 3개월 영단기텝스
검색 수 추이**

10월 첫 시험에서 740점대를 받았구요, 선생님 강의를
들은 후, 1월에 친 시험에서 850점을 받았습니다.

- 수강생 이○○ -

선생님 강의로 정말 드라마틱하게 점수 상승했어요!
정말 두 달만에 텝스를 끝냈답니다!

- 수강생 배○○ -

500 후반에서 한 달 사이에 100점 오르고, 독해 점수도
처음으로 300점대를 넘어섰어요.

- 수강생 송○○ -

독해, 문법 수업을 수강한 뒤로 오르지 않던 성적이
무려 40점 정도나 상승하였습니다.

- 수강생 오○○ -

독학할 때는 600점대였던 점수가 한 달 만에 선생님
수업으로 800점대까지 올랐어요!

- 수강생 이○○ -

선생님께서 하라는 대로만 했더니,
한 달만에 555점에서 715점이 되었어요!

- 수강생 박○○ -

더 이상 남들의 이야기가 아닙니다.
영단기와 함께라면 당신도 단기 고득점의 주인공이 될 수 있습니다.